식민지 시기 영화자료총서 — 09

신문기사로 본
조선영화

1925

일제강점기 영화자료총서—09

신문기사로 본 조선영화

1925

| 한국영상자료원 한국영화사연구소 엮음 |

Korean Film Archive
한국영상자료원

발간사

일제강점기 주요 일간지에 나타난 영화 관련 기사를 집대성하고자 하는 야심찬 포부를 가지고 시작한 〈일제강점기 영화자료총서—신문기사로 본 조선영화〉 시리즈가 올해로 여섯 번째 권을 맞이하게 되었습니다.

올해는 1925년의 각 일간지 신문기사와 광고를 모았습니다. 1925년에 이르게 되면, 조선영화의 제작이 본격화됩니다. 〈총희의 연〉, 〈개척자〉, 〈쌍옥루〉 등 7편의 영화가 상영되었고, 그에 맞춰 조선키네마주식회사, 동아문화협회, 백남프로덕션 등 적지 않은 영화사들이 만들어지고 사라져갔습니다. 이 해에는 또한 영화 담론 역시 크게 늘어나는 모습을 보입니다. 개별 조선영화에 대한 평은 물론 조선영화의 역사를 정리하고 현재를 짚어보는 기획 글들이 다수 실리는 한편, 할리우드 영화들이 조선에서 인기를 얻으면서 해당 영화의 소개글, 할리우드 영화인들의 동향과 가십 기사들이 급격히 증가하였습니다. 바야흐로 조선에도 영화문화가 탄생하고 있었습니다. 이 책은 당대 조선 영화산업계의 이러한 흐름은 물론, 경향 각지에서 활발히 진행되었던 영화를 통한 정책홍보와 계몽운동의 사례들과 라디오 방송 관련 기사 등 흥미롭고 풍부한 자료들을 담고 있습니다.

모쪼록 저희 한국영상자료원이 지속적으로 공개하는 이 자료들을 통해 한국영화사 연구가 질적으로나 양적으로 한 단계 발전하는 계기가 만들어지기를 바랍니다.

이병훈
한국영상자료원장

✳

일러두기

1. 이 책은 영상자료원이 발간하는 〈일제강점기 영화자료총서―신문기사로 본 조선 영화〉 여섯 번째 권으로 기획된 것입니다. 이 책의 발간을 위하여 연구기획 및 진행에 조준형, 공동 연구에 최은숙, 조외숙이 연구진으로 참여하였습니다

2. 이 총서는 동아일보, 조선일보, 매일신보, 시대일보의 영화 관련 광고 및 기사를 중심으로 구성되어 있습니다. 영화기사를 중심으로 하되, 초기 영화사를 이해하는 데 빼놓을 수 없는 극장, 환등회, 라디오 등과 관련된 기사를 포함하였습니다.

3. 이 책에 실린 기사는 맥락 이해를 위해 띄어쓰기와 쉼표, 마침표를 첨가하였을 뿐 대부분의 표기는 가능한 한 원문에 따랐습니다. 부분적으로 통일성이 부족하거나 당시와의 어법 차이로 인하여 독해에 불편함이 있더라도 이해해주시기 바랍니다. 다만 가독성을 높이기 위하여 원문 한자 중 한글로만 표기해도 될 것은 한글로 표기하였고, 나머지는 한글과 한자를 병기(한자를 괄호 안에 배치)하였습니다. 한자에 대한 오늘날의 음가와 당대의 음가가 다른 경우(여자와 녀자 등), 당대 한글 표기가 통일되어 있지 않은 경우(사진, 샤진, 스진 등)에는 복수의 표기가 혼재되어 있습니다. 독자 여러분의 양해 바랍니다. 또한 광고면의 가독성을 높이기 위하여 영화제목과 극장명은 굵은 글씨체로 표기하였습니다.

4. 기사 제목과 부제는 " / " 표시로 구분하여 병기하였고 코너 제목이 없는 광고의 경우 "〈광고〉" 표시를 붙였습니다.

5. 이 책은 2차 저작물이므로 본문에 실린 기사를 참조하실 경우 기사 원문의 출처와 더불어 이 책에서 인용하였음을 표기하여 주시기 바랍니다.

✳
차례

每日申報
朝鮮日報
東亞日報
時代日報

【1925년】

映畵界斷片
◇過去一年間의回顧
—李龜永—

詩壇一年
金岸曙

◇上海...主任
◇鄭正秋氏

西道餘韻
◇外四篇

해제

1925년, 조선의 영화계는 불안정했지만 또 그만큼 역동적으로 움직이고 있었다. 무성영화 제작이 본격화하면서 작품 편수도 증가해, 1924년에 3편이 상영되었다면 1925년에는 〈총희의 연(寵姬의 戀)〉(일명 운영전), 〈신의 장(神의 粧)〉, 〈촌의 영웅〉, 〈심청전〉, 〈흥부놀부전〉, 〈개척자〉, 〈쌍옥루〉 등 7편이 상영되었다. 영화 제작 편수의 증가와 함께 영화제작사의 수도 증가했다. 기존의 조선키네마주식회사, 동아문화협회 외에 백남프로덕션, 고려키네마, 고려영화제작소, 조선영화제작소, 계림영화협회, 선활사, 조선영화예술협회 등이 설립되었다.

1925년의 첫 문을 연 조선영화는 부산 조선키네마주식회사의 두 번째 작품 〈총희의 연〉이었다. 1월 14일 단성사에서 개봉한 이 영화의 감독은 윤백남, 주연은 김우연, 안종화였고, 나운규가 단역을 맡으면서 영화에 발을 내디뎠다. 그러나 '조선적인 옛 소설을 개작해서 영화화한 윤백남의 노력에 감사하지만 촬영기사의 기술 부족으로 반 이상이 헛되이 되고 말았다'는 평을 들었다(동아일보 25년 1월 26일). 조선키네마주식회사의 세 번째 작품은 왕필렬이 감독한 〈암광〉이었다. 이채전, 유영로 주연의 이 영화는 조선극장에서 상영한다는 예고를 했으나 허가가 나지 않아 개봉이 취소되었다(조선일보 25년 2월 3일). 그 후 〈신의 장〉으로 제목을 바꾸어 조선극장에서 4월 11일 개봉하지만 흥행성적은 좋지 않았다. 흥행부진과 내부 갈등에 시달리던 조선키네마주식회사는 〈촌의 영웅〉을 끝으로 해산했다.

조선키네마주식회사에서 감독으로 있던 윤백남은 단원들의 내분, 여배우와의 스캔들 등의 이유로 사퇴한 후 경성에서 조선영화 제작과 외국영화 수입을 전문으로 하는 백남프로덕션을 설립하고 〈심청전〉(이경손 감독)을 준비한다. 그러던 중 단성사와 백남프로덕션 사이에서 조선 초유의 '영화각본 촬영권 침해' 문제가 발생한다. 총독부에서 '영화각본 심청전 전편의 출판허가'로 촬영을 허가받은 단성사는 조선영화제작소와 협력해 〈심청전〉 촬영을 준비 중이었다. 그런데 조선극장에서 백남프로덕션에서 만든 〈심청전〉을 근일 내로 상영한다는 광고를 하자 단성사에서는 〈심청전〉을 상영하지 못하도록 소송을 준비했다(매일신보 25년 3월 18일). 하지만 촬영을 마친 백남프로덕션 측은 〈심청전〉을 3월 28일부터 조선극장에서 개봉했다. 논란 속에 개봉한 이 영화에 대한 평가는 좋지 않았다. 심지어 '지식 없고 돈 없어서 완전히 실패하였다'는 내용의 혹평을 들었다(매일신보 25년 4월 3일). 성과가 있다면 심봉사 역을 맡은 나운규가 훌륭한 연기로 배우로서 자리매김했다는 것이었다. 〈심청전〉의 흥행이 실패하자 윤백남은 이경손에게 차기작인 〈개척자〉를 감독하게 하고, 〈심청전〉을 팔기 위해 일본으로 떠났다. 그러나 윤백남은 돌아오지 않았고, 그를 기다리다 지친 소속 배우와 감독 이경손 등은 백남프로덕션을 탈퇴했다. 이로써 백남프로덕션은 해산되었다.

백남프로덕션 해산 후 이경손, 주인규 등은 고려키네마를 설립하고 중지했던 〈개척자〉의 촬영을 마무리한다. 그러나 1925년 11월 단성사에서 개봉한 〈개척자〉는 흥행에 실패했고 얼마 후 고려키네마는 경영난으로 해산하고 만다. 주목할 점은 김정숙, 주인규 주연의 〈개척자〉가 이광수가 쓴 근대적 의미의 소설을 원작으로 한 첫 번째 문예영화라는 점이었다.

한편 현철과 이기영이 창설한 동국문화협회에 박정현, 이필우가 참여하면서 그 부속사업으로 조선영화제작소를 만들고, 첫 작품으로 단성사와 협력해 〈심청전〉을 준비했다(매일신보 25년 3월 16일). 그러나 백남프로덕션과의 분쟁으로 〈심청전〉 제작에 차질이 생기게 되었고, 그 후 〈숙영낭자전〉을 제작하려 했지만 내부 분규가 일어나 배우와 간부 대부분이 탈퇴해버린다.

조선영화제작소에서 탈퇴한 박정현, 이필우, 이구영은 정암 등과 함께 고려영화제작소를 창설한다. 이 제작소의 주요사업은 영화제작, 판매, 흥행과 외국영화 직수입 등이며, 첫 작품으로 매일신보에 연재되어 인기를 끌었던 번안소설 『쌍옥루』를 영화화하기로 한다. 〈쌍옥루〉의 주연배우는 일본제국키네마 전속배우였던 김택윤, 토월회에서 악역으로 주목받던 조천성, 신극좌 출신의 여배우 김소진이었고, 감독은 이구영, 촬영기사는 이필우였다. 이 영화는 촬영비 7000원과 촬영에 50일이 걸린 전 18권의 대작품으로 9월 26일에 단성사에서 공개되었다. '〈쌍옥루〉는 조선에서 만들어진 영화 중 으뜸'이라는 평(매일신보 25년 10월 3일)과 함께, 단성사에서 상영하는 10일 동안 계속해 대만원을 이뤘고(매일신보 25년 10월 23일), 그 인기는 단성사 순업대를 통한 지방흥행에서도 이어졌다.

그 외 동아문화협회는 세 번째 작품으로 김조성이 감독한 〈흥부놀부전〉을 5월 16일부터 조선극장에서 상영했다.

조선 내 영화시장은 좁았고 영화의 완성도도 기대에 못 미쳐 일본수출은 어려웠다. 게다가 관객들이 조선영화라는 것만으로 환영하는 시기도 지나버렸다. 투자한 영화제작비를 회수하기는 쉽지 않았고, 이는 조선에서의 영화제작사의 존립에 영향을 미쳤다. 1924년부터 영화를 제작해오던 조선키네마주식회사가 〈촌의 영웅〉을 끝으로 해산했고 백남프로덕션, 고려키네마가 각각 한 편의 작품만을 제작한 후 사라졌다. 흥행, 배급, 제작을 제작자가 겸하지 않으면 영화사업 착수가 어려울 것이라는 이구영의 글(조선일보 25년 12월 7일)에서 짐작할 수 있듯이, 조선에서 영화제작만으로 살아남는 것은 지난한 일이었다. 그러므로 백남프로덕션이나 고려영화제작소가 영화제작 외에 외국영화직수입 등을 추진사업에 넣은 것은 아직 영화산업이 성장하지 못한 조선영화계에서 존립을 유지하기 위한 자구책으로 추측된다.

한편 이광수의 소설『개척자』, 인기 신문연재소설『쌍옥루』, 신문연재만화『멍텅구리』(조선일보 25년 12월 30일)의 영화화 등 영화의 소재와 주제의 범위를 넓혀간 것은 관객의 호응을 얻으려는 노력이기도 했다.

높아진 영화의 인기와 함께 배우를 동경하는 이들도 많아졌다. 신의주 고등보통학교에 재학 중인 소년이 활동사진배우가 소원이라 제 아버지 저금통장을 훔쳐 집을 나갔다(시대일보 25년 5월 21일)는 기사가 실리거나, 조선일보의 [상의] 란에 배우가 되는 방법을 묻는 일반독자의 글이 게재되기도 했다(조선일보 25년 9월 8일). 12월에는 '영화배우계 현재'라는 기사가 동아일보에 세 차례 연재되기도 한다. 이러한 분위기 속에 전문적인 배우양성 기관인 동국문화협회 부속 조선배우학교가 1924년에 12월에 설립됐고 1925년에는 교수 과정을 늘려 운영되었다.

한편 전성기에 비해 힘을 많이 잃었지만 연쇄극 제작은 계속되었고 그 명맥은 근근이 이어졌다. 취성좌가 조선극장에서 새로 촬영한 신작을 선보였고(동아일보 25년 8월 8일 〈광고〉), 인천문화극단에서는 〈연의 력〉을(시대일보 25년 8월 31일), 조선권번에서 〈처녀의 운명〉, 〈사랑과 형제〉라는 활동사진연쇄극을 촬영해 단성사에서 공개했다(동아일보 25년 5월 12일). 또한 혁신단, 취성좌 등의 연쇄극단은 전국을 순회하며 활동하고 있었다.

1925년 당시 극장은 경제불황의 여파와 운동 등의 다른 유흥거리의 증가로 인한 관객 감소와 수입영화 특약료 및 특작료의 상승으로 인한 이중고를 겪고 있었다. 게다가 관객의 영화관람 수준도 높아지고 취향도 다양해져 관객들은 진기한 명화, 자극이 강렬한 내용의 작품이 아니면 극장을 찾지 않았다. 이제 문제는 영화의 절대량을 확보하는 것이 아니라 흥행대작을 누가 선점하느냐가 되었고 장편극영화의 상영 비중이 높아졌다. 극장 경영에서 어떤 영화를 상영할 것인가가 더 중요한 문제가 된 것이다.

단성사는 1925년 1월 송죽, 유 사, 유나이테드, 조선키네마와 특약관계를 맺었으나 2월에는 송죽, 유 사, 유나이테드로, 4월부터는 송죽, 유 사로 특약관계를 바꿨다. 조선극장은 자유계약관이었지만 주로 파라마운트 작품을 상영해 파라마운트개봉관으로서의 위치를 유지했다. 우미관은 1924년 12월부터 폭스회사 경성봉절장의 위치를 유지하다, 25년 4월에는 일활, 폭스특약으로 바꿨고 12월에는 구주영화개봉관이라는 호칭을 사용했다. 그러나 한 극장이 폭스와 특약을 맺었더라도 그 극장이 폭스의 장편 극영화에 대한 배타적인 권리를 가지는 것은 아니었다. '외국영화자유배급'의 영향 때문이었다. 또한 매년 별도로 계약해야 하는 장편 특작영화의 수는 점점 많아지고 있었다. 이런 점에서 조선극장이 자유계약관으로 유지한 것은 상영 프로그램이 특작 중심으로 전환되고 있었기 때문으로 보인다. 물론 단성사는 송죽, 유 사와 지속적으로 특약관계를 유지함으로써 다른 극장보다 안정적으로 상영프로그램을 운영할 수 있었다. 우미관은 1925년 12월에 일활과, 단성사는 1926년 1월에 송죽과 결별한다. 폭스, 유니버셜 같은 미국영화사가 일본에 직접 배급사를 설치하면서, 외화 수급을 위해 일본계 배급사와 거래하는 것이 큰 도움을 주지 않게 되었던 탓이다 (조선일보 25년 12월 1일, 12월 3일).

　　장편극영화 상영이 많아지면서 극장의 영화 홍보방법도 변화하기 시작했다. 영화의 내용이 복잡하지 않은 단편영화나 활극 중심인 연속영화와는 달리 장편극영화는 텍스트에 대한 깊이 있는 이해를 요구한다. 이에 따라 악사와 변사들의 거리 선전 외에, 극장의 전단이 중요한 홍보 수단으로 떠올랐으며 신문에 실린 영화 소개도 관객이 장편극영화를 이해하는 중요한 수단이 되었다. 이런 상황에서 극장과 언론은 서로 협력관계를 형성했다. 극장은 영화를 광고하는 데 신문의 지면을 활용했고 신문은 독자를 유치하기 위해 극장과의 협력관계를 적절히 이용했다. 일례로 조선일보는 1925년 3월 29일자 신문에서 본사 독자를 위해 단성사, 조선극장, 우미관에서 통용되는 할인권을 발행하기로 했다는 사고를 게재한다. 그 후 [신영화] 란을 통해 개봉영화의 줄거리를 상세하게 소개하는 것이 우연의 일치는 아닐 것이다. 즉 극장과 언론은 협력관계를 구축하면서 이전과는 다른 영화 담론을 생산 유통하게 된 것이다. 이전에도 영화에 대해 다루는 란이 있었지만 1925년이 되면 신문들은 보다 적극적으로 영화를 다루는 고정란을 만든다. 동아일보는 [연예], 조선일보는 [신영화] 란을 마련하고 신작영화 소개를 했다. 신문은 단순한 줄거리 소개뿐만 아니라 외국 영화스타들의 사생활을 소개하고 영화계의 상황이나 영화기술의 진보에 대한 전문적인 정보를 소개하는 등 그 영역을 넓혀갔다. 또한 메리 픽포드(Mary Pickford)의 최근 소식이 기사화되거나 찰리 채플린(Charles Chaplin), 루돌프 발렌티노(Rudolph Valentino) 등의 사생활이 자세하게 연재되는 것을 봤을 때 당대 조선 대중도 그들을 스타로 인식하고 관심을 가지고 있었던 것으로 보인다.

　　이와 더불어 1925년은 조선영화에 대한 영화평과 조선영화계 현황 등이 신문에 게재되는 등 보다 본격적으로 조선영화에 대한 담론이 생산되던 해이기도 했다. 이구영은 '영화계 단편 / 과거 일년간의 회고'(동아일보 25년 1월 1일)라는 글에서 지난 1924년도의 극장, 수입영화경향, 제작된 조선영화에 대해 설명하고, '조선영화의 인상'(매일신보 25년 1월 1일)이라는 글에서는 1923년부터 1924년까지 조선에서 제작된 영화 〈춘향전〉, 〈장화홍련전〉, 〈해의 비곡〉, 〈비련의 곡〉 등 4편의 촬영기술, 주제, 연출, 배우들의 연기 등에 대해 비평하고 있다. 그 밖에도 〈운영전〉(동아일보 25년 1월 26일), 〈심청전〉(조선일보 25년 4월 1일) 등 개별 작품에 대한 평이 게재되기도 했다. 그리고 11월에는 동아일보에 '조선영화계 과거와 현재'라는 제목의 글이 5회에 걸쳐, 조선일보에 '조선영화계의 과거-현재-장래'라는 제목의 글이 10회에 걸쳐 연재되었다. 이는 1923년 이후 조선에서 제작되는 영화 편수가 늘어나고, 관객들이 더 이상 영화를 단순한 오락이나 볼거리가 아닌 예술로 생각했기 때문에 가능해진 일이었다.

한편 1925년 당시 경쟁관계에 있었던 단성사, 조선극장, 우미관에서 근무하는 악사, 변사, 영사기사들이 모여 친목모임 '영화삼우회'를 조직했다는 사실도 흥미롭다. 영화삼우회는 4월 25일 명월관에서 발회식을 거행했고 첫 회장은 단성사의 해설 주임인 김덕경이 맡았다. 첫 연주회가 5월 30일 단성사에서 열린 후 삼우회 연주회는 조선극장과 우미관을 돌아가며 6월까지 계속되었다. 삼우회의 발족은 조선인 극장 간의 격화된 경쟁 때문에 벌어진 불필요한 신경전을 완화하기 위해 악사들의 발기로 추진되었다고 한다.

1920년대 사회주의 운동은 일본뿐 아니라 조선의 사회, 문화 전반에 영향을 미쳤다. 1925년에는 조선공산당이 조직되었고 전국 곳곳에서 노동쟁의와 소작쟁의가 일어났다. 그러한 영향 아래 합자회사로 전환해 광무대를 직영하고 있던 토월회에서도 배우 일부가 월급을 올려달라는 등 8개 항목의 처우개선안을 제시하며 동맹파업을 하기로 한다(조선일보 25년 5월 21일). 그러나 배우들의 동맹파업은 파업한 13명 중 8명의 해고로 끝난다. 그리고 우미관 변사, 악사, 기사를 비롯한 직원들도 월급이 제때 지급되지 않자 동맹파업을 일으켰다(매일신보 25년 7월 24일).

1925년 4월 12일 일본에서 치안유지법이 공포되어 5월 12일에 시행되었다. 이 법은 공산주의 및 사회주의 운동 억압과 일제의 식민통치체제를 유지하기 위해서 사상을 통제하겠다는 발상에서 나온 것이었다. 이 법은 일본뿐 아니라 조선에도 적용되었고 사회 전반에 걸친 검열은 더 강화되었다. 경찰에서는 비합리적인 이유를 들어 강연과 행사를 금지하는 일이 많아졌다. 조선기근인천구제회에서 주최한 기근구제강연회는 경찰의 금지로 기근구제음악회로 바꿔야만 했으며(조선일보 25년 3월 2일), 전문학교 학생으로 조직된 수재구제 하기순회단의 지방 영사 순회도 경찰의 허가를 받지 못했다(조선일보 25년 8월 3일).

연극과 영화에 대한 검열도 계속됐다. 이서구는 배우의 표정과 동작까지 적기를 요구하는 각본 검열을 비판했고(매일신보 25년 5월 17일), 여배우 복혜숙도 조선사람에게 자극될 만한 것은 모두 삭제하는 당국의 각본검열이 너무 혹독하다고 말한다(시대일보 25년 6월 30일). 또 경기도 경찰부 보안과에서 5월 중에 검열한 활동사진 필름 596권 중 풍속괴란, 공안방해 등의 이유로 삭제된 140여 척은 대부분 영화의 주요한 장면이라며 검열관을 고식적 인물이라 비판하기도 했다(동아일보 25년 6월 3일).

언론검열도 계속됐다. 개벽은 해외에서 활동하는 독립운동가에 대한 특집기사를 이유로 8월 1일에 무기 정간 명령을 받아 10월 15일에 해금됐다. 조선일보는 9월 8일자 사설('조선과 노국(露國)과의 정치적 관계')이 문제되어 9월 8일 정간처분을 당해 10월 15일 해금되고 20일부터 속간한다. 그리고 조선일보는 총독부가 이 정간처분을 해금하는 조건으로 내세운 사회주의 경향의 기자 해고를 받아들여 기자 17명을 집단 해고한다.

한편 경기도 경찰부 보안과에서 시내 각 활동사진상설관 필름검열에 대해 검열료를 징수하기로 협의 중이라는 소식이 들려왔다. 이 소식을 들은 흥행관계자들이 동요하자 백석(白石) 보안과장은 조선 전체의 사진을 전부 경기도 보안과에서 검열하게 될지라도 따로 세금을 받지 않을 것이라고 무마했다.

그리고 1925년 7월 1일, 일본 내무성령 제10호로 '활동사진필름규칙'이 시행되었다. 이것은 영화검열을 지방관할이 아닌 중앙의 관리규제방식에 따르게 한 것으로 흥행업자의 불편함을 해소한다는 것이 표면적인 목표였지만 영화의 사회적 영향력에 대한 국가의 통제조치이기도 했다. 이의 영향을 받은 '활동사진필름검열규칙'이 1926년 조선에서 공포된다.

이러한 규제와 아울러, 총독부를 비롯한 각 지방행정기관은 국민을 감독, 관리하고 식민지적 근대를 형성시키려는 계몽운동을 계속 추진했다. 활동사진(영화)은 그 중요한 수단이었다. 총독부 및 각 지방행정기관에서는 활동사진반, 선전반, 영사대 등을 조직해 각 지방을 순회하며 그 지역의 공립학교 강당이나 운동장에서 위생선전, 산업장려, 지방개량, 질병예방, 민풍진흥, 국세조사, 근검저축, 농사개량, 생활개선, 임업선전 등을 주제로 한 활동사진을 비정기적으로 무료 상영했다. 이와 같은 활동사진 상영은 종종 강연이나 환등회 등과 함께 이루어졌다. 그 밖에 조선식산은행에서는 은행 저금을 장려하기 위한 활동사진회를 지속적으로 개최했고 경성부에서는 사회교화의 방법으로 그동안 실시하던 강연회 대신 비용 대비 효율적인 활동사진을 이용하기 위해 학무부 내에 활동사진반을 설치했다(매일신보 25년 12월 28일).

행정기관 외에 당시 조선사회 내부에서도 '근대화'와 '계몽'은 여전히 중요한 화두였고, 영화는 이의 추진을 도울 수 있는 가장 유용하고 매혹적인 매체였다. 여러 단체들은 교육기관 유지경비 마련, 기근구제, 교육, 선전 등 다양한 목적으로 활동사진회를 개최하거나 활사대, 영사대를 조직해 전국을 순회했다. 예를 들어 청진청년회는 노동야학을 위해 활동사진회를(동아일보 25년 2월 7일), 고성청년단은 학원 유지경비 마련을 위한 순회활사를(동아일보 25년 4월 2일), 린광회는 기근구제 영화회를(조선일보 25년 4월 6일), 정주악대는 사회교육보급을 위한 교육활동사진회를(동아일보 25년 8월 19일), 조선여자청년회에서 납량활사대회를(동아일보 25년 8월 21일), 군산부인교육회에서 유치원 경비 마련을 위한 활동사진회를(시대 25년 7월 12일), 조선소년군은 소년군의 취지 선전을 위한 활동사진대회를(시대 25년 8월 31일) 개최해 대중의 환영과 지지를 받았다.

언론에게도 영화는 좋은 선전 수단이었다. 1925년 내내 조선일보, 동아일보, 시대일보는 영화 상영을 통한 독자위안회를 지속적으로 개최해 독자의 관심을 끌었다. 그뿐 아니라 시대일보는 직접 제작한 실사영화를 상영하기도 했다. 1925년 7월 임진강과 한강 유역에 집중호우가 쏟아져 큰 수해 가 발생하자 시대일보는 이 수해를 생생하게 촬영한 수해참상활동사진을 제작해 단성사에서 상영 했다. 이렇게 재해를 촬영한 실사영화는 주로 재해를 당한 민중을 동정하고 구제한다는 취지 아래 상영되었지만 동시에 관람객에게는 볼거리가 되었다. 이후 시대일보는 수해구제를 목적으로 전국을 순회하며 이 영화를 영사했는데, 이는 수해구제를 돕는 한편 다른 신문에 비해 후발주자였던 시대 일보를 대중에게 알리는 역할도 했다.

1924년부터 조선을 흥분시켰던 새로운 문물, 무선방송(라디오)에 대한 관심은 1925년에도 이어 졌다. 심지어 허가 없이 안테나를 설치하고 무전수신하는 사람도 생겨나 체신국에서는 이를 발견하 는 즉시 엄중 처분할 것이라 경고하기도 했다(매일신보 25년 1월 28일). 경성뿐 아니라 지방에서도 라디오의 인기는 높았다. 무선방송 수신실험(라디오 청취 실험)이 전국 각지에서 행해졌고 사람들 은 이를 신기한 경험으로 여기며 환영했다.

체신국은 무선방송에 관한 지식을 보급하고 방송용 무선방송 설비를 실험하기 위해 3월 14일 부터 매주 2회씩(수, 토) 정기방송을 실시했다(조선일보 25년 3월 13일). 그 후 체신국에서는 주간 에 듣지 못하는 청취자들의 요청으로 주간방송을 폐지하고, 6월 21일부터 오후 7시부터 9시까지 매 주 4회씩(일, 화, 목, 토) 라디오 야간방송을 실시했다(조선일보 25년 6월 21일). 프로그램은 기사,

천기예보, 음악, 간담 등으로 구성되었다. 라디오에 대한 관심에 힘입어 조선에도 경성방송국 창립 위원회가 만들어져 라디오방송국 설립을 추진한다. 그 결실인 사단법인 경성방송국은 1927년에 개국한다.

라디오의 발달은 오래된 발성영화에 대한 꿈에 불을 지폈고 곧 라디오를 이용한 발성영화 상영이 성공했다는 소식도 들려왔다. 1925년, 근대가 발명한 두 문물, 라디오와 무성영화가 만나 유성영화라는 새로운 매체의 시대가 성큼 다가와 있었다.

아직은 조선의 대중에게 라디오는 새롭고 신기한 문물일 뿐이었다. 그러나 한때 신기한 볼거리에 지나지 않았던 무성영화는 어느새 조선 대중문화의 중심에 자리하고 있었고 조선의 영화인들도 감상만 하던 시대에서 벗어나 창작의 시대에 본격적으로 접어들고 있었다. 세상의 변화보다는 조금 늦었지만 조선도 변화하고 있었다.

조외숙(한국영상자료원 객원연구원)

1월

동아 25.01.01 (신년호 其五 2) [근하신년] 〈광고〉

경성부 수은동

활동사진 상설

단성사

전화 광화문 구오구번

경성부 황금정 사정목

구파(舊派) 원조

광무대

주(主) 박승필

동아 25.01.01 (신년호 其七 3) 영화계 단편(斷片) / 과거 일 년간의 회고 / 이구영

우리는 기억해야 한다. 천구백이십사년은 조선영화계의 황금시대 출현을 짓기 위한 노력 시기엿슴을. 이십여 년간 장구한 시일 중에 금년가치 명화의 수입된 해가 업섯고 흥행업자 간의 격렬한 경쟁을 하던 해도 업엇든 것이엿다. 일본인 측 영화 상연 극장 사처(四處)와 조선인 측 상설관 삼개 처를 합하야 좁다란 서울 안에서 서로 비비대이면서 관객 쟁탈전이 춘계보다도 하기가, 하기보다도 추기가 더욱 심한 모양 갓했다. 이는 재계 불황으로 인함이 주요 원인이 되엿슴은 물론이려니와 영화극 감상안(鑑賞眼)이 놉하가는 관객에 대한 흥행업자의 영합책은 우수 영화 공개밧게는 업는 까닭이다. 우리 측은 누워 떡 먹기라 하리만큼 일본인 측 간에 이러한 현상이 심하엿스니 그 직접 영향은 조선 사람 측에 만흔 파동을 이르켯다. 금후 조선인 측은 일본인 측과 방불한 고전(苦戰) 상태가 출현될 줄 밋는다.

상설관들은 오일간 일회 흥행이 시작되었다. 일주(一週) 이회 교체도 하는 곳이 잇다. 이 폐해는 관객 흡인책으로 인함이요, 저급 영화를 이입 사용하기 때문에 비롯된 응급책이 상용 수단화하고 말엇다. 이러한 흥행 현상은 일본에도 업고 중국에도 업는 조선에도 조선인 측에만 잇는 모양이다. 이러한 『레코드』는 허언이 아니라 세계 처음이라 하겟다. 영화 * 고정 관객이 소수요, 아즉도 오락이 민중에게 보급되지 못한 데서 이러나는 불가항력의 현상이라고도 할 수 잇스나 피상적 관찰이나마 경성 시중에는 삼천 이상의 고정 관객이 잇슴을 생각할 때에는 흥행자들이 결속하야 다시 일주일 교환을 실행하도록 노력함이 조흘 줄 안다.

만흔 외국 영화가 조선에 왓섯다. 수입 영화 중에는 구할 오분가량이 미국 영화엿고 나머지 오분이 독일과 이태리 영화엿다. 먼저 미국 영화로 조선영화계에 자최를 멈출 만한 영화를 열거하면 잉그라함 씨의 『묵시록의 사기수(四騎手)』(재수입, 청년회에서 공개), 짜크라쓰퀘팡스 씨의 『로빙풋트』, 『삼총사』, 아라나지모버 부인 주연의 『사로메』, 메리픽포트 양의 『소공자』, 『뒷문으로』, 메마레 양의 『열정의 연(戀)』, 메마쉬 양의 『무희(舞姬)』, 세레닉크 사의 『풍운의 쎈타성』, 짜쑐링 씨의 『킷트』, 하롤드 로이드 씨의 『악심무용(惡心無用)』, 『낙담무용(落膽無用)』, 리차아드 파셀메쓰 주연 『나의 사랑하던 여성』, 메리, 카아 부인 주연의 『언덕을 넘어서』, 메벨, 노멘트 양 주연 『스차아나』, 마리온 쎄뷔쓰 양 주연의 『무사도 빗날 때』, 기분극(氣分劇)으로 유명하엿던 『뭇친 황금』, 이외 통속 영화로도 수십 편의 영화가 잇다만은 여긔서는 약(略)하고 독일 영화 중에는 전부가 유명하엿나니 표현파 영화 『아―쓸』, 『푸아라오의 사랑』, 『쾌걸 싼톤』, 삼 편은 명우 에밀 쩨닝스 씨 주연 영화로 가장 심각한 자최가 남은 것이다. 기타 『결사의 冒儉』[1]도 잇섯스나 흥미 본위의 작품이엿고 이태리 작품으로는 메리 짜고쎄니 양의 『어리석은 처녀』가 잇섯스나 그 역 특필(特筆)할 것도 못 된다.

회사별로는 퍼스트내추낼 영화회사 작품과 메트로 사 작품이 다수엿나니 잇는 송죽계 사진이 만히 상장되엿기 때문이요, 유니바살, 유나이뎃트, 애지스트, 파라마운트, 폭쓰 영화의 순차로 수입 작품 상연률이 낫하낫고 푸레에 페드 작품도 하반기에 드러서는 최다(最多)하엿섯나니 차역(此亦) 송죽 수입품이엿기 때문이다.

이십사 년도에 조선영화가 비로소 낫하나게 되엿나니 춘향전을 제하고는 장화홍련전, 해의 비곡, 비련의 곡, 운영전이 영화 시장에 낫하낫고 장차로 조선 작품도 겨우 발아의 초기에 드러섯다 할 수 잇다. 그러나 (운영전은 모르되) 제작된 사 편 영화가 망측하엿슴은 물론이고 제작자가 아모론 예술적 양심을 가지지 안코 돈버리 하랴고 맨드럿슴은 사실이엿나니 남작(濫作)이엿슴도 물론이다. 아즉도 처녀지 가튼 조선영화계 초기 작품이 즉 해의 비곡, 비련의 곡이 일본영화계에서 일대 문제를 야기하던 퇴폐적 저열한 정치(情痴) 기분을 본떠서 제작하야 민중의 반감과 관객의 비난을 밧게까지 되엿다 함은 한 큰 치욕이라 하지 안을 수 업다. 과연이다. 우리 영화계가 유치할사록 진실미를 결(缺)해서는 안 될 것이오, 장래를 위하야 우리 영화는 고상해야 하고 고실(固實)한 작품을 제작해야 할 것이다. 사계(斯界)를 위하야 모름직이 참된 제작자야 탄생하여라! 발분하여라. 一九二四, 一二, 十六日

매일 25.01.01 (부록 其一 4) 조선영화의 인상 / 이구영

우리의 영화계도 차ᄎ로히 식길의 건설의 첫 발자죽을 세여놋케 된 갑자년은 장 우리네의 깃버홀 잇지 못홀 해엿섯다. 기다(幾多)의 외국명 작품이 조선 영화계를 채색하게 된 히도 갑자년이 제일이엿다 하리 만큼 황금시대엿섯고 더욱이 순 조선영화 제작, 발전된 사 편의 영화가 적다홀 망졍 참된 의미 하에 우리는 몹시도 깃부다. 나는 이 귀중한 우리의 작품을 보고 잇치지 안는 인상을 밧게 되엿고 마음 노키 어려온 그네의 보조가 보는 나로 하야금 홀 슈 업는 무거운 책임감이 써오르게 되엿

---

[1] '冒險'의 오식으로 보임.

다. 나는 마음이 덜컥〈 나려안기도 하고 슯흐기도 하며 싸려주고 십흐리 만큼 분한 늣김도 써오른다. 나는 오즉 악이의 거름발 씌워놋는 그 거름을 보는 늣김으로 사랑하는 악이의 종아리를 싸려 쥬고 십흐다. 살 씨어라. 튼〈하여라. 나는 너를 사랑하기 째문에 너의 험절도 들추어내고 십흔 것이다.

춘향전

(동아문화협회 작품)

십이년도[2]에 제작된 작품이니 본 영화가 조흐니 언짜느니 조선 영화계에 잇서 첫 작품이엿다. 춘향전은 우리 조선 고유한 고대연애소설이니 누구나 모를 스람 업시 다 아는 소설을 영화화식히려 이쓰든 조천(早天) 씨 고심담에 의하면 비상한 노력과 주의를 불(拂)하엿고 멀니 남원신지 가셔 실지 촬영을 하엿슬 쑨만 아니라 조선 고유한 풍속 습관을 어대까지 존중하고져 무한 주의를 다하엿다 한다. 이러니 져러니 말흘 것 업시 줍다버지 이도령이 광한루에 보싸리짐 지고 셧든 광경이 눈압헤 암〈하다. 인형 갓흔 춘향이의 화면이 안전(眼前)에 방황한다. 좌우간 본 영화는 실패엿다. 인기를 잇쓴 것이 영화보다도 춘향전이란 위대한 소설의 힘이엿든 것이다. 먼저 나는 이러한 흥미를 가지고 기대하엿섯다. 우리에게는 극사(劇史)가 업기 째문에 그러한 문장(文章)소설을 더욱이 연애소설인 춘향전을 우리의 고유한 극의 동작, 표정이 업는 심적 정서로 얼키인 그 소설을 과연 영화극으로써 생명을 살닐 슈 잇슬가? 기분극(氣分劇)으로써야만 될 춘향전인대 엇더흔 각색 하에 영화화식힐 것인가?

그러나 영화화한 춘향전은 실패엿다. 기분 표현 갓흔 零点것은이요[3]. 연락(連絡)도 아모 것도 업고 다만 스토리를 흉닉닉엿슴에 불과하엿다. 타이틀도 말이 아니요. 화면이 선명하엿다고 촬영이 휼륭하다는 것은 넘어도 박약한 주장이 될 것이다. 우리에게는 기분극이 제일 어려운 줄노 안다. 이는 어느 나라이던지 그러하거니와 더욱이 우리에게는 무모한 모험일 것이다. 연애극은 조선스람에게 제일 하기 어려운 극이 될 것이오. 그러나 영화극으로써는 어느 정도까지 표현 방법과 각색 여하에 의하야 완전치는 못하나마 성공할 가능성이 충분이 잇는 것이다.

장화홍련전

(단성촬영부 작품)

장화홍련전은 조선고대 가정비극소설 중의 한아이니 원작인 장화홍련뎐의 스토리로 말하면 매우 단슌하고 간단한 것이라 각색자에 대한 지난함을 싱각하는 한편으로는 단슌한 스토리라 다소 치밀한 주의만 잇다면 가장 각색하기 쉬운 작품인 것을 늣겻다. 영화화한 장화홍련전이 성공이엿느냐면 왜 성공이랄 슈는 업셔도 우리 첫 작품으로는 기분간(幾分間)의 성공이라 할 수 잇다. 왜 그러냐 하면 카레민[4] 노력은 전편(全篇)에 창일(漲溢)하엿섯고 『싸불 엑스포츄어』 영화기교난 열졸(劣拙)하엿다 할지라. 쏘 『크로스업』 순간촬영 갓흔 것은 종합예술한 영화극의 본령을 잇지 안코 최선을 다하

---

2) 대정 12년(1923년).
3) '것은'은 零点이요'의 오식으로 보임.
4) '카메라민'의 오식으로 보임.

려 하엿슴에는 당연한 노력일 것이요. 그러나 감독자가 잇섯느냐 하리 만큼 기연(技演)상 불통일흔 점에는 놀나지 안을 수 업섯고 의상에 대한 부주의는 말하기도 어렵다. 의상은 여름 것에 침구는 겨울 것이란 말할 슈도 업고 좌우간 전편에 넘치는 센테멘탈의 정조 기분은 본 영화의 특색이라 할 수 잇슬 것이다. 그러나 조색(調色)의 졸렬하엿슴은 무경험이란 막(幕) 속에 숨겨주어야 흘 것이며 고대소설을 아모런 규칙이느 연구도 업시 되는 대로 현대극화 식혓슴에 관객은 맹목적 환호를 하게 되엿다고 늣기지 안을 수 업다. 현대인정풍속에싯지 잇쓰러다 붓첫듯 싯닭이다. 최후로 카메라민의 노력을 감사한다.

해의 비곡

(조선키네마 작품)

조선키네마회사 제일회 시작품(試作品)이엿게 망정이지 만일 본 영화를 특작품이라고 하야 영화계에 내여세우랴 하엿섯다고 하면 우리 영화계를 무시하여도 분수가 잇지 그것을 소위 영화극이란 미명을 붓첫다니 하고 분개하엿섯슬는지도 몰낫것슬[5]이다. 그러나 다행한 것은 시작품이엿든 것이다. 일본인 왕필렬(王必烈) 씨가 시내리오의 원작자니 먼저 『쎼마』를 평흘 필요도 업거니와 해의 비곡은 내용과 상반흔 조흔 제명이엿고 내용은 통속물에 불과하엿고 엇지 싱각하면 일본의 선두소패(船頭小唄)나 농조(籠鳥) 갓흔 저속 취미로써 갑싼 센티이멘타리슴을 가지고 현대 청년남녀들의 유행성에 영합케 하랴는 취의(趣意)에서 지은 줄노 늣것다. 『붉은 새』란 도모지 무슨 새이냐? 듯도 보도 못흔 『농조』가 흥행계에서 일부 천박한 청년남녀들의 추악 망측흔 치정 기분을 조장식히여 흥행업자들의 돈지갑을 퉁ㅅ하게 만드러 주기 쌔문에 그것을 본써다 노흐면 대입(大入) 만원의 흥행 가치 잇는 명화되기에 쉬울 줄노 아럿는가?

감독은 업섯다 해도 과언이 아니요. 왜라니 시니리오 쓴 작자보다도 각색자가 무능력하엿고 각색자가 무경험자인 그것보다도 더욱이 감독자는 어리엿섯다. 출연 배우들의 『익츈』이나 표정은 감독의 힘이 죠금도 밋치지 못하엿고 오히려 배우가 감독을 휘두를 디경이엿다. 카메라민은 역시 다소의 촬영 경험은 잇섯다 할지라도 수완은 업섯다. 당ㅅ히 『크로스업』(大會)이느 『미딈 크러쓰업』을 사용해야만 사진 기분을 표현식힐 쌔에도 그대로 원사(遠寫)를 한 장면도 잇섯다. 물론 이는 첫지 각색자의 잘못이요 총어(總御)하는 감독자의 책임일 것이다. 그만한 각본이나마 각색자가 좀더 친절히 치밀한 주의를 힛섯다 하면 한것 만것 정조 기분을 표현식히기에는 가장 적당한 각본인 줄 안다. 그러나 정조나 *츰도 업고 아니 련락도 업고 되는 대로 연속 자막을 집어 너허 노흔 것은 一***이며 자막 문장의 셔트른 문구는 좀 더 쉬웁게 간*하*드라면 죠왓슬 듯하엿섯다. 그리고 스펙타이틀이 적엇다.

그 사진을 보고 나니 조금도 인상이 남지 안코 엇더케 사진 련락이 되엿는지 켜를 차릴 수가 업다. 금방 연이창가를 하다가 장면이 변하닛가 어느 틈에 연애가 되엿는지도 모를이 만큼 인상이 모호한 가운대서 발셔 리별의 씬이 빗최이고 쏘 좀간 잇다가 죽는 줄도 모르게 죽엇다는 다름박질을 식

---

5) '몰낫슬 것'의 오식으로 보임.

혀 노흔 것을 종합하야보면 대체로 이번 작품은 실패다. 싯흐로 이월화(李月華)보다도 채전(彩田) 양의 표정이 나헛섯고 월화 양은 영화극 배우로난 부적함을 늣것다. 그의 얼골이 아름답다고 스람들은 잘한다 하나 근육 표정은 기대키 어려운 얼골이니 물론 연구하고 연습을 싸흐면 못 될 것은 업겟스나 그는 다시 무대에 복귀하여 주엇스면 조흐겟슴을 늣것다. 최후로 동사(同社)의 제이회 작품『총희의 연(寵姬의 戀)』(운영전)도 불일간 공개된다 함을 드를 쑨이니 만흔 기대를 가지고 운영전을 마즈랴 한다.

비련의 곡
(동아문화협회 작품)

조천고주(早川孤舟) 씨 각색 감독 하에 완성된 본 영화는 춘향전보다는 잘 되얏섯다. 『스토리』로 말하면 보통 유행되는 천박한 퇴폐 기분을 고조하랴는 스토리엿고 농조나 해의 비곡 나부렁이를 흉니 내여 넛치 안어도 조흔 노리를 고의로 갓다 너흔 것은 큰 잘못이엿슬 쑨만 아니라 피랴난 조선영화계에서 비난 만흔 저속취미를 전파식힘은 도저히 참기 어려운 일이다. 인기를 슬기 위하야 돈 벌기 위하야 그러한 시니리오를 선택하엿슴은 넘어도 애석한 일일 쑨만 아니라 슯흔 일이다. 적어도 예술적 안목으로써 본 영화를 기대하던 일반의 희망은 수포에 도라갓고 과연 조천 씨가 조선영화계를 위하는 스람이냐? 처녀지의 우리 영화계를 그릇치며 피랴는 싹에다 찬서리를 나리랴는 스람이 아니냐? 하는 늣김이 심두(心頭)에 가득하엿섯다. 세평(世評)에 왈 우리의 고유한 미풍을 모욕하고 우리의 풍속 습관신지 무시하엿느니 엇져니 져쩌니 하는 것은 별달니 나는 반대치 안는다. 그럿타고 감정론 갓흔 세평을 밋고자도 아니한다.

위선 쎄마가 비련의 곡이엇가 비극일 것은 물론이나마 비활극이라는 것은 도모지 그 사진 내용 상으로 보면 활극될 것이 못 된다. 인천 해안에셔 격투하는 『씬』이 잇다고 활극이란 것은 우슬 슈밧게 업고 소위 활극이라닛가 미국식으로 구제키 위하야 추적해야만 되겟다고 전고미견(前古未見)의 돗을 달고 부리낫케 쏘차 가난 것 갓흔 것은 애써 막대한 돈을 드려가지고 박은 사진을 작란삼아 한 것 갓흔 불성실흔 우수운 사진을 만들어 버렷다. 비련의 곡이 해의 비곡보다 낫다는 평판을 들엇다. 물론 스페ㄱ타이틀과 부자막 갓흔 것은 미우 성공하엿다 할 수 잇다. 머리로부터 끗신지 연락이 잘 되엿슴에는 동강동강는 해의 비곡보다 낫다 할 슈 잇겟스나 최후의 음독의 씬 갓흔 것은 신파연극 갓흔 감이 업지 안엇다. 그 씬이야말로 오히려 고상미가 썻는 해의 비곡의 쥭엄의 장면이 월등 잘 되엿다고 홀 수 잇다. 명승실사(名勝實寫) 갓흔 것은 남들이 말하는 만철(滿鐵) 선전키 위한 것으로 견과(見過)하리만큼 경녕 친절하엿슴은 차역(此亦) 고의로 그럿케 한 것이 아니요 영화 제작의 경험 유무 문제로 돌녀보님이 올흔 줄 안다. 비상한 노력 하에 제작하엿다 할지라도 스탓트를 그릇첫고 즉 *지 기분을 좀더 고상흔데 노코 거긔셔 출발하엿섯다 하면 갓흔 본 영화의 스토리를 가지고도 훌용흔 것을 믄드럿슬 줄노 안다. 엇지 되엿던 인기를 써을기 위해서 그리 힛다면 더욱이 큰 오류에 쌔즌 실책이라 아니할 슈 업다. 각색자나 감독자가 갓흔 사람이라 각색자로셔의 그는 먼저 회상의 씬을 좀 더 고려하얏드면 즉 과거 추억 갓흔 씬은 성삽(挿)[6]와 과거을 여실히 표현키 위하야 교착적으로 현재의 장면을 몃 번 너허두고 자막과 한 가지 페드 인, 페드 아웃으로셔 『뮈쏜』의 『씬』에 옴겨 갓드라면 공교(功巧)로나 인상파적 기분을 엇을 슈 잇섯슬 줄 안다. 왜라니 과거의 추상(追想)으로는 넘어도 길기 째문이고 산만하엿기 째문이다. 자막 중에 『에』와 『의』의 분별을 못 하는 문장은 놀녈 수 밧게 업섯다. 정서는 여하(如何)? 하고 뭇는다면 저열흔 정치(情痴) 기분이 농후하엿다. 제작자의 일고(一考)를 비는 바는 아모리 통속작품이라 할지라도 진실실한[7] 맛과 고상미를 잇지 말아야 할 것이다.

망언다사(妄言多謝)

(십이월 십사일 밤)

매일 25.01.01 (부록 其二 2) 〈광고〉

공하신년(恭賀新年)

경성부 수은동 (창덕궁 입구)

활동사진 영사 **단성사**

전화 광화문 구오구번

경성부 황금정 삼정목 (황금유원)

조선 구극 원조 **광무대**

박승필

매일 25.01.01 (부록 其三 3) 해설계의 삼성(三星) / 홍원생(紅園生)

△ 사진 = 김덕경.

『엑키 싹듹하다가는 욕 먹게』하는 것이 늬가 부탁밧든 그 슌간의 대답이엿섯고 『앗다, 이만 것에 최촉(催促)하야서야 엇지 큰일을 하겟소』하든 말이 꼭 쓰라는 최촉이엿섯다. 앗다, 내 눈동자가 바로 박히고 내 귀가 귀 먹지 안엇스며 늬 머리가 상태(常態)의 사람의 두뇌의 소유자이닛가 욕은 면하겟지……

김덕경(金悳經) 군＝은 조선 해설계의 원로요. 과거에는 서상호, 이병조 양 군과 더부러 조선 해설계의 삼태성이라고까지 평판을 듯던 동 군의 해설체는 심리묘사가 그의 특장(特長)이며 그의 해설체는 아모도 흉내내기 어려운 독특한 것으로써 강직한 성량의 소유자다. 그가 해설계에 나섯든 대정관 시대와 단성사 초기와 현재에 이르기신지 셋 차례 해설체가 박귀엿나니 작년 동기(冬期)에는 그 해설체는 비상한 씨렌마[8] 가운데서 시로운 경지를 찻게 되기 째문에 일시(一時)는 관객의 비난신지 밧게 되엿스나 최근의 그는 새로운 길에 드러셜 슈 잇는 자신을 엇게 되는 동시에 차ヽ로히

---

6) '現在'의 오식으로 보임.

7) '진실한'의 오식으로 보임.

8) 딜레마.

그는 인상적 해설경(解說境)에 드러갈 줄 안다. 전과 갓흔 센틔멜탈이즘[9]은 그의 설명 중에서 어더 보기도 어려우며 싸라 특장이던 연애극 해설은 그에게는 부적(不適)하게 되얏스며 역사극이나 사회극 갓흔 것에 일(一) 신경지를 찻게 되엿다. 『쾌걸 짠톤』을 해설하던 당시 그는 밤을 새여가면서 해설 연구에 열중하엿다 한다. 과연 『쾌걸 짠톤』 해설은 장차 그가 신경지에 드러스려는 첫 시험의 호적(好適) 예라 할 수 잇슬 것이다. 그럼으로 현재일지라도 과거의 씨렘마 중에서 기분은 헤여나지 못한 점도 보히나니 그의 정당한 해설체를 비판하기는 장래가 아니면 말하기 어려운 것이다. 과거의 사실적 설명체는 넘어도 양명(陽明)스럽기 때문에 듯는 객은 사진 그것의 객관적 자기판단을 용사(容赦)[10]할 여지를 남격주지[11] 안엇다. 그에 싸라 관객이 밧는 인상은 비상한 혼란 가운데서 사진 그것 이해하기에는 넘어도 산문적이엿고 늦기기 어려웟다. 그 점이 그가 곳치랴는 요점이요, 고통이라 한다. 최후로 나는 군에게 희망한다. 새 경지에 스랴는 군은 그 경지에는 대금물인 언성의 가벼움과 해설을 간단히 해야 될 줄 알며 객의 각자 주관에 빗초여 사진 내용비판의 좌석을 양여하여라.

김영환(金永煥) 군＝그에게는 아즉도 개척할 여지가 충분이 남어 잇다. 현재 그는 신진 해설자 중 제일인자이니 심중(沈重)한 언어의 리즘, 북구적 기분을 연상케 하는 그의 성음(聲音)은 인상 기프게 흉리(胸裡)에 숨여든다. 그의 부여(夫與)의 특장인 웅대한 음성이야말노 그의 생명이 영원할 것이요 더욱〰 개척할 무기가 될 것이다. 그도 역시 그의 스승이던 덕경 군과과[12] 갓치 심리묘사의 특장을 가젓고 아즉도 예기발자(銳氣潑溂)한 그의 해설은 부주의로 말미암아 째째로 용어상 잘못이 잇다 하니 후일에는 반다시 그런 실책이 업슬 줄 밋는다. 그러나 넘어도 해설이 느리기 째문에 덕경 군과 갓치 『씬』과 『핀드』가 뒤진 해설이 되고 마는 갓은 주의할 요점인가 한다.

△ 사진 = 김영환.

그리하고 용어 내용이 감상적인 ＊이 만키 째문에 청년 간에는 대환영이라는 이죠 적치 안타는 말이 아니라 넘어 남용함은 불가한 줄노 늣겻다. 군에게 희망은 이것이다. 졀문 용사야 북구의 대륙에서 쒸노는 음파가 흘너가는 그곳에는 더욱 외여칠 미래가 잇다. 용어를 선택하여라, 고상 우아한 것으로.

김조성(金肇盛) 군 남구에서 몸 제금(提琴)[13]을 쓷는 듯한 음성, 경쾌하고도 이달븐 봄날의 피리소리를 듯는 듯한 어조, 쏠쏠〰 흘너가는 곡간(谷間)의 싀음물 갓치 가벼읍게 리즘 잇게 흘너가다가는 돌샌리에 막힌 듯기 즘간 멈츄엇다가 물이 넘게 되면 쏘다시 쏠쏠〰 흘너가는 듯한 것이 군의 해설을 드를 때마다 졀실히 늣기는 바이요. 흘늠에는 막힐 것이 업스노 검부레기 셕거서 혹은 모릐를 셕거서 ＊개 갓치 살 갓치 잘도 지내간다. 잘못하다가는 돌밍이를 싱킨대도 나는 아지 못하게 된 적도

---

9) '센티멘탈이즘'의 오식으로 보임.
10) 용서하여 놓아줌.
11) '남겨주지'의 오식으로 보임.
12) '君과'의 오식으로 보임.
13) 1. 중국 명나라·청나라 때에 만들어 쓰던, 현악기의 하나. 2. 바이올린.

잇섯고 발견한 째도 잇섯다. 그의 해설체는 조선 해설계에서 새로운 레크트가 되엿다. 그의 침착하고 고요하며 보드럽고도 봄산의 시음물 갓치 소릭는 고요하여도 멀닛 새여오는 소릭야말노 이즈랴 히도 이치지 안는 인상을 가슴에 남겨두는 것이 그의 음성이다. 그러나 넘어도 애상스런 성색(聲色)이 그의 해설의 특장이기 째문에 엇더한 『씬』이던지 애조 씌운 말소릭는 각금 가다 장면 기분과 반대가 되는 째도 잇다. 째째 가다 용어 선택 여부 업시 부주의로 말믹음아 애써 하던 해설에다 잉크를 업즐늘 째가 잇섯다. 『비련의 곡』 상영시 죽엄의 쟝면에서 벼란간 『국민의 일분자(一分子)의 손실이 아니라 할가?』 하엿슴 갓흔 것이 일례가 될 것이다. 용어에 주의하여라. 신숙어(新熟語) 사용의 선택이 잇스라.『셰로』

△ 사진 = 김조성.

를 듯는 듯흔 김영환 군의 성대, 믿드린 소리 갓흔 김조성 군의 음성, 전자는 북구의 음악이요, 후자는 남구의 음악이다. 갓흔 신진 용사요, 쪽갓흔 인기자로써 그들의 해설상 주장은 정반대이다.

시대 25.01.01 (신년호 其一 4) 〈광고〉 근하신희(謹賀新禧)

함흥읍 수정(壽町)

활동사진 기타 흥행 동명(東明)극장

관리인 이병관(李炳觀)

시대 25.01.01 (신년호 其二 2) 〈광고〉 하정(賀正)

단성사

광무대

조선 25.01.01 (신년호 其一 조2) 이재(罹災) 구제극단을 / 고성에서 환영

전북 군산청년회 주최의 이재동포 공동주택 건축 기성부(期成部) 지방 연쇄순극대 일행은 객월(客月) 이십사일 배둔(背屯)에 래(來)하야 당지 친목회의 후원으로 양일간 흥행한바 유지 제씨의 다수 기부가 유(有)하고 성황리에 폐막하엿다더라. (고성)

조선 25.01.01 (신년호 其一 조3) 〈광고〉 근하신년

단성사

광무대

주 박승필

조선 25.01.01 (신년호 其三 조1) 보라! 새조선의 새 거름 / 경성 안에 잇는 열두 곳 큰 단톄의 / 금년에 하랴는 일 하고자 하는 일

◇ 죽은 듯 잠잠하듯 우리들에게도 『우리도 살어보자』 하는 부르지즘이 한 번 이러난 이후로, 우리 겨레의 살랴 하는 운동은, 시시각각으로 형형색색의 수단으로 동에서 서에서 남에서 북에서, 봉화 불가티 이러나게 되얏고, 이를 짜라 우리의 생활은 날로 새 길을 향하야 나아가는 것은 우리의 눈에 현저히 보이는 일이오. 우리 스사로가 이 현상을 볼 째에도 은근히 깃붐을 금할 수가 업는 일이다.

◇ 그러나, 우리는 다시 한 번 랭정한 눈으로 우리의 거름거리를 살필 째에, 우리들은 누구나 『아즉도 멀엇다!』 하는 늣김을 금할 수 업슬 것이다. 그러타. 우리의 거름은 이제야 비틀비틀 것기 시작하는 어린애와 갓다. 아즉도 전도가 료원하다. 그러나 우리는 조금도 락심할 것은 업다.

◇ 이제 만약 『어린애의 거름』을 보고 그 아이를 위하야 락심하는 자가 잇다 하면, 그는 텬치가 아니면 바보일 것이 아닌가. 우리는 그 아이의 거름거리에 무한한 용감이 잇슴을 볼 째에 도로혀 백 배의 용긔를 어들 수 잇는 것이다. 이와 가티 하야 우리의 거름은 차차 가랄[14] 것이오. 짜라서 우리의 살림도 남과 가티 될 것은 의심업는 일이다.

◇ 보아라! 동포여! 우리는 우리의 거름을 대신할 만한 경성 안의 열두 단톄에 향하야 『새해에 하랴 하는 일, 하고자 하는 일』을 물엇다. 그네들은 서슴지 안코 그들의 거름거리에 대한 분명한 대답을 하엿다. 우리는 새해 첫 아츰에 만련하 독자에게 이와 가튼 조흔 인사를 드리는 것을 더함 업는 영광으로 알고자 한다.

조선여자청년 회관 변통 / 부인 위안 개최 / 신(申)알베트 여사 담(談)

조선녀자청년회(朝鮮女子靑年會)가 생긴 지 벌서 사 년째 접어드럿스나 이째까지 회관(會舘)하나가 업시 이집 저집으로 도라다니면서 가진 풍파를 다 격는 통에 이미 실현하엿든 사업도 엇절 수 업시 중지하고 마럿슴으로 일반에게 대할 면목이 업습니다.

금년에는 회관을 엇더케 하든지 변통하여 가지고 그동안 장소가 업서서 중지하엿든 실업부(實業部)의 사업을 다시 계속하기로 결명하엿습니다. 만일 회관 변통이 여의치 못하면 짜로 장소를 변통하여서라도 긔어히 실업부 사업은 부활식히겟습니다. 그리고 작년에도 하랴다 못한 부인위안대(婦人慰安隊)를 금년에는 조직하여 가지고 정신과 물질에 비상한 곤난과 고통을 밧는 일반녀자들을 초대하야 음악(音樂) 무도(舞蹈) 혹은

활동사진(活動寫眞) 등 기타 오락뎍 긔분을 주어 마음에 위안될 만한 것으로 매월 일 회 이상 위안회를 열기로 결명하엿습니다. 그리고 현재 교육부(敎育部) 사업으로 하여 가는 야학이 잇기는 잇스나 장소가 협착한 관계로 매일 사오인 혹은 오륙인 식이나 차저오는 입학원자를 엇절 수 업시 거절하게 됩니다. 그들을 거절하야 돌려보내고 나는 몃 번이나 눈물을 흘렷는지 모릅니다. 금년부터는 무슨 짓을 하든지 회관을 변통하여 가지고 배호고자 오는 사람을 하나도 돌려보내지 안토록 하랴 합니다 하며 씨의 눈에서는 눈물이 하염업시 흐르더라. (이하 기사 생략)

---

14) '자랄'의 오식으로 보임.

조선 25.01.02 (조3) 〈광고〉 공하(恭賀)신년

경성부 관철동

신축 낙성 **우미관**

전화 삼구오번

동아 25.01.03 (7) 금강(金剛) 활사 연기 / 사진이 늦게 와서

신년 일월 일일을 기하야 시외 서강 의법학교(懿法學校)에서 금강산 활동사진대회를 개최한다 함은 이미 보도하엿스나 그 『필림』의 도착이 기일간 지체됨으로 부득이 일주간을 연기하엿다고. (고양)

동아 25.01.05 (3) 〈광고〉

우리의 자랑인

금강산 활사(活寫)대회

시일 일월 오일, 육일, 칠일 (매야 칠시)

장소 서강예배당

입장료 보통 사십 전 소아 이십 전

주최 서강의법(懿法)학교

후원 광활(光活)청년회, 동아일보 고양지국

시대 25.01.05 (1) 연예장에 / 폭한 침입 / 총칼을 가지고 와서 / 배우 십여 명을 란자

【대판】[15] 지난 삼일 오전 구시경에 대판 서구 축항 연예장(大阪 西區 築港 演藝塲)에 십오륙 명이 한 쎄가 되어 의복은 외투 혹은 『핫피』 혹은 『샤쓰』만 입고 손에는 일본*(日本刀)와 육혈포를 쎄들고 들어와서 류리창 벽에 걸린 사진들 할 * 업시 모조리 닥치는 대로 부스고 다시 여흥장으로 쒸여 들어가서 마츰 신파 촌전보웅 일좌(新派 村田保雄 一座)의 여흥이 잇날 재 미리 의론이 되어 관객의 행색을 하고 잇든 십여 명과 합력하야 일대 폭동을 시작하야 배우(俳優) 수 명을 상케 하고 일동은 어데로인지 도망하고 말엇스며 이 폭한들은 미리 전화선(電話線)을 쓴헛슴으로 경찰에게 급보도 할 수 업게 되엇다 하며 원인은 도박단 관계라 하며 축항서에서는 비번순사까지 소집하야 경계를 하얏스나 범인은 체포치 못하얏스며 부상 배우(負傷 俳優) 촌전보웅(村田保雄)(二八) 외 팔명은 부근의 소림병원(小林病院)에서 치료 중이라 한다.

시대 25.01.05 (1) 활사관(活寫舘) 화재 / 경중상자 이십칠 명

【대판】 이십칠일 오후 오시경에 일본 대판 북구 천신교 활동사진관 천만구락부(大阪 北區 天神橋 活動寫眞舘 天滿俱樂部)의 이층에서 불이 나서 장내로 퍼졋는데 소방대의 시급한 활동으로 즉시 진화되엇스나 그날인즉 장내에 관중이 넘첫슴으로 수라장이 되어 부녀와 아동 중에는 이십칠 명의 경중

---

15) 오사카.

상자를 내엇다고 한다.

시대 25.01.05 (4) 〈광고〉
당 일월 사일부터 삼일간
이일간 주야 이회
유 사(社) 날
미국 유 사 작품 〔센취리 희극〕
대희극 **탄환과 두골** 전이권
미국 유 사 대작 〔부루바−도 영화〕
매−마−레 양 주연
연화(戀話) **춘의 몽(春의 夢)** 전육권
미국 불국 파−데 지사 대작
쟈−루쓰햇치손 씨 주연
연속활극 **성의 혼(星의 魂)** 전십오편 삼십일권(卅一卷) 중
제이회 중편 제육편, 제칠편, 제팔편, 제구편, 제십편 십권 상영
예고
불일 공개될 이대 명화
미국 유나이뒷트 사 제이회 대제공
D 크리피−쓰 씨 감독 리리안 컷쉬 양 주연
대비곡 **동의 도(東의 道)** 전십일권
조선키네마 제이회 제공
윤백남 씨 감독 각색
대비활극 籠姬[16]**의 연(戀)** 전권
고대하서요 봉절 기일을!
송죽 유 사 조선키네마 특약 **단성사** 전 〔광〕 구오구

동아 25.01.06 (1) 〈광고〉
일월 일일부터 신춘벽두지(新春劈頭之) 대영화
제육회 극동 우린빗구[17] 대회
미국 파라마운트 회사 특작
전율괴기탐정소설 『**남버원**』 전십오편 삼십권
제일회 제일, 이편 사권 상영

---

16) '寵姬'의 오식으로 보임.
17) '올림픽'.

명여우 가스린 그릿휘트 양 주연

불국 문호 쌔루삿그- 씨 공전 대작

독일 우니온 회사 提佛[18]

문예대활극 **거인『고란』** 전십사권 내 전편(前編) 칠권 상영

명우 바울, 유에거나- 씨 주연

미국 파테 지사 초노력작

인정비활극 **『라허마』** 전칠권

조선극장 전 (광) 二〇五

시대일보 1월 5일자 단성사 광고와 동일

매일 25.01.06 (2) 신진 활동배우 / 제국『키네마』의 김택윤 (金澤潤) 근

군은 작년 십이월에 대판 뎨국『키네마』에 입소하야 일개월이 못되는 쌀는 긔일에 발서 세 가지 영화에 츌연하야 봉절 흥힝 이후로 만은 갈치를 밧난다는대 그즁 대화잉(大和櫻)이라는 스진은 불원간 됴션에 나와 시내 황금관에 상영될이라 한다.

시대 25.01.06 (3) 〈광고〉

1월 5일자 단성사 광고와 동일

△ 사진 = 김택윤.

동아 25.01.07 (3) 함흥 활사(活寫) 상설

함흥 동명극장은 우리 사람의 힘으로 재작년에 개관하게 되엿는바, 이 극장은 함흥의 우리 사람에게는 수백 명이 회집할 만한 곳이 업슴으로 공회당 겸 극장으로 쓰기로 하고 건축하엿슴으로 창설 이래 함흥 사회에 만흔 편의를 주엇스며 새해부터는 미국 유 사와 특약을 하고 활동사진 상설을 하리라는데 금월 삼일부터 비롯한다고. (함흥)

동아 25.01.07 (3) 〈광고〉

일월 칠일부터 신춘 제이회 대영화

교육사진 **계란부화** 전일권

미국 파라마운트 회사 특작

전율괴기탐정소설 **『남버원』** 전십오편 삼십권

제이회 제삼, 사편 사권 상영

---

18) '提供'의 오식으로 보임.

명여우 가스린 그릿훠트 양 주연

독일 트이릿비 회사 특작

인정대활극 **가두(街頭)의 장미** 칠권

명여우 가-럿틔, 쎄그린 양 주연

독일 우니온 회사 특작

불국 문호 쌔루삿그- 씨 공전 대작

문예영화 **거인 『고란』** 전십사권 내 후편 칠권

명우 바울, 유에겨나- 씨 주연

조선극장 전 (광) 二〇五

당 일월 칠일부터 송죽날

신문예명화 대공개

미국 뷔레뷔-드사 대작품

각색 오투카부릿코- 씨 원작 후랭크데-지 씨 카-쓰톤 크라쓰 씨 대역연

대비애화 **은애(恩愛)** 전칠권

미국 불국 파-데 지사 대작

모험왕 자-루쓰 햇치손 씨 역연

연속활극 **성의 혼(星의 魂)** 전십오편 삽일권(卅一卷) 중

최종편 第十, 十一, 十二, 十四, 十五[19]편 십권 상장

금회 공개된 문예대비극을 꼭 보서요!

엇더한 명화인가를?

예고

근일 공개될 오대 명편

(대비곡) **총희의 연(寵姬의 戀)** 전권

(대비곡) **동의 도(東의 道)** 전권

(대명화) **우처(愚妻)** 전십일권

(문예극) **빗나는 여성** 전팔권

연속극 공중대활모험극 『**유령의 도(都)**』 전십오편 삼십권

송죽 유 사 조선키네마 특약 **단성사** 전 (광) 구오구

시대 25.01.07 (3) 〈광고〉

동아일보 1월 7일자 단성사 광고와 동일

동아일보 1월 7일자 조선극장 광고와 동일

---

19) '第十一, 十二, 十三, 十四, 十五編'의 오식으로 보임.

조선 25.01.07 (석3) 〈광고〉

동아일보 1월 7일자 단성사 광고와 동일

동아일보 1월 7일자 조선극장 광고와 동일

조선 25.01.07 (조2) 군산청년회 주최 / 기근구제 순극 / 고성에서 삼일 동안 / 대성황을 이루엇다

금년의 수재, 한재, 충재 등으로 각디에서 우는 수백만의 동포가 긔근에 싸저 도로에 방황한다 함은 각 디방의 통신을 통하야 자세히 아는 바이지마는 그중에도 전북 군산(全北 群山) 디방의 지독한 한재는 가련한 형톄를 더욱 참혹한 구렁으로 몰어넛코 말엇다.

그리하야 주린 창자을 움켜집고 군산시장(群山市場)과 부근 연변(附近 沿邊)으로 모아드는 비절참절한 그 형상을 본 군산청년회(群山靑年會)에서는 그들의 예일 급한 주택건축공급(住宅建築供給)에 한 도움이 될가 하는 방책으로 리재동포 공동주택건축긔성회(罹災同胞 共同住宅建築期成會)를 조직하고 전 조선동포에게 쓰거운 동정을 구코저 디방순회 련쇄극대(地方巡廻 連鎖劇隊)를

조직하야 대장 김광원(金光源) 씨 인솔 하에 각디로 순회하든바 지난 이십일일에는 고성(固城)에 와서 당디 청년회와 동아, 조선, 시대 세 지분국의 후원으로 청년회관(靑年會舘) 안에서 삼일 동안을 흥행한바 예삼일 밤의 수입은 전부 그곳 청년회에서 경영하는 청년학원(靑年學院)에다 긔부(寄附)하엿다더라. (고성)

동아 25.01.08 (3), 25.01.10 (3), 25.01.11 (3) 〈광고〉

1월 7일자 조선극장 광고와 동일

동아 25.01.08 (3), 25.01.10 (3), 25.01.13 (1) 〈광고〉

1월 7일자 단성사 광고와 동일

시대 25.01.08 (1), 25.01.09 (2), 25.01.10 (4) 〈광고〉

1월 7일자 단성사 광고와 동일

시대 25.01.08 (1), 25.01.09 (2), 25.01.10 (4), 25.01.11 (4), 25.01.12 (2), 25.01.13 (4) 〈광고〉

1월 7일자 조선극장 광고와 동일

시대 25.01.08 (2) 고려청년회 주최로 소인극대회 / 구정 초에 삼일 동안

【개성】 고려청년회에서는 신춘의 희망과 깃붐을 전 민중으로 더부러 마지하기 위하야 오는 구정 초 이일부터 삼일 동안 개성좌 극장에서 신춘 소인극대회를 개하리라는데 상연 종목은 **의 걸작을 위시하야 우리 극작가의 손으로 특히 금반에 창작된 것들이며 무대장치와 **감(監)**도 최선의 노

력을 다하야 준비 중이요. 더욱 연출할 기술원도 사계에 이름이 잇는 전문가를 비롯하야 기예가 우수한 **를 **하얏스며 그 외에도 여흥으로 독창과 *주는 물론이고 조선고가(古歌)도 잇서서 매우 성황을 일울 모양인데 이에 동아, 조선, 본사지국은 전력을 다하야 후원하기로 되야 지금부터 만반의 준비를 완전히 시설하는 중인즉 초일부터 다대한 인기를 집중할 것은 물론이요, 일반인사도 그날을 고대한다고 한다.

상연 종목의 내정된 것

톨스토이 원작 부활 사막

이광수 원작 개척자 오막

김영보(金泳俌) 작 황금의 무도(舞蹈) 일막

공진항(孔鎭恒) 작 전선(戰線) 일막

조선 25.01.08 (석3), 25.01.09 (석2), 25.01.10 (석3), 25.01.11 (석3), 25.01.12 (조3), 25.01.13 (석3) 〈광고〉
1월 7일자 조선극장 광고와 동일

조선 25.01.08 (석4), 25.01.10 (석2) 〈광고〉
1월 7일자 단성사 광고와 동일

조선 25.01.08 (석4) 〈광고〉
일월 사일부터 오일간 상영
미국 폭쓰 회사 실사 **조(鳥)의 생활** 전일권
미국 폭쓰 회사 희극 **촬영소 작난** 전이권
미국 폭쓰 회사 에토나마후 양 쏨-우오카 씨 공연(共演)
인정극 **무언의 증거** 전오권
미국 폭쓰 회사 루이스에스톤 씨 주연
사회극 **우자(愚者)** 전칠권
다음 예고
일월 팔일부터 상영
절해(絶海)의 처녀 전팔권
적(敵)은 폭한 전오권
푸옥스 사 봉절장 **우미관**
전 광 삼구오번

동아 25.01.09 (3) 금강(金剛) 활사 성황
시외 서강의법(懿法)학교 주최의 금강산 활동사진대회는 예정과 가치 지난 삼일부터 삼일간 서강예

배당 내에서 개최하엿는데 연일 만원의 대성황을 이루엇다고. (고양)

조선 25.01.09 (석2), 25.01.10 (석3), 25.01.11 (석3), 25.01.12 (조3), 25.01.13 (석3) 〈광고〉
1월 8일자 우미관 광고와 동일

조선 25.01.09 (조2) 〈사진〉 축지(築地)극장의 명성(明星) / 조선인 홍해성(洪海星) 군
홍군은 방금 동경 축디소극장에서 소산내(小山內) 씨의 지도 하에 연출(演出)을 연습 중인데 사진은 달탄인(韃靼人)으로 분장한 홍군과 그의 본 얼굴.

매일 25.01.10 (2) 〈광고〉
동아일보 1월 7일자 단성사 광고와 동일
동아일보 1월 7일자 조선극장 광고와 동일

동아 25.01.11 (4) 〈광고〉
제작진 및 출연진 제외된 외 시대일보 1월 11일자 단성사 광고와 거의 동일

매일 25.01.11 (2) 〈사진〉 이백만 원의 다리
◇ 사진＝불란셔의 일홈 놉흔 녀빅우(女俳優)『씽겟트』 양의 다리는 세계에 데일 아름다운 다리로 유명한 터인대『씽겟트』 양은 이즈음에 그 다리에 이빅만 원의 보험을 붓치여 일층 세계뎍 인긔를 끌고 잇다.

시대 25.01.11 (4) 〈광고〉
당 일월 십일일부터 유 사 날
연속대회
미국 유 사 대작품
소녀 명우 베비-배기 양 대활극
탐정희극 **배기의 경관(警官)** 전이권
미국 유 사 제공 알-웰리암 씨 주연
탐정극 **국사(國事)탐정** 전오권
미국 유 사 대표적 작품 웰리암단캉 씨 주연
연속활극 **철로맹자(鐵路猛者)** 전십오편 삼십권 내
최종편 제십일, 제십이, 제십삼, 제십사, 제십오편 십권 상영
오래동안 기다리시든 철로맹자가
금회가 최후편이 되엿습니다
꼭 보서요 기회를 놋치지 마시고

예고

근일 공개될 대명화 순서

조선키네마 籠姬[20]의 연 전십일권

유나이딋트 사 동의 도(東의 道) 전권

유니버-살 백만불 영화 우처(愚妻) 전십일권

유니버-살 쥐엘 빗나는 여성 전팔권

유 사 대작 유령의 도(都) 전십오편 삼십권

고대하서요 불일 공개됨니다

송죽 유 사 유나이딋트 사 조선키네마 특약 봉절

수은동 단성사 전【광】구오구

조선 25.01.11 (석4) 〈광고〉
시대일보 1월 11일자 단성사 광고와 거의 동일

동아 25.01.12 (3) 구기(救饑) 소인극을 개천서(价川署)가 절대 금지 / 운동비(運動費) 보조극(補助劇)으로 개연
개천군 군우리(軍隅里) 소년청년회에서는 남선(南鮮)지방의 기근을 구하기 위하야 소인극단을 조직하야 기근구제회 소인극을 흥행하야 일반 부형에게 다소 동정금을 어더 만분일이라도 동정을 표코자 하엿는데 경찰당국은 차(此)를 절대로 불허한다 하야 부득이 목적을 이루지 못하고 동회(同會)의 운동구 구입의 경비 보충이라는 명목 하에 경찰당국의 양해를 어더 거(去) 팔, 구 양일간 당지 구락부에서 소인극을 흥행하엿는데 성황리에 폐회하고 일반 부형으로부터의 동정금이 십오 원이라고. (개천)

동아 25.01.12 (부록 2) [문예란] 사회의 울결(鬱結)[21]과 연극의 사명 / 조춘광(趙春光)
一

사회라고 해도 나는 개념이 우원(迂遠)한 전 인류의 사회를 가리킴이 아니다. 그러케 효과가 희박한 사상을 의론할 여유가 업다는 말이다. 물론 나는 현재에 체구(體軀)를 붓치고 잇어 나와 가치 『살ㅅ길』을 모색하야 참혹히 천식(喘息)하며 비통히 고뇌하는 동일한 언어를 가진 조선민중의 사회와 그 생활을 지시함이다. 그러타고 나는 자기의 사상을 민족이라고 명칭하는 국경적 경계선 안에다만 구속하고자 하는 것이 아니라 거저 나와 언어를 가치하는 형제의 생활상이 너무나 너무나 정의와 애(愛)의 혜택에 요원해 잇기 째문에 인류 문화의 일대 분화 형식인 연극의 사명을 거처 뭇 형제의 행복과 자유를 위한 기도를 함에 불과한 것이다.

---

20) '寵姬'의 오식으로 보임.
21) 가슴이 답답하여 기분이 나지 않음.

나는 전일 조선일보 지상에 『부정의 문학』이라는 논문을 발표하야 유린된 조선민족의 생활상을 보아 부정의 문학, 역항(逆航)의 문학이 필연적으로 생(生)하리라는 것을 추론햇다. 그러나 그러한 현상은 문학상에만 현현될 것이 아니요, 갓흔 사회에 잇어 갓흔 생활환경의 소지자인 이상 장래할 연극예술에도[희곡을 함(含)함] 표현될 것은 자명한 이치가 아니랴. 물론 『씨르네르』의 『군적(群賊)』과 갓흔 노골적으로 표현한 희곡은 조선사회에서 나오랴야 나올 수가 업겟지만은 민중생활에 당면한 고민과 의혹과 동경을 상징적 수법으로 표현하야써 예술 본래의 정신적 지도 우(又)는 예술적 암시의 임무에 노력할 수는 잇을 것이다. 이 의미로 보아서 민중생활의 자유와 정의를 위한 예술의 임무는 일층 중대한 가운데 더욱이 연극예술에 이르러는 파란기복(波瀾起伏)한 인간적 정열이 대담한 실감의 나래를 벌려서 민중의 흉리(胸裡)에 엄습해오니만콤 그만콤 효과와 범위는 일층 심각하고 광대할 것이다. 인류의 진보가 역사적 과정에 잇어서는 미민(迷悶)과 타면(惰眠)에 허덕이는 민중을 한 사람의 위대한 인물이 그 무명의 탁류에서 구제하고 지도햇섯지마는 사악(邪惡)에 유린된 현대 조선민중의 생활에 가장 적절한 구제자는 효과의 위대한 점일는지, 형식의 현미(玄美)한 점일는지 사실상 예술 외에는 타(他)에 무(無)한 것을 부인할 수 업슬 것이다.

이러케 말하면 예술학상의 공리주의만을 긍정하는 것 가트되 그러치는 안타는 말이다. 실상 근대인의 소위 『인생을 위한 예술』과 『예술을 위한 예술』의 쟁론과 갓치 무의미한 것은 업다고 해도 조흘 만하다. 인간생활에 보담 미(美)한 존재에 대한 동경이라던지 보담 선한 자리에 대한 이상이라는 원대한 희구가 잇는 것을 긍정한다 하면 사실 이와 갓흔 말은 스스로 해결되고 마는 것이다. 예술은 그 자신의 자유성과 윤리성으로 보아 독자(獨自)의 존재 의의가 잇는 동시에 인간의 생명에 하등의 충동과 신념을 주는 것으로 보아서는 인생의 일 속성이라 아니할 수 업다. 즉 예술가의 인격이 민중생활의 불합리를 이해하야 인류애에 노력하면 그럴사록 자기의 예술의 자유성과 윤리성을 무시하지 안는 정도 안에서 민중을 위한(광의의 인류를 위한) 창조에 노력할 것이다. 근대의 거대한 예술지상주의자 『오스카, 와일드』가 인간의 예술 모방을 주장하야 예술이 인생을 위하야 존재한다는 것을 부정햇지만은 예술이 인생생활에 모방의 대상이 되는 것도 생활의식이 농후하지는 못하나마 역시 인생을 위한 예술의 미적 가치판단은 창작하랴는 심리적 동기에 잇는 것이 아니고 완성된 창작품에 잇기 째문이다. 그래서 인생에 영향되는 효과의 광협의 차는 잇다 할지라도 완성된 작품은 그것이 진정한 예술품이라는 의미 안에 잇서서는 무슨 의미로서든지 인생에 비익(裨益)[22]되는 것이 잇기 째문이다. 이러하야 나는 일면으로 『갈스워듸』가 무대예술을 가리켜 『문명의 위대한 봉화』라고 일커름에 대하야 음미할 만한 말이라고 생각함과 동시에 사회생활의 고민과 의혹은 당연히 부정적 이상주의의 예술이 발생되야 무대에 상연되리라고 생각한다. 과거에 연극을 갓지 못햇든 조선민족은 별례(別例)지만은 서양 제국의 근대 극운동을 보아서 항상 인습적 도덕과 싸호며 형식적 종교를 파괴하고 압제적 정치에 역항(逆航)햇던 것을 부인할 수 업다. 이러하야 이와가튼 예술을 언하(言下)에 유산계급의 타협적 내응자라고 노호(怒號)하는 사회주의 작가의 궤변으로 입증함과 동시에 예술 그 자신은 어느 의미로 보아 사회개조의 실행자라는 것을 우리에게 보여주엇다. 엇더한 시대던지 참된

---

22) 도움을 줌, 이바지함, 이로움.

예술은 미민하는 민중의 예언적 선도자엿다.

二

이 우에 나는 예술적 황무지인 조선에서 사회현상을 보아 필연적으로 부정적 이상주의 극예술이 출생하리라는 것을 암시햇지마는 이제 나는 조선민족의 사회생활에 대한 연극의 사명에 대하야 말하지 안으면 안 되겟다.

사회에서 품위가 놉흔 예술이 정당한 의미로 이해되는 째는 민중의 예술적 교양이 어느 정도까지 도달햇슬 째다. 교양의 수준이 저급한 민중에게 함부로 품위가 고상한 예술을 상연한다 해도 그것은 조롱과 의혹과 모멸을 밧는 외에 소득이 업슬 것이다. 도리혀 예술의 존엄한 윤리성은 오해되야 민중의 생활이 부자연한 도약에 고민하는 수가 다(多)々할가 모르거니와 그 타(他)의 이득을 희망할 수는 업슬 것이다. 왜 그러냐 하면 교양이 저급한 민중은 내면에 잠재한 생명의 필연성을 보지 못하고 표면에 노현(露現)된 외적 사상(事象)만을 모방하기 째문이다. 일즉이 내가 동경 유락좌(有樂座)에서 『입센』의 『유령』을 구경할 째 제삼막 말단에 이르러 『오스왈드』가 유전적 악질로 인하야 잡세지며 『태양! 태양!』 하고 부르지즐 째 나의 인석(隣席)에 안젓든 일군의 남녀 관객이 『무어야 너절하게 드러워 못 보겟네』 하든 소리를 나는 드럿다. 이와 갓치 심각히 비통한 장면이라도 신파식으로 전쟁에서 죽엇다든지 계모의 구박으로 인하야 자살한다든지 하는 장면이 아니면 그들의 공감을 엇기 어렵다는 것을 나는 그째 째다랏다. 그들에게 대해서는 신성한 인생의 창조욕도 일고의 가치 업다. 이러한 정도의 민중에게 서양의 유명한 희곡을 상연한다는 것은 심히 위험한 일이다. 『인형의 가(家)』의 『노라』는 『노라』 자신의 교양과 자각에 잇서서만 그 출가가 의미 잇는 것이오, 교양 업는 사회의 부인이 무대 상에서 외적 사상(事象)만을 해득하고 드듸여 남편과 애아(愛兒)를 버리고 출가에 이르럿다 하면 그것은 무서운 미상(迷想)이라고 하지 안을 수 업다. 그러나 이 난륜의 행위를 유발케 한 원인은 예술 자신이 그러케 함이 아니고 실로 민중의 교양을 도라보지 안코 소개한 연예가 자신의 이해 업는 책임이라고 아니할 수 업다.

전 세기 째의 불교도와 가치 사회의 둔피(遁避)가, 즉 사회와의 몰교섭이 도리혀 고상하다고 자임하면 그만이거니와 인간생활의 예언적 지도를 자각하는 예술가면 민중생활의 예술적 조화에 유념하지 아니할 수 업슬 것이다. 그러타고 나는 현대 사회주의 작가들과 가치 계급적 반감이 부자연하도록 과장된 결과 동맹 파공(罷工)의 제재를 취급한 이외의 작품은 유한계급의 예술이라고 타기하는 것이 아니고 과도사회에 처한 예술가의 귀중한 사명이 민중을 이해하야 애(愛)로서 지도하는 곳에 잇다는 것을 지시코자 함에 불과하다.

그러나 설령 이와 가치 고귀한 인간적 의무를 자각하야 창작한 예술이 듬을게 조선의 사회에 출현한다 할지라도 연극을 모르는 조선민중에게 무엇을 기대할 수 잇스랴. 황차(况次) 외국의 작품을 공명적(功名的)으로 상연하면서 효과와 기대를 바라는 것은 일층 더 곤난할 것이다. 이 의미로 나는 외국의 위대한 작품을 존경하면서도 현재의 조선민중의 개화 정도를 보아 빈약하나마 얼마 동안은 창작 극장의 필요를 주장하는 바-다.

매일 25.01.12 (2) 배재 청년의 『쏜드빌』 大會 / 오는 십오일에 / 종로 청년회관에셔

시내 명동(貞洞)에 잇는 배지학당 학싱 긔독청년회(培材學堂 學生 基督靑年會)에셔난 오난 십오일 목요(木曜) 하오 일곱 시부터 종로청년회관(鍾路靑年會舘)에셔 동 회 주최로 배지 데이회(培材 第二會) 『쏜드빌』대회(大會)를 성대히 열 터이라는바 입장료는 빅권(白券) 일 원, 청권(靑券) 사십 전, 학싱권(學生券) 이십 전 등의 세 가지이며 이 늘의 슈입으로난 동 회 종교부(宗敎部)에셔 경영할 례배당(禮拜堂)을 사듸리는 자금에 보츙하야 쓸 목덕이라더라.

매일 25.01.12 (2) [연예안내] 〈광고〉

시대일보 1월 11일자 단성사 광고와 대체로 동일

매일 25.01.12 (2), 25.01.13 (1), 25.01.14 (2), 25.01.15 (3) [연예안내] 〈광고〉

1월 10일자 조선극장 광고와 동일

시대 25.01.12 (2), 25.01.13 (4) 〈광고〉

1월 11일자 단성사 광고와 동일

조선 25.01.12 (조3) 〈광고〉

1월 11일자 단성사 광고와 동일

동아 25.01.13 (1), 25.01.14 (부록2) 〈광고〉

1월 11일자 단성사 광고와 동일

동아 25.01.14 (3) 〈광고〉

일월 십삼일 사진 전부 차환
파라마운트 회사 특작품
명화 **양구라자** 전팔권
『씩』에 주연자 루도루후 바-렌치노 씨 완다호-레안 양 공연
파라마운트 회사 특작품
연속 **남버-원**
제오편 위험의 광간(廣間) 제육편 분노의 도주
제칠편 가책의 심(苛責의 心) 제팔편 와사의 운병(瓦斯의 雲屛) 팔권 상장
조선극장 전 (광) 二〇五

매일 25.01.14 (2) 운영전과 독일 명화 / 오날 밤부터 / 단성사에 상영

바다의 비곡(秘曲)을 촬영하야 불소한 성공을 어든 표션 『키네마』 회수에셔는 이제 데이회 작품으로

사극 운영전(史劇 雲英傳 全五卷)을 촬영하얏난대 이 스진은 금 십스일부터 시너 단성스에서 영스하게 되얏다 한다. 스빅여 년 전 력대왕족(歷代王族) 슈셩궁(壽聖宮)의 스실을 긔록한 고대소셜 운영전의 각식임으로 일반의 평판이 조흘 것은 물론일 것이며 단셩스에서는 이와 함씌 독일(獨逸)『우키파』회사의 걸작품『오리베라의 용장(勇將)』이라난 셰계뎍으로 일홈이 놉흔 사진을 상장하기로 하얏다는대 이 사진은『나파륜』젼징 쌔의 사실(史實)을 각식한 것인대『긔로-ㅁ』장군이『셔반아』를 정복하고자『오리베라』에 쳐들어와 왼 시가를 불살느고자 하얏슬 쌔『바루리오타』후작의 쌀『돈나·판나』의 유혹을 당하야 결혼을 하고셔 다른 곳으로 힝군하다가『판나』의 자태가 그리워 아모도 모르게 도라왓슬 쌔는 임의 안히는 다른 스닉와 부동하야 모반을 이르키엿슴으로 장군은 크게 노하야『판나』를 죽이고 자긔도 목숨을 쓴엇다 하는 스실이다.『운영전』과『오리베라의 용장』이 두 가지가 다 함씌 한번 뵈야둘 가치 잇는 작품이라 한다.

시대 25.01.14 (2) [동서남북]

대구예기조합(大邱藝妓組合)에서는 지난 칠일부터 만경관(萬鏡舘)에서 연주회를 열엇다. ▲ 물론 기생이라면 품으로 집어삼키랴는 대구이니 만원일 것은 정한 일. ▲ 그중에도 장관은 학생모자 쓰고 모표(帽票)까지 부친 학생어른들이 들어와서 ▲ 손바닥을 쑤드리며 야단인 것이 장관 중에도 장관. ▲ 벌서부터 기생의 춤과 노래를 그러케 조하하게 되면 그네의 장래는 볼 것 다 봣지. ▲ 본래부터 대구에는 남녀학생 풍긔가 문란한 모양이니까 ▲ 기생연주회쯤 구경을 해도 별로 관계 업는 모양. ▲ 학생이라고 구경 못 하란 법이야 잇스랴마는 기생연주회에는 제발 오지 말라는 말이야. (경고생)

시대 25.01.14 (4) 〈광고〉

당 일월 십사일(수)부터 송죽날
고대하시든 조선 명화 봉절
조선기네마주식회사 특작품
윤백남 씨 각색 감독
연애명편 **총희의 연** 전육권 (일명 운영전)
독을(獨乙) 우-화 회사 대작품
특선명화 대사극 **오리베라의 용장** 전칠권
쾌걸 단톤에 주연자이엿든 명우 에밀얀닝그스 씨 대역연
미국 바이다클넘 회사 대작품
특선명화 정화(情話) **공작의 탄(孔雀의 歎)** 전육권
명화(名花) 고린누크리퓌스 양 주연
(삼대 명화를 쏙 보서요)
특대예고 사대명화
대비곡 **동의 도(東의 道)** 전십일권
문제명화 **우처(愚妻)** 전십일권

문예극 **빗나는 여성** 전팔권

연속 공중대쾌활극 **유령의 도(都)** 전십오편 삼십권

송죽 유 사 유나이뎃트 사 조선키네마 특약 봉절

수은동 **단성사** 전 〔광〕 구오구

일월 십삼일부터 특별 명화 공개

미국 파라마운트 사 최근 대작품

아도루후, 스-카- 씨 제공 푸이릿푸,로-젠 씨 감독

명화 양구라쟈 전팔권

루도루후, 바-렌치노 씨 주연 명화(名花) 완다, 호-레-양 조연

파라마운트 회사 특작품

연속 기괴대활극 제삼회 **남바-완** 십오편 삼십권

제오편 위험의 광간(廣間) 제육편 분노의 도주

제칠편 가책의 심(苛責의 心) 제팔편 와사의 운병(瓦斯의 雲屛) 금회 팔권 상장

점점 기괴(奇怪)한 가운데로 드러가는

연속 난봐원은 금회가 더욱 가경(佳境)

연예 활동 상설

인사동 **조선극장** 전 〔광〕 二〇五番

조선 25.01.14 (석3) 〈광고〉

일월 십삼일부터 초특작 영화 공개

실사 **고몬 시보** 전일권

미국 폭쓰 회사 활극 **행운아** 전오권

미국 쏠드우웡 회사 초특작 일미(日米)영화주식회사 제공

문예영화 여성의 적 전십일권

다음 예고

미국 월니암폭쓰 회사 대작

애화(哀話) **어머니여 어대에** 전구권

공개일을 기대하십시오

푸옥스 사 봉절장 **우미관** 전 광 삼구오번

동아일보 1월 14일자 조선극장 광고와 동일

시대일보 1월 14일자 단성사 광고와 동일[23)]

---

23) 다만 〈총희의 연〉이 다른 기사에는 전6권으로, 조선일보에는 전5권으로 표기됨.

동아 25.01.15 (4), 25.01.16 (1), 25.01.17 (1), 25.01.18 (1), 25.01.19 (4) 〈광고〉

1월 14일자 조선극장 광고와 동일

동아 25.01.15 (4) 〈광고〉

예고가 빠진 외 시대일보 1월 14일자 단성사 광고와 동일

매일 25.01.15 (1) [연예안내] 〈광고〉

시대일보 1월 14일자 단성사 광고와 대체로 동일
동아일보 1월 14일자 조선극장 광고와 동일

매일 25.01.15 (2) 미(米) 영화 배척 선전문을 경성역두에 산포 / 일 년 동안 미국영화 수입비로 군함 멋 척을 제죠할 수가 잇다

십수일 오후 일곱 시 경성역착(京城驛着) 렬차로 도착한 엇던 일본인 다섯 명은 경성역에 도착하는 즉시로 청황식의 션뎐(宣傳)『쎄라』를 쌕림으로 그곳을 경계하던 슌스들은 견긔 다섯 명을 본뎡셔로 인치한 후 취됴한 결과 그것들은 대판 남구 립옥뎡(大阪 南區 笠屋町)에 사무소를 둔 극동련밍회원(極東聯盟會員)으로 배부한 『쎄라』의 션뎐문 닉용은 미국영화(米國 映畵)『필림』을 배척하자는 의미로 일긔년간에 일본 전국에셔 미국영화 스드리는 돈을 가져스면 군함(軍艦) 멋 척을 건조할 슈 잇다고 하는 션뎐문이엿난대 본뎡에셔는 전긔 다섯 명을 검속 즁이라더라.

매일 25.01.15 (2) 〈광고〉 실화(失火) 위문 사례

금 조(朝) 실화의 제(際)는 래(來) 위(慰)를 바자와 감사불기(感謝不己)하나이다. 염려하신 덕택으로 근(僅)히 식당의 일부만 소실되옵고 대사(大事)에 지(至)하지 안엇사오니 안심하야 쥬시옵. 혼잡 중 존명을 일々히 기억치 못하와 위선(爲先) 자(玆)에 지상(紙上)으로 근사하나이다
일월 십오일
주식회사 경성극장

시대 25.01.15 (1) 운영전(雲英傳) 영사

시내 수은동 단성사(授恩洞 團成社)에서는 작 십사일부터 조선 고대소설로 유명한 운영전(雲英傳) 전 여섯 권짜리와 불란서혁명을 배경으로 한 명화 오리베라의 용장(勇將)이라는 사진을 흥행한다고 한다.

시대 25.01.15 (2), 25.01.16 (3), 25.01.17 (2), 25.01.18 (3) 〈광고〉

1월 14일자 단성사 광고와 동일
1월 14일자 조선극장 광고와 동일

조선 25.01.15 (석3) 소방수 위안회 / 작일 경성극장에서

작 십삼일에 경성소방조(京城消防組)를 위안코저 경성소방조원 위안 관극회(觀劇會)를 시내 경성극장(京城劇場)에서 열고 여러 가지 자미잇는 연극을 행하엿는데 당일 초대바든 사람은 경성소방조원과 그 가족은 물론이오, 화재와 관계 잇는 수도과원, 면화교환수 등 일천오백여 명이나 되어 전에 업는 성황을 이루엇섯다더라.

조선 25.01.15 (석3), 25.01.16 (석1), 25.01.17 (조2), 25.01.18 (석2), 25.01.19 (조1) 〈광고〉

1월 14일자 조선극장 광고와 동일

조선 25.01.15 (석3), 25.01.16 (석1), 25.01.17 (석4) 〈광고〉

1월 14일자 우미관 광고와 동일

조선 25.01.15 (석3), 25.01.16 (석1), 25.01.17 (석4), 25.01.18 (석3) 〈광고〉

1월 14일자 단성사 광고와 동일

동아 25.01.16 (1), 25.01.17 (1), 25.01.18 (1) 〈광고〉

1월 15일자 단성사 광고와 동일

동아 25.01.16 (2) 경성역 『국적(國賊)』 문서 / 미국 영화를 보면 국적이라고 / 선전문 배포자 오 명 검속

재작 십사일 오후 일곱 시 차로 경성역(京城驛)에 드러온 일본인 다섯 명은 별안간 약 삼십 장가량의 청황색(靑黃色) 선전 『비라』를 쑤림으로 본정서(本町署) 순사가 달려드러 모조리 본서로 인치하야 취조한 결과 그들은 대판시 남구 립옥뎡(大阪市 南區 笠屋町)에 사무소를 둔 극동련맹원(極東聯盟員)이라 하며 그 비라에 박히여 잇는 글구는 미국영화(米國映畵)를 보는 자는 국적(國賊)이라고 하얏스며 쏘는 군함 몃만 돈과 비행긔 오십 척을 건조하야 한다는 말이엿슴으로 국교상(國交上) 좃치 못한 일이라 하야 검속 류치하얏다더라.

동아 25.01.16 (3) 소년극을 중지시켜 / 회장은 일대 파란이 일러나고 / 횡포한 순사는 도망하엿다고

강원도 통천군(通川郡) 흡곡(歙谷)소년회의 주최와 당지 유학생의 후원으로 거 육일 오후 육시부터 음악 급(及) 가극연극회를 흡곡예배당에 개최하엿는데 정각 전 청중은 예배당 내외에 인산인해의 대성황을 작(作)하야 예정과 여(如)히 초로인생(草露人生)이라는 제하에 가극를 필하고 수전노의 회개라는 제목하의 연극을 진행 중 연사 변인현(邊仁鉉) 씨가 조선인은 총쌕리와 칼날 아래에는 굴복하나 의리와 도덕에는 불복한다는 열변을 토하자 당시 임석하얏섯든 순사는 돌연 주의와 중지를 명함으로 일반 청중은 아모 이유 업시 중지를 당함에 분개하야 회장은 일대 파란을 작(作)하얏스며 동

순사는 사태의 험함을 보고 도주하얏다고. (통천)

동아 25.01.16 (부록 2) [문예란] 사회의 울결(鬱結)과 연극의 사명(속) / 조춘광

三

극장은 인생 생명의 일대 선도적 조화력이다. 또 사실 그러한 것이 어느 시대를 물론하고 예술적 사명이다. 그럼으로 무대에 상연되는 예술이 설령 당면한 사회의 사악과 부정을 타파하랴는 임시적 개조운동이라고 할지라도 쏘한 영원한 인간 생명의 견고한 계단을 조성하는 의미로 보아 영구적 예술의 가치도 잇다. 과학이 이지로써 우주의 자연현상을 밝히면 예술은 직각적(直覺的) 감정으로써 인생 생명의 영원한 진리를 암시한다. 『맑쓰』와 『레닌』이 물질적 개방으로써 인생의 일반적 행복을 기도햇스면 예술은 정신적 개방으로써 인생의 행복에 공헌하려 한다. 인생의 모든 의혹, 고통, 비분은 무대상에서 방사하는 예술의 빗으로 혹은 소멸되고 혹은 위안되는 것이다.

그러면 조선민중의 생활상이 현하와 갓치 천식적(喘息的) 무명(無明)에 고민한다 하면 예술가의 취할 바 유일한 길이 애(愛)와 정의의 기치를 들어 개방(開放)을 규환하는 외에 무엇이 잇스랴. 즉 부정적 예술로써 사악과 도전해야 할 것이다. 이것으로 보아 서양의 희곡이 우리의 생활에 대하야 도전력이 희박하다는 것을 입증하는 동시에 우리의 손으로써 창작한 극을 연(演)하는 것이 일층 효과가 잇다고 하는 말이다. 그러나 나는 인생의 영원한 제목인 연애와 사(死)를 자료삼아 창작한 만흔 예술을 필요치 안타는 것이 물론 아니다. 그 제목의 계단보다 일층 더 선급문제인 당면한 사악과 불합리를 해결하자는 열성에 불과하다. 서양 작품에도 물론 이와 갓흔 것이 만치마는 창작과 갓치 그 민족을 이해해주지는 못할 것이다. 창작의 귀중한 일면의 가치는 민족심리에 기초하야 동족의 사회생활의 분위기에서 결정(結晶)된 생활상의 반영이기 째문이다. 이러한 작품은 생활환경이 판이한 외국 작가의 그것에 비하야 우리의 고민을 호소함이 절실하고 쏘 농후할 것이다. 민중은 무대상에서 자기 생활의 무력준순(無力浚巡)한 단면상을 보고 혹은 울고 혹은 늣기며 혹은 부르지저 분연히 기립하야 적극적 생활개조의 목표로 돌진할는지도 모른다. 그러키 째문에 엇더한 의미로 보던지 극예술가가 인생생활의 예언적 선구자인 이상 단순한 예술 본위만 열중해서는 민중의 모멸을 초치(招致)할 것이다. 황(況) 현재의 조선민중과 갓치 단말마적 고민에 천식(喘息)하는데랴. 예술가의 최선한 성심을 다하면 연극의 예술적 품위와 교화적 지도력의 조화에 불가능할 이치가 업다.

四

창작극장의 효과와 필요를 논하야 극예술가의 사회적 사명을 말한 나는 연극의 최대 원동력인 창작품의 발견에 대하야는 역시 곤난과 주저를 늣기는 배라. 과거에 잇서서 극작가를 가지지 못한 조선은 현재도 의연히 업다고 하고 십흐리만콤 잠잠하다는 말이다. 그러나 무슨 까닭에 조선민중은 한 사람의 극작가를 가지지 못햇는가? 이 사회적 생명의 침체와 울결을 비관하기 전에 우리는 먼저 사회의 냉정과 압박과 몰이해를 생각하지 안을 수 업다. 엇더한 사회, 엇더한 시대를 물론하고 예술가와 갓치 이해밧기 어려운 것은 업다. 그것은 예술가의 예언적 선구의 존재가 현상을 보수하기 쉬운 민중에게는 위험한 이단으로 생각되기 째문이다. 그러나 현금 조선에서 싹돗는 작가의 두상(頭上)

에는 이 곤란에 가하야 경제적 기근과 정치적 압제가 수배(數倍)한 것이 원인이다. 이것으로써 나는 비관론자인 동시에 쏘한 낙관적 기대를 가지고 잇는 바다. 즉 현재의 울결과 침체는 비상 직전의 대취(大驚)의 자세라는 말이다. 대우(大雨) 전에 충만한 천지의 음기가 이 아닌가. 생명은 결코 그대로 고갈하는 법이 업다. 만일에 정의를 회의하는 사람은 생명의 탄력성을 밋음이 조타.

그런대 쏘 엇더한 시대던지 인격이 고귀한 비평가가 나서 작가의 진가를 소개하는 것이 만치마는 한 사람의 선량한 비평가조차 가지지 못한 우리는 이중의 난산을 경험한다. 이 난산과 이 준순(逡巡)한 시련에 직면하야 우리는 부족하나마 자기의 운명을 자기가 개척하는 수밧게 도리가 업다. 그러나 나는 여긔서 연극의 보수적 실제론을 주장하는 것이 아니라 현재 조선의 군소 비평가들과 가치 야비한 질투와 불량한 음모로써 자기의 우월을 증명하랴는 내란적 쟁론을 그치고 어대까지든지 순실(純實)한 태도로 섭애(攝愛) 조장하자는 것을 말하랴 합니다.

나는 이러케 과도기에 처한 극예술가의 사명을 주장햇지마는 창작을 발견하랴는 우리의 태도도 쏘한 이러함이 최선일가 한다. 나는 이 말을 상론하기 위하야 토월회의 비평으로 대신하랴 한다.

五

토월회는 말할 것도 업시 극을 이해하는 정도나 경제적 능력으로 보아 그 예술의 표현력은 유치하나마 장래를 기대하는 조선 유일의 극단체엿섯다. 나는 여긔에 유치라는 말로써 토월회 제씨의 예술적 노력을 무(無)에 장사(葬事)하랴는 것이 아니라 불행히 그들의 공연을 접한 일은 한 번도 업섯다. 다수인의 비평을 종합하야 그만한 실적을 감사하는 동시에 회원 제씨의 교양을 밋고 그 장래를 촉망하는 바다. 현재 조선의 경제적 능력과 사회적 몰이해를 생각하야 그만한 실적은 용이치 못햇을 것이라. 그리고 사회에서는 도덕적 판단으로『부랑자 단체』라는 불온한 비방을 드름에 대하야 나는 이를 부인하는 동시에 회원 제씨에게 대하야는 더욱이 진지한 태도로 자중 향상하야 예술가적 준엄을 증명해주기를 바라는 바다. 예술가에 대한 존경은 작품이나 재기에만 잇는 것이 아니라 그 인격과 실제 생활에도 예술가적 고귀가 잇서야 할 것이다.

그런데 나는 토월회의 상연 목록을 볼 째에 아모리 해도 영리본위나 오락본위의 경지를 선탈(蟬脫)[24]치 못한 태도에 불만을 늣겻다. 아모리 외국의 유명한 작품을 만히 상연햇다 할지라도 그 모든 행위가 공리적(功利的) 허명과 영리적 오락에서 동인햇다고 보지 안을 수가 업다. 무슨 까닭에 민중에 대하야 난해하고 현재 생활에 대하야 초연한 외국의 작품을 상연하엿는가? 조선민중이 그와 갓흔 작품을 이해하고 쏘 요구할 수 잇는 날은 아즉도 사오 년 후다(나는 확정적 수자를 기도의 의미로 썻다). 현재의 조선민중이 오뇌 희구하는 문제는 연애문제나 종교문제가 아니다. 사(死)의 문제와 주의(主義) 문제와 오락 문제는 더욱이 아니다. 민중이 열병적(熱病的)으로 조급하게 희구하는 문제는 이대로 자멸할 것인가, 부활할 것인가의 근저적(根底的) 문제다. 자멸에 의한 단념감은 예술적 노력을 요구치 아니하나 갱생에 의거한 예술적 노력은 다난(多難)하다. 그 민중과 그 생활환경에 배제된 예술가의 운명은 당연히 그 선구의 임무를 온전히 해야 한다. 그러한 의무를 늣기는 예술가는 무

---

24) 매미가 허물을 벗는다는 뜻으로, 낡은 형식을 벗음.

엇보다도 먼저 엇더케 하면 민중에게 살 길을 『암시』하나 하는 문제다. 이것은 말할 것도 업시 광의의 인류애의 문제라.

이러하여서 나는 토월회가 외국의 작품을 상연하는 노력과 능력과 경제력을 가지고 최선을 다하야 일반 사회의 은닉한 사람에게서 창작을 모집하엿스면 머리를 감추고 한식절(寒食節)을 기대하든 작가의 싹이 봄날의 영광과 정애(情愛)에 의거하야 싹도들 것이라고 생각한다. 그 창작으로써 민중의 압헤 선물하면 효과가 위대할 것이다. 거긔에 응모한 만흔 창작은 조선민중의 생(生)하랴는 규환(叫喚)이 아니고 무엇이랴. 생활의 반영이 아니고 무엇이랴. 이러한 작품을 사회에 선물한 후에야 비로소 사회와 민중을 위하야 노력한 예술가의 성의는 시현(示現)되엿다고 할 것이다.

나의 주장인 창작을 극장의 이론과 실제에 대하야는 좀 더 생각한 후에 발표하랴 한다.

사회의 일우(一隅)에서 폐병(廢兵)과 갓치 사는 나는 사회악에 대한 의분과 형제에 대한 애로써 이 일문을 발표하는 것이다.

一九二五, 一, 四 노량진에서

매일 25.01.16 (3) 유도(儒道) 창명회(彰明會) 총회

전라남도 유도 창명회는 금월 십일 오전 십일시 도 회의실에서 총회를 개최하얏는바 지사, 부장, 참여관이 열석(列席)한 하(下)에 박남현(朴南鉉) 씨 사회로 고문의 추천, 찬성원의 선거, 전(前) 원(元) 지사, 전 석(石) 참여관 양 씨에 대한 기념품 증정에 관한 결의 급(及) 동 회관 건축비 부담에 관한 결의를 위하고 동일 오후 칠시에 폐회하얏는데 상(尙)히 동야(同夜)에는 위로의 의미로 지방과의 활동사진을 영사하얏더라. (광주)

조선 25.01.16 (조2) 성황의 배재 『보드빌』

뎨이회 배재(培材) 『보드빌』대회는 작 십오일 오후 일곱 시부터 종로 청년회관에서 주최 측 회장 장치모(蔣致模) 군의 개회와 그 회원의 현악합주(弦樂合奏)를 비롯하야 열리엇는데 텽중은 만원이엇다. 로정일(盧正一) 씨의 『내 고향에 날 보내주』라는 독창이 재청을 바든 후 동교 교장 외 직원 세 명의 교목에 명모를 쓴 채로 출연하야 우슴거리를 석거서 합창(合唱)이 잇섯는데 이것이 대회의 가장 자미잇는 박수를 자아냇스며 리화(梨花)학당 『코러스』의 합창이 마친 후 순서는 뎨이부로 옴기어 신비극 『번젹이는 문』 한 막이 뜻깁게 열린 후 문창모(文昌模) 군의 동화(童話)가 장내를 웃기고 나머지 순서의 영어연설의 홍재유(洪載裕) 군의 『바이오린』 독주와 사회극 『희생』이 잇서 흥미를 잇슨 가운데 성황리에 마치엇다.

조선 25.01.16 (조2) 경성극장 화재 / 십오일 아츰

십오일 오전 여섯 시 오분에 시내 본명(本町) 삼명목 구십이 번디 경성극장(京城劇場) 안에 잇는 대교구길(大橋久吉)의 식당에서 불이 닐어나서 소방대가 출동하야 여섯 시 십오분경에 겨우 진화하얏는데 손해는 별로 업다 하며 원인은 실화인 듯하다더라.

조선 25.01.16 (조2) 적화(赤化) 선전원 일본 잠입? / 의렬단원이 자금을 가지고 동경에 잠입? / 로국인 녀배우도 압장을 서 잇는 듯하다고 / 중국인으로 변장, 일본 전국 대경계

일로교섭(日露交涉)도 근근 묘인하게 됨을 인함인지 한동안 수상한 조선청년들의 일본 잠입이 거의 근허진 듯하더니 요사이는 더욱 증가되여 이미 의렬단(義烈團)과 및 ○○단(○○團)의 당원으로 볼 만한 김상전(金相全)과 박공원(朴功元) 등은 북만주(北滿洲)로부터 자금 약간을 휴대하고 지난 십일 에 변장으로 일본에 건너와 방금 동경에 잠입한 듯한바 내무성(內務省)에서는 조선총독부로부터 보 낸 통지에 의하야 전국 각 부현에 단속을 통고하엿는대 오히려 모단(某團)과 긔맥을 통하야 만흔 선 전비를 어든 이러한 조선사람들은 조선을 거치지 안코 곳 상해, 향항(上海, 香港) 방면으로부터 중 국상인(中國商人)으로 변장하고 다수히 일본으로 잠입하는 사실이 판명되야 엄중히 경계 중이며 한 편으로 작년 세안에 경성(京城)에서 돌연히 종적을 감춘 전 로국 계실부 녀우(露國 帝室附 女優)라고 칭하던 수상한 부인 세 명은 모다 이러한 조선인들의 수모자인 것이 판명되엿는대 그들의 적화선전 (赤化宣傳)에 대하야 일본전국은 크게 경계 중이라더라. (동경면보)

매일 25.01.17 (3), 25.01.18 (2) [연예안내] 〈광고〉

1월 15일자 단성사 광고와 동일
1월 15일자 조선극장 광고와 동일

매일 25.01.18 (3) 영화해설에 대한 나의 천견(淺見) / 단성사 김영환(金永煥)

나는 먼져 영화 해설은 창작이라는 의사를 가지고 잇습니다. 물론 해설은 창작적이라야 하겟습니 다. 이 갓치 말하면 작자의 주견(主見)은 불원(不願)하고 단(但)히 자기표현으로만 망주(妄走)한다는 것 갓습니다만은 결코 그런 것이 아니외다. 위선(爲先) 우리가 매일갓치 대하는 져 외국 영화를 살피 여봅시다. 먼져 작자와 감독으로 이중 창작이 되엿든 것이 우리에게 와셔는 해설이 가입(加入)한 연 후에야 효과를 엇게 됨으로 삼중 창작이 되는 것이외다. 이에 해설자는 작자와 감독의 사상, 감정으 로써 이중 창작이 된 작품 그것의 정신과 예술적 가치를 훼손식히지 안코 능히 관중의 읍해서 취급 할 만한 창의가 업셔셔는 안 되겟다는 말이외다. 여긔셔 해설자는 언으 작품이든지 능히 그 생명을 죽이고 살닐 수가 잇는 권리를 소유흔 것을 알게 되는 동시에 쏘한 무거운 책임을 늣기게 됩니다. 말하즈면 해설자는 작자와 관상자의 중간에 잇서 가지고 흡사히 외국 문학의 번역자인 처지의 관찰 로부터 해설은 일종의 창작이라는 것을 알게 됨이다.

해설은 엇더케 하여야 할가?

영화 해설에는 『타이틀』만 닑어준다는 것도 민우 정다운 말삼이지요만은 『타이틀』은 영화에 대하야 는 보조적 부분에 지나지 못하는 것입니다. 그러니 『타이틀』만으로는 도저히 완전흔 효과를 엇을 수 가 엄습니다.

한 작품에는 한 주의(主義)의 윤곽이 잇고 일화(一畵)에는 일의(一義)가 잇습니다. 이에 해설자는 제 일 먼져 이 윤곽을 발견하여야 하겟습니다. 그리하야 일화(一畵) 일화에 대한 중심 사상을 포착하여 야 하겟습니다. 가령 그 작품의 윤곽이라 하면 거긔에는 물론 무수한 곡선과 세선(細線)이 잇슬 것이외다. 일화 일화 이것 이곳 무수한 선의 분자들임니다. 한 작품의 그만한 윤곽을 완전히 들어내랴면 물론 이 무수한 선의 분자들을 차례로 잘 합하여야 되겟슴이다. 만일 일선 일선을 합하야 나어가다가 거긔에 기개선(幾個線)만 *해버린다든지 쏘는 선후가 오착(誤着)이 되고 보면 못쳐럼 만들어노은 어엽분 여신의 윤곽도 결국 한 팔이 업다거나 쏘는 두 다리가 쇠부라진 불구의 것이 되고 말 것임이다. 이와 갓치 영화에 대한 해설도 그러함니다. 일화 일화에 잠*흔 중심사상이란 얼핏 포착하기가 어렵드리도 화면의 오저(奧底)ㅅ로 깁히 들어가 눈에도 안이 보이는 놈을 붓드러 늬여 오면 그것이 틀님업는 중심사상이외다. 그리하야 쳐음부터 끗까지의 일화 일의를 차례로 합흔 연후에야 완전한 수확을 볼 수 잇슴니다.

이상에도 말흔 바와 갓치 해설자는 반다시 일화 ㅅ를 모다 중요시하여야 함니다. 대수롭지도 아니한 화면이지만은 거긔에 작자의 주안이 들어잇는 데가 잇슴니다. 이러한 점에서 해설자는 눈이 밝아야 함니다. 어느 선생의 한 말과 갓치『강폭한 광부가 선량한 광산 감독자를 구타*는 장면이 잇다 흘 것 갓흐* 그것은 의협적 선행을 강하게 표현식히기 위한 극적 구성인가? 그럿치 안으면 불선(不善)의 가증흠을 강하게 인상주고져 함인가를 깁히 생각하라.』이러한 말과 갓치 해설자는 이러한 점에서는 깁히 사려흔 후에 어느 쪽이든지 그 주안을 집어내여야 함니다.

미사여구 — 해설자에게 한하야는 어데까지든지 필요한 것이외다. 그러나 이것의 한갓 염려되는 것은 작품의 겁질만 할터버리여 말하자면 얼넝뚱쌍으로 오랑키 무악져 넘기듯 하야버리는 버르쟝이가 잇다. 그러나 미사여구란 골격에 색채이닛가 어느 한도ㅅ지는 버리지 못할 것이외다.

음성 — 이것은 청중의 심리를 흔들 만한 힘이 잇는 것이라, 화면의 변동과 경우를 싸라 희노애락의 음조를 갓초워가면 객에게 엇더한 기분과 자극을 줄 수가 잇슴니다. 그러나 쓸 데 업시 박수만 엇으려는 욕심으로 (그럿치도 아니흔 장면에셔) 고성을 질너 오히려 정경(情景)의 엇더한 기분을 쥭이는 일이 잇다.

이것은 해설자에게 한하야 가쟝 얌전지 못한 버릇이라 하겟슴니다.

해설자는 극의 줄기와 화면의 정경을 파손식히지 아니할 만한 범위 내에셔 객의 밧는 교화적 감명이라는 것을 착념하여 가지고 자유로운 해설을 가하는 것이 조흘 줄 압니다. 백열(白熱)갓치 쓰겁게 하고 어름과 갓치 싸늘하게 하라. 『비로-도』보다 더 보드랍게 하고 톱니보담 더 썰ㅅ럽게 하라. 먼져 관중을 울니려고 하지 말고 늬가 먼져 울어야 할 것임니다. 그리하야 해설자는 설명적 창의를 갓고 연구적 태도를 잡어야 하겟슴니다.

一九二四 一二 二六

조선 25.01.18 (석2) 〈광고〉

일월 십팔일(일요)부터 육일간

미국 폭쓰 회사

골계 **순업역자**(巡業役者) 전이권

미국 파라마운트 사

사회극 **황야의 석모**(夕暮) 전육권

미국 폭쓰 사

사회비극 **어머니여 어대에** 전구권

다음 예고

일월 입(卄)사일(구(舊) 정월 일일부터 오일간 주야 대공개)

미국 폭쓰 회사

활극 **호외 호외** 전오권

미국 월니암폭쓰 회사 대작

모험활극 **최대 급행** 전육권

일월 이십팔일 (구 정월 오일부터 상영)

미국 폭쓰 회사 고심대작 **암굴왕** 전권

공개일을 기대하십시요

푸옥스 사 봉절장 **우미관** 전 광 삼구오번

조선 25.01.18 (석2) 일식 사진 촬영 / 미국 학자의 계획

미국 긔상학(氣象學)의 대가 『째비이드, 돗트』 박사는 일만 사천 척의 상공으로부터 비행긔를 사용하여 이십사일의 개긔일식(皆旣日蝕)을 무선뎐신사진으로 박이고저 준비 중이라더라. (뉴욕 십륙일 발뎐)

동아 25.01.19 (4) 〈광고〉

예고가 없는 외 매일신보 1월 19일자 단성사 광고와 동일

매일 25.01.19 (2) [연예안내] 〈광고〉

당 일월 십구일브터 이일간 유 사 날

유 사 대작 하리게리 씨 주연

활극 **쾌도난마** 전이권

유 사 대작 후렝크메-요 씨 주연

인정극 **노도(怒濤)을 축파(蹴破)하고** 전오권

유 사 특대작 몬로소루쓰베-리 씨 주연

인생애화(哀話) **암상의 기(巖上의 祈)** 전오권

유 사 초대작 후렝크메-요 씨 대역연

입신일화(立身逸話) **무적(無敵)** 전오권

예고

음(陰) 정월 흥행될 순서

미국 유 사 백만불 영화 **우처(愚妻)** 전십일권

미국 유 사 대작

연속 공중활극 **유령의 도(都)** 전십오편 삼십권

미국 유 사 대작 문예극 **빗나는 여성** 전팔권

불국 모(某)사 초대작

세계적 대경이 대탐정 대모험

○○○ 전이십편 사십권

고대하셔요 정초 공개될 대명화

단성사

조선 25.01.19 (조1) 〈광고〉

예고가 없는 외 매일신보 1월 19일자 단성사 광고와 동일

조선 25.01.19 (조1), 25.01.20 (석2), 25.01.21 (석3), 25.01.23 (석4), 25.01.24 (석3) 〈광고〉

1월 18일자 우미관 광고와 동일

동아 25.01.20 (3) 구기(救饑) 연극 준비

정주에서 기근구제회를 조직하고 활동사진을 영사하야 기 수입은 조선기근구제회에 보내기로 한다 함은 기보하엿거니와 이제 기회(其會)의 주최 각 단체에서 다시 회의한 결과 청년의 소인극으로 하기로 변경하고 음정월 초사일 밤에 개연하려고 방금 연습 중이라고. (정주)

동아 25.01.20 (4) 〈광고〉

일월 십구일부터 민중극단

초일 예제

비활극(悲活劇) **의와 애(義와 愛)** 오막

= 막의 순서 =

一, 동작강(同雀江) 조선장(造船場) 二, 인천 동성(東成)여관 三, 장필수가(張弼洙家)

四, 괴한 태을용가(太乙龍家) 五, 동소문(東小門) 외 석교

여흥

대비극 **월급날** 이막

관람료

대인 일등 팔십 전 학생 소아 사십 전

　　　이등 육십 전　　　삼십 전

　　　삼등 사십 전　　　이십 전

조선극장 전 (광) 二〇五

1월 19일자 단성사 광고와 동일

매일 25.01.20 (1) 활동촬영대 수행

복부(服部) 시종무관 위문사 일행 중에는 총독부의 활동촬영대* 특히 가(加)하엿는대 우(右)는 국경실시(實視)위문의 시종무관의 행*을 상세히 촬영하야 성지(聖旨)* 여하히 전달되며 국경의 실정과 경비상태를 촬영하여 총독으로부터 헌상할 목적인대 기의(機宜)의 조치라 하야 각 방면에서 비상흔 호의와 기대로써 영(迎)하더라.

매일 25.01.20 (2) 〈광고〉

1월 19일자 단성사 광고와 동일

매일 25.01.20 (2) [연예안내] 〈광고〉

막의 순서가 빠진 외 동아일보 1월 20일자 조선극장 광고와 동일

조선 25.01.20 (석2) 〈광고〉

일월 십구일부터

무대신장(新裝)!! 혁신의 신극!!

기네오라마 반사경 사용

광휘찬란한 무대는 민중예술의

성전(聖殿)으로 화함니다.

(이하 내용은 동아일보 1월 20일자 조선극장 광고와 동일)

조선 25.01.20 (석3) 〈광고〉

1월 19일자 단성사 광고와 동일

동아 25.01.21 (1) 〈광고〉

당 일월 이십일일부터 송죽날 푸로크람

유 사 특별 제공 애화(哀話) **사(死)의 승리** 전육권

후아쓰도냐소날 대작 인정활극 **광련의 녀(狂戀의 女)** 全七命[25]

이태리 뷔-뷔 사 대작 공중로맨쓰 **여비행가** 전육권

예고

음(陰) 정월 초일 공개될 명화

에듸쏀로 씨 주연 대활극 **용맹아**

대비극 **봄이오면**

공중 대연속 **유령의 도(都)** 전십오편 삼십권 중

---

25) '全七卷'의 오식으로 보임.

제일회 제일, 이, 삼, 사 팔권 상장

송죽 유 사 조선키네마 특약 **단성사** 전 (광) 구오구

1월 20일자 조선극장 광고와 동일

매일 25.01.21 (2) [연예안내] 〈광고〉

동아일보 1월 21일자 단성사 광고와 동일

매일 25.01.21 (2) 〈광고〉

1월 20일자 조선극장 광고와 동일

시대 25.01.21 (2) 지방개량 선전

【풍산(豊山)】 함남 풍산군청(咸南 豊山郡廳)에서는 생활위생 등 개량을 선전하기 위하야 지난 십육일 오후 육시부터 당지 공립보통학교 교실에 환등(幻燈)회를 개최하고 부인(婦人)의게만 한하야 관람시켯는데 관람자가 수백 명에 달하야 자못 대성황을 일우엇다는바 짤하서 금월 하순에는 남자게만 한하야 풍속농사 개량에 관한 환등회를 개최한다.

조선 25.01.21 (석3) 〈광고〉

본편의 출연진이 제외된 외 동아일보 1월 21일자 단성사 광고와 동일

1월 20일자 조선극장 광고와 동일

동아 25.01.22 (1) 〈광고〉

일월 입(卄)일일부터 예제 전부 교환

민중극단 의미 심각한 신각본

무대 신장(新裝)! 혁신의 신극!

기네오라마, 반사경 사용……

광휘찬란한 무대는 민중예술의 성전(聖殿)으로 화함니다

비극(悲劇) **비파가(琵琶歌)**

황봉남가(黃鳳南家) 장승모가(張承模家) 황봉남가(黃鳳南家) 후정(後庭)

동(同) 내실 대동강 이별장(離別場) 장승모가(張承模家) 만경대

김학순(金學淳) 송해천(宋海天) 권세진(權世振) 김일뢰(金一雷)

황봉남의 모(母) 서병호(徐丙昊) 인력거 부(夫) 곽향양(郭香洋)

황봉남의 부(父) 이석구(李錫九) 하인 안세민(安世民)

황봉남 김누탄(金淚灘) 상등병 권일청(權一晴)

전학순 처(全學淳 妻) 조금자(趙錦子) 권세진의 매(妹) 이정애(李貞愛)

장옥경(長玉卿) 최성해(崔星海) 여종 춘희(春姬)

상등병 고우진(高又鎭) 장승모(張承模) 안광익

화려한 무대와 능숙한 명우들의

천재적 기예 도시(都是)! 상찬(賞讚)의 경(鏡)이외다

조선극장 전 (광) 二〇五

1월 21일자 단성사 광고와 동일

동아 25.01.22 (3) 본보 독자 위안 / 활동사진을 할인 관람케 / 일월 입(卄)오일부터 일주간 / 부산지국에서

본사 부산지국에서는 일월 이십오일부터 일주간을 부산 봉래관(蓬萊舘) 내에서 입장료 일등 팔십 전을 육십 전, 이등 육십 전을 사십 전의 할인으로 독자 위안 활동사진대회를 개최한다는데 변사는 박재홍(朴在洪) 씨이오, 이번 사진은 금반 처음 영사한 사진임으로 자미가 만흔 것이라는데 일반은 본 지국 발행의 할인권을 가지고 다수 관람하기를 바란다고. (부산)

매일 25.01.22 (2) 동경 연기좌 소실 / 손해 총액 오십여만 원 / 삼천여 관중이 셔로 부르지져 / 처참한 광경은 볼 수가 업섯다

【동경전보】 이십일 오후 여덜 시 삼십분경에 동경 적판류지(東京 赤坂溜池) 십칠 번디에 잇는 근안흥힝부(根岸興行部) 경영의 연기좌(演技座)의 동족랑아 휴계실의 면경에셔 불이 이러나 맛참 개연 중의 퇴뎐정차랑(澤田正次郎) 일힝의 좌원이 총츌동하야 불을 쓰기에 로력하얏스나 조금도 효과를 낫타니지 못하고 불은 화장실(化粧室)의 뎐경으로 올마 붓터셔 연극장의 뎐경 젼례난 삽시간에 불바다를 일우웟슴으로 쟝닉에 빈틈 업시 들어셧든 삼천여 명의 관즁은 저각기 나아갈 구녕을 찻노라 셔로 밟고 셔로 부르지져 장내는 일대 슈라장을 일우엇는대 쌔맛츰 표뎡(表町) 경찰셔원이 시각을 지톄치 안이하고 비상츌입구(非常出入口)를 열어쥬어 일곱 명의 경상자(輕傷者)를 내인 외에 관즁은 젼부 무사히 구원하얏고 연기좌 젼부와 밋 그에 린접하얏든 흑룡회 도셔출판부(黑龍會 圖書出版部)를 젼소하고 아홉 시 삼십분경에 겨우 진화하얏는대 원인은 루뎐(漏電)임이 판명되얏스며 손해 총익이 약 오십여만 원 즁 삼십이만 원은 보험에 붓쳐 잇셧다더라.

시대 25.01.22 (2) 〈광고〉

동아일보 1월 21일자 단성사 광고와 동일

동아일보 1월 22일자 조선극장 광고의 주요 정보 제공

조선 25.01.22 (조1) 김문필(金文弼) 극단을 고대

민중극단 일행은 래(來) 음(陰) 정월 초순경부터 칠일간을 목포 상반좌(常盤座)에서 흥행할 터인바 당지(當地) 인사는 김문필 씨의 천재적 기술을 보고자 열광적으로 기대한다더라. (목포)

조선 25.01.22 (석2) 변소에서 강탈 / 동경 연극장 강도

요사히 새로히 개장된 동경 가무기좌(東京 歌舞伎座)에서 이십일 하오 여섯 시경 은좌 목촌(銀座 木村)『쌩』가가[26] 주인의 동생 목촌덕조(木村德助)의 처 『에이』(三八)가 부인 변소 속에서 삼십 세가량의 양복 입은 남자를 맛나 목을 주이고 돈 내라는 바람에 현금 사십여 원 든 지갑을 내여주엇다더라. (동경면보)

조선 25.01.22 (석2) 연기좌 소실 / 이십일 동경화재

이십일 오후 여덜 시 반 동경 적판류지(赤坂溜池) 연기좌(演伎座) 휴게소 부근에서 불이 나서 연기좌는 물론이요 부속 매덤까지 전소되고 동 열 시경에 진화되얏는데 마츰 택면정이랑(澤田正二郎)의 일행이 개연 중이엇슴으로 대소동이 일어낫섯스나 관객의 사상은 업섯스며 순사와 소방대중에서는 마츰내 칠 명의 부상자를 내엇고 손해는 약 오십만 원가량이라더라. (동경면보)

조선 25.01.22 (석4) 〈광고〉

출연진이 제외된 외 동아일보 1월 22일자 조선극장(민중극단) 광고와 동일

조선 25.01.22 (석3), 25.01.23 (석4) 〈광고〉

1월 21일자 단성사 광고와 동일

시대 25.01.23 (2) 〈광고〉

1월 22일자 단성사 광고와 동일

시대 25.01.23 (2), 25.01.24 (2) 〈광고〉

1월 22일자 조선극장 광고와 동일

조선 25.01.23 (석2), 25.01.24 (석3) 〈광고〉

1월 22일자 조선극장 광고와 동일

조선 25.01.23 (조2) 연쇄극대 밀양에서 환영 / 군산청년의 주최로 긔근동포의 구제책

군산청년회(群山靑年會)에서는 먹을 것과 집이 업는 가련한 긔근동포들에게 다만 아직 풍우나 폐할 집 한 간식이라도 지여줄 작정으로 작년부터 군산 리재동포 공동주택건축긔성회(群山罹災同胞共同住宅建築期成會)를 발긔하야 가지고 사방으로 활동한 결과 다소간 동정금이 들어왓스나 도저히 그것으로는 충수가 되지 못하야 다시 전조선 순회 련쇄극 활사대(全朝鮮 巡廻 連鎖劇 活寫隊)를 조직하야 가지고 방금 각디를 순회하는 중 지난 십륙일에 그 일행은 밀양(密陽)에 도달하야 밀양청년회

---

26) '가게'의 원말.

의 후원으로 당디에서 지난 십칠일 밤부터 흥행하는데 동정금이 다수히 들어온다더라. (밀양)

조선 25.01.23 (조2) 취영단(聚英團)의 휼계(譎計)[27] / 거짓 소년단 일홈을 팔어 / 사복을 채우랴다가 실패

전남 령암소년단(全南 靈巖少年團) 주최인 취영단 일행이 완도(莞島)에 와서 삼일간 연극을 마치고 완도소년단을 위하야 이일간 흥행한다 함은 이미 보도하엿거니와 원래 취영단은 영리의 목덕을 가지고 순연(巡演) 중이다가 마츰 목포(木浦)에서 령암 소년단장 조희원(曺喜元) 군을 맛나서 가티 령암으로 가서 삼일간 연극을 마치고 그 디방

소년단을 위하야 이일간 흥행 후 다시 소년단과 손목을 잡어 령암소년단의 주최로 병영, 장흥, 강진, 해남(兵營, 長興, 康津, 海南) 네 곳만 순연하여 실비만 제한 외에는 령암소년단의 악긔(樂器)의 불충분한 것을 보충해주겟다 함으로 령암소년단에서는 김희선(金希善) 군을 대표로 보냇더니 간 곳마다 손해가 나서 강진에서 다소의 부채를 갑고 또

강진에서 식비를 갑지 못하야 주인 김락중(金樂仲)을 다리고 해남에 와서 흥행한 결과 또 손해만 남으로 할 수 업시 김희선 군을 쐬이되 완도에까지 가면 려비를 변통하여 줄 터이니 완도까지만 가티 가자 함으로 김희선 군은 할 수 업시 완도까지 가서 역시 령남소년단[28] 주최라 한바 완도인사들은 그네들의 행동이 하도 불분명함으로 령암으로 뎐화한즉 사실이

잇다 하야 엇절 수 업시 후원을 하엿더니 취영단원은 료리집을 출입하며 술이 쌔일 새 업시 취함으로 완도 일반은 비난이 분운하더니 지난 십륙일 밤에 전긔 김락중은 김희선 군을 대하야 래일은 령암소년단의 악긔와 포장을 경매할 터이니 그것을 차지려거던 강진으로 오라 함으로 김희선 군은 말하되 령암

소년단과는 아모 관계 업스니까 취영단과 의론하라 한즉 겨테 잇든 취영단 부단장인 리한표(李漢表)란 자가 덥허노코 김희선을 화로(火爐)로 집어처서 머리에 상처를 이루엇다는데 완도에서는 비로소 그 충분한 내막을 알고 압날 모집한 동정금은 아즉 권리를 량도하지 안햇스니까 취영단의 손에 돌려보낼 것 업시 직접 령암소년단 대표에게로 량도하겟다더라.

부단장 자살미수 / 바다에 쌔진 것을 구조

취영단 부단장 리한표(二三)가 령암소년단 대표 김희선(一八) 군을 싸리어 류혈이 랑자햇다 함은 별항과 갓거니와 그 보고를 들은 완도 유지 몃 사람은 달려가서 리한표에게 무한공격을 하엿더니 리한표는 그 무리함을 쌔다럿든지 지난 십칠일 령시 이십분경에 완도 파지장(波止場)에 나가서 바닷물에 몸을 던저 자살하려다가 마츰 단원의 구함을 입어 무사하얏다더라. (완도)

---

27) 간사하고 능청스러운 꾀.
28) '령암소년단'의 오식으로 보임.

동아 25.01.24 (4) 〈광고〉

일월 입(卄)삼일부터 사일간 대공개

특별 대명화 제공 근하신년

독일 우니용 회사 특작품

인정풍자극 **허영의 지옥** 전오권

황금만능⋯⋯허영예찬⋯⋯으로 인하야 인육(人肉)의 시장은 도처에 열인다⋯⋯

아! 과연 현대 부인(婦人)의 정조?⋯⋯

불국 파데-회사 대걸작

맹여우 루스로-탄도 양 대역연

모험기괴전율대활극 **루스의 모험** 전십오편 삼십권

제일회 제일, 이, 삼, 사, 오편 십권 상장

미국 파라마운트 회사 걸작

연속 **남버-원** 전십오편 삼십권 내 第九卷[29] 이권

볼사록 기괴한 가온대로 드러가는 연속 아! 과연 여하(如何)?

조선극장 전 (광) 二〇五

출연진 일부가 제외된 외 시대일보 1월 24일자 단성사 광고와 동일

시대 25.01.24 (2) 〈광고〉

당 일월 이십사일 음(陰) 정월 초 일일 주야 이회

유 사날 명화대회

유 사 대작 로이쓰치와-드 씨 주연

국사탐정(國事探偵) **괴미인** 전이권

유 사 특작 레지놀-도데-니 씨 주연

활극 **역권격류(逆捲激流)** 전이권

유 사 특별 제공 명화 **봄이 온다 하면** 전팔권

유 사 대표적 대작

바도모리손 씨 대활약

모험비행가

중위 대맹조연

공중대모험 대연속활극 **유령의 도(都)** 전십오편 삼십권 중

제일회 제일, 제이, 제삼, 제사편 팔권 상영

예고

---

29) '第九篇'의 오식으로 보임.

내주 일월 이십팔일 공개 순서

문제이든 대명화

백만불 대영화

명화 우처(愚妻) 전십일권

명화 휘(輝)의 여성 전팔권

고대하서요 내주를!!

수은동 단성사 전 〔광〕 구오구

조선 25.01.24 (석2) 무전으로 긔상을 보고 / 동경긔상대에서

동경 긔상대 무선뎐화 방송국(氣象臺 無線電話 放送局)이 완성되엇슴으로 래월 일일부터 개시하고 선박(船舶)에 긔상을 보하야 알릴 터이라더라. (동경 뎐보)

조선 25.01.24 (석4) 〈광고〉

시대일보 1월 24일자 단성사 광고와 동일

조선 25.01.24 (조2) 장관(壯觀) 예긔(豫期)의 소인극 / 무대장치도 새로 / 긔타도 일신하게

개성 고려청년회 주최와 본사 개성지국 후원으로 음력 정월 초이일부터 삼일간 개성좌에서 신춘소인극대회를 개최할 터인바 동 회에서는 이번 대회를 특별히 신춘에 위안거리로만 할 것이 아니라 완전한 예술뎍 효과(藝術的 效果)도

발휘하여 보라고 무한히 노력한 결과 몬저 개성의 극장에 잇는 배경 장치(背景 裝置)를 가지고는 되지 아니할 터임으로 이에 신진 화가 장륜식(張倫植) 군이 전력을 다하야 이를 고치며 혹은 새로히 작만하는 중에 잇고 등장인물의 배치 등도 주의에 주의를 더하야 주야를 불고하고 맹렬한 련습을

계속하는 중에 잇다 하며 더욱 그중에는 예술좌(藝術座)의 중추이든 윤혁(尹爀) 군을 비롯하야 상당한 기술이 구비한 이들이 나올 터이오. 더욱이 이번에는 조선 녀류 성악가(女流 聲樂家)로 명성이 자자하든 박월정 녀사(朴月晶 女史)가 여러 가지 밧분 틈을 타서 경성으로부터 나려와서 그의 독특한 독창을 할 터이라는대 상연할 종목은 아래와 갓다더라.

톨스토이 원작 부활 사막

이광수 씨 원작 개척자 오막

김영보(金泳俌) 씨 작 황금의 무용 일막

공진항(孔鎭恒) 씨 작 전선(戰線) 일막

소극(笑劇) ** 일막

비극 유랑의 저녁 일막 (개성)

동아 25.01.25 (3), 25.01.26 (4) 〈광고〉

1월 24일자 단성사 광고와 동일

1월 24일자 조선극장 광고와 동일

매일 25.01.25 (2) 기상 방송 개시
【동경전보】긔상대(氣象臺)의 무면방송국(無電放送局)이 완성되얏슴으로 지는 일일부터 각 선박(船舶)에 대하야 긔상(氣象) 무면방송을 개시하얏다더라.

조선 25.01.25 (석1), 25.01.26 (조2), 25.01.27 (석4) 〈광고〉
1월 24일자 단성사 광고와 동일

조선 25.01.25 (석1) 〈광고〉
당 일월 이십삼일부터 사일간 대공개
특별 대명화 제공
독일 우니용 회사 특작품
인정풍자극 **허영의 지옥** 전오권
불국 파데-회사 대걸작
모험기괴전율대활극 **루스의 모험** 전십오편 삼십권
제일회 제일, 이, 삼, 사, 오편 십권 상장
미국 파라마운트 회사 걸작
연속 오회 **난바-원** 전십오편 삼십권 내 第九卷[30] 이권
대예고
미국 파라마운트 회사 대작
미국 콜드윙 제공
연애신비극 절문 『**다이야나**』 전칠권
조선키네마주식회사 제삼회 초특작품
조선영화 **암광**(闇光) 전편(前編) 칠권
경성 인사동 **조선극장** 전화 광 二〇五番

일월 입(卅)사일 (구(舊) 정월 일일부터 오일간 주야) 대공개
미국 폭쓰 사 연구실 영화 실사 **빙화**(氷話) 전일권
미국 폭쓰 사 작 희극 **청컨대 잠간** 전이권
미국 폭쓰 사 작 활극 **호외 호외** 전오권
미국 월니암폭쓰 사 대작 모험활극 **최대 급행** 전육권
다음 예고

---

30) '第九篇'의 오식으로 보임.

인정극 **남중의 남**(男中의 男) 전오권
비극 **공음**(跫音) 전칠권
근일 상영
미국 월니암폭쓰 사 고심 대작
세계 대문호
암투(暗鬪)명화 **암굴왕** 전십권
『원명 몬듸크리드』『일명 해성왕(海王星)』
푸옥스 사 봉절장 **우미관** 전 광 삼구오번

조선 25.01.25 (조1) 성진(城津)에서 구제 활동사진 / 해평청년회 주최로

성진군 학중면(鶴中面) 해평동(海坪洞) 청년회에서는 성진 신인회(新人會)의 후원 하에서 ** 동정의 목적으로 당지 성진좌에서 거(去) 십육, 칠 양일간 활동사진 대영사회를 개최하엿는데 유지인사로부터 좌(左)와 여(如)한 동정이 잇섯다더라. (이하 기사 생략) (성진)

동아 25.01.26 (부록 3) [영화 소평] 『운영전(雲英傳)』을 보고 / 윤갑용(尹甲容)

『조선키네마』의 제이회 작품 『운영전』은 만흔 기대 가운데 우리 『스크린』에 나타나게 되엿다. 남 지〻 안는 열성을 가진 나는 오래 기다리든 이 연인을 맛나려 달려가 보앗다. 이것이 연애담이라고 할는지 인상기라고 할는지 엇접지 안은 비평문이라고 할는지 그것은 독자의 자기 판단에 맛기거니와 하여간 나의 가장 사랑하는 애인 『순조선영화』를 맛난 깃붐과 서그품을 거저 참기 어려워 일반에 피력하고저 함에 불과하다. 아름다운 점과 험절을 다 가치 들추어내어 애인의 예찬과 편달에 적은 힘으로나마 이바지하고저 한다.

『운영전』은 그 『스토리』 자체가 지금부터 사백여 년 전의 수성궁(壽聖宮) 비사로 자료 잡은 점에 잇어 보다 조선적이니 우리의 정서와 기분이 넘처 흐르는 스토리다. 이 녯 소설을 개작해서 영화화식힌 백남 윤교중(尹教重) 씨의 노력과 고심에는 감사하지 안을 수 업다. 그러나 그 애씀이 『캐메라맨』의 서투름으로 말미암어 반 이상 헛되히 되고 말엇음은 애석한 일이다. 허지만 『떼마』로 보던지 일관한 정조와 『리듬』으로 보던지 제일회 작품 『해의 비곡』보다는 성공이라 하겟다.

이제 그 세부에 들어가 사진 기교에 붓을 옴겨보자. 화면의 불선명함은 말할 수 업스니 이는 촬영하든 째가 마츰 강설기(降雪期)엿슴으로 채광을 충분히 할 수 업섯다는 원망도 잇섯겟지만 촬영기사의 기술이 부족햇슴은 사실이다. 배우의 표정은 고사하고 얼골의 형상조차 알 수 업스리만큼 희미하야 관객으로 하여금 간질〻〻함을 지나처 화증이 나게 한다. 그리고 각색의 관계도 잇섯겟지만 『크로즈 업』을 당연히 쓸 데 『롱숏트』를 쓴 데도 잇고 『미드 숏트』라야 될 장면을 쓰지 안은 데도 잇다. 운영이가 금련(金蓮)이와 밀담하는 씽 가튼 데는 배우와 『캐메라』의 거리가 너무 써러저 잇섯고 운영이가 애인을 생각해서 초려(焦慮)하는 장면도 『크로즈업』이면 더욱 조왓슬 것을 안 썻다. 촬영비를 앳겨서 『휫팅』을 『휫아웃』으로 주저한 곳도 만타. 여러 가지 촬영기교만 쓰는 것이 능이 아니겟지만 영화예술적 묘미를 표현할 수 업스리만큼 인색함은 도로혀 손실이라 하겟다.

김진사가 시를 쓰다가 운영의 손에 먹이 튀게 한 장면은 변사의 해설 아니면 운영이가 먹을 갈다가 뭇엇는지 엇전지 몰으게 되여 잇다. 충복(忠僕)의 월장(越牆)하는 데와 집웅에서 나려쒸는 장면의 『트릭크』의 졸렬함은 소인(素人) 『팡』에게도 그 밋천을 알녓다. 특(特)이와 김진사가 무녀(巫女)의 집으로 말을 타고 갈 제 『캐메라맨』의 실수로 시객(視客)의 우숨깜이 되엿다. 속회전으로 백일 곳을 지(遲)회전으로 한 까닭이다. 그리고 조색(調色)은 퍽도 졸렬햇다. 감독의 미진한 점은 배우의 표정과 동작에서 엿볼 수 잇거니와 충복 특이의 싸흠은 너무 근대적인 데 결점이 잇섯다. 그리고 김진사가 수성궁에 진알(進謁)하러 가는 길에 철책이 보인 것도 험이엿다. 또 운영이가 나삼(羅衫)에 편지 쓴 것은 그 글을 대사(大寫)하지 안은 것도 실수다. 무녀가 소옥(小玉)에게 줄 쌔도 흰 홍겁, 안평대군이 되려다 볼 쌔도 단지 수건에 불과하엿스니 엇지 부족한 늣김이 업스랴. 그러나 『캐메라』 압헤 두 번째 서 보는 배우로 이 만큼 감독한 노력에는 감면(感眠)하지 안이치 못한다. 의상과 도구에 이르러서는 아직 말할 나위도 업다. 『타이롤』은 『춘향전』이나 다른 것보다 낫다 할 수 잇겟스나 『아-트 타이틀』이 업섯스니 좀 더 의장(意匠)을 되렷스면 한다. 『스포-큰 타이틀』은 비교적 만히 너헛스나 아직 문구가 세련되지 못하엿다.

야연(野宴)에 조선 무도(舞蹈)를 집어넌 것은 매우 영화를 밝게 하엿다. 더구나 순 조선음악 타령을 저주(低奏)해서 한층 조왓다. 관객은 박수햇다. 그리고 운영이가 손에 뭇은 먹을 볼에 다고 비비는 데와 김진사와 북한산에서 노니는 러브씬도 조왓다. 소옥의 회심의 우슴을 웃는 표정과 『특이』의 『액손』도 잘 되엿다. 조금 과장된 듯도 하지만 장기 두고 안젓는 데도 넷 관아의 별배(別排)들의 게으른 기분이 잘 나타나 잇서서 좃타.

그러면 액터-의 기예에도 나의 무쒼 매스를 둘러보기로 하자. 통틀어 말하자면 배우의 기술은 아즉 세련되지 못하엿스나 장래는 유망하다. 주역 운영으로 분장한 김우연(金雨燕) 양은 아릿다운 용모를 가젓다. 일본의 수곡팔군자(水谷八軍子) 가튼 얼골이다. 『캐메라』 압헤 나서기는 처음인 까닭에 안면근육(顔面筋肉)의 움직임이 그다지 잘 되지는 못하나 그의 너그러운 얼골과 온순하고 열성스런 기품이 능히 그의 장래를 빗나게 할 것을 말한다. 우리는 그의 전도에 만흔 기대를 가젓다. 김진사로 분장한 안종화 군은 눈이 좀 적다. 갓득이나 적은 눈이 『레프럭터-』의 강렬한 광선으로 인하야 쪽바로 쓰지 못하는 일이 만타. 그리고 근육 표정에 좀 더 노력하엿스면 한다. 소옥 역으로 출연한 이채전(李彩田) 여사는 얼골도 아름답거니와 윤곽이 쑤렷하고 눈이 크고 맑아서 영화배우에 적당한 얼굴임을 늣겻다. 그리고 안면근육의 무도(舞蹈)가 白山³¹⁾스러워서 그 심적 정서를 잘 늙을 수 잇다. 『액쉰』에 굿은 맛이 좀 잇는 듯하나 세련되면 훌륭한 『액츠-레스』일 것을 예언(豫言)한다. 안평대군으로 나타난 유영로(愈映路) 군은 일본의 정상정부(井上正夫)를 연상케 하는 원로 배우이다. 비록 그의 기예가 무대극만 못한 늣김이 업지 안으나 『무빙 액터』로서도 무슨 역이는지 족히 감당해나갈 수 잇슴을 나는 단언한다. 충복으로 분장한 이주경(李周璟) 군은 표정이 너무 과장된 듯하나 근육이 잘 논다. 더욱이 활극미 잇는 액손은 제 물로 잘 된다. 신파 나음새 나는 점에 좀 연구하면 장래의 큼을 바랄 수 잇는 배우일 것이다. 자중하기를 바란다. 그리고 마지막으로 본 영화에 무명의

---

31) '自由'의 오식으로 보임.

영웅격으로 만흔 쌈을 앗기지 아니한 천재 조감독 이경손(李慶孫) 군의 노력을 감사한다.

미움과 사랑은 어느 점에서 일치된다. 장처(長處)와 단처를 모조리 들어내여 쌉싹이를 벗겨논 것이 귀여운 애인『조선영화』야 너를 한업시 사랑하는 쌔문이니 붓그럽다고 하지 마라. 그리고 머지 안이하야 제삼회에는『암광(闇光)』이라는 야회복(夜會服)(현대극)을 입고『스쿠링』에 나온 쌔지? 그쌔는 더욱 어엽분 얼골을 가지고 나와 맛나기를 바란다. (씃)

매일 25.01.26 (2) 문제영화 / 조선키네마의 대역작 / 명감독의 신묘한 감독술과 일류 명우와 쥬연으로 완성

◇ **바다의** 비곡(秘曲) 운영뎐(雲英傳) 등을 촬영하야 원 됴선에서 열광덕 대갈치를 밧고 동양(東洋)의 영화게(映畵界)에서 특수(特殊)한 디위를 어든 됴선『키네마』회스에서는 창립 이릭로 현안 중(懸案 中)이든 문예의 대영화『암광(闇光)』(全 十四卷)의 전편(前篇) 십권의 촬영을 맛치엿다난바 민완가(敏腕家) 왕필열(王必烈) 씨의 신묘(神妙)한

◇ **감독술**(監督術) 아릭에서 제작된 이 사진은 주연(主演) 리치뎐(李彩田) 양과 유영로(兪映路) 씨와 조연(助演) 리이텰(李而哲) 씨 셔련화(徐蓮華) 양 외 일동의 화려한 연기(演技)로 하여금 관중을 이끌어 입신(入神)하는 디경에 방황케 할 만하다 하야 미리부터 일반 동호자(一般 同好者) 간에난 긔대가 만타. 전하난대 이제 그『음광』사진의 이야기를 소개하면 아릭와 갓다더라.

◇ **암광의 경개**(梗槪)

엇던 마을에 슐쟝스를 하는 성질이 불량한『태득』이라는 자가 잇셧는대 하로난 길거리에서 여러 스람에게 어더맛고 잇는 차에 마참 그 동닉의 빅졍『권의근』이라난 사람에게 구원되야셔 무스히 자긔의 집에 도라오게 되엿섯다. 그쌔에 쳐음으로『태득』의 누의동싱『용주』의 즈태를 보게 된『권의근』은『용주』를 니즐 슈 업셔셔 미일

◇ **그 집에** 출입하게 되얏다. 이럼으로 그의 구입은[32] 용주의 집 슐갑으로 나가버리게 되얏스며 그의 집안은 말할 수 업시 공궁하게 되야 그의 눈 머른 누의는 동닉로 밥을 비러 먹어 도라다니게 되엿는대 하로는 그가 길거리에서 자긔의 누의의 그 모양을 보고셔 자긔의 잘못을 씌닷고 다시는 슐을 먹지 안으리라고 밍셰하얏다. 그런데『태득』이는 악한『윤용』의

◇ **부하가** 되야 자긔의 누의를 그 자에게 파라 먹을녀고 하야 하로난『용주』를 다리고『윤용』에게 가셔 봉욕을 당하게 하얏는대 마참『용주』를 스모하고 잇는『의근』이가 그것을 알고 쏘차가『용주』를 구원하얏다. 이리하야『용주』도『의근』이를 사랑하게 되얏다.『태득』이는『용쥬』가『윤용』에게 싀집가지 안는다 하야 칼을 쎅아들고『용쥬』를 협박하다가 잘못하야

◇ **자긔의** 어머니를 씰르게 되얏다. 한 미치광이가 된『태득』이난 놉흔 언덕에 올나가셔 아릭로 써러져 죽어바리고 비탄하든『용쥬』는『의근』이의 굿고도 쓰거운 사랑을 바다 그의 힘 잇는 두 팔에 안기고 마럿다.

(사진은 악한 태득이가 용쥬를 욕보이랴 하는 장면)

---

32) 전체 내용을 볼 때 '수입은'의 오식으로 보임.

매일 25.01.26 (2) 25.01.27 (4) [연예안내] 〈광고〉
시대일보 1월 24일자 단성사 광고와 거의 동일

매일 25.01.26 (2) [연예안내] 〈광고〉
조선일보 1월 25일자 조선극장 광고와 거의 동일

조선 25.01.26 (조2) 〈광고〉
1월 25일자 조선극장 광고와 동일

조선 25.01.26 (조2), 25.01.27 (석1), 25.01.28 (석4), 25.01.29 (석3), 25.01.30 (석1), 25.01.31 (석4), 25.02.01 (석4), 25.02.02 (조2) 〈광고〉
1월 25일자 우미관 광고와 동일

동아 25.01.27 (2) 〈광고〉
일월 입(卄)칠일부터 명화 대공개
미국 파라마운트 회사 불후 명작
아투바-도가페라니 로바-도지비구라노 씨 감독 마리-고로리- 씨 원작
인정신비극 **절문『다이아나』**칠권
세계적 名畵[33] 마리온데빅스 양 주연
루-사리-도- 씨 각색
불국 파데- 회사 일대 걸작품
맹여우 루스로-탄도 양 대역연
모험연속 **루스의 모험** 전삽(卅)일권
제이회 제사, 오편 사권 상장
미국 파라마운트 회사 특작품
연속 육회 **남바-원** 전십오편 삼십권 제십일, 십이 사권 상장
예고
조선키네마 제삼회 특작품
순조선영화극 **『암광(闇光)』** 전편(前篇) 칠권
조선극장 전 (광) 二〇五

1월 24일자 단성사 광고와 동일

---

33) 名花의 오식으로 보임.

동아 25.01.27 (3) 예술극단 내목(來木)

경성 예술극단 일행은 단장 이범구(李範龜) 씨 인솔 하에 각지 순업 중 구력(舊曆) 초정(初正)을 이용하야 당지에 내착(來着)한바 일행은 구(舊) 일월 일일부터 칠일간 예정으로 상반좌(常盤座)에서 흥행한다고. (목포)

매일 25.01.27 (2) 수장당할 폐함(廢艦) 『토좌(土佐)』 / 오난 이월 칠일에

【오전보(吳電報)】 폐함 『토좌』(廢艦 土佐)의 슈장(水葬)은 오난 이월 칠일에 좌빅만(佐伯灣) 어구에셔 자침(自沈) 집힝하기로 하얏는대 오공장(吳工廠)에셔넌 활동사진반을 파견하야 슈장의 실황을 영사하리라더라.

매일 25.01.27 (2) 패악한 상등병(上等兵) / 십륙세 소녀를 유인 통간코자

【갑부(甲府)】 갑부[34] 데스십구련대 데이즁대(甲府 第四十九聯隊 第二中隊) 라팔쟝 상등병(叭喇長 上等兵) 셕졍복숑(石井福松)(二三)은 군복을 입은 체 이십오일 오후 두 시경에 활동사진 갑부관(甲府舘)에셔 구경을 하든 즁 그 엽자리에 잇든 갑부 시닉 모 소학교 륙학년 싱도 명 취지에(名取チエ)(一六)란 소녀를 감언으로써 쇠여닉여 변소로 데리고 드러가셔 욕을 보히고자 하든 지음 다른 구경군에게 발각되야 다라나랴고 하얏스나 헌병(憲兵)에게 드듸어 톄포되고 마럿다더라.

매일 25.01.27 (4) 〈광고〉

1월 26일자 조선극장 광고와 동일

시대 25.01.27 (3) 〈광고〉

당 입(廿)칠일부터 특별 명화 대공개

미국 파라마운트 회사 불후 대작품

아루바-도가페라니 씨 로바-도지비구노라- 씨 감독

마리-고로리 씨 원작

인정신비극 **절문 다이야나** 전칠권

세계적 명화(名花) 마리온데븨-스 양 주연

루-사리-도- 씨 각색

미국 파라마운트 회사 특작품

연속 육회 **난바-원** 전십오편 삼십권

제십일편, 제십이편 사권 상장

TTT라는 일홈을 가지고 신출귀몰한 활동을 하야 나아가는 『난바-원』은 과연 누구인가? 볼사록 점점 기괴한 가온대로 드러가는 연속은 금회가 더욱 가경(佳境)!!

---

34) 일본의 고후.

불국 파데-회사 일대 걸작품

맹여우 루-스로-란도 양 대역연

신연속 대모험대탐정 활극 **루-스의 모험** 전삽(卅)일권

제이회 제사, 오편 사권 상장

예고

조선키네마주식회사 제삼회 대표적 초특작품

순조선영화극 **암광** 전편(前篇) 칠권

각색 급(及) 감독 왕필렬(王必烈) 씨

주연자 안종화 씨 이채전 양

그여히 내주부터 상장합니다

인사동 **조선극장** 전【광】二〇五番

1월 24일자 단성사 광고와 동일

조선 25.01.27 (석3) 허영에 쓰인 일본인 소녀 / 도회에 뛰어와 / 첫길로 연극장에

이십오일 저녁부터 룡산경찰서 보안계(保安係) 사무실 안에는 약 십오륙 세가량 되어 보이는 일본 소녀 한 명이 반쯤 허트러진 머리칼을 함부로 매저노코 이『스토부』저『스토부』로 왓다 갓다 하면서 석탄을 피어주고 잇는대 아모리 보아도 정신에 무슨 이상이 잇서 보이며 눈에는 무엇에 주린 듯한 표정이 가득 찻다. 그러나 실상은 그러치 안코

량가집 새악시라 한다. 그는 일본 좌하현(佐賀縣)에 원적을 두고 경긔도 시흥군 북면 흑석리(始興郡 北面 黑石里)에 와서 사는 명가명길(貞加貞吉)의 다섯재 쌀『도구요』(一四)라는바 나희보다는 퍽 숙성한 여자로서 지난 이십사일에 무단히 집을 나와 서울로 올라와서 그날 밤에 룡산 시민관(市民舘)이란 련극장에 가서 연극구경을 하고 그대로 그 안에서 밤을 새인 후 그 이튿날도 여전히 도라가지 안코 잇는 것을 그 극장주인이 출장 온 룡산서원에게 말하야 곳 룡산서로 다려가다가 방금 보호 중이라는바 그 소녀는 농촌에 무치어 간조한[35] 생활을 실혀하야 화려한 도회에 나가서 살아보겟다는

허영의 꿈을 꾸면서 상경하야 첫 길에 바로 극장에서 지내가는 배우(俳優)의 생활을 보고 부러워 저도 그 생활을 해보겟다고 가지도 안코 그대로 잇던 것이라는데 룡산서에서는 방금 그 부모에게 통지하야 다려가게 한다더라.

조선 25.01.27 (석4) 〈광고〉

제작, 출연진, 홍보문구 제외된 외 시대일보 1월 27일자 조선극장 광고와 주요 정보 일치

---

35) '건조한'의 원말.

동아 25.01.28 (2) [연예운동] / 조선키네마 회사 / 신춘 일회 작품 / =암광 십사권

부산(釜山)에 잇는 조선키네마주식회사(朝鮮키네마株式會社) 신춘의 제일회 작품으로 순조선 현대 활극 영화 암광(闇光) 전 열네 권 중에 일곱 권을 벌서 다 박엇는데 조선영화계의 특수한 이채를 발하리라더라.

동아 25.01.28 (2) 태화교(太華敎) 팔주(八週) 기념

시내 권농동(勸農洞) 일백팔십칠 번디에 총부를 둔 태화교(太華敎)에서는 금일 상호 열한 시에 미륵 세존응화 팔주년 긔념식(彌勒世尊應化 八週年 紀念式) 성대하게 거행할 터이라는데 그날 저녁 일곱 시에는 교당 안에서 여흥으로 음악, 무도, 가극, 활동사진들을 자미잇게 흥행한다더라.

동아 25.01.28 (3), 25.01.29 (2), 25.01.30 (4), 25.01.31 (1), 25.02.01 (1) 〈광고〉

1월 27일자 조선극장 광고와 동일

동아 25.01.28 (3) 〈광고〉

당 일월 입(廿)팔일 신영화 출현 송죽 날
음(陰) 정월 오일 주간부터 특선 푸로그람
이대 명화 특별 대공개
미국 유니버-살 회사 대걸작품
시도로-하임 씨 원작 각색 감독
출연 명화(名花) 주-폰 양 주연
세상에 어리석은 모든 여자의 약점을 발로식히인
명화(名畵) **우처(愚妻)** 전십일권
[극중 배경은 환락의 도(都), 몬도카-로]
미국 유니버-살 회사 세계적 작(作)
남녀 명우 총출 대경연(大競演)
명화 **빗나는 여성** 팔권
(용감한 여성을 보라!)
기회를 놋치지 마시고 긔여히 보세요 이 두 명화를……
송죽 유 사 조선키네마 특약 **단성사** 전 (광) 구오구

매일 25.01.28 (1) 경성 무전 시설과 금후의 엄중취체 / 근등(近藤) 사무관 담(談)

근경(近頃) 각국이 모다 무선전신, 전화가 현저히 발달하얏슴으로 본방(本邦)에서도 차(此)에 대응하야 무전국의 설치 혹은 무전방송 전화의 시설에 체신국은 노력을 경주하는 중인대 조선에서도 누〻히 보도함과 여(如)히 무선전화방송을 개시하고겨 착착 준비 중이더니 대략 완성되얏슴으로써 불원간 해(該) 사업을 민간에 허가하야 경영케 하기로 하얏든바 근래 『라지오』(무선방송) 열이 고조

되야 허가도 업시 『인테나』(공중선)를 장(張)후고 무전수신의 장치를 하는 자가 경성부 내 명치정 본 정 일이정목 기타 이, 삼 개소에 유(有)한대 우(右)는 무선전신법 위반으로 당연 처분될 것인대 차에 대하야 체신국 근등 사무관은 여좌(如左)히 어(語)하더라.

『사실일지면 심히 불심(不審)한 사(事)이외다. 무선전신법 제십육조에 허가업시 무선전, 전화의 시설 을 하는 자 우(又)는 허가업시 시설하는 무선전신전화를 사용한 자는 일 년 이하의 징역 우(又)는 천 원(千圓) 이하의 벌금에 처흘 지(旨)의 조문이 명시되야 잇는 이상 당국으로서는 발견하는 대로 엄중 히 처분할지며 특히 이 갓흔 장치를 하야 무선으로 일반 공중의 전보를 접수함과 여(如)한 사(事)가 유(有)하면 실로 중대사인 고로 엄중한 취체를 가할 것이라』하더라.

매일 25.01.28 (2) [연예안내] 〈광고〉
동아일보 1월 28일자 단성사 광고와 거의 동일
암광의 제작진이 추가된 외 동아일보 1월 27일자 조선극장 광고와 거의 동일

시대 25.01.28 (3) 〈광고〉
동아일보 1월 28일자 단성사 광고와 동일
1월 27일자 조선극장 광고와 동일

조선 25.01.28 (석2) 〈광고〉
동아일보 1월 28일자 단성사 광고와 동일

조선 25.01.28 (석4), 25.01.29 (석3), 25.01.30 (석1), 25.01.31 (석4), 25.02.01 (석4) 〈광고〉
1월 27일자 조선극장 광고와 동일

동아 25.01.29 (2), 25.01.30 (4), 25.01.31 (1) 〈광고〉
1월 28일자 단성사 광고와 동일

조선 25.01.29 (석3), 25.01.30 (석1), 25.01.31 (석2) 〈광고〉
1월 28일자 단성사 광고와 동일

매일 25.01.30 (1), 25.01.31 (2) 〈광고〉
1월 28일자 단성사 광고와 동일
1월 28일자 조선극장 광고와 동일

매일 25.01.30 (2) 필림 연소 방지 / 간단한 장치로 완전히 방화
【미자(米子)전보】 활동사진 『필림』은 『셰루로이도』로 제작한 싸닭에 영수할 쌔에 불이 이러나 큰 화

지를 이르키고 심지어 인명을 상해하는 폐단이 종종 잇슴으로 젼 셰계의 활동영화계에셔난 『필림』의 연소방지장치(燃燒防止裝置)가 어셔 밧비 발명되기를 열망하고 잇는 즁인대 조취현 미자명 원미자(鳥取縣 米子町 元米子) 우편국원(郵便局員) 고교평칠(高橋平七)(二七) 씨는 직작년부터 이것을 발명키 위하야 고심한 결과 지난 가을에 이르러 극히 간단한 장치로 『필림』의 연소를 막난 장치를 발명하야 이즈음에 특허권을 어덧다난바 실로 셰계 영화계 큰 복음이 될이라더라.

매일 25.01.31 (2) 조션에 공즁방송무젼 불원(不遠) 실현 / 이십오, 육 원만 내이면 / 누구든지 임의로 장치 / 동경이나 대판 갓치 싸게 할 수 업슴으로 결국 한 탈[36]에 이 원 오십 젼은 들어야 되겟다

됴션에셔도 방숑무션뎐신(放送無線電信)이 실현될 모양인대 방송회ᄉ(放送會社)에셔는 지금 본부(本府)의 결지를 기달니여 지명되기ᄭᆞ지 진힝되얏난바 이 ᄉ업의

◇ **셩질상** 『라디오』의 보급발달을 도모하는 견디(見地)에셔 싱각할 째 방송회ᄉ의 ᄉ명이 즁대함은 물론 임으로 방숑회ᄉ의 건전한 발달을 촉셩(促成)할 필요가 ✱스며 쏘한 경영유지의 신즁한 고려를 요하는 바이나 그러나 쏘한 그 ᄉ업이 ᄉ회뎍 공공ᄉ업인 이상 방숑회사 본위(本位)에 편즁(偏重)할 ᄉ도 업슬 쑨만 아니라 도로혀 그와 갓치 하면 사업의

◇ **보급을** 져히홀 념려가 잇슴으로 뎨신국(遞信局)에셔는 그 ᄉ회상태와 경제사정이 달는 됴션셔 반다시 닉디와 쏙갓흔 졔도를 시힝홀 슈는 업다 하야 그간 오릭동안 일반가뎡의 슈신셜비비(受信設備費)와 쳥취료(聽取料)를 얼마나 하얏스면 일반공즁에도 가합하고 방숑회ᄉ의 경영유지상에도 장ᅙᆡ가 업슬가 하는 덤에

◇ **충분한** 고려를 하여왓다는바 이제 이 문뎨에 대하야 당국자는 이와 갓치 말하더라.

원측으로는 『갑 헐흔 셜비로써 갑 싸게 들니는』 것이 가장 조켓지만 아모리 갑 헐한 것이 편리하다고 홀지라도 갑 헐한 것은 『라디오』의 진가(眞價)를 낫하내지 못하는 것이닛가 너무 갑 헐한 것만 차질 슈 업는 일이오. 쏘 긔계 본위로 한다 할 것이면 갑이 만어져셔 엇던 특종 계급(特種 階級)만 젼용하개 되는

◇ **형편에** 써러질 념려가 잇슴으로 결국은 이십 원으로부터 빅 원 이닉의 긔계를 ᄉ용하기로 하는대 그러면 공즁션(空中線)에도 다익의 비용을 구하지 안을 것이며 처음 솜씨들로도 어려울 것 업시 가셜홀 슈 잇스닛가 대개는 한번 셜비하는대 이십오, 륙 원만 가지면 충분할 줄로 미드며 텽취료금은 동경셔난 이 원, 대판셔는 일 원 오십 젼식 하지만

◇ **됴션은** 그와 갓치 싸게 홀 슈는 업스닛가 얼마쯤 그곳보다는 갑이 만어질 것은 면치 못할 형편인대 물론 긔계의 조졔람죠는 엄즁히 취례할 방침이고 텽취긔(聽取機)를 일뎡하게 홀 필요는 업다고 싱각하나 하여간 사용될 긔계는 당국에셔 검졍한 긔계가 안이면 쓰지 못하게 할 규뎡입니다.

---

36) '한 달'의 오식으로 보임.

2월

동아 25.02.01 (1) 〈광고〉

예고편 제외된 외 매일신보 2월 2일자 단성사 광고와 동일

조선 25.02.01 (석1) 경성 무전방송 구역 / 근근(近近) 협의 결정

경성무전방송국은 방장(方將)[1] 총독부의 결재와 출원자의 협정에 의하야 설립될 터인데 방송구역은 방송국의 설계결정을 보지 못한 금일이다. 물론 판명치 못하나 약(若) 제규의 장거리에 의한다 하면 방송국을 중심삼아 동서남북 백육십 『키로메돌』(백리) 원내에는

방송할 수 잇는 고로 철도 연선(沿線)으로 보면 경의선에는 사리원, 경원선은 *계(*溪), 경인선 인천, 경부선 太田[2]의 각 역과 경성 간 각 도시 즉 춘천, 개성, 수원, 천안, 조치원, 충주, 청주, 공주 등의 상당히 광범하게 청취할 수 잇스나 차(此)에 반하야 단거리가 되면 사십 『키로메돌』(이십오리) 원내에 한하는 고로 구역은 파(頗)히 협애하야서 겨우 경성 부근의 부락과 인천, 영등포 등지에서 청취됨에 불과하리라 한다. 과연 하(何)를 가(可)타 할는지는 아즉 연구 중이나 재계(財界) 다*(多*)인 차제에 더구나 창업지초(創業之初)인즉 다만 경비의 점으로만 본다 하면 물론

단거리를 취함을 유리타 하겟스나 최신의 이기(利器)로써 문화적 향락을 욕구코자 하는 현대사회의 요망이 될 수 잇는 대로 광범위을 취함에 잇는 바에는 방송회사기로 차를 무시키 난(難)하겟는 고로 당국자로도 방송구역의 설정에는 신중히 고려할 필요가 잇다 하야 근근 출원자와의 협의에 의하야 결정할 터이라더라.

조선 25.02.01 (석4) 〈광고〉

매일신보 2월 2일자 단성사 광고의 주요 정보만 제공

동아 25.02.02 (2) 무선 시험 최고 성적 / 미국에서 장단 치고 호주에서 춤 추어

미국(米國) 『핏스벌그』로부터 청아한 음악(音樂) 소래를 무선뎐화(無線電話)로써 멀고 먼 호주(濠洲) 『휴히고센』에 방송하엿다는데 호주 각디에서는 마참 지금이 더운 여름 절긔임으로 수천 명의 남녀는 그 음악 소래를 듯고 그 악조를 맛추어 춤을 추고 유쾌히 놀엇슴으로 무선뎐화로 그러케 음악을

---

1) 이제 곧.
2) 대전(大田).

방송하여 성공한 것은 이재까지 보지 못하던 첫 시험이엇다더라. (멜보 뎐)

상거(相距) 십만리에 안저서 노래를 들어

십만리나 먼 곳 태평양(太平洋) 저편에서 하는 말까지 그 즉시로 곳 들을 수 잇는 오늘날임에 불구하고 반 날도 걸리지 안어 도착할 수 잇는 조선으로붓터 일본까지의 갓가운 사이에 엇지 아직까지 무선전화로서 말을 통치 못하게 된다는 것은 넘우도 문화의 형락을 누림에 유감이라고 조선에 와 잇는 일본사람들은 조선과 일본과의 사이에 하로라도 무선뎐화의 방송을 지원 중이라는데 이에 대하야 길뎐 톄신(吉田 通信) 긔수는 말하되 『긔술덕으로는 조선과 일본과의 사이에 이것을 방송하기에는 전연 불가능한 일이라고는 생각하지 안으나 특종의 설비를 요할 것이며 일반으로 정교한 수신장치(受信裝置)를 한다면 잘 들릴 수 잇스나 그럿케 한다면 넘우도 갑이 만히 먹을 쑨만 안이라 긔계에 체한을 하게 되는 까닭에 고려할 문뎨임니다. 그러나 조선에도 이것을 계획하려고 임의 착수한 이상에는 되도록 그 실현을 도모하게 될 터이지요』하더라.

동아 25.02.02 (3) 노동동무 연극

함흥 노동동무회에서는 경비 곤란으로 지난 이십팔일 하오 칠시부터 동명극장에서 소인극을 흥행하엿는데 『노동은 신성』,『제야의 비곡』,『죽엄의 싹』 등 자미잇고 의미 깁흔 연극으로 당야(當夜)에 입장료 수입은 팔십여 원이나 되엿고 당석에서 좌기(左記) 제씨의 동정금이 드러왓다고. (함흥) (이하 동정금 명부는 생략)

동아 25.02.02 (3) 〈광고〉

이월 일일부터
영화계의 신기록 초특선 대명화 특별 공개
모성애 대비극 **루의 가(淚의 街)** 최장 일만척
미국 파라마운트 사 대역작품
연속 대탐정 모험활극
최종 완결편 **남바-원** 전십오편 삼십권
제십삼, 십사, 십오 육권
질풍 신뢰(迅雷) 난투 연발 대활극
결승점까지의 최후 일순간을 닷투는 자동차의 대경주
암중 비활(飛活)…… 맹렬한 암투
미국 파라마운트 사 고스모보링다 제공
결사적대활극 **사(死)의 경쟁**
조선극장 전 (광) 二〇五

2월 1일자 단성사 광고와 동일

매일 25.02.02 (2) [연예안내] 〈광고〉

당 이월 일일부터 유 사 날 (봉절 영화 공개)

유 사 작품 활극 **기자의 모험** 전이권

유 사 대작 후링크멧요 씨 주연

활극 **남아의 승리** 전오권

유 사 최근 대작 (봉절 영화)

미인 멧-아리손 양 주연

애화 **폴리여가는 청춘** 육권

유 사 대표적 대작 키드모리손 씨 대활연

연속활극 **유령의 도(都)** 전십오편 삼십권 중

제이회 제오편 제육편 사권 상장

예고

근일 공개된 세계적 대명편

유 사 대작 권투왕 레크놀-도데-니 씨 주연

대활극 **대속력왕** 전칠권

유 사 대작 절세가인 메리필립빙 양 주연

대비극 **암(闇)의 여신** 전팔권

단성사

대(大)고스모보린다 사 공전의 초대 작품

모성애 대비극 **루의 가(淚의 街)** 최장 일만척

파라마운트 사 대역작품

연속 대탐정 모험활극

최후 완결편 **난바-원** 전십오편 삼십권

십삼, 십사, 십오, 육권

파라마운트 사 고스모보린다 제공

쾌남아 지레스레이- 씨 주연

원명 몸이 부셔져

결사적대활극 **사(死)의 경쟁**

조선극장

조선 25.02.02 (조2), 25.02.03 (석2) 〈광고〉

2월 1일자 단성사 광고와 동일

동아 25.02.03 (2) [휴지통]

희극배우로 세계에 유명한 『쌋푸링』은 요사이 두 번째 장가를 들엇다고 미국서 온 뎐보 소식.

동아 25.02.03 (3) 청진 연예대회

청진 면려(勉勵)청년회 주최와 본사 청진 분국 후원으로 일월 이십팔일 오후 칠시 반에 신암동(新岩洞) 공락관(共樂舘)에서 장인덕(張仁德) 씨 사회로 청진유치원의 경비 보조를 위하야 활동사진으로 연예대회를 개최하엿는데 당일 적지 안은 의연금이 잇섯다고. (청진) (이하 의연금 명부는 생략)

동아 25.02.03 (3), 25.02.04 (2), 25.02.05 (3), 25.02.06 (4), 25.02.07 (4) 〈광고〉

2월 2일자 조선극장 광고와 동일

동아 25.02.03 (3) 〈광고〉

2월 1일자 단성사 광고에서 아래의 예고를 첨가

예고
근일 공개될 세계적 대명편
권투왕 레지놀-도데-니 씨 연(演)
대활극 **대속력왕** 전칠권
절세미인 메리필립빙 양 주연
대비극 **암(闇)의 여신** 전팔권
송죽 유 사 조선키네마 특약
단성사 전 (광) 구오구

매일 25.02.03 (1) 〈광고〉

2월 2일자 단성사 광고와 동일

매일 25.02.03 (1), 25.02.04 (1), 25.02.05 (2), 25.02.07 (2) 〈광고〉

2월 2일자 조선극장 광고와 동일

조선 25.02.03 (석2) 〈광고〉

당 이월 일일부터 대공개
연일 공전에 대선전을 하엿던 조선키네마 삼회 작품 『암광(闇光)』은
허가불통으로 인하야 전부 중지를 당하고 말엇습니다 여러분님은 널니
이해하시고 용서하아시옵소서
보통 요금으로 대고스모보린다 사 공전의 초특작품이외다

모성애대비극 **루의 가(淚의 街)** 최장 일만척

미국 파라마운트 회사 걸작

최후 완결편 **난바－원** 전십오편 삼십권 내

제십삼, 십사, 십오편 육권 상장

파라마운트 사 고스모보링다 제공

결사적대활극 **사(死)의 경쟁**

경성 인사동

조선극장 전화 광 二〇五번

이월 삼일 화요부터 주야 이회 공개

미국 폭쓰 사 실사 **수도(水道)** 전일권

미국 폭쓰 사 대희극 **야외생활** 전오권

미국 월니암폭쓰 사 불국 문호 아렉키산다 주－마 씨 원작

사외사전(史外史傳) **암굴왕** 전십권 『일명 해왕성(海王星)』

예고

근일 상영

미국 폭쓰 사

활극 **뇌명(雷鳴)** 전권

활극 **쾌한의 야람(夜嵐)** 전육권

푸옥스 사 봉절장 **우미관** 전 광 삼구오번

동아 25.02.04 (2) 〈광고〉

당 이월 사일부터 (송죽날) 이대 명화 대공개

단성사 박승필 연출부 제일회 작

각색 김영환(金永煥) 감독 박정현(朴晶鉉)

촬영 이필우 자막 김학근(金鶴根)

주연 김옥희(金玉姬), 김운자(金雲子) 양

대비극 **장화홍련전** 전팔권

미국 유니버－살 사 주－엘 대작 주연 매리－ 휠쎈 양

대비극 **암(闇)의 여신** 全七卷[3)]

미국 유니버－살 회사 십육분사(十六分社) 시대－청조(靑鳥) 영화

애화(哀話) **삼의 조(森의 朝)** 전오권

주연 몬로－솔－스페리 씨

---

3) 2월 3일자 예고에는 전팔권으로 나와 있음.

동아 25.02.04 (3) 정주(定州) 구기(救饑) 연극 / 공전의 대성황

정주 각 청년단체 급(及) 시민 주최와 시대, 조선, 동아 삼 지국의 후원으로 구기회를 조직하엿다 함은 기보하엿거니와 이래 정주 청년의 열성으로 소인극을 준비하야 지난 삼십일일 야(夜) 칠시부터 정주극장에서 흥행한바 당지 인사의 쓰거운 동정으로 대성황리에 동 십이시 반에 폐회되엿다는데 당일 수입 전부 일백삼십 원을 조선기근구제회로 보내엿다고. (정주)

매일 25.02.04 (1) [연예안내] 〈광고〉

동아일보 2월 4일 단성사 광고와 동일

매일 25.02.04 (2) 무전음악의 의학상 효과 / 신경병과 불면증은 대개 곳칠 슈가 잇다

근일에 이르러서 영국 의학자(英國 醫學者) 스이에 무뎐방송(無電放送)의 음악(音樂)이 신경병(神經病)과 불면증(不眠症)을 치료하는대 적지 안은 효과가 잇다는 실험이 성공되야 오날까지의 실험결과로 *쾌된 환자가 만타난바 **무뎐뎐신으로 보*난 음악* 일상 쉬일싀 업시 식그러운 소리만 듯고 잇난 스람들에게 일종의 진정제(鎭靜劑)가 되야셔 직접 효능을 발휘함은 확실함으로 론돈(倫敦)과 갓치 조음요란(噪音擾亂)한 곳에서 걸인 신경병에는 가장 뎍당한 치료법이라 할 수 잇다는바 의학계(醫學界)에 유명흔 『써−·인리−·하쭈−」 씨도 무전음악의 의학상 효과를 증명하며 쏘흔 그와 동료인 『써−풀−스·쏜터−」 씨도 뎨삼(第三)『론돈 제네랄」병원(病院)에서 무뎐방송의 음악으로 일개월간에 빅 명의 환자를 치료하얏다고 대단히 자랑하고 잇다는대 이로 말미음아 영국에서는 치료용의 수신장치(受信裝置)를 셜비하는 병원이 만어진다더라.

조선 25.02.04 (석2) 이백육십 리의 활동사진 필름

경성부내 내에서 일월 중에 영사한 활동사진『필름』일본신파 륙십일권 사만 오천여 척, 구극 오십오권 사만이천여 척, 서양극 이백구십일권 이십일만 삼천칠백여 척, 희극 이십일권 일만 오천륙백여 척, 합계 사백오십칠권 삼십삼만 구천이백오십권인데, 이것을 리수로 환산하면 실로 그 기리가 이백륙십여 리요, 풍속문란 기타 관계로 금지 혹은 중간 절단을 당한 것이 열 가지나 된다더라.

조선 25.02.04 (석4), 25.02.05 (석2), 25.02.06 (석3), 25.02.07 (석3) 〈광고〉

2월 3일자 조선극장 광고와 동일

조선 25.02.04 (석4), 25.02.05 (석1), 25.02.06 (석3), 25.02.08 (석2), 25.02.09 (조2), 25.02.10 (석4), 25.02.11 (석4) 〈광고〉

2월 3일자 우미관 광고와 동일

동아 25.02.05 (3) 조선예술 성황

본보에 누차 보도한 조선예술단 일행은 금월 일일부터 사일간 전주좌에서 흥행하는 중인바 김문필(金文弼) 씨의 기술(奇術)과 소녀의 가극 무용은 관객으로서 무한한 환희를 늣기게 하야 매야(每夜) 만장의 성황을 정(呈)하고 오일은 군산으로 향할 예정이라는데 사일 야(夜)에는 본보 독자를 특대하엿다고. (전주)

동아 25.02.05 (3) 〈광고〉

2월 4일자 단성사 광고에 아래의 예고를 첨가

근일 공개
미국 유니버–살 회사 특작품
권투왕 레지놀드데니–씨 주연
대맹투(大猛鬪)利[4] **대속력왕** 전칠권
송죽 유 사 조선키네마 특약
단성사 전 (광) 구오구

매일 25.02.05 (2) 一中月[5]의 영화 척수 / 단성사가 데일

경긔도 경찰부 보안과(京畿道 警察郡[6] 保安課)에서 됴사한 일월 즁의 활동사진 『필림』의 권슈가 총합 척수(呎數)를 보면 스빅오십칠권, 삼십삼만 구천이빅오십척, 즉 됴선 리슈로 이빅륙십여 리의 기리가 된다는대 이난 시닉 구개소의 활동사진 상설관(活動寫眞 常設館)에서 상영하는 『필림』의 연장 척수로 그즁에서 됴선사람끽을 즁심으로 경영하는 상설관 삼개소의 상영 『필림』 권슈는 이빅사십구권으로 그 척수가 십팔만 사천팔빅삼십삼척인대 상설관별로는 보면 단성사(團成社)에서 일월 즁에 일빅십삼권, 팔만 일천삼빅스십척을 상영하얏는대 그즁에서 풍속과 공안을 방해한다는 의미로 절단한 것이 삼 건이라 하며 그 다음 우미관(優美舘)에서는 칠십권, 오만 륙천구십삼척을 상영하얏스며 됴선극장(朝鮮劇場)에서는 륙십륙권, 스만 칠천스빅척을 상영하얏는대 그 외에는 일본인끽을 즁심으로 하난 상설관에서 상영한 것으로 대부분이 미국 영화이라더라.

매일 25.02.05 (2), 25.02.07 (2) [연예안내] 〈광고〉

2월 4일 단성사 광고와 동일

조선 25.02.05 (석1) 〈광고〉

당 三月[7] 사일 신영화 출현

---

4) '劇'의 오식으로 보임.
5) '一 月 中'의 오식.
6) '警察部'의 오식.

송죽날 이대 영화 대공개

대비극 **장화홍련전** 전팔권

미국 유니버-살 회사 주-웰 대작품

비련곡 **암의 여신(闇의 女神)** 전칠권

미국 유니버-살 회사 십육분사 시대-청조영화

애화(哀話) **삼의 조(森의 朝)** 전오권

근일 공개

미국 유니버-살 회사 특작품

대맹투극 **대속력왕** 전칠권

송죽 유 사 유나이뎃트 특약 **단성사** 전 광 구오구번

동아 25.02.06 (2) 상해 각 단체의 음력 설 노리

상해에서 새해를 맞는 동포들은 향수(鄕愁)의 애닯흔 정을 서로히 위로하기 위하야 섯달 금음날 밤에는 전라도(全羅道)에 본적을 둔 호남학생친목회(湖南學生親睦會)의 망년회와 청년동맹회(靑年同盟會)의 웃노리가 잇섯스며 설날에는 화동학생련합회(華東學生聯合會) 주최의 활동사진 영사회(映寫會)와 연예구락부(硏藝俱樂部), 춘강구락부(春江俱樂部)의 련합 신년회가 잇섯스며 그 외에도 재류동포들의 여러 가지 설 노리가 잇섯다더라. (상해 특신)

동아 25.02.06 (4), 25.02.07 (4) 〈광고〉

2월 5일자 단성사 광고와 동일

조선 25.02.06 (석3), 25.02.07 (석2) 〈광고〉

2월 5일자 단성사 광고와 동일

동아 25.02.07 (3) 청년회 활사회(活寫會) / 노동야학회 학비를 엇고저

이월 이일 람[8] 칠시부터 청진(淸津)청년회 주최로 노동야학 경비를 보충키 위하야 단성사 지방부 찬조를 어더서 신암동(新岩洞) 공락관(共樂舘)에서 활동사진회를 개최한다는데 일반 회원은 무료 입장이라고. (청진)

매일 25.02.07 (3) 민풍(民風) 진흥 활동사진

전라남도 지방과에서는 민풍진흥의 취지를 대ㅅ적으로 선전하기 위하야 이월 칠일부터 여수, 광양, 보성 방면 활동사진** 파*흔다더라. (광주)

---

7) '二月'의 오식.
8) '밤'의 오식으로 보임.

동아 25.02.08 (4) 〈광고〉

당 이월 팔일부터 유 사 날

문예영화 대공개

유 사 작품 실사 **국제시보** 전일권

유 사 특작품 희극 **이본봉(二本捧)** 전이권

비-도모리손 씨 대활약

연속활극 **유령의 도(都)** 전십오편 삼십권 중

제삼회 칠편, 팔편 사권 상영

유나이딋트 사 제이회 대제공 명화 메리빅크훼-드 양 주연

문예극 **소공자** 전십권

애활(愛活) 제위(諸位)의 간청하심으로 특히 쏘 한 번 상영키로 되엿습니다. 쏘 한 번 보서요! 꼭 한 번만 더!!

예고 내주 공개

대활극 『**대속력왕**』 전칠권

모험! 활극! 『**자동차 경주**』

송죽 유 사 유나이딋트 특약 **단성사** 전 (광) 구오구

이월 칠일부터 특선 대영화

이태리 아데-지리오 사 노력작

인정비활극 **공포의 성(城)** 십이권

감독 아루도잔보니 씨 주연 후에데세데이노 양 쾌남 쌲아로- 씨

제일부 집시의 부(富) 전육권 제이부 공포의 성(城) 전육권

충대(忠大)의 대맹약(大猛躍), 일순간 일찰나의 생사전, 사선을 돌파하는 장한의 활약, 천인단애(千刃斷崖)에 대모험, 공포의 성에서 최후 결사전, 파란만장한 가운데서 천만 번 사선을 초월하니 근세 희유(稀有)의 대모험극!

그여 보십시요

미국 파라마운트 사 대역작 감독 윌리암데이라 씨

학생로맨쓰 **천재와 악희(惡戱)** 육권

명성(名星) 작크빅크또-드 씨 주연

예고

대활극 『**스파루다의 마스곳드**』

대문예시극 『**아담과 이액**』 전팔권

조선극장 전 (광) 二〇五

조선 25.02.08 (석1) 라지오 수부(受付) 연기와 / 최촉서(催促書)의 답지

(동경전) 『라지오』의 수부가 연기되얏슴으로 각 방면으로부터 일월이라도 조속히 하야 달나는 최촉이며 청취규약서를 송(送)하야 달나는 서신이 매일 동경 방송무전국에 쇄도하야 계원을 번증(煩增)케 하는 중인바 취중에는 일광(日光)이며 염원(鹽原) 방면의 유람지로부터 관광객이며 욕객(浴客)에게 만족을 여(與)할 희망인즉 엇지 하야서라도 여등(余等)의 토지에 『라지오』를 부(附)하야 달나는 서신이 매일 답지하는 상태이더라.

조선 25.02.08 (석3) 〈광고〉

동아일보 2월 8일자 단성사 광고의 본편 주요 정보를 제공

조선 25.02.08 (석4) 〈광고〉

당 이월 칠일부터 특선 대영화

이태리 아데-지리오 회사 초역작

인정대비활극 **공포의 성(城)** 전후편 전십이권 상영

미국 대 파라마운트 사 대역작

감독 월리암, 데이라 씨

학생로맨쓰 **천재와 악희(惡戱)** 전육권

명성 쟉크빅크왜-드 씨 주연

예고

문예대명화 근일 봉절

아데지리오 영화

大劇活[9] **스파루다의 마스곳드** 최장 일만이천척

제일부 완력과 호승(豪勝) 제이부 낭의 탑(狼의 塔)

미국 파라마운트 사 공전의 대작품

대문예시극 **아담과 이브** 전팔권

절세미인 라리온데스 양 주연

경성 인사동 **조선극장** 전화 광 二〇五番

동아 25.02.09 (4), 25.02.10 (4), 25.02.11 (3) 〈광고〉

2월 8일자 단성사 광고와 동일

---

9) '大活劇'의 오식으로 보임.

동아 25.02.09 (4), 25.02.10 (4), 25.02.11 (3), 25.02.12 (2), 25.02.13 (4), 25.02.14 (1)
〈광고〉
2월 8일자 조선극장 광고와 동일

조선 25.02.09 (조2), 25.02.10 (석4), 25.02.11 (석3) 〈광고〉
2월 8일자 단성사 광고와 동일

조선 25.02.09 (조2), 25.02.10 (석1), 25.02.11 (석4), 25.02.12 (석1), 25.02.13 (석1), 25.02.14 (석4) 〈광고〉
2월 8일자 조선극장 광고와 동일

조선 25.02.10 (석2) 경관의 직권 남용 / 무죄인을 구타

함흥경찰서원(咸興警察署員)이 관권 람용(官權 濫用)한 사실이 최근에 또 하나 들어난 것이 잇다. 그는 지난 칠일 밤 동명극장(東明劇場)에서 일보는 양재근(楊載根)이라는 사람을 순사 류운섭(柳雲爕)은 자긔가 식히는 말을 듯지 아니한다고 함부로 구타하얏다는대 그 내용 들어 본즉 원래 극장 안으로 들어갈 쌔 신 벗고 드러가는 것이 그 극장의 규측인대 함흥경찰서에서 심부름하는 아이가 구두를 신은 채 극장 안으로 도라다님을 본 전긔 양재근은 그 아이을 붓잡고 구두를 벗으라 한즉 저는 경찰서에 잇는 아이라 하면서 벗지 아니하랴 하는 중에 순사 류운섭은 전긔 양재근을 향하야 하는 말이 이 아이는 경찰서에 잇는 아이인즉 그만두라고 하얏스나 책임 잇는 그는 일반 손임에게 차별을 지을 수가 업다 하야 순사의 말에 순종치 아니한즉 류운섭은 분개한 어조로 이놈아 왜 경관의 말을 듯지 아니하느냐고 하면서 함부로 구타하고 결국 경찰서에까지 붓잡아 갓다는 소문을 들은 일반은 경관의 비행을 크게 비난한다더라. (함흥)

동아 25.02.11 (1) 방송 무선시설 허가에 취(就)하야 / 포원(蒲原) 체신국장 담(談)

조선의 방송 무선 전화의 시설 허가 방침은 비영리조직의 단체에게 경영을 허가하기로 결정하얏다. 기업 설립에 제(際)하야는 자금 집성(集成) 우(又)는 유지상 원래 일 도시 일 기업을 원칙으로 하는 독점적 기업인 관계도 잇고 국가 사회 방면으로 차(此)를 비영리 조직 단체가 경영하는 것이 가장 합리적이오, 기(其) 경영도 안전하니 공중 일반을 위하야 이익한 줄 밋는 고로 기 경영 주체는 가성적(可成的) 기초가 확실한 신용 잇는 단체를 선(選)하려고 사(思)한다. 목하 신청자에게 대하야는 일차 근본 방침을 시(示)하고 갱(更)히 본 방침에 의하야 원서를 제출하게 하야 다시 심의할 터이다. 쏘한 세목의 제한과 취체 방법 등에 관하야는 목하 조사 중이다.

매일 25.02.11 (2) 기상방송 개시 / 작 십일부터

【동경전보】중앙긔상대(中央氣象臺)에셔는 작 십일부터 항해 즁의 긔선과 쏘는 일반긔선이 발항(發航)하는 쥬요 항구(港口)로 긔상 실황(氣象 實況)을 무뎐(無電)으로 방송하리라는바 방송시간은 오젼

구시 십분, 오후 삼시, 오후 팔시 십분의 삼회이라 하며 방송 유효거리(有效距離)는 낮에난 오빅 마일(哩)로부터 일천 마일 스이이며 밤에는 이, 삼천 마일 스이에 통하리라더라.

동아 25.02.12 (2) 〈광고〉

당 貳十一日[10]부터 송죽 날

미국 라쓰키 사 특작 희극 **견습철공** 전이권

미국 인쓰 사 특작 인정애화(哀話) **도회(都會)의 창공** 전이권

미국 콜드윙 사 대작 대비곡 **빈자의 행복** 전육권

미국 메-도로 대작품 대희활극 **3스트라이기** 전이권

미국 인쓰 사 대작품 명화 **남편의 외출** 전오권

내주 예고

미국 유니버-살 초대작

대맹투 육탄 대활극 **대속력왕** 전칠권

대충돌! 맥진(驀進)! 아비규환! 수라장! 자동차 대경주!

그리고…… 맹용 남아의 돌격!

송죽 유 사 유나이딋트 특약 **단성사** 전 (광) 구오구

조선 25.02.12 (석1) 〈광고〉

이월 구일 (월요 주간)부터 오일간

미국 폭쓰 회사 교육영화 **해의 번병(海의 番兵)** 전일권

미국 폭쓰 회사 포복절도희극 **키유셋도상(象)** 전이권

미국 폭쓰 회사 탐정활극 **괴한? 야람(夜嵐)?** 전오권

미국 월니암폭쓰 회사 작품 사회비극 **남서(男誓)** 전육권

예고

희극 **맹진돌파** 전이권

인정극 **지약키** 전오권

모성극 **은의 익(銀의 翼)** 전구권

대활극 **뇌명(雷鳴)** 전권

푸옥스 사 봉절장 **우미관** 전 광 삼구오번

〈대속력왕〉 선전문구가 없는 외 동아일보 2월 12일자 단성사 광고와 동일

---

10) '貳月 十二日'의 오식으로 보임.

조선 25.02.12 (조1) 보성(保聖)유치원 동정 연극 성황 / 관중 열광 동정금 답지

기보한바 진남포 보성유치원 주최 동아 급(及) 본사 진남포지국 후원의 보성유치원 동정 특별관극대회는 예정과 가티 조선극계의 명성(名星) 형제좌 현성완(玄聖完) 일행의 출연으로 지난 칠일 오후 칠시부터 동 시(市) 항좌(港座)에 개최되엿섯는데 무려 팔백여 명의 운집으로 장내는 정각 전부터 입추의 여지업는 만장의 성황을 이루엇스며 개막 벽두에 상연된 『수(誰)의 죄』란 각본은 숙달한 배우들의 정화(精化)한 표현과 가티 대갈채를 수(受)하얏스며 동(同) 원아들의 천진스러운 가극과 최종으로 *주사(*主事)란 일막의 희극은 관중을 한업시 열광케 하야 박수갈채의 성황리에서 동 십이시경에 산회하얏는데 당야 동원(同園)을 동정한 인사의 씨명은 좌기(左記)와 여(如)하더라. (진남포)
(이하 기사 생략)

조선 25.02.12 (조1) 교육사진 영사

정주악대교육활동사진부에서는 오일에 귀성(龜城)에 내도(來到)하야 교육사진을 당지 천도교당 내에서 영사한바 관중이 무려 사백 명에 달하얏스며 유지 제씨의 동정도 다대하얏다고. (정주)

동아 25.02.13 (2) [연예운동] 활사회사 신조직

조선키네마주식회사(朝鮮키네마株式會社)에서 감독으로 잇든 윤백남(尹白南) 씨는 금번 사정에 의하야 동 회사를 사퇴하고 새로운 활동을 개시하얏는데 자세한 조직은 아래와 갓더라.
명칭 백남풀닥손 경성 본사
위치 경성부 황금정 오정목 칠칠
목적 순조선영화 제작 외국 사진 수입
제일회 제작 시대극 촬영 중이오
기사 서천수진(西川秀津)
감독 이경손 각본부 윤갑용 미술부 김태진(金兌鎭)
현재 연구생 십 명(남녀) 모집 중이라더라.

동아 25.02.13 (4) 〈광고〉

2월 12일 단성사 광고와 동일

매일 25.02.13 (4) [연예안내] 〈광고〉

당 이월 팔일브터 유 사 날
실사 **국제시보** 전일권
희극 **이본봉(二本捧)** 전이권
연속활극 **유령의 도(都)** 전십오편 삼십권 중
제삼회 제칠편 제팔편 사권 상장
유나이테토 사 제이회 대제공 명화 멘리빅크훠-드 양 주연

문예극 **소공자** 전십권
예고 내주 공개
대활극 **대속력왕** 전칠권
모험활극 **자동차 경주**
단성사

당 이월 칠일부터 특선 대영화
이태리 아데지-리오 회사 초역작
인정대비활극 **공포의 성** 전후편 전십이권 상영
미국 파라마운트 사 대역작 감독 월리암·데이라 씨
학생로맨스 **천재와 악희(惡戱)** 육권
예고
미국 파라마운도 사 공전의 대작품
대문예시극 **아담과 이브** 전팔권
절세미인 라리오데스양 주연
조선극장

조선 25.02.13 (석3) 〈광고〉
2월 12일자 우미관 광고와 동일

조선 25.02.13 (석4) 〈광고〉
2월 12일자 단성사 광고와 동일

동아 25.02.14 (1) 〈광고〉
당 이월 십사일 유 사 날
활극명화대회
미국 유 사 대작 후드킵손 씨 주연
대활극 **강건아(剛健兒) 단** 전이권
미국 유 사 대작 대활극 **질풍과 여(如)히** 전오권
미국 유 사 대작 레-지놀-도데-리 씨 맹연
대활극 대희극 **대속력왕** 전칠권
미국 유 사 대표적 대작 비-도모리손 씨 주연
대연속대활극 **유령의 도(都)** 전십오편 삽(卅)권 중
제사회 제구, 제십사권 상영
고대하시든 대명편 그여히 금회부터 대공개!

송죽 유 사 유나이딋트 특약 **단성사** 전 (광) 구오구

조선 25.02.14 (석4) 〈광고〉
이월 십삼일 금요부터 특별공개
미국 폭쓰 사 골계 **맹진돌파** 전이권
미국 폭쓰 사 작 샤레이메송 양 주연
인정극 **지약키** 전오권
미국 폭쓰 회사 특작품 모성극 **은의 익(銀의 翼)** 전구권
예고
미국 폭쓰 회사 대역작
모험활극 **뇌명(雷鳴)** 전칠권
푸옥스 사 봉절장 **우미관** 전 광 삼구오번

출연진 및 〈유령의 도〉 선전 문구가 제외된 외 동아일보 2월 14일자 단성사 광고와 동일

동아 25.02.15 (3), 25.02.16 (3), 25.02.17 (4), 25.02.18 (4) 〈광고〉
2월 14일자 단성사 광고와 동일

동아 25.02.15 (3) 〈광고〉
이월 십사일 토요부터 대공개 특선명화제공
미국 파라마운드 회사
정희극 **불가출의 가(不可出의 家)** 오권
이태리 아-데지리오 회사 특작
대활극 **스파다의 마스곳드** 구권
누구나 처음 보는 대활극! 참으로 강력인 쾌남아의 결사적 대분투를 보라
= 예고 =
미국 파라마운드 회사 불후 대작
문예영화 **아답과 이브** 전편
미국 파라마운드 회사 특작품
문예명화 **혈과 사(血과 沙)** 전편(全篇)
조선극장 전 (광) 二〇五

매일 25.02.15 (2) [연예안내] 〈광고〉
〈질풍과 여히〉의 주연이 하-리케-리 씨로 명기된 외 동아일보 2월 14일자 단성사 광고와 동일
동아일보 2월 15일자 조선극장 광고와 동일

조선 25.02.15 (석1) 방송무전 문제 / 청원자 협의 결과 / 회사설립 허부를 결정할 터

사설방송 무선전화 시설 인가에 관한 당국의 방침은 기보(旣報)와 여(如)히 일 도시 일 기업을 원칙으로 하야 비영리 조직인 공익사단법인으로 하기로 결정하고 상(尙)히 차(此)에 부수한 취체 제한 내지 사업의 보호 조장에 관한 세목에 긍(亘)하야도 근근 심의가 결료(結了)되는 동시에 공표하도록까지 구체화되엿는데 방송회사의 경영유지에 관하야는 사업의 소장(消長) 보급에 직접 영향을 급(及)하겟스며 쏘는 독점사업의 관계가 잇다 하지마는 반드시 당국자의 일 *에 의하야 결(決)할 것도 아니요, 차(此)에는 경영자 측의 의견도 첨작(添酌)치 안하면 안 되겟다는 견해로써 체신국에서는 예(豫)히 청원 중인 좌기(左記) 대표자 구명을 내(來) 삼월 이일에 회합을 구한 후 갱(更)히 시설에 대한 근본방침을 설시(說示)하고 경영 유지에 관한 제반의 협의를 행한 결과에 감(鑑)하야 방송회사 설립의 허부을 심의할 터인데 계속되는 불황인 시절이라 이면에 잠재한 각개의 이해관계가 잇겟는 고로 경영상 실제문제로는 기다(幾多)의 의론(議論)도 잇슬 모양인즉 기간(其間)에 상당한 곡절을 면키 난(難)하다고 당국자는 어(語)하더라.

방송시설청원자

▲ 일본전보통신사 경성지국 길천의장(吉川義章)

▲ 동(同) 제국통신사 경성지국 뢰매목계길(賴每木桂吉)

▲ 동(同) 상업통신사 시천조(市川肇)

▲ 동(同) 경성방송전화주식회사 황청초태랑(荒井初太郎) 외 십구 명

▲ 동(同) 경성무선전화방송주식회사 정본등차랑(釘本藤次郎) 외 이 명

▲ 동(同) 조선방송전화주식회사 이용문(李容汶) 외 육 명

▲ 조선무선방송주식회사

▲ 대판(大阪) 경성무선전화주식회사

▲ 동(同) 황정영길(荒井榮吉) 외 팔 명

(동경)

조선 25.02.15 (석3), 25.02.16 (조2), 25.02.17 (석4), 25.02.18 (석4) 〈광고〉

2월 14일자 단성사 광고와 동일

조선 25.02.15 (석4) 〈광고〉

동아일보 2월 15일자 조선극장 광고와 동일

조선 25.02.15 (석4), 25.02.16 (조4), 25.02.17 (석4), 25.02.18 (석4), 25.02.19 (석1), 25.02.20 (석4), 25.02.21 (석2), 25.02.22 (석1), 25.02.23 (조4), 25.02.25 (석4) 〈광고〉

2월 14일자 우미관 광고와 동일

동아 25.02.16 (3), 25.02.17 (4), 25.02.18 (4), 25.02.19 (3), 25.02.20 (1) 〈광고〉

2월 15일자 조선극장 광고와 동일

매일 25.02.16 (2) 〈광고〉

2월 15일자 단성사 광고와 동일

2월 15일자 조선극장 광고와 동일

조선 25.02.16 (조2) 우미관에 폭발성(聲)! / 안전관의 폭발로 일시 대소동

십오일 오후 한 시경 마츰 사진을 영사 중이든 시내 관털동 우미관(優美舘)에서는 돌연히 폭탄이 터지는 듯한 큰 소리가 나자 관중은 일시 대소동을 이르켯는데 사실은 긔계실에서 안전관(安全管)이라는 것을 잘못하야 폭발된 것이오. 다행히 사람은 상하지 아니하얏스며 약 삼십분 후에 긔계를 고치어 다시 영사를 계속하얏더라.

조선 25.02.16 (조4), 25.02.17 (석1), 25.02.18 (석4), 25.02.19 (석1), 25.02.20 (석4) 〈광고〉

2월 15일자 조선극장 광고와 동일

동아 25.02.17 (3) 영사 급(及) 강연회

경성교육실천회 주최로 지난 십사일 하오 칠시 반부터 동명극장에서 교육에 관한 강연과 금강산, 일광(日光) 등의 실사와 육해군 대연습 광경의 사진을 영사하고 십시 반경에 폐회하얏다는데 당야(當夜)의 관객은 천여 명에 달하얏다고. (함흥)

동아 25.02.18 (2) 장님 보는 활동사진

금번 미국 뉴욕에서는 눈 먼 장님의 남녀 아동 일천이백 명에게 눈 먼 사람이 볼 수 잇는 활동사진을 보혀서 대성공을 하얏다는데 이러한 계획은 세계에 처음되는 일이며 눈 먼 사람들의 관객은 식컴언 극장 속에서 『스쿠린』으로부터 짜아내는 선율(旋律)에 특별한 음악을 겻드려 『스쿠린』에 전개되는 사진을 눈 압헤 오는 것과 쏙가치 상상할 수 잇게 한 것인데 그 사진의 데목은 『빗나는 집의 집 직히든 장님』이라는 것이엇다 하며 장님들에게 보히는 사진을 제작한 회사에서는 이러한 종류의 작품을 계속하야 만든다더라. (뉴욕뎐)

매일 25.02.18 (2) 맹인에게 보이는 활동사진 / 일천 이빅여 명의 밍인에게 보이어 대성공

【뉴육(紐育)뎐보】 미국 뉴욕에셔는 이번에 일천이빅여 명의 눈먼 스람(盲人)에게 활동스진을 보이어 대성공을 하얏다눈대 그 방법은 극장을 캄ᄼ하게 하야 놋코 판수의 관긱으로 하야금 극장의 즁앙에 잇눈 『스크리인』으로부터 나오눈 미묘한 셩률(旋律)에 특별흔 음악을 사용하야 맛치 『스크리인』에 뎐개되눈 활동스진의 장면을 상ᄼ케 하눈 것인대 이번에 시험한 사진은 『광(光)의 가(家)의 맹인의 번인(番人)』이란 사진이라더라.

2장

동아 25.02.19 (3) 〈광고〉

당 이월 십팔일 송죽 날

미국 라쓰키 사 대작

작크＊리- 씨 로이쓰 로렝 양 대역연

대활극 권의 우(拳의 雨) 전이권

미국 콜드윙 사 대작 맛치게네데이- 씨 주연

애화(哀話) **탄식마라 소녀여** 오권

미국 유니버-살 회사 초특작품

조인(鳥人) 리자드루마치 씨 주연

대맹투대모험 **모험왕** 전편

상당한 호평을 박득(博得)하든 영화

재차 상장도 제(諸)＊의 갈망과 기대로 하야 부득이 합니다

미국 붸-붸쓰 사 특작 대명편

맹한(猛漢) 막크쓰란다- 씨 대맹연

대모험대탐정 **해양의 악귀** 오권 원명『가메레옹』

송죽 유 사 유나이딋트 특약 **단성사** 전 (광) 구오구

조선 25.02.19 (석1) 무전방송 / 사업계획 / 체신성 의향 개정(槪定)

사설방송 무선전화의 경영은 기보(旣報)와 여(如)히 공익사단법인으로 하기로 결정한 결과 현재 구명의 청원에 계(係)한 사업계획과는 조직의 근저상(根底上) 상(相)＊가 생기며 종하야 당국의 시설방침에 스스로 합치치 못할 것이 잇슴으로 체신국에서는 삼월 이일 청원자의 회합을 구하야 방침을 지시함과 공(共)히 갱(更)히 경영에 관한 제반협의를 할 터인대 기간(其間) 다소의 곡절을 예상하얏 섯스나 결국 신용 불확실한 일, 이자(二者)를 제외하고는 청원자의 대부분이 합동 일환(一丸)이 되야 **사단조직**의 운(運)에 지(至)할 터인바 지(遲)하야도 오월경까지에는 시설에 관한 일체의 수속으로부터 경영 유지에 긍(亘)한 조항 등 일사천리적으로 구체화되게 되리라 관측된다. 그러나 방송국의 조직 내지 사업계획에 관하야는 해(該) 사단법인의 출현을 보지 못한 금일에 아즉 결정적으로 구체화할 수는 업스나 체신당국의 복안으로는

一, **자본금** 사회 경제 양 방면으로 고찰하야 이십만 원 정도를 적당타 인(認)하야 기중(其中) 십만 원은 기구(幾口)에 분(分)하야 사원의 기부에 사(俟)하고 잔액 십만 원은 위주(爲主)히 발기자 측으로부터 차입할 것[물론 차액은 토지 건물을 매수치 아니하고 방송실의 기계 기구 등 기타 설비 급(及) 경영비로부터 타산(打算)하야]

一, **사원** 자격을 여하한 표준에 의하야 정할는지, 일구(一口) 일백 원 이상의 출자자로 할가, 우(又) 일구 이백 원 이상으로 할가. 물론 차(此)에는 기인(其人)의 인격이며 자산상태를 참작함과 동시에 여론의 추세에 감(鑑)하야 결정할 것

一, **청취료** 차(此)의 여하는 직접 방송국의 유지에 영향이 잇다. 그러나 사업의 보급 촉진에 수요가

잇는 조건임으로 신중히 고려치 아니하면 아니 되는 것인데 조선은 비교적 물가도 고(高)하며 종(從)하야 인건비 기타 영업비에 다액을 요함으로 일본과 동율로 할 생각인즉 일개월 이 원 오십 전 가*을 상당타 할 것

一, **방송구역** 규칙으로는 이십오리 이상 백리 이하로 제한하는 중이나 이십오리의 범위로는 참으로 일부분에 불과하야 원산, 평양, 진남포는 차(此) 권내에 드러가지 아니함으로 거리를 기분(幾分) 연장하야 좌(左)의 주요한 도시는 *취할 수 잇도록 할 것

城以南[11] 영동, 군산, 이리, 강경, 청주, 조치원, 대전, 천안, 수원, 공주, 예산, 온천리, 유성, 충주, 이천, 상주.

경성이북 문산, 개성, 철원, 금강산, 온정리, 해주, 재령, 사리원, 황주, 평양, 진남포, 원산.

경성이동 춘천, 강릉, 의정부 급(及) 해면(海面).

경성이서 영등포, 인천, 강화 급(及) 해면.

一, **방송사항**

(가) 천기예보, *보(報) 급(及) 시보(時報)

(나) 각 취인소(取人所) 시세 급 표준물가

(다) 시사 기타의 강연

(라) 음악, 강담 등

(마) 기타 일반적으로 필요한 보도

二, **방송시간**

자(自) 오전 구시 지(至) 오전 십일시

자 오후 일시 지 오후 삼시

자 오후 육시 지 오후 구시

평상시에는 대체를 우(右)와 여(如)히 구분하나 일요, 제일(祭日) 급 일반 휴일에는 오전 오후 공히 주야로 구분하야 위주(爲主)히 오락물을 만히 방송하리라.

운(云)하는바 차(此)가 확정되기까지에는 기다(幾多)의 의론도 잇슬지나 대체로는 이상을 표준으로 하야 결정될 터인즉 대세로는 동(動)치 못할 사실이라. 그런대 취체에 취(就)하야는 군사 기타의 치안을 해치 아니하는

방송사항에 한하야는 사업의 보호조장하는 입각지(立脚地)에서 방송국의 경영유지, 방송재료 내지 일반 청취에 관하야 가급적 편의를 도(圖)할지나 만일 법령에 시(示)한 허가가 업는 도청자에 대하야는 직접 방송국의 경영상으로 엄중한 취체를 여행(勵行)할 방침이라더라.

조선 25.02.19 (석1) 〈광고〉

당 이월 십팔일 송죽 날

미국 라쓰키 사 대작 대활극 **권의 우(拳의 雨)** 전이권

---

11) '京城 以南'의 오식으로 보임.

미국 콜-드웡 사 대작 애화(哀話) **탄식마라 소녀여** 전오권

미국 유니버-살 회사 초특작품 대맹투대활극 **모험왕** 전편

미국 뾔-뾔쓰 사 특건 대명편

대모험대탐정 **해양의 악귀** 전오권 원명『가메레옹』

송죽 유 사 유나이뎃트 특약 **단성사** 전 광 구오구번

조선 25.02.19 (조2) [휘파람]

▲ 평양부의 선교리(船橋里)에서 조그만 손칼을 가진 리태화(李泰華)에게 죽은 웅곡(熊谷) 순사의 순직긔(殉職記)를 활동사진으로 백이기로 되엿다고. ▲ 그러나 그것만으로서는 관중에게 만족을 줄 만한 완전한 작품이 못 되든 것이 큰 유감이엿섯다는데 ▲ 범인 리태화는 거액의 돈을 드려가면서 애서 활동사진에까지 촬영하는데 이러한 미성품을 남기게 됨은 유감이라고 생각하엿든지 사건을 좀 흥미 잇게 만들라고 지난 십오일 새벽에 한방에서 순사가 세 명식이나 자는 틈을 타서 손발에 고랑을 채운 채로 병원 변소 유리창을 넘어 병원을 탈출하야 다라낫다. ▲ 그리하야 평양경찰서로 하여금 도 경찰부와 대동(大同) 중화(中和) 경찰서의 후원을 어더 범인을 추적하는 처참한 대활극을 연출케 하얏스니 ▲ 여긔서 비로소 활동사진으로서의 가치를 내이게 된 세음인가.

동아 25.02.20 (1), 25.02.21 (3) 〈광고〉

2월 19일자 단성사 광고와 동일

조선 25.02.20 (석4), 25.02.21 (석1) 〈광고〉

2월 19일자 단성사 광고와 동일

동아 25.02.21 (3) 〈광고〉

이월 이십일일(土曜)부터 특선 명화 제공

이태리 간포가리아니 회사 특작 인정활극 **방랑자** 전칠권

미국 파라마트운[12] 사 특작품 명화(名花) 마리온 데븨쓰 양 주연

문예극 **아담과 이브** 전팔권

시기를 놋치지 마시고 차(此) 이대 명화를 꼭 보아주서요

예고

미국 파라마운드 회사 초특작품

문예극 **혈과 사**(血과 沙) 전편(全篇)

명화 **삼십일간** 전편(全篇)

상장 일자를 고대하서요

---

12) '파라마운트'의 오식으로 보임.

조선 25.02.21 (석1) 〈광고〉
동아일보 2월 21일자 조선극장 광고와 동일

동아 25.02.22 (1), 25.02.23 (4), 25.02.25 (4), 25.02.26 (4), 25.02.27 (3) 〈광고〉
2월 21일자 조선극장 광고와 동일

동아 25.02.22 (1) 〈광고〉
당 이월 이십일부터 유 사 날
미국 유 사 특작품
희극 **도회(都會)는 무서워** 이권
실사 **국제시보** 전일권
애화(哀話) **성금말로(成金末路)** 전육권
대활극 **왕자와 여히(王子와 如히)** 오권
미국 유 사 대표적 대작
대연속대활극 **유령의 도(都)** 전십오편 삽(卅)권 중
예고
근(近)々 봉절될 대명화
대연속 『**낙원야수(樂園野獸)**』 전십오편 삼십권
대비곡 문제 『**뉴육(紐育)의 총아**』 칠권
명화 『**메리고-라운드**』 전십권
대야구전 『**최후의 일*(一*)**』[13] 전팔권
학생 대맹투극
송죽 유 사 유나이딋트 특약 **단성사** 전 (광) 구오구

매일 25.02.22 (3) 영화와 민중 / 곡류(曲流) 김일영(金一泳)
늬가 영화에 참으로 몰두하기는 이 사, 오 년 사이에 지나지 못한다. 이 사, 오 년에 지나지 못하지만은 늬가 처음으로 활동사진이라는 것을 본 것은 벌서 십 년 전 일이다. (그째 사진에 대부분은 『엠, 파데』 본사 것이엿다) 나에 어려슬 째 영화라 하난 것은 그져 동(動)하는 사진이나 그림이엿다. 그러나 지금은 움직이지 못할 예술노 인정치 안이치 못하게 되엿다. 그것은 영화는 영화 제작자에 노력을 요하는 싯닭이다. 문학에 하나인 소설이 기(其) 작가에 정신과 인생관에 표현이라고 하면은 영화는 영화작가에 철학이오, 인생관이라고 할 수 잇다. 짜라서 영화가 민중에게 주는 유익은 심대

---

13) 다른 광고를 감안할 때 〈최후의 일루(一壘)〉로 보임.

하다. 엇던 사람은 권선징악이라고 한다. 과연 간단히 말하면은 그러하다.

사회에 안녕을 상(傷)하는 무뢰한에게 통봉(痛棒)을 가하며 일면 세간(世間) 모루는 약년(若年) 자녀로 하야금 사회에 표리(表裏)를 알게 하고 동시에 기(其) 저주할 독수(毒手)를 미연에 경계하는 것은 무릇 영화 급(及) 작자에 공통으로 부르짓는 골자다. 그러나 영화에 악영향도 업는 것은 아니다. 불량소년이 활동사진에 자격(刺激)[14]으로 인하야 선천적에 범죄소질을 조장하는 것은 악영향에 일례다. 오, 육 년 전 일본 신문지상에 떠들든 모든 사실은 그것을 유력히 증명한다. 연속영화 『철의 조(鐵의 爪)』를 본 청년이 기(其) 영화 주인공을 모범하야 도적단을 조직흔 일이라든가, 범죄극을 본 소녀가 사람을 죽인 일이라든가, **시(時) 불량소년들이 법정에서 진술한 자백을 듯고 영화라는 것은 아동에게 도저히 보이지 못할 위험한 물건이라고 말하는 사람신지 잇섯다. 그런 고로 두뇌가 미숙흔 아동들에게 보일 영화는 부형(父兄)에 주의의 선택이 필요하다. 영화에 악영향이 큰 반대로 이것을 선(善)히 이용하면은 교육과 동양(同樣)에 힘이 잇는 것이다. 그리고 아동에 대부분은 (불량아샨 안이라) 설명자에 언사에 의하야 극이 용이히 선으로도 악으로도 좌우할 수 잇다고 밋는다. 전일(前日) 시내 W관에서 모 여학교에 『전쟁과 평화』 관람하든 째에 『십삼에 비밀』이라는 연속사진에 영화를 중지식인 일이 잇다고 드럿다. ****** 고로 연속영화는 불가하냐 하얏슬가 생각하여 보앗다. 그것은 영화 성질상 물론이요, 기(其) 설명하는 가운데 넘도 야비하고 추악한 언사가 잇슨 까닭이라고 할 수 잇다. 설명자는 영화에 대하야 어대까지던지 의무와 책임감이 잇서야 하겟다. 특히 연속영화는 두뇌가 미숙한 아동에게 환영을 밧는 고로 설명자에 태도도 크게 신중하여야 하겟다. 그러나 현재 설명자 중에 차점(此點)에 유의하고 이상적 설명을 하는 자가 기인(幾人)이나 잇는가? 그리고 설명자는 모름직이 그 『타이톨』을 설명하여야 할 것이여늘- 우리 조선 설명자들은 흔히 『타이톨』보다도 창작적 설명을 하는 일이 만히 잇다. 서과(西瓜)[15] 썹대기 할는 셰음으로 기(其) 골자는 하나도 설명*하지 아니하고 표면만 설명하는 일이 만히 잇다. 이것은 죄악이다. 졔 아모리 영화작자보다 고상한 이상을 가지고 잇더릭도 영화에 마음을 일허버린 설명을 하여셔는 안이 된다. 명화라고 일컷는 『동도(東道)』가 원작자와 제작 회사 스이에 문제가 기(起)하엿든 것은 무슨 연고냐. 『동도』가 세계 명감독에 수완을 거치여서 완전 불멸에 영화가 된 것은 쟁의(爭議)치 못홀 사실이나 원작자 『쌔-카』 여사는 영화가 자기에 원작과 상위(相違)되는 점이 잇다고 문제를 이르켯든 것이다. 보라 세계적 명감독도 타인의 작품을 범연히 변경치 못할 것이여늘 일개 설명자가 엇지 영화 급(及) 작자에 마음을 변경하야 영화에 권위를 해하는가. 문제와 갈나진 말을 길게 하야 미안하다. 이졔 영화가 민중에게 주는 이익을 몃 가지 더 말하고져 한다. 우리들 근대인은 무슨 일에던지 먼저 시간이라는 것을 생각하지 안을 수 업다. 여게 이르려 재래에 연극과 갓흔 것은 팔, 구 장면에 장시간을 낭비하는대 반하야 영화는 단촉(短促)흔 시간에 만흔 장면과 예술에 접할 수 잇다. 영화에 유익한 점이 차처(此處)에도 잇다는 것을 나는 알고 잇다. 그리고 예술은 참(眞)이 안이면 안이 될 것이다. 실(實)이 안이면 안이 될 것이다. 부자연한 신파극, 비예술인 가무극, 영화예술에 특점이 차처에도 잇다. 그러나 나에게

---

14) 자극을 받아 크게 흔들림.

15) 수박.

는 비애가 하나 잇다. 그것은 우리 조선은 예술과 과학이 타국에 뒤짐과 가치 영화사업도 뒤진 것이다. 아니 전혀 업다고 흐여도 가하다. 무슨 전(傳)이니 무슨 곡(曲)이니 하는 이, 삼에 제작을 보앗지만은 예술적 가치가 잇는 영화라고는 말하기 어렵다. 또한 우리 조선스람은 영화라 하면 불량소년과 기생에 전유물노 아는 일이 만히 잇다. 그것은 오해다. 제군은 모름직이 영화를 이해하야 영화와 민중에 관계가 여하히 밀접한 것을 알지어다.

조선 25.02.22 (석1) 〈광고〉
동아일보 2월 22일자 단성사 광고와 거의 동일

조선 25.02.22 (석3), 25.02.23 (조2), 25.02.24 (석2), 25.02.25 (석4), 25.02.26 (석4) 〈광고〉
2월 21일자 조선극장 광고와 동일

동아 25.02.23 (4), 25.02.25 (4) 〈광고〉
2월 22일자 단성사 광고와 동일

조선 25.02.23 (조4), 25.02.24 (석3), 25.02.25 (석4) 〈광고〉
2월 22일자 단성사 광고와 동일

매일 25.02.24 (2) [연예안내] 〈광고〉
동아일보 2월 22일자 단성사 광고와 거의 동일
동아일보 2월 21일자 조선극장 광고와 동일

조선 25.02.24 (석2) 조선영화 / 백남 『푸로닥숀』 / 새 영화 준비에 분주
그간 부산(釜山) 『조선기네마』주식회사에서 조선활동사진 촬영감독으로 민완을 썰치든 백남(白南) 윤교중(尹敎重) 씨는 그간 촬영 중이든 장편 암광(暗光)을 마즈막으로 『조선기네마』회사와는 관계를 끈코 경성으로 와서 시내 황금뎡(黃芩町) 오뎡목 칠십칠 번디에 『백남프로닥숀』을 열고 조선영화 촬영과 외국영화 소개를 전문으로 할 터이라는대 목하 『시대극』을 촬영코자 이십여 명의 남녀 배우들은 연습 중에 잇스며 감독은 리경손(李慶孫) 씨가 할 터이며 기사도 새로히 일본에서 고빙하야 왓다더라.

매일 25.02.25 (2) 〈광고〉
2월 24일자 단성사 광고와 동일
2월 24일자 조선극장 광고와 동일

동아 25.02.26 (4) 〈광고〉

당 이월 입(卄)오일부터 송죽 날

빙글빙글 흥행

포복절도 **이 도적놈** 전오권

이국(伊國) 벨지니 회사

문예영화 **독사** 전칠권

후란제스가벨지니 양 출연

미국 유나이딋트 사

희극 **소왕(笑王)편다빈** 전오권

= 예고 =

근(近)々 봉절될 대명화

대연속 『**낙원야수**』 전십오편 삼십권

대비희극 『**뉴육(紐育)의 총아**』 칠권

명화 『**메리고-라운드**』 전십권

대야구전 『**최후의 일루**』 전팔권

학생 대맹투극

송죽 유 사 유나이딋트 특약

단성사 전 (광) 구오구

조선 25.02.26 (석4) 〈광고〉

이월 이십오일부터 오일간 공개

미국 폭쓰 회사 실사 **폭쓰 니유-스** 전일권

미국 폭쓰 회사 희극 **와사취(瓦斯醉)** 전이권

미국 폭쓰 회사 사회극 **환락의 영(影)** 전오권

미국 폭쓰 회사 초특작

열혈맹투 대경마극 **뇌명(雷鳴)** 전칠권

예고 근일 상영

미국 쌔데-지 사 희극계 거*

대모험 희활극 **거인의 정복** 전육권

푸옥스 사 봉절장 **우미관** 전 광 삼구오번

동아일보 2월 26일자 단성사 광고와 거의 동일

동아 25.02.27 (3) 〈광고〉

2월 26일자 단성사 광고와 동일

매일 25.02.27 (2) 「라지오」 실험 중 큰불이 이러낫다

【빈송(濱松)[16]전보】 직작 이십오일 오후 여섯 시 반경에 빈송고등공업학교(濱松高等工業學校)에서 무선면화방송 실험 즁에 불이 이러나 응용화학연구실 흔치를 면소하고 손해 약 오만 원을 늬엇다더라.

조선 25.02.27 (석1), 25.02.28 (석4), 25.03.02 (조1), 25.03.04 (석4), 25.03.05 (석4), 25.03.06 (석2), 25.03.08 (석4), 25.03.09 (조4) 〈광고〉

2월 26일자 우미관 광고와 동일

조선 25.02.27 (석1) 〈광고〉

2월 26일자 단성사 광고와 동일

조선 25.02.27 (조2) 인천 소년연예

인천소년회(仁川少年會) 주최와 『본보기』소년회, 인천소년군 후원으로 오는 이십팔일 오후 칠시에 인천 가무기좌(仁川 歌舞伎座)에서 신춘소년연예대회(新春演藝大會)를 열 터인바 입장료는 보통 삼십 전, 학생이 십 전이라 하며 그 수입은 도서(圖書)를 구입코자 한다더라. (인천)

동아 25.02.28 (2) 〈광고〉

당 이월 입(卄)팔일부터 희극 명화 봉절
미국 바-데 사 대역작 희극왕 로이도 씨 주연
대모험대희극 **거인정복** 전칠권
미국 유 사 대작 베-비베기 양 주연
대비극 대희극 **뉴육(紐育)의 총아** 六卷[17]
육회 최종편 대연속대활극 **유령의 도(都)** 전육권
名劇[18] 후도킹 씨 주연 대활극 **강자와 약자** 이권
금일에 한하야 특별 요금
송죽 유 사 유나이딧트 특약 **단성사** 전 (광) 구오구

홍보문구 및 출연진 제외된 외 매일신보 2월 28일자 조선극장 광고와 거의 동일

매일 25.02.28 (2) [연예안내] 〈광고〉

당 이월 이십팔일(토요)브터 공개

---

16) 일본 시즈오카현 하마마쓰.
17) 2월 26일자 예고, 조선일보 1925년 2월 22일자(석1), 2월 26일자(석4) 단성사 〈광고〉에는 '全七卷'으로 되어 있음.
18) '名優'의 오식으로 보임.

만도(滿都) 인기는 조극(朝劇)으로 집중하라

이태리 푸로-데 회사 초특작

사옹(沙翁) 명작 대사극 『안토니』와 『크레오파도라』 전구권

미국 파라운트 회사 특작 위례스리-도 씨 대역연

명화 삼십일간 육권

뉴육(紐育)극장에서 오십주간 대만원의 성황을 일우운

대명화와 영국 문호 쎄스피아의 작 중의 명작-

문예영화의 이채-

차(此) 이대명화를 꼭 보셔오

예고

미국 파라마운트 사 문예극 **혈과 사**(血과 沙) 전편

대명화 **월색**(月色)**의 우슴** 전편

공중모험, 비행기, 해상 대격전

육상해양대활극 **방종의 마녀**(魔女) 전편

명화 자극을 추(追)하는 여

명우(猛優) 엔토니오모레노 씨 대역연

조선극장

동아일보 2월 26일자 단성사 광고와 동일

조선 25.02.28 (석3) 〈광고〉
동아일보 2월 26일자 단성사 광고와 동일

조선 25.02.28 (석4) 〈광고〉
영화들에 대한 홍보문구가 삭제된 외 매일신보 2월 28일자 조선극장 광고와 동일

3월

동아 25.03.01 (1), 25.03.02 (3), 25.03.03 (1) 〈광고〉
2월 28일자 단성사 광고와 동일

**동아 25.03.01 (1), 25.03.02 (3), 25.03.03 (1), 25.03.04 (4), 25.03.05 (4), 25.03.06
(4), 25.03.07 (1), 25.03.08 (1), 25.03.09 (4), 25.03.10 (2) 〈광고〉**
2월 28일자 조선극장 광고와 동일

동아 25.03.02 (부록1) 음악가극회
금릉(金陵)청년회에서는 지난 이십오, 륙 양일간 김천유치원을 위하야 가극 급(及) 음악, 아동 유희
를 김천좌에서 행하얏는데 관중은 매야(每夜) 만원을 이루어 근자에 드문 성황이엇고 의연금도 다
액에 달하얏는바, 기(其) 씨명은 좌(左)와 여(如)하다고. (김천) (이하 의연금 명부는 생략)

조선 25.03.02 (조1) 무전방송 연기 / 정부의 불허로
(동경전) 일일부터 방송을 개시할 터인 동경무전국의 방송실시는 방송실이 불완전하다 하야 허가되
지 못하얏슴으로 무전국에서는 대낭패하야 선후책을 강구 중인데 이, 삼일이면 완전히 방송케 되리
라더라.

조선 25.03.02 (조1), 25.03.04 (석4), 25.03.05 (석4), 25.03.06 (석2) 〈광고〉
2월 28일자 조선극장 광고와 동일

조선 25.03.02 (조2) 강연 대신 음악 연극 / 인천구제회의 / 두 번재 되는 계획
조선긔근인천구제회(朝鮮饑饉仁川救濟會)에서 지난 이십칠일에 긔근구제강연회(講演會)를 열으랴 하
다가 경찰의 무리한 금지로 인하야 열지 못하얏다 함은 이미 보도하얏거니와 그 후 동 회에서는 긴
급 위원회를 열고 대책을 협의한 결과 가급덕 속히 신구음악과 연극대회를 열기로 되엿다는데 장소
는 가무기좌(歌舞伎座)로 입장료는 백권 오십 전, 청권 삼십 전, 학생 이십 전으로 결명되엿는데 긔
일만은 추후 발표한다더라. (인천)

조선 25.03.02 (조4) 〈광고〉

2월 28일자 단성사 광고와 동일

동아 25.03.03 (2) 일본 활동사진 촬영 화재

일일 오후 일곱 시에 동경 포뎐 송죽촬영소(東京 蒲田 松竹撮影所)『필림』정리실에서 불이 나서 린접한 건조실(乾燥室)까지 이동, 팔십평을 소실하고 조수(助手) 한 명이 중상을 당한 후 동 여덜 시에 진학[1]하엿는데 원인은 뎐구(電球)의 열로『필림』조각에서 불이 난 듯하며 손해는 오만여 원이라더라. (동경 뎐)

매일 25.03.03 (1), 25.03.04 (2), 25.03.05 (4), 25.03.06 (2) 〈광고〉

2월 28일자 조선극장 광고와 동일

매일 25.03.03 (1) [연예안내] 〈광고〉

'금일에 한하야 특별 요금'이라는 문구가 없는 외 동아일보 2월 28일자 단성사 광고와 거의 동일

매일 25.03.03 (2) 이월 중의 상영 필림 척수 / 홉 수십수만구천여 척

경긔도 경찰부 보안과(京畿道 警察部 保安課)에서 지난 이월 중에 검열한 시니 각 상설관(常設館) 상영의 영화(映畵) 필림 권수(卷數)를 됴수하야보면 =

양극(洋劇) 四〇一권, 희극 五〇권, 실사 二四권, 일본 신구극 二〇六권 = 그의 합계가 륙빅팔십일 권으로 그 기리가 수십수만 구천오빅여척(三百四十餘 里)인대 그중에서 공안(公安)을 방히홀 넘려가 잇서셔 몟 조식 절단(切斷)식힌 것이 네 가지가 잇다고 한다. 그리고 이 만흔 영화 즁에 됴션 사람 긔을 즁심으로 경영하는 단성사(團成社), 우미관(優美舘), 됴션극장(朝鮮劇場)의 세 곳에서 상장흔 권만을 됴사하야보면 이와 갓다더라.

▲ 단성사 八四권 四六九三〇척

▲ 우미관 一〇五권 七六二五〇척

▲ 조선극장 七三권 四四〇〇〇척

동아 25.03.04 (4) 〈광고〉

당 삼월 사일부터 송죽 날 푸로크람

미국 메도로 사 대작

대희극 **남의 국(嵐의 國)** 전이권

미국 아메리캉 사 최근 대작 카-멜마이아-쓰 양 대역연

대맹투대활극 **위험절박** 전오권

---

1) '진화'의 오식으로 보임.

미국 메도로 사 대작 하바-드로리손 씨 주연

인정활극 **정열의 청춘** 전오권

미국 메리월- 사 대작

희화(喜話) **세 번재 무희(舞姬)** 전오권

송죽 유 사 유나이딋트 특약

단성사 전 (광) 구오구

매일 25.03.04 (2) [연예안내] 〈광고〉

동아일보 3월 4일 단성사 광고와 동일

조선 25.03.04 (석3) 〈광고〉

동아일보 3월 4일 단성사 광고와 동일

동아 25.03.05 (4), 25.03.06 (4), 25.03.07 (1) 〈광고〉

3월 4일자 단성사 광고와 동일

매일 25.03.05 (4), 25.03.06 (2), 25.03.07 (2) 〈광고〉

3월 4일자 단성사 광고와 동일

조선 25.03.05 (석1) 대판(大阪) 방송국 허가 / 개시는 삼월 이십일경

(대판전) 오래동안 문제가 되얏던 사단법인 대판방송국은 금회 허가하게 되야 삼일 대판 체신국에 정식으로 발표되얏다. 그런대 동경 명고옥(名古屋)과 상사(相俟)하야 관서(關西)의 『리듸오팬』도 자유로 청취하게 된바 청취료는 동경으로부터 일개월 일 원 오십 전으로 결정하얏스며 인하야 대판방송국에서는 직(直)히 방송 가설비에 착수하야 삼월 이십일경부터 방송을 개시할 예정이더라.

조선 25.03.05 (석1) 방송회사 설립 회의

무선방송 출원자 십이 단체 중 동경의 일 체(一 體)를 제한 외 전부의 대표자는 삼일간 오후 일시부터 체신국에 회합하야 당국의 지시에 기인하야 합동 방침 기타에 대하야 협의하고 갱(更)히 래(來) 이십일 오후 일시부터 회의를 속행하기로 상의하고 오후 오시경에 산회하얏는대 대강 방침은 자본금 십오만 원 중 십만 원을 사원출자로 하고 오만 원을 차입할 사(事), 사원출자는 이백 원, 육백 원, 천 원, 삼종으로 하야 사원에게는 무료청취할 특권을 여(與)할 사, 발기인의 출자는 천 원 이상으로 할 사 등이더라.

조선 25.03.05 (석3) 배우학교 확장 / 영화 제작, 잡지 발행

작년 십이월 상순에 현철(玄哲) 리귀영(李龜永) 량 씨가 설립한 조선배우학교(朝鮮俳優學校)는 그간 시내 와룡동에서 뎨일긔(第一期) 매반(梅班)과 란반(蘭班)으로 난호아 학생을 교수하엿섯는데 입학 초과와 교사 협착으로 말미암아 학교를 시내 창신동 오백팔십일 번디로 옴기엿스며 학교 내용을 확장하기 위하여 동 교 긔관 잡지(機關 雜誌)로 동국문화(東國文化)란 월간잡지를 발행한다 하며 쏘한 동국문화협회 부속 (東國文化協會 附屬)으로 조선영화제작소(朝鮮映畵製作所)를 설립하고 조선에 다만 한 사람인 촬영기사(撮影技師) 리필우(李弼雨) 씨와 협력하야 조선영화 제작에 착수하게 되엿는데 국반(菊班) 신입생도 모집한다더라.

조선 25.03.05 (석4) 〈광고〉
3월 4일자 단성사 광고와 동일

조선 25.03.08 (석3) 〈광고〉
동아일보 3월 8일자 단성사 광고의 본편 주요 정보 제공

매일 25.03.06 (2) 청년회관에 명화 상영 / 륙, 칠 양일간
시닉 종로 즁앙 긔독교 청년회에서는 동 회의 장년부(壯年部)와 및 소년부(少年部)의 회원을 위안* 목뎍으로 명화영스회(名畵映寫會)를 금 륙일과 명 칠일의 잇틀 동안을 하오 일곱 시 반부터 동 회관닉 대강당에서 열 터이라는바, 동회 회원이 안인 일반 인스 즁에도 만일 이 명화를 보고자 원하는 이가 잇스면 회비 오십 전식을 밧고 구경을 허할 터이라 하며 륙일은 장년부 회원의 위안일(慰安日)로 문예극(文藝劇) 『아담과 이바』 젼팔권(全八卷)이요, 칠일은 소년부 회원의 위안일로 대활극(大活劇) 『대속력왕(大速力王)』 젼칠권(全七卷)이라는대 회원은 물론 무료이나 회표(會票)를 반다시 휴대하여야 한다더라.

매일 25.03.06 (3) 충북의 교화 강연 영사 / 거(去) 삼일부터
충청북도의 사회교화 사업으로 좌긔(左記) 일정에 의하야 순회 강연 급(及) 활동사진 영사회를 개최 중인대 강사는 도 교화 촉탁 김용제(金鎔濟) 씨와 동 민영복(閔泳復) 양 씨 급(及) 대웅(大雄) 기사 등으로 기임(其任)에 당해 잇다더라. (청주)
▲ 삼월 삼일 감곡(甘谷) 공보(公普)교내
▲ 동(同) 오일 무극(無極) 공보교내
▲ 동 칠일 맹동(孟洞) 공보교내
▲ 동 팔일 천평(泉坪) 공보교내
▲ 동 구일 장양(長楊) 공보교내
▲ 동 십일 옥동(玉洞) 공보교내
▲ 동 십일일 초평(草坪) 공보교내

동아 25.03.07 (2) [휴지통]

중국 녀형배우(女形俳優) △ 매란방은 만주 왕 장작림 씨의 생일연에 초대를 밧어 지난 사일 오후 세 시에 봉텬으로 왓는데 △ 오기까지는 더 말할 것이 업스되 진작 도착하고 보니 장작림 씨 긔병 한 소대를 보내 자동차 전후를 호위케 하고 이 행렬을 구경하랴고 모힌 사람이 산가치 모혓섯다니 중국에서나 볼 것이로군.

매일 25.03.07 (2) 기병(騎兵)의 경위(警衛)로 매란방 래봉(來奉) / 장작림 씨의 싱일 잔치에 불니여

(봉천전보) 지나극단(支那劇壇)의 명성 미란방(梅蘭芳)은 이번 장작림(張作霖) 씨의 싱일 잔치의 초대를 바다 지는 스일 오후 세 시 봉텬(奉天)에 도착하얏난대 당일은 이 일흠 놉흔 배우를 구경하기 위하야 모혀든 남녀노소의 군중이 뎡거장과 힝로의 량측에 사람의 셩을 싸앗는대 미란방 일힝은 역에 나리즈 자동차를 난호아 타고 긔병(騎兵) 일긔 소대의 경위를 바다 일힝의 려관인 즁국은힝(中國銀行)으로 드러갓다더라.

매일 25.03.07 (2) [연예안내] 〈광고〉

삼월 칠일부터 특별 공개
조선의 사실 애화(哀話)
동아문화협회 노심 대역작
각색 감독 조천고주(早川孤舟) 씨
대비활극 **비련의 곡 칠권**
주연 문용자(文龍子) 양
동아문화협회 특작
만고열녀 **춘향전 구권**
한룡(韓龍) 여사 김조성(金肇盛) 주연
조선극장

동아 25.03.08 (1) 〈광고〉

당 삼월 팔일부터 유 사 날 활극대회
미국 유 사 작품
대희극 **대우(大雨) 전이권**
세계적 대맹우 에데쌘로 씨 주연
서부활극 **음모 전이권**
미국 유 사 대작품 후란시스 훠-드 주연
대맹투대활극 **절망 전오권**
애화(哀話) **이혼에 길 전오권**

윌리암 머스몬드 씨 주연
연속 해양활극 **낙원의 야수** 십오편 삽권(卅卷)
제일회 제일, 제이편 사권 상장
= 예고 =
일천만불 영화
문제영화『**매리크-라운드**』십권
당 삼월 십오일에 봉절합니다!?
송죽 유 사 유나이딋트 특약 **단성사** 전 (광) 구오구

3편

동아 25.03.08 (2) 동국문화 간행

시내 와룡동에 잇는 조선배우학교(朝鮮俳優學校)에서는 금번에 확장키 위하야 창신동 오백팔십일번디로 옴기고 긔관 잡지로『동국문화』를 매월 발행하며 조선영화제작소(朝鮮映畵製作所)를 설립하고 조선영화 제작에 착수한다는데 다시 신립 생도를 모집한다더라.

매일 25.03.08 (2), 25.03.09 (2), 25.03.10 (2), 25.03.11 (2), 25.03.12 (2), 25.03.13 (2) 〈광고〉

3월 7일자 조선극장 광고와 동일

매일 25.03.08 (2) [연예안내] 〈광고〉

동아일보 3월 8일자 단성사 광고와 동일

조선 25.03.08 (석4) 〈광고〉

매일신보 3월 7일자 광고와 거의 동일

조선 25.03.08 (조1) 대판(大阪) 무전방송 / 사월 일일 개시

(대판전) 대판무전방송국은 삼월(三越) 지점 팔계루상(八階樓上)에 설치하기로 결정하고 설비설정에 착수하얏고 방송은 사월 일일부터 개시할 터이더라.

동아 25.03.09 (3) 계산(稽山)순극단 내청(來淸)

충북 영동군에 잇는 계산연극단 일행 남녀 십일인은 전라남북도를 것처 거(去) 사일에 청주에 도착하야 지난 오일 야(夜) 팔시부터 청주청년회와 조선, 동아 양 지국 후원 하에 앵좌(櫻座)에서 흥행하엿는대 천진난만한 소녀의 가극과 무도(舞蹈)는 박수 환호리에 성황을 정(呈)하엿다고. (청주)

동아 25.03.09 (4), 25.03.10 (1) 〈광고〉

제작사가 제외된 외 3월 8일자 단성사 광고와 동일

99

동아 25.03.09 (부록1) 교육 활동 영사

봉산군(鳳山郡) 은파(銀波)보통공립학교에서는 거(去) 사, 오 양일간 오후 칠시부터 본교 내에서 교육 활동영사회를 개최하엿섯다고. (은파)

매일 25.03.09 (2), 25.03.10 (2) 〈광고〉

3월 8일자 단성사 광고와 동일

조선 25.03.09 (조4), 25.03.10 (석4) 〈광고〉

3월 8일자 단성사 광고와 동일

조선 25.03.09 (조4), 25.03.10 (석4), 25.03.11 (석3), 25.03.12 (석3), 25.03.13 (석4) 〈광고〉

3월 8일자 조선극장 광고와 동일

동아 25.03.10 (3) 〈광고〉

김천 독자 위안회

양춘을 당하와 본보 독자 제위의 평소 애호를 료히 보답키 위하야 본사 정치부장 최원순(崔元淳) 군의 강연과 취미 진々한 여흥으로 위안회를 개최하오니 내람(來覽)하심을 경망(敬望)하나이다.

시일 삼월 십일, 십이 양일

장소 김천 금정(錦町) 김천좌

요금 독자 무료, 보통 이십오 전, 부인 소아 십오 전, 신발 오 전

주최 동아일보 김천지국

매일 25.03.10 (2) 후작가(侯爵家) 영양(令孃)이 희극의 활동 여우(女優)

소립원(小笠原)『프로덕손』에 최근 경쾌흔 늣김을 주난 고상하고 스랑스러운 아릿다운 령양의 희극 배우 하나가 낫타나셔 일반의 주목을 잇쓸고 잇다. 이 령양은 일흠을 도모소라 하는대 동경 국명(麴町) 영뎐(永田)소학교 일년싱……음창흥현(岩倉興顯) 씨의 짜님……으로 얼마 전에 부친과 갓치 소립원『프로덕손』을 구경하러 갓다가 활동배우가 될 결심이 싱기여 부친을 졸나 승낙을 밧고 그의 빅부인 후작(侯爵) 음창흥영(岩倉興榮) 씨의 찬성을 바다 죠고마한 가삼에 타오르는 희망을 이루어 희극 전문으로 영화에 낫타나게 되얏다. (스진은『로케이숀』의『렌스』압헤 슨 령양)

조선 25.03.10 (석4) 〈광고〉

삼월 팔일 월요부터 공개 연속대회 십일간 전부 상영

미국 쌔데-지 사 희극 로이도 관힐(鑵詰)[2] 직공 전이권

미국 데이스토리쎄유토-아 회사 대역작

연속활극 **호의 조**(虎의 瓜) 전십오편 삼십권
자(自) 제일편 지(至) 팔편 흘(迄) 십육권 상영
푸옥스 사 봉절장 **우미관** 전 광 삼구오번

동아 25.03.11 (2) 기근 구제 영화회 / 하와이에 잇던 김명식 씨가 수일 전에 귀국하야 로력할 터

고국을 써나 하와이에서 이십일 년 동안이나 톄류하면서 우리 동포를 위하야 만흔 힘을 쓰던 김명식(金明植) 씨는 내디의 긔근 소식을 듯고 삼백만 동포를 구제하기 위하야 해외에 잇는 여러 동포들과 갓치 구제사업에 로력하다가 최근 귀국하는 길에 활동사진 긔계와 『필림』을 사가지고 조선 십삼도을 편답하며 구제영화회(救濟映畫會)를 개최할 작뎡으로 약 이주일 전에 하와이를 써나 일본 횡빈(橫濱)을 거처 지난 칠일에 부산에 도착하얏는데 뎨일착으로 구제영화회를 오는 십이일부터 본사 부산지국 후원으로 삼일간 열 터이라는데 날자와 장소는 아래와 갓다더라. (부산)
십이일 초량(草梁) 삼일교회당 십삼일 십사일 국제관

매일 25.03.11 (2) [연예안내] 〈광고〉

당 삼월 십일일부터 명화 출현!!
지상의 곳 칼멘- 칼-멘 연(戀)의 칼-멘
세계 유일의 칼-멘 여우(女優) 보-네그리 양 대역연
명화 **칼멘** 전칠권
칼멘은 사랑과 자유에셔 살고 미(米)쯔한 거기에서 최후를 맛치엿다
도레아도루의 *가(*歌) 호세의 비가(悲歌)!
미국 스타-사 대걸작품 용맹아 후링크링휘-남 씨 대활약
대맹투대활극 **쾌남아 덱사쓰**
미국 후아쓰도냐소날 사 대작 애화(哀話) **조로하난 사나히** 전오권
미국 로-야-루 사 대작 대희활극 **명령결혼** 전이권
= 예고 =
근근(近近) 래(來) 삼월 십오일 봉절
문제명화 **메리코-라운드** 십권
단성사

조선 25.03.11 (석2) 인천 기근구제 / 음악회의 대성황 / 경관의 무리한 압박과 청중 흥분 / 수천 관중으로 대성황을 이루어

긔보 = 조선긔근인천구제회(朝鮮饑饉仁川救濟會)에서는 예정과 가티 지난 구일 오후 한 시경부터 구

---

2) 통조림.

제회 발긔 삼십일 개 단톄의 연합으로 시내

행렬선전을 마친 후 간부 일동은 연주대회의 준비에 분망한 중 인천경찰서에서는 돌연히 상무위원 뎡수일(常務委員 鄭秀日) 씨를 호출하야 『이번 연주대회는 긔근구제라는 명목을 쓰지 못하고 사회자 쏘는 배우 기타 연주관계자로서 긔근구제에 대한 의미의 말은 절대로 용서치 안는다』는 뜻으로 경찰부의 명령임을 전달하엿다는바 일반은 일층 흥분되야 당국의 전후 무리한 압박을 분개한다는데 정각도 되기 전에 연주회장인 가무기좌에는 군중이 물밀듯 하야 장내는 립추의 여디가 업시 대만원을 일우엇스며 순서에 싸러서 수십 명 정사복 경관의 엄중한 경계리에 집행위원장 박창한(執行委員長 朴昌漢) 씨의 비장한 개회사를 비롯하야 엡윗청년창양대[3]의 『코러스』, 문아구락부의 조선정악, 예기권번의

기생가무, 청년유지와 무대예술연구회의 연합으로 희생자(犧牲者)라는 예제로 신파극, 인천유지의 조선속곡 쏘는 속가가 차례로 연주하엿는데 연주의 개막할 적마다 천여의 청중은 환영에 넘친 박수소리가 장내 장외를 진동하엿는바 현장에서 동포구제에 써달라는 뜻으로 아래와 가티 동정이 답지하엿스며 관람 전 매각료금은 삼백구 원 륙십 전에 달하엿는바 이것만 하여도 굶주리고 헐버슨 불상한 동포의 목숨을 구원할 수가 잇섯슴은 일반의 사랑에 넘친 열성을 감사치 안을 수 업스며 싯흐로 엡윗청년찬양대의 합창으로 동 십이경에 공전의 성황으로 폐회하엿더라.

(이하 기사 생략)

십일 야(夜)에도 연주회 계속
별항 보도와 가티 구제회의 첫 사업인 연주대회는 상상 이상의 대성황을 일우엇는바 십일 밤에도 연주종목에 대한 순서를 변경하야 대대덕으로 연주할 터인바 피 잇고 눈물 잇는 전날 밤과 가티 만흔 동정이 잇슴을 바란다더라. (인천)

조선 25.03.11 (석3) 〈광고〉
일부 출연진 및 홍보문구 제한 외 매일신보 3월 11일자 단성사 광고와 거의 동일

조선 25.03.11 (석3), 25.03.12 (석3), 25.03.13 (석4), 25.03.14 (석3), 25.03.15 (석4), 25.03.16 (조4), 25.03.17 (석1), 25.03.18 (석4), 25.03.19 (석3), 25.03.20 (석1), 25.03.21 (석4), 25.03.22 (석4), 25.03.23 (조2), 25.03.25 (석4), 25.03.26 (석1) 〈광고〉
3월 10일자 우미관 광고와 동일

조선 25.03.11 (조2) 고학당(苦學堂)을 위하야 / 조선예술단 출연 / 십오일부터 경성에서
시내 동대문 밧게 잇는 총독부의원 동물사육장(動物飼育場)의 일부를 빌어 찌어진 창을 바르고 문허진 벽을 자긔 손으로 가리워가며 움 가튼 그곳에서 공부를 하고 잇는 고학당(苦學堂)은 그나마

---

3) '엡윗청년찬양대'의 오식으로 보임.

남의 집을 비러 잇는 터임으로 언제든지 사회의 동정을 구하야 학교를 세우지 안으면 아니 될 비운을 당하엿슴으로 매우 곤경에 처하야 잇는바 조선예술단(朝鮮藝術團) 주인 김문필(金文弼) 씨는 이에 깁히 늣기어 동 학당과 협력하야 가지고 학교 건축긔성예술단(建築期成藝術團)을 조직하야 가지고 이것을 흥행하야 그 수입이 학교 건축의 완성을 이루을 쌔까지 조선을 비롯하야 일본의 큰 도회디까지 순회할 터이라는데 예술단의 곡목(曲目)은 소년무도가극(小女舞蹈歌劇) 외 여러 가지 신출귀몰한 것이 만타 하며 위선 경성에서는 십오일부터 압흐로 사일간 오후 여덜 시부터 경운동 텬도교긔념관에서 행한다는데 이것이 목덕을 달하는 쌔에는 참으로 민중의 피와 쌈으로 고학당은 완성될 것이라고 긔대한다더라.

동아 25.03.12 (4) 〈광고〉

貳月[4] 칠일부터 동아문화협회 작

교육영화 **토와 귀(兎와 龜)** 전일권

동아문화협회 작 萬古烈好[5] **춘향전** 전구권

동아문화협회 특작 영화

각색 감독 조천고주(早川孤舟) 씨

비곡 **비련의 곡** 전칠권

= 예고 =

서부인정대활극 명화 **쌔 - 지니안** 전팔권

대파라마운트 명작 정희극 **억병탐정(臆病探偵)** 전오권

조선극장 전 (광) 二〇五

동아 25.03.12 (4) 〈광고〉

매일신보 3월 11일자 단성사 광고와 거의 동일

매일 25.03.12 (2), 25.03.13 (2) 〈광고〉

3월 11일자 단성사 광고와 동일

조선 25.03.12 (석1) 기상 방송 결정 / 근해 항행선에

동경 중앙기상대 발표의 기상통보는 용산무전국으로부터 매일 삼회식 조선 근해에 항행 중인 선박에 방송하기로 되얏는데 차(此) 기상통보는 태평양 방면을 위주로 하야 리(裡) 일본 근근해 방면에 대하는 것으로 조선해 특히 황해 방면의 기상은 충분치 못한 유감이 잇슴으로 조선에서는 증(曾)히 해군당국 급(及) 선박업자로부터 요망도 잇는지라 체신국은 인천 관측소와 협정하야 조선 근해 기

---

4) '三月'의 오식으로 보임.
5) 萬古烈女의 오식으로 보임.

상보를 방송하기로 계획하는 중이더라.

조선 25.03.12 (석3) 인천 긔근구제 계속 / 연주도 대성황 / 희생뎍 출연의 각 청년들 / 눈물에 어린 동졍금 답지

속보 = 조선긔근인천구제회(朝鮮饑饉救濟會)의 긔근구제연주회는 예명한 날자대로 십일 밤에도 계속 공개하엿는바 군중은 여전히 열광뎍으로 장내는 명각전에 발서 만원의 성황을 일우엇는데 당일은 특별히 조선극계에 유명한 경성 최성해(崔成海) 양, 강성렬(康成烈), 리석구(李錫九), 박팔(朴八), 권일청(權一淸) 등 제씨가 긔근구제사업을 찬조코자 당디에 방문하야 인천청년유지의 련압으로 『희생자』의 신극을 연주하야 박수의 소리가 텬디를 진동하얏스며 이 외에도 기생권번, 문아구락부, 엡윗청년찬양대 인천유지일동이 전날 밤에 피곤한 것도 불구하고 차례로 계속 등단하얏스며 소년척후군은 회장정리 쏘는 합창 등으로 힘껏 공헌을 다하엿더라.

연주도 부자유 / 긔근은 말도 말어라

이번 연주대회는 처음에 강연 못 한 대신에 경찰의 양해를 어더서 이가티 이일간 연주를 계속하게 된 것인바 연주 첫날에 경찰로부터 긔근구제라는 명목은 업새바리고 보통 연주로 하라는 명령이 잇섯슴에 불구하고 등단인물인 강성렬 씨가 삼백만 긔근동포를 전제로 일반에게 감흥을 주엇다는 등 여러 가지 경찰의 명령을 복종치 아니하엿다는 리유로 경찰은 집행위원장 박창한(朴昌漢) 씨를 호출하야 계속 연주금지를 명령하엿는바 박씨는 여긔에 대하야 각 방면으로 그러치 안은 리유를 력설하야 결국 박씨와 구제회위원 김태현(金台鉉) 씨가 전 책임을 부담하고 무사히 연주를 계속하게 되엇다. 연주가 긋나기 조금 전에 박창한 위원장은 연주대회에 이와 가티 특별 대환영으로 성황을 일우엇다는 감사한 말을 진술한 후 연주대회와는 별개 문뎨로 『조선인은 누구던지 우리 구제회의 회원이 되어주기를 바란다』는 간단한 희망을 비분에 넘치는 어조로 일반에게 하소연하엿더라.

동정이 답지 / 눈물에 어린 금품

연주가 계속 진행하는 중 쯧 잇는 인사의 동정금이 아래와 가티 답지하는 중 특히 소년군은 전일 밤부터 과자 판매한 대금 중에서 약간의 리익이 잇는 것으로 금 오 원을 구제회에 바치엇스며 경성에 잇는 녀배우 최성해 양은 자긔 몸소 무보수로 연극을 흥행하엿슴은 별항과 갓거니와 특히 금 오 원을 구제회에 바치엇는데 소년군 어린이들이 단잠 못 자고 회장정리라는 사명을 다하면서 얼마 못 되는 과자 판 돈을 동포를 구제하여 달라는 것과 최성해 양의 주머니를 기울이어 형뎨를 구하야 달라 하얏슴은 참으로 눈물에 어린 동정이라고 일반 칭송이 자자하다더라. (이하 기사 생략)

조선 25.03.12 (석3), 25.03.13 (석4) 〈광고〉

3월 11일자 단성사 광고와 동일

동아 25.03.13 (2) [모임]

▲ 환등회 중앙긔독교 청년회 소년부(中央基督教 靑年會 少年部)에서는 금 십삼일 하오 일곱 시 반에 환등회를 동 회관내에서 개최하고 비행긔(飛行機)에 관한 환등을 비칠 터이라는데 입장은 무료라더라.

동아 25.03.13 (4) 〈광고〉

3월 12일자 단성사 광고와 동일
3월 12일자 조선극장 광고와 동일

매일 25.03.13 (2) [모임]

종로 중앙긔독교청년회 소년부에서는 금 십삼일 오후 일곱 시 반에 동 회관에서 비힝긔(飛行機)에 대한 환등회(幻燈會)를 개최한다는대 비힝긔가 발명된 시초로부터 발달된 경로를 일일히 영사하야 미오 자미잇스리라는바, 입장료는 안이 밧는다더라.

조선 25.03.13 (석1) 무전 정기방송 / 매주 수요와 토요

체신국에서는 방송 무선에 관한 지식의 보급을 도(圖)하고 아울너 기계실험 중인 방송용 무선전화설비에 의하야 당분간 매주 이회식 정기방송을 시(試)하야 일반 무선청취자에 대하야도 실험의 편(便)을 여(與)하는 일단(一端)으로 하되 기(其) 방송료는 아모쪼록 무선에 관한 취미가 유(有)한 것을 선택하고 쏘 음악과 간단한 담화 등도 방송할 터이라 한다. 그럼으로 수화(受話)코자 하는 자는 정규의 수속을 ✱하야 수신기의 설치방(設置方)을 출원허가를 수(受)한 자는 하인(何人)이던지 청취할 수 잇스며 방송일시는 좌(左)와 여(如)하야 십사일의 토요일로부터 실시할 터인데 일요일에는 특히 임시로 방송할 터이라더라.

수요일 자(自) 오전 십일시
　　　　지(至) 정오
토요일 자 오후 삼시
　　　　지 동(同) 사시

동아 25.03.14 (3) 〈광고〉

당 삼월 십사일부터 사일간 유 사 날
신영화 출현
미국 유 사 일천만불 세계적 영화
보라! 청춘의 혈호(血湖)가 전편(全篇)에 창일(漲溢)된
젊은니들의 참된 사랑의 살님사리를 보라!
인정연애 명화 **메리-코-라운드** 전십권
세계적 명화(名花) 메리, 필빈 양 로만, 개리 씨 공연(共演)

미국 유 사 세계적 대작품

대연속대활극 **낙원의 맹수** 이, 삼, 사권

미국 유 사 서부극 활극 **정의의 맹자** 전이권

세계적 맹자 에듸쌘로 씨 주연

미국 유 사 희극

빙글빙글 **부염의 악자(附髥의 惡者)** 전이권

송죽 유 사 유나이딋트 특약 **단성사** 전 (광) 구오구

당 삼월 십사일(토요)부터 기대하시든 명화 대공개!

미국 파 사(社) 제공

희극 **어린 아해와 소절수(小切手)**[6] 전이권

미국 파 사 특작 데부-군 주연

정희극 **겁쟁이 탐정** 오권

미국 파라마운트 특작 연애극 **월의 섭(月의 囁)** 전칠권

나흘도 써러지여 살 수는 업스나 엇지하야 너와 리별을 하게 되엿나……

＝ 예고 ＝

복수 연속『**우루다스**』전이십권

대미(大米)건설사『**황(幌)마차**』전십권

조선영화『**심청전**』전편

근일봉절

조선극장

전 (광) 二〇五

매일 25.03.14 (2) [연예안내] 〈광고〉

동아일보 3월 14일자 조선극장 광고와 동일

일부 홍보문구 제외한 외 동아일보 3월 14일자 단성사 광고와 거의 동일

조선 25.03.14 (석3) 〈광고〉

동아일보 3월 14일자 단성사 광고의 주요 정보만 제공

동아일보 3월 14일자 조선극장 광고의 주요 정보만 제공

동아 25.03.15 (4), 25.03.16 (2), 25.03.17 (4) 〈광고〉

3월 14일자 단성사 광고와 동일

---

6) 수표(手票).

동아 25.03.15 (4), 25.03.16 (3), 25.03.17 (4), 25.03.18 (1), 25.03.19 (4) 〈광고〉

3월 14일자 조선극장 광고와 동일

매일 25.03.15 (2) 〈광고〉

3월 14일자 단성사 광고와 동일
3월 14일자 조선극장 광고와 동일

조선 25.03.15 (석3) 필름세(貰) 등귀로 / 관람료를 올려 / 활동사진관 세 곳에서

시내에 잇는 상설 활동사진관(常設 活動寫眞舘) 중에 조선말로 설명하는 단성사(團成社) 우미관(優美舘) 조선극장(朝鮮劇場) 등 세 곳에서는 활동사진 시세의 등귀로 인하야 종래에 밧든 관람료금(觀覽料金)으로는 도뎌히 경영하야 나갈 수 업슴으로 십사일부터 부득이 관람료금을 올리기로 하얏다는데 그 자세한 내용을 듯건대 원래 조선에 잇는 상설 활동사진관에서는 대개 일본에 잇는 활동사진회사로부터 활동사진『필림』을 세로 비러다가 영사하여 오는바 지금으로부터 약 이개월 전부터는 서양에서 활동사진 박이는 여러 가지 림금이 올라서 『필림』 시세가 그전보다 약 배 이상이나 등귀되엿슴으로 이와 동시에 『필림』 빌려주는 세금도 약 일개월 전부터 매월 분(필림 약 륙십권)에 사, 오백 원가량이나 올라서 현재 밧는 관람료금으로는 매월에 얼마간 손해를 당하게 되는 고로 부득이 그와 가티 올린 것이라더라.

조선 25.03.15 (석3), 25.03.16 (조4), 25.03.17 (석1) 〈광고〉

3월 14일자 단성사 광고와 동일

조선 25.03.15 (석3), 25.03.16 (조4), 25.03.17 (석1), 25.03.18 (석4), 25.03.19 (석2) 〈광고〉

3월 14일자 조선극장 광고와 동일

매일 25.03.16 (2) 영화제작소의 첫 사업으로 / 장화홍련뎐[7]을 촬영

극계(劇界)에 일홈 잇난 현텰(玄哲) 씨와 리귀영(李龜永) 량 씨가 얼마 전에 동국문화협회(東國文化協會)를 창설하고 부속 배우학교(俳優學校)까지 셜립한 후 사계의 텬재를 다슈히 양성 중임은 임의 세상에서 다 아난 바인대 원릭부터 영화(映畵)에 대한 경험이 풍부하며 또한 일반의 갈채를 바든 장화홍련뎐(薔花紅蓮傳)을 촬영한 후 한층 더 그 일홈이 놉하진 박졍현(朴晶鉉), 리필우(李弼雨) 량 씨까지 이 문화협회에 참가하야 그 부속사업의 쏘 하나로 됴선영화제작소(朝鮮映畵製作所)를 만드럿다난바, 이를 셜시한 졔 씨의 오릿지 안은 장릭에 일본은 물론 기타 졔외국의 『키네마』라도 능히 비우슬 만한 곳까지에 향상식히고자 대로력 즁으로 위션 됴션 고대의 비극소설 심쳥뎐(沈淸傳)을 각식 촬영할 터이라더라.

---

7) 기사 내용으로 볼 때 '심청뎐'의 오식으로 보임.

조선 25.03.16 (조4) 기근구제 활동사진을 금지 / 우대권을 배부하고 표를 예매하엿다고

임명(臨溟)청년회에서는 누백만 기근동포에게 조금이라 도움이 될가 하야 거(去) 삼월 십일일에 성진좌(城津座)에서 활동사진을 삼일간 흥행하기로 경찰 당국의 허가를 어든 후 수익 증다책으로 우대권을 시내 유지에게 배부하고 표를 예매하야 초일은 대성황으로 흥행하엿는데 익일에 소관 경찰서에서는 돌연히 간부를 호출하야 취지는 조흐나 우대권을 배부한 것은 강제로 동정을 구한 것이며 표까지 시내로 도라다니면서 예매하는 고로 금지를 한다 함으로 청년회 간부들은 무리함을 질문하엿스나 별로 효과를 엇지 못하얏다는데 일반시민들은 경관의 횡포를 분개한다더라. (성진)

동아 25.03.17 (2) 화재 활극 / 활동사진관에 / 일본 각지 춘화(春火) 일기(日記)

십오일 오후 세 시 십분 일본 강산시 동면명(岡山市 東田町) 활동사진관으로부터 출화하야 전시의 소방대와 군대까지 출동하야 부근의 집 다섯 채를 반소하고 진화하엿는데 그 활동사진관은 마츰 만원이엇슴으로 다수한 부상자를 내엿다는데 원인은 『까쓰탕크』의 폭발이라 하며 손해는 약 칠만원이라더라.

동아 25.03.17 (3) 구기(救饑) 활사(活寫) 성황 / 동정금이 답지

포와(布哇)[8]에 잇든 김명씩(金明植) 씨가 모국(母國) 기근동포 구제 영사대회를 한다 함은 기보(旣報)한 바어니와 십삼일은 우천으로 중지하고 십이, 십사 양일간만 거행한바, 당일 기(其) 수입의 개요는 여좌(如左)하다고. (부산) (이하 입장료와 기부금 명부는 생략)

동아 25.03.18 (1) 〈광고〉

당 삼월 십팔일 송죽 날
= 푸로크람 =
실사 **쓰코도랜드 풍경** 일권
동화극 **어린이와 충견** 일권
대희극 **급히 도러라** 전이권
맹우 후랭크링훠-남 씨 주연
대활극 **국경의 낭군(狼群)** 오권
비나페-케리 양 대역연
명화 **애(愛)? 복수?** 전팔권 (일명 엇던 여자의 고백)
= 예고 =
래(來) 삼월 이십구일 봉절 명화
오래동안 고대하시든
학창 대로맨쓰 **최후의 일루** 팔권

---

8) '하와이'의 당대 한자 표기.

송죽 유 사 유나이딧트 특약 **단성사** 전 (광) 구오구

３장

동아 25.03.18 (3) [지방단평]

◇ 해주(海州) 소위 교육 활동사진이라는 간판 하에 일선(日鮮)융화 장사가 내해(來海)하엿는데 각교 학생을 강제 관람식히면서 모 신문 배달인은 배일지(排日紙)라 하야 입장식히지 안엇다고, 개고기 장사를 하면 시비나 안 듯지.

매일 25.03.18 (2) 조선 초유의 촬영권 침해 문제 / 『빅남 푸로딱손』과 단성사 새에 / 심청뎐 촬영권이 문뎨가 되얏다

됴션 반만년 력사(朝鮮 半萬年 歷史)란 칙의 저작권(著作權) 문뎨로 경성 디방법원 거금 일 년 동안을 두고 재판을 하야오되 아직 끚이 나지 못하얏난대 요사이 부내 단성사(團成社)와 『빅남 푸로딱손』 간에 심청뎐(沈淸傳)의 영화각본 촬영권(映畵脚本 撮影權) 문뎨로 또 큰 문뎨가 일어낫다. 이러한 사건은 됴션에서 처음 잇는 일이요, 또한 당국에서도 지금까지 이에 대하야 일명한 법규를 설명하야 두지 안이한 째문에 큰 두통꺼리가 된다는대 이졔 그 자세한 내용을 들은즉, 져번에 장화홍련뎐(薔花紅蓮傳)을 각식 촬영하야 만도의 환영을 밧은 단성사에서는 다시 고대소설 심청뎐을 활동사진으로 만들어서 일반에게 공개할 작뎡으로 영화각본 심청뎐(映畵脚本 沈淸傳) 전 편에 대한 촬영 허가를 단성사 주인 박승필(朴承弼) 씨의 명의로 총독부에 뎨츌하엿더니 됴션에서는 아직 촬영 허가라던가 촬영권 등록(撮影權 登錄) 등의 법규가 업는 째문에 총독부에서는 지난 이월 십륙일 부로써 뎐긔 영화각본 심청뎐 전편의 츌판 허가(出版 許可)로 하야 촬영을 허가하엿다.

차압과 소송까지 / 어대까지 대항하랴 하는 단성사 측의 강경한 태도

총독부에서 츌판 허가를 맛흔 단셩샤에서난 심청뎐을 촬영하기로 준비 즁인대 부내 황금뎡 오명목에 잇난 『빅남 푸로딱손』에서 몰연히 뎐긔 심청뎐을 활동사진으로 촬영하기 시작하얏고 싸라서 부내 인사동(仁寺洞) 됴션극장(朝鮮劇場)에서는 『빅남 푸로딱손』에서 만든 심청전의 활동사진을 근일 내로 상영한다난 광고까지 하엿슴으로 단셩샤에서는 이에 문뎨를 일으키여 가지고 영화각본 심청뎐에 대한 뎌닥권(著作權)과 및 촬영권(撮影權), 흥행권(興行權) 등을 타인이 감히 침해치 못하게 할 작뎡으로 부내 모 인쇄소에 그 각본을 인쇄 즁인대 슈일 내에 그 인쇄물이 출현될 터이라 하며 일변으로 『빅남 푸로딱손』에서 촬영 즁 심청뎐에 대하야는 길무(吉武) 변호사에게 위임하야 그것을 상영치 못하도록 소송까지라도 뎨츌할 작뎡으로 준비 즁이며 그것이 촬영을 맛치고 다른 극장에서 영사하게 되면 즉시 가차압을 할 터이라는대 임의 광고까지 굉장히 한 심청뎐의 영샤는 장차 엇더케 될지 영화계에 큰 문뎨가 되여 잇다 하며 단셩샤에서는 부내 창신동(昌信洞)에 잇는 됴션영화졔작소(朝鮮映畵製作所)와 협력하야 그 각본을 촬영 즁이라더라.

조선 25.03.18 (석4) 〈광고〉

동아일보 3월 18일자 단성사 광고와 동일

조선 25.03.18 (조1) 보성(普成)중학 후원 / 관극대회 성황 / 사단체 후원으로 흥행

성천(成川) 보성중학 강습소는 설립된 지 수개 성상에 경비부족으로 유지가 곤난한 형편이데 금번 극계의 명성(名星)인 형제좌 현성완(玄聖完) 군 일행이 내성함을 기하야 성천청년수양회, 성천천도교 청년회, 동아, 조선 양 지국 후원으로 십삼일 성천 천도교당에서 보성중학 후원 관극대회를 개최하 엿는데 만당(滿堂)의 대성황을 일우엇고 배우의 신기한 묘예(妙藝)와 설중매란 예제는 일반에게 열 광적 환영을 바덧는데 다액의 동정금이 잇섯다 하며 기 씨명은 여좌(如左)하다더라. (성천)
(이하 기사 생략)

동아 25.03.19 (2) 일본 기네마 간부 파업 / 봉급 감액으로

동경에 잇는 일본기네마 회사 간부 전부는 십칠일부터 전부 파업을 하기로 결명하얏다는바, 원인은 내등 전무(內藤 專務)가 얼마 전에 배우들와 각 종업원에게 대하야 경비 긴축 상 여러 종업원의 봉 급을 감하겟다는 연설이 잇슨 후 여러 간부들은 협의한 결과 필경 파업을 단행하기로 결명한 것이 라는데 이에 대하야 여러 중역들은 해결 방침에 로력 중이라더라. (동경 뎐)

동아 25.03.19 (4), 25.03.20 (3) 〈광고〉

3월 18일자 단성사 광고와 동일

매일 25.03.19 (2) [연예안내] 〈광고〉

동아일보 3월 18일자 단성사 광고와 동일

조선 25.03.19 (석2) 영화배우 파업 / 일본 뎨국기네마에서

뎨국기네마 내등(內藤) 전무는 전일에 활동사진배우와 종업원의 월급을 감하여야 되겟다는 연설을 하엿슴으로 간부들은 협의한 결과 지난 십칠일부터 동맹파업을 하기로 되엇는데 그 회사 중역들은 진무[9]에 로력 중이나 일동의 결속이 구듬으로 엇지할 수 업는 모양이라더라. (동경뎐보)

조선 25.03.19 (조2) 해주(海州)에도 구제연극 / 이십이일부터 / 세옥좌 안에서

해주(海州)에서 조직된 긔근구제회 연예부(饑饉救濟會 演藝部) 주최로 구제연극대회(救濟演劇大會)를 개최하랴고 모든 준비에 분망하다 함은 이미 보도한 바이어니와 제반도구와 배경(背景)까지 다 준비 가 되얏슴으로 오는 이십이일부터 이십사일까지 삼일간 세옥좌(笹屋座)에서 행연(行演)하리라는데 동 회에서는 해주시민(海州市民) 유지 제씨에 만흔 동정을 바란다 하제며일일로부터[10] 제삼일까지 행연할 예뎨(藝題)의 순서는 아래와 갓다더라.
제일일 『로미오』와 『쏠리앳』

---

9) 안정시키고 어루만져 달램.
10) '하며 제일일로부터'의 오식으로 보임.

제이일 부활 노라

제삼일 사선(死線) 불여귀(不如歸)

동아 25.03.20 (3) 〈광고〉

삼월 이십일(금요)부터 스다- 필림 회사 제공

후란시스 훠-도 씨 감독 급(及) 주연

대경마대활극 **철제의 성(鐵蹄의 聲)** 전오권

소년 입지(立志) 미담 복수애화(哀話) **눈물의 소년** 전육권

스다 필님 회사 제공 희극 **차푸링의 방랑자** 이권

= 예고 =

백남 푸로덕순 제일회 초특작품

조선영화 『**심청전**』 전편

미국 파라마운트 회사 초특작

대(大)미국건설사 『**황(幌)마차**』 전십권

노벨 수상자 서반아 대문호 부레스코이바네스 씨 원작

문예대명화 『**혈과 사(血과 沙)**』 전구권

조선극장 전 (광) 二〇五

매일 25.03.20 (1) 〈광고〉

3월 19일자 단성사 광고와 동일

매일 25.03.20 (1) [연예안내] 〈광고〉

동아일보 3월 20일자 조선극장 광고와 동일

조선 25.03.20 (석1) 〈광고〉

3월 18일자 단성사 광고와 동일

철제의 성(鐵蹄의 聲)이 철제의 향(鐵蹄의 響)으로 표기된 외 동아일보 3월 20일자 조선극장 광고와
거의 동일

조선 25.03.20 (조1) 기근구제의 / 김군(金君) 활사(活寫) 환영 / 연일 대성황

부산 삼일교회 주최와 동아 급(及) 본지국 후원으로 거(去) 십이일에는 삼일교회당에서 동 십사일에
는 국제관에서 포와(布哇) 김명식(金明植) 군이 지래(持來)한 활동사진[포와실경 구주전쟁 **행전(行
傳)] 대회를 개최하엿는데 이일간 입장권 급(及) 기부금 수입이 이백오십여 원에 달한 성황을 일우엇
스며 십육일에는 부산청년회관에서, 십칠일에는 *선(仙)교회당에서, 십구일에는 동래읍에서 **하리
라더라. (부산)

동아 25.03.21 (3) 〈광고〉
해주 기근 구제 연극대회
시일 삼월 입일, 이십이, 이십삼 삼일간
장소 남본정(南本町) 해주좌
출연 청년남녀 유지
후원 시대, 조선, 동아 지국

동아 25.03.21 (3), 25.03.22 (1), 25.03.23 (2) 〈광고〉
3월 20일자 조선극장 광고와 동일

동아 25.03.21 (3) 〈광고〉
당 삼월 이십일일 유 사 날 신사진 전부 차환
유 사 특작품 희극 **호남자(好男子)** 전이권
하-바도로리손 씨 주연
활극 **남성미** 전오권
활극 **싸호난 연인** 전오권
흔랭크 메요 씨 대활약
유 사 대표적 대작품
연속활극 **낙원의 맹수** 15 30 중 제삼회 오, 육, 사권 상장
= 예고 =
오래동안 고대하시든 명편 그여히 오는 삼월 이십구일부터 봉절
야구대전 **최후의 일루** 전팔권
송죽 유 사 유나이딋드 특약 **단성사** 전 (광) 구오구

매일 25.03.21 (2), 25.03.22 (2), 25.03.23 (2), 25.03.24 (3), 25.03.25 (3), 25.03.26 (2), 25.03.27 (2) 〈광고〉
3월 20일자 조선극장 광고와 동일

매일 25.03.21 (2) [연예안내] 〈광고〉
동아일보 3월 21일자 단성사 광고와 거의 동일

조선 25.03.21 (석3) 인천에서 개최활 / 정미(精米)직공 위안연주 / 돌아오는 이십칠, 팔, 량일 / 수입된 리익은 공익에 쓸 터
바람이 부나 비가 오나 일 년 삼백륙십오일을 한날 한시와 가티 쌀 찟는 등게[11] 속에서 헐덕어리는 불상한 동무가 잇다. 그네들은 인천 각 정미소(仁川 各 精米所)에 허터저 잇는 천여 명의 직공- 가

명으로나 사회로나 쓸아리고 압흔 것만을 독덤으로 소유한 그네들의 위하야 인천 정미직공조합(仁川 精米職工組合)에서는 짜쯧한 봄철을 긔회로

경성에 잇는 유명한 배우와 인천 무대예술연구회(仁川 舞臺藝術研究會)와 인천소년군(仁川少年軍)과의 협동으로 본사 인천지국(本社 仁川支局), 동아, 시대, 매일 각 신문지국 후원 하에 돌아오는 이십칠일, 팔일 양일간을 매일 밤 칠시부터 시내 가무기좌에서 전인천정미직공 위안연주대회(全仁川精米職工 慰安演奏大會)를 열어서 직공들의 피곤에 사못친 심신(心神)을 위로코자 한다는바 정미직공 여러 동무는 쌔지지 말고 출석하기를 바란다 하며 일반에게도 공개하야 자미스러운 구경을 제공코자 한다는바

동 조합에서는 이번에 수입한 금액에서 다소의 리익이 잇는 것은 상당한 공익사업에 바칠 터이라는데 사회의 만흔 찬조를 바란다더라. (인천)

조선 25.03.21 (석4), 25.03.22 (석4), 25.03.23 (석4) 〈광고〉
3월 20일자 조선극장 광고와 동일

조선 25.03.21 (석4) 〈광고〉
동아일보 3월 21일자 단성사 광고와 거의 동일

동아 25.03.22 (1), 25.03.23 (2), 25.03.24 (2) 〈광고〉
3월 21일자 단성사 광고와 동일

동아 25.03.22 (2) 경도(京都) 대화(大火) / 손해 이십만 원 / 기네마촬영소 전소 / 일본 각지 화재 일기(日記)
지난 이십일 밤 아홉 시 반에 경도(京都) 목야(牧野) 『키네마』 촬영소(撮影所)로부터 불이 이러나서 일곱 채의 촬영소가 타버렷다는데 손해는 이십만 원이오, 불은 열 시에 써젓고 원인은 루뎐(漏電)이라더라. (경도)

매일 25.03.22 (2), 25.03.23 (2), 25.03.24 (3) 〈광고〉
3월 21일자 단성사 광고와 동일

조선 25.03.22 (석4), 25.03.23 (석4), 25.03.24 (석4) 〈광고〉
3월 21일자 단성사 광고와 동일

---

11) '등겨(벗겨 놓은 벼의 껍질)'의 방언(강원, 경상).

조선 25.03.22 (조2) 간도극장 확장 / 동포의 경영으로

간도 룡정촌(間島 龍井村)에 잇는 간도극장(間島劇場)은 재작년 고뎐(高田)이란 일본사람이 건축하엿는데 작년 여름에 당디 실업가 윤정희(尹政熙) 강재후(姜載厚) 조상구(趙商九) 오명언(吳明彦) 김병익(金秉翼) 리용석(李容碩) 리희덕(李熙悳) 김긔홍(金基弘) 김즁보(金仲甫) 등 제씨의 발긔로 자본금 일만 원의 동화사(同化社)를 창립하고 그 극장을 사천여 원에 매수하야 새로히 수리한 후 이래 공중집회에서 만흔 편익을 주어오든바 최근에 이르러서는 일층 확장하는 동시에 상설 활동사진(常設 活動寫眞)까지 영사할 계획으로 사무원 모씨는 얼마 전 경성방면에 출장하야 단성사(團成社)와도 교섭 중이라는대 재주동포들은 우리의 손으로 이러한 긔관이라도 설립됨은 여러 가지 방면으로 보아서 축하할 만한 일이라 하야 만흔 기대를 가지고 잇다더라. (간도)

조선 25.03.22 (조2) 영화계의 신기축(新機軸) / 백남『프로덕숀』의 활약 / 뎨일회 작품 심청전 완성

조선에 활동사진이 수입됨이 적지 아니한 시일이 경과한 오늘날 서양사진만으로는 만족하지 못하게 된 일반관람객은 새롭은 것을 요구하게 되엿스니 이 긔운(機運)을 쌀어서

만은 희망과 원대한 포부를 가지고 조선극의 긔숙[12]이라 할 윤백남(尹白南)이 시내 황금뎡 오명목 칠십칠 번디(市內 黃金町 五丁目 七七)에 백남프로덕숀 경성본사(白南프로덕숀 京城本社)를 창설하고 대활동을 개시하게 되엿다 한다. 동 씨는 일즉이 조선키네마주식회사(朝鮮키네마株式會社)에서 촬영감독부 주임(撮影監督部 主任)으로 운영전(雲英傳)을 제작하엿스며

조선 최초의 감독으로 이미 명평이 잇는 이이어니와 그 외에 촬영감독으로는 조선키네마에서 감독으로 잇든 리경손(李慶孫) 씨가 전임으로 잇서 그 수완을 후둘는다 하며 기사(技師)로는 일본 제국키네마(帝國키네마)회사에 잇든 서천수양(西川秀洋)이 잇스며 각본부(脚本部)에는 일본대학 미학과(日本大學 美學科)에 잇든 윤갑용(尹甲容) 씨가 잇스며 미술부(美術部)에는 조선키네마에 잇든 김태진(金兌鎭) 씨를 두엇스며 전속배우로는 역시 조선키네마에서

해의 비곡(海의 秘曲) 운영전(雲英傳) 암광(闇光) 등에 출연한 주인규(朱仁圭) 라운규(羅雲奎) 주삼손(朱三孫) 제군을 위시하야 새로히 키네마계에 나슨 허백운(許白雲) 군 외 십수 명을 두고 전속배우에는 운영전, 암광에 출연하야 이미 『스쿠린』에 여러 번 그 얼골을 나타낸 김우연(金雨燕) 최덕선(崔德先) 양과 조선예술단(朝鮮藝術團)에 출연한 서화정(徐花艇) 양과 김정숙(金靜淑) 양 외 수 명이 잇다 한다. 그리고 제일회 작품은 고대소설로 모르는 이 업는 심청전(沈淸傳)을 리경손 씨가 개작 각색 감독(改作 脚色 監督)하야 이미 그 촬영을 마첫다 하니 금월 하순경에는 인사동 조선극장(朝鮮劇場)에서 그 아름다운 자태를 나타내게 되겟다 한다.

매일 25.03.23 (2) 목야(牧野)촬영 소실 / 손해 이십만 원

재작 이십일 밤 아홉 시 반경에 경도의 립뎡(京都衣 笠町)에 잇는 목야(牧野)『키네마』 촬영소에서 불

---

12) 긔숙(耆宿): 나이가 많아 덕망이 높고 경험이 풍부한 사람.

이 나 동 촬영소 건물 일곱 채를 젼소하고 동 일 시경에 진화하얏다는대 손해는 약 이십만 원가량이라더라. (경도 면보)

동아 25.03.24 (2) 〈광고〉
자(自) 삼월 이십이일 지(至) 삼월 이십칠일
오일간 불연기(不延期)
◇ 신극 ◇
운명, 장한몽, 이별하기까지,
신식결혼, 빈한하지만, 눈 오는 밤
대정권번 **춘계 대온습회**
대정권번 기생 이백 명 전부 출연
무용……신곡무(新曲舞) 외 사십 종
조선극장 전 (광) 二〇五

동아 25.03.24 (3) 기근 구제 활동 / 포와(布哇)에서 온 김명식(金明植) 씨
동족의 기근을 구제코저 이십여 년간 포와도(島)에서 노력 저축한 전 재산으로써 활동사진 기계 일대를 매득하야 고국을 방문하게 된 김명식 씨는 거(去) 이십일 래동(來東)하야 동래(東萊)청년회와 각 종교단체, 조선, 동아 지국 후원으로 당일 하오 칠시부터 당지 수안예배당에서 기근구제 활동사진대회를 개최하얏는데 관중 수만의 대성황을 정(呈)하얏다고. (동래)

매일 25.03.24 (2) 대정권번의 춘기 온습회(溫習會) / 됴선극장에셔 오일간 개최해
시내 대정권번에서는 이십삼일부터 이십칠일까지 오일간 됴선극장에서 춘긔 온습회(春期 溫習會)를 개최한다는대 명기, 명창의 아름다운 가무는 물론이요, 자미잇는 신극(新劇)을 상연하야 종래의 예기 연쥬회에 신긔축을 셰우리라더라.

매일 25.03.24 (2) 심청전 영화 / 이십팔일부터 션극에셔 상영해
활동사진 촬영권(撮影權)과 밋 흥힝권(興行權) 문뎨로 부내 단셩사(團成社)와 서로 문뎨가 잇던 부내 황금뎡(黃金町) 오명목『빅남(白南) 푸로닥숀』의 뎨일회 작품 고대소설 가명 비극 효녀 심청뎐(沈淸傳) 뎐편의 활동사진은 작일까지에 촬영을 맛치엿슴으로 오는 이십팔일 밤부터 시내 인사동(仁寺洞) 됴선극장(朝鮮劇場)에서 봉절 상영(封切 上映)을 할 터이라더라.

조선 25.03.24 (석4) 〈광고〉
동아일보 3월 24일 조선극장 광고와 동일

동아 25.03.25 (2) [휴지통]

▲ 사람 사람이 다 좃타고 하는 무뎐방송(無電放送)에 한편 대머리들은 두통에 두통을 거듭 알코 잇다. 엇던 세음인지 무뎐방송이 될 째면 대머리는 아기자기하게 몸이 조릿조릿하야 귀치 안은 늣김이 생긴다는데 ▲ 까닭인즉 대머리 치료에 『렌도겐』선을 사용하는 것과도 가치 무뎐방송이 쏘한 『렌도겐』선이나 마찬가지인 째문이라고 한다던가 ▲ 엇잿던 대머리진 것만 하야도 써립하기 싹이 업는데다가 두통거리가 쏘다시 생기엿스니 엇저면 동정하야줄 필요가 잇지 아니할는지 ▲ 무뎐방송에 대한 대머리의 대책을 연구하면 쏘 박사가 될 모양이지.

매일 25.03.25 (3) [연예안내] 〈광고〉

당 삼월 이십오일 송죽 날 푸로크람
미국 후아쓰도냐소날 사 대작 하-리마이야-쓰 씨 주연
정희활극 **죽은 째 편집장** 육권
미국 콜드윙 사 대작 지라딍휘-라-양 대역연
애화(哀話) **발거가난 길** 전육권
이태리 암부로지오 사 대작품 송죽 회사 비장품
이다류, 벤-시다인 양 대역연
라마(羅馬)[13]사극 船 **배** 전칠권
대예고
고대의 명편 그여히
래 삼월 이십구일 봉절
대야구 로민쓰 **최후의 일루** 전칠권
단성사 전 광 구오구번

조선 25.03.25 (석2) 〈광고〉

매일신보 3월 25일자 단성사 광고와 동일

조선 25.03.25 (석2), 25.03.26 (석1), 25.03.27 (석3) 〈광고〉

3월 24일자 조선극장 광고와 동일

매일 25.03.26 (2) 경성에 신설되는 축음(蓄音) 취입소 / 목하 준비 즁

주식회사 일본축음긔상회(日本蓄音機商會)에서는 경성에 지점을 신설하고 각종의 취입(吹込)을 개시하야 반도 예술을 널니 소개코자 목하 취입소(吹込所) 설치에 준비 중이라더라.

---

13) '로마'의 한자 표기.

매일 25.03.26 (2), 25.03.27 (2) 〈광고〉
3월 25일자 단성사 광고와 동일

조선 25.03.26 (석2), 25.03.27 (석3), 25.03.28 (석4) 〈광고〉
3월 25일자 단성사 광고와 동일

조선 25.03.26 (조2) 반도예술단 공연
얼마 전에 조직된 반도예술단(半島藝術團)에서는 그 단의 뎨일회 공연을 금월 이십칠일과 이십팔일 량일 동안에 부내 단성사에서 흥행하게 되엇다 한다.

동아 25.03.27 (2) 동경 시외에 쏘 대화(大火) / 활동사진관에서 발화되여서 / 일백오십 호를 전소한 후 진화 / 부상자 십구명 = 원인은 방화인 듯
이십륙일 오전 한 시 십분 동경 시외 삼하도정(東京 市外 三河島町) 명옥자고면(町屋字高畠) 일백팔십이 번디 뷔인 집으로부터 불이 일어서 풍삼관(豊三舘) 활동사진관(活動寫眞舘) 기타 일백오십 호가 전소되고 두 시 십분에 진화되엿다는데 부상자가 십구 명에 달하고 원인은 방화인 모양이더라. (동경 뎐)

동아 25.03.27 (3) 회령에 연예회
회령여자청년회와 회령악단의 연합 주최로 연예대회를 오는 이십칠, 팔 양일간 당지 만연좌(滿演座)에서 개최한다고. (회령)

동아 25.03.27 (4) 〈광고〉
3월 24일자 조선극장 광고와 동일
출연진이 제외된 외 매일신보 3월 25일자 단성사 광고와 거의 동일

조선 25.03.27 (석2) 경부(警部)의 주머니에서 / 중대범 사진을 절취 / 조선극장에 생긴 절도 사건
봄철이 점점 갓가워짐으로 뎐차나 극장 등에는 사람이 복잡하야 여러 가지 사고가 빈번함으로 일반은 주의할 시절이다. 이십사일 오후 칠시 반경에 경긔도 경찰부 고등과 긔밀계(高等課 機密係) 주임 박경부(朴警部)는 대정권번 기생연주회에 기생들의 가무를 구경하고자 조선극장 일등석에서 한참 열심으로 구경을 하다가 정신을 노왓든지 외투주머니 속에 너엇든 현금 오십 원과 경관 뎐차 승차권과 흥행장 관람권과 중요범인 사진 다섯 장을 엇던 대담한 자가 곱게 쓰내어 갓다는데 시내 각 서에서는 방금 범인을 염탐중이라더라.

동아 25.03.28 (2) 〈광고〉

창간 오주년 기념 독자 위안회

사월 일 이 양일간

동아일보 월(月)* 독자 무료 입장

제일

관극(觀劇) 단성사 조선극장 우미관 광무대

제이

당춘(當春) 창경원 비원

상세 계속 발표

동아일보사

동아 25.03.28 (2) 배우 사백 명을 해고 / 분란을 제지하는 수단으로서 / 인긔를 쓰는 배우도 만히 해고

상서롭지 못한 분란이 중첩하여 잇는 일본 뎨국(帝國)기네마(活寫會社)에서는 지난 이십오일 중역회(重役會)를 열고 그 분란을 제지하는 응급수단으로 동사(同社) 소판촬영소(小阪撮影所)를 사월 일일에 문을 닷기로 결뎡하엿스며 그곳 사업원(事業員), 천서(川西) 소장(所長) 이하 사백수십 명을 해직식히기로 되여 지난 이십륙일에 해고 언도(解雇 言渡)를 하기로 되엿는바, 이에 싸라서 동사에 『필림』 제작(製作)을 일시 중지하게 되엿다는데 남리덕(嵐璃德), 미상문십랑(尾上門十郎)과 오월신자(五月信子), 령목가자(鈴木歌子) 등 신구 배우 십여 명의 인긔(人氣)를 가로맛든 배우들도 쫓기여 나가게 되엿다 하며 뎨국기네마에서는 일세 형세를 보아 전긔 배우 중 일부를 다시 쓰리라 하며 그날 중역회의 결과 내등(內藤)은 전무(專務)로, 고곡(古谷) 취뎨역(取締役)은 상무(常務)로 취임하엿다더라. (이십륙일 대판 면보)

동아 25.03.28 (4) 〈광고〉

당 사월 이십팔일(토요)부터 그여히 조선영화 봉절

백남 푸로덕순 초특작품

각색 급(及) 감독 이경손

고대소설 **효녀 심청전** 전편(全篇)

스다-필님 사 제공 희활극 **최후의 승리** 전오권

스타-필님 사 제공 희극 **챠푸링의 도구사**(道具師) 전이권

= 예고 =

미국 파라마운트 사 대미국건설사 **황(幌)마차** 전십권

탐정대활극 **우루다스** 전입(廿)권

조선극장 전 (광) 二〇五

3월 27일자 단성사 광고와 동일

조선 25.03.28 (석2) 동포의 참상을 듯고 / 포와(布哇)에서 경성에 / 『필름』을 가지고 온 김명식 씨 / 어대서든지 청하면 응한다고

조선 내디의 동포가 전에 업든 한재를 당하야 긔근의 참상에 짜저 잇다는 소식이 한번 해외에 들리게 되자 각디의 재외동포로부터 쓰거운 눈물과 슬는 듯한 정성이 엉키인 금전 혹은 물품이 답지함은 이미 본보에도 루차 보도한 바이오. 이와 가튼 금품을 바들 째마다 우리는 다가티 죽게 된 불상한 신세이면서도

한줄기의 동족애(同族愛)의 짜쯧한 빗을 보며 하늘을 우러러 감사하여 오는 바어니와 이제 내디의 긔근 참상을 듯고 미령『하와이』에서 만난을 배제하고 친히 모국을 방문하야 만분의 일이라도 긔근의 참상을 구하고자 하야 멀리 태평양(太平洋)을 건너 경성에 도착한 독지형제가 잇다. 그는 김명식(金明植)(四一) 씨라는 이로서 본래 서울 서문 밧게 살다가 이제로부터 이십일 년 전에 『하와이』에 건너가 산 설고 물 설은 곳에서 고심분투한 지 이십 년에 언제든지 고국을 향하야 그립은 정회만 보내고 지나든바 이번 긔근의 참상을

신문지에 의하야 듯고 이월 십삼일에 그곳을 써나 중도에 동경(東京)과 부산(釜山)에서 두류하다가 수일 전에 경성에 도착하얏는데 씨는 활동사진(活動寫眞) 긔계와 『필름』 세 가지를 가지고 와서 긔근 구제를 위하야 영사하고자 한다는데 씨는 말하되

고국의 긔근 참상이 한번 『하와이』와 미국 각디에 전하매 그곳 동포들은 물 쓸틋 합니다. 나는 고국의 형제를 친히 방문할 겸 활동사진 긔계를 가지고 왓습니다. 사진은 『하와이』의 전경 구주전란실사 예수행적 등 전부 열네 권인데 어느 단톄에서든지 긔근구제를 위하야 수입 전부를 구제사업에만 쓴다 하면 어대든지 가서 영사하여 드리겟습니다. 나는 한 푼의 보수도 바라지 안습니다. 오즉 만분의 일이라도 긔근에 우는 형제를 위하야 도움이 된다 하면 만행으로 생각합니다

하며 감개무량한 어됴로 말하얏다. 짜라서 어느 단톄에서든지 김명식 씨를 청하야 구제영사회를 할 희망이 잇는 이는 경성 관텰동 종로려관(貫鐵洞 鍾路旅舘)으로 통지하기를 바란다더라. (사진은 김명식 씨)

조선 25.03.28 (석2) 일본 활동배우 사백 명을 해고 / 감봉문뎨로 / 배우와 중역 간의 분규

긔보 = 감봉문뎨(減俸問題)로 분규 중에 잇는 『뎨국(帝國)기네마』 활동사진회사에서는 이십오일 밤에 대판(大阪)에서 중역회(重役會)를 열고 회의한 결과 이십륙일에 오월신자(五月信子) 정방굉(正邦宏) 삼정자(森靜子) 등 일류배우들을 위시하야 그곳 종업원(從業員) 전부 사백 명에 대하야 해직(解職)을 언도하얏다 한다. (동경면보)

조선 25.03.28 (석4) 〈광고〉

삼월 이십육일부터 공개
미국 폭쓰 회사 실사 **폭쓰니유-스** 전일권

미국 폭쓰 회사 희극 **부친의 대신**(代身) 전이권

미국 폭쓰 회사 인정극 **격분암충**(激憤闇衝) 전오권

미국 폭쓰 회사 활극 **호걸단** 전육권

금반 신특약 일활회사 제일회

내주부터 명화 공개

푸옥스 사 봉절장

우미관 전 광 삼구오번

동아일보 3월 28일자 조선극장 광고와 동일

동아 25.03.29 (2), 25.03.30 (2) 〈광고〉

3월 28일자 동아일보 5주면 기념 독자 위안회와 동일

동아 25.03.29 (4), 25.03.30 (3), 25.03.31 (3), 25.04.01 (3), 25.04.02 (2), 25.04.03 (4) 〈광고〉

3월 28일자 조선극장 광고와 동일

동아 25.03.29 (4) 〈광고〉

당 삼월 이십구일 유 사 날

미국 유 사 쥐엘 초특작 대명화

명감독 하리-포란도 씨 역작품

록크리후·휘-로위-즈 씨 후릿치 릿치위이- 양 주연

대야구 로맨쓰 **최후의 일루** 팔권

홀 쎄-쓰 2 따운 2 스트라익- 3쌜-

남저지는 오즉 일구(壹球)쑨

미국 유 사 작품

실사 **국제시보** 전일권

희극 **대원성취**(大願成就) 전이권

삼림애화(森林哀話) **삼림의 강자** 전이권

유 사 대표적 대작품

연속활극 **낙원의 맹수** 15 30 중 제사회 칠, 팔 사권 상장

송죽 유 사 유나이뒷드 특약 **단성사** 전 (광) 구오구

매일 25.03.29 (2) 토월회의 신기축(新機軸) / 조직 변경 - 내용 일신 / 합자회사로 죠직을 곳치고 사월 초순부터 개연할 예뎡

일즉이 반도극계(半島劇界)에서 놉흔 일홈을 가지고 개연할 쌔마다 반도의 열광뎍 대환영을 밧어오는 토월회(土月會)에서는 이번에 동 회 내용을 일신 개혁하야 회의 조직을 합자회사(合資會社)로 만들어 자본의 긔초를 굿게 하고 이전에 동인제도(同人制度)로 된 것을 개혁하야 이전의 배우를 해산식히고 새로히 됴션의 가무극(歌舞劇)에 숙련한 배우를 다수히 채용하고 동시에 이전에는 신극(新劇)을 전문으로 하얏스나 이후로는 됴션의 고대소설을 현대극(現代劇)으로 만들어 가무와 가극을 됴화한 연극을 주로 상장하고 신극도 간간히 개연하야 됴션의 연예계를 일신케 할 작뎡이라는데 이전에 박승필(朴承弼) 씨가 경영하든 광무대(光武臺)을 직영하야 풍한셔습(風寒暑濕)을 물론하고 계속 흥힝할 터이며 릭월 초순에 고대소설 련애비극 츄풍감별곡(秋風感別曲)을 뎨일회로 흥힝하야 공개할 터이라더라.

매일 25.03.29 (3) [연예안내] ⟨광고⟩

이십구일 봉절 특별흥힝 유 사 날

미국 유니바-살 회사 쥐엘 초특작

대명화 명감독 하리-포란도 씨 역작

록크후희-로위-즈 씨 후릿치릿위이- 양 주연

최후의 일루 전팔권

미국 유니바-살 작품

실사 **국제시보** 일권

희극 **대원성취** 이권

리-모란 씨 주연

삼림애화 **삼림의 강자** 이권

로이스치와-도 씨 주연

월리암 데쓰몬드 씨 부처(夫妻) 공연(共演)

제사회 **낙원의 맹수** 십오편 삼십권 중

제칠편 대홍수 제팔편 반역자 사권 상영

단성사 전 광 구오구번

동아일보 3월 28일자 조선극장 광고와 동일

조선 25.03.29 (석1) ⟨광고⟩

출연진이 제외된 외 3월 29일자 매일신보 단성사 광고와 동일 조선 25.03.29 (석1), 25.03.30 (조2), 25.04.01 (석4), 25.04.02 (석1) 〈광고〉

3월 28일자 우미관 광고와 동일

조선 25.03.29 (석1), 25.03.30 (조2), 25.03.31 (석4), 25.04.01 (석4), 25.04.02 (석1), 25.04.03 (석3) 〈광고〉

3월 28일자 조선극장 광고와 동일

조선 25.03.29 (석2) 〈사고〉 조선일보 독자 우대 / 단성사, 조선극장, 우미관 / 삼관 통용의 우대할인권을 / 주일마다 본지에 인쇄 발행

사람의 일생생활에는 긴장한 활동도 필요하거니와 동시에 오락과 휴양도 필요한 것이외다. 그러나 모든 것이 완비되지 못한 조선에서 일반적으로 질길 수 잇는 오락긔관으로는 오직 활동사진이 잇슬 쑨임니다. 본사에서는 이러한 실정을 생각하고 독자 여러분의 편의를 도웁기 위하야 단성사, 우미 관, 조선극장의 세 상설관에 특별교섭한 결과 주일마다 한 번씩 세 사진관 공통의 할인권을 발행하 게 되엿슴니다. 이 할인권을 오려 가지신 이는 세 사진관 중 엇던 사진관이던지 쏘는 보통 흥행이나 특별흥행을 물론하고 통용하시게 되는 것이며 료금은 좌긔와 가티 특별할인을 하게 되엿슴니다.

보통 계상 사십 전 계하 삼십 전

학생 계상 삼십 전 계하 이십 전

즉 보통의 륙십 전, 사십 전을 사십 전, 삼십 전으로 할인하고 학생의 오십 전, 삼십 전을 삼십 전, 이십 전으로 할인하게 되엿슴니다. 그리고 이것은 삼관 공통임으로 한 장만 가지면 어듸던지 맘대로 가실 수가 잇는 편리한 것인즉 활동사진을 조와하시는 이로서 이를 늘 리용하시면 조선일보는 거위 무료로 보시게 되는 것임니다.

내용소개 동시에 본지에는 연예란을 신설하고 각 관의 사진이 갈릴 쌔마다 사진의 내용을 미리 소 개하야 여러분의 참고가 되시게 하겟슨즉 본사의 이 계획은 시민오락을 위하야 불소한 공헌이 될 것을 밋고 잇슴니다. (래주부터 발행)

조선일보사

조선 25.03.29 (석2) 토월회 신계획 / 자금을 준비하야 / 일 년간 공연계획

조선신극운동(新劇運動)에 로력하든 토월회(土月會)에서는 작년 여름에 데륙회 공연을 마친 이래 적 년무문하야 그 존재까지 이저바리게 되엿섯는대 금번에 다시 그 회원 일동은 십만 원의 합자회사 (合資會社)를 만드러 가지고 신극운동은 물론 조선 면래의 가무기(歌舞伎)를 일층 개량하야 조선예 술 부흥의 가조일되고자 그동안 여러 곳으로 분주한 결과 예명하얏든 자금도 전부 적립하게 되얏슴 으로 시내 황금명(黃金町)에 잇는 광무대(光武臺)를 일 년 동안 빌어 가지고 오는 사월 초생부터 개 연할 터이라는바 최초에는 유명한 심청면(沈淸傳)을 가극(歌劇)화하야 상연할 터이라더라.

동아 25.03.30 (2) [연예운동] 기근 구제 사진 / 종로 청년회관에서

본국의 기근 동포를 위하야 멀리 미령『하와이』에서 활동사진『필림』을 가지고 입경한 김면진[14] 씨는 그간 여러 번 당국의 간섭을 밧어 국민협회(國民協會)의 주최로 하라는 권고를 밧엇스나 조선긔근구제회(朝鮮饑饉救濟會)에 후원으로 금명(삼십일, 삼십일일) 이틀 동안 종로중앙긔독교청년회에서 가저온 필림을 상영한다는데 구라파 전쟁실긔와 하와이 전경과 예수의 행적 등이라 하며 입장료는 특별히 보통 오십 전, 학생 삼십 전이라 하며 아모조록 만히 입장하기를 바란다더라.

동아 25.03.30 (4), 25.03.31 (3), 25.04.01 (4) 〈광고〉

3월 29일자 단성사 광고와 동일

매일 25.03.30 (2) 〈광고〉

3월 29일자 단성사 광고와 동일

매일 25.03.30 (2), 25.04.02 (3), 25.04.03 (3), 25.04.04 (2) 〈광고〉

3월 29일자 조선극장 광고와 동일

조선 25.03.30 (조2) 기근구제영사회 / 김명식 씨를 청하야 청년회에서 / 긔근구제회의 주최로 이틀 동안

내디 동포의 긔근 참상을 구제하기 위하야 멀리『하와이』에서 김명식(金明植)이라는 이가 활동사진『필름』을 가지고 왓다 함은 이미 보도하엿거니와 그동안 여러 가지 준비가 다 되얏슴으로 뎨일착으로 조선긔근구제회(朝鮮饑饉救濟會)의 주최로 삼십일, 삼십일일 량일간 매일 오후 팔시부터 시내 종로 중앙청년회관에서 영사회(映寫會)를 개최한다는데 입장료는 긔근구제에 쓸 것임으로 특히 등급을 폐지하고 보통 오십 전, 학생 삼십 전식이라 하며 누구든지 동포의 긔근을 위하야 동정하는 생각이 잇는 이는 다수히 참석하기를 바란다더라.

조선 25.03.30 (조2), 25.03.31 (석4), 25.04.01 (석4) 〈광고〉

3월 29일자 단성사 광고와 동일

동아 25.03.31 (3) 관극대회 성황 / 시민과 독자를 위안

평남 은산시(殷山市) 조선일보 급(及) 본보 은산 분국 주최로 거 이십육일에 조선 신파계 명성(明星)인 현성완(玄聖完) 군 일행이 당지에 내착(來着)을 기하야 시민 급(及) 독자 위안 관극대회를 개최하엿는데 초일인 이십육일은 유료로, 익 이십칠일은 무료로 일반에게 공개하엿슴으로 만장 관중은 입추의 여지가 무(無)한 대성황을 정(呈)하엿는데 초일 예제는 눈물, 이일 예제는 장한몽으로 위안을

---

14) '김명식'의 오식으로 보임.

여(與)하엿는바, 시민 측 유지 제씨의 동정과 특히 유지청년 최준식(崔俊植) 씨 후원 하에 무사 종료하엿는데 양사(兩社) 은산 분국을 위하야 동정한 자의 씨명과 금액은 여좌(如左)하다고. (은산) (이하 기부금 명부는 생략)

동아 25.03.31 (3) 본보 창간 오주년 기념 / 마라손 - 강연 / 음악 - 활사
본보 동래(東萊)지국에서는 본보 년을 기념함과 동시에 종래 분국(分局)이 금후 지국으로 승격되엿슴을 자축키 위하야 래(來) 사월 삼일을 복(卜)하야 약 팔리에 마라손 대회를 개최한다고. (동래)
동아일보 충남 공주지국에서는 래 사월 일일 본보 창간 오주년 기념을 축하하기 위하야 래 사월 일일 오후 칠시 반에 당지 본정(本町) 금강관(錦江舘)에서 청년수양회장 유정현(柳靖鉉) 씨, 부회장 박춘제(朴春濟) 씨와 유지 이동구(李勳九) 씨, 홍승한(洪承漢) 씨 축사 강연과 음악 연주 활동사진회를 거행한다고. (공주)

조선 25.03.31 (석1) 〈광고〉
당신의 목전에 활동사진이 보임니다
일각이라도 속히 장중(掌中)에 너흐면 세계의 진화를 속히 알 수 잇다
신안(新案)특허 출원 중 [송료공금(送料共金) 일원]
활동사진 투시기 일명 기네맛도
이 기계로 활동사진은 무엇인지 알기에 제일 속(速)한 길이온바 여러분
가정에서 세계의 출래사(出來事)와 구미의 승경 명고(名高)한 배우와
종종(種種)의 사진으로 자미스럽게 일일을 질길 수 잇스며 쏘한 교육적임니다
판매를 희망하는 이는 조회(照會)하시오
경성 장곡천정통선은횡(長谷天町通鮮銀橫)
상전(上田)사진기점포
전화 장(長) 본국 오사구
진체(振替) 경성 三〇九五

조선 25.03.31 (석2) 기근영화 연기
기근구제회(饑饉救濟會) 주최로 삼십일, 삼십일일 량일 동안 오후 일곱 시 반부터 시내 종로 청년회관에서 『하와이』에서 온 김명식(金明植) 씨의 기근구제 활동사진회(活動寫眞會)가 잇다 함은 이미 보도하엿든 바인대 사정에 의하야 당분간 연긔하기로 되얏다더라.

4월

동아 25.04.01 (2) 동아일보 창간 오주(五週) 기념 독자 위안회 / 제일일 관극(觀劇) 데이 / 활동사진과 구극 / 무료로 긔다리는 사 처 극장 / 본보 독자 아니면 입장 사절

어느듯 금 사월 일일은 본사가 창립된 이후로 뎨오주년을 맞는 창간 긔념일이 되엿다. 고요히 다섯 해 전의 넷날을 추억하야 보건대 그날 그째의 우리 조선 사회는 맛치 봄 동산에 움 도다 오르는 풀닙의 새싹과도 가치 오래동안 침톄 정돈되엿든 온갓 생활형태(生活形態)는 열 가지 백 가지로 새로운 계획, 새로운 활동으로 생(生)의 의식을 표현하야 향상과 행복을 도모하엿섯는데 본사는 째 마처 조선민중의 부르지즘과 아울러 만장을 무릅쓰고 마츰내 다섯 해 전 이 달 이 날에 고고한 첫 소래를 웨첫던 것이다. 그리하야 이래 길고도 먼 다섯 해 동안을 만련하 독자의 애호와 편달을 바다가지고 오늘의 현상을 이루어 긔대 이외의 다대한 수확을 엇게 되엿다. 그러나 이 날을 당하야 우리는 그동안 일반 독자들과 함께 한 차례 한 자리의 위안회를 열지 못하엿든 것을 크게 유감으로 생각하엿슴으로 이제 이르러 긔보한 바와 가치 뎨일차로 본사 창립 뎨오주년 긔념 독자 위안회(本社 創立 第五週年 紀念 讀者 慰安會)를 개최하게 되엿다. 아! 만련하 독자여! 다가치 이 날을 질기자!

극장은 사개 처 / 북촌 일대 전부

루루히 사고로 발표한 바와 갓치 뎨일일인 긔 금일 장소는 북부 일대에 잇서 순전히 조선 사람을 대수로 하는 세 군대의 활동사진관과 한 군대의 구극장(舊劇場)으로
단성사(활사), 우미관(활사), 조선극장(활사), 광무대(구극) 등 전부를 들어 동아일보 독자를 위하야 뎨공하기로 하얏는데 일반이 다 짐작하는 바와 가치 네 군대의 극장은 다 각각 서로 특색이 잇스며 짜라서 일반의 요구도 한글갓지 아니할 터임으로 네 군대를 일시에 뎨공하야 마음에 맛는 대로 관람하게 한 것이며

계상(階上)은 부녀자 / 계하는 남자측에

그런데 원래 각 극장의 좌석은 차별이 잇서서 이칭과 밋칭의 두 가지가 잇스나 『동아일보 독자』는 다 가튼 동아일보 독자로 어룬이나 어린이나 남자나 녀자나 쏘는 부자나 구차한 사람이나 거긔에 차별이 잇슬 까닭이 업슴으로 일톄로 입장을 환영할 터이나 원래 극장 자톄가 차별이 잇슴으로 엇절 수 업시 뎍당히 마련하게 되야 상칭은 부녀자에게만 한하고 남자 측은 아래칭으로 작뎡하엿는데 이는 특히 부녀자만을 위한 것도 아니고 다만 혼잡한 중에 남자보다 약한 녀자에게 다소한 편리가 잇슬가 하야 이 가치 마련한 것이며

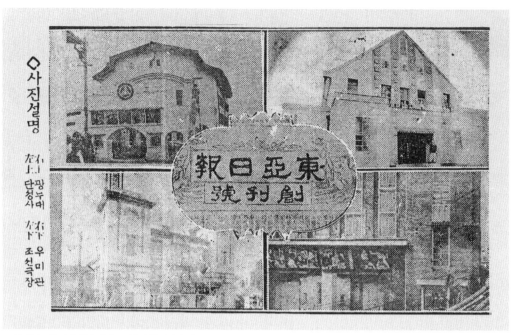

△ 동아일보 창간 오주년 기념 독자위안회 제일일 화보
〈사진설명〉 우상 광무대, 우하 우미관, 좌상 단성사, 좌하 조선극장

개관은 주간 / 시작은 정오부터

시간은 일반이 다소간 한가한 밤으로 덩하는 것이 조흘 듯하나 종래의 여러 가지 모힘에 너무나도 성황 씃테는 도로혀 혼잡을 이루어 반가웁고도 괴로운 경험이 잇슴으로 이번에도 너무 혼잡하면 위안(慰安)이 도로혀 불안(不安)이 될가 하는 걱정과 쏘는 입장하는 이는 본보 독자에 한하야 돈을 내이고도 못 들어가는 규명 상 밤까지 덤영하는 것은 일반을 위하는 도리도 안 되며 그 밧게 영업자인 각 극장의 관계도 잇서 부득이 낫(晝)으로 작명하고 시작은 정오(正午)로 한 터이며

입장 / 가족권은 란외에 / 가족만 두 명 통용 / 입장은 명각 전에

본지 란외에 첨부 발행한 입장권(入場券)은 본래 한 사람에 한하야 한 장씩 통용하는 것이 원칙이지마는 특히 독자 여러분의 편리를 도모하기 위하야 그 입장권의 통용 범위를 넓히게 되야 오즉 한 가족(家族)에게만 한하야는 입장권 한 장에 대하야 두 사람씩 통용하게 되엿스며 긔보한 바, 네 곳 연극장에서는 열두 시 정각(正刻)부터 활동사진과 연극을 개시할 터임으로 입장하시는 여러분은 한째의 혼잡을 피하기 위하야 될 수 잇는 대로 일즉히부터 입장하여 주시기를 바라며 이 날은 본보에서 발행한 입장권 이외에는 돈을 가지고도 드러갈 수 업게 되엿다.

활극, 희극, 사극 / 세 군대 활동사진도 가지각색 / 한 군대 구극도 여러 가지 종류

금일 열두 시 정각부터 시내 네 곳 연극장에서는 여러 가지 활동사진(活動寫眞)과 연극(演劇) 등으로 가장 자미잇고도 유쾌한 오락을 여러분에게 제공하게 되야 얼마 전부터 각 연극장 책임자와 교

4편

△ 사진은 『심청이 배ㅅ가운대에서 최후의 긔도를 올님

섭한 결과 사진은 각 관에서 자유로 취택하야 두엇던 것을 상연하게 되엿는데 각 극장의 연예물 내용을 소개하여 보면, 위선 황금명에 잇는 광무대(光武臺)에서는 종래의 구극을 한층 더 자미잇게 하야 『춤』, 『노래』, 『줄타기』, 『춘향가』 등으로 만장 청중을 질겁게 할 터이오, 조선극장(朝鮮劇場)에서는 (활극 남북전쟁) 다섯 권과 『사극 신의 자(神의 子)』 여덜 권 외에 희극 한 가지가 잇슬 터이며 단성사(團成社)에서는 『송죽 비장(秘藏) 결혼철학』 여덜 권과 연속사진 열 권 이상을 상연하고 우미관(優美舘)에서는 『실사 뉴스폭쓰』 한 권과 『부친의 대신(代身)』 두 권을 비롯하야 인정극 『격분의 암충(暗衝)』 다섯 권과 활극 『호걸 단긴』 여섯 권을 상련할 터이라는대 이 외에도 각 연극장을 통하야 자미 잇는 여러 가지의 사진과 연극이 잇슬 모양이라더라.

조선 25.04.01 (석3) [연예소식] 백남 『푸로덕숀』의 처녀작 『심청』 / 조선극장에서 상연 즁

우리 조선에 활동사진이 수입 소개된 지는 이미 오래이나 우리 조선사람의 손으로 제작되기는 최근의 일이다. 대개는 서양사진뿐이요, 그러치 안흐면 일본작품이엇던 것이 작년에야 경성 단성사와 조선극장에서 상연된 『비연의 곡』, 『장화홍련전』, 『운영전』, 『춘향전』과 가튼 모든 작품이 조선이란 디방색을 씌고 나오게 되엇스나 모든 것이 첫 시험에 지내지 못하야 거의 다 작품으로서 성공을 하지 못한 것은 현재 조선에 잇서서는 자본이 적고 아즉 경험이 업는 싸닭이다. 그러나 오히려 그만한 결과를 어든 것만으로도 충분하다 할 수 잇다.

그런데 이번에 조선극장에서 처음으로 상연된 『심청』은 『백남프로덕손』에서 제작한 작품인바 우리 조선사람으로서 효녀 심청의 이약이를 모르는 이가 업는 것만큼 『심청』의 작품이 환영을 밧는 중이

127

다. 그러나 물론 이 작품은 조선에서도 몃 번채 되지 못하는 시험이오, 쏘는 『백남프로덕손』으로서도 처음으로 『스크링』에 비취인 처녀작이라 만흔 긔대를 가지고 볼 수 업다. 그런데 이 사진은 한말로 말하면 유감이지마는 여러 가지로 좀 더 엇지 하엿스면 하는 부족한 덤이 만흐며 경험이 적음으로 애를 몹시 쓴

그 **효과**가 거의 업서 뵈인다. 이것은 무엇보다도 변변한 촬영소 하나도 업는 것이 큰 원인인 듯하다. 님금이 님금다워 보이지 안는 것이든지 쏘는 심청이가 님검의 사랑을 바들 쌔나 동냥자루를 메고 다니든 그쌔나 조곰도 다름업서 뵈이는 것이며 룡궁이 룡궁다워 보이지 안는 것이 모도다 돈을 맘대로 풀지 못한 까닭이라고 할 수 잇다. 활동사진은 사람의 착각을 리용하는 것임으로 어데까지든지 돈의 힘으로나 쏘는 연구의 힘으로 그럴듯하게 하는 데에서 관중의 아름다운 감동을 이르키게 되는 것이다. 무엇보다도 빈약한 것이 이 사진에는 큰 유감이다. 그러나 돈을 그만큼 쓴 형적이 뵈이지 안코 쏘는 그만큼 경험이 업는 우리 조선에서 처녀작으로 그만한 인긔를 쓸게 된 것은 큰 성공이라 할 수 잇다. 그리고 출연한 배우의 표정과 동작이 너무나 단조하여 보인다. 그러나 이것은 첫 시험으로 면할 수 업는 현상이다. 엇잿든 처녀작으로는 성공하엿다 할 수 잇다.

조선 25.04.01 (조2) 비난만흔 / 해주(海州) 세옥좌(笹玉座) / 자선사업에도 일본의 동정이 업다

해주(海州)에 잇는 세옥좌(笹玉座)라는 극장은 이제로부터 약 십여 년 전에 일본인 시도(矢島)라는 사람이 해주좌(海州座)라고 이름을 지어 가지고 해주 일반사회에 공유물가티 써오든 중 지금 이 극장의 주인인 좌좌목시차(佐佐木市次)라는 자가 인계하야 경영한 후로는 엇더한 단톄에서든지 구제사업이나 쏘는 기외에 자선사업으로 공개하는 경우에도 조곰도 감액함이 업시 영업자와 쏙가티 극장세를 바들 쑨 아니라 도리혀 영업자에게는 감액을 해주는 일도 잇스나 단톄에서 사회사업으로 무엇을 하고저 극장을 쓰는 데는 조곰도 극장세를 감액하지 안흠으로 해주에 잇는 사람은 조선인과 일본인을 물론하고 전긔 세옥좌에 대한 불평과 비난이 만타더라. (해주)

동아 25.04.02 (2) 원산 대화(大火) / 활동사진과 부근 두 채가 전·반소 / 손해 일만팔천원

지난 삼십일 오전 다섯 시경 원산부 일인촌 수명 일명목(元山府 日人村 壽町 一丁目) 십사 번디 활동사진상설관 수관(壽舘)으로부터 발화되자 쌔맛츰 동풍이 슬슬 부러옴을 싸라 화세는 염염이 충텬하야 수관과 밋 강긔통의(岡崎通義)라는 일인의 집을 오유[1]에 도라가게 하고 다시 붓은 십오 번디 총본전시(塚本傳市)라는 일인의 집 일부를 사루고 소방대의 진력으로 동 사십분경에 겨우 진화하엿는데 손해는 약 일만 팔천 원이라 하며 발화된 원인은 아직 판명치는 못하나 수관의 영사장(映寫場) 이층으로부터 실화된 것인 듯하다더라. (원산)

---

1) 오유(烏有): 어찌 있겠느냐는 뜻으로, 있던 사물이 없게 됨을 이르는 말.

동아 25.04.02 (3) 청년 순회 활사(活寫)

고성(固城)청년단에서는 고성청년단 학원 유지 경비를 엇기 위하야 활동사진대를 조직하야 각지를 순회한다 함은 보도한 바어니와 그동안에 제반 준비가 되어 래 사월 이일경에 출발하리라고. (고성)

동아 25.04.02 (3) 〈광고〉

매일신보 4월 2일자 단성사 광고와 거의 동일

매일 25.04.02 (3) [연예안내] 〈광고〉

당 사월 일일 공개 특선 명화 대회 송죽 날

코메듸 대작 희극 **원숭이 강짜** 전일권

휙-쓰 사 대작 명우 윌리암 랏셀 씨 주연

대활극 **혼신완력(渾身腕力)** 전오권

외나부다자쓰 사 대작 그레이돈헤-루 씨 주연

송죽 비장품

독일 명감독이 도미 제일회 대작품

문제명화 **결혼철학** 전구권

= 예고 =

불일 공개될 대연속

대연속대모험 **유령선** 전십팔편 삼십육권

고대하서요 연속대회를

단성사 전 광 구오구번

조선 25.04.02 (석1) 〈광고〉

출연진이 제외된 외에 매일신보 4월 2일자 광고와 동일

조선 25.04.02 (석3) [연예소식] 결혼철학 / 사월 일일부터 / 단성사에 상영

이 영화는 명감독 『에른스트 두빗취』 씨의 작품으로 『로사수미트』 씨의 원작 각본을 『폴판』 씨가 영화 각색한 것인대 이것은 일본 송죽 『키네마』주식회사의 비장품인 『와-나, 쌕라더스』 영화로서 용이하게 구경할 수 업는 진품이다. 그런데 그 영화내용은 이러하다. 『스톡』 교수와 그 안해 『밋치』 사이에는 아모 사랑이 업섯다. 그러나 『밋치』의 동무 『샤로트』는 그 남편 『쌘라운』 의사와 렬한[2] 사랑 아래에 자미스러운 날을 보내엿다. 남편의 열렬한 사랑을 밧지 못한 『밋치』는 자긔 친구의 남편인 『쌕라운』 의사를 사모하야 여러 가지로 그를 유혹하엿스나 『쌕라운』 의사는 사랑하는 안해를 둔 사람이라 그 쐬임에 쌔지지 안하엿다. 이째 『스트크』 교수는 『밋치』의 부명한 행동의 징거를 잡아 이혼하

---

2) '열렬한'의 오식으로 보임.

라고 처음부터 긔회만 기다렷다. 그런데 『밋치』의 『쌕라운』에 대한 사랑이 『크라이막스』에 달하엿슬 째에 『쌕라운』도 얼마큼은 그 녀자의 열정에 쓰을리엇스나 다시 그것을 거절하고 말엇다. 이가티 고통하는 동시에 『쌕라운』의 안해에게도 사랑을 구하는 사람이 잇섯는대 그는 『쌕라운』의 친한 벗 『뮤라』엇섯다. 이와 가티 『쌕라운』 의사 부부의 결혼생활은 위태하게 되엇다. 그러나 그들은 구든 도덕뎍 관렴으로 이와 가튼 모든 위험을 물리치고 다시 원만한 결혼생활을 계속하엿다는 것이 이 사진의 대강인대 퇴패된 사회상을 풍자하고 유한계급의 내면생활을 들치어낸 통쾌한 사진이다.

◇ 사진 『밋치』의 침실 ◇

조선 25.04.02 (조2) 짜닭 만튼 / 인천 직공 위안 / 명칭을 밧구어 / 삼일 동안 게속

긔보=인천정미직공조합(仁川精米職工組合) 주최인 전인천정미직공 위안연예대회(全仁川精米職工 慰安演藝大會)는 예뎡과 가티 지나간 이십칠일에 개최하랴 하엿스나 당국의 허가 문뎨로 필경 중지하고 말엇는데 당일은 명각도 되기 전에 인천에 잇는 각 정미직공은 물론 일반관객들이 물밀듯이 드려밀리다가 부득이 중지라는 말을 듯고 모다 섭섭히 돌아가는 동시 다소 불안의 긔분이 뵈이면서 일부에서는 당국의 너무 리해가 업슴을 원망함도 잇섯다더라.

기괴한 간섭 / 직공은 위안도 못 해

예뎡하엿든 이십칠일은 개회도 하지 못하고 이튼날인 이십팔일에는 『정미직공 위안은 될 수 업다』고 필경 불허가처분을 내리엿는데 그 리유는 첫재로 정미직공은 자본주에게 매인 사람인데 자본주의 승락도 업시 위안한다는 것, 둘재는 표면은 정미직공조합만이 주최자가 되엿스나 긔실은 배후의 요시찰인물이 활동하는 것, 셋재는 그 수입으로 긔근구제사업에 쓴다는 말이 잇다는 것 등이라는바 **사실 여하**는 불구하고 경찰의 명령은 엇지할 수 업다는 관계로 정미직공위안연예대회라는 명칭을 변경하야 인천무대예술연구회(仁川舞臺藝術硏究會)의 주최인 보통흥행이라는 명목하에 근근히 경찰의 허가를 어더서 밤 여덜 시부터 처음으로 개회를 하게 되엇다는데 회장은 만원을 일우운 중 사회극 『영생의 종(永生의 鐘)』은 현대 자본가의 죄악을 일일이 적발하야 수전로(守錢虜)들의 간담을 찔을 만하엿스며 그 외에 자미스럽고 요절할 만한 활희극으로 열두 시경에 성황으로 폐회하엿다더라.

삼일간 계속 / 동정이 불소

이십구일은 솔솔 내리는 봄비가 어느덧 작마를 일우엇슴으로 이날도 역시 중지하고 그 이튼날(삼십일)에는 로동은 신성하다는 의미 하에 심긔일면(心機一轉)이라는 예제로, 다음 삼십일일은 『비파가』로 **량일 밤을** 또 다시 계속하얏는데 이번 삼일간 연예대회에 등장인물은 조선극계에 명성이 잇는 안광익(安光翊) 박팔(朴八) 리석구(李錫九) 강성렬(姜成烈) 권일청(權一淸) 안세민(安世民) 제씨 외 몃 사람과 녀배우 최성해(崔星海) 양 등으로서 무보수로 로력하엿다 하며 룡동예기권번(龍洞藝妓券番)과 또 그 외에 구파 양두환(梁斗煥) 군의 일행의 열성을 다한 출연(出演)이 잇섯다는바 연예대회에 동정금 긔증인사의 씨명과 금액은 아래와 갓다더라. (인천)

(이하 기사 생략)

동아 25.04.03 (4) 〈광고〉
4월 2일자 단성사 광고와 동일

매일 25.04.03 (2) [개방란(開放蘭)] 진기(珍奇)한 『심청전』 / 지식 업고 돈 업서셔 완전히 실패 하엿다

◇ 됴선 고대소설 『심청뎐』은 지금 사람의 눈으로 보아 엄밀하게 말할진대 그것은 동화극(童話劇)이 라느니보다도 좀 의미가 달는 『오도씨(御伽噺)』[3)]극이라 할 것이다. 그럼으로 이 의미에 잇서셔 빅남 (白南) 『푸로덕숀』의 뎨일회 작품 『심청뎐』은 완전히 실패하엿다.

◇ 첫재 각식한 사람이 『심청뎐』에 대한 리해가 업섯슴으로 말미암아 작품 전테에 『오도씨』극의 긔 분이 보히지 안는 것이 가장 큰 치명뎍(致命的) 상처이며 둘재로 장면의 배렬(排列)에 믹락(脈絡)이 업슴으로 그다지 길지 못한 사진이 보는 사람에게는 무한히 지리한 싱각을 갓게 하는 것이 금* 『심 청뎐』으로 하야 쏘 구원하야 볼 슈 업시 실패한 작품을 만드러바렷다.

◇ 이것은 가장 근본뎍 결함(缺陷)이나 다시 그 부분부분에 대하야 말을 할 것 갓흐면 감독자는 됴 션 고대의 풍속을 리해하지 못한 것이 쏘한 큰 결함이다. 장승상 부인이나 또는 그 시녀가 첩지 머 리를 밋고 잇는 것도 가관이라 할 것이며 장승상 집 식긔(食器)가 지금 보는 청료리 집의 만두 그릇 임에도 쏘한 우슴을 금치 못하는 바이다.

◇ 룡궁이라는 장면의 유치하고 더러운 『트릭크』에 대하야는 참아 웃고 볼 슈도 업스며 임군이라는 자의 애송이임과 쏘한 그 실내 쟝치의 빈약함과 쓰고 잇는 관(冠)의 가소루운 꼴은 이로 말할 슈 업 스나 그중에서는 그 임군이라는 자가 그 표졍이라든지 동작이 가장 쒸여나는 것은 배우가 일본 사 람인 것만큼 그만큼 달느다. 실로 싹한 일이다.

◇ 요컨대 각식 급 촬영 감독자의 두뢰(頭腦)가 업는데다가 더구나 돈까지 업슴으로 말미암아 이 모 양이 되엿다. 영화계의 인물들아 엇지 한심치 아니하냐. [삼청동(三淸洞) 사팔쓰기 생(生)]

매일 25.04.03 (3), 25.04.04 (2) 〈광고〉
4월 2일자 단성사 광고와 동일

조선 25.04.03 (석2) 〈광고〉
사월 일일부터 공개
실사 **호수(狐狩)** 전일권
희극 **신마록화(新馬鹿靴)** 전일권
미국 모스필늼 회사 대활극 **승마준비** 전오권
미국 쌔데 - 지 사 대작
대모험전율희활극 **맹진 로이도** 전팔권

---

3) 오가토기(ogatogi). 아이들에게 들려주는 옛날이야기.

푸옥스 사 봉절장 **우미관** 전 광 삼구오번

조선 25.04.03 (석3) [신영화] 맹진 『로이드』 / 사월 일일부터 / 우미관에 상영
이 영화는 『파데』 회사의 작품으로 만흔 『판』에게 크게 환영을 밧는 일홈 놉흔 희극배우 『로이드』가 주연으로 촬영한 것인데 처음으로부터 긋까지가 관객으로 하여금 마음을 조이고 웃기우는 작품이다. 긔력이 절륜한 『로이숭』이 처음에는 이 세상에서는 다시 업는 멍텅구리짓을 하여서 여러 사람의 우슴거리가 되다가 나종에는 뜻을 어더 긔차 중에서 우연히 맛난 연인을 차저갈 째에 비로소 이 세상에는 항용 사람으로 할 수 업는 모든 위험을 무릅쓰고 용맹스럽게 압흐로 나아가는 광경을 뵈인 것인대 참으로 장쾌무쌍하기도 하며 포복절도할 만도 한 여러 가지 곤난을 격근 뒤에 하마트면 다른 사람에게 쌔앗길 번한 연인을 다시 차지하여 가지고 자미스럽게 살엇다는 모험덕 희활극이다. 그런데 이 영화는 보통 입장료로는 상영할 수 업는 사진이나 금번에 우미관의 주인이 새로 갈리어 신전이란 일본사람의 경영하든 것을 박형근 씨가 동 관의 흥행권리를 인수하야 가지고 사월 일일부터 경영하게 되야 신경영을 피로하는 의미에서 특별료금을 밧지 안코 보통 료금으로 일반 애활가에게 제공함이라 한다.
◇ 사진은 연예긔사 중 터진 양말을 쑤매주는 『로이드』……

조선 25.04.03 (석4) 〈광고〉
4월 2일자 단성사 광고와 동일

조선 25.04.03 (조2) 대구노동소년 주최 / 무도(舞蹈)음악대회 / 야학을 보조코자 / 삼지국 후원으로
대구로동소년회(大邱勞働少年會)에서 로동야학을 보조하기 위하야 시대일보, 개벽, 조선일보(시대일보, 개벽, 조선일보) 삼지국의 후원으로 삼일 오후 일곱 시 반부터 만경관(萬鏡舘)에서 음악무도회를 개최할 터이라더라. (대구)

동아 25.04.04 (2) 〈광고〉
당 사월 사일(토요)부터
미국 파라마운트 사 작 희극 **어린 아해 다섯** 전이권
이리스 영화 안넷도 게라망 양 주연
인정극 **해저의 뵈나스** 오권
미국 파라마운트 회사 일천만불 영화
대미국건설사 **황마차**(幌馬車) 전십권
= 예고 =
조선키네마회사 특작
암광(闇光) 개작

조선 명화 『신의 장(神의 粧)』 전편(前編)
복수대활극 『우루다스, 몰간』 이십권
조선극장 전 (광) 二〇五

출연진 제외된 외 매일신보 4월 5일자 단성사 광고와 거의 동일

동아 25.04.04 (3) 기념식 대성황 / 거일(去日) 공주에서 거행
기보(旣報)한 바와 가치 지난 일일 오후 칠시 반부터 당지(當地) 금강관(錦江舘)에서 본보 창간 오주년 기념식을 거행한바, 입장한 관람객은 입추에 여지가 업슬 쑨 아니라 수백 명 관객은 만원으로 입장을 부득(不得)하야 공전의 성황을 이루엇는데 본보 공주지국장 사회 하에 청년수양회 대표 최*진(崔*進) 씨의 축사와 한명수(韓命洙) 씨의 『바요링』 연주가 유(有)한 후에 홍승한(洪承漢) 씨의 신문과 오인(吾人)의 관계라는 연제(演題) 하에 열々한 웅변을 토하고 이훈구(李勳求) 씨의 신문과 그 문화적 사명이라는 연제의 웅변과 위생에 관한 활동사진 오막을 마치고 충남에 유명한 금사(琴土) 이창령(李昌寧) 씨의 가야금 병창으로 긋을 맛치고 폐회하엿다고. (공주)

조선 25.04.04 (석1)
출연진 제외된 외 매일신보 4월 5일자 단성사 광고와 거의 동일
동아일보 4월 4일자 조선극장 광고와 거의 동일

조선 25.04.04 (석3) [신영화] 『휘장마차』 전십권 / 원명 The Covered Wagon / 사월 사일부터 조선극장에 상영
미국을 건설한 역사상에 대서특필할 세 가지 큰 사건이 잇스니 첫재는 미국의 독립전쟁이오, 둘재는 노례해방으로 이러난 남북전쟁이오, 셋재는 서부디방의 개척사업이다. 그런데 이 『휘장마차』란 영화는 서부디방 개척의 장쾌한 사업을 재료로 삼아 제작한 것이니 즉 『미스스피』 주에서 편성한 고금을 통하야 다시 볼 수 업는 『휘장마차 대』가 머나먼 『오로렌곤』 주로 행하는대 일 년 동안을 두고 나라를 세우랴고 할 재의 불가티 쓰거운 더위와 수천리되는 싸가운 모래밧 가운대로 도도히 흘너가는 파류, 류혈이 랑자하야 보는 사람으로 하여금 참아 얼골을 바로 들 수 업슬 만큼 비참한 『아메리카』 사람과 『인듸안』과 쟁투, 들소 산양하는 장쾌한 광경, 가련한 어린 처녀의 사랑, 모든 것이 일편의 서사기술로 볼 만한 영화이다. 감독은 현금 미국의 영화제작계의 유명한 『쎕스 쿨츠』 씨이오, 원작자는 미국문단의 괴숙[4]인 『에마슨』 씨이오, 미국 『파라운텐』 영화주식회사의 특작영화인대 미국영화계에서도 흔[5] 어더 볼 수 업는 유명한 영화이다.
(사진은 『휘장마차』가 서보로 진행하는 광경)

---

4) 기숙(耆宿): 나이가 많아 덕망이 높고 경험이 풍부한 사람.
5) '흔하게'의 오식으로 보임.

조선 25.04.04 (석3), 25.04.05 (석4) 〈광고〉

4월 3일자 우미관 광고와 동일

동아 25.04.05 (1) 제주 무전 설비 완성

이전부터 공사 중이던 제주도 무전 설비는 삼월 말로써 완성되엿스나 대안국(對岸局)인 목포국의 설비에 필요한 기계류도 불일(不日) 도착함으로 느저도 사월 중순에는 통신을 개시한다더라.

동아 25.04.05 (3), 25.04.06 (4), 25.04.07 (4) 〈광고〉

4월 4일자 단성사 광고와 동일

동아 25.04.05 (3), 25.04.06 (2), 25.04.07 (4), 25.04.08 (4), 25.04.09 (4), 25.04.10 (4) 〈광고〉

4월 4일자 조선극장 광고와 동일

매일 25.04.05 (2) [연예안내] 〈광고〉

사월 사일 공개 유 사 날

희극 **돈-내라** 전이권

유 사 작품 권투왕 레지놀-도데-니 씨 주연

활극 **신뢰(迅雷)** 전이권

유 사 특작품 활극 **아리조-나의 경관** 전오권

유 사 대작품 문예비련애화 **명예의 경관** 전오권

유 사 대표적 대작 윌리암 데쓰몬도 씨 주연

연속활극 **낙원의 맹수** 십오편 삼십권

제오회 제구, 제십, 사권 상영

내주 사월 팔일 공개 연속 대회

기이연속 **유령선** 전십팔편 삼십육권

고대하셔요 내주를

단성사

동아일보 4월 4일자 조선극장 광고와 동일

조선 25.04.05 (석3) [신영화] 『명예와 경관』 전오권 / 사월 사일부터 / 단성사에서 상영

빈민굴에 생장한 『테리』라는 청년은 그러한 빈민굴 생활을 오래 계속하는 동안에 반드시 타락하고 마는 다른 여러 사람들과 마찬가지로 대단 불량하엿섯다. 그는 그러한 사회덕 병폐에 희생이 된 사람 가운대에 대표라고 할 만하엿섯다. 그러나 『데리』는 『에픠』라는 반찬가가[6]집 쌀과 서로 사랑한 결

과 심긔가 일전하야 아주 선량한 청년이 되야 엇더한 자동자집에 고용이 되야 부즈러니 일하게 되
엿다. 그러나 『에픠』의 부친은 대단 완고한 로인이라 『테리』가 개과하야 선량한 사람이 된 것을 밋지
안코 자긔 쌀을 그러한 청년에게는 줄 수 업다 하야 『테리』를 배척하엿다.

그런데 여긔에 이 조고만한 감옥 가튼 빈민굴을 마터가지고 잇는 경관이 잇스니 그는 『돈,돌간』이라
는 로인이엇다. 이 늙은 경관이 『테리』가 실련으로 말미암아 다시 타락할가 대단 념려하야 여러 가지
로 위로하엿스나 그는 실련한 결과 다시 대취하야 구타상해죄로 감옥에 들어가게 되엇다. 이러할 째
에 이 경관은 너무 늙엇다 하야 퇴직을 당하엿스나 그래도 이 빈민굴 일을 자긔가 책임마텃슬 째나
다름업시 충실히 보앗다. 이 경관의 힘으로 『테리』는 출옥한 뒤에 『에픠』의 사랑을 다시 엇게 되야
더욱 진실한 사람이 되고 빈민굴에도 인간다운 행복스러운 날이 이 여러 사람 가운데 계속하엿다
는 것이 이 사진의 대개의 내용이다.

조선 25.04.05 (석4), 25.04.06 (조4). 25.04.07 (석1) 〈광고〉
4월 4일자 단성사 광고와 동일

조선 25.04.05 (석4), 25.04.06 (조4), 25.04.07 (석1), 25.04.08 (석4), 25.04.09 (석4), 25.04.10 (석3) 〈광고〉
4월 4일자 조선극장 광고와 동일

조선 25.04.06 (조2) 동병상련 / 고학생 린광회가 / 긔근구제영화회 개최
굼주리고 헐버스면서도 그래도 배호고 알아서 남과 가티 살아보겟다고 째째로 주린 창자를 쥐어 안
고 쓰린 눈물을 달게 흘리면서 온갖 고초를 격고 나가는 시내 수표뎡(水標町) 조선교육협회(朝鮮敎
育協會) 안에 잇는 고학생들의 모임인 린광회(隣光社)에서는 자긔네들의 처터와

일상생활로서 현재 긔근 동포의 비참한 현상을 비추어 누구보다 더욱 쓰거운 동감과 동정을 가지게
되엿스나 뜻과 일은 한갈 갓지 못함으로 무슨 방법으로나 저 긔근에 우는 동포에게 대하야 조곰이
라도 동정의 눈물을 색릴 긔회를 만들고저 하든 중 금번에 멀리 태평양 저편으로부터 본국에 잇는
긔근 동포를 구제코저 김명식(金明植) 씨가 가지고 온 활동사진 『필름』을 빌어 불원에 긔근구제활동
사진회를 개최코저 한다는데 이제 그 린광회의 내용을 잠간 드러보건대 그 회는 지금으로부터

약 오 년 전에 조선교육협회가 창립되던 째에 그 협회 안에서 수용케 된 고학생들로서 조직된 것인
바 이래 오 년 동안에 이미 수백여 명의 학생으로 하야금 배홈의 길을 열어주엇스며 현재도 구십이
명이나 되는 고학생을 수용하고 잇다는대 더욱이 그러한 역경과 싸화나가면서도 각 학교에서 우수
한 성적을 가진 이가 만흔 중 금년에 경성대학 예과(京城大學 豫科) 시험에 리텬진(李天鎭)이라는 회
원이 입격되엿는대 그는 린관회가 창립되던 째로부터 오늘날까지 그 안에서 온갖 고초를 격다가 마
츰내 그와 가튼 아름다운 희망의 길을 밟게 되엿스며 회원 중 리승동(李昇東)이란 학생도

---

6) '가게'의 원말.

처음부터 그 회 안에서 공부하야 현재 의학전문학교 삼년급에 우수한 성적을 가지고 잇다 하며 그 외에도 중등학교 학생 중 칠팔십 명은 혹 일호 쏘는 우등으로 지낸다는대 이에 대하야 일반 학생들은 오래동안 그 회를 사랑하고 도아나려오는 교육협회 간부 류진태(兪鎭泰) 씨의 애써 나려온 것을 감사히 생각한다 하며 이 압흐로도 일반 사회에 대하야 만흔 동정의 눈물이 잇기를 바란다더라.

조선 25.04.06 (조2) 본보 독자 관극권 / 란외에 금일 발행

본보 독자를 위하야 시내 단성사 우미관, 조선극장의 할인 관극권은 금일 본지 란외에 발행하얏습니다.

조선 25.04.06 (조3) [신영화] 『사카스, 데이』 / 전륙권 / 사월 오일부터 우미관에서 상영

이 영화는 세계 『키네마』계에 어린 님금이란 칭호를 밧는 『쟈키쿠-간』의 주연으로 촬영한 것인대 내용은 아래와 갓다.

세상에서 가난한 사람일사록 자식을 만히 두게 되는 일이 만타. 이것은 먹을 것이 적은 사람은 자식이나 만히 점제하여 주겟다는 하나님의 공평하신 생각에서 나온 것인지 알 수 업다. 그런데 여긔에 한 가난방이 부부가 잇섯는데 그들은 먹을 것이 업는 대신에 어린 자식을 륙, 칠 명이나 두엇섯다. 먹을 것은 업고 먹일 사람은 만아서 할 수 업시 자긔 친척의 집에 부치어 살며 눈치밥을 먹고 지내는 터에 그의 어린 아들 가운대 『쿠간』은 엇더한 곡마단에 들어가 버리를 하게 되엇다. 그런데 엇더한 날 그 곡마단에서는 제일 인긔를 쓰으는 『쿠간』과는 나희가 비슷한 어린 계집아이 배우가 우연히 부상하야 출연을 못 하게 되엇다. 이째에 곡마단에서는 여러 가지로 궁리하다가 할 수 업시 『쿠간』을 그 계집아이로 변장을 식히어 출연케 하얏다. 『쿠간』은 계집아이로 변장하여 가지고 출연하는 동안에 여러 가지로 실패를 하엿스나 그 실패한 것이 도리혀 관객의 인긔를 쓸게 되야 그 뒤로는 『쿠간』이 이 곡마단의 인긔배우가 되야 돈을 만히 버러가지고 가난방이 자긔 아버지와 형데들을 편하게 살리엇다 한다.

조선 25.04.06 (조4) 〈광고〉

사월 육일(일요 주간부터) 공개

實社[7] **폭쓰 시보** 전일권

희극 **세정(世情)** 전이권

인정극 **남자의 본성** 전오권

少年立談志姜[8] **사카스데-** 전육권

예고 근일 상영

루(淚)의 비희(悲喜) **표박(漂泊)의 고아** 전팔권

---

7) '실사(實寫)'의 오식으로 보임.
8) '소년입지미담(少年立志美談)'의 오식으로 보임.

남성활극 **아라스카 혼** 전육권
푸옥스 사 봉절장
우미관 전 광 삼구오번

조선 25.04.07 (석1), 25.04.08 (석4), 25.04.09 (석4) 〈광고〉
4월 6일자 우미관 광고와 동일

동아 25.04.08 (4) 〈광고〉
당 사월 팔일 공개 송죽 날 푸로크람
고대하시든 연속 그여히 오날부터 공개케 되엿습니다
미국 스타- 회사 특작품 후란시-쓰훠-드 씨 대역연
대육탄대암투대활극 **비밀보고(寶庫)** 전칠권
미국 유니버-살 사 대작품 펜-월-손 씨 대역연
대기이대탐정대연속 **유령선** 전십팔편 삽(卅)육권 중
제일회 제일편 제이편 제삼편 제사편 제오편 제육편 십이권 상영
육탄아의 대활약! 오리무중으로 사라지는 괴물?
부득(不得) 재견(再見)의 대맹투 대모험 대활극은 지금부터 전개되랴 한다
송죽 유 사 유나이딋드 특약 **단성사** 전 (광) 구오구

매일 25.04.08 (2), 25.04.09 (2) 〈광고〉
4월 5일자 조선극장 광고와 동일

매일 25.04.08 (2) [연예안내] 〈광고〉
사월 육일(일요) 주간부터 공개
미국 폭쓰 사 실사 **폭쓰시보** 전일권
미국 폭쓰 사 희극 **세정(世情)** 전이권
미국 폭쓰 사 조-지스카샌로- 씨 원작 알마 베넷트 양 주연
인정극 **남자의 본성** 전오권
미국 푸아스트나소날 회사 특작 제-무스오에이스 씨 원작
소년입지미담 **사카스데-** 전육권
예고
근일 상영
미국 푸아스트나소날 회사 걸작 천재 소역(小役) 쟉키구캉 군 주연
루의비극(淚의悲劇) **표박(漂泊)의 고아** 전팔권
미국 폭쓰 회사 남성활극 **아라스카 혼** 전육권

폭스 일활 특약 **우미관** 전 광 삼구오번

동아일보 4월 8일자 단성사 광고와 동일

조선 25.04.08 (석1) 정기방송시간 변경
체신국의 정기방송은 일반 청취자에 희망도 잇서서 금 수요일로부터 좌(左)와 여(如)히 변경하기로
되엿더라.
수요일 영시로부터 일시까지
토요일 오후 이시로부터 삼시까지

조선 25.04.08 (석4) 〈광고〉
동아일보 4월 8일자 단성사 광고와 거의 동일

동아 25.04.09 (1), 25.04.11 (2) 〈광고〉
4월 8일자 단성사 광고와 동일

매일 25.04.09 (2), 25.04.11 (2) 〈광고〉
4월 8일자 단성사 광고와 동일
4월 8일자 우미관 광고와 동일

조선 25.04.09 (석4), 25.04.10 (석4), 25.04.11 (석4) 〈광고〉
4월 8일자 단성사 광고와 동일

조선 25.04.09 (조2) 부인(婦人) 견학일에 / 월미도 무전 공개 / 경성서 방송하는 음악 강담을 / 월미도에서 일일히 듯는다고
긔보=본사 인천지국 주최 인천부인견학단(本社 仁川支局 主催 仁川婦人見學團)은 예령과 가티 돌아오는 십일일 토요 오전 아홉 시를 긔약하야 인천의 승디를 쎄이지 안코 견학할 터인바 발서부터 단원권 청구가 답지하야 미구에 예정 인원을 초과할 듯한바 당일은 톄신국에서 월미도 무선뎐신소로 음악과 강담을 방송할 터인데 이째까지 공개를 금지하든 것을 이번에 한하야 특히 부인견학단을 환영하는 의미로 단원에게 공개하야 경성서 울리어 내려오는 음악소리와 자미스러운 강담(講談)을 한자리에 안즌 것과 가티 들을 수가 잇스리라는바 실로 이번 긔회를 놋치고 보면 무선뎐신에 대한 자세한 구경은 매우 어려울 터이라는데 이째것 참가치 안흔 가뎡부인은 월미도에 짓허지는 봄빗을 싸라서 한시밧비 견학준비를 마치는 것이 죳켓다더라. (인천)

동아 25.04.10 (2) 토월회 공연 / 금 십일부터

내용을 혁신한 토월회에서는 금 십일 밤 오후 일곱 시부터 황금뎡(黃金町) 광무대(光武臺)에서 첫 공연을 하기로 되엿는데 오늘의 연예는 희극 『산 서낭당』과 토월회에서 안출한 승무(僧舞)와 비극 『희생하는 날 밤』과 그 밧게 독창과 립창과 좌창 등이 잇는데 승무는 특히 배경과 의상(背景 衣裳) 등이 모도 현대화하엿스며 입장료는 다른 곳보다 래왕 면차갑을 감하야 상층 오십 전, 하층 삼십 전이라더라.

조선 25.04.10 (석3) [신영화] 토월회 개연 / 십일 밤부터 / 광무대에서

신극운동(新劇運動)의 선구(先驅)인 토월회(土月會)에서 다시 그 진용을 정제히 하야 황금유원(黃金遊園) 안의 광무대(光武臺)를 직영으로 사월 상순부터 흥행을 시작한다 하엿슴은 이미 보도한 바인대 그동안 준비에 밧부든 모든 내용이 작금 량일 사이에 전부 씃나고 충실히 되엿슴으로 드듸어 명 십일 밤부터 개연(開演)하리라는바 처음날의 예예(藝題)는 데륙회 공연 쌔에 갈채의 환영을 바든 『산 서낭당』과 토월회 안무(案舞)인 승무(僧舞) 기타 비극(悲劇) 『희생하는 날 밤』 독창(獨唱) 립창(立唱) 좌창(坐唱) 등이 잇슬지며 입장료는 다른 극장보다 십 전식 덜 밧기로 하야 웃층 오십 전, 아래층 삼십 전 균일이라더라.

조선 25.04.10 (석3) 〈광고〉

사월 팔일부터 전부 교환
이국(伊國) 우에엔트휘벨트 회사 군사극 **군사(軍使)** 전삼권
미국 메도로세구자앗스 회사 탐정극 **적서(赤鼠)** 전오권
미국 폭쓰 회사 활극 **아라스카 혼** 전육권
예고 근일 상영
미국 푸아스드나쇼날 회사 루(淚)의희극 **표박(漂泊)의 고아** 전팔권
미국 폭쓰 회사 남성극 **결연분기** 전오권
벙글벙글 **로이도 대회** 전십사권
연속대회 **백만불 현상** 십오편 삼십일권
일활 폭쓰 특약 **우미관** 전 광 삼구오번

매일 25.04.11 (2) [연예안내] 〈광고〉

사월 십일일(토요)부터 고대하시든 조선 명화 대공개
조선키네마주식회사 초특작 왕필렬 씨 각색 급(及) 감독
문제의 명화 암광(闇光) 개작
현대극 **신의 장(神의 粧)** 전편(全編)
스다-필림 회사 대결작 복수활극 **매제의 적(妹弟의 敵)** 전팔권
자푸링 회사 작 희극 **주정(酒酊)** 전이권

기회를 놋치지 마시고 氏[9] 이대 명화를 쏙 보라 오셔요

= 예고 =

스다-필림 회사 제공 영국 고-몬 회사 특작품

복수탐정대활극 『몰칸』우루다스 전이십권

미국 파라마운트 회사 초특작

명화 **혈과 사**(血과 砂) 전팔권

상영 일자를 기대하셔요?

조선극장

매일 25.04.11 (3) 전라북도의 지방개량 선전 / 강화 급(及) 활동사진 등으로

전라북도에서는 래 십사일부터 무주, 장수, 남원의 각군을 순회하야 강화와 활동사진 등의 지방개량 선전을 행한다는데 기(其) 일정은 여좌(如左)하더라. (전주)

십사일 무주 십오일 적상면(赤裳面) 십칠일 장수 십구일 산서면(山西面) 이십일일 마령면(馬靈面) 이십사일 용표면(龍漂面) 이십육일 남원 이십구일 제원면(濟原面)

매일 25.04.11 (3) 인천 연예 흥행 / 제일회 시연

새로 조직된 인천무대예술연구회에서는 십일, 십이 양일간 매일 오후 팔시부터 시내 가무기좌(歌舞伎座)에서 제일회 시연을 개최할 터인바, 상장할 예제는 희무정(噫無情), 용기남아(勇氣男兒), 사랑의 싹, 사랑을 위하야 등이라 하며 입장료는 오십 전, 삼십 전, 이십 전(학생권)이라더라.

동아 25.04.11 (3) 〈광고〉

매일신보 4월 11일자 조선극장 광고와 동일

조선 25.04.11 (석1) 〈광고〉

사월 십일일 토요 특선 명화 공개

미국 폭쓰 회사 실사 **폭쓰 시보** 전일권

미국 폭쓰 회사 희극 **곤구링 대당(大當)** 전이권

미국 폭쓰 회사 남성극 **결연분기(決然奮起)** 전오권

미국 푸아스드나쇼날 회사

루의 희극(淚의 喜劇) **표박(漂泊)의 고아** 전팔권

미국 월니암쓰 폭쓰 회사

해양활극 **해의 맹사자(海의 猛獅子)** 전육권

예고 근일 상영

---

9) '此'의 오식으로 보임.

미국 쌔데-지 사 작
벙글벙글 **로이도 대회** 전십사권
연속대회 **백만불 현상(懸賞)** 십오편 삼십일권
일활 폭쓰 특약 **우미관** 전 광 삼구오번

매일신보 4월 11일자 조선극장 광고와 거의 동일

조선 25.04.11 (석2) 경남도청 이전 / 축하음악대회 / 십일일 부산에서
경남도텅이 옴겨온 부산(釜山)에서는 각 방면으로 활긔가 넘치는바 금번에 부산에 거주하는 내외 악사가 련합하야 도텅 이뎐을 축하하는 쯧으로 시민 대음악회를 개최하게 되엿는데 부산 산본악긔뎜(山本樂器店) 주최로 십일일 오후 팔시부터 국제관(國際舘)에서 열게 되엇다 하며 출연할 악사는 내외 국악사 사십여 명이오. 이미 예매된 입장권이 천 장 이상에 달하야 근래 보지 못하든 대음악회로 대성황을 일우게 되리라더라. (부산)

조선 25.04.11 (석3) [신영화] 비밀의 보고(寶庫) / 사월 팔일부터 / 단성사에 상영
이 영화는 사진의 내용보다도 그 사진을 촬영한 제작술의 신긔한 것을 뵈인 것이다. 유명한 배우 『프란시쓰』가 할아버지와 아버지와 아들 세 사람으로 분장하여 가지고 대단히 교묘히 활동하는 것은 보는 사람으로 하여금 반드시 신긔하다는 늣김을 이르키게 하는 사진이다. 더욱히 한 사람이 분장한 세 사람의 『스크린』에 비초일 째에도 오히려 조금도 그러한 흠집이 아니 뵈일 만큼 교묘하게 촬영한 것을 볼 째에는 『카메맨』의 수완이 엇더케 숙달한지 거긔에 경탄는 아니할 수 업는 영화이다.

조선 25.04.11 (조1) 취성좌의 독지(篤志) / 독서회를 위하야 / 삼일간 동정 흥행
경남지방에 순회 중인 취성좌 김소랑 일행은 거(去) 오일부터 당지 수좌(壽座)에서 마산독서회를 위하야 동아, 시대와 본 지국 외 삼개 단체의 후원 하에 삼일간 특별 대흥행을 하야 연야(連夜) 만장(滿場)한 관객의 환호 중에서 대성황을 이루엇다는데 동 일행은 삼일간 전 수입에서 실비만 제하고 잔금 칠십삼 원이란 다액을 독서회에 의연하엿슴으로 마산 독서회원 일동은 동 일행의 성의가 넘치는 독지에 감사와 칭찬을 마지 안흐며 더욱히 동 일행은 오래전부터 마산의 공공단체와 사업을 위하야 종종 다대한 노력과 물질의 공헌이 불소(不少)하얏슴으로 동 일행과 마산과는 심절(深切)한 인연이 매저나려왓다는대 최근에 이르러 약 일개월 전에도 당지 무산(無産)소년단을 위하야 오십여 원의 불소한 금액을 의연한 바도 잇서 당지 일반인사들은 동 일행에 대한 칭찬을 마지안는다더라. (마산)

조선 25.04.11 (조1) 청년 활사대(活寫隊)가 / 유원(幼園)을 동정(同情) 흥행
함북 성진 임명(臨溟)청년회 활동사진대는 회관을 건축키 위하야 각지를 순회 영희하든 중 거(去) 오일에 이원(利原)에 내착(來着)하야 당지 유치원의 경영이 곤란하야 자못 궁경에 잇는 현상을 동정하야 일야(一夜)를 영희(影戱)하야 그 금액을 기부하얏는데 당지의 의연금과 수입 총계는 백오십여 원에 달하얏스며 의연한 제씨는 좌(左)와 여(如)하다더라. (이하 기사 생략) (이원)

동아 25.04.12 (4), 25.04.13 (4), 25.04.14 (4), 25.04.15 (4), 25.04.16 (4), 25.04.17 (1), 25.04.19 (2), 25.04.20 (1) 〈광고〉
4월 11일자 조선극장 광고와 동일

동아 25.04.12 (4) 〈광고〉
당 사월 십일일 공개 유 사 날
미국 유 사 특작품 명우 하-리케-리 씨 대맹연
맹투활극 **공권(空拳)** 전육권
미국 유 사 쥐-엘 대작품 세계적 명화(名花) 부리시아데잉 양
문제 대여적극(大女賊劇) **백호(白虎)** 전칠권
미국 유 사 대표적 대작품
해양 연속활극 **낙원의 야수** 15 31[10]
제육회 제십일, 제십이 사권 상장
= 급고(急告) =
대활극『**바그닷도의 도적**』십사권
탐정연속『**전파왕(電波王)**』전십편 이십권
문제연속『**사교계의 괴적**』십, 입(卄)
희비애화『**난혼금지**』칠권
송죽 유 사 유나이뒷드 특약 **단성사** 전 (광) 구오구

조선 25.04.12 (석3) [신영화] 표박(漂泊)의 고아 전팔권 / 사월 십일부터 우미관에서 상연
이 영화도 주연자는『사카스데이』와 가티 어린『쌰키, 쿠간』군인 경갱개를[11] 말하면
이태리의 유명한 바이오리니스트『폴, 사베리』의 안해는 질투로 말미암아 남편을 바리고 젓먹이『쌰키』를 안고 집을 써나서 죽은 어머니의 친구인『홀둔』이란 로인의 집으로 갓섯다. 그러나 몹슬 운명은 그 남편으로 하여금 그 처자를 차즈랴고 행길로 도라다니다가 자동차에 치어서 중상을 당하게 하엿다. 그리하야 서로 종적을 이러바리고 마럿다.
『쌰키』는 대단히 충실하게 그『홀둔』로인의 집에서 자라낫스나 얼마 되지 못하야 다만 밋고 사는 하나의 어머니는 이 세상을 써나게 되엇고 쏘『홀둔』로인의 집도 다른 사람의 빗으로 경매를 당하고

---

10) 이 영화의 제목은 "낙원의 맹수"와 "낙원의 야수"가 병기됨. 권수는 대부분의 광고에서 30권으로 표기되어 있음.
11) '군인데 경개를'의 오식으로 보임. 경개는 전체 내용의 요점만 간단하게 요약한 줄거리를 뜻함.

마럿다. 그리하야 그들은 할 수 업시 가난한 농부를 구제하는 빈민구제농원에 수용이 되얏다. 『쨔키』는 그 할아버지에게 『셰익, 횟퇸톤』의 이약이를 듯고 그것을 본을 바더 『론돈』으로 도망을 갓섯다. 그리하야 『쨔키』는 영락한 음악교사 『가로』를 싸라다니며 길거리에서 바이올린을 쓰더서 동량을 하야 먹고 살엇다. 이쌔에 『쨔키』의 아버지 『폴』은 그 이름이 세계덕으로 놉하저서 론돈에서 하루는 『바이올린』 독주회를 열게 되엇다. 이쌔에 우연히 『쨔키』를 다리고 다니든 『가로』 음악교사가 『폴』의 선생이엇던 관계로 『쨔키』와 『폴』이 서로 만나게 되엇다. 그러나 『폴』은 『쨔키』가 아들인 줄을 몰랏다. 『쨔키』도 물론 제의 부친인 줄을 몰랏다. 그런데 『가로』 음악교사는 그대로 『폴』을 만나든 날에 이 세상을 써나고 말엇다. 『쨔키』는 의지할 곳이 업서 『폴』이 잇는 곳으로 가게 되엇다. 이쌔에 『쨔키』의 몸에다 깁히 간수하여 가지고 잇는 어머니 사진으로 인하야 『쨔키』가 어리엇슬 째에 이러바린 자긔 아들인 줄을 비로소 알게 되엇다. 그리하야 부자가 맛나보게 되야 서로 씨어안고 깁붐과 설음에 눈물을 흘리고 빈민구제농원에 드러 잇는 늙은이 부부를 이전과 가티 잘 살게 하엿다는 것이다.

조선 25.04.12 (석3) 대야긔술단 입성 / 사월 십이일부터 / 매일 주야 이회 흥행 / 장소는 명치정 동력 압

대야긔술단 일행(大野奇術團 一行)은 본월 십이일부터 매일 주야 이회를 황금정 네거리 동력 압 빈터에서 개연하게 되엇는대 그 흥행과목은 최신 발명인 면긔광선을 응용한 긔술, 삼십여 명이 출연하는 가극, 짠스 그 밧게 여러 가지 쌍재주 가튼 것이라고.

조선 25.04.12 (석4), 25.04.13 (석1), 25.04.14 (석4) 〈광고〉

4월 11일자 우미관 광고와 동일

조선 25.04.12 (석4), 25.04.13 (석2), 25.04.14 (석4), 25.04.16 (석4), 25.04.17 (석1), 25.04.18 (석2), 25.04.19 (석4) 〈광고〉

조선극장 4월 11일자 (석1)와 동일

조선 25.04.12 (석4) 〈광고〉

동아일보 4월 12일자 단성사 광고 예고편에 다음 내용 추가됨.

일천만불 영화 **노돌담에 구루남**(傴僂男)[12] 전십이권
철도활극 **신호탑** 전칠권

조선 25.04.12 (조2) 극장에서 강탈 / 혐의로 소년 톄포

서대문 경찰서에서는 고양군 룡강면(高陽郡 龍江面) 권모(權某)라는 열여섯 살 된 소년을 톄포 후 엄

---

12) 늙거나 병이 들어 등이 앞으로 꼬부라진 남자. 꼽추.

중히 취료 중인데 이 아이는 지나간 삼월 삼십일경에 대정관(大正舘)에서 활동사진을 구경하다가 겨 테 안진 부내 톄부동(體府洞) 휘문학교 학생 송병권(宋炳權)이가 현금 이백 원을 가진 것을 알고 변 소로 꾀을고 드러가 일백이십 원을 강탈 도주한 혐의자로 톄포된 것이라더라.

동아 25.04.13 (4), 25.04.14 (4) 〈광고〉
4월 12일자 단성사 광고와 동일

매일 25.04.13 (2) 양 극장의 반목
인천 신뎡(仁川 新町) 활동사진상셜관(活動寫眞常設舘) 표관(瓢舘) 주 신뎐모(新田某)와 시내 빈뎡(濱 町) 가무기좌(歌舞伎座) 관리자 사이에 흥힝에 대한 시긔로 인하야 반목이 싱기어 암투를 계속 중인 대 가무기좌에서 엇던 흥힝이 잇슬 째에는 활동사진관에서는 무료로 개방하야 어대까지던지 가무 기좌의 흥힝을 방해한다고 신뎐모의 선언이 잇섯슴으로 량방의 금후 대세는 볼 만할 것이며 인천셔 에셔도 량방에 대하야 감시 중이라더라. (인천)

매일 25.04.13 (2) 영화 도사(盜寫)로 / 일반 영화계는 공황을 늣긴다
근릭 영화계(映畵界)의 복잡함을 짜라 그 권리의 쟁탈도 자못 격렬하야 가는 반면에 권리 침해에 대 한 당국의 취톄가 엄중하게 되난 중인대 관서(關西) 디방에서 뎐문뎍으로 도사(盜寫)를 하던 대판 (大阪) 령목(鈴木)이라는 자는 당국의 취톄가 엄중함으로 내디를 써나 됴션 만주(滿洲) 디방에 드러 와 영화계를 분란케 하던 중 지난 구일 일활(日活)의 특약인 『밍자(猛者) 로이트』가 평양(平壤) 『기네 마』에 상연되얏다가 도사(盜寫)로 차압을 당한 일이 잇고 또 수일 전 시내 우미관(優美舘)에서도 이 영화를 상연하얏다가 차압을 당하얏다는대 일노부터 반도 영화계에서도 크게 공황을 늣기고 잇다 더라.

매일 25.04.13 (2), 25.04.14 (1), 25.04.16 (1), 25.04.17 (2) 〈광고〉
4월 11일자 조선극장 광고와 동일

매일 25.04.13 (2) [연예안내] 〈광고〉
〈낙원의 야수〉 권수가 30권으로 표기된 외에 동아일보 4월 12일자 단성사 광고와 거의 동일.
조선일보 4월 11일자 우미관 광고와 동일

조선 25.04.13 (석2), 25.04.14 (석1) 〈광고〉
4월 12일자 단성사 광고와 동일

매일 25.04.14 (1) 〈광고〉
4월 13일자 단성사 광고와 동일

매일 25.04.14 (1), 25.04.16 (1), 25.04.17 (2), 25.04.19 (2) 〈광고〉

4월 13일자 우미관 광고와 동일

매일 25.04.14 (2) 춘풍(春風)에 자라가는 극단의 신성(新星)들 / 이갓치 하야 열매를 밋게 되면 / 쟝차 가히 볼 것이 잇슬 것이다

처처에서 뎐해오는 곳소식을 압헤 두고 오릭동안 적막하든 경성의 극단(劇壇)이 토월회(土月會)의 부흥으로 다시 활긔를 씌여온 것은 신츈 벽두의 희소식의 하나이다. 이번 토월회가 광무대에서 긔ㅅ발을 올닌 것은 단슌한 극단만이 안이라 그 사업의 즁요한 목뎍이 찰아리 극장 경영에 잇슴으로 아즉 모든 셜비와 심지어 힝연하는 『푸로금림[13]』에까지 참즁한 긔분이 희박하고 맛치 공긔를 먹음은 고무 쏠갓치 섄리를 잡지 못한 듯한 늣김을 주는 것은 사세에 피치 못할 일이어니와 그즁에도 언제나 쉬지 안코 영속뎍으로 진보되야 토월회의 막이 열닌 째마다

관즁의 주목을 잇끄는 것은 배경(背景)이다. 식채가 농후하고 덤션이 후즁(厚重)한 덜된 『쇠작크』

△ 사진 상 이승직(李昇稙), 우하 김성(金星), 좌하 복혜숙(卜惠淑).

식의 야비한 배경만 보든 눈으로 보아 그러한지 알 슈 업스나 그 표현 방법이 간단한 속에도 어대까지 고심 연구의 결정이 내보이는 것이

한층 더 보는 자를 깃부게 하얏다. 더구나 이번 일회에 상연한 『희싱하든 날 밤』의 배경은 극히 간단한 방법으로 됴션 온돌의 긔분을 여실히 표현하야 산듯한 재긔(才氣)를 내뵈엿다. 이 모든 덤을 미루어보아 토월회의 배경 주임 원세하(元世夏) 군은 한갓 토월회쑨 안이라 반도 극단의 한 보배라 할 것이다. 다만 아즉도 빗을 빗초는대 배경 그림에 독특한 진슈를 발휘하지 못하야 그림과 무대 광션의 됴화를 일는 덤도 업지는 안이하나 군의 뎐직에 대한 태도가 그갓치 침착할진대 머지 안은

쟝래에 모든 결함을 업시할 줄 밋는다. 아즉도 샹당한 각본이 상연되얏다 할 슈 업슴으로 극에 대한 좃코, 그름은 말할 수 업스나 토월회 배우의 즁진 리승직(李昇稙) 군의 기예가 무대를 밥는 번수가 느러가는 대로 깁히와 너북이 느러가서 지금에는

관즁의 마음을 굿세게 잇끌게 된 것은 쟝릭를 위하야 경하할 일이다. 흠결을 말하자면 상당히 잇겟스나 이갓치 하야 엄이 돗고 곳치 피고 열매를 미질진대 반도의 극단도 쟝차 볼 것이 잇슬 것이다. (井蛙生)

---

13) '프로그램'을 의미.

매일 25.04.14 (2) 영화삼우회(三友會) 조직

부내 수은동(授恩洞) 단성샤(團成社)와 인사동(仁寺洞) 됴션극장(朝鮮劇場)과 관털동(貫鐵洞) 우미관(優美舘)의 세 활동사진상설관에셔 종사하는 변사(辯士), 악사(樂士), 긔사(技師) 등 사십이인은 상호 친목과 향상을 목덕으로 하고 영화삼우회(映畵三友會)를 조직하얏는대 회장에 김덕경(金悳經) 씨 외 부장 세 명과 심사원 두 명 기타 회계, 셔긔 등의 임원을 션뎡하얏다더라.

동아 25.04.15 (4) 〈광고〉

당 사월 십오일부터 송쥭 날 특선 활극 대회
마-메-도 대작 대희활극 **카라쿠다의 용병** 이권
아메리캉 사 특작품 군사활극 **단기(單騎)돌진** 전칠권
청춘혈조(血潮)! 모국을 위하는 용사!
화-쓰도나쇼날 사 초작(超作) 후렁크호와이도 씨 대맹연
목동애화(哀話) **목동의 련(戀)** 전오권
목동 일생의 대로맨쓰! 보라 이 명화를!!
= 예고 =
대활극 『**바크닷도의 도적**』 십사권
송쥭 유 사 유나이딋드 특약 **단성사** 전 (광) 구오구

조선 25.04.15 (조1) 학원을 위하야 / 순회활사 출발

경남 고성군 읍내 청년단 학원은 설립된 지 오개 성상인 금일에 지(至)하기까지 만흔 풍상과 모든 험로를 감내하야 근근히 유지하야 오든바 근일에 이르러는 폐교의 운명이 재이(在邇)하야 유지책이 막연하게 되얏슴으로 임원 제씨는 임시총회를 소집하고 대책을 강구한 결과 통영청년단 활동사진대에 교섭하야 각 면을 순회하야 유지(有志)의 동정을 구하고자 한바 동 대에서도 이에 동감하야 허락함으로 순회활동사진대를 조직하야 거(去) 구일에 출발하얏다더라. (고성)

동아 25.04.16 (4) 〈광고〉

4월 15일자 단성사 광고와 동일

매일 25.04.16 (1) [연예안내] 〈광고〉

동아일보 4월 15일자 단성사 광고와 동일

조선 25.04.16 (석4) 〈광고〉

사월 십오일 수요부터 교환
미국 모나치 영화 인정극 **기적의 부(父)** 전육권
미국 셀치닛구 회사 정희극 **화가의 여(女)** 전오권

미국 파라마운트 회사 인정극 **포녀(鮑女)** 전육권
예고
미국 쌔데-지 사 벙글벙글 로이도대회
희극연속대회 **백만불 현상(懸賞)** 십오편 삼십일권
일활 폭쓰 특약 **우미관** 전 광 삼구오번

동아일보 4월 15일자 단성사 광고와 거의 동일

동아 25.04.17 (3) 양지(兩地)에서 성황

경남 고성청년단 학원 유지 경비를 엇기 위하야 고성 각 면을 순회 중인 고성청년단 활동사진대는 십일일에 배둔(背屯)에 도착하야 배둔청년친목회 기타 유지 제씨의 원조 하에 배둔공립보통학교에서 영사하고 기(其) 익일 구만면(九萬面)에 도착하야 역시 여러 유지 제씨의 원조 하에서 최경순(崔景淳) 씨 건도장(乾蹈場)에서 영사하엿는데 동 학원 생도를 위하야 동정한 금액과 방명은 여좌(如左)하다고. (이하 방명 명부는 생략) (고성)

동아 25.04.17 (4) 〈광고〉

매일신보 4월 17일자 단성사 광고와 거의 동일

매일 25.04.17 (2) 중앙관에 변태성욕자 / 날마다 부인석에 숨어서 / 츄힝을 하다가 잡히엿다

됴선우선회사(朝鮮郵船會社)에 근무하는 시내 셔소문뎡(西小門町) 빅십이 번디 쳔긔모(川崎某)라는 자는 지난 십사일 밤 시내 영락뎡(永樂町) 활동사진관 즁앙관(中央館) 부인석에 들어가서 구경을 하다가 서대문서 형사에게 피착되야 방금 구류 취됴 즁이라는대 그 내용을 탐지하건대 젼긔 쳔긔모은 활동사진관을 밤마다 들어와셔는 부인석에 숨어 안져 엽헤 잇는 묘령의 부인과 처녀의 치마 속으로 손을 너어 녀자의 중요한 국부를 만지난 것을 한갓 쾌락으로 알고 여러 녀자를 침범하야오던 즁 이날 밤으로 사진관 모감독의 부인이 범인을 잡고자 그자의 겻테 가 안젓더니 과연 샹습의 슈단을 쓰랴다가 맛참 현장에 잇는 셔문서 형사에게 테포된 것이라더라.

매일 25.04.17 (2) 세계적 명화(名畵) / 오날 밤부터 단성사에서

- 본사의 시사회 -

세계뎍 영화 명배우 『짜그라쓰』 씨의 주연(主演)과 일본 극계의 명성 남부방언(南部邦彦), 상산초인(上山草人) 량 씨의 조연(助演)으로 된 『쌔그쌋트』의 도적(盜賊)이라 하는 세계뎍 고급명화(高級名畵)가 오날 밤부터 일쥬일간 시내 동구안 단성사(團成社)에 상영되얏다. 이 사진의 『스케일』의 웅대함과 내용의 참신함은 죡히 세계에 자랑할 만한 대작품으로 본사는 이 사진이 공개되기 젼 작 십륙일 밤 일곱 시부터 본사 리청각(來靑閣)에서 시사회(試寫會)를 개최하고 관민 다수를 초대하야 영화의 진가를 감상하게 하얏다.

매일 25.04.17 (2) [연예안내] 〈광고〉

당 사월 십칠일부터 특별 대흥행

유 사 대표적 대작 윌리암 데쓰몬도 씨 주연

연속활극 **낙원의 야수** 십오편 삼십권

최종편 제십삼편 제십사편 제십오편 육권 상영

유나이넷트 사 대작 짜-그라-쓰휘-방크 씨 주연

문제명화 **바그닷도의 도적** 전십사권

보라 모험 중에 모험, 활극 중에 활극

쾌남자 짜스라-스 필생의 대작품

예술적으로 오락적으로 가장 우(優)한 작품으로써

전 세계 키네마 푸안들은 입을 갓츄어 격찬하든 명화!

보라 기회를 놋치지 마시요요 꼭 네

단성사

조선 25.04.17 (석1) 〈광고〉

매일신보 4월 17일자 단성사 광고와 거의 동일

조선 25.04.17 (석1), 25.04.18 (석1) 〈광고〉

4월 16일자 우미관 광고와 동일

동아 25.04.18 (2) [모임] 활동사진 영사

금 십팔일(土) 오후 여덟 시부터 중앙긔독교 청년회관(中央基督敎 靑年會舘) 내에서 그 회의 주최로 서양에 유명한 활동사진 영사회(活動寫眞 映寫會)를 개최한다는데 사진은 거인정복(巨人正服)이며 입장료는 보통 사십 전, 학생 이십 전이라더라.

조선 25.04.18 (석1), 조선 25.04.19 (석4), 25.04.21 (석1), 25.04.22 (석4), 25.04.23 (석1), 25.04.24 (석4) 〈광고〉

4월 17일자 단성사 광고와 동일

조선 25.04.18 (석3) [신영화] 『싹다드』의 도적 / 전십사권 / 사월 십칠일부터 / 단성사에서 상영

이 영화는 『뉴나이데르, 싯스』 사의 초특작(超特作) 명편으로 一九二四년에 잇서서는 예술덕으로나 쏘는 오락덕으로 가장 우수한 명화다 하야 전 세계덕으로 칭찬을 바든 것인데 그 내용은 『아라비안 나이트』에 잇는 이약이 가운데에서 재료를 취하야 제작한 것이다.

녯날 『싹다드』라는 동양의 신비스러운 도회에 한 아름다운 공주가 잇섯는대 그 부마될 사람을 구하게 되야 동양 여러 나라의 왕자들은 서로 압을 다토아 『쌕다드』 서울로 들어오게 되엇다. 이째에 용모가 준수한 『아메트』라는 청년이 잇섯다. 이 청년은 둔신(遁身)하는 법으로 세상에 자긔가 가지고 십흔 물건은 무엇을 물론하고 모조리 차지할 만한 자신을 가지고 잇섯다. 그리하야 하루는 『쌕다드』 왕의 보물을 감추어둔 창고로 보물을 도적하러 들어갓다가 우연히 아름다운 음악소리를 싸러 궁중을 깁히 들어가 어엽분 공주의 잠자는 태도를 바라보고 그 아름다움에 취하야 금은보석 가튼 것도 다 이저바리고 첫사랑을 늦기게 되여 공주와 『아메트』 사이에 여러 가지 파란곡절이 만히 잇슨 뒤에 비로소 서로 결혼하게 되엇다는 것이 이 영화의 경개이다.

◇ 사진 ＝『쌕다드』의 도적.

조선 25.04.18 (조2) [집회] 『거인정복』 영화회

종로청년회관에서는 십팔일 오후 여덜 시부터 그 회관에서 대활희극 거인정복(巨人征服) 외 여러 가지 실사를 영사한다는데 입장료는 사십 전, 학생은 반액이라고.

동아 25.04.19 (2), 25.04.20 (1), 25.04.21 (4), 25.04.22 (3), 25.04.23 (4), 25.04.24 (4), 25.04.25 (4), 25.04.26 (4), 25.04.28 (3), 25.04.29 (3) 〈광고〉

4월 17일자 단성사 광고와 동일

매일 25.04.19 (2), 25.04.21 (3), 25.04.22 (3), 25.04.23 (2) 〈광고〉

4월 17일자 단성사 광고와 동일

매일 25.04.19 (2) [연예안내] 〈광고〉

당 사월 십팔일(토요)부터 고대하시든 명화 특별 공개

스다-필님 회사

희극 **가공작**(假公爵) 전이권

희극 **자푸링의 모험** 전이권

자푸링 회사 작

후랑크링, 화남 씨 대역연

활극 **겁쟁이 호걸** 전오권

스다-필림 회사 제공 영국 고-몬 회사 대작품

대복수대탐정대활극 『몰칸』우루다스 팔권 상장

수 년 전에 우미관에 전편(前編) 육권이 상영되어

만도(滿都) 『판』 제씨에게 막대한 호평을

박득(博得)하엿든 명탐정 영화를 꼭 보시요

대예고

파라마운트 회사 초특작

명화 **혈과 사**(血과 砂) 전팔권
상영 일자를 기대하셔요?
조선극장

조선 25.04.19 (석4) 〈광고〉
사월 십팔일 토요부터 전부 교환
미국 폭쓰 회사 실사 **구라파 여행** 전일권
미국 폭쓰 회사 희극 **공상가** 전이권
미국 폭쓰 회사 인정극 **남양의 연**(南洋의 戀) 전오권
미국 폭쓰 회사 인정극 **촌의 단야옥**(村의 鍛冶屋) 전팔권
예고 근일 상영
미국 쌔데-지 사
벙글벙글희극 **로이도 대회**
폭쓰 일활 특약 **우미관** 전 광 삼구오번

동아 25.04.20 (부록1) **고성활사대 / 양처(兩處)에서 성황**
경남 고성청년단 활동사진대는 금월 십삼일에 개천면(介川面) 청광리(淸光里)에 도착하야 동(同) 면 사무소 구내에서 동야(同夜) 영사하고 십사일에는 동면 명성리(明星里) 소재 개천공립보통학교 운동 장에서 관중 수백 명의 성황리에 영사하엿다는데 양처(兩處)의 동정금은 백여 원에 달한다 하며 십 오일에는 영오면(永五面), 십육일에는 대가면(大可面), 십칠일에는 하일면(下一面)으로 일할(日割)을 정 하엿다 하며 기외(其外) 면은 아직 미정이라고. (고성)

조선 25.04.20 (조1) 〈광고〉
당 사월 십팔일(토요)부터 고대하시든 명화 특별 공개
스다-필늼 회사
희극 **가공작**(假公爵) 전이권
희극 **챠퓨링의 모험** 전이권
스다-필늼 회사
활극 **겁쟁이 호걸** 전오권
스다-필늼 회사 제공
대복수대탐정대활극 **몰칸 우루다스** 팔권 상장
수 년 전에 우미관에 전편(前編) 육권이 상영되여
만도(滿都)『판』제씨에게 막대한 호평을
박득(博得)하엿든 명탐정 영화를 꼭 보시요
대예고

파라마운트 회사 초특작
명화 **혈과 사**(血과 砂) 전팔권
경성 인사동 **조선극장** 전화 광 二〇五번

동아 25.04.21 (1) 〈광고〉

홍보문구가 제외된 외 조선일보 4월 20일자 조선극장 광고와 동일

동아 25.04.21 (3) 양처(兩處)에서 성황

경남 고성청년단 학원 임시 순회활동사진대는 거(去) 십오일에 영오면(永吾面) 영대리(永大里)에서 성황리에 영사하고 십육일에 대하면(大可面) 송계(松溪)공립보통학교 운동장에서 영사하엿는데 양처 제씨의 동정금은 여좌(如左)하다고. (이하 동정금 명부 생략)

동아 25.04.21 (3) 무전 방송 성황

본월 십팔일 정오부터 조선민보사 김천지국 주최로 김천 상무관(尙武舘) 내에서 무선전화방송 급 (及) 수신실험을 행하엿는데 정각 전부터 장내에는 학생과 기타 관중으로 입추의 여지가 업시 대잡답(大雜沓)[14]을 이루엇고 장외 가로(街路)까지 군중이 위집(蝟集)하야 일시(一時)의 교통이 곤란하엿다고. (김천)

매일 25.04.21 (3), 25.04.22 (3), 25.04.23 (2) 〈광고〉

4월 19일자 조선극장 광고와 동일

매일 25.04.21 (3) [연예안내] 〈광고〉

조선일보 4월 19일자 우미관 광고와 동일

조선 25.04.21 (석1), 25.04.22 (석4), 25.04.23 (석2) 〈광고〉

4월 20일자 조선극장 광고와 동일

조선 25.04.21 (석1) 〈광고〉

사월 이십일일 土曜[15]부터 (특선명화 공개)
미국 후에-마스푸레-야스 영화
인정극 **설**(雪)**의 미로** 전오권
미국 파라마운트 아-드구라후트 영화

---

14) 잡답(雜沓): 정신을 못 차리게 북적북적하고 복잡함.
15) 1925년 4월 21일은 화요일이므로 '土曜'는 '火曜'의 오식으로 보임.

인정활극 **인도(人道)를 위하야** 전오권

미국 쌔데-지 사 비장 영화

연속모험활극 **전세계 일주** 전십편 이십권 십권 상영[16]

예고 내주 상영

미국 쌔데-지 사

벙글벙글 희극 **로이도 명화** 전권

폭쓰 일활 특약 **우미관** 전 광 삼구오번

동아 25.04.22 (2) 동아일보 독자 토월회 우대 규정

봄날이 화창하야 구경할 절긔가 도라온 이째 위안에 주린 일반에게 다소간이라도 도움이 잇슬가 하야 본사는 토월회(土月會)와 교섭하고 본보 독자에게 특수한 우대 방법을 마련하게 하얏슴니다.

◇ 토월회는 임의 일반의 명평과 가치 아즉도 조선에 잇서서는 다만 하나라고 할 수 잇는 신극 운동의 처음 희생자로 그동안의 모든 경험을 싸하 얼마 전부터 광무대(光武臺)를 직영하게 된 후 새로운 연극과 재래의 구극을 개량하야 매일 상연하는 중임니다.

◇ 그래서 본사는 시내의 수만흔 독자를 위하야 토월회의 푸로그람이 갈리는 째마다 독자 활인권을 발행하야 싯흐로 잇흘 동안을 반액으로 구경을 할 수 잇게 하기로 하고 위선 오는 이십삼일, 사일부터 실행케 하얏슴니다.

◇ 할인권을 이십삼일 본지 란외에 발행할 터인데 그날 사용하여도 좃코 그 이튼날도 무방하기로 하얏슴니다. 료금 관계를 다시 아래에 긔록함니다.

◇ 원요금 보통 계상 육십 전 계하 사십 전

        학생   사십 전   이십 전

◇ 할인요금 보통, 학생을 통하야

        계상 삼십 전 계하 이십 전

◇ 제구회 공연 순서 내용

토월회(土月會)의 직영 하에 새로이 개연된 광무대(光武臺)에서 이십사일 밤까지 흥행할 연데는 데일부와 데이부원이 총출한 우에 다시 조선권번의 찬조 출연까지 겸하야 처음으로 데이부 녀배우 일동의 입창, 좌창, 가야금 독주가 잇슨 후 춤의 유래를 소구하야 장엄감개한 배경과 동작을 다한 사검무(四劍舞)가 잇겟스며 뒤를 니여 산속에 자라난 순진한 처녀의 가슴에 피어나는 사랑의 꼿을 두 청년이 닷호와 씩그라다가 마츰내 피를 쌕리는 『불란서』의 비극과 조선 사람과는 경우가 갓고 처디가 갓흔 『아일랜드』의 세계덕 희곡작가(戲曲作家) 『씽크』 씨의 침통한 암시에 넘치는 산곡 중의 그늘(山谷 中의 그늘)이 한 막 잇슬 터인데 그가 얼마나 한 막 희곡 속에 남아 억울한 압제에 신음하는 『아일랜드』의 마음을 낫하내이고자 하얏는가, 이 연극은 실로 눈으로 볼 것이 안이라 마음으로 볼 것

---

16) 이십권 중 십권을 상영한다는 의미인 듯함.

이라 한다.

동아 25.04.22 (3) 항만 활동사진

래 이십오일 인천에 개회될 항만협회 제이회 총회 당일은 해회(該會) 주최로 항만에 관한 활동사진 영사가 잇슬 터인데 이날 오후 칠시부터 인천 사정(寺町)소학교 ⅀정에서 항만에 관한 실사 육종 외 활극 각종을 영사하리라 하며 만일 우천인 시(時)는 교내에서 하리라는데 다수 내관(來觀)함을 환영하나 소학교 사년 급(及) 이하 남녀 생도는 사절한다고. (인천)

동아 25.04.22 (3), 25.04.23 (4), 25.04.24 (3), 25.04.25 (4), 25.04.26 (4), 25.04.28 (3), 25.04.29 (3) 〈광고〉

4월 21일자 조선극장 광고와 동일

매일 25.04.22 (3), 25.04.23 (2) 〈광고〉

4월 21일자 우미관 광고와 동일

조선 25.04.22 (석4), 25.04.23 (석2), 25.04.25 (석4), 25.04.26 (석1) 〈광고〉

4월 21일자 우미관 광고와 동일

동아 25.04.23 (2) 남산공원 무전 방송 / 작일부터 시작

긔보 = 남산음악당(南山音樂堂)의 『라지오』 공개는 작일 오후 령 시부터 동 한 시까지, 이십오일 오후 두 시부터 동 네 시까지 거행할 터이라는데 당일은 상공회측의 희망에 의하야 취미잇는 방송 재료를 뎨공하리라더라.

동아 25.04.23 (3) 산업선전 활사(活寫)

함안(咸安) 농회(農會)에서는 산업을 선전하기 위하야 대정 십삼년도에 활동사진기를 구입한 이래 준비가 완성되엿슴으로 약 이주간의 예정으로 기수 심봉선(沈鳳善) 외 사씨(四氏)가 본월 십사일부터 출장하야 활동사진과 강연을 병행하야 매일 관중이 팔구백으로 이천 명에까지 달하야 도처에 성황을 일운다고. (함안)

동아 25.04.23 (4) 〈광고〉

토월회 (이십사일까지) 제구회 공연 순서
가곡 입창(立唱) 좌창(坐唱) 일막
((제이부))
무용 **사검무(四劍舞)** 일막 (조선권번)
신곡(新曲) **비극** 이막

스산나 김성(金星) 부친 이소연(李素然) 도니오 이백수(李白水)

순경 차월성(車月星) 알쌔노 어해천(魚海天)

신극 **산곡문(山谷門)의 그늘** 일막

노라 복혜숙 탄쌕크 정운림(鄭雲林) 마이헬 차월성(車月星) 여인(旅人) 이소연(李素然)

토월회 직영 **광무대** 전화 본국 팔팔육번

조선 25.04.23 (석3) [신영화] 연속활극 세계일주 / 전이십권 / 사월 이십일부터 / 우미관에 상영 중

재산가로 유명한『아티쏠드』라는 젊은 신사가『마가레트』라는 처녀와 서로 사랑하든 사이엇스나『마가레트』는 세계를 자긔 집으로 삼고 표랑하여 다니든 시인(詩人)『오스카베, 그레드』의 저작인『가난방의 시』라는 시를 읽고 백만장자인『아티쏠드』는 자긔의 배필되기에는 너무나 세상을 모르는 도령님이라 하야 혼약을 파긔하야 바리엇다. 이새에『아티쏠드』는『마가레트』의 사랑을 다시 회복하기 위하야 세계를 일주하기로 하고 지금까지의 모든 호화로운 생활을 버리고 무전려행을 써나게 되엿다. 이 모험려행 하는 동안에 발생하는 모든 사건은 두려웁기도 하고 우수웁기도 하며 혹은 슯흐기도 하야 내용의 변화가 사뭇 풍부한 영화이다.

조선 25.04.23 (석3) 특별할인권

방금 단성사에서 상연 중의『쌕다드의 도적』은 일주일 동안을 두고 대환영을 밧든 중 이십삼일로써 마치게 되얏슴으로 본사에서는 특히 이 사진을 독자 제씨에게 뵈이기 위하야 금일 특별할인권을 발행함.

조선 25.04.23 (조1) 용산무전(龍山無電) / 발신장치 개조

경성의『라듸오』도 이미 당국자의 수(手)에서 분리되여 목하 발긔인의 수하에서 방송국 정관의 기초며 자금모집 등의 조직계획에 관한 실행방법에 취(就)하여 연구되는 중인대 설립인가의 시일도 불원(不遠)하겟고 체신국도 사업의 보급 발달에는 가급적 보호조장을 여(與)치 아니하면 아니된 것과는 견지에서 종래

시험방송 시마다 무선전신 강력의 전파가 한참 자미잇게 듯는『라듸오』를 방해하여 각별한 흥미도 터문이 업시 된 경험으로『쩬』에게 괴의(怪疑)의 안목으로 뵈야서는 사업의 보급발달에도 방해될 것이오, 특히 용산 무전은 근리(近離)인데다 설비도 크고 파장도『라듸오』의 파장에 접근하여 상시 金*, 태황도(泰皇島)[17]의 무전국이며 선박과 교신하는 관계상 경성의『라듸오』에는 최대의 방해가 됨으로 대책을 강구 중이던바 기(其) 결과

용산무전의 발신장치를 현재의 구식 화화식(火花式)을 신식 진공관식으로 개조하기로 결정하고 이, 삼 일 중에 신기계를 주문하기로 하얏다는바 기(其) 후에는 종래의 시험방송할 시와 여(如)히 동물

---

17) 중국의 '친황따오'.

의 응그리는 것과 여한 소리도 아니 들일 터이오, 잡음도 적게 되여 하시(何時)든지 명확히 들이게 될 터이라더라.

조선 25.04.23 (조2) [집회] 여자 기독 영사

경성녀자긔독청년회 주최로 활동사진 영사회(活動寫眞 映寫會)를 이십삼일 오후 여덜 시부터 종로청년회관에 열고 악한의 정례(惡漢의 正體) 외 몃 가지 희비극을 영사한다는데 입장료는 사십 전, 학생은 반액이라고. (이하 기사 생략)

동아 25.04.24 (4) 〈광고〉

4월 23일자 광무대 광고와 동일

시대 25.04.24 (3) 〈광고〉

매일신보 4월 17일자 단성사 광고와 거의 동일
조선일보 4월 20일자 조선극장 광고와 동일
조선일보 4월 21일자 우미관 광고와 동일

동아 25.04.25 (2) [연예운동] 토월회 십회 공연 / 현대극 장한몽 / 이십오일부터 상연

이십사일까지 례구회 공연을 맛친 토월회의 광무대(光武臺)에서는 다시 이십오일 밤부터 이십구일 밤까지는 통속극으로 가장 일반에게 갈채와 공명을 바다오든 장한몽(長恨夢)을 상연할 터이라는데 전부 네 막에 난호여 잇는 장편으로 전부 새로온 무대장치를 하야 상연할 터이라 하며 종래에 광무대에서는 비가 나리면 휴연을 하엿스나 압흐로는 결코 휴연을 하지 안을 터이며 장한몽 외에도 특히 명창을 초빙하야 특별출연을 식힐 터이라는데 다시 장한몽을 상연케 된 것은 일반 관객의 주문이 답지한 싸닭이라더라.

동아 25.04.25 (4) 〈광고〉

토월회
제십회 공연 순서 (이십구일까지)
가곡 입창 좌창 일막
((제이부))
현대극 **장한몽** 전사막
일, 이부 총출연
토월회 직영
광무대 전화 본국 팔팔육번

조선 25.04.25 (석3) 〈광고〉

당 사월 이십사일부터 신사진 전부 차환

미국 파라마운트 사 대작품

연화(戀話) **애인을 위하야** 전오권

카-로쓰 초노급(超努級) 대영화

대기괴과학극 **살인광선** 전칠권

미국 스타 사 최근 특작품

정희활극 **무죄한 쾌한** 전오권

차주 대예고

당 사월 이십육일 유 사 날

유 사 최근 초대작품(超大作品)

군사탐정연속 **사교계의 괴적(怪賊)** 전십편 이십권

제일회 제일 제이 사권 상영

유 사 최근 초대작 문제영화 **이혼의 금제(禁制)** 전칠권

송죽 유 사 특약 **단성사** 진 광 구오구번

조선 25.04.25 (석4) 〈광고〉

당 사월 입(廿)오일(토요)부터 대공개

스다-필늼 회사 희극 **행려(行旅)** 전이권

스다필늼 회사 사회극 **사자와 소양(小羊)** 전오권

스다-필늼 회사 제공 영국 고-몬 회사 대걸작

복수탐정활극 **모투캉 우루다스** 중편 팔권 상장

더욱 더욱 문제가 확대하여 드러가는 대탐정극

대예고 근일 공개

대유나이뎃트 사 초특작 대활극 **쾌걸 쏘로** 전팔권

콜드윙사 대걸작 탐정활극 **샤록크 홈-스** 전구권

파라마운트 사 초특작 명화 **혈과 사(血과 砂)** 전팔권

경성 인사동 **조선극장** 전화 광 二○五번

조선 25.04.25 (조2) 연합대매(大賣) 여흥 / 금일에는 기생연주와 광대

종로거리의 경품부 런합대매회(景品附 聯合大賣會)에서는 여흥(餘興)으로 탑골공원 안 음악당에서 활동사진 기타 기생연주 등을 하기로 하야 작야에는 활동사진을 놀릴 차례이엇스나 동 회의 사정으로 부득이 중지하엿다는데 금 이십오일은 오후 두 시부터 네 시까지의 사이에 광대의 출연(出演)이 잇슬 터이요. 다시 밤 여덜 시부터 열 시까지의 사이에는 대정권번(大正券番) 기생의 연주를 공개하야 한층 성황을 이를 터이라더라.

동아 25.04.26 (2) [연예운동] 영화계 종사원 / 삼우회 조직 / 작일 명월관에서

시내에 잇는 세 군데 활동사진 상설관에 종사하는 사람 사십여 명이 이번에 단합의 목덕으로 영화 삼우회(映畫三友會)라는 단례를 조직하고 작일 오후 두 시에 돈의동(敦義洞) 명월관에서 발회식을 거행하엿다더라.

동아 25.04.26 (3) 활사대를 조직 / 유치원을 위하야

해주 천주교회의 경영인 해성유치원은 저간 경비 문제로 폐운(閉運)에 함(陷)하엿섯는데 유지 제씨는 유치원의 부활책으로 가극대회를 열고 당시에 일반 동정금과 실수입인 삼백여 원으로 금번 활동사진대를 조직하고 유지 청년 몃々이 의무적으로 취악(吹樂) 해설 등의 임무를 맛고 내월 초순 지방으로 동 유치원의 경비를 엇고저 출장 순회하리라고. (해주)

동아 25.04.26 (3) 독자 위안극 성황

황해도 황주(黃州)읍에서는 조선일보, 본보 양 지국 주최로 지난 십구일과 이십일, 양일에 조선극계 명성(明星)인 문예극단 일행이 당지(當地)에 내착함을 기하야 독자 위안 관극대회를 개최하엿는데 본 입장료 삼십 전을 독자에게 한하야는 십 전을 바더 초일인 십구일에는 예제 방랑아, 이일 예제 천성(天性)을 흥행하야 대성황을 정(呈)하엿는데 예기의 가곡을 맛치고 양 지국 총무 전재선(田在善) 씨와 임응팔(林應八) 씨의 희극까지 잇섯다고. (황주)

동아 25.04.26 (4) 〈광고〉

4월 25일자 광무대 광고와 동일

동아 25.04.26 (부록1) 무선 전화 실험

당지 남선(南鮮)일보사의 주최로 무선전화 실험회를 본월 이십오, 육 양일간 주야로 마산소학교에서 개최한다는데 기계와 기사는 동경에서 내(來)할 터이며 청화자는 회원에만 한하기로 하고 회원을 모집한다고. (마산)

조선 25.04.26 (석1) 〈광고〉

4월 25일자 단성사 광고와 동일

조선 25.04.26 (석1), 25.04.28 (석4), 25.04.29 (석4) 〈광고〉

4월 25일자 조선극장 광고와 동일

조선 25.04.26 (조2) 삼우회 발회식 / 영화관계자로 조직

경성시내에 잇는 상설 활동사진관(常設 活動寫眞舘)에서 영화예술에 종사하는 여러 사람으로 조직된 삼우회(三友會)는 작 이십오일 오후 두 시부터 명월관에서 발회식을 거행하야 성황을 일우고 오후 사시경에 식을 마치엇더라.

조선 25.04.26 (조2) 번창한 연합염매(廉賣) / 금일의 여흥순서
종로를 중심으로 한 오령련합대렴매회는 날이 갈사록 점점 번창하야 경품권 밧구는 곳에는 눈코 쓸 새 업시 분주하다는데 금 이십륙일의 탑골공원 여흥은 낫에는 한남권반(漢南券番) 기생연주, 밤에는 활동사진회가 잇다고.

조선 25.04.27 (조2) 연합 염매(廉賣) 여흥
오령련합렴매회의 탑골공원 여흥회는 매일 출연자를 밧구는 터인데 이십칠일에는 오후 두 시부터 세 시까지 조선권번(朝鮮券番) 기생의 연주가 잇슬 터이오. 밤에는 여덜 시부터 활동사진이 잇다고.

조선 25.04.27 (조2) 황주(黃州) 독자위안 / 대성황을 이루엇다
금번 경성 조선문예극단(文藝劇團)이 황주(黃州)에 온 것을 긔회로 하야 동아일보 황주지국과 본보 황주지국 주최로 독자위안회를 지난 십구일 황주 덕월리 덕월관에서 개최하얏는데 특히 동아일보 지국 총무 림응팔(林應八) 군과 본보 지국 총무 뎐재선(全在善) 군의 희극 일 막이 잇슨 후 황주 예기의 가무가 잇서 일반 독자에게 만흔 흥미를 주대는[18] 등 성황을 이루엇더라. (황주)

조선 25.04.27 (조3) [신영화]
조심무용(操心無用) / 전팔권 / 사월 이십오일부터 / 우미관에서 상영 중
이 영화는 희극배우로 전 세계 영화계에 명성이 자자한 『로이드』가 출연한 것인데 내용은 시골에 한 청년이 잇서 장래에 대한 공명심이 대단히 컷다. 그러나 시골에서는 엇지할 수 업서서 자긔 애인을 집에다 두고 도회로 나와서 어느 큰 상뎜의 차인이 되야 여러 가지로 못나니 짓을 하다가 주인의 눈 밧게 나서 거의 쪼씨어 나게 되엿슬 째에 이 상뎜에서는 그 상뎜을 광고하랴고 수십 층 되는 『빌딍』 우에로 벽을 타고 올라갈 사람을 구하엿다. 이째에 『로이드』는 엇지할 수 업는 형편으로 이 빌딍 우 층으로 벽을 타고 올라가게 되어 여러 가지 포복절도할 만한 희비극을 보이다가 무사히 성공하야 상금 이천 불을 타가지고 출세하야 자긔 애인과 결혼하게 되엿다는 것이다.

이혼금제(禁制) / 전육권 / 사월 이십오일부터 / 단성사에서 상영 중
이 영화는 미국 영화계에서 어린아이 배우로는 『쟈키, 쿠간』에게 지지 아니할 만하게 이름이 잇는 계집아이 배우 『쩨비, 베키』의 주연의 촬영한 것인데 내용으로 말하면 유명한 극작가(劇作家) 『포-르렝센』의 부부 사이에는 어엽분 『베키』라는 어린 쌀이 잇는 데에도 불구하고 둘 새이가 자미슬럽지 못하야 나종에는 리혼 문뎨까지 이러나서 법뎡에서 소송을 하게 되엿스나 재판장은 두 사람의 리혼을 허락하지 안코 반년 동안을 짜로 살게 하엿다. 그리하야 안해되는 『로다』는 자긔 친정으로 와서

---

18) '주는'의 오식으로 보임.

홀로 세월을 보내는 동안에 자연히 남편을 사모하는 생각이 놉하갓다. 그러나 엇지할 수 업섯다. 남편되는 『포르』는 자긔 경험을 재료로 삼어 각본을 만들어 가지고 큰 극장에서 자신이 친히 출연하게 되엿다. 이째에 『베키』는 아모리 어리지마는 자긔 아버지를 차저왓다가 이 연극장에 나타나서 참으로 비참한 희극을 이르키여 자긔의 아버지와 아버지의 맘을 돌으키게 하야 원만한 가정생활을 잇게 한 것이다.

동아 25.04.28 (2) 〈광고〉

토월회 제십회 공연 순서 (이십구일까지)

가곡 입창 좌창 일막

((제이부))

현대극 **장한몽** 전사막

일, 이부 총출연

한성권번 기생

신금홍(申錦紅) 특별 출연

토월회 직영 **광무대** 전화 본국 팔팔육번

매일 25.04.28 (2) 모 촬영소 여우(女優)와 인천 모 청년 부호의 연애극 / 앵화(櫻花)의 월미도를 배경으로

부호의 아달인 까닭에 사랑을 밧고 활동 녀배우인 까닭에 소문이 놉다

지난 이십이일 오후 한 시경에 인천 월미도(仁川 月尾島) 구내에는 사람들의 이목을 황홀케 할 만치 신식의 몸단장을 차린 묘령의 미인 한 명이 멍거장 부근을 거닐면서 두 시간 동안이나 누구인지를 지루하게 기다리다가 나종에는 하는 수 업든지 원망의 빗이 만면하야 갑싼 승합(乘合) 자동차도 탈 돈이 업는지 머나먼 길을 틔끌을 뒤집어쓰면서 도보로 도로 가버리엿다. 이 미인은 누구이며 그의 기다리는 인물은 누구인가……. 지난 달 즁슌 엇던 날 밤 인천 가무기좌(歌舞伎座) 우에 낫타난 당일의 녀주인공의 요염한 자태는 일반 관긱을 뇌살(腦殺)케 하얏다. 그중에도 특등석을 덤렁한 엇더한 청년에게는 더욱 광채를 쏘앗섯다. 그다음 몃칠 후에 그 주인공은 좁듸좁은 인조(人造)의 무대로부터 넓고 현실덕인 월미도 향락경(享樂境)을 무대로 삼아 낫하낫다. 그러나 이번의 대수인 남성은 전일의 그가 아니오, 당일 밤 특등성에 안져 잇든 청년이다. 이목을 피하야 길을 건너셔 다시 맛나는…… 월미도 힝 멍거장으로부터 혹은 월미도 조수탕(潮湯)에 특별탕 혹은 밝은 달 빗치는 월미도 해변에서 뎐개되는 그들의 사랑의 쟝면은 달(朔)을 걸치여 거듭하고도 오히려 계속하랴 한다. 새 사랑에 싹이 피운 두 남녀의 본신은 려명긔(黎明期)에 잇는 됴션 『키네마』 계의 『스-다』라 부르는 모 『키네마』 사의 녀배우 최성해 양(崔星海 孃)이며 청년은 인천 시내 모 부호의 귀여운 아달이라 함은 이들을 자조 나르는 모 자동차 운뎐수의 부러워하는 말 긋에서 퉁겨져 나온 말이다. 부호의 아달인 까닭으로 의문의 사랑을 밧는다 하고 『스타-』의 녀배우인 까닭에 더욱 이채를 놋는 두 명의 사랑은 과연 이 뒤에 엇더한 변화를 장면에 낫타내일지 (인천 일 긔자)

조선 25.04.28 (석1) 대판(大阪) 무전방송국 / 내월 중에는 개시

(대판전) 대판무전방송국에서는 삼월루(三越樓) 상의 방송설비도 태반이나 종료되엿슴으로 이십칠일에 공중선을 장(張)하고 본월 중에 전동실 기타 설비를 료(了)하야 정식으로 시험을 경(經)하야 내월 중순에 가방송을 개시할 터이라더라.

조선 25.04.28 (석4) 〈광고〉

당 사월 이십육일부터 유 사 날

유 사 특작품 서부활극 **마상(馬上)의 용사** 전이권

미국 유 사 초대작품 모성명편 **아들을 차저서** 전육권

유 사 쥐엘 초대작품 문제의 명편 **이혼금제(禁制)**

유 사 一九二四년도 任表的[19] 대작품

군사탐정맹투연속 **사교계의 괴적** 전십편 이십권

제일회 제일편 비밀서류 제이편 비밀제휴자 사권 상영

근일 공개

탐정연속 **진파왕(電波王)** 선십편 이십권

일천만불 영화 **노돌담에 구루남(傴僂男)** 전십이권

유-고 원작

철도활극 **신호탑** 전칠권

송죽 유 사 특약 **단성사** 전 광 구오구번

사월 이십오일 토요부터 특선명화 공개

미국 쌔데-지 사 초특품 벙글벙글 **요심무용(要心無用)** 전칠권

미국 쌔데-지 사 초특작

연속 이회 **전세계 일주** 전십편 이십권 원명 만용(蠻勇)여행

해결편 십권 상영

내주 상영 명화를 기대하시요

폭쓰 일활 특약 **우미관** 전 광 삼구오번

동아 25.04.29 (1) 〈광고〉

4월 28일자 광무대 광고와 동일

조선 25.04.29 (석3) 〈사진〉 개척자

이 사진은 백남푸로덕숀에서 방금 촬영 중인 개척자(開拓者)의 성재 실험실(實驗室)인대 이것은 리

---

19) '대표적(代表的)'의 오식으로 보임.

춘원의 원작으로 백남푸로덕숀에서 각색한 것이다. 원작이 우리 문단의 초긔 작품으로 만흔 문예를 이르킨 그것 만치 일반이 이것을 또한 기대하는 바이다. 그리고 금후 이주일만 지내면 제작을 마치고 단성사에서 상영고하게[20] 된다 한다.

조선 25.04.29 (석3) [신영화] 사자와 소양(小羊) / 전팔권 / 사월 이십륙일부텨 / 조선극장에 상영 중

사자단이란 도적단례에서 자라는 『쌕쓰』라는 게집아이가 하로는 자긔 부친에게 강청하야 다른 도적들과 물건을 훔치러 나갓다가 불행히 그 집 주인 마누라에게 발각되야 경관의 손에 넘어가게 되엿다. 그러나 그 집 부인은 마음을 도르키어 다시 『쌕쓰』를 경관에게 주지 안코 자긔가 교육하게 되엿다. 그런데 이 부인은 허영심이 만아서 엇더한 은행가에게 결혼을 청하엿다가 거절을 당하엿섯다. 부인은 은행가에 대한 보복수단으로 이 도적인 계집 안이[21]를 열심으로 교육하야 훌륭한 처녀를 만드러 은행가에게 싀집을 보낸 뒤에 그 처녀의 근본을 둘추어내어 은행가를 모욕하려는 계획을 가젓든 것이다. 이런 뒤에 그 계획대로 모든 일이 성사되야 『쌕쓰』와 은행가는 결혼 약속까지 하게 되엿다. 그리하야 결혼식장에서 은행가에게 실련한 부인은 『쌕쓰』는 본래가 도적년이란 것을 그 자리에 둘추어내여 복수를 하엿다. 그러나 『쌕쓰』는 근본이 도적이 아니라 훌륭한 륙군 소좌의 쌀이엇다. 이째에 이것을 본 『쌕쓰』를 양육하든 사자단 수령이 자긔의 쌀이 아니오, 소좌의 쌀인 것을 증명하야 그 자리에 부친 소좌를 만나 보게 되고 다시 결혼식을 무사히 마추엇다는 것이 이 영화의 경개이다.

조선 25.04.29 (석3) 〈광고〉

조선극장 독자우대권은 오늘 본지 란외에 잇스며 련속영화 『울터스』의 종편은 오월 일일부 상영된다고.

조선 25.04.29 (석4), 25.04.30 (석3) 〈광고〉

4월 28일자 단성사 광고와 동일

조선 25.04.29 (석4) 〈광고〉

4월 28일자 우미관 광고와 동일

조선 25.04.30 (석3) 〈광고〉

사월 이십구일 수요부터 일활(日活) 명화 공개
미국 쌔데-지 사 초특작 모험신극 **요심무용(要心無用)** 전칠권

---

20) '상영하게'의 오식으로 보임.
21) '아이'의 오식으로 보임.

원명 책문(柵門)

미국 시이시이뵈 회사 초특작 희활극 **대속력** 전칠권

미국 쌔데-지 사 초특작 연속모험활극 **호(虎)의 족적**

전십오편 삼십일권 제일, 이편 전오권

폭쓰 일활 특약 **우미관** 전 광 삼구오번

당 사월 삼십일부터 **대정권번 연주회**

여러분 부대 오십시요 어엽분 예기들의,

쒸노는 아름다운 춤과 고흔 노래가 을마나

여러분의 오시기를 기다리고 잇슴니다 아-과연

누구나 한번 보고 들을 쌔에 환희의

우슴을 자아내게 할 것이외다

대예고 불일 공개

대유나이뎃트 사 초특작 대활극 **쾌걸 쏘로** 전팔권

콜드윙 영화 탐정활극 **샤록구, 홈스** 전구권

파라마운트 사 초특작 명화 **혈과 사(血과 砂)** 전팔권

경성 인사동 **조선극장** 전화 광 二〇五번

5월

동아 25.05.02 (1) 〈광고〉

토월회 제십회 공연 (사월 삼십일로부터 오일간)

가곡 입창 좌창

(제이부) 총출연

◇ 만물상편(萬物像編) **이내 말삼 드러보시오** 전일막

◇ 토월회 안무 **승무 (조선권번)** 전일막

◇ 해당화 작 **쭈리야의 운명** 전이막

토월회 직영 **광무대** 전화 본국 팔팔육번

동아 25.05.02 (3) [지방단평]

◇ 김제 모 일문지(日文紙)의 소위 순회 활동사진대회는 정각에 이시(二時) 십분(十分) 야(也)를 에누리한 뒤에 기계 고장으로 이십분, 또다시 삼십분을 까먹고는 『미안하나 가 주십시요』란 인사를 햇다니, 이것은 임기(臨機) 순회활동의 큰 모범.

매일 25.05.02 (3) [연예안내] 〈광고〉

당 오월 이일부터 신사진 전부 차환

유 사 작품 희극 **베비-의 무용(舞踊)** 전이권

유 사 작품 활극 **목장의 연(戀)** 전이권

유 사 작품 하바-드 로리손 씨 주연

활극 **부흥의 인(復興의 人)** 전오권

유 사 작품 연화(戀話) **무답회의 야(舞踏會의 夜)** 전오권

유 사 대작품 쟉크 마두홀- 씨 대역연

군사연속 **사교계의 괴적** 전십편 이십권 중

제이회 제삼편 제사편 사권 상영

= 예고 =

불일 공개

유 사 일천만불 대영화

문예대명화 **노돌-담의 구루남(傴僂男)**

불일 공개 철도성 백만불 보험부 문제의 대명화

철도맹투활극 **신호탑** 전칠권

고대하셔요! 이 대명화을!

단성사

조선일보 4월 30일자 조선극장 광고와 거의 동일

〈요심무용〉의 장르 설명을 모험신극이 아닌 벙글벙글로 붙인 외에 조선일보 4월 30일자 우미관 광고
와 동일

조선 25.05.02 (석1) 기상실황 정기방송

조선 근해를 왕래하는 선박의 항행을 편리케 하기 위하야 체신국에서는 증(曾)히 용산무선국으로
하야금 인천관측소와 협의하야 각 지방의 기상실황을 조선 근해에 잇는 선박에 대하야 방송하기로
계획 중이던바 오월 일일부터 매일 오전 구시 급(及) 오후 팔시의 이회식 정기로 방송하기로 되얏고
우(又) 폭풍 경보는 수시 방송하기로 결정하얏더라.

동아 25.05.03 (2) 〈광고〉

특별대흥행

대판(大阪) 조일(朝日)신문 연재 현상 소설

원작자 길전백조(吉田百助) 씨

국경대활극 **대지は 미소む(大地は 微笑む)**[1] 십권

압록강 대연안(大沿岸)의 건너편 수천의 대마적대는 총부리를 모되여 평화한 조선의 대지는 역습하
려 할 새 맹렬히 이러선 젊은 내선(內鮮) 남녀가 잇섯다. 조수와 가치 밀니는 도적단 중에 실근(實近)
하야 수천의 적군을 격퇴한 이 용감한 남녀!! 그는 촌전경일(村田慶一)과 이화련(李和連)이엿다

앵정정(櫻井町) 송죽공영(共營) **대정관**

동아 25.05.03 (2), 25.05.04 (4) 〈광고〉

5월 2일자 광무대 광고와 동일

동아 25.05.03 (3) 〈사진〉 토월회 제십일회 공연 『이내 말슴 드러보시요』의 장면

이 사진은 재작일부터 광무대(光武臺)에 열닐 토월회(土月會) 뎨십일회 공연에 상연한 비극 『이내 말
슴 드러보시요』의 긋 장면인데 그 내용은 작지에 긔재하엿슴으로 약하나 제 쌀을 죽인 녀직공이 순
사의 집을 차저가 모든 것을 자백하는 『씬』인데 리백수(李白水) 군의 순사와 복혜숙(卜惠淑)의 녀직공
김숙희(金淑姬)의 순사 쌀.

---

1) '대지는 미소짓다'는 의미임.

동아 25.05.04 (3) 고성 활사대 해산

본보에 누차 보도한 고성청년단 학원 활동사진대는 이십여 일간 군내 각 면을 순회하야 만은 후원과 다대한 동정을 밧고 거월(去月) 이십구일에 무사히 환착(換着)하얏슴으로 단에서는 동 대원 일동을 위로하기 위하야 불탄성일(佛誕聖日)인 사월 팔일에 해지(該地) 남산에서 주연을 베풀고 경과 보고와 순회 소감 등의 담화가 잇슨 후 강진호(姜鎭鎬) 씨의 발기로 청년단 학원을 위하야 풍금 비치 기성회를 조직하고 널니 동정을 구하얏던바, 즉석에서 일백삼십 원이 모히엿고 동일 오후 오시에 기념 촬영이 잇다고. (고성)

매일 25.05.04 (2), 25.05.05 (3) 〈광고〉

5월 2일자 단성사 광고와 동일
5월 2일자 조선극장 광고와 동일
5월 2일자 우미관 광고와 동일

조선 25.05.04 (조3) 『대지는 미소함』을 보고 / 일 독자

『아메리카』 영화에는 인듸안을 극중에 집어너가지고 만흔 갈등을 이르키여 극적 흥미를 더하여 왓섯다. 상업주의의 *화(化)이오, 흥미 중심으로 도의관념이 마비된 『판』들을 그것을 보고 조고만한 적개심을 이르키여 흑인을 사형(私刑)하든 *영(獰)한 잔학성은 그것으로써 통쾌를 늣기고 쾌재를 부리지지어왓다. 그리하야 그러한 작품이 더욱 상품으로서 세력을 엇게 되엿다. 이것은 물론 식자(識者)의 **을 사오던 바이다. 그런데 신흥(新興)하다는 일본영화에도 이 『아메리카니즘』이 색채가 농후하게 뵈여온다. 이번의 『대지는 미소함』이란 영화는 정(正)히 호례(好例)의 하나이다. 이것은 일본언론계의 권위인 『대조(大朝)』 『동조(東朝)』 양 신문에 연재 중인 『대지는 미소함』이란 영화 각본으로 각 영화회사가 쟁(爭)* 촬영하게 되야 일본영화계에 일대 문제를 이르킨 영화이다. 그리하야 『대지는 미소함』을 각본으로만 읽은 독자는 피아를 물론하고 그것을 한번 『스크린』 우에 올려 노코 보기를 원하던 바이엇스나 촬영된 것을 한번 보게 된 뒤로는 도리혀 각본을 읽은 **까지 이저바리게 되엿다. 이것은 *속(俗)한 『아메리카니즘』화해바린 까닭이다. 각본 그 가온대에 다만 일개 『에피소트』로 나타난 조선사람의 생활상태의 장면이 『인듸안』이나 『네그로』의 인(人)*풍속을 다만 백색 『아메리칸』의 흥미를 도두어 일장(一場)의 우슴거리를 사기 위하야서 수단 방법으로 사용된 그것과 조금도 다름 엄다. 예(例)하면 일활(日活)의 영사인 전후편에 나타난 그 추잡한 장면이 그것의 하나이다. 그리고 부락이라 반드시 운운함은 일본의 소위 부락민이나 미개인의 추장제 부락을 연상치 아니할 수 업스나 그러나 이것은 부락을 해석하는 그 여부에 잇슴으로 그대지 심하게 추궁할 필요는 업다 할지라도 피(彼) 등 일반의 눈에 비초인 조선이 엇더한 것임인지는 넉넉히 짐작할 수 잇스며 소위 촬영 감독자의 악속(惡俗) 저열한 조선*은 매타(罵唾)[2]치 아니할 수 업다. 조선에 대한 극히 희박한 지식으로써 조선을 흥미재료로 사용한다 함은 아모리 현대의 소위 영화예술을 이해한다 하는 자라도 그

---

2) '타매(唾罵)'와 같은 뜻으로 보임. 타매는 아주 더럽게 생각하고 경멸히 여겨 욕함을 뜻함.

것만에는 불쾌를 아니 늣길 수 업다. 그러한 영화는 맛당히 일본 섬나라 테 밧게 나오지 안키를 바라는 바이나 조선인의 수도인 경성에서 이러한 *속(俗)한 영화를 공공연히 우리 압해 내밀고 손을 치며 깃버하는 것은 석가가 아닌 우리들로는 엇더한 모욕을 아니 늣길 수 업다.

더욱히 소위 활변(活辯)들이 그러한 장면이 나오면 되지 못한 우월감을 가지고 조선에 대한 천박한 지식으로 **연(然)하게 비열한 조선어로 흥을 내어 저급 관객의 환심을 영합함은 도리혀 듯는 사람으로 하여금 구역이 나오게 한다. 『대지는 미소함』은 작자가 감독 촬영한 송죽회사 영화의 최후 자막에 쓴 『의혹과 증오를 바리라 그러면 대지는 미소하리라』는 것을 보드라도 원작의 정신은 어데까지던지 인류애를 고취한 것이나 촬영자나 각색자는 그러한 본지(本旨)를 체득치 못하고 다못 일시의 흥미만을 쓰을기에 급급한 까닭에 조선의 풍속의 결점을 조치 못하게 과장하게 된 것이라 생각하다. 이것은 원작자 길전(吉田) 군에게 대하야도 촬영감독자 영화변사 등이 크게 사죄하여야 할 것이라고 한다. 송죽회사의 제작인 제이, 제삼편은 작자 자신이 각색 * 촬영감독에 자임한 까닭에 원작에 대하야 대단히 충실한 것이 전편(前編)과는 천양의 판으로 달라 뵈인다. 이러한 대지는 미소함이란 영화 각본의 정신과 가튼 *에는 누구던지 량심이 마비된 자가 아니면 감탄치 아니할 수 업섯슬 것이다. 그 **를 부분적으로까지 살리지 못한 저 촬영감독자와 각색자의 악(惡)*** ****적(的) 서(低)*한 태도에는 가튼 일본사람으로도 조금 *급(級)한 관객이면 타매치 아니할 수 업거든 함물며 우리 서울 한가운데에서 그러한 것을 보게 된 조선사람의 심정이야 엇더하겟느냐. 일본의 모든 영화예술에 종사하는 사람들은 맛당히 저의 『아메리카니즘』의 **에 그치지 말며 되지 못한 ***을 바리어라?

이상에 말한 것은 물론 영화예술 자체에 대한 비평은 아니오, 제작들의 정신의 부족함을 말함이다. 각색을 잘못 되엇다거나 감독의 수완이 훌륭치 못하다거나 쏘는 배우의 기술이 졸렬하다거나 그러한 것만을 말함이 아니다. 아모리 『카메라맨』의 기술이 넉넉하고 무대장치가 비류(比類)가 업게 조타할지라도 모든 것을 그러케 *견(見)**한 정신 하에서 제작한다 하면 이것을 국한(局限)한 영화이오 장래를 두고 발전할 만한 가능성이 잇는 **적(的)인 것은 되지 못할 것이다.

이러케 말하는 것은 무론(無論) 일개 활동사진에 대한 문제가 아니오, 일개 영화 가운대에까지라도 이러한 취급을 밧는다는 데에 대한 문제이다.

조선 25.05.04 (조3) [학예소식]
이춘원(李春園) 작 개척자는 백남『프로덕숀』에서 각색 촬영 중

조선 25.05.04 (조4), 25.05.06 (석3), 25.05.07 (석2), 25.05.08 (석4) 〈광고〉
4월 30일자 조선극장 광고와 동일

조선 25.05.04 (조4) 〈광고〉
오월 이일 토요부터 폭쓰 영화 공개
미국 폭쓰 회사

실사 **폭쓰 시보 No.9** 전일권

실사 **악어수(鰐魚狩)** 전일권

미국 폭쓰 회사 희극 **서팔인(婿八人)** 전이권

미국 폭쓰 회사 사회극 **뉴육(紐育)의 불야성** 전육권

미국 폭쓰 회사 사회극 **쌍을 다하기까지** 전오권

근일 상영 예고

미국 쌔데-지 사 초특작 벙글벙글대희극 **로이도 수병(水兵)** 전권

미국 골드윙 회사 초특작 대활극 **?** 전?권

폭쓰 일활 특약 **우미관** 전 광 삼구오번

매일신보 5월 2일자 단성사 광고에서 장르, 제목 등 주요 정보만 지면에 나타남

동아 25.05.05 (2) 〈공고〉

토월회 십일회 공연

본보 독자 우대일

오일 육일 양일간 연기

동아 25.05.05 (3) 〈광고〉

연일만원

감사합니다

제십일회 공연 연제

비극 **이내 말슴 드러보시요요**

활극 **쑤리야의 운명**

개작한 승무

오육 양일간 연기

토월회 직영 **광무대** 전화 본국 팔팔육번

매일 25.05.05 (2) 장화홍련전 도처 환영 / 어대를 가든지 공전한 대성황

부내 단성사(團成社)에서 촬영(撮影)한 고대 가정 비극 소설 쟝화홍련뎐(薔花紅蓮傳)의 활동샤진은 창덕궁 왕면하(昌德宮 王殿下)와 왕비면하 태람(台覽)의 광영을 밧고 무대에 상영할 쌔마다 만됴의 열광덕 대인스긔를 쓸어온다 함은 임의 셰상이 다 아는 바어니와 요사히 단성사에서는 그와 갓흔 명화(名畵)를 각쳐의 애활가에게 쌔짐없이 뵈여줄 계획으로 순업대(巡業隊)를 조직하여 가지고 쟝화홍련뎐을 위시하야 동서양 명화를 다수히 가지고 남션 디방으로 뎨이회 순업을 하는 중인대 이번에 두 번채임을 불구하고 간 곳마다 만원의 대성황을 일우운다 하며 이번에는 남션 일대의 각쳐를 전부 순회할 터이라더라.

조선 25.05.05 (석3) 〈사진〉 『노트르담』의 쏩사둥이

이 사진은 불란서 문호 『빅톨, 유고』 시의 작으로 유명한 『노트르담』의 쏩사둥이란 것을 『뉴니버살』 회사에서 촬영한 한 장면인바 유명한 성격배우 『론, 챠니』의 주연으로 박은 것이다. 그런데 불원간 단성사에서 상영된다고.

동아 25.05.06 (1) 무전 회사 성립

제오십 의회에서 협찬을 경(經)한 일본무선전신주식회사법의 시행 칙령은 성안(成案)을 득(得)하고 삼일 법제국으로부터 강목(江木) 내각 서기관 한 장(翰長)에게 송부하엿슴으로 차회(次回)의 각의에서 결정하고 재가를 경(經)할 예정이다. 그리고 동법(同法)이 실시되는 즉시로 삽택영일(澁澤榮一) 자 단탁마(子團琢磨) 외 실업가 팔십 명을 선출하야 설립위원에 임명하고 창립 준비에 착수하게 되엿다고. (동경 전)

동아 25.05.06 (2) 〈광고〉

5월 5일자 광무대 광고와 동일

조선 25.05.06 (석1) 〈광고〉

오월 오일 화요부터 특선 명화 제공
미국 월니암 폭쓰 회사 실사 **자연의 걸작** 전일권
미국 월니암 폭쓰 회사 희극 **황해(荒海)를 월(越)하야** 전이권
미국 폭쓰 회사 활극 **지옥곡(谷)** 전오권
미국 폭쓰 회사 활극 **뉴욕의 예(紐育의 譽)** 전오권
미국 쌔데-지 사 초특작 벙글벙글 대희극 **로이드 수병(水兵)** 전권
예고
오월 중순 상영
미국 골드윙 회사 초특작 탐정모험활극 **샤록구 호롬스** 전구권
폭쓰 일활 특약 **우미관** 전 광 삼구오번

조선 25.05.06 (석3) 〈광고〉

당 오월 육일 신사진 전부 차환
미국 유 사 대작 대모험대희극 **충견 쌔-루** 전이권
미국 유 사 특작품 대활극 **의문의 지문** 전이권
미국 유 사 특작품 연애비곡 **여자의 운명** 전칠권
미국 유 사 쥐엘 초대작
철도대맹투 암중대모험대활극 **신호탑** 전칠권
대예고

유 사 최근 희생적 대작품

문예명편 **노톨-담의 구루남(傴僂男)** 전이십권

불일간 공개됩니다

송죽 유 사 특약 **단성사** 전 광 구오구번

조선 25.05.06 (조2) 〈사진〉 대구 독자 우대 관극

본사 대구지국(大邱支局) 주최로 할인권(割引券)을 발행한 첫날에 대만원을 이루운 만경관(萬鏡舘)에 모힌 본보 독자와 밋 관중.

동아 25.05.07 (2) [연예운동] 토월회 새 연극 / 오늘 밤부터 상연

토월회의 광무대에서는 비극 『이내 말삼 드러보시요』가 만도 인사의 눈물을 싸아가며 련일 만원이엿 슴으로 특히 이틀 동안 연긔를 한 결과 이번에는 금 칠일 밤부터 새로운 연극을 상연하게 되엿는데 역시 애인을 조차 방황하든 청년 대학생과 그의 사랑을 쌔아스랴 하든 노름꾼과의 맹렬한 사랑싸홈 싯헤 피흘리는 활비극이 이러나는 〈사랑과 죽엄〉이라는 비극과 쑴에 쑴, 공상에서 공상으로 명예의 녀신을 그리든 나 졀믄 시인이 절망에 구렁에 쌔지든 몽환극(夢幻劇) 『명예와 시인』과 기맛키는 로동자의 애화를 각색한 비극 『무지한 무리』 한 막과 그 우에 다시 명창 권금주(權錦珠)의 가야금 독창 판소리와 조선권번의 조선춤도 잇슬 터이라고 한다.

동아 25.05.07 (3) 〈광고〉

연일 만원 감사합니다.

칠일 밤부터 새 연극 십일 밤까지

一, 비극 **사랑과 죽엄** 일막

二, 비극 **무지한 무리** 일막

三, 몽환극 **명예와 시인** 일막

四, 명창 권금주(權錦珠) 출연 일장

五, 무용 조선권번 일장

토월회 직영 **광무대** 전화 본국 팔팔육번

조선 25.05.07 (석3) [신영화] 대희활극 『로이드』의 수병 / 전사권 / 우미관에서 상영 중

멍텅스러운 『로이드』는 재산가의 아들로서 엇더한 부호의 쌀 『밀드레드』를 사모하게 되엿는대 녀자의 아버지는 『로이드』의 놀고 먹는 것을 결뎜이라 하야 무엇이던 직업을 붓드러 보라고 권하엿다. 그리하야 『로이드』는 다만 사람을 모집한다는 광고만 보고 들어간 것이 해군을 모집하는 관텅이엇다. 『로이드』는 강제로 해군이 되고 사랑하는 녀자와 그 부모들도 먼 디방으로 배를 타고 항해하게 되엿다. 『로이드』의 탄 군함도 그 배와 함씌 엇더한 야만인이 사는 곳에 도착하엿다. 이째 사랑하는 『밀드레드』는 야만인의 추장에게 붓들리어 갓다. 『로이드』는 본래부터 신경이 둔한 사람이라 아모것도 두려워할 줄을 모른 것이 도리혀 추장의 집으로 쒸어드러갈 용긔를 이르키게 하야 무사히 『밀드레드』를 구하여 내게 되엿다는 것이 이 영화의 경개인대 처음으로부터 끗까지가 웃지 아니할 수 업는 유쾌한 영화이다.

조선 25.05.07 (석4), 25.05.08 (석4), 25.05.09 (석4), 25.05.10 (석4), 25.05.11 (조4) 〈광고〉
5월 6일자 우미관 광고와 동일

조선 25.05.07 (석4), 25.05.08 (석4), 25.05.09 (석4) 〈광고〉
5월 6일자 단성사 광고와 동일

동아 25.05.08 (1) 〈광고〉
오월 팔일 주(晝) 정오 야 육시 이회 개관
우미관 무료 공개
복하 상영 중의 특선 명화 제공
단, 선전키 위하야 세용의 소(洗用の素)[입전(卄錢)]짜리
일봉(一封) 사시는 첨위(僉位)에게 한함

동아 25.05.08 (2) 『바사회』
금 팔일과 구일 이틀 동안 오전 열 시부터 오후 열 시까지 종로 중앙긔독교 청년회관(鐘路 基督教 靑年會舘)에서 『바사회』를 연다는데 시내 각 상뎜이 출품을 하야 각색 물품을 팔며 양식다과 조선 음식도 각가지로 팔며 여러 가지 여흥도 잇슬 터이라는데 밤에는 특별히 여덜 시 반부터 『맹진(猛進) 로이드』라는 유명한 희활극 활동사진을 공개한다는데 입장료는 보통 삼십 전, 학생 이십 전이라 더라.

동아 25.05.08 (4), 25.05.09 (4), 25.05.10 (4) 〈광고〉
5월 7일자 광무대 광고와 동일

조선 25.05.08 (조1) 본보 독자 우대 / 취성좌 일행이
취성좌 일행이 김천에서 흥행하야 다대한 환영을 밧는다 함은 긔보하엿거니와 사일에는 본보 김천지국 독자를 위하야 각등을 통하야 반액 할인의 우대권을 발행하엿다고. (김천)

동아 25.05.09 (2) 〈공고〉
토월회 십이회 공연
본보 독자 우대일

동아 25.05.10 (2) 영사막면(面)의 『개척자』/ 백남 푸로덕슌 제이회 작품

이제야 겨우 초창긔(草創期)에 드러간 조선영화계
(朝鮮映畵界)에 잇서서 순전한 조선사람의 경영이
요, 다년 극계의 경험을 가진 윤교중(尹敎重) 씨
를 주뢰로 삼은 『백남풀셕슌』에서는 뎨일회 작품
으로 심청젼(沈淸傳)을 시대극(時代劇)으로 각색
촬영하엿고

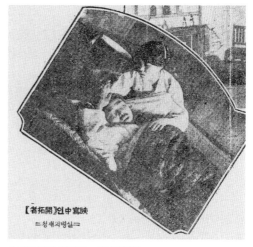

◇ 이번에는 춘원 이광수(李光洙) 씨의 창작으로
세상의 정평이 잇는 소설 개척자(開拓者)를 윤씨
의 각색과 리경손(李慶孫) 씨의 감독 아래에 이십
여 명의 남녀 배우를 망라하고 방금 촬영에 눈코
쓸 새 업시 분조한 모양인데

◇ 전 팔권 중에 임의 반 이상은 촬영이 긋낫슴
으로 느저도 이달 하순에는 시내 단성사(團成社)
에서 봉절을 할 터이라 한다.

△ 영사 중인 『개척자』. 성재의 병실

◇ 사진은 극중에 가장 중요한 역을 마튼 주인규(朱仁圭) 군의 성재(性哉)와 그의 누이로 분장한 김
정숙(金靜淑) 양의 성순(性淳)인데 병실의 한 장면을 박인 것이다.

동아 25.05.10 (3) 정주(定州)악대 / 제이회 순회 활사 / 교육 보급을 선전코저

평북 정주악대에서는 악대의 발전과 사회교육의 향상적 보급을 위하야 통속교육활동사진부를 설치
하고 이래 사회 공익사업에 다대한 공헌이 잇섯든바, 작년에는 서부 급(及) 중부 조선의 각지를 순회
영사하며 곳곳이 교육기관에 만흔 기부의 동정금을 여(與)하고 금년에도 또 다시 남선(南鮮) 지방을
비롯하야 순회코저 하는 동 악대 일행 육인은 불원간 출발하리라는데 금번에도 실수입의 반액을
해(該) 지방 교육기관에 보급한다 하며 지방 각 단체에서는 극력 후원하여 주기 바란다는데 발정(發
程) 일할(日割)은 추후로 발표한다고. (정주)

조선 25.05.09 (석3) [신영화] 신호탑 / 전칠권 / 단성사에서 상영 중

『싸빗드, 테라』는 깁흔 산협의 중요한 디덤에 잇는 신호소에서 자긔 안해와 어린 아들을 다리고 평
화로운 날을 보내엇섯다. 그런데 그 집에는 그의 안해의 사촌되는 처녀 하나와 『테라』와 한 신호탑
에서 함씌 근무하는 『쏘-』라는 남자가 방을 빌어가지고 함씌 살엇다. 『쏘』라는 남자는 녀자를 조화
하야 『테라』의 처에게 무례한 행동을 하랴다가 필경은 자긔의 목숨을 재촉케 되고 『테라』는 이러한
혼란한 가운대에서도 오히려 자긔의 직분을 완전히 직히여 다시 평화로운 가정을 일우엇다는 것이
이 영화의 내용의 대강인데 긔차가 고개를 올라가다가 중둥[3]이 끈어저서 그 뒤를 짜라 오는 급행렬

차와 충돌이 되야 수천의 생명이 위긔일발에 잇슬 째에 『테라』의 용감한 직무에 복종한 힘으로 그러한 위험을 무사히 구제하여 내는 장면 가튼 것은 더욱히 관객으로 하여금 제절로 손에 짬을 쥐이게 하는 근래에는 볼 수 업는 유쾌한 영화이다.

조선 25.05.09 (석3) 인정의 애화 / 만경관에서 상연

대구 만경관에서는 오월 팔일부터 미국 유 사의 비장품 시사극인 인정애화(人情哀話)란 사진을 상연한다는대 그 사진의 내용은 엇던 빈한한 사람이 자긔의 사랑하는 자식을 능히 길을 수가 업서서 엇던 은행가에 양자로 주엇든바 그 후 수십 년이 지나서 그 아들은 대학까지 졸한 후에 우연히 방랑의 길로 써나 돌아다니든 차에 자긔의 생부와 서로 맛난 애화비극이라는바 과연 보는 사람으로 하여금 감비의 눈물을 아니 흘릴 수 업는 사진이며 그 외에 여러 가지 희비극이 잇고 교환은 팔일부터이라고. (대구)

조선 25.05.09 (석4) 〈광고〉

오월 구일부터 전부 교환

희극 **촤푸링의 이민** 전이권

미국 스다필늼 사 제공 영국 고몬 회사 명작품

모험탐정활극 **우루다스** 종편 상영

대유나이뒷트 사 비장품 대맹투대활극 **쾌걸 쏘로** 전팔권

대예고 불일 공개

파라마운트 일세(一世) 명작 명화 **혈과 사(血과 砂)** 전권

동아문화협회 삼회 대작품

조선명화 **흥부놀부전** 전권 (별명) 『연의 각(燕의 脚)』

방금 촬영 중

콜드윙 영화 탐정활극 **샤록구, 홈스** 전구권

불원간 공개합니다

경성 인사동 **조선극장** 전화 광 二〇五번

매일 25.05.10 (2) 〈광고〉 [봉축 은혼식[4]]

경성부 수은동 (창덕궁 입구)

활동사진 영사

단성사

전화 광화문 광 구오구번

---

3) 표준어는 중동. 사물의 중간이 되는 부분이나 가운데 부분을 뜻함.
4) 당시 일본 천황의 결혼 25주년 은혼식이 1925년 5월 10일이었다. 일제는 천황의 은혼식을 일본과 조선의 경축일로 삼았다.

조선 25.05.10 (석2) 조삼모사의 해주서(海州署) / 유치원 주최 활동사진도 / 영리사업이라 하여 말성

해주 남욱정(海州 南旭町) 텬주교(天主敎)의 경영인 해성유치원(海星幼稚園)은 저간 경영하기에 매우 곤난하야 지금으로부터 월여 전에 가극긔술대회(歌劇奇術大會)를 열어 이에서 수입된 돈으로 다시 활동사진 긔계를 사가지고 각디를 순회하야 긔본금을 세우려 하야 지난 음 사월 팔일 당디 경찰서(海州 警察署)로부터 인가를 어더 청단시(靑丹市)에 일차 순회를 하고 다시 지난 오일 해주청년회관(海州靑年會舘)에서 열고저 쏘다시

경찰서의 인가를 어더 수십여 원의 가설비를 드리어 면긔와 기타 모든 것을 준비하야 노코 마즘내 개회를 하려 하얏스나 경찰서로부터 돌연히 그 일을 마터보든 최준표(崔俊杓) 씨를 불러 해성유치원은 황해도텽으로부터 인가가 나지 아니한 유치원임으로 이번 활동사진회를 하는 것은 영리덕으로 인뎡하야 극장이 아니면 허락할 수 업다. 싸라서 해주청년회관으로 인가하얏든 것은 취소하노라 하며 심지어 청년회관 가튼 데서 이런 것을 하면

극장에서 엇더케 하라는 말이냐고까지 하야 장시간 론전을 하다가 할 수 업시 거저 도라와 이미 하기로 결뎡되야 수십여 원의 광고료를 드리어 광고까지 하야노흔 일이라 이제 이르러 그만둘 수도 업는 형편이엇슴으로 눈물을 먹어가며 하기는 하얏다. 그러나 극장세가 하로 밤에 이십오 원에 달하야 이틀 동안이나 힘드려 번 돈은

극장주인 일본사람에게 조흔 일을 식히엇슬 쑨이라 한다. 그중에도 더구나 의심스러운 것은 해주청년회로 인가되얏슬 적에 해주좌(海州座) 주인인 일본사람이 경찰서장을 면회한 것이며 경찰서의 말로도 우에 한 바와 가티 개인영업에 크게 관계가 잇다고 한 것이다. 그리하야 일반은 공공단톄임에도 불구하고 그 존재를 무시하며 개인의 영리만을 위하랴는 것이라 하야 대단 분개한다더라. (해주)

조선 25.05.10 (석4), 25.05.11 (조4), 25.05.12 (석3), 25.05.13 (석4), 25.05.14 (석2), 25.05.15 (석4) 〈광고〉

5월 9일자 조선극장 광고와 동일

조선 25.05.10 (석4) 〈광고〉

당 오월 십일부터 신사진 전부 차환
유 사 작품 실사 **국제시보** 전일권
유 사 특작품 희극 **대선수(大選手)** 전이권
유 사 특작품 탐정활극 **괴인물** 전오권
유 사 특작품 인정활극 **주인업는 화가(花嫁)**[5] 전오권

---

5) 신부(新婦). 새색시.

유 사 대표적 대작

연속활극 **사교계의 괴적** 전십편 입(廿)권 중

제삼회 제오편 흑의 영(黑의 影) 제육편 심연중(深淵中) 사권 상영

대예고

유 사 대작품 모험모험 **육탄아(肉彈兒)** 전칠권

유나이뎃도사 대작 대모험대비극 **동도(東道)** 전십일권

송죽 유 사 특약 **단성사** 전 광 구오구번

동아 25.05.11 (3) 순회 활사대 / 김해청년회에서 조직

김해청년회에서는 순회 활동사진대원을 배신환(裵信煥), 정익수(鄭益銖), 신효필(申孝弼), 박동수(朴東洙), 최여봉(崔汝鳳), 허경술(許慶述) 제씨로 선정하야 십일일부터 좌기(左記) 각지에 순회하기로 결정하엿다고. (김해)

一, 순회 예정지 구포(龜浦) 동래 거제(巨濟) 고성 사천 곤양(昆陽) 통영 남해 진주 산청 삼가(三嘉) 초계(草溪) 협천(陜川) 고령 영산(靈山) 창령 의령

조선 25.05.11 (조4) 〈광고〉

5월 10일자 단성사 광고와 동일

동아 25.05.12 (2) [연예] 활동사진 연쇄극 / 처녀의 운명 / 금일부터 단성사에서 / 조선권번 출연

금번 조선권번(朝鮮券番)에서는 오래전부터 준비하든 현대인정극(現代人情劇)인 『처녀의 운명(處女의 運命)』과 련애비근[6](戀愛悲劇) 『사랑과 형뎨(兄弟)』라는 두 각본으로써 활동사진연쇄극(活動寫眞連鎖劇)을 촬영하야 금 십이일 밤 시작하야 오는 십팔일까지부터[7] 시내 수은동 단성사(團成社)에서 상장할 터이라는데 그와 아울러 로서아 『싼스』 등 여러 가지 자미잇는 것이 만흐리라더라.

동아 25.05.12 (2) [연예] 부활 상연 / 십일일부터 오일간 / =토월회 십삼회 공연=

토월회의 데십삼회의 공연은 작십일일 밤부터 닷새 동안이라는데 이번에는 로국 문호의 대걸작이라 하는 부활(復活)을 『카주사』라 변뎨를 하야 상연할 터이라 하며 주인공인 공작(公爵)으로 리백수(李白水) 군과 『카주사』로 김성(金星) 양이 출연할 터이라는데 이 카주사도 역시 장한몽이나 다름업는 연애 명편으로 여러 번 공연을 하얏스나 오히려 주문이 만하 다시 상연하게 된 것이며 그 외에도 조선 노래와 가야금 독주가 잇슬 것이며 무대 장치는 전부 신 의장으로 하엿다더라.

---

6) '연애비극'의 오식.
7) '십팔일까지'의 오식.

동아 25.05.12 (2) 〈광고〉

신록이 무르록은 이재를 당하야 첨위의 만강하옵심을 복축하오며 본 권번에서 좌기와 여히 온습회를 개최하옵는바, 제반 가무는 물론이옵고 그간 수삭에 만흔 련습을 하여온 신파시대극을 행련하겠사오니 평소에 사랑하옵시든 마음으로써 광람하여 주심을 간절히 바랍니다

다옥뎡 조선권번 백

일, 본월 십이일 밤부터 십팔일까지

이, 장소는 단성사

시대 25.05.12 (1) 〈광고〉

"전 세계를 통하야 격찬을 바든 대웅편. 부대 시기을 일치 마르서요. 재득(再得)키 어렵슴이다?"라는 홍보 문구가 추가 된 조선일보 5월 9일자 조선극장 광고와 동일.

시대 25.05.12 (1) 〈광고〉

당 오월 십이일부터

오래동안 고대하시든- 활극사진연쇄극

조선권번 연예부 예기 총출동

활동사진연쇄극 연애애화(哀話) **애(愛)와 형제** 전삼막 전십일장면

예기 총출연 활동사진연쇄극

연애비극 **처녀의 운명** 전삼막 십이장면

보라! 조선권번 예기 총출연으로 촬영한 활동사진과 쏘한 실연

(불일 공개 대예고)

유 사 백만불 영화 모험왕 리쟈-드다루마치 씨 맹연

험험(險險) **육탄아** 전칠권

유 사 일천만불의 영화 유-고 원작 론쌔-니 씨 주연

문예명화 **노톨담의 구루남(傴僂男)** 전십이권

유나이뎃도 사 대작 리리안 킷쉬 양 주연

대모험대비극 **동의 도(東의 道)** 전십일권

수은동 **단성사** 전 광 구오구

오월 십이일부터 특선 명화 공개

미국 쌔데-지 사 대작

아-사비리-부 씨 쟈-레스에드만 씨 합작 명여우 루스로란드 양 맹연

연속활극 **호(虎)의 족적** 전십오편 삼십권 이회 제삼, 사, 오편 육권 상영

미국 골드위잉 一九二三도 초특작

영국 문호 고-난드드일 씨 원작 성격명우(名優) 죵바리모아- 씨 주연

175

탐정활극 **샤록구 호룸스** 전구권

예고

미국 빅구사운다 회사

모-리스코스데로 씨 에셀구린데인 양 공연

연속활극 **적목**(赤目) 전십육편 삼십이권 원명 홍혈마(紅血魔)

이회 오 육 칠편 육권 상영

폭쓰 일활 특약 **우미관** 전 【광】 삼구오번

시대 25.05.12 (2) 조선권번 온습회(溫習會)

조선권번(朝鮮券番)에서는 오늘 저녁부터 일주일 동안 시내 단성사에서 온습회(溫習會)를 연다는데 활동연쇄극으로 특별정력을 다하야 오래동안 련습한 『애(愛)의 형제』와 『처녀의 운명』을 상장하리라 한다.

조선 25.05.12 (석2) 단성사에 연쇄극 / 조선권번에서 박힌바

시내 조선권번(朝鮮券番)에서는 오래전부터 만흔 경비를 드려서 신파 활동사진 련쇄극(連鎖劇)을 박히엇는데 십이일부터 동구안 단성사(團成社)에서 공개 상영할 터이라는데 예제는 모다 현대인정극으로 『처녀의 운명』『련애의 비극』『사랑과 형제』 등이오. 간간히 그 권번기생의 로서아 『짠스』도 잇스리라고.

조선 25.05.12 (석2) 〈광고〉 조선권반 예기 온습회

신록이 무루닉은 이째에 제위의 긔력이 건강하심을 바라옵니다. 금반 본 권반 예기 일동의 예전가무는 물론이옵고 그간 수삭을 노력한 결과 시대에 덕당한 신극을 연습하와 본월 십이일부터 시내 단성사에서 일주간 출연하겟사오니 재래 사랑하시든 마음으로 광림 관람하심을 바라옵나이다

시내 다옥명 조선권반 고백

조선 25.05.12 (석3) 〈광고〉

출연진 제외된 외 시대일보 5월 12일자 우미관 광고와 동일

예고 출연진 및 홍보문구 제외된 외 시대일보 5월 12일자 단성사 광고와 동일

조선 25.05.12 (조1) 김제 식은(殖銀) 선전 활사

조선식산은행 김제지점에서는 근검저축을 선전하기 위하야 오월 십일일 오후 칠시부터 당지 심상소학교 교정에서 활동사진회를 개최하엿다는바 입장은 무료이엇다. (김제)

조선 25.05.12 (조1) 무전회사법안 / 시행 칙령 공포

(동경전) 구일 칙령으로 일본 무전선전신주식회사법을 십사년[8] 오월 십일일부터 시행할 건 급(及)

동법 시행령을 공포하엿더라.

동아 25.05.13 (4) 〈광고〉
5월 12일자 광무대 광고와 동일

동아 25.05.13 (부록1) 청년활사대 / 홍원(洪原)에서 흥행
함북 성진(城津) 임명(臨溟)청년회에서는 당지 수천의 아동이 취학할 교사(校舍)가 업서 방황하는 아동을 위하야 활동사진순회단을 조직하야 가지고 돌아단니는 김수(金壽) 씨 등은 얼마 전부터 임명을 써나 단천(端川), 이원(利原), 북청 등지를 지나 거(去) 오일 홍원에 도착하야 청년회 급(及) 조선, 본보 양 지국의 후원으로 거 육, 칠, 팔 삼일간 읍내 金桂化庭[9]에서 활동사진을 흥행하엿다는데 일반 관중은 정각 전부터 압흘 닷토아 운집하야 대성황을 정(呈)하고 구일에 삼호(三湖)로 향하엿다는데 당지에서 수입된 총 금액은 구십여 원이라고. (홍원)

동아 25.05.13 (부록1) 해성(海星) 활사대 환영
기보한 바와 가치 해주 천주교회의 경영이든 해성유치원이 경비 곤란으로 부득이 폐문의 비운에 함(陷)하엿슴으로 그 부흥책으로 활동사진대를 조직하야 가지고 각지로 순회하고저 유지 청년들은 지난 음(陰) 사월 팔일에 초정(初程)을 써나 청단시(靑丹市)에서 당지 청년회 후원 하에 영사를 하엿다는데 좌기(左記) 제씨의 동정과 성대한 환영회까지 잇섯다고. (해주) (이하 동정금 명부 생략)

시대 25.05.13 (4), 25.05.15 (3), 25.05.17 (4) 〈광고〉
5월 12일자 단성사 광고와 동일

시대 25.05.13 (4), 25.05.15 (3) 〈광고〉
5월 12일자 조선극장 광고와 동일

시대 25.05.13 (4), 25.05.15 (1) 〈광고〉
5월 12일자 우미관 광고와 동일

조선 25.05.13 (석4), 25.05.15 (석4) 〈광고〉
5월 12일자 우미관 광고와 동일

---

8) 대정 14년, 1925년을 말함.
9) 김계화의 정원인지 식물 금계화가 핀 정원인지 불분명하다.

조선 25.05.13 (석4), 25.05.14 (석1), 25.05.15 (석4), 25.05.17 (석1), 25.05.18 (조4), 25.05.19 (석4), 25.05.20 (석4) 〈광고〉

5월 12일자 단성사 광고와 동일

조선 25.05.13 (조1) 임명(臨溟) 청년 활사 성황

함북 성진군 임명청년회 활동사진대 일행 팔인은 거(去) 오일에 홍원에 내도(來到)하야 육, 칠, 팔 삼일간에 활동사진을 영사하얏는데 기(其) 성적이 매우 양호하얏스며 동정금도 만헛섯다더라. (홍원)

동아 25.05.14 (2) 조선극장 / 동아일보 독자 우대 할인 규정

토월회(土月會)와 특약을 매저 독자 위안을 하야오는 본사에서는 극장 하나만 가지고는 도져히 수많은 애독자 여러분에게 골고로 구경을 식혀드릴 수가 업슴으로 종래에 조흔 영화를 만히 상영하는 조선극장과도 특약을 맺고 한 주일에 두 번식 독자 위안 활인권을 발행하야 토월회의 연극과 함께 조흔 활동사진을 겻드려 구경하시도록 하얏슴니다. 그래서 우선 금 십사일, 십오일 이틀 동안 본지 란외에 입장권을 박여내여 보낼 터인데 이 활인권은 이튼 동안에 엇던 날이던지 하로를 선택하아 임의로 사용하시도록 하얏는데 료금은 아래와 가치 활인합니다.

보통 이층 육십 전을 사십 전으로 하층 사십 전을 삼십 전으로

학생 이층 사십 전을 삼십 전으로 하층 삼십 전을 이십 전으로

상연 중의 명화 / 쾌걸 쏘로

그런데 이번에 조선극장에서 상영 중인 사진은 활극『울피쓰』최종편 네 권과 희극『차푸린의 이민』이 권과 세계에 유명한 활극배우로 삼총사(三總土)로 나왓든『로빈푸드』『바그닷트의 도적』등 명예 주역『짜그라스 쮀뱅크스』씨가 주역으로 나타나 신출귀몰한 활동과 귀신이 곡할 만한 기예를 박힌 『쾌걸 쏘로』여덜 권을 방금 상영 중이올시다.

동아 25.05.14 (3), 25.05.15 (4) 〈광고〉

5월 12일자 광무대 광고와 동일

매일 25.05.14 (2) 친잠(親蠶) 실황의 활동 촬영 / 십삼일부터 착수

이번에 총독부에서는 리왕직과 협의한 후 리왕 동비 뎐하의 윤허를 어더가지고 리왕비 뎐하가 친히 양잠하시는 실경을 활동『필림』으로 제작하야 됴션 농가(農家)와 밋 기타 일반에게 관람케 하야써 잠업 장려의 한 도움이 되게 하기로 결명하고 약 일천척 예명으로『필림』제작에 착수하얏는대 데일회로 작 십삼일 오전부터 촬영에 착수하얏더라.

조선 25.05.14 (석3) [신영화]

『셸록 홈스』 전구권 / 오월 십이일부터 / 우미관에 상영 중

『셸록 홈스』는 영어를 공부한 사람이나 쏘는 탐정소설을 읽기 조화하는 사람으로 모르는 이가 업슬 만큼 유명한 미국 문호 『코난 도일』의 원작을 성격배우로 유명한 『쏜바리모아』의 주연으로 촬영한 것이다. 그러나 이것은 다만 다른 평범한 탐정소설과 달라서 그러케 외면으로 나타나는 사실이 활극덕만이 아니오, 어듸까지든지 물과 가티 맑은 정신의 추이로 허트러진 실마리와 가튼 사건을 명명당당하게 해결하엿다는 것이 이 영화의 내용인대 대강 말하면 『센트쏜』 대학 교수 『레톤』 박사가 보관 중인 학교긔금을 엇던 자에게 도덕을 마젓는대 그 혐의는 그새 외국으로부터 와서 류학 중인 『알렉스』 공작에게로 갓다. 그러나 이것은 그 당시에 범죄대왕으로 이름 놉흔 흉덕 『모리와-지』가 『스파이』를 학교로 들어 보내어 범죄하게 된 일이 판명되엇스나 외국공작에게 범죄가 잇다 주장하는 관헌들은 이것을 듯지 아니한 까닭에 공작은 돌연히 본국으로부터 소환을 당하야 그의 사랑하는 『로스』를 그대로 두고 귀국하게 되엇다. 실련을 당한 『로-스』는 열정에 넘치는 련인의 글을 보지 못하고 눈 깁흔 『안푸스』란 산중으로 들어갓다. 흉덕은 그 편지를 강탈하여 가지고 공작의 집을 강박하려 할 재에 『홈스』는 여러 가지 긔지와 여러 가지 명탐술로 범인을 톄포하게 되엇다는 것이다.

쾌결 『쏘로』 / 전팔권 / 조선극장에 상영 중

이 영화는 『로빙프드』와 『쌕다드』 도적의 주연으로 촬영하엿든 명배우 『싸그라스』가 주연으로 출연한 통쾌한 영화이다. 그 내용은 지금부터 백여 년 전 아메리카 『칼니포니아』 주가 아즉도 『서반아』의 압박을 바들 재에 그곳에는 『쎄예고베가』라는 청년이 잇섯는대 그는 서반아에 류학한 후 집에 도라와 자긔 아버지와 한가히 날을 보내엿다. 이 『쎄예고베』는 외면으로 보면 텬하에 둘도 업는 바보나 다름업섯다. 그리하야 세상 사람들에게 게름방이와 못나니의 대뎝을 바더왓다. 이째에 『칼니포니아』 주에는 큰 문뎨의 인물이 하나 이러낫스니 이름은 『쏘로』라 하나 그 뎡톄를 아는 사람은 하나도 업섯다. 그는 약한 사람을 도아주고 권력으로 인민을 압박하는 자를 징계하는 것으로 자긔 사명을 삼고 신출귀몰한 재조와 텬하에 비할 수 업는 대담과 용긔로써 포학무도한 관헌의 간담이 서늘케 하엿다. 『칼니포니아』 인민들은 『쏘로』를 텬사처럼 흠모하엿다. 그러할 재에 『쎄예고벤』과 혼담이 잇는 『로리타-』라는 처녀는 이 『쏘로』를 사모하게 되고 바보의 별명이 잇는 『쎄예고벤』을 배척하엿다. 그러나 관헌의 간담을 서늘하게 위협하고 도라다니든 『쏘로』는 실상은 온 세상 사람이 바보라고 웃든 서반아 류학생 『쎄예고벤』이엇다. 그는 그러한 신출귀몰한 재조를 가지고 잇스면서도 일반 인민을 구하는 수단으로 그러케 바보 노릇을 한 것이엇다. 『로리타』라는 처녀는 자긔가 극단으로 사랑하든 사람과 극단으로 미워하든 사람이 다 가튼 한사람인 것을 알고는 처음에는 꿈이나 아닌가 의심하엿다. 그리하야 포학한 관헌을 징계하야 일반인민이 『쏘로』로 말미아마 태평히 지내엇다는 것이다.

동아 25.05.15 (2) [연예] 활동사진으로 현출(現出)할 흥부놀부 / 십륙일부터 일주간 / 조선극장에서 상연

조선극장(朝鮮劇場)을 경영하는 동아문화협회(東亞文化協會)에서는 금번에 아모나 모르는 사람이 업는 조선 신화로 유명한『흥부놀부』전을 활동사진 전 다섯 권으로 박혓다는데 멧칠 전에『필림』을 다 씨섯슴으로 오는 십륙일부터 조선극장에서 봉절하고 상영한다는데 사진은『흥부놀부전』중에 중요한 장면인데 개심한 눌부가 텬벌을 바더서 박덩이에서 나온 불한당에게 어더맛는 광경.

매일 25.05.15 (2) 사 권번 명기의 연합 연기대회 / 오월 십팔일부터 사일간 / 본사 루상 래청각에셔 개최 / 본사 주최

리화 힝화는 어느듯 다 진하고 장차 록음이 욱어지고 방초가 무르녹을 녀름을 맛게 되얏다. 본사는 곳소식이 지난 후의 가는 봄을 앗기는 마음으로 쏘는 오는 녀름을 반갑게 마지하고자 하는 마음으로 일반 독자 졔현의 아름다운 흥치를 이에 한 번 도웁고자 하야 대정권번(大正券番), 한남권번(漢南券番), 한성권번(漢城券番), 됴선권번(朝鮮券番)의 사 권번 소속 일류 기싱 수십 명을 *뢰하야 가지고 오는 십팔일부터 이십일일까지 나흘 동안 본사 릭청각(來靑閣)에서 사 권번 연합 연기대회(四券番聯合 演技大會)를 개최하게 되엿는대 그 일활(日割)은 뎨일일 십팔일에는 대정권번, 뎨이일 한남권번, 뎨삼일 한성권번, 뎨사일 됴선권번의 슌셔로 매일 오후 칠시부터 열게 되엿다.

현상투표

입장료는 일등 일인에 팔십 젼이며 이등 일인 오십 젼인바, 입장권에는 투표권(投票券)이 잇서서 자긔의 마음에 맛는 기술 우슈한 기싱에게 투표를 하야써 개표한 후 투표 뎜수가 가장 만흔 기싱은 그 잇흔날에 뎜수 싸라 일등으로부터 오등까지의 등급을 발표하는 동시에 금, 은으로 민든 메달과 삼월 오복뎜제 화장품(三越 吳服店製 化粧品)과 기타 향슈 등을 상품으로 주며 쏘한 나흘 동안을 통하야 가장 뎜슈가 만흔 기싱에게는 특히 두 명에게 한하야 삼월 오복뎜 제 기싱용 녀름옷 한 벌식을 등명하게 되얏는대 일등 입장권에는 투표 용지 두 장이 붓헛스며 이등에는 한 장이 붓터 잇다.

독자우대권 / 할인권을 발힝

쏘한 특별히 본지 애독자에게는 우대 활인권을 발힝하야 일등 륙십 젼, 이등 사십 젼으로 활인하겟는바, 그 우대 활인권은 십칠일부터 이십일까지 사일간 발힝되는 본지에 인쇄하게 되얏슨즉, 일반 애독 졔현은 만히 와주시기를 바란다.

매일 25.05.15 (2) [연예안내] 〈광고〉

조선일보 5월 9일 조선극장 광고와 동일
조선일보 5월 6일자 우미관 광고와 거의 동일

동아 25.05.16 (2) [운동연예] 토월회 십사회 공연 / 오늘 밤부터 닷세 동안 /『산손당』을 상연한다고

토월회(土月會)에서는 금 십육일 밤부터 닷새 동안 뎨십사회 공연을 할 터이라는데 이번 연예는『카주샤』의 자매편으로 역시 로국의 세계뎍 문호『톨쓰토이』의 걸작인『산송장』을 전부 네 막에 난호와 상연하게 되엿다 한다. 그 당시 러서아 지식계급의 리혼 문뎨와 침통한 삼각관계로 말미암아 의지는 약하나 끗까지 고결한 청년이 자긔의 안해와 그의 애인을 위하야 자긔가 희생되어야서 목숨이 살아 잇스면서도 거짓 죽은 사람이 되야 저해 만흔 인간 세상을 등지고 끗엄는 눈 벌판 시베리아들로 헤매며 『갈가보다 말가보다 오로라의 밋흐로 루시아는 북쪽나라 끗이 업고나』…… 이 슯흔 노래를 을프며 써도는 애달픈 비극이다. 『톨쓰토이』 선생이 죽은 뒤에야 겨우 세상에 발표되엿다는 로서아의 사실 애화(事實哀話)를 연극으로 쑤며 상연하는 것이다.

연주회 예제(藝題) 교환
시내 단성사에서 시작한 조선권번 연주회는 재작일 하로 동안을 수이고 작일 밤부터 다시 시작하얏 는데 활동사진 련쇄극 등 일반 예뎨를 교환하얏다더라.

동아 25.05.16 (3) 〈광고〉
오월 십육일(토요)부터 조선 명화 특별 대공개
호도킨스 영화 희극 **의외의 호걸** 전이권
파라마운트 사 영화 정희극 **농원(農園)의 시인** 전오권
메-마레- 양 주연 연애명편 **금색의 무(舞)** 전칠권
동아문화협회 제삼회 특작품
조선교육신화 **흥부놀부전** 전편 일명 [연의 각(燕의 脚)]
각색 조천고주(早川孤舟) 씨 감독 김조성(金肇盛) 씨
= 예고 =
파라마운트 회사 초특작
명화 『**혈과 사(血과 砂)**』 전팔권
조선극장 전 (광) 二〇五

갈가보다! 말가보다! 오르라의 밋흐로……
＊의 한 슬픈 노래를 연극으로 보시게 되얏습니다
대비극 **산송장** 전사막
십오일 야(夜)부터 오일간 공연
일, 제이회 남녀 특별 연구생과 각본 현상 대모집
자세한 내용은 매일 하오 오시로 육시까지 본회에 요(要) 내문(來問)
토월회 직영 **광무대** 전화 본국 팔팔육번

동아 25.05.16 (부록1) 우리 기술단(奇術團) 내안(來安)
우리 조선에서 처음으로 조직된 우리 기술단 박창순(朴昌順) 일행은 거 십일 당지에 도착하야 본사 안동현 지국과 조선일보 지국, 안동청년회의 후원 하에 거 십일일 오후 칠시부터 시내 남지좌(南地

座)에서 흥행하엿는데 관중은 정각 전에 만원이요, 최면술, 기마술, 무도, 가극 등은 관중의 박수와 갈채을 박(博)하고 일행은 당지에서 삼일간 흥행한 후 신의주와 용천(龍川) 방면으로 향하리라고. (안동현)

매일 25.05.16 (2), 25.05.24 (2) 〈광고〉
5월 15일자 우미관 광고와 동일

매일 25.05.16 (2) [연예안내] 〈광고〉
동아일보 5월 16일자 조선극장 광고와 동일

동아 25.05.17 (3) 영명교(永明校) 활동사진회
충남 공주 영명고등학교에서는 금춘(今春)의 신입학생에게 해교(該校) 대강당에서 지난 십사일 오후 팔시부터 명승지, 목공 급(及) 위생에 관한 영사와 신문지를 박어내는 광경을 활동사진으로 견학케 하야 만장 학생의 흥미를 끌고 동 십일시에 산회하얏다고. (공주)

동아 25.05.17 (3), 25.05.19 (4), 25.05.20 (3), 25.05.21 (4) 〈광고〉
5월 16일자 광무대 광고와 동일

동아 25.05.17 (3), 25.05.19 (3), 25.05.20 (2), 25.05.21 (2), 25.05.22 (3) 〈광고〉
5월 16일자 조선극장와 동일

매일 25.05.17 (3) 극단의 일우(一隅)에서 / 토월회 이서구(李瑞求)
토월회가 광무대를 직영하게 된 뒤로 무엇보다 애처롭게 된 것은 전체의 공기가 점점 영리화하야 가는 것이엇다. 소위 무산(無産)예술을 헌신적으로 연구한다는 신인들을 모도 입에서 돈 내음새가 난다는 것은 퍽 중대한 사변이라 하겟스나 오늘날 토월회의 비운(悲運)은 시대 민도(民度)를 도라보와 도로혀 당연한 일이라고 마음을 스사로 위로하는 외에는 아모 변통이 업슨 것이다.
공연을 거듭할 쌔마다 연극보다는 배경이 좃타는 가슴 아픈 비평을 듯는다. 그것은 곳 토월회의 연극은 절쭉바리이라는 말과 다를 것이 업다. 이백수(李白水), 이소연(李素然), 복혜숙(卜惠淑), 석금성(石金星) 등 남녀 배우가 업는 것은 안이나 아즉도 완성된 예술가는 안이다. 더욱더욱 나아갈 길이 만히 남어 잇다. 비록 그들이면은 능히 엇더한 것이든지 표현할 수 잇다 할지라도 아즉도 조선에는 천재(天才) 가진 배우가 필요하다. 열 사람도 좃코 스무 사람도 사양할 쌔가 안이다.
멋처럼 극 연구생을 모집한다 공고를 하얏드니 십여 일 동안에 오십여 인의 청년이 차져왓섯스나 나는 맛참내 십인을 채용할 예정이엇스나 겨오 삼인밧게 채용치를 안이하고 남어지 칠인은 이, 삼개월 후에 자세자세히 사람을 차자서 채용하기로 연극부장과 상의 결정하얏다. — 그것은 조선에 아즉 배우 가음 — 성공할 배우 가음이 없다는 반증이라 할 슈밧게 업스니 압흐로는 중학교 졸업도 못한 이이나 배우틔를 부릴 가능성이 잇는 이는 무슨 사정이 잇든지 채용치 안을 작정이다.

밤마다 밤마다 가튼 사람이 가튼 노릭, 가튼 춤만 보여오든 광무대에 토월회의 신극이 밤마다 열니게 되얏다 하는 것은 이야기거리에 주린 요사히 조선의 극단에셔는 어지간이 큰일일 것이다. 과연 사월 십일부터의 광무대에는 몬져 갓 쓴 손님이 뒤가 끈치엇스며 호적(胡笛) 소리가 끈치고 마랏다. 그러나 토월회의 마음도 조선의 마음의 일부인 이상 조선 전토(全土)에 다만 한 곳밧게 업는 조선의 가무를 보히는 광무대를 그대로 업새지는 못하얏섯다. 더욱히 가무를 생명으로 알지 아히면 아니 될 기생들의 온습회에서까지 가무보다 잡동산이 연극을 모라서 돈버리에 넉을 쏫는 오늘날 외의 눈에 부처 가튼 광무대를 그대로 뒤집어 노흘 수가 업서셔 쌔쌔로 『푸로크람』에 적은 여유나마 잇스면 손익 문제는 단연히 써나서 사계(斯界)의 명수를 청하야 상연키로 한 것이다.

광무대에 와서 무엇보다도 머리쌀 아푼 일은 공구경군(空求景軍) 퇴치이엇다. 동리 사는 사람이라고 거져 드러오겟다는 염치 업는 친고, 꿈에 한 번이라도 공연도 못 하야본 극 단체의 단원이라고 거져 드러오겟다는 뱃심 조흔 친고, 공구경을 식히지 못하겟다면 술 마시고 와서 주정하는 친고, 그 덕에 입구에 다라 노흔 십육촉 전등 두 개와 나의 입은 째어지며 달코야 마랏다.

각본이 부족하다, 이(利) 작가가 업다, 이가튼 탄식은 모혀 안즈면 누고의 입에셔든지 반다시 나아온다. 조선에라고 극작가가 업다는 것은 안이나 토월회를 위하야셔는 업는 것이나 다름이 업는 것이 아, 작가가 공상으로, 각본이 아모리 책으로는 걸작이라도 그것을 한번 상연할 쌔에는 말시가 셔투르며 매즘매즘이 뒤틀녀셔 곳치지 안코는 상연할 수 업는 난관에 연착(連着)되고 만다. 그것은 곳 작가가 무대의 실제를 잘 알지 못하는 까닭이며 조선에셔는 그것을 알 기관과 기회가 그들에게는 너모 업셧든 것이다.

이번에 토월회가 동인제를 해산하며 합자회사를 조직하자 간부 배우들에게는 월봉을 주기로 하야 보왓다. 아마 조선에셔는 이갓치 자리 잡아셔 그들의 생활에 안정을 주기는 이번이 쳐음일 것이다. 조선에 신극운동이 이러난 이래 얼마나 유망한 천재를 천대와 신고(呻苦) 중에서 시들녀 업시 하얏슬가. 오늘날에야 겨오 극단 일우(一隅)에셔나마 배우들에게 생활의 안전을 보장하기를 시작할 쌔에 그들 전우들의 눈물 흔적이 아즉도 마르지 안은 듯한 추억이 가슴에 써돈다.

배우가 부족한 중 여배우의 문제는 참으로 큰 문제이다. 산아희까지도 광대노리라고 내어놋치 안은 오늘날 조선의 가정에서 여배우를 구한다는 것은 참으로 어려운 일이다. 그러나 엇기 어렵다고 구하지 안을 수도 업는 일이니 그야말로 큰일 낫다는 것이다. 좀 더 신극운동자에게 이해와 동정이 잇셧스면 좃켓다. 그리하야 아모 극장에는 아모가 잇다는 극단의 명성을 엇어야 하겟다. 그리 하는 데는 아즉도 십 년은 참아야 하겟는가 보다. 너모나 애달분 일이다. 묘션의 밤은 아즉도 다 새이지 안엇는가 보다.

이번에 무엇보다도 애를 쓰게 된 것은 도 보안과에서 각본 검열이 믹오 바다라워진[10] 것이다. 쌔쌔로 변하는 심경에 도취되야 움즉이는 배우의 표정, 동작까지 적어드리라는 우에 다시 무슨 연극이든지 권선징악의 테를 버셔나지 못한다는 데는 너모나 기가 막키엇섯다. 그러나 그 이의 허가를 맛

---

10) 바드럽다의 옛말. 빠듯하게 위태롭거나 걱정스럽다.

지 안으면 그만 것이나마 엇지할 수 업는 터이다. 예술이라는 두 글자를 등에 돌녀 지고셔라도 곳칠 째도 잇스나 참으로 무엇이라고 할 수 업는 기맛키는 일이다. 보안과장이시여 조선의 민도를 좀 살피소서.

시대 25.05.17 (4) 〈광고〉
오월 십육 토요부터 일활영화 공개

미국 모(某) 회사 실사 **센나호 폭발** 전일권

미국 파마라마운드 아드구라후드 회사

쟉홋드-씨 게-나우우엥 양 공연(共演)

고도정화(孤島情話) **위구도리** 전오권

미국 월니암폭쓰 회사 쌜호와이드 양 주연

인정극 **미운청**(迷雲晴) 전육권

미국 빅구사운다 회사 모-라스코스데로 씨 주연

연속활극 **적안**(赤眼) 전십육편 삼십이권

이회 제오 육 칠편 육권 상영

예고 내회(來回) 상영

연속 **호**(虎)**의 족적** 육권

명화 **위대한 기록** 칠권

인정극 **연문**(戀文)**의 행위** 오권

인정극 **구함 밧은 여** 오권

폭쓰 일활 특약 **우미관** 전 【광】 삼구오

동아일보 5월 16일 조선극장 광고와 동일

조선 25.05.17 (석1) 〈광고〉
동아일보 5월 16일 조선극장 광고와 동일

시대일보 5월 16일 우미관 광고와 동일

조선 25.05.17 (조1) 정읍 식은(殖銀) 활사 성황
전북 정읍군 정읍면 수성리(水城里) 조선식산은행 지점에서는 예금자의 위안 병(兼) 저축열을 선전키 위하야 오월 십삼일 하오 팔시에 당지 추산좌(秋山座)에서 활동사진회를 개최하엿는데 당야(當夜)는 우천임도 불구하고 정각 전 대만원의 성황이엿다더라. (정읍)

조선 25.05.17 (조2) 무리한 남지좌(南地座) / 흥행자에게 대하야 / 무리한 요구를 한다
안동현 남디좌(安東縣 南地座)에서는 항상 연극이나 활동사진 흥행자에게와 관람객에게 대하야 무리한 행동이 만히 잇슴으로 일반의 비난이 자자하든 중 지난 십일일부터는 우리긔술단 박창순(朴昌順) 일행이 당디에 와서 흥행하게 됨애 십일일부터 십사일까지 사일간을 매일 삼십오 원식에 결명하고 만일 비가 와서 흥행을 못 하게 되는 경우에는

극장대금은 지불치 안키로 하얏든바 지난 십삼일까지는 남디좌에서 흥행하고 그 후에는 비가 와서 흥행을 못 하게 됨으로 할 수 업시 신의주로 가려고 하야 삼일간 극장세를 지불하고 도구를 차저가지고 가려 한즉 극장에서는 본시 사일간을 계약하얏스니 사일간 세금을 다 지불하라 함으로 할 수 업시 긔술단(奇術團)에서는 사일분을 지불하고라도 써나려 한즉 극장 측에서는 아즉도

부족하야 당신이 사일간을 흥행하겟다고 하고 삼일 만에 간다면 세금을 사일분을 다 내엿지마는 우리 극장에 대하야 명예상 조치 못하니 못 간다고 여러 가지로 무리한 행동을 함으로 긔술단 일행은 이에 분개하야 극장주인의 무리함을 질책하고 도구는 곳 차저 가지고 신의주로 향하엿는데 일반은 남디좌의 무리한 행동에 대하야 분개하엿더라. (안동현)

매일 25.05.18 (2) 백열화(白熱化)한…… 개연 전 경긔 연습 / 재색 겸절한 미인은 수(誰)? / 각긔 명예와 톄면을 위하야 뷕열뎍으로 가무를 연습해

화류계는 물론이요 만도의 인긔를 썰고 오직 개연의 날만 기다리든 본사 주최의 사 권번 기싱 련합 경긔대회의 첫날은 도라왔다. 권번에서는 권번끼리 기싱들은 기싱끼리 압압히 자긔네의 명예와 톄면을 직히고자 닷호와 가무를 연습 즁이니 과연 어느 권번이 가무의 교습이 츙분하며 어는 기싱이 가장 영예스러운 재식 쌍절의 일등 미인이 되겟는가. 그들의 간널핀 가슴은 반다시 쮜놀 것이다.

경긔투표 첫날 성젹은 이십일 발표

슈 년 동안 슫치엇든 기싱 경긔 투표를 부활케 이번 연긔 대회의 취지는 가무를 등한히 하는 화류계의 퇴패하야 가는 긔풍을 만회식히어 씨려져 가는 됴션의 예술을 다시 한번 잡아 일으키랴는 미츔에 잇는 것이니 일등 권에 두 장, 이등 권에 한 쟝식 첨부된 귀중한 투표 용지는 아모조록 가무를 잘하는 명긔를 틱하야 일홈을 쓰신 후 입구에 설치한 투표궤에 너허쥬시기를 바라며 투표의 발표는 이십일 발힝 지상에 발표할 것이다.

금일의 연주 순서 / 명기는 모조리 츌연

긔보한 바와 갓치 금 십팔일 밤에는 일곱 시부터는 이번 경긔대회의 연긔쟝이 된 본사 릭청각(來青閣)에서 우선 대정권번 기싱의 연주가 열닐 터인대 연츌할 순서는

◇ 춤 = 장생보연지무(長生寶宴之舞) 경풍도(慶豊圖) 승무 검무 춘앵무 가인전목단(佳人剪牧丹) 투구락(投球樂)

◇ 노릭 = 가야금병창 서도입창 남도입창 심청가 춘향전

◇ 남도입창

으로 재릭에는 명창 명긔가 노름에 가는 관계로 쌔지기도 하얏스나 이번에는 거의 전부 츌연하야 재조를 다토을 것이다.

△ 사진 = 박타는 놀부 (조선극장)

독자에게 할인 / 오날 란외에 활인권 쇄입

이번에 주최한 연기대회에 특히 우리 미일신보 애독자 계씨에게 평소의 후의를 보답하고자 하는 적은 정성으로 십팔일부터 나흘 동안 본지 란외에 『애독자 우대권』을 발행하야 일등 팔십 젼을 륙십 젼에 이등 오십 젼을 사십 젼에 활인을 하기로 하얏스나 만히 리용하시기를 바라는 바이다.

명일은 한남권

십팔일 밤 대졍권번의 연주가 긋이 난 뒤로는 뒤를 이워 십구일에는 한남권번, 이십일에는 한성권번, 이시시[11]일에는 조선권번의 순차로 밤마다 개연을 할 것이다.

조선 25.05.18 (조4), 25.05.19 (석4), 25.05.20 (석4) 〈광고〉

5월 17일자 조선극장 광고와 동일
5월 17일자 우미관 광고와 동일

동아 25.05.19 (2) [연예] 조선극장 상영 놀부흥부전 / 본사 독자 할인

본사에서 금번 조선극장(朝鮮劇場) 활동사진 독자 위안 활인권을 발행한다 함은 긔보한바 오늘 저녁부터 동 극장에서 특별 흥행을 하는 『흥부놀부뎐』(일명 燕의 脚)을 특별히 보통 료금으로 할인하야 구경하시게 하얏는데 매야 만원의 성황으로 상영 중인 『흥부놀부뎐』은 조선에 유명한 면설이라 어린 아희까지라도 다 잘 알 쑨 아니라 이번 사진은 동아문화협회(東亞文化協會)에서 전에 박힌 멧 가지 영화보다는 촬영기술이든지 배우들의 기예든지 또는 힌트를 조선 고유의 교육신화로 잡은 덤이든지 그동안 적지 안은 진보와 노력한 자최를 『흥부놀부뎐』과 가치 엿볼 수가 잇스며 이 밧게도 서양 명화 『농원의 시인』과 금색의 춤도 잇더라. (활인권은 란외에)

---

11) '이십일'의 오식으로 보임.

조선 25.05.19 (석3) [신영화] 조선극장 / 특별흥행 / 독자우대권은 란외에 잇다 / 흥부놀부전

조선극장에서 교육영화 『놀부와 흥부전』을 상영하야 특별흥행 중인대 이 영화를 일반에게 다수히 관람케 하기 위하야 본월 십팔일부터 이십이일까지 오일간을 특별히 할인입장케 되엇는바 그 할인권은 본지 란외에 잇습니다.

조선 25.05.19 (조2) 경주에서 / 무전수화실험 / 일반이 신긔함을 늣것다

경북 경주(慶州)공립보통학교 데일교사(校舍) 강당 내에서 지난 십삼일 오전 열한 시부터 대구(大邱)에 잇는 일본인신문 조선민보사 주최와 경주 군텽 후원으로 세금당(洗襟堂)에서 『라지오』를 리용하야 각 학교 학생들이 방송하는 창가 기타 연설 등을 듯는 수천의 군중은 무선면화가 잇다는 말만 듯다가 실지로 긔계를 구경하는 동시에 멀리서 발송하는 것을 곗헤서 듯는 것 가티 듯게 됨을 신긔히 넉이는 동시에 간간히 어데서인지 오는 면보가 접촉될 쌔마가[12] 이것은 멀리서 오고 가는 외국의 정보가 이 긔계에 접촉이 되야 들인다고 할 쌔 일반은 더욱이 신긔함을 놀낫다더라. (경주)

매일 25.05.20 (2) 〈광고〉

본사 주최
경성 사권번 기생 연예대회
십팔일부터 사일간 본사 누상에서 오후 칠시
금일은 한성권번 백여 명 미기(美妓) 출연 경기
〈투표용지〉 일등권에 이매 이등권에 일매식 첨부
〈독자우대〉 본지 독자는 난외의 할인권을 이용하시요

조선 25.05.20 (석3) [신영화] 금색의 무(舞) 전육권 / 조선극장에서 상영 중

화려한 미국 『뉴욕』에 로얄구락부가 잇섯다. 이 구락부에는 청년남녀가 만히 모아 날과 밤으로 환락을 탐하얏다. 그런데 이 구락부에 『백합화』라는 춤추는 계집아이가 잇섯는대 이 구락부에 다니는 모든 청년들은 이 백합화의 환심을 사랴고 애를 썻섯다. 그 가운데에 특별이 백합화를 사랑하는 『코레이톤』이란 남자가 잇섯스니 그 남자는 다른 남자와는 달라서 백합화를 일시의 장난감으로 알고 환심을 사랴는 것이 아니오, 그를 사모한 것이엇다. 그러나 백합화는 그것을 몰랏섯다. 그리하야 시골에서 올라온 엇던 청년을 사랑하야 결혼하게 되엇스나 시골서 올라온 청년은 백합화를 참으로 사랑한 것이 아니라 다만 일시의 춤추는 아름다운 태도에 반한 것이오, 결코 영원히 지낼 가정의 부인으로 사랑한 것이 아니엇슴으로 얼마 되지 못하야 그들의 결혼생활은 비극으로 끗을 맷고 말엇다. 이쌔에 『코레이톤』은 어데까지든지 그에 대한 사랑을 변치 안코 나종까지 『백합화』를 보호하고 용서하엿다. 결혼생활의 단 쑴을 여디업시 쌔트려 바린 백합화는 필경 할 수 업시 『크레이톤』을 짜라 그의 시골 별장으로 도라갓다. 그러나 백합화의 가슴에는 『크레이톤』에게 대하야 사랑을 그 자리에서

---

12) '쌔마다'의 오식으로 보임.

늣길 수 업섯다. 그러나 아모조록 사랑하랴고 애를 쓰며 고요한 세월을 보내엇다는 것이 이 영화의 경개이다. 그런데 사진의 내용은 인간미가 넘치며 저윽히 우슴을 파는 백합화 가튼 녀자에게도 그와 가튼 열렬한 사랑이 잇스나 그의 사랑은 다른 사람에게 그대로 짓밟피엇는 것이 관객으로 하여금 애처로운 생각을 절로 이르키게 하는 조흔 영화이다.

조선 25.05.20 (조1) 김해 활사대 내동(來東)

김해청년회 활동사진 제이회 순업대가 거(去) 십오일부터 당지 수안(壽安)예배당에서 동래청년회 여자청년회의 후원으로 양일간 흥행하엿는데 불행히 연일 우천으로 관객은 적엇스나 성적은 상당히 양호하엿는바 동정 인사와 금액은 여좌(如左)하다더라. (이하 기사 생략) (동래)

시대 25.05.21 (1) 〈광고〉

당 오월 십팔일부터 푸로크람

유 사 작품 실사 **국제시보** 전일권

유 사 작품 비-도모리손 씨 주연

활극 **복수의 단애(斷崖)** 전이권

유 사 작품 후-드킵손 씨 주연

활극 **생기발자(潑溂)** 전오권

유 사 작품 하-바-드로리손 씨 주연

활극 **꾕의 개가(轟의 凱歌)** 전구권

유 사 작품 대표적 대작 쟉크미루-홀 씨 주연

연속활극 **사교계의 괴적** 전십편 이십권 중

제사회 제칠편 一*의 ** 제팔편 배신 사권 상영

대예고 불일 공개

유나이딋도 사 대작 리리안킷쉬 양 주연

대모험대비곡 **동의 도(東의 道)** 전십일권

수은동 **단성사** 전【광】구오구

5월 17일자 조선극장 광고와 동일
5월 17일자 우미관 광고와 동일

시대 25.05.21 (2) 토월회 배우 / 대우 개선 요구 / 팔개조를 제출

합자회사 토월회(合資會社 土月會)에서는 수 월 전부터 광무대를 직영하게 되어 오는 중인바 주요한 책임을 마튼 간부(幹部)에게만 사십 원으로부터 칠십 원까지 월급으로 회계하야주고 그 밧긔 간부(幹部)는 매일 사십 전식, 문제생(門弟生)은 매일 이십 전식 전차비로 주는 외에는 밥갑도 회계하야주지 안흠으로 열 사람의 배우들은 생활곤난으로 불평이 적지 안핫고 그 외에도 배우의 대우와 회의제도에 대하야 다소 불만이 잇든바 지난 십칠일 오후 열두 시경에 연극시간이 긋난 뒤에 시내 돈의동 열빈루(敦義洞 悅賓樓) 안에 십여 명의 배우가 모여서 의론한 결과 팔개 조건을 회 당사자에게 제출하얏다는데 작 이십일 오후 십일시까지 아모 해결이 업스면 동맹 파업을 하기로 하얏다고 한다.

시대 25.05.21 (2) [앤테나]
신의주 고등보통학교에 재학 중인 정모란 소년은 활동사진배우가 평생 소원이라 제 아버지 저금통장을 훔쳐가지고 부지거처가 되엇단다. ▲ 배우가 되기도 전부터 벌서 훔치고 달아나는 정탐활동사진 박* 연습생인가.
(이하 기사 생략)

조선 25.05.21 (석2) 토월회 배우 맹파(盟罷)[13]할 형세 / 조건을 뎨출하고 이십일일에 할 듯?
시내 황금정 사명목(黃金町 四丁目) 광무대(光武臺)에 잇는 토월회(土月會)의 배우(俳優) 중 차윤호(車潤鎬) 해텬(海天) 등 십여 인은 다음과 가튼 조건을 동 회 중역회에 뎨출하엿는바 마츰내 승락이 되지 못하게 되면 이십일일 밤부터는 휴업을 단행하게 되엿다는데 동 회 중역 측에서는 이미 다른 방면으로 배우를 모집하는 중이라더라.

요구조항

일, 중(中)간부에게는 매월 삼십오 원의 보수를 월급제로 하되 매월 십오일, 말일 이차에 분(分)하야 지불하야 주고 문제생(門弟生)에게는 내왕 차비 급(及) 매일 변상대(辨常代)의 실비를 지불하야 주되 지불 형식은 중간부와 동일히 하야 줄 일

이, 합자회사 토월회 출생 후 등장일로부터 계산하야 중간부는 육개월 후이면 대간부의 자격을 여(與)하고 문제생은 삼개월 후이면 중간부의 자격을 여할 일

삼, 각본은 행정 당국의 용허하는 범위 내에서 현대사조와 사회상에 *하야 현 사회에서 절대 최다수의 계급이 점유한 대중을 본위로 하야 관객으로 하야금 각자의 처지와 입장을 각성할 만한 민중화의 각본을 선택하야 상장할 일

사, 배역 시에는 연예부장 대간부 중간부 각 일 인식 합 삼 명이 입회 후에 배정하야 줄 일

단 배역 시에 입회할 대중간부 중 일인식은 연예부장이 차(此)를 수시 임선(任選)할 일

오, 등장회원에게는 매월 일 예제 흥행기간(오일간)식 교대 휴가를 여할 일

육, 연예부장은 매 예제 교환 익일에는 등장회원 일동에게 극평을 하야 줄 일

칠, 토월회 내에 *서부(書部) 운동부 인사부의 삼부를 설치하야 줄 일

팔, 등장회원이 유병(有病) 시에는 전쾌(全快)할 시까지 합자회사 토월회에서 부담 치료하야 주고 보수는 각기 기(旣) 정액대로 지불하야 줄 일

구, 이상 팔개 조항에 대하야는 본월 이십일 하오 십일시 내로 회답하야 주되 원만한 해결이 무(無)할 시에는 중간부 문제생 일동은 일치 행동을 취하야 상연치 아니함

---

13) 동맹파업(同盟罷業)의 준말.

상연엔 무영향 / 세 명은 연화되엿다 / 전무 이서구(李瑞求) 씨 담

별항 보도에 대하야 토월회 전무(專務) 리서구(李瑞求) 씨는 말하되『과연 그런 사실이 잇섯는데 십구일 밤에 그들을 맛나서 나는 회사의 사정을 말하고 간곡히 말을 하엿더니 그중 세 명은 회사 측의 처티를 동정하야 뎨일조인 보수문뎨(報酬問題)를 회사에 리익이 잇슬 째까지 보류한 후 다시 무대에 오르기로 되엿스나 남은 일곱 명은 아즉도 태도가 매우 강경한 모양이올시다. 다른 단톄의 배우를 다려다가 미봉을 한다 함은 전혀 업는 사실이요, 퇴회하는 사람이 잇다 하드라도 래일 밤부터 상연할 『테아보로』극에는 조곰도 영향이 업슴니다』하더라.

조선 25.05.21 (석2) [자명종]

▲ 동맹파업 동맹휴학은 시대의 바람인지 업시 하려야 업시 할 수 업고 막으려야 막을 수 업는 것인 모양이다. ▲ 지배계급이 잇는 곳에 반드시 불평이 잇고 불평이 잇는 곳에 또는 반항이 생기는 것이 곳 사람으로서의 생의 충동인가 보다. ▲ 그래서 이 두 가지 계급이 잇는 곳에는 언제나 평안히 발을 쌧고 잠 한잠 잘 수 업는 것도 역시 면치 못할 시대의 번민상의 하나인가 한다. ▲ 보라, 그 물결이 어대까지나 파급이 되엿는가를. ▲ 시내 황금뎡에 잇는 조선신극단 토월회에의 배우들도 지난 십팔일에 동 회 중역 측에 향하야 팔개 조건을 뎨출하고 불응하면 휴업을 단행하기로 되여 이십일일부터는 마츰내 휴업을 하게 된다 한다. ▲ 토월회의 직영된 지 겨우 한 달 남짓된 광무대의 무대 우혜는 오날 저녁부터는 또 무엇이 나타날는지.

동아 25.05.22 (2) 파업 배우 출회(黜會) / 여덜 명에게

토월회(土月會) 배우 일부가 동맹파업을 하엿다 함은 긔보한 바어니와 요구 조건 여덜 가지 중에 월급을 올려달라는 첫 조건이 중심 조건이엿스나 방금 토월회의 경영이 그다지 넉넉지 못할 뿐만 아니라 근래의 수입으로는 도뎌히 그 요구를 들어줄 수 업슴으로 간부측에서는 어느 시긔까지 보류하고 이후 일주일 동안만 손이 잘 들어오면 들어주겟다 하엿스나 파업한 열세 명 중 여덜 사람은 그래도 강경한 태도를 취함으로 회 규측에 의하야 오늘 아츰에 여덜 사람에게 부득이 출회를 명하엿다더라.

동아 25.05.22 (3) 〈광고〉

연제(演題) 개체(改替) 이십일일부터 오일간

一, 신(新) 데이야보로 전이막

一, 희생하든 날 밤 전이막

신 데이야보로는

『총대 한 편 손에 고모자를 눌너쓰니 사나오 쓸이라』

는 요사히 유행되는 노래를 연극으로 쑤민 것이 올시다

토월회 직영 **광무대** 전화 본국 팔팔육번

동아 25.05.23 (2) [연예운동] 토월회 공연 / 명극 신 데야보로

『산송장』을 이십일 밤까지 맛친 토월회(土月會)의 광무대(光武臺)에서는 이십일일 밤부터 『데아블로』와 『희생하든 날 밤』의 두 가지 연극을 상연하리라는데 『데아블로』는 일즉이 조선에서 류행되야오든 『어엿븐 도적의 노래』를 연극으로 쭈민 것이니 세상의 드믄 미남자로 도적질을 잘하야 세상 사람들은 그를 호랭이 가치 무서워하나 그는 한번 미인만 맛나면 염소가치 순하야진다. 잇는 사람의 돈을 훔치어다가 업는 사람을 주며 가엽슨 이를 위하야서는 생명을 앗기지 안는 의협이 가슴에 찬 할비극이니 『총대 한 편 손에 잡고……』라는 노래를 외우든 이는 누구나 다 『데아블로』의 일홈을 알 것이다. 『희생하든 날 밤』은 사랑을 기생에게서 차즈랴다가 무참한 절망을 하고 마츰내 그 기생을 죽여바리는 요사히 조선 화류계를 대조삼은 현대극이라 한다.

동아 25.05.23 (3), 25.05.24 (3), 25.05.25 (4) 〈광고〉

5월 22일자 광무대 광고와 동일

동아 25.05.23 (3) 〈광고〉

당 오월 이십삼일(토요)부터 사진 차환
구리스치— 영화 희극 **우와 사(牛와 砂)** 전이권
파라마운트 사 특작품 사회극 **시골이 그리워** 칠권
대유나이뎃트 사 대걸작 풍운아 다크라스, 훼—방크스 씨
대희활극 **모리곳돌** 전육권
= 예고 =
메돌사 대작품 천재아 직키, 구—캉 군 주연
대명화 『**후란다—스의 소년**』 팔권
육당 최남선(崔南善) 씨 번역 (불상한 동무)
대유나이뎃트 사 초특작 풍운아 다크라스 훼—방크스 씨
대희활극 『**삼총사**』 전십이권
조선극장 전 (광) 二〇五

동아 25.05.23 (부록1) 제주 무전 개통

제주 무선 전신은 거(去) 오월 일일부터 개통되얏다 함은 기보한 바어니와 제주 관민은 지난 오월 십오일 당지 관덕정(觀德亭)에서 성대한 축하식을 거행하얏다고. (제주)

매일 25.05.23 (2) 연일 대만원 된 사 권번 경기 연주 / 사일간을 련일 만원으로 공전한 대성황을 일우어

네 권번 기싱의 재조를 민중에게 심판을 청하야 재식샹졀이 대표뎍 명기(名妓)를 틱하야 한편으로는 침체되야 가는 화류계의 공긔를 쇄신케 하는 동시에 기우러가는 됴션의 가무를 부활식혀보고쟈

본사에서 주최한 연예대회는 연일 만원의 성황으로 이십일일 밤까지 원만히 맛치엇는대 마지막 날에는 됴선권번의 연주가 잇서 특히 서양무도와 팔검무 등 특수한 과목도 잇서서 매오 자미가 잇셧스며 경기 투표수를 참고할 째마다 립회(立會)의 수고를 씨치인 각 권번 임원 제위와 경찰관에게는 특히 감사한 쯧을 표하야 둔다.

투표결과 / 사일간 통계

사 권번 경기 연주대회는 별항 보도와 갓거니와 사일간 경기 투표의 성적은 다음과 갓더라.

△ 대정권번 △

일등 마채봉(馬彩鳳) 四一표 이등 김추월(金秋月) 三八표 삼등 심매향(沈梅香) 三五표
사등 김백오(金百五) 三一표 오등 천금홍(千錦紅) 二三표

△ 한남권번 △

일등 최죽엽(崔竹葉) 一六六四표 이등 최설매(崔雪梅) 二九六표 삼등 김화중선(金花中仙) 二四표 사등 박녹주(朴綠株) 二三표 오등 박옥화(朴玉花) 二一표

△ 한성권번 △

일등 임춘홍(任春紅) 六八三표 이등 홍소옥(洪素玉) 一八二표 삼등 전월향(全月香) 一七一 표 사등 고소담(高小淡) 五五표 오등 신금홍(申錦紅) 四二표

△ 조선권번 △

일등 최홍련(崔紅蓮) 一〇표 이등 이류색(李柳色) 一〇표 삼등 박채선(朴彩仙) 一〇표
사등 박수*(朴水*) 九표 오등 현매홍(玄梅紅) 七표

됴선권번에는 실로히 풍정랑식(風精浪息)의 침착 냉담한 긔세가 낫하나 투표 운동에 열성한 기싱을 둔 다른 권번과는 특히 다른 덤이 잇서서 도로혀 보는 이의 가삼을 조히게 하얏스니 일, 이, 삼등 전부 십 졈식이 다 상하를 닷호올 수 업는 것을 규측이 의하야 경찰관의 립회 하에 됴선권번 대표 하규일(河圭日) 씨의 츄첨으로 일, 이, 삼 등의 차석을 뎡한 것이며 대정권번에도 쏘한 어느 바람이 부느냐? 하는 듯한 민몰한 긔세가 잇셔셔 결국 사십일 덤! 다른 권번에 가서는 오등도 될 수 업는 덤수로 일등이 된 것도 쯧잇는 일이며 싱각할 일이엇고 결국은 한남권번의 최죽엽, 최설믹, 한성권번의 림츈홍, 홍소옥 네 기싱의 싸홈이 되고 말자 인긔는 홈쌕 네 긔싱에게 집중된 것이엿든 것이다.

특별 선상(選賞) / 최죽엽이 최우등 / 그 다음은 임춘홍

각 권번에서 고뎜자를 퇵하야 오등까지의 상품을 주게 되는 동시에 예보한 바와 갓치 일등이 된 기싱들 네 명 중에서 다시 고뎜자를 퇵하야 특별 일등과 특별 이등상을 줄 터인대 명예에 명예를 거듭한 기싱은

특별 일등 한남권번 최죽엽
특별 이등 한성권번 임춘홍

등 두 명이다.

상품 수여식 / 이십륙일 정오에 본사 래청각에셔

상품의 수여식은 이십륙일 정오부터 본사 릭청각에셔 개최하야 각각 본인에게 수여하기로 되얏다.

매일 25.05.23 (4) [연예안내] 〈광고〉

당 오월 이십이일부터 특별 대흥행

문제에 잇든 이대명화 돌연 대공개

유 사 초특작 조인(鳥人) 리챠-드 다루마즈 씨 대맹연

대모험대모험 **육탄아(肉彈兒)** 전칠권

유 사 일천만불 대영편 **노톨-담의 구루남(傴僂男)** 전십이권

= 대예고 =

근일 공개

조선영화제작소 제일회 작품

대비극 **숙영낭자전** 전편(全篇)

고대하셔요 근근(近近) 공개됩니다

단성사

일부 출연진이 제외된 외 동아일보 5월 23일자 조선극장 광고와 동일

시대 25.05.23 (1) 방송무선국 설립 / 쥰비위원회

일즉 계획 중이든 경성방송무선국 설립준비위원회는 제삼회 ＊＊＊회를 작 이십이일 오후 일시(一時)부터 체신국에서 개최하얏다 한다.

시대 25.05.23 (2) 해고 배우 분개 / 토월회의

토월회(土月會) 배우들의 동맹파업에 대하야 회 당국에서는 칠 명의 배우를 해고하는 것으로 재작일에 해결을 지엇다는 것은 작지에 보도한 바어니와 이에 대하야 해고당한 배우들은 그동안 자긔들이 호쩍생활을 하면서 회의 직무에 복종하야 오든바 견딜 수 업슴으로 될 수 잇는 정도에서 생활의 실비로 십오 원, 삽십 원식 요구하얏는바 매월 구십 원의 경비만 더 쓰면 될 수 잇슴에도 불구하고 그와 가티 ＊＊듸에 출회를 시키는 것은 의사를 너무나 무시함이라고 분개함을 참지 못한다고 한다.

시대 25.05.23 (2) 〈광고〉

당 오월 이십이일부터 특별 대흥행

문제에 잇든 이대 명화 돌연 대공개

유 사 초특작 세계적 모험왕 조인(鳥人) 리챠드다루마드 씨 대맹연

대모험대비약 **육탄아(肉彈兒)** 전칠권

보라 조인의 대모험 대비약

쾌남의 질풍신뢰(迅雷)하는 대기*(大奇*)

유 사 일천만불 대명편

전 세계 창시 이래의 대(大)** 작품

불국 문호 유-고 선생 원작 성격왕 론재-니 씨 필생의 대역연

국제적 미인의 제일인자 쌔-씨루-쓰미-라 양 공연(共演)

세계적 명우 노앵케-리 씨 조연

노톨담의 구루남(傴僂男) 전십이권

**과 살대(殺代), 압제와 절타(窃打) 이것이 구주(歐洲) 역사상에 이른바 암흑시대엿섯다

대예고 근일 공개

조선영화제작소 제일회 작품

대비극 **숙영낭자전** 전편

고대하서요 근일 공개됩니다

수은동 **단성사** 전【광】구오구

오월 이십삼일 토요부터 일활영화 공개

정국(丁國)[14] 단마-구스단다-도 회사

죠-지아이바-승 씨 스데리린도-양 공연(共演)

인정극 **구함 밧은 여(女)** 전오권

미국 아스다필님 회사 죠-베-이 씨 맹연

대활극 **사진(砂塵)을 차고** 전칠권

미국 빅구사운다 회사

모-리스고스데로 씨 주연 에셀구란덴-양 조연

연속활극 **적안(赤眼)** 전십육편 삼십이권

삼회 제팔편 사의 음(死의 蔭) 제구편 요등의 변(妖燈의 汲) 제십편 지옥의 귀(鬼)

폭쓰 일활 특약 **우미관** 전【광】삼구오

동아일보 1925년 5월 23일자 조선극장 광고와 동일

조선 25.05.23 (석1) 무전계의 신기록 / 방송 음악 등을 / 하시(何時)에던지 듯도록

(륜돈(倫敦)[15] 이십일 발) 금회 영국 무선방송회사 역원(役員)의 발표한 바에 의하면 일차 무선국에서 방송된 음악이며 연설을 축음기에 올려서 하시에던지 시(試)할 만한 장치 발명의 연구가 목하 독일인 발명가의 수(手)에 의하야 進行인데 中[16] 근근(近近) 완성되리라는바 차(此)의 신장치는 『마이

---

14) 정말(丁抹), 덴마크를 말함.
15) 런던.
16) '進行 中인데'의 오식으로 보임.

푸로푸온』으로부터 전래하는 전파의 파동에 의하야 수(受)한 *화(化)를 그대로 원상태에 도라가지 못하도록 특별한 작용을 시하야 별설(別設)한 판에 권취(卷取)하도록 성립된 것이더라.

조선 25.05.23 (석4) 〈광고〉
오월 이십삼일 토요부터 일활영화 공개

인정극 **구함 밧은 여** 전오권

미국 아스다-필님 회사 대활극 **사진(砂塵)을 차고** 전칠권

미국 빅구사운다 회사 연속활극 **적안(赤眼)** 전십육편 삼십이권

삼회 제팔편 사의 음(死의 陰) 제구편 요등의 변(妖燈의 汲) 제십편 지옥의 귀

(입(卅)삼, 입사, 입오, 삼일간)

무료 공개

세용의 소(洗用의 素) 제이회 선전키 위함이오며

장내를 정리코자 이십 전를 매구(買求)하시는 인사에 한함

일일 공(公)* 육백대 한(限)

폭쓰 일활 특약 **우미관** 전 광 삼구오번

매일신보 5월 23일자 단성사 광고와 거의 동일
동아일보 5월 23일자 조선극장 광고와 거의 동일

동아 25.05.24 (3) [지방단평]
전주 전북도청 지방개량 선전대는 활동사진기를 드러메고 무주, 장수 등 산간지대를 순회하고 이주 간만에 도라왓다는가. 도청 자신의 개량이 선무(先務)일 듯.

동아 25.05.24 (3), 25.05.25 (3), 25.05.26 (1), 25.05.27 (4) 〈광고〉
5월 23일자 조선극장 광고와 동일

매일 25.05.24 (2), 25.05.25 (2), 25.05.26 (3) 〈광고〉
5월 23일자 단성사 광고와 동일
5월 23일자 조선극장 광고와 동일

시대 25.05.24 (1), 25.05.27 (3) 〈광고〉
5월 23일자 단성사 광고와 동일
5월 23일자 조선극장 광고와 동일

시대 25.05.24 (1), 25.05.27 (3), 25.05.28 (4) 〈광고〉

5월 23일자 우미관 광고와 동일

조선 25.05.24 (석1) 〈광고〉

5월 23일자 단성사 광고와 동일

동아 25.05.25 (1) 무전 방송국 정관 / 위원회에서 가결

그전부터 기초 중이든 경성 무선 방송국 정관은 이십이일의 위원회에 원안대로 가결하고 자금 모집 방법의 선결 문제로 하야 위원장을 재계 방면에 물색하기로 타합하엿다.

매일 25.05.25 (2) [연예안내] 〈광고〉

시대일보 5월 23일자 우미관 광고와 동일

동아 25.05.26 (2) [연예] 추풍감별곡(秋風感別曲) / 이십륙일부터 오일간

횟수를 거듭함에 따라 새 각본을 상연하든 토월회(土月會)의 광무대(光武臺)에서는 그간 한 번 상영하야 쯧밧게 갈채를 밧앗든 조선의 구가극 추풍감별곡(秋風感別曲)(전삼막)을 이십륙일 밤부터 닷새 동안 상연을 할 터이라는데 재래의 조선에서 류행하든 『어제 밤 부든 바람 금성이 완연하다』라는 사랑을 그리는 넷 사람의 그윽한 노래도 실로히 조선의 색향 평양에서 이러난 모 l로[17] 사랑의 『로맨쓰』 중에서 가장 자미잇는 이야기 중의 한아이라 한다.

『다크라쓰』의 대활약 / =『모리곳돌』을 상연 =

조선극장에서 오는 이십구일까지 상영할 활동사진을 특히 희활극으로써 중심을 삼아 우슴거리 대회를 열게 되얏다는데 위선 『구리스치』 회사의 독특한 희극 『소와 모래』라는 두 권과 일대의 풍운아 『다크라쓰』 씨가 주역이 되야 보는 이의 가슴이 서늘하게 하며 허리를 썩거놋코야 마는 『모리곳돌』이라는 뎨목부터 우수운 전후 여섯 권의 사진을 상영하는 외에 항상 찬란한 무대면과 쏫다운 배우로써 구경쑨을 놀래여놋는 『파라마운트』 회사의 문뎨의 사회극 『시골이 그리워』라는 일곱 권 사진도 잇겟다더라.

동아 25.05.27 (1) 〈광고〉

이십육일부터 압흐로 오일간

구(舊)가극 **추풍감별곡(秋風感別曲)** 전삼막

토월회 직영 **광무대** 전화 본국 팔팔육번

---

17) 기사 원문에 이렇게 표기되어 있음.

시대 25.05.27 (1) 무전열차 / 내 십오일경 시운전

【동경 이십육일 발】 철도성은 미리 계획 중의 무전열차는 결국 완성의 역(域)에 달하야 겨우 금번 열차 설비를 종(終)하고 지금은 체신성으로부터 차 부속재료만 잇스면 시운전을 할 것 갓다. 차(此) 열차는 『보기』차 중에 송신실 수신실 직원실 등이 유(有)하고 『안테나』는 옥상에 사본(四本)을 설(設)하고 송신 수신을 공히 하게 되엇다. 완성한 후는 육월 십오일에 국부진(國府津)[18]과 동경 간의 시운전을 하고 쌀하서 동경 하관(下關)[19] 간의 지급(特急)열차 전부에 『라지오』를 *부(付)하게 되엇다.

동아 25.05.28 (2) 활동사진 필림 검열세 징수 계획 / 일본서는 한 자에 오 전식 바더 / 석 자에 오 전이면 일만칠여 원[20] / 일 년간 검열 연장(延長) 백만척

요사이 경긔도 경찰부 보안과에서는 시내 각 활동사진상설관 『필림』 검열에 대하여 검열료를 징수하기로 종종 협의하는 중인데 검열 료금을 바드랴면 위선 검열관(檢閱館)이 필요하다하야 삼만 원 내지 오만 원의 예산으로 검열관을 건축하고저 보안과댱으로부터 도에 그 예산안을 건의하야 지금 심의하는 중이며 총독부에서도 이에 대하야 방금 연구를 거듭하고 잇는 중이라는바, 시내에서 검열되는 『필림』 척수가 일 년간 백만여 척에 달한다 하며 그 검열 료금에 대하야는 일본 동경에서는 한 자에 오 전식을 바드나 조선에서는 그럴 수가 업스므로 석 자 내지 다섯 자에 오 전식을 바들 복안을 가지고 잇다는데 석 자에 오 전식을 밧게 되면 일 년간 수입이 약 일만 칠천 원에 달하야 『필림』 검열관을 독립하고 그 비용을 넉넉히 쓸 수 잇다 하며 그 실현에 대하야는 검열관 건축비 예산이 편성되야 동 관을 건축하는 대로 곳 실행할 터이라는바, 엇저면 현재 검열하는 곳을 잘 증수하고 금년 안으로 실행될넌지도 알 수 업다더라.

동아 25.05.28 (2) [연예] 제일회 삼우회 출연 / 활사, 양악, 기생 연주 / 삼십일 하루 동안

시내 단성사(團成社), 우미관(優美舘), 조선극장(朝鮮劇場) 등 세 활동사진관 관원 중 변사(辯士), 악사(樂士), 기사 등으로 조직된 영화삼우회(映畵三友會)에서는 오는 삼십일 오후 한 시부터 수은동(授恩洞) 단성사에서 활동사진, 양악(洋樂), 기생 연주 등으로 데일회 연주회를 개최할 터이라는데 이날은 전긔 세 활동사진관에 난호여 잇는 회원 전부가 모히어서 자기 기능것 할 터이라 하며 이와 가튼 연주를 매우 토요일마다 세 관에서 돌녀가며 개최할 터이라는데 이번 사진은 동도(東道)라 하며 입장료는 칠십 전과 오십 전식이라더라.

동아 25.05.28 (3) 음악대 내철(來鐵)

평북 정주음악대에서는 조선사회 교육을 위하야 통속교육활동사진대를 조직하야 전선(全鮮)을 순회하는 중 지난 이십일일에 내철하야 당지 기독교청년회, 조선 동아 양 지분국의 후원 하에 천도교 종리원정(綜理院庭)에서 음악활동사진회를 개최하고 김영락(金永洛) 씨의 개회로 악대원의 주악이

---

18) 일본 가나가와 현 오다와라 시에 있는 '고즈 역'을 의미함.
19) 시모노세키.
20) 일만 칠천여 원에서 천이 누락된 것으로 보임.

씃난 후 흥미 잇는 사진 칠, 팔 편을 영사하엿스며 대원 홍월파(洪月波) 씨의 쌔-요링 독주, 독창 급 (及) 병창은 일반 관객에게 만흔 갈채를 박(博)하고 동 십이시경에 무사(無事) 산회하엿다는데 관객 은 무려 사, 오백여 명에 달하엿스며 당일 실수입 중에서 반액을 당지 기독교청년회에 기부하엿다 고. [철산(鐵山)]

동아 25.05.28 (4) 〈광고〉
일부 출연진이 제외된 외 시대일보 5월 28일자 조선극장 광고와 동일

동아 25.05.28 (4), 25.05.29 (3), 25.05.30 (1), 25.05.31 (4), 25.06.01 (4) 〈광고〉
5월 27일자 광무대 광고와 동일

시대 25.05.28 (4) 〈광고〉
당 오월 이십구일 푸로크람 특별 흥행
고대의 명화 그여히 공개
유- 사 작품 대활극 **대접전** 전이권
유 사 대표적 작품 쟉크미루홀-주연
최종편 사교계의 괴적 전십편 입(卄)권 중 최종 사권 상영
유나이텟트 사 대작
OW 크리피-쓰[21] 씨 작품 명화(名花) 리리안 킷쉬- 양 주연
대모험대비곡 **동의 도(東의 道)** 전십일권
『안나』의 눈물! 그것이 모-든 녀자의 눈물이엿다
『안나』의 원한- 그것은 모-든 녀자의 원한이엿다
예고
근일 공개될
조선영화제작소 제일회 작품
조선배우학교 학생 총출연
대비곡 **숙영낭자전** 전편
현 촬영 중
근일 공개됩니다
수은동 **단성사** 전 【광】 구오구번

당 오월 이십구일(금요)부터 명화 제공
금회는 특히 보통요금으로

---

21) 'DW 크리피쓰'의 오식으로 보임.

구리스치 영화 희극 **호리웃도** 전이권

콜드윙 사 특작 영화

명화(名花) 코-링무아 양 맹우 안토나오모레노 씨 ＊＊

인정활극 **연과 식욕(戀과 食慾)** 전육권

미국 파라마운트 사 특작품 명화 메데이콤푸숭 양 대역연

연애명편 **놋치지 마라** 전팔권

대예고

대유나이뎃트 사 대걸작 풍운아 다크라스홰방크스 씨 역연

대희활극 **삼총사** 전십이권

대 메돌 사 공전의 대걸작품 천재아 작키구-캉 군 주연

대명화 **후다-스의 소년** 전팔권

육당 최남선 씨 번역(불상한 동무)

인사동 **조선극장** 전【광】二〇五번

동아 25.05.29 (3) 〈광고〉
5월 28일자 조선극장 광고와 동일

매일 25.05.29 (2) 허구날조의 검열세 징수설 / 지금 설비로도 검열 충분 / 일반 상설 업자는 안심하라

인문의 진보를 좃차 흥힝물(興行物)에 대한 취테도 역시 차차 규측덕으로 진보되야 우선 시내 각 활동사진관의 필림 검열도 재릭에는 소관 경찰서의 보안게 순사가 활동사진관으로 츨장을 하야 간단히 검열을 해야 하든 것을 최근에 와서는 예술에 대하야든지 쏘는 민도(民度)를 잘 알지 못하는 일개 순사에게 맛기는 것은 불가하다 하야 결국 경긔도 경찰부 남편에 잇는 십여 평이나 되는 창고를 고치어서 검열실을 믄든 후 기사만 각 상설관에서 연합하야 한 명을 고용한 후 보안과에서 직뎝 검열을 하야오든 터이라. 일부에서는 검열관을 새로히 지어서 대규모로 하기 위하야 각 상설관 주에게 세금을 밧으리라는 허황한 풍셜도 잇스나 목하 경긔도 경찰부의 처리로는 지금 잇는 설비와 인원으로 넉넉히 지낼 수 잇는대 이졔 보안과의 사진 검열 일명을 보면

월 ＝ 중앙관 황금관, 화 ＝ 희락관 우미관, 수 ＝ 대정관 단성사

목 ＝ 우미관 일반, 금 ＝ 단성사 조선극장, 토 ＝ 경룡관(京龍舘)

등으로 두 사람의 경부가 츙분히 검열에 종사하는 것이니 일반 영업자는 풍셜에 놀내지 말고 안심을 할 것이더라.

세금 징수는 만무 / 가사 집을 늘녀도 세금은 안 밧는다 / 백석(白石) 보안과장 담(談)

이에 대하야 빅셕(白石) 보안과장은 말하되 아즉 갓하야셔는 검열하는 쳐소가 츙분하니 널너거나 개정할 필요가 업스며 가량 됴선 젼례의 사진을 젼부 경긔도 보안과에서 하게 되야 집을 크게 짓는

199

한이 잇드라도 그럿타고 짜로히 셰금을 밧을 것이 안인가 하오 하더라.

매일 25.05.29 (2) 영화 삼우회 연주회 / 삼십일 낫에 단성사에서

시내 단성사(團成社), 됴선극장(朝鮮劇場), 우미관(優美舘)의 세 활동상설관 해설자(解說者) 일동으로 조직된 영화 삼우회(映畵三友會)에서는 다음의 순셔에 의하야 연주대회를 명 삼십일 오후 한 시부터 단성사에서 개최한다는대 특히 시내 셰 권번 명기가 응원 츌연하야 이채를 도울 터이요, 더욱히 세계덕 명화 『동도(東道)』를 영사하야 일반 『판』의 흥미를 도드리라는바, 삼우회의 음악은 견긔 셰 상설관의 악사 즁 가장 일홈 잇는 션수만 쏩아 근리에 듯지 못하든 대합주단(大合奏團)을 편성한 것이요, 입장료는 이층은 칠십 젼, 아릭층 오십 젼이라더라.
◇ 연주 순서 ◇
활사 ◇ 사권(四券) 명기 입창 ◇ 삼우회 음악부 주악 ◇ 삼우회원 일동 등장 ◇ 사권(四券) 명기 좌창 ◇ 『동도(東道)』 상영

매일 25.05.29 (2) [연예안내] 〈광고〉

홍보문구 및 출연진 등 제외된 외 시대일보 5월 28일자 단성사 광고와 거의 동일
일부 출연진이 제외된 외 시대일보 5월 28일자 조선극장 광고와 동일
5월 15일자 우미관 광고와 동일[22]

조선 25.05.29 (석3) [신영화] 불가실(不可失) 전팔권 / 오월 이십구일부터 / 조선극장에서 상영

이 영화는 『잉글랜드』 『쪰스』 일세 째의 해외 식민디를 두고 이러난 『로맨스』를 영사한 것인대 그 경개를 말하면 – 『쪰스』 일세 째의 『잉글랜드』 조정은 대단 문란하엿다. 이째에 궁중에 시녀로 잇는 『쪼세린』은 궁중에서 제일가는 미인이엿는대 『쪰스』 일세의 총애를 밧는 『카날』 백작은 이 『쪼세린』의 미모를 탐하야 결혼을 강청하엿다. 그러나 『쪼세린』은 그것에 응할 수 업섯다. 더욱히 『쪰스』 일세가 명령으로 백작과 결혼하기를 권하게 되야 할 수 업시 『쪼세린』은 궁중을 버서나서 『바지니아』라는 해외 식민디로 도망을 하엿는데 그째에 식디디에는[23] 남자쑌이오 녀자는 적음으로 정부에서 처녀만을 그 식민디의 활동하는 남자들에게 보내는 가운대에 한 사람이 되야 건너갓다. 식민디에 건너가서 거긔에서 유감하고도 유순한 한 미남자인 『파시』라는 이와 사랑하게 되엿다. 그러나 독사와 가튼 백작은 『쪼세린』의 애인은 감검하고 『쪼세린』은 배를 대워[24] 본국으로 도라가게 되엿다. 이째에 청년은 감옥을 부시고 나와 『쪼세린』이 붓들리어 가는 선중으로 들어가 해상에서 여러 가지 활극을 연출한 뒤에 다시 붓들려 죽게 되엇다가 텬행으로 몸을 버서나 『쪼세린』과 백작이 강제결혼을 하게 된 혼례식장에서 백작과 결투하야 그를 한 칼에 씰르고 다시 『쪼세린』과 결혼하게 되엇다

---

22) 우미관 광고는 5월 15일 이후 5월 25일에 바뀌었는데 이날 다시 5월 15일자에 실었던 광고를 다시 게재한 것인데, 이는 잘못 게재된 것으로 보임.
23) '식민디에는'의 오식으로 보임.
24) '태워'의 오식으로 보임.

는 것이다.

조선 25.05.29 (석3) 〈광고〉
홍보문구 및 출연진 등 제외된 외 시대일보 5월 28일자 단성사 광고와 거의 동일

조선 25.05.29 (석3), 25.05.30 (석4), 25.05.31 (석4) 〈광고〉
5월 23일자 조선극장 광고와 동일

조선 25.05.29 (석4) 〈광고〉
출연진이 제외된 외 시대일보 5월 30일자 우미관 광고와 동일

동아 25.05.30 (1) 〈광고〉
당 오월 삼십일(금요)부터 칠일간
한남권번 경기(競技)대회
백여 명 예기 총출연
= 예고 =
미국 파라마운트 사 특작품 연애명편 **놋치지 마라** 전팔권
대유나이뎃트 사 초특작 대희활극 **삼총사** 전십이권
메돌 사 대작품 천재아 작키, 구-캉 군 주연
대명화 **후란다-스의 소년** 전팔권
육당 최남선 씨 번역 (불상한 동무)
조선극장 전 (광) 二〇五

매일 25.05.30 (4), 25.05.31 (5), 25.06.01 (1), 25.06.02 (2), 25.06.03 (3), 25.06.04 (1) 〈광고〉
5월 29일자 단성사 광고와 동일

매일 25.05.30 (4) [연예안내] 〈광고〉
동아일보 5월 30일자 조선극장 광고와 동일
출연진이 제외된 외 시대일보 5월 30일자 우미관 광고와 동일

시대 25.05.30 (1), 25.05.31 (1), 25.06.02 (3), 25.06.03 (4), 25.06.04 (4) 〈광고〉
5월 28일자 단성사 광고와 동일

시대 25.05.30 (1) 〈광고〉

오월 삼십일 토요부터 전부 차환

미국 엣사네- 회사

종로텐쓰 씨 마리안모-레이 양 공연(共演)

인정극 **결서(結誓)** 전이권

미국 바이다구라후 회사

아니다스데아-드 양 리쟈-드다-나- 씨 조연

인정극 **전화(轉禍)** 전육권

미국 빅구사운다 회사

모리스고스데로- 씨 에셀구란덴스 양 공연

연속종편 **적안(赤眼)** 전십육편 삼십이권 원명 홍혈마(紅血魔)

해결편 제십삼 십사 십오 십육편 팔권 상영

예고 근일 상영

미국 유나이뎃드아지쓰 회사 초특작

리리안 킷쉬 양 주연 도로시- 킷쉬 양 조연

대활극대비극 **남의 고아(嵐의 孤兒)** 전십이권

미국 쿠리스지이 영화 도로시-도우오일 양 맹연

대모험희활극 **여(女)로이도** 전팔권

폭쓰 일활 특약 **우미관** 전【광】삼구오번

동아일보 5월 30일자 조선극장 광고와 동일

조선 25.05.30 (석3) 영화 삼우회 연예 / 오월 삼십일 토요 / 단성사에서

영화예술에 종사하는 여러 사람으로 조직된 영화회에서는 첫 연주회를 금월 삼십일 오후 한 시 반부터 시내 단성사에서 열게 되엿는대 당일은 단성사 우미관 조선극장의 모든 해설자와 악사 기사들이 합동하야 일대 성황을 일울 터인바 그 연주 프로그람은 아래와 갓더라.

일, 활동사진 이, 기생 입창 삼, 삼우회 음악부 주악 사, 삼우회원 전부 등장

오, 기생 가곡 육, 사진 영사 (문예영화) **동도(東道)**

조선 25.05.30 (석3) 한남권번 연주

시내 한남권번(漢南券番)에서는 명 삼십일 밤부터 인사동(仁寺洞) 조선극장(朝鮮劇場)에서 일주일 동안 연주회(演奏會)를 열 터이라는데 비가 오면 연긔한다고.

조선 25.05.30 (석3) [신영화] 동도 / 전십일권 / 오월 이십구일부터 / 단성사에 상영한다

이 영화는 『로믜-, 쏠라인』 녀사의 원작소설을 『풀, 케례』 씨가 영화각본으로 각색하고 『그리피이스』

씨의 감독 하에 연출한 유명한 문예영화인대 그 경개를 대강 말하면 『뉴잉글랜드』 깁숙한 시골에 『안나무아』라는 아름다운 처녀가 어머니를 모시고 가난하게 지내엇다. 하로는 『포스톤』에 사는 친척 되는 사람에게 돈을 청구하러 갓다가 그곳 도회의 화려 부박한 생활에 유혹을 당하게 되야 여러 가지로 고생을 하다가 필경은 다시 그의 시골로 도라와서 순박한 남자와 결혼하야 여생을 령화롭게 보내엇다는 것인대 이 영화는 도회의 죄악을 폭로식히며 인정의 아름다운 것과 쏘는 그 아름다운 가운대에 무수한 죄악이 숨어 잇는 것을 우리 눈 압헤 번듯밧 드러내 보인다. 더욱히 『안나무아』와 가티 순결한 처녀가 가난으로 말미암아 악독한 운명의 지배를 밧게 된 것을 우리에게 여실히 보이는 비통한 영화이다.

조선 25.05.30 (석4), 25.05.31 (석4), 25.06.01 (조3), 25.06.02 (석4) 〈광고〉
5월 29일자 우미관 광고와 동일

조선 25.05.30 (석4), 25.05.31 (석4), 25.06.01 (조3), 25.06.02 (석2) 〈광고〉
5월 29일자 단성사 광고와 동일

동아 25.05.31 (4), 25.06.01 (4), 25.06.02 (3), 25.06.03 (1), 25.06.04 (3), 25.06.05 (2) 〈광고〉
5월 30일자 조선극장 광고와 동일

동아 25.05.31 (부록1) 청년 활사(活寫) 내고(來固)
김해청년회에서는 노동야학의 경비를 엇기 위하야 활동사진대를 조직하야 각지를 순회 중 거(去) 이십사일에 고성에 도착하야 고성청년단, 고성기독청년면려회, 시대 조선 동아 각 지국 후원 하에 고성청년회관 내에서 이일간 영사하기로 하엿다가 각 지방에서 오해하는 모(某) 문제를 철저히 해결하기 위하야 각지를 순회하기로 하고 이십사일로 영사한 후 도라갓다고. (고성)

매일 25.05.31 (5), 25.06.01 (1), 25.06.02 (2), 25.06.03 (3), 25.06.04 (1), 25.06.05 (1) 〈광고〉
5월 30일자 조선극장 광고와 동일

매일 25.05.31 (5), 25.06.01 (1), 25.06.02 (2), 25.06.03 (3), 25.06.04 (1), 25.06.05 (1), 25.06.06 (1) 〈광고〉
5월 30일자 우미관 광고와 동일

시대 25.05.31 (1), 25.06.02 (3), 25.06.03 (4), 25.06.04 (4) 〈광고〉
5월 30일자 조선극장 광고와 동일

시대 25.05.31 (1), 25.06.02 (3) 〈광고〉
5월 30일자 우미관 광고와 동일

조선 25.05.31 (석3) 환등, 활사, 동화 / 세 곳에서 / 하는 소년위안회
장차 새 사회에 주인공이 될 우리 조선 어린이들은 나날이 그들의 운동이 격렬하야 혹은 동화회 혹은 환등(幻燈) 등으로 서로 지식을 계발하기에 힘쓰고 잇습니다. 죽첨정(竹添町) 애진소년회(愛進少年會)에서는 삼십일 오후 세 시에 서대문 경교(京橋)례배당에서 동화회(童話會)를 열고
▲ 삼십일 오후 여덜 시에는 충신동(忠信洞) 명진소년회(明進少年會) 주최로 련건동(蓮建洞) 어린이궁면(명진소년회관)에서 외국 어린이의 생활 기타 위대한 인물들의 자미스러운 활동과 유성긔 대회를 열 터이오.
▲ 삼십일일 오후 여섯 시에는 계동(桂洞) 깃븜사 주최로 련건동 어린이궁면에서 동화대회를 열 터이라는데 세 곳에 모임의 모다 어린들의 모임임으로 입장은 무료여[25], 소년소녀에 한하야 드린다더라.

조선 25.05.31 (조1) 김해 활사대 내고(來固)
도처에 대환영을 수(受)하는 김해 순회활동사진대가 거(去) 이십사일에 고성읍에 도착하야 당일 오후 구시부터 당지 청년회관 내에서 영사하엿는대 당지 경찰서에서 개인의 영리라는 허위의 구실로 동정금 요구를 불허하야 동정금은 만치 못하엿스며 대(隊) 일동은 분개함을 이기지 못하는 태도로 통영을 향하엿더라. (고성)

---

25) '무료요'의 오식으로 보임.

6월

동아 25.06.01 (1) 라지오 야간에도 방송 / 체신국에서 결정?

체신국의 무전 정기 방송은 현재와 갓치 주간만으로는 방송 시간이 관청 집무 시간 중에 잇슴으로 관공리의 청취는 심히 곤란하며 더욱이 학술적 연구와 기기 실험 등에도 시간 여유가 업슴으로 거의 불가능하다. 우(又) 일반 부민으로도 주간은 가업의 여가도 비교적 적으며 일가 단란리에 듯는 데도 불편함으로 야간에도 방송하는 것이 조켓다고 희망하는 자가 왕々 잇슴으로 체신국에서도 요망을 용허하려고 과반래(過般來) 고려 중이던바, 아마 현재의 주간 방송도 그대로 계속하야 갱(更)히 야간을 일주일간에 이, 삼 회식 방송하게 되리라더라.

동아 25.06.01 (2) 조선소년군 활동을 활동사진에 촬영 / 작일에 한강 털교 부근에서 여러 가지 활동을 사진 박어 / 전도(全道) 각지에 순회 선전

작 삼십일일 오전 열 시부터 시내 견디동 칠 번디 조선소년군 총본부(朝鮮少年軍 總本部)에서는 한강 털교 부근에서 조털호(趙喆鎬) 씨 지휘 아래에 단원 사십여 명의 척후(斥候)하는 신호(信號)와 자뎐거 행렬, 『샌-트』, 『레-쓰』 등 여러 가지를 활동사진으로 촬영하엿섯다는데 그 사진이 되는 대로 경성 시내에는 물론 각 디방에까지 순회하며 영사할 터이라는데 이로부터 더욱 전조선덕으로 소년군의 정신을 선뎐하겟다더라.

매일 25.06.01 (2) 활동배우 / 인처(人妻)와 정사(情死) / 산음션에서

활동사진 남배우와 가극 녀배우가 쯧갓지 못현 세상사리, 허락을 밧을 수 업는 사랑의 살림에 가슴을 조이다가 정사를 한 일이 잇다. 경도시 목야(牧野)활동사진회사 소속 배우 상원탁(桑原卓)(三一)은 그간 남편이 병으로 인하야 입원을 하고 혼자 잇게 된 가극배우 궁정국강(宮井菊江)(三三)과 불의의 정을 통하야 불안한 향락에 취하야 지나다가 급기 그 본부가 퇴원을 하게 되매 싱리별이 애달바 정남정녀는 삼십일 새벽 여섯 시경에 경도 시외 산음션(山陰線) 긔차선로에셔 긔차에 치어 무참한 정사를 하얏다더라. (경도 면보)

조선 25.06.01 (조2) 이태화극(李泰華劇)을 / 한다고 돈 삼십 원을 / 밧고 피신

조선문예극단(朝鮮文藝劇團) 십이 명 일행은 지난 이십칠일에 중화읍내(中和邑內)로 와서 이미 본보에 보도되엿던 평양선교리(平壤船橋里)에서 일 순사를 살해한 리태화(理泰華)의 사실극을 하려 하든 중 려인숙 주인 리모(李某)는 극단에 대하야 말하기를 리태화는 나의 친족상 관계로서 내 집에서는 도져히 할 수 업다고 거절함으로 극단 일행은 려인숙하는 박처곤(朴處坤)의 집으로 가서 연극을 흥행코저 하엿는데 전긔 리모는 그 극단에 대하야 돈 삼십 원을 주고 그 연극을 중지케 하엿던바 경찰서에서는 그 사실을 탐지하고 극단을 검거하야 취됴 중인데 단원 중 배모(裵某)는 전긔 삼십 원을 가지고 어*로 몸을 감추엇슴으로 방금 수색 중이라더라. (중화)

조선 25.06.01 (조3) 〈광고〉
동아일보 5월 30일자 조선극장 광고와 거의 동일

매일 25.06.02 (2) 오월 중 검열의 『필림』 척수 / 사십삼만여 척
지난 오월 중에 경긔도 경찰부에서 검열을 한 활동사진 영화의 척수는 사십삼만 팔천십사척으로 그 중에서 공안을 방해하겟다는 리유로 절단된 것이 일빅사십일척인데 전부가 남녀 간의 입맛치고 얼싸안는 『러부씬』샌이라더라.

조선 25.06.02 (석4) 〈광고〉
6월 1일자 조선극장 광고와 동일

동아 25.06.03 (2) [휴지통]
▲ 경긔도 경찰부 보안과에서 오월 중에 검열한 활동사진 휘름 권수는 모다 오백구십륙 권이었는데 그중에 씬어버리어 공개치 못하게 한 것이 일백사십여 척이라고. ▲ 그 씬허버린 것은 청춘남녀가 씨여안고 키스하는 광경, 폭탄 갓튼 것을 던지어 처참한 광경을 일우는 곳 쏘는 불을 노코 허다한 사람들이 죽는 것 갓튼 사진의 주요한 장면이 대부분이라고. ▲ 그 리유는 풍속 괴란이니 공안 방해니 하지마는 그 일면으로는 너무 인순 고식덕 인물이 되야 그러지나 안은지?

시대 25.06.03 (4) 〈광고〉
육월 이일 화요부터 명화 공개
미국 푸아스드나쇼날 회사
영국 문호 챨-스멕켄스 씨 원작 천재 소역(小役) 쟈키쿠 큠-캉[1] 주연
누(淚)의희극 **양육원의 고아** 팔권 원명 에리바-도이스트
미국 쌔데-지 사 루스로란트 양 맹연
연속해결 **호(虎)의 족적** 전십오편 삼십일권
해결편 제십이, 십삼, 십사, 십오편 팔권 상영
예고 내회(來回) 상영
미국 유나이뎃드 사 초특작 거성 OW 크리퍼쓰 씨 감독

---

1) '쟈키쿠-캉 큠'의 오식으로 보임.

리리안 킷쉬 양 도로- 킷쉬 양 자매 경연(競演)

대비극 **남(嵐)의 고아** 전십이권

세계적 구리스지-영화 토로시테위오아 양 맹연

대희활극 **여(女)로이도** 전팔권

요심무용(要心無用) 이상의 대*극

우미관 전 【광】 삼구오번

동아 25.06.04 (2) [휴지통]

재작일 밤에 광무대에서 목장의 형뎨라는 연극을 하는 중 림장 순사 나으리의 춘정을 자아내일 만한 장면이 잇섯든 모양이야. ▲ 그 순사 나으리는 못 견듸겟서서 찰알리 보지나 말자는 생각이엿섯든지? 혹은 원체 영민한 까닭으로 경관의 책임 관념을 넘어 늣기엿든 까닭이엿든? ▲ 엇지 햇든지 담박 중지를 명하엿겟다. 그러나 그 각본은 경찰부에서 허가를 마튼 것이며 허가 맛튼 데서 버서난 것은 업섯슴으로 결국 담판하다가 주먹 마진 감투가 되엿다고. ▲ 가슴이나 부등켜안고 남과 가치 구경할 것이지, 경관이라고 반듯이 겁썰대야 할 필요가 어듸 잇나……

시대 25.06.04 (4) 〈광고〉

6월 3일자 우미관 광고와 동일

조선 25.06.04 (석1) 무전방송 개시는 / 십이월 초경일 듯

예(豫)히 준비위원회에서 기안 중이던 무전방송국의 정관은 근자 완성되엿는데 내용은 종래 전하든 바와 대동소이하야 별로히 신신(新新)이 할 것이 업스며 대체는 일본의 그것에 준거하야 작성한 것이다. 발기자 측에서는 근근(近近) 갱(更)히 협의회를 개(開)하야 제반의 협의를 한 후 실행에 관한 의견이 일치되며 직시(直時) 인가 신청의 수속을 취할 터인 고로 급(及) 기(其) 인가의 일(日)도 재근(在近)하다 하겟스며 사원이나 자금의 모집이 예상과 가티 **되면 방송에 필요한 설비에 착수할 순서인데 수신기는 일본제라도 충용할 수 잇스며 간단한 것은 제조 사용하여도 무방할지니 필히 외국품을 사용할 필요는 업다 하더라도 송신기는 아직 일본제로는 정교한 것이 업는 고로 자금(自今) 미국에 주문치 안하면 안 되겟다 하며 싸러서 가령 제반의 준비는 정돈되더라도 방송에 개시되기까지는 금 연말까지 예정하지 안으면 안 되겟다고 모 발기자는 어(語)하더라.

동아 25.06.05 (3) 유치원 경비를 보충키 위하야 / 활동사진으로 각지 순회

해주 천주교내 해성(海星)청년회에서는 동교(同敎)의 경영인 해성유치원의 경비를 충용할 길이 업슴을 개탄하고 회원 일동의 열성으로 금반 활동사진을 구입하야 차(此) 수입으로 그 경비를 보충하려 한다는데 제일회 순업의 일정은 좌(左)와 여(如)하다고. (해주)

육월 사일 장연(長淵) 동 칠일 은율(殷栗) 동 구일 장련(長連) 동 십일일 안악(安岳) 동 십삼일 신천(信川) 동 십오일 재령(載寧) 동 십칠일 사리원 동 십구일 황주(黃州) 동 입(卄)일일 서흥(瑞興) 동 입

삼일 개성 동 입오일 연안(延安)

동아 25.06.05 (부록1) 김제 독자 우대

신파극 화성단(華盛團) 일행은 거월(去月) 이십오일에 김제에 도착하야 매야(每夜) 환영리에 행연(行演)하든바, 거월 이십구일에 본보 독자를 우대하야 입장을 할인하고 만흔 환영을 바더다고. (김제)

동아 25.06.05 (부록1) 활사대의 내용(來龍)

평북 용천군(龍川郡) 용암포(龍岩浦)에서는 통속교육 보급을 목적으로 과거 일개년간을 남선(南鮮) 각지로 순회하든 정주악대활동사진부에서는 거월(去月) 이십육일에 철산으로서 당지(當地)에 도착하야 용암포악우회와 본보 용암포 분국의 후원으로 천도교회당 안에서 주악을 비롯하야 홍월파(洪月波) 군의 쌔요린 독주와 김강천(金岡泉) 군의 코넷 연주에는 장내의 인기를 긴장케 하엿스며 싸라서 『모험화부(冒險火夫)』, 『애국소년』 영사는 아동교육의 필요를 늣길 만하야 일반의 동정도 적지 안엇스며 연하야 계속 개연 중이라고. (용암포)

매일 25.06.05 (1) [연예안내] 〈광고〉

일부 출연진과 홍보문구가 제외된 외 시대일보 6월 6일자 단성사 광고와 동일

조선 25.06.05 (조1) 해성활사 순회 / 유치원을 위하야

동아일보 6월 5일자 관련 기사와 거의 동일

동아 25.06.06 (2) [연예] 영화 삼우(三友) 연주 / 금야(今夜) 우미관에서

영화삼우회(映畵三友會) 데이회 합동 연주회는 금 륙일 오후 한 시부터 우미관(優美舘)에서 열 터인데 전과 가치 양악과 기생 가무와 활동사진 등이 잇슬 터이라는데 사진은 대비극 『남의 고아』와 『녀로이드』라더라.

동아 25.06.06 (4) 〈광고〉

당 육월 오일(금요)부터 특별 이대 명화 제공
미국 메돌, 콜드윙 사 초특작
세계의 애호(愛好)의 중심
천재아 작키, 구-캉 군 주연
전세계를 통하야 도처마다 『판』 측의 격찬을 바든 위대한 눈물의 걸작 명영화
후란다-스의 소년 팔권
육당 최남선 씨 번역 (불상한 동무)
미국 파라마운트 사(社) 특작품 연애활극 **놋치지 마라** 팔권
명화(名花) 베데이, 콤푸승 양 주연

= 예고 =
내주 금요 교환시는 억임업시 고대하시던
대명화 『삼총사』 전십이권
풍운아 다크라스, 훼방크스 씨
조선극장 전 (광) 二〇五

매일 25.06.06 (1), 25.06.07 (2) 〈광고〉
6월 5일자 단성사 광고와 동일

매일 25.06.06 (1) [연예안내] 〈광고〉
〈후란다-스의 소년〉 홍보문구가 제외된 외 동아일보 6월 6일자 조선극장 광고와 동일

매일 25.06.06 (2) 명화 남(嵐)의 고아 / 삼우회 주최로 / 룩일 낫 우미관
시내 각쳐 죠션인 활동사진관 재근자로 조직된 삼우회(三友會)에서는 금 륙일(토요) 낫 한 시부터 시내 관털동 우미관(優美舘)에서 영화와 기싱을 겸하야 대연주회를 개최할 터이라는대 사진은 『크리피쓰』 씨의 일대 걸작인 람의 고아(嵐의 孤兒)라는 대비극과 『계집 로이도』라는 희극을 각 사진관 주임 변사가 교대하야 설명을 하겟스며 시내 명기의 차조[2] 츌연이 잇스리라더라.

시대 25.06.06 (3) 〈광고〉
당 육월 오일부터 삼대 명화 대공개
특별 대공개
유 사 작품 실사 **국제시보** 전일권
유 사 특작품 세계적 중량 권투왕 레지놀-도쎄-니 씨 주연
연속활극 **제이(第二) 권투왕** 전육편 십이권 중
제일회 제일편 제이편 사권 상영
유 사 대표적 대작 쾌한 로이스치위-도 씨 대작
연속탐정활극 **전파왕(電波王)** 전십편 이십권 중
제일회 제일편 제이편 사권 상영
유나이딋트아-지스트 사 대작
일세 풍운아 다크라-쓰 훠-방크스 씨 주연
대모험대활극 **다크라-쓰 대왕** 전팔권
기회를 일치 마셔요 부득재견(不得再見)의 삼대명화를
대예고

---

2) '찬조'의 오식으로 보임.

동국문화협회 병(倂)＊인 조선배우학교 학생 총출연
제일회 역작품 대비극 **숙영낭자전** 전편
고대하서요 근일 공개됩니다
수은동 **단성사** 전 【광】 구오구

육월 육일 토요부터 이대 특선명화 공개
미국 회사 실사 ？ 전일권
미국 구리스지이 회사 도로시데위오우–알 양 맹연
대모험희활극 **여(女)로이도** 전육권
미국 유나이뎃트 사 초특작 거성 OW 크리피쓰 씨 감독
리리안 킷쉬 양 토로–킷쉬 양 자매 경연(競演)
문예영화 대비곡 **남(嵐)의 고아** 전십이권
예고 근일 상영
미국 유나이뎃트 사 대역작 명화 ？ 전권
상영일을 기대하시오
일활 특약 **우미관** 전 【광】 삼구오번

동아일보 6월 6일자 조선극장 광고와 동일

동아 25.06.07 (1), 25.06.08 (3), 25.06.09 (3), 25.06.10 (4), 25.06.11 (4), 25.06.12 (2)
〈광고〉
6월 6일자 조선극장 광고와 동일

동아 25.06.07 (2) [모임]
▲ 환등대회 금 칠일 오후 여덜 시부터 현대소년구락부(現代少年俱樂部) 주최로 경성도서관 아동실(京城圖書舘 兒童室)에 환등대회를 연다는데 입장료는 무료이며 특히 소년 소녀에 대하야 입장을 허한다고.

매일 25.06.07 (2), 25.06.10 (4), 25.06.11 (1), 25.06.12 (1) 〈광고〉
6월 6일자 조선극장 광고와 동일

시대 25.06.07 (4), 25.06.08 (4) 〈광고〉
6월 6일자 단성사 광고와 동일
6월 6일자 조선극장 광고와 동일
6월 6일자 우미관 광고와 동일

동아 25.06.09 (부록1) 정주 악대 내백(來白)

전선(全鮮)을 순회하든 정주악대교육활동사진부는 작(昨) 사일 평북 백마시(白馬市)에 내도(來到)하야 사, 오 양일 활동사진을 개최하얏는바, 성황리에 영사를 맛치엿는데 좌(左)와 여(如)한 기부금도 잇섯다고. (백마) (이하 기부금 명부는 생략)

조선 25.06.09 (조1) 정주활사대 내양(來楊)

용천군(龍川郡) 양시(楊市)에는 거(去) 삼십일에 정주음악활동사진대가 내도(來到)하야 당지 전기회사 광장에서 여자기독청년회 본보 양시지국 후원으로 삼일간 흥행하엿는데 동대(同隊)에서는 당지 사립보성학교에 『풋쏠』 일개를 기증하고 백마로 향하얏다더라. (양시)

매일 25.06.10 (3) [지방집회] 본보 강독자 위안 관람회

경성 단성사 지방순업부 일행은 본월 초순경에 홍원읍(洪原邑)에 도착하야 연일 흥행하는바 본보 홍원지국의 후원으로 관람자를 다수 모집하는 동시에 특히 본보 강독자에 대하야는 반할권 혹은 우대권을 발행하야 위안하얏는바 동정 우(又)는 의연하는 인사도 다수할 쑨 불(不)*이라. 최종일에는 홍원공보 전교 생도 칠백여 명은 반할로 교육상 유익한 장화홍련에 대한 활동사진을 영사한 후 일행은 본월 칠일 오전 칠시 이십육분 발 남행열차로 함흥 방면으로 향하얏더라. (홍원)

매일 25.06.10 (4) [연예안내] 〈광고〉

당 육월 십일부터 신사진차환

유― 사 작품 실사 **국제시보** 전일권

유 사 특작품 탐정활극 **축만의 각**(丑滿[3]의 刻) 전육권

시바씨 사 대작 홍원애화(紅怨哀話) **백장미의 탄식** 전육권

유 사 작품 인정활극 **소적의 일야**(素的의 一夜) 전오권

대급고(大急告)

과연 만도의 대인기 창시 이래의 걸작품

유나이뎃도 사 一九二四년도 대작

문제의 대명화 **국민창생** 전십이권

국민창생의 대위력을 쏙 보라

공개 기일 절박! 부득재견(不得再見)의 대명편

단성사

출연진이 제외된 외 시대일보 6월 6일자 우미관 광고와 동일

---

3) 축시(丑時)를 넷으로 나누었을 때 세 번째 시각(오전 2시부터 2시 반).

조선 25.06.10 (석3) 〈광고〉

일부 홍보문구가 제외된 외 매일신보 6월 10일자 단성사 광고와 동일

출연진이 제외된 외 시대일보 6월 6일자 우미관 광고와 동일

동아일보 6월 6일자 조선극장 광고와 거의 동일

조선 25.06.10 (조1) 예천소년 주최의 / 연극 개최

경북 예천소년회는 거월(去月)에 대개혁 후 신임(新任)된 간부의 열성으로 모든 사업이 점차 진행되여 오든바 금회 신파연속극 순회단이 예천에 내(來)하야 *조(助)의 지(旨)를 표함으로 소년회에서는 차(此) 기(幾)를 이용하야 곤란한 경비에 기분(幾分)의 보조를 엇고저 소년회 주최로 동아 조선 양지국과 각 단체의 후원 하에서 거(去) 오일 하오 팔시 반부터 당지(當地) 남본동(南本洞)에서 전기(前記) 순회단의 연극을 흥행한바 만장 성황을 이루엇스며 동정금도 다액에 달하얏는대 당일 수입금으로부터 순회단의 실비만 제한 여액(餘額)은 전부 소년회 경비에 보조하기로 하얏스며 동단(同團)은 익(翌) 육일 *주(州)를 향하야 출발하얏는데 동정 인사의 씨명은 여좌하다더라. (이하 기사 생략) (예천)

조선 25.06.10 (조1) 김청(金靑) 활사대 귀착

경남 김해청년회 활동사진대는 기계의 고장으로 순회 각 예정지를 마치지 못하고 대원 일동은 수일 전에 김해로 돌아왓다더라. (김해)

조선 25.06.10 (조1) 백천(白川) 독자 위안 활사 연기

본보 백천지국 주최로 독자 위안 활동사진회를 개최한다 함은 기보한 바어니와 내(來) 십삼, 사일로 연기하얏더라. (백천)

동아 25.06.11 (부록1) 라듸오 시험

거(去) 칠일 오후 칠시와 동 팔시 양차로 분(分)하야 전북일보의 주최인 『라지오』(무선전화) 시험이 이리(裡里)서 초유(初有)하얏는데 발송소를 이리역전 청목당(靑木堂)으로, 수신소를 농림학교로 하야 수십 종의 흥취 진々한 푸로크람을 맛첫다는바, 초유 사(事)임으로 각지 각 학교 생도와 일반 청중은 인산인해를 일우어 입추의 여지가 업는 대성황을 정(呈)하얏다고. (이리)

매일 25.06.11 (1), 25.06.12 (1) 〈광고〉

6월 10일자 단성사 광고와 동일

매일 25.06.11 (1), 25.06.12 (1), 25.06.13 (2), 25.06.14 (2), 25.06.15 (2) 〈광고〉

6월 10일자 우미관 광고와 동일

매일 25.06.11 (2) 향락의 대경성(五) / 애연(哀然)한 음악으로 / 전개되는 시선극(視線劇) / 곤핍한 경성의 흥힝게 / 취미를 길너갈 쓴이다

날마다 해만 지면 낙양 일대에는 애연한 음악소리가 갓득하나 사람의 마음을 뒤숭숭하게 하는 겨녁 바람을 좃차 들녀온다. 군악소리도 들니고 날나리 소리도 들녀…… 향락의 경성의 밤의 막을 여는 서곡을 아뢰오는 것이니 그것이야말노 시내 각쳐에 훗터져 잇는 각 연극장의 취군하는 소리이다. 술도 마실 것이며 미인도 바릴 수 업는 동시에 향락의 셔울에서는 연극장을 쌔어노흘 수 업는 것이다. 활동사진을 놀니는 곳으로는

△ 조선극장 △ 단성사 △ 우미관 △ 대정관 △ 희락관 △ 중앙관 △ 황금관 △ 경룡관(京龍舘)

이 잇스며 연극을 하는 곳으로는

△ 광무대 △ 권상장(勸商場) △ 문락좌(文樂座) △ 경성극장 △ 낭화좌(浪花座)

등이 잇스며 활동사진 촬영소로는

▲ 백남(白南)촬영소 ▲ 동국문화협회 ▲ 조천(早川)촬영부

가 잇셔서 밤마다 밤마다 도시 싱애에 신음하는 시민에게 위안을 주는 터이니 그중에 됴선인 전문의 『단성사』, 『우미관』은 내디인의 집을 됴선사람이 세를 엇어서 흥힝을 하는 중이며 됴선극장은 내디인 『조천』 씨가 전문으로 경영 중이나 요사히 가치 활동사진 갑이 빗싸서는 적은 손님을 가지고 경징이 심한 경성에서는 리를 남기기는 매오 어려운 일이며 연극 상셜관으로는 합자회사 토월회(土月會)의 직영으로 개연 중인 광무대가 잇스며 구극 전문으로는 쌔쌔로 권상장에서 『흥무대』가 개연을 할 쓴이니 경성의 흥힝게는 목하 매오 곤핍한 상태에 쌔젓스니 결국 극장을 차져가는 사람의 수에 비하여 극장이 너모 만타고 하는데 리론은 긋치고 마는 것이다. 밤마다 해만 지면 배우들의 우는 소리, 변사들의 웃는 소리-, 모든 향락을 적은 입장료로 구하고자 하는 삼등킥들, 몬져 들기를 시작하야 뒤를 이웬 양복자리 졀문 친고들이며 유두분면의 기싱들과 명식 조흔 가짜 녀학싱들이 이층으로 몰녀 안즈면 구경판은 어울니게 되고 만다. 부인석에는 남자석을 바라보며 남자석에는 부인석을 바라보와 눈짓- 손짓-이 시작이 되면 구경을 왓는지 희롱을 왓는지 시골 친고들이 보면 눈이 둥그릿질 시선극(視線劇)이 이러나는 것이니 그 속에는 『동도(東道)』 이상의 련애명편도 잇스며 『산셔낭당』 이상의 희극도 잇는 것이니 만일 이 가튼 현상을 긋치는 날은 향락의 경성은 쇠멸하는 날이요, 향락의 경성이 지속되는 날까지는 이러니 져러니 하야도 시내 각 극장에서는 문을 닷칠 걱정은 업슬 것이니 아즉도 『쟝한몽』이 호평을 밧으며 련속탐졍극이 긱을 쓰는 경성에서는 무대예술이니 영화예술이니 하며 써들고 나슬 시긔는 되자[4] 못한 것이다. 다만 시민의 자라나는 취미를 쑤준히 북도도갈 쌔이요, 오직 엇지 하면 향락을 취하는 그분에 쌔혀 썰녀드러 오는 이를 위하* 편한 자리와 밝은 빗과 여성을 희롱할 긔회를 잘 줄가 하는 것이 당면의 문뎨가 될 쓴이다.

매일 25.06.11 (3) 대구 『시(時)』의 긔념

금 육월 십일은 거금(距今) 일천이백오십오년 전에 천지(天智)천황이 누각을 용(用)하야 보시(報時)

---

4) '되지'의 오식으로 보임.

를 행한 일(日)에 당(當)함으로 차일(此日)은 전국이 일제히 시(時)의 선전을 행하는 기념일이라. 경북에서도 예에 의하야 차일을 기념코져 선반(先般)[5] 도청으로부터 좌기(左記)와 여(如)한 선전지를 관내 각 군에 배부하얏고 상대구시내(尙大邱市內)에서는 당일 오포(午砲) 외에 오전 육시 급(及) 오후 육시의 이회에 호포(號砲)를 명(鳴)하고 당일 급(及) 당일 이후에도 계속하야 각 관공서, 학교, 사원, 회사, 공장 등에는 오포를 표준으로 하야 명적(鳴笛), 고(鼓), 종(鍾)을 행하며 당일 동 시간에는 전등을 일제히 착촉(着燭)하고 오후 칠시 반부터 도청 전정(前庭)에서 활동사진 강연회를 개최하야 일반시민에 시(時)의 관념을 고취한다더라. (대구)

시(時)의 선전
일, 침기(寢起)의 시간을 정(正)히 하야 차(此)를 여행(勵行)할 사(事)
이, 매일 일정한 수양 급(及) 운동시간을 정할 사
삼, 출근 급 퇴출의 시간을 여행할 사
사, 근무와 휴식의 시를 구별하야 시간을 정할 사
오, 약속의 기한을 속히 할 사
육, 개회의 시간은 에누리하지 말 사
칠, 집회의 시각에 지(遲)치 말 사
팔, 주인 측의 방해되는 시간의 방문을 피할 사
구, 간단한 용무는 현관점두(店頭)에서 행할 사
십, 내객(來客)은 대(待)치 안케 할 사

조선 25.06.11 (석2) 〈광고〉
6월 10일자 우미관 광고와 동일

조선 25.06.11 (석2), 25.06.12 (석4) 〈광고〉
6월 10일자 단성사 광고와 동일
6월 10일자 조선극장 광고와 동일

조선 25.06.11 (석3) [신영화] 백장미의 탄식 / 전육권 / 육월 십일부터 / 단성사에 상영
사교계에 유명한 『쏘날드』란 사람은 이름난 녀배우 『페−레스리』를 사랑하엿스나 그의 어머니와 형은 녀배우와 결혼함을 허락지 아니하엿다. 그런데 『페』에게는 그와 여러 해 동안 알고 지내던 배우에 그를 사랑하는 『아트긴스』란 사람이 잇섯다. 그러나 『페−레스리』는 여러 가지 방해를 물리치고 『쏘날드』와 결혼하게 되고 『아트긴스』는 나히 어린 『로레타』라는 녀배우를 엇게 되엇다. 그러나 『로레타』의 어머니는 『페−』를 식혀 『아트긴스』가 자긔 쌀과 서로 갈리기를 『아트긴스』에게 권고하엿다. 『아

---

5) 지난번.

트긴스』는 사랑하는 『페-』의 말을 들어 『로레-타』와 서로 써러지기로 하엿다. 그 대신에 『페-』에게 자긔의 사랑을 구하엿다. 이러한 모든 일이 돌발하야 『페』의 남편 『또-날드』는 처를 의심하게 되얏다가 필경 『페』가 이러한 오해를 풀랴고 자긔 남편을 자긔의 처뎨와 쪽가티 만드러 대단히 거북한 경험을 맛보게 한 뒤에 비로소 자긔에게 대한 의심을 풀게 한 뒤에 다시 원만한 해결을 엇게 하엿다는 것인대 이 영화 가운대에는 남녀 간의 사랑으로 말미암아 이러나는 여러 가지 갈등을 여실히 볼 수 잇다.

매일 25.06.12 (3) 『라지오』 무선 전화 / 실험회 호적(好績)

전북일보사 주최로 거(去) 팔일 이리에서 『라지오』 무선전화의 실험회는 호성적으로 일반 청중에게 문명의 진보에 일대 감각을 여(興)하야 경동(驚動)케 하얏는대 십일은 전주공회당에서 개회하고 오전에는 남녀학생 오십여 명에게 청취케 하며 오후에는 일반 회원에게 허한바 당일은 혼잡을 이루엇다더라. (전주)

조선 25.06.12 (석2) 〈광고〉

육월 십삼일 토요부터 이대 명화 제공

쾌남아 다구라스 훼쿠스 씨 주연

희활극 **낫드** 전육권

풍운아 다구라스 훼방쿠스 씨 맹연

대명화 **로빙홋트** 전십일권

예고 중에 잇든 이대 명화 그여히 금회의 『스쿠링』의 현출(現出)되나이다

일활 특약 **우미관** 전 광 삼구오번

조선 25.06.12 (조1) 정주(定洲)활사대 내의(來義)

각지를 순회 중인 정주악대교육활동사진부 일행은 거(去) 칠일에 안동현으로부터 내도(來到)하야 팔, 구 양일간 의주(義州)공회당에서 모범될 만한 사진영사와 자미진진한 음악으로 매일 만원의 대성황을 이루엇스며 아래와 가튼 동정금도 잇섯다더라. (의주) (이하 기사 생략)

동아 25.06.13 (3) 〈광고〉

당 육월 십삼일(토요)부터

을마나 오래 동안을, 기다리섯슴니가, 오늘은 어김업시?

정의의 철봉으로 무기를 삼는 삼인 용장의 부약제강(扶弱制强)하는 장엄한 웅도(雄圖)!!

삼총사의 통쾌한 의분의 기상은 흡사히 지나(支那) 삼국 전시의 역사를 빗내이든 桃圖[6]결의의 유(劉), 관(關), 장(張) 삼인의 활자(活姿)가 우리 안계(眼界)에 낫하나는 것과 방불한 늣김을 줄 것이라

---

6) '桃園'의 오식으로 보임.

215

고 밋슴니다

대유나이뎃트 사 초특작 거작품

대모험대희극대활극 **삼총사** 전십이권

풍운아 다크라스, 훼방크스

조선극장 전 (광) 二〇五

매일 25.06.13 (2) [연예안내] 〈광고〉

당 육월 십삼일부터 특별대흥행

유 사 작품 로이스티와-드 씨 주연

탐정연속 **전파왕** 전십편 이십권 중 제이회 제삼, 제사편 사권 상영

유 사 작품 례지놀-도데-니 씨 주연

권투활극 **권투왕** 전육편 십이권 중 제이회 제삼, 제사편 사권 상영

과연! 만도의 대인기

창시 이래의 걸작품

유나이뎃도 사 一九二四년도 대작

문제의 대명화 **국민창생** 전십이권

국민창생의 대위력을 꼭 보라

공개 기일 절박(切迫) 부득재견(不得再見)의 대명편

단성사

동아일보 6월 13일자 조선극장 광고와 동일

매일 25.06.13 (2) 야간에도 방송될 경성의 무선전화 / 시내에 연구자가 사빅 인 / 허가를 맛지 안으면 벌금

톄신국(遞信局)의 『라지오』 뎡긔방송(無線定期放送)은 한 주일에 두 번식 뎡하야 낫에만 방송하기로 하얏섯는대 『라지오』 연구자(研究者)가 대개는 일명한 직업을 가진 사람들임으로 밤에 방송하여 주엇스면 조켓다 하야 주간을 야간으로 변경하얏는대 목하 경성부 내에 잇는 『라지오』 연구자는 그 긔게 등속의 수요상태(需要狀態)로 보아서 적어도 사빅 명 이상이 될 듯하나 사실 톄신국에 출원하야 긔게 장치의 허가를 어든 사람은 겨오 오십 명에 미만하다는대 허가시무업션면화[7]의 시셜을 한 자는 무선뎐신법에 의하야 일 년 이하의 징역 쏘는 천 원 이하의 벌금에 처할 터이니 실험희망자는 뎡규의 슈속을 리힝할 것이라는대 그 셔식에 대하야는 톄신국 감리과(監理課)로 무러보는 것이 편리하다더라.

---

7) '허가 업시 무선뎐화의'의 오기로 보임.

조선 25.06.13 (석1) 〈광고〉

육월 구일부터 사진 전부 교환

서부활극 **명의 적(命의 的)** 전이권

희비극 **갑작이 부자** 전오권

인정극 **무답회의 야(舞踏會의 夜)** 전오권

연속육회 **낙원야수** 전사권

예고

대예고 공개기일 절박(切迫) 창시 이래의 걸작품

문예영화대비곡 **남(嵐)의 고아** 십이권

평양 수옥리(水玉里) 유 사 특약 **제일관**

동아일보 6월 13일자 조선극장 광고와 동일

조선 25.06.13 (석3) [신영화] 사회극 국민창립 / 전십이권 / 육월 십삼일부터 / 단성사에서 상영

미국이 독립전쟁에 만히 흘린 피와 살ㅅ갑으로 비로소 영국의 긔반을 버서나 독립을 엇게 되엿스나 그들의 마음에는 자긔들의 조상이 식민디의 백성이라는 일홈 아래에 무수한 고초를 당함을 이저바린 듯이 그들은 다시 다만 빗이 다르다는 연고로 흑인종을 견마 이상으로 학대하고 몹시 부리여 그러한 결과로 자긔들 끼리까지 서로 다토게 되엿스니 이것이 곳 남북전쟁이다.

그런데 이 영화는 남북전쟁 후에 이와 가티 무수한 고초와 학대를 바든 흑인종이 백인종에게 대한 원수를 갑흐려고 단결하야 백인의 자유 권리를 쌔아스랴 하야 백인과 흑인 사히에 일어난 갈등을 제재를 삼어 촬영한 것인데 그 가운데 나타난 흑인종의 비참한 생활이며 백인종의 참혹한 학대가 보는 사람으로 하야금 비참을 아니 늣길 수 업는 심각한 명화이다. 그리하야 이 명화는 영화의 검열이 비교덕 관대한 『불란서』에서도 상영금지까지 당한 일이 잇스니 이것은 백인의 학대바든 흑인의 비참한 생활을 공중에게 보히는 것은 공안을 방해함이라는 의미엇섯다 한다.

사진은 『엘시』 처녀의 역을 밧는 어엽분 녀배우 『리리안, 깃쉬』 양이다.

조선 25.06.13 (석3) 삼우회 제삼회 연주

영화 삼우회(映畵 三友會) 뎨삼회 연주회는 십삼일(토요) 오후 한 시부터 시내 인사동 조선극장에서 열게 되엇는대, 연주과목은 활동사진, 기생검무, 로서아 짠스음악 등이라고.

조선 25.06.13 (석4), 25.06.14 (석3), 25.06.15 (조4), 25.06.16 (석3), 25.06.18 (석4), 25.06.19 (석4) 〈광고〉

6월 12일자 우미관 광고와 동일

조선 25.06.13 (석4) 〈광고〉

홍보문구 일부가 제외된 외 매일신보 6월 13일자 단성사 광고와 동일

조선 25.06.13 (조1) 보습(補習)학회 원조 / 활사 급(及) 연주회 / 동정금이 만헛다

청진 조선인 교육계에 공헌이 불소(不少)한 보습학회의 금반 고등과 설치와 장래 유지를 위하야 거(去) 육일 오후 팔시 반에 당지 육개 청년단체의 주최와 동아, 시대, 조선 삼지국의 후원으로 신암동(新岩洞) 공락관(共樂舘)에서 활동사진 급(及) 기생 연주대회를 개최하엿는데 동정인사의 씨명은 여좌하더라. (청진) (이하 기사 생략)

동아 25.06.14 (2) [연예] 명화 삼총사 / 조선극장에서 상영

미국 『유나이뎃트』 사 특작 영화 삼총사(三總士) 십이권이 작 십사일부터 시내 인사동 조선극장(仁寺洞 朝鮮劇場)에서 상장된다고 한다. 이 사진으로 말하면 재작년에 단성사(團成社)에서 상영한 일이 잇섯는고로 내용은 아는 사람도 잇슬 것이나 희활극계의 명우인 『짜그라쓰 페뱅쓰』 씨의 주연으로 촌에서 자라난 량반의 자질로 용감하기 짝이 업는 청년이 나라에 간신배가 잇서서 풍공이 급하다는 소문을 듯고 도회디에 와서 가진 업녁쉬임[8]을 바더가며 용맹을 다하야 위경에 싸진 왕후를 구원하는 것인데 간신배의 방해선을 협기와 밋 용맹으로 돌파하고 영국에 일으러 보석 휘장을 차저가지고 도라오는 것은 실로 구경하는 사람을 취케 하는 영화이다. 삼총사의 원 저자는 불란서 『주마』 씨인데 조선서는 렴상섭(廉尙燮) 씨가 번역하야 불원간 출판되리라더라.

동아 25.06.14 (2) [모임]

▲ 소년 위안 활사 현대소년구락부(現代少年俱樂部) 주최로 금일 오후 팔시에 경운동 교동보통공립학교덩에서 『어린이 위안 활동사진대회』를 입장 무료로 개최한다는데 입장은 소년 소녀에 한.

동아 25.06.14 (4), 25.06.15 (3), 25.06.18 (3), 25.06.19 (3), 25.06.20 (3) 〈광고〉

6월 13일자 조선극장 광고와 동일

매일 25.06.14 (2) 화원에셔 차 마시며 / 상해의 음악을 드러 / 됴션호텔 『장미원』에다가 / 무션뎐신 수화기를 쟝치

됴션 『호텔』에서는 이번에 무뎐슈신긔(無電受信機)를 쟝치하기로 하야 십삼일부터 셜계에 착수하얏는대 수신긔는 미국졔(米國製)의 『스파테로다인』 구빅오십 원짜리라는대 이믜 동경(東京)으로부터 도착되야셔 지난 십일일에 텰도국(鐵道局)에서 시험슈신(試驗受信)을 힝하얏다 하며 모든 셜비를 하자면 일주일 동안이 걸니겟다는대 가장 큰 (안테나)를 셜비하야 상해(上海), 텬진(天津), 대판(大阪), 동경(東京) 등디의 것을 바더가지고 『로스까-뎬』에서 듯기로 하리라는대 이에 대하야 사틱 지배인

---

8) '업쉬녁임(업신여김)'의 오식으로 보임.

(寺澤 支配人)은 다음과 갓치 말하더라.

『됴선 안의 방송국(放送局)의 것을 바더서 드를 목뎍은 아닙니다. 내디의 방송시간은 오후 칠시 십오분으로부터 구시 삼십분까지며 상해방송은 오후 구시로부터 오젼 한 시까지이닛가 두 곳의 방송을 밧기에 믹우 편리합니다. 공사가 긋나면 여긔 안자서 상해의 『싼스』 곡됴를 드를 수 잇겟습니다. 그리고 이번에 사드린 긔관(機關)은 대단히 예민한 것이라는 젼문가의 보증이 잇스닛가 이만만 하면 충분할 줄로 확신합니다』 운々

매일 25.06.14 (2) 삼우회 연주 / 셩황으로 맛쳐

영화삼우회(映畵三友會)의 뎨삼회 연주는 작 십삼일 오후 열두 시 반부터 부내 인사동(仁寺洞) 됴선극장(朝鮮劇場)에서 열리얏는대 처음에 희극 활동사진을 영사하고 그 다음 한성권번 기싱의 검무와 삼유회원[9]의 주악, 로서아의 『싼스』, 삼우회원의 동회 목뎍 설명 등이 잇섯고 나종으로 명화 삼총사(三銃士)란 활동사진을 영사하고 오후 네 시경에 폐회하얏는대 이번에도 만쟝의 대셩황을 일으키엿다더라.

매일 25.06.14 (2) [모임]

활동사진대회 = 현대소년구락부(現代少年俱樂部)에셔는 어린이 위안 활동사진대회(慰安 活動寫眞大會)를 금 십사일 오후 팔시브터 시내 경운동(慶雲洞)에 잇는 교동공립보통학교(校洞公立普通學校) 운동[10]에서 무료공개한다는대 입장자는 소년 소녀와 부인에만 한한다더라.

매일 25.06.14 (2), 25.06.15 (2), 25.06.17 (2), 25.06.18 (3) 〈광고〉

6월 13일자 단성사 광고와 동일

매일 25.06.14 (2), 25.06.15 (2), 25.06.17 (2), 25.06.18 (3) 25.06.19 (1) 〈광고〉

6월 13일자 조선극장 광고와 동일

조선 25.06.14 (석2) 소년위안 활동 / 교동보교에서 / 오는 십사일에

시내 인사동(仁寺洞)에 잇는 현대소년구락부(現代少年俱樂部)에서는 어린이들을 위하야 십사일(일요일) 오후 여덜 시부터 시내 경운동 교동(校洞) 공립보통학교 쓸에서 『어린이 위안 활동사진대회(慰安 活動寫眞大會)를 열 터이라는데 소년이나 소녀나 다 ─ 무료이며 어린이와 부인들만 입장케 한다더라.

조선 25.06.14 (석3) [신영화] 평양 제일관 / 특별 흥행 / 본보 독자를 위하야

본사 평양지국 주최로 활동사진극장 데일관(第一舘) 입장 감액권(減額券)을 본보 애독자에게 뎨공한

---

9) '삼우회원'의 오식으로 보임.
10) '운동장'의 오식으로 보임.

다 함은 긔보하얏거니와 금번 뎨일관에서는 특별히 첫인사로 사진의 종류를 특선하야 오는 십사일부터 오일 동안을 흥행할 터인데 감액권도 금번에는 특별히 첫재날은 두 장 그 다음날부터는 한 장식 발행할 터이며 사진의 『푸로그람』은 광고란을 참조하기를 바란다.(평양)

조선 25.06.14 (석3), 25.06.15 (조4), 25.06.16 (석3), 25.06.18 (석3) 〈광고〉
6월 13일자 단성사 광고와 동일

조선 25.06.14 (석4) 〈광고〉
당 육월 십사일(일요 주간)부터 특선 이대 명화 제공
미국 파라마운드 사 특작품 연애활극 **노치지 마라** 전팔권
명화(名花) 베비이곰프숑 양 주연
유나이테쓰트 사 대특작품 대비활극 **남(嵐)의 고아** 전팔권
명성(名星) 리리앙키쓰 토로시퀴쓰 양 형제 경연(競演)
평양 수옥리(水玉里) 유 사 특약 **제일관**

조선 25.06.14 (석4), 25.06.15 (조4), 25.06.16 (석3), 25.06.18 (석4) 〈광고〉
6월 13일자 조선극장 광고와 동일

동아 25.06.15 (1) 전통(電通) 해외 방송
일본 전보통신사는 매일 정오부터 십오분간 반성(盤城)무선국의 발신기에 의하야 해외에 소식을 방송하게 되엿는데 실 시기는 본월 십오일부터이며 파장은 일만 사천륙백 미돌(米突)이더라.

매일 25.06.15 (2) 여학생과 배우
부산(釜山)의 모 내디인 녀학교 학싱 삼 명은 일전에 력락션으로 부산에 착륙한 일본 활동사진 배우 판동처삼랑(日本 活動寫眞 俳優 坂東妻三郎) 일힝을 가만히 잔교까지 나아가 마진 후에 그날 밤에 사람들의 눈을 피하야 가며 그 활동사진 배우가 류숙하는 려관 방천각(芳千閣)을 차져가서 차를 마시고 과자를 먹어가며 무릅을 맛대고 안져서 밤이 늦도록 활동사진 이야기를 하고 잇셧다는 소문이 발로되야 교육게에셔는 엄중 심의 중이라더라. (부산)

시대 25.06.15 (2) [앤테나]
▲ 일본 내량현에서 의사 노릇하는 어느 곳 한권모는 경도 대판에 돌아다니며 십여 회나 락태수술을 하얏다나. ▲ 해마다 엿 늘듯이 늘어가는 일본 인구을 주리는 데는 아마도 제일 양책일는지도 몰나. ▲ 근래에 써드는 『산아제한』을 요러케 훌륭하게 실행하기는 처음일걸. ▲ 부산 어는 고등녀학교의 녀학생들은 배우라면 침을 질질 흘리며 료리집에 잇든지 어대 잇든지 배우만 잇다면 공부는 집어치우고 쏘차 다닌단지. 그야말로 불공에는 맘 업고 제밥에만 맘이 쏠닌 격. ▲ 그 바람에 야질

야질한 재미보는 놈은 배우의 화상을 파는 엽서장사라지. 그러다가 한권모 가튼 의사를 찻지 안흐면 천만다행.

시대 25.06.15 (3) 문화회(文化會)의 신계획
【북청(北靑)】 함남(咸南) 북청군(北靑郡) 가회면(佳會面) 문화회에서는 작년부터 문화사업에 종(從)*한 결과 농촌 청년의 막대한 **이 잇다는데 금년에는 일층 더 **하기 위하야 환등기와 문화상 모범할 만한 사진을 다수 구입하야 가지고 농촌에 무료 순연할 터이라 한다.

시대 25.06.15 (4) 〈광고〉
십삼일(토요)는 고대하던 명화 상영일
을마나 오래동안을, 기대리섯슴닛가,
오늘은 어김업시? 정의의 철봉으로 무기를 삼는 삼인(三人) 용장의 부약제강(扶弱制强)하는 장엄한 웅도(雄圖)! 삼총사의 통쾌한 의분의 기상은 우리 안계(眼界)에 낫하나는 것과 彷徨[11]한 늣김을 줄 것이라고 밋슴니다
대유나이뎃트 사 초특 거작품
대모험대희극대활극 **삼총사** 전십이권
풍운아 다크라스, 훼-방크스 씨 주연
장면의 변환을 짜라 혹은 열혈이 끌코 혹은 쓰림의 눈물을 쌱리다가도 우슴에 넉을 일코, 어처구니가 엄슬 만치 자미스러운 진품(珍品)이외다
인사동 **조선극장** 전 【광】 二〇五번

당 육월 십삼일 특별대흥행
U 사 작품 로이스타와-드 씨 주연
탐정연속 **전파왕** 전십편 삼십권 중
제이회 제삼 제사편 사권 상영
U 사 작품 레자놀-도데-니 씨 주연
권투활극 **권투왕** 전육편 십이권 중
제이회 제삼 제사편 사권 상영
유나이뎃도 사 초대작
D. W. 크리피-스 씨 필생의 역작품 리리안 킷수 양 주연
기타 수만인 출연
대문제영화 **국민창생** 전십이권
아메카의 사람들이, 아부라함 링콩 씨에 휘하에 모혀들 쌔에는 남북미(南北米)의 천지는 독립전쟁의

---

11) '방불(彷佛)'의 오식으로 보임.

**으로 화(化)하고 마럿다. 보라! 막막(漠漠)한 포연탄우(砲煙彈雨) 중에 높히 외치는 애국의 절규를 드르라. 그리고 보라 대미국 개척사의 대명화를

수은동 **단성사** 전【광】구오구번

육월 십삼일 토요부터 이대 명화 제공
미국 유나이뎃트, 아지쓰 사 초특작
쾌남아 다구라스 훼방쿠스 씨 주연
희활극 **낫드** 전육권
미국 유나이뎃트 사 초특작 풍운아 다구라스 훼방쿠스 씨 맹연
대명화 **로빙훗트** 전십일권
예고 중에 잇든 이대 명화 그여히 금회의 『스쿠링』의 출현되나이다
일활 특약 **우미관** 전【광】삼구오번

조선 25.06.15 (조4), 25.06.16 (석3), 25.06.18 (석4), 25.06.19 (석4) 〈광고〉
6월 14일자 제일관 광고와 동일

동아 25.06.16 (부록1) 본보 독자 우대
활동사진 상설 대구 만경관원(萬鏡舘員) 일동은 거(去) 십일일 내동(來東)하야 동일(同日) 하오 칠시부터 삼일간 당지에서 활동사진을 영사하엿는데 관중은 연일 만장의 대성황을 정(呈)하엿스며 십이일부터 이일간은 특히 본보 독자에 한하야 우대 할인권을 배부하엿다고. [동래(東萊)]

동아 25.06.16 (부록2) [천태만상]
분실 모 신문사원 복덕(福田)은 지난 십삼일 오후 두 시경에 남대문안 명차 명류장 근처에서 현금 십삼 원과 경성극장(京城劇場) 입장권 삼백 매 약 천 원의치가 들어 잇는 누른 빗 가방 한 개를 분실하얏스며 (이하 기사 생략)

시대 25.06.16 (1), 25.06.17 (4), 25.06.18 (3), 25.06.19 (2) 〈광고〉
6월 15일자 조선극장 광고와 동일

시대 25.06.16 (1), 25.06.17 (4), 25.06.18 (3) 〈광고〉
6월 15일자 단성사 광고와 동일

시대 25.06.16 (1), 25.06.17 (4), 25.06.18 (3), 25.06.19 (4) 〈광고〉
6월 15일자 우미관 광고와 동일

매일 25.06.17 (2) [연예안내] 〈광고〉

조선일보 6월 12일자 우미관 광고와 동일

매일 25.06.17 (3) [지방집회] 영암(靈岩) 선전 활동 영사회

육월 십일일 즉(即) 영암군 영암공립보통학교 개교 제십칠 주년 기념일임으로 당일 동교 졸업생과 청년이 다수 회집하야 성대히 기념식(군수 경찰서장도 참*)을 거행하얏는대 동군(同郡)에서는 차(此)를 기회로 하야 동도(同道) 사회과 활동사진 기술원으로 하야금 군내 교육 급(及) 산업장려 선전적 활동사진을 동일 오후 구시부터 동 교정에서 영사하얏다는대 남녀 칠백여 명이 집회하야 대성황을 정(呈)하얏고 기후(其後) 차(此) 기(機)를 이용하야 십이일은 군(郡西面) 구림(鳩林), 십삼일은 곤이종면(昆二終面) 독천(犢川)으로 순회영화하야 실개(悉皆)[12] 성황이얏섯다는대 납세선전도 동시 병행하얏섯다더라. (광주)

조선 25.06.17 (석2) 위생활동사진 / 양주군과 가평군에서

경긔도 위생과(衛生課)에서는 오는 이십일부터 양주군 금곡리(楊洲郡 金谷里)와 가평군 읍내(加平郡 邑內)에 위생면람회(衛生展覽會)와 활동사진회(活動寫眞會)를 열 터이라는데 그 날자와 장소는 다음과 갓더라.
육월 입(卄)일, 입일일 이일간 가평공보 내
육월 입이일, 입삼일 이일간 금곡(金谷)공보 내

매일 25.06.18 (3), 25.06.19 (1), 25.06.21 (2) 〈광고〉

6월 17일자 우미관 광고와 동일

시대 25.06.18 (3) 정주악대 내신(來新)

【신의주】 정주음악대교육활동사진단 일행은 지난 십사일 신의주에 와서 당지 상반좌(常盤座)에서 십사, 십오 양일간 음악과 활동사진으로써 신의주 인사들에게 만흔 쾌감을 주엇슴으로 현장에서 본 악대를 위하야 물질로써 동정함도 불소(不少)하얏다 한다.

조선 25.06.18 (조1) 정주악대 내북(來北)

평북 정주악대통속교육활동사진부에서는 서부 조선을 순회 중 거(去) 십일일에 북하동(北下洞)에 내도(來到)하야 동(同) 북하동 보통학교 내에서 당지 기독청년회와 동 소년회의 후원으로 이일간 활동사진과 음악회를 성대히 거행하얏는데 당일은 우천임을 불구하고 관중은 무려 오백여에 달하얏다 하며 지방유지의 동정금도 불소(不少)하얏다더라. (정주)

---

12) 모두, 다.

동아 25.06.19 (3) 해주 활사 내신(內信)

해주천주교 해성(海星)청년회 주최로 동교(同教)에서 경영하는 해성유치원의 유지난에 동정하야 각지에 순회하는 노정에 안악(安岳)으로부터 지난 십삼일에 신천(信川)에 도착하야 시내 무정동(武井洞) 남시훈(南時薰) 씨 정원에서 십삼, 사 양일간 흥행할 예정이엇스나 맛참 도착한 제일일은 하오 칠시경부터 의외에 우천으로 부득불 중지하고 익 십사, 오 양야(兩夜)에는 예상 외 만원으로 관중은 광활한 정원에 입추의 여지가 업시 모혓는데 유지의 동정금도 불소(不少)하엿스며 일행은 십육일 구시 반 차로 예정지인 재령으로 출발하엿다고. (신천)

동아 25.06.19 (부록1) 활동사진대 내안(來安)

해주 해성유치원의 경비를 보조키 위하야 출발한 해성청년회 활동사진대 일행 육 명은 각지를 순회하든 중 거(去) 십일일 내안(來安)하야 십이일 야(夜)에 조선 동아 양 지국 후원으로 활동사진대회를 개최하야 일반의 환영을 만히 밧고 익일인 십삼일에 신천으로 출발하엿다고. [안악(安岳)]

매일 25.06.19 (1) [연예안내] 〈광고〉

시대일보 6월 19일자 단성사 광고와 거의 동일

시대 25.06.19 (2) 〈광고〉

육월 십구일부터 사진 전부 차환
유 사 작품 실사 **국제시보** 전일권
유 사 작품 센췌리 희극 메기-메키 양 주연
희극 **요마퇴치(妖魔退治)** 전이권
유 사 작품 윌리암데스몬도 씨 주연
명화 **극악으로 극선(極善)에** 전육권
유 사 대작 레자놀-도데-니 씨 주연
권투연속 **권투왕** 전육편 십이권 중
제삼회 최후편 제오편 제육편 사권 종편 상영
유 사 초특작 로이스치와-드 씨 주연
탐정연속 **전파왕** 전십편 이십권 중 제삼회 제오편 제육편 사권 상영
대예고
비사막(比斯莫)[13] 일대기 전팔권
유 사 최근 대작품
공중모험활극 **취의 조(鷲의 爪)** 전십오편
수은동 **단성사** 전 【광】 구오구번

---

13) 독일의 정치가, 비스마르크.

조선 25.06.19 (석3) 〈광고〉

동아일보 6월 13일자 조선극장 광고와 거의 동일

조선 25.06.19 (석4) 〈광고〉

예고가 없는 외 시대일보 6월 19일자 단성사 광고와 거의 동일

조선 25.06.19 (조1) 대성황을 정(呈)한 / 독자위안 활동 / 본사 백천(白川)지국 주최의

기보(旣報) = 본사 백천지국 주최의 독자위안활동사진대회는 거(去) 십삼, 십사 양일간 백천공립보통학교 대강당에서 개최하얏는데 경성 조선극장원의 출장으로 춘향전, 비련의 곡 외 수종의 희활극을 상영하얏는대 연일 만원의 대성황을 정(呈)하얏더라. (백천)

시대 25.06.20 (1) 무전방송국 불원(不遠) 인가?

【동경전】무선방송국의 설치운동은 지방 각 도시 간에 격렬한 경쟁이 생하야 그대로 방임하야 두면 더욱 사(事)*가 분분할 터임으로 체신당국에서는 속히 차(此)를 해결하고자 선반(先般) *책(策)에 대하야 조사 중이든바 방송국 설치에 건(件)한 감독비 기타의 사무비는 기정 예산보다 조금 더 들게 하얏는데 대개 북해도, 동북(東北), 북신(北信), 중국, 구주(九州)의 각 지방에 설치의 인가를 할 방침을 입(立)하야 각 출원 도시에 대하야 조사를 수(遂)하고 이십이일경 안(安)***의 귀경(歸京)을 득하야 그의 재결을 어더 일제히 인가의 지령을 발할 터이라 한다.

시대 25.06.20 (3), 25.06.21 (4), 25.06.22 (4), 25.06.23 (2) 〈광고〉

6월 19일자 단성사 광고와 동일

시대 25.06.20 (3) 〈광고〉

당 육월 이십일(토요)부터 일주간

파잉 잉크 선전 무료 대공개

미국 에후, 비-오사 대걸작

미국 해군 응원 비행기 군함 잠항정!

해양공중대활극 **메일망** 전구권

미국 파라마운트 사 특작품 정희극 **원일중(垣一重)** 전오권

구리스치 영화 희극 **씩 이세(二世)** 전이권

파잉, 잉크

삼십 전짜리 사시는 분에게는 계상

십오 전짜리 사시는 분에게는 계하

인사동 **조선극장** 전 【광】二〇五번

육월 이십일(토요)부터 특선 명화 공개

미국 모(某) 회사 실사 **포와(布哇)의 풍광** 전일권

미국 센쥬리 카메데- 영화 희극 **자동차의 체옥(替玉)** 전이권

미국 바이다구라후 회사 알-월니암스 씨 주연

인정활극 **직무를 위하야** 전오권

미국 도마스인 영화 도마스에취인스 씨 제공

전쟁? 평화? **시비리제-숑** 전구권

기대하시든 구주(歐洲) 대동란 명화을 보시요

우미관 전 【광】 삼구오번

조선 25.06.20 (석3) [신영화] 극악으로부터 선인(善人)에 / 전육권 / 육월 십구일부터 / 단성사에서 상영

『파이스타』 집의 고대 걸작의 그림을 도적한 『카손』은 엇더한 사긔죄의 혐의를 바덧다. 그가 전에 도적질한 그림을 옴길 째에 우연히 녀자 한 사람과 어린아이가 불에 타 죽게 된 위태한 지경을 구하여 준 일이 잇섯다. 그런데 이 모자 두 사람은 『카손』을 포박하라는 탐정의 안해엇섯다. 탐정은 참아 『카손』을 감옥으로 보낼 수 업서 『켈시』라는 깁흔 촌으로 도망을 식히엿다. 『칼손』은 그 마을에서 『스마트』라는 로인이 파산하게 된 것을 붓잡어 다시 이르키게 되엇다. 이째에 사긔에 괴수되는 넷적 친구가 이 마을로 그를 차저와서 『칼손』과 다시 사긔하기를 도모하엿스나 『칼손』이 동의치 아니함으로 그 괴수되는 자는 그 마을에 유력한 『쎼이』에게 『칼손』은 죄를 범하고 도망한 사람인 것을 고하엿다. 『쎼이』는 『칼손』을 불러 빗으로 준 돈 일만 불을 그 이튼날 아홉 시까지 갑흐라 독촉하엿다. 할 수 업시 『카손』은 가가 문을 다치게 되야 여러 가지 갈등이 생기엇다가 모든 일을 무사히 해결하고 카손은 완전히 착한 사람이 되엿다는 것이 이 사진의 갱개[14]이다.

조선 25.06.20 (석3) 삼우회 제사회 연주

영화삼우회에서는 금월 이십일 오후 한 시에 시내 우미관에서 뎨사회 연주회를 열게 되엿는대 그 과목은 활동사진 예기의 춤과 짠스 등이라고.

조선 25.06.20 (석3), 25.06.21 (석4), 25.06.22 (조3), 25.06.23 (석3) 〈광고〉

6월 19일자 단성사 광고와 동일

조선 25.06.20 (석4) 〈광고〉

시대일보 6월 20일자 우미관 광고와 거의 동일

시대일보 6월 20일자 조선극장 광고와 동일

---

14) 경개. 전체 내용의 요점만 간단하게 요약한 줄거리.

동아 25.06.21 (3) 〈광고〉
시대일보 6월 20일자 조선극장 광고와 동일

매일 25.06.21 (2), 25.06.22 (2), 25.06.23 (3) 〈광고〉
6월 19일자 단성사 광고와 동일

매일 25.06.21 (2) [연예안내] 〈광고〉
시대일보 6월 20일자 조선극장 광고와 동일

시대 25.06.21 (4), 25.06.22 (4) 〈광고〉
6월 20일자 조선극장 광고와 동일

시대 25.06.21 (4), 25.06.22 (4), 25.06.23 (2), 25.06.25 (2), 25.06.26 (4) 〈광고〉
6월 20일자 우미관 광고와 동일

조선 25.06.21 (석2) 체신국『라듸오』방송 / 매주에 / 사일 동안을 한다
톄신국(遞信局)의『라듸오』야간방송은 오후 칠시 반부터 구시까지 매주일 네 번으로 일(日) 화(火) 목(木) 토(土)요일로 결명되여 이십일일(日曜)부터 실시할 터이며 종래로 주야방송하던 것은 이십일부터 폐지한다더라.

조선 25.06.21 (석4), 25.06.22 (조2), 25.06.23 (석4), 25.06.25 (석4), 25.06.26 (석3) 〈광고〉
6월 20일자 우미관 광고와 동일

조선 25.06.21 (석4), 25.06.22 (조3), 25.06.23 (석3), 25.06.25 (석4), 25.06.26 (석3) 〈광고〉
6월 20일자 조선극장 광고와 동일

조선 25.06.21 (조1) 해성(海星)활사대 내재(來載)
황해도 해주읍내에 잇는 해성청년회 활동사진대 일행 육 명은 거(去) 십육일에 당지에 도착되여 동아 본보 양 지국 후원으로 십육, 칠 양일간을 흥행하엿는데 특히 해설하는 조병진(曺秉軫) 군의 활사대 조직 취지 설명에는 일반 청중으로 하여금 무한의 감개를 여(與)하엿스며 양일간의 수입은 육십여 원에 달하엿고 기외(其外)에도 여좌(如左)한 동정금이 유(有)하엿다더라. (재령) (이하 기사 생략)

동아 25.06.22 (2), 25.06.23 (2), 25.06.24 (1), 25.06.25 (4), 25.06.26 (4) 〈광고〉
6월 21일자 조선극장 광고와 동일

동아 25.06.22 (부록1) 해주활사대 내령(來寧)
황해도 해주천주교 안에 잇는 해성청년회에서는 동회(同會)에서 경영하는, 비경(悲境)에 함(陷)한 해성유치원을 구(救)코저 교육활동사진대를 조직하야 서선(西鮮)지방으로 순회하든 중 거(去) 십육일 재령(載寧)에 도착하야 당지 재녕청년회, 조일(朝日) 동아 지국 후원으로 손원경(孫元慶) 씨 전정(前庭)에서 양일간 대모험 거인정복(巨人征服)을 비롯하야 희극, 활극을 영사하엿는데 관중은 매야(每夜) 오, 륙백 명의 대성황을 정(呈)하엿스며 아래와 갓흔 당지 인사의 동정도 잇섯고 입장료 수입도 적지 안타는데 동단(同團) 일행은 십팔일 사리원으로 출발하엿다고. (재령) (이하 동정금 명부 생략)

매일 25.06.22 (2) 〈광고〉
시대일보 6월 20일자 우미관 광고와 거의 동일

매일 25.06.22 (2), 25.06.23 (3), 25.06.24 (3), 25.06.25 (3) 〈광고〉
6월 21일자 조선극장 광고와 동일

조선 25.06.22 (조1) 〈광고〉
조선일보 애독제위의 위안을 드리고저 본사 전용의 자동차대에 활동사진반을 실고 전 조선을 순회할 계획을 세윗습니다. 능문(能文)의 기자, 우수한 영화를 실은 본사의 자동차대는 운전할 수 잇는 한도까지 전 조선의 각 도읍을 역방(歷訪)하며 영화를 무료로 공개하야 일반의 자유관람에 바칠 것이올시다.
순회 예정지 이백여 호(處), 순회기간 일개년의 대사업은 금춘(今春)부터 반년간의 제반준비가 금(今)에 정돈되야 칠월 중에는 제일기(第一期)로 경의선 지방을 향하야 붕정(鵬程)에 올을 것이올시다.
주최 조선일보사

조선 25.06.22 (조2) 〈광고〉
육월 이십일일부터 특선 명화 공개
불국 쌔데- 사 실사 **고몬 주보** 전일권
미국 바이다구라후 사 희활극 **도적의 실패** 전일권
미국 바이다구라후 사 희활극 **폭탄과 신부(新婦)** 전이권
미국 빅크싼다 회사 희활극 **라리의 비행(飛行)** 전이권
미국 대유나이뎃트 사 쾌남아 다구라스훼방쿠스 씨 맹연
전 세계 영화사상 일대기록
경이적 대명편

일천만불 대영화

대활극 **로빙훗트** 전십일권

쾌청년의 열혈은 고명(高鳴)?

영국 중세기의 대모험

수만의 대군*(大軍*) 조수갓치 영웅과 협인 *권(卷)의 대쟁투

평양 수옥리(水玉里) 유 사 특약 **제일관**

매일 25.06.23 (3), 25.06.24 (3), 25.06.25 (3), 25.06.28 (1), 25.06.29 (2) ⟨광고⟩

6월 22일자 우미관 광고와 동일

시대 25.06.23 (2) ⟨광고⟩

무료공개

당 육월 이십일(토요)부터 일주간

파닌, 잉크 선전 무료 대공개

화학적 발견!

크잉[15]**의 대왕!! 파닌, 잉크**

금반 조선총독부 중앙시험소 응용 화학과 기사 *출(*出) 이학사(理學士)

지도 하에 신발견한, 파닌, 잉크는 **한 최신 원료로 맨든 것으로,

일반 여러분쎄 선전키 위하야, 시내 조선극장으로 하고, 좌(左)와 여(如)히

잉크를 사시는 분에게는 무료입장케 합니다

(이하는 6월 20일자 조선극장 광고와 동일)

매일 25.06.24 (3) [연예안내] ⟨광고⟩

당 육월 이십사일부터 특별대공개

문제 명화 대회

지나(支那) **상해 법조계(法租界)**[16] 실황 전일권

유 사 작품 대활극 **마상의 장한(壯漢)** 전오권

유 사 작품 대활극 **맹한의 분전(猛漢의 奮戰)** 전이권

독일 에이코 사 대작 대명화 **비사막(比斯莫)** 일대기 전오권

유나이딋트 사 대작품 대활극대모험 **분류(奔流)천리** 전칠권

대예고

대연속결사적대모험 **취의 조(鷲의 瓜)** 전십오편 삼십권

---

15) '잉크'의 오식으로 보임.

16) 法國(프랑스) 조계지.

고대하셔요 내주를!

단성사

매일 25.06.24 (3) [지방집회] 경남 활동사진대 순회

경상남도 지방과에서는 지방개량 급(及) 산업발전의 의미로 좌기(左記) 일정에 의하야 각지를 순회하면서 활동사진을 영사할 예정이라는데 기(其)의 일할(日割) 장소는 좌(左)와 여(如)하다더라. (부산) △ 육월 이십오일 양산군 상서면(上西面) 공립보통학교 △이십육일 상북면(上北面)사무소 △ 이십칠일 웅상면(熊上面)사무소 △ 이십칠일 울산군 웅촌면(熊村面) 공립보통학교 △칠월 이일 청량면(靑良面)사무소 △ 동 삼일 두동면(斗東面)사무소 △ 동 오일 두서면사무소 △ 동 육일 하북면(下北面)사무소 △ 팔일 상남면(上南面)사무소 △ 동 구일 중남면(中南面)사무소 △ 동 십일일 삼동면(三同面)사무소 △ 십이일 언양면사무소

매일 25.06.25 (3), 25.06.28 (1), 25.06.29 (2) 〈광고〉

6월 24일자 단성사 광고와 동일

시대 25.06.25 (2), 25.06.26 (4) 〈광고〉

6월 23일자 조선극장 광고와 동일

시대 25.06.25 (2) 〈광고〉

육월 입(卄)삼일 밤부터
노래로 유명한 『농 속에 든 새』를 각색한 것입니다
평양기생 난향(蘭香)과 ○○대학생 경식(敬植) 군과의 사랑의 『로-민쓰』이니 불근 피를 가진 젊은이들의 눈물을 자어내고야 말!
화류애화(花柳哀話) **농 속에 든 새** 전삼막
미국에 가 잇는 조선동포 사이에 이러나는 비참한 애욕과 정열의 싸홈
인생비극 **정열의 난무(亂舞)** 전일막
토월회 직영 **광무대** 전화 【본】 팔팔육번

당 육월 이십사일 특별 대공개
문제명화대회 현금 문제에 대명화
지나(支那) **상해 법조계(法租界) 실황** 전일권
유 사 작품 대활극 **마상의 장한** 전오권
유 사 작품 쌱크호키-시 씨 주연
대활극 **맹한의 분전** 전이권
독일 에이코 사 대작 대명화 **비사막(比斯莫) 일대기** 전오권

유나이딧트 사 대작품

다크라-스 훠-팡-스의 처제로 세계적 명배우 작크 빅휘-트 씨 주연

대활극대모험 **분류(奔流)천리** 전칠권

내주 대예고

연속결사적대모험 **취의 조(鷲의 爪)** 전십오편 삼십권

수은동 **단성사** 전 【광】 구오구번

조선 25.06.25 (석4), 25.06.28 (석3), 25.06.30 (석4) 〈광고〉

6월 22일자 제일관 광고와 동일

조선 25.06.25 (석4) 〈광고〉

시대일보 6월 25일자 단성사 광고와 동일

동아 25.06.26 (3) 학생 풍기 문제 / 고보(高普) 엄중 경계

누보(累報) = 전주에 재한 각 중등학교 생도 중 근래 풍기상 문제가 속출함에 감(鑑)하야 고등보통학교에서는 학교 당국의 책임상 등한시하기 난(難)함으로 장래를 경계키 위하야 거(去) 이십삼일 부로 각 학부형에게 각기 자제의 행동을 감시하야 연극장과 기타 오락장의 출입은 물론 야간에는 문란 출타를 엄금하여 달나는 의미의 통첩(通牒)을 발하는 동시에 직원 일동이 부서를 정하야 매야(每夜) 이 명식 시내 각 요리점, 기생가, 오락장 등 각 요소를 순시키로 하고 목하 실행 중이라는바, 만약 차(此) 경계망에 걸니는 생도는 필경 희생될 것이라고. (전주)

동아 25.06.26 (부록1) 해성 활사대 귀해(歸海)

해주천주교 해성청년회에서는 동회(同會)의 경영인 해성유치원 경비를 보충키 위하야 활동사진대를 조직하야 전선(全鮮)을 순회코저 계획 중 위선(爲先) 제일회 황해도를 맛치고 거(去) 이십일 귀해(歸海)하엿는데 사회적으로 다대한 찬조를 바다 예상외 성적을 어더서 주최측에서는 각지에서 만흔 후원을 하야 준 인사에게 감사함을 마지아니한다는데 순회지와 동정금은 아래와 갓다고. (해주) (이하 순회지별 동정금 명부 생략)

동아 25.06.26 (부록1) 〈특별광고〉

강연 급(及) 활동사진대회

시일 육월 이십칠일 하오 팔시 반

장소 영명(永明)고등학교 대강당

주최 공주영명문예회

후원 공주엡윗청년회 동아일보 공주지국

동아 25.06.26 (부록2) 무선전화 / 매주 사회(四回)로 정기 방송 / 음악과 텬기 예보와 『니우쓰』 등을 방송 / 체신국에서 시험으로

조선에도 『라지오』의 열이 점점 놉하저서 최근에 이르러서는 사설무선전화(私設無線電話)의 설치를 당국에 지원하는 사람이 날로 늘어가는 중 임의 경성 시내에만 그에 대한 허가를 어든 사람이 칠십여 명에 달하고 허가 업시 시설한 곳도 수십여 곳이나 됨으로 톄신국(遞信局)에서는 일반 무선뎐화 텽취긔(無線電話聽取機) 시설자들의 편의를 위하야 종래의 일주일에 두 번식 주간(晝間)에 시험 방송을 하든 것을 변경하야 매주일 화(火) 목(木) 금(金) 일(日) 네 번식 오후 일곱 시 반부터 아홉 시싸지 한 시간 반 동안을 톄신국 내 방송실(放送室)에서 긔사(記事), 텬긔예보(天氣豫報), 음악(音樂) 등 각종의 자미잇는 것을 교환하야 뎡긔일마다 시험방송을 하기로 되어 이십일일부터 일반 시설자들에게 들려준다는데

텽취 출원자(聽取 出願者)

부산(釜山), 원산(元山), 인천(仁川), 수원(水原) 등 원격한 디방서도 청취 설비를 출원하는 사람들이 격증하는 터임으로 톄신국에서는 현재 방송실에서 사용하는 집음장치(集音裝置)가 극히 불완전하고 방송용의 긔계도 불충분하야 그 장치를 그대로 두고는 일반무선뎐화 애호가(愛好家)들의 요구를 만족식힐 수가 업서서 당국자들은 그를 다시 장치코저 여러 가지로 고려하는 중인바, 얼마 전에 동경으로부터 도라온 포원(浦原) 톄신국장이 시찰한 동경방송국의 집음장치(集音裝置)와 근등(近藤) 사무관이 시찰한 관동텽(關東廳) 톄신국 내의 시험 방송실의 집음장치 등을 참작하야 현재 톄신국 방송실의 집음장치와 긔계 설비를 개선하고 동시에 시내는 물론

원격지 청취(遠隔地 聽取) 시설 출원자들에게도 그 요구에 응하야 들려줄 만큼 완전한 설비를 할 방침이라는바, 예산만 허하면 방송실을 현재 톄신국 부근에 신설할 의향으로 목하 모든 것을 조사 중이라 하며 민간 측으로부터도 방송국의 설치를 지원하는 자가 십일 단톄나 됨으로 당국에서는 그 십일 단톄가 합동하야 재단법인이 성립된 후 허가를 할 모양인바 특히 텽취 출원자 중 일본서 방송하는 것까지 듯고저 희망하는 사람에게는 경성방송국이 생길 째까지 긔계 긔구의 시험뎍 의미로 일본방송국의 승락이 잇는 자에게 한하야서만 허가하여 줄 방침을 가지고 방금 일본방송국과 교섭하는 중이며 일방으로

무허가 장치(無許可 裝置)를 한 자에게 대하야 무뎐법 뎨십륙조(無線法 第十六條)에 의하야 엄중 취톄할 작뎡으로 계원을 각 반에 난호아 시내를 일제히 순시케 하여 허가 업시 장치한 자들을 검거할 모양인바 그 수속에 대하여는 그리 복잡치도 안을 쑨만 아니라 톄신감리과(遞信監理課) 무선뎐화 시설원(私設無線電話施設願)이라는 용지와 기타 수속에 관한 것을 인쇄하야 출원코저 하는 지망자들에게 내여준다더라. 그런데 그 시설방법과 긔계 설비 등에 대하야는 무선뎐화 텽취긔를 상덤에서 남이 맨들어 노흔 것을 사오랴면 그에도 여러 가지 종류가 잇슴으로 일뎡한 가격이 업지만 자긔의 손으로 맨들 수 잇는 부분은 맨들과 맨들 수 업는 것만을 사다가 맨들어 가설하자면

가뎡용 텽취(家庭用 聽取)긔는 불과 오, 륙 원밧게 아니 든다는데 그에 대한 상식이 조곰도 업서서 모든 것을 사다가 남에게 의뢰하야 가설하자면 적어도 가까운 거리에서 혼자서 들을 만한 것을 설

치한다 하드래도 십오륙 원 내지 이십 원은 들 것이라는바 최근 톄신국 서긔 산촌정일(山村靜一) 씨의 손의 거처 된 텽취긔 가튼 것으로 말하면 귀에 대고 듯는 수화긔(受話器) 외에는 실비 구십 전밧게 아니 든다 하며 그 설비에 대하야는 수신용 공중선(受信用 空中線)이 놉흘사록 좃치만 특히 가뎡에 잇서서는 공중선을 그리 놉히 할 필요도 업슴으로 집웅에서 처마 끗흐로 줄을 느려 가설하여도 무방하고 실내에 장치할 텽치긔는 각 부분을 마추워 시설하야 노흐면 긔계에 특별한 파상이 업는 한에 잇서서는

영구(永久)히 비용(費用)을 쏘다시 들이지 안을 수 잇다는바 이후 조선에도 외국과 가치 민간 측에서 방송을 설치하게 되면 텽취긔 설비자로부터 약간의 료금을 내이게 될 터이라더라. (계속)

시대 25.06.26 (4), 25.06.27 (1), 25.06.28 (1) 〈광고〉
6월 25일자 광무대 광고와 동일
6월 25일자 단성사 광고와 동일

동아 25.06.27 (2) [연예] 롱 속에 든 새 / 토월회의 호평
시내 황금뎡(黃金町) 광무대(光武臺)에서 공연 중인 토월회(土月會)에서 수일 전부터 상연하는『롱 속에 든 새』와『정열의 난무』라는 각본은 일반에게 매우 호평을 밧아 련일 만원의 성황을 일우는 중이라는데 동 회의 공연 회수가 이번까지 이십 회라 하며 이 압흐로는 더욱 자미잇는 각본을 만히 상연하리라고.

동아 25.06.27 (4) 〈광고〉
토월회 제입(廿)회 대공연 육월 입삼일부터
화류애화 **롱 속에 든 새** 전삼막 일명 (사랑의 노래)
비극 **정열의 난무(亂舞)** 전일막 일명 [모자(帽子)핀]
토월회 직영 **광무대**에서
참으로 감사합니다 연일만원! 구경 오시랴면 일즉 오서야 합니다

본일부터 대공개 공전의 초특별 대흥행!!
당관 희생적 보통 요금!!
미국 파라마운트 사 희극 **석유도적** 전이권
파라마운트 사 특작품 희활극 **대소동** 전칠권
파라마운트 사 특작품
다크라스, 훼방크스 씨 메리빅크, 포-드 양
차-레스, 차푸링 씨 메리-, 카- 부인
명화 **호리웃도** 전팔권
= 대예고 =

미국 파라마운트 사 초특작

사회풍자극 『도살자』 전십권

조선극장 전 (광) 二○五

시대 25.06.27 (1) 〈광고〉

육월 이십칠일부터 오일간 공연

고려 『오페라』단 제일회 공연

기간(其間) 제반 준비에 다망하얏든 고로 일즉 여러분 압헤 나오지 못하엿나이다

애극가(愛劇家) 여러분 저희들의 첫 시험인 『오페라』단을 쯧 깁흔 동정으로 거두어주십시요

가극 목록

一, **짼스** 십육종

一, **무언희극** 오종

一, **대소기술**(奇術) 수종

一, **대기마술**(大奇魔術) 삼십종

우미관 전【광】삼구오번

동아일보 6월 27일자 조선극장 광고와 동일

시대 25.06.27 (3) 음성(陰城) 위생전람

【충주】음성경찰서에서는 본래 이십칠, 팔 양일간으로써 당지 공립보통학교 내에 위생전람회를 개최할 터인데 여흥으로 환등사진을 *사할 터인바 무료입장임으로 다수히 *람함을 바란다고.

조선 25.06.27 (석3), 25.06.28 (석2) 〈광고〉

6월 25일자 단성사 광고와 동일

조선 25.06.27 (석3) 〈광고〉

금월 이십칠일부터

고려오페라단이 본관에서 일주일간 흥행하게 됩니다

一, **짠스** 십육종

二, **무언희극**

경골계(鏡滑稽), 연애희극 무언희극(이발소)

평과(苹果)희극 백골(白骨)희극[무도(舞蹈)]

三, **마술**

총살미인 운중(雲中)미인 공중미인 인변궤(人變櫃) 공궤출(空櫃出)미인 시계중(時計中)미인 아변인씨(兒變人氏) 공중비발(空中飛鉢) 만물청구궤(萬物請求櫃) 괘검추천(掛劍鞦韆) 기술(奇術) 삼십종

일활 특약 **우미관** 전 광 삼구오번

동아일보 6월 27일자 조선극장 광고와 동일

동아 25.06.28 (1) 〈광고〉
토월회 제입(卄)회 대공연 육월 입삼일부터
화류애화 **농 속에 든 새** 전삼막 일명 (사랑의 노래)
비극 **정열의 난무** 전일막 일명 (모자핀)
열광적 호평과 백열화(白熱化)한 중망(衆望)에
의하야 특별히 이일 연기!!
육월 입구일까지이오니 그 안에 와 보십시오
이 이상 더 연기는 절대로 업슴니다
= 예고 =
손꼽아 기다리십시요
토월회 공연 만 이주년 기념 특별 흥행에 상연할 대문제극
여직공 정옥(貞玉)
오는 육월 삽(卅)일부터
토월회 직영 **광무대**에서 전 (본) 팔팔육

동아 25.06.28 (2) 농조극(籠鳥劇) 연기 / 본보 독자 우대
요사이 황금뎡 광무대(黃金町 光武臺)에서 『농 속에 든 새』 일명 사랑의 노래라는 화류계에 잇는 녀자와 혈긔 방정한 청년 사이에 애를 긋는 사랑을 그린 연애극 애화를 새로히 각색 상연한다는 것은 긔보한 바와 갓거니와 이 연극은 일본에서 재작년 작년에 유행이 되든 롱조가(籠鳥歌)를 가지고 각색한 것인바 초일 이래로 큰 환영을 밧은 까닭으로 특히 이십팔, 구일 양일간 연긔를 하고 본보 독자 우대 흥행을 할 터인바, 우대권은 본사 란외에 잇는바 그것을 버혀가지고 가시면 할인을 할 터이라더라.

동아 25.06.28 (2) 〈광고〉
토월회 입(卄)회 공연
본보 독자 우대일
입팔일 입구일 양일간 선택 수혜

동아 25.06.28 (3), 25.06.29 (1), 25.06.30 (3), 25.07.01 (2), 25.07.02 (4) 〈광고〉
6월 27일자 조선극장 광고와 동일

매일 25.06.28 (1) [연예안내] ⟨광고⟩

일부 출연진 제외된 외 동아일보 6월 27일자 조선극장 광고와 동일

시대 25.06.28 (1) ⟨광고⟩

6월 27일자 조선극장 광고와 동일

6월 27일자 우미관 광고와 동일

시대 25.06.28 (2) 무선 설립 계획 / 착착 진행

무선전화(無線電話)의 경성방송국 설립계획(京城放送局 設立劃)은 순조로 진행되어 제작일 십육일 오후 네 시에 발긔인 일동(發起人 一同)은 전부 집합하야 가지고 일즉부터 동 창립위원장(同 創立委員長)으로서 교섭 중이엇든 유하 식은 두취(有賀 殖銀 頭取[17])를 동 은행으로 방문하고 정식으로 의뢰하얏는바 유하 씨는 즉석에서 쾌락하고 사업진행에 관한 구체안까지 협의하야 명실(名實)과 가티 위원장으로 되고 쏘한 동 방송국 창립사무소를 식은 안에 두기로 대강 결정하얏다 한다.

조선 25.06.28 (석3) [학예] 순회극단에 대한 소감 (一) / 진주 태수(太守) [기(寄)]

봄에 날이 싸뜻하고 가을에 밤이 서늘하거나 겨울에 일이 적게 되면은 지방에는 각금각금 드나드는 극단이 만타. 지방의 하(何)*의 위안을 엇지 못한 사람들에게는 반가운 일이며 깃버할 만한 일이다. 그러나 그의 내용을 구버다 보면 엇더한가. 과연 내용도 그와 가티 반가워할 만한가. 그것이 그만치 만히 다니어서 과연 지방에 엇더한 도움을 조금이라도 주는가 하면 유감이지만 그러치는 못하다.

×

그런데 이러한 것을 구타여 말할 만한 가치도 업다마는 소위 극단을 쑤며 가지고 다닌다는 그네들의 말이나 행동을 보면 아마도 자기네들의 하는 일 엇더한 것인지도 스사로 모르고 도로혀 의기가 양양하야 가장 문화발전을 위하며 지식 계발을 위하는 무슨 큰 사업이나 하는 것처럼 자긍하는 폐단도 업지 안타. 그것이 과연 그들의 말과 가티 된다 하면 얼마나 조흐랴. 천번만번 고맙겟다. 그러나 섭섭한 일은 말과 가티는 되지 못하고 도로혀 그것이 엇더한 해독이나 끼치지 안흘가 한다. 그들은 극에 대한 이해도 업고 소양도 적어 보인다. 엇더한 지방에는 한 달에도 거의 삼, 사 단체식이나 드나드는 그들에게 이러케도 아모 바랄이것[18] 업고 어들 것이 업는 것을 보면 가난한 극계를 위하야 여간한 실망이 아니다. 그들에게서는 아모것도 차질 것이 업다. 첫재에 각본 그것이 시대에 써러진 것쑨이오, 배우 무대미술 무엇할 것 업시 모도가 다 큰물이 지나간 들과 가티 번번해버렷다. 그 내막을 자세하게 말하자면

一, 각본 — 그들의 상장하는 각본은 대개가 배우가 작가를 겸하야 소위 각본이라고 몃 사람의 『口

---

17) 두취(頭取): (은행 따위의) 대표자. 장. 총재.
18) '바랄 것이'의 오식으로 보임.

立テ[19]」된 것이다. 그러하니 그것이 무슨 가치를 갓기는 어려운 일이 아닌가. 배우가 엇더한 깁흔 소*이나 잇다 하면 그것은 물론 말할 것도 업지만 대개 보면 연극론이나 연극사 한 권도 읽어보지 못한 모양이니 거긔에서 나오면 대체 무엇이 나오겟느냐. 그들이 대개 흥행하는 각본은 군인생활 — 충효 — 또는 권선징악 가튼 것을 목적으로 삼은 것쌴들이나 대체 군인생활을 무엇하랴고 뭇척 정성이나 엇는 듯이 교통까지도 불편한 산읍 야군(野郡)까지 쏘처 다니면서 하느냐 말이다. 연극을 웨 쏘 권선징악 — 아모 울님도 나타냄도 업는 — 그러한 **을 만들려고 하는지 알 수 업다.

二, 배우 — 그러한 각본을 창작하고 쏘 출연하면서 다니는 배우들이니 다시 더 말할 가치도 업스나 그들은 배우를 아마도 연령만이 청년기에 잇고 겨우 엇더케 해서 다행으로 보통학교나 중학교 모표만이라도 조흐니 부첫다가 쪠면 배우의 자격이 잇는 줄로 아는 모양이다. 배우 될 만한 천분(天分)도 업고 쏘한 노력과 적공(積功)도 업시 되는 줄로 아는 듯하다. 자연히 그들의 언어며 표정이 몰상식하고 구역이 나게 된다. 대사가 모다 잡*에 지나지 못한다. 쏘는 일본 구극과 가티 — 그러한 것이 아니면서도 — 괜이 억양만을 숭상하게 된다. 그야말로 그들이 주창하는『극적 언어』의 이상야릇한 쎄를 발휘하게 되는 것이다. 이리하고야 관중에게 무엇을 보여주게 될가. 표정과 동작도 모다 야비하야 하등의 감흥을 이르키지 못한다. 그리하야 기중(其中)에도 배가 압프고 주먹이 불근불근 쥐여지는 것은 적(敵)이 사람을 금시 죽이는데도 그것을 보고 웃는 것이다. 아버지가 죽든지 아들이 죽든지 련인이 죽든지 관계할 것 업시 말하다가도 웃는다. 아버지나 아들이나 련인의 죽는 것을 보고 글세 웨 웃게 되는지 사람다운 *정이 잇는 이상에 웨 울지 안코 웃게 되는지 이것은 대개 출연자의 태도가 너머나 진실하지 못하고 작란이 석기어 관객에게 실감을 주지 못하는 쌔문이다. 분장[장의상(粧衣裳)]-도 거저 우슴웁게만 쑤민다. 시대니 사*니 그러한 것은 무시하고 화려하게만 쑤미랴고 노력하는 듯하다. 거지라고 하면서도 와이사쓰나 양복을 입는다. 그 밧게도 일일히 말할 수 업다. 통트러 말하면 배우 되는 이가 극에 대하야 너머도 소양이 업고 이해가 업는 싸닭이다. 천분은 더할 것도 업다.

三, 무대 — 무대장치도 물론 공(空)이다 무대장치를 싸로 하지 안는 것도 그들이 각본을『口立テ』로 한 것과 가튼 모양이다. 그런데 團巡劇團[20] 자체가 이런 것을 쑴여도 중요하게 생각지를 안는 모양이다. 대개 보면 광목쪽에다가 배경화에 소양이 업는 이의 산수를 그린 포장(布張) 하나로 소위 배경이라 하야 무대가 가정-서양사람의 집이 되고 동양사람의 집이 된다. **서(署)로 될 쌔나 산곡으로 될 쌔나 정차장으로 될 쌔나 요리점으로 될 쌔나 쏙가티 쓰는 일이 만타. 그야말로 광목 몃 척으로써 천하를 삼는다. 그러한 배경 압헤서 독갑이 작란하듯이 괜이 잡*만 하는 것을 보게 되면 도저히 그대로 용서할 수 업는 생각이 난다. 물론 지방에 오면 가설극장이니까 설비 불완전으로 곤란도 보기는 보겟지마는 달 그린 포장(배경이라고 할 수도 업다)을 처노코서는 관람자는 정면에 안저서 보는 것도 생각지 안코 캄캄한 밤이니 비가 오니 눈이 오니 쏘는 나무가 무성한 것도 생각지 안코 힌 눈이 가득한 겨울이나 * 가을이니 하니 대톄 배우의 기술이 아모리 조키로 관람자의 눈이 아

---

19) 쿠치다테. 정해진 각본 없이 배우들끼리의 간단한 협의를 거쳐, 대사나 연기를 즉흥적으로 꾸며서 하는 연극. 즉흥 연극.
20) '巡劇團'의 오식으로 보임.

모리 어둡기로 애들 작란 가티 안겟느냐. 인상은커녕 알려주기도 어려울 것이 아닌가. 무대장치 그 것을 그러케 무시해서는 안 될 줄 안다. 일각(一脚)의 교자(橋子)라도 한 가지의 나무라도 그 연출할 물건의 성질 쏘는 종류에 의하야 그 무대를 적당하게 장치해야 되지 안겟느냐. 조명이니 무엇이니는 일음도 비처보지 못하게 생겻다.

四, 극장음악 — 이것도 그러하다. 『입센』의 사회극과 가티 극장에서 음악을 전부 쏘처 낸 것은 별문 제지만 그들의 심한 것들은 『새납[21]』 한 대와 장구 한 개로 입을 씨스려고 한다.

조선 25.06.28 (석3), 25.06.29 (조4), 25.06.30 (석4), 25.07.01 (석2) ⟨광고⟩
6월 27일자 우미관 광고와 동일

조선 25.06.28 (석3), 25.06.29 (조4), 25.06.30 (석4), 25.07.01 (석1), 25.07.02 (석4), 25.07.03 (석4) ⟨광고⟩
6월 27일자 조선극장 광고와 동일

동아 25.06.29 (1) ⟨광고⟩
6월 28일자 광무대 광고와 동일

매일 25.06.29 (2) 영화 통일 검열로 / 천긔 부장 영던
내무성(內務省)에서 통일하게 된 『필림』 검렬은 리 칠월 일일부터 실시할 터인대 이에 대한 전님 사 무관(傳任 事務官)으로 보안과(保安課) 사무관 류정의남(柳井義男) 씨를 검사과(檢査課)에 전임식히 기로 결명하얏고 류정 씨의 후임은 함경남도 경찰부장 천긔말오랑(咸鏡南道 川崎末五郎) 씨가 임명 되얏다더라.

매일 25.06.29 (2), 25.07.02 (2), 25.07.03 (2) ⟨광고⟩
6월 28일자 조선극장 광고와 동일

조선 25.06.29 (조3) [학예] 순회극단에 대한 소감 (二) / 진주 태수 [긔(寄)]
이러하니 과연 다니는 이는 무슨 목적이며 보는 이는 쏘 무엇 째문이냐. 주는 것도 업고 엇는 것도 업다. 다만 남는 것은 순실한 지방사람의 쌔끗한 머리에 백인 기억은 『오해의 연극』이 쌜리깁피 잇슬 쑨이다. 이것이 장차 신극운동에 얼마나 새잡이[22]가 되어 몃 사람의 애를 녹이고 가슴을 갑갑하게 할 것이냐. 생각할사록 걱정이다.
×

---

21) 태평소.
22) 1. 어떤 일을 처음 시작하는 사람. 2. 어떤 일을 다시 새로 시작하는 일.

나의 본 바 지방을 순회하는 극단을 일일히 예를 드러 평하며 쏘는 상장하는 각본에 대하야도 일일히 평을 시(詩)하고자 하나 그것은 그만둔다. 도라다닌다는 것은 엇제튼 무의(無意)할 일이다. 그리고 쏘 하나 말코저 하는 것은 연극이란 것이 악한 사람은 기어히 망하고 선한 사람은 기어히 흥하는 것은 아니라는 것이다. 『무대는 생활의 단편』이란 말도 잇지 안는가. 그리고 배우는 너무도 몰상식하고 무이해하다. 대사 가튼 것을 보드래도 『도덕상태에 죄가 된다』 쏘는 『연(演)과 극(劇)』이니 『심리상태에 맛지 안는 일을 해서는 못 쓴다』 하는 극단이 잇다. 이것이 도모지 무슨 쯧인지 알 수 업다. 독갑이 작란을 하기 위하야 각 도, 각 지방으로 순회란 일음에서 도라다니는 극단들이 아니거든 좀 더 소양 잇는 배우가 되야 성의가 잇는 태도를 가지기를 아니 바랄 수 업다. 그리고 시간은 업드래도 연극론이나 배우론이나 무대미술론 한 권식은 적어도 극단의 수뇌자되는 사람은 읽어야 할 것이다. 그리고 무대장치는 돈이 좀 들드래도 제발 광목 몇 척으로 천하를 휩싸 잡으려는 영웅적 행동은 피하여야 할 것이다.

×

그러면 엇지하야 그들이 소위 지방순회를 하고 다니게 되는 동기가 어데서 나오고 쏘 그의 목적이 무엇인가 말하는 순서에 다하고자 한다. 그들이 진실하지 못하고 성의가 업는 것을 보면 그의 원인은 대개가 할 일이 별로 업고 집에 잇스면 괴롭고 쏘는 방랑적 기분에 휩쓸녀서 나온 것이다. 그러고 보면 그것이 성실할 리가 업는 것은 정한 일이다. 그리해서 몃 사람이 수군수군하야 소위 무슨 극단이니 해가지고는 지방지방마다 구경 겸 쏘는 그러고 다니면 조흐니까 거저 다니는 것인 모양이다. 그러니 진실이 잇고 성의가 잇슬 리가 업다. 다만 말하자면 환상적 유희단에 지내지 못한다는 것쑨이다.

지방사람은 대개가 순실하다. 그리고 지방을 싸러서 물론 차이도 잇겟지마는 교통이 불편한 곳에는 이제야 겨우 연극이라는 것을 처음 보는 이가 만타. 그러한 이 압헤 『춘향이 타령』이나 가튼 그러한 『웃기는 작란』만 보여주면 결과가 엇더케 될가. 그들은 참말로 순실하니들이다. 이러한 농촌에는 처음부터 바로 진정한 극을 뵈일 필요가 더욱 잇지 안흘가. 그럼으로 그러한 극단을 쑤며 가지고 다니면서 그들의 고요하고 쌔끗한 머리를 헌투러 필경 오해를 하게 하는 것은 말하자면 그들을 속이는 것은 무급 순회극단의 *임이라 한다. 거듭 말한다. 환상 유희적 극단은 필경은 자멸하게 될 것이나 속히 자멸하기를 바란다. 그리고 새 생명을 가진 힘 잇는 극단이 어서 밧비 나와서 이 지방에 업더서 고요하자고 잇는 지방인에게 진실한 극을 보여주기를 바란다. 그리하야 일 년에 춘추(春秋) 두 차리식이라도 힘 잇고 생명이 흐르는 아름다운 극단만 온다 하면 고요한 지방에 숨어 잇는 우리들은 그것을 한 아름다운 날―추석이나 설과 가티 훌융한 명절을 손곱아 기다리드시 그들 오기를 기다릴 것이다. (쯧)

조선 25.06.29 (조4) 〈광고〉

육월 이십팔일부터 특별 대흥행
미국 유니바―살 회사 쥐엘 대작 크라렝스부라운 씨 감독 작품
노―만케―리 씨 크레이야웰―자 양 주연

바-바라 벳토휘-도 양 리쟈-트도라뷔아-쓰 씨 베이텡·쓰튀팡-승 씨 공연

수의 죄(誰의 罪) 전칠권

미국 유니바살 회사 초 금년도 대작

명감독 듸-크완 씨 총지휘

쾌남아 후렛토도무손 씨 유 사 입사 제일회 대작 역연

여류 비행가 안릿틀-양 비행중위 알월송 씨 대조연

대연속극 **취의 조(鷲의 爪)** (제일회)

제일편 천공(天空)모험 제이편 화연(火燃)의 탑 사권 상영

기타

제사회 **전파왕** 사권

대활극 **방랑의 인(人)** 이권

송죽 유 사 특약 **단성사** 전 광 구오구번

동아 25.06.30 (2) 창립 이주년 기념 / 토월회 공연 / 금 삼십일부터 시작

시내 황금뎡(黃金町) 광무대(光武臺)에서 공연 중인 토월회(土月會)에서는 저간 『롱 속에 든 새』라는 각본을 상연하야 만흔 환영을 바덧는데 금 삼십일부터는 다시 사회극 『녀직공 명옥(女職工 貞玉)』이라는 삼막물(三幕物)과 소극(笑劇) 『국교단절(國交斷絶)』이라는 일막물을 상연할 터이라는바 『녀직공 명옥』은 화려한 사회의 반면에는 눈물겨운 암흑 면이 잇서 명옥의 비참한 인생 기록을 각색한 것이며 『국교단절』은 리상덕 가뎡에서 일어나는 사랑의 선전포고를 요절하도록 극으로 표현한 것이라는데 이번 공연은 특히 동 회의 창립 이주년 긔념의 쯧으로 더욱 참신한 무대예술을 나타내이리라더라.

동아 25.06.30 (3) (광고)

육월 삼십일 밤부터

토월회 창립 만 이주년 기념 특별 대공연

싸듯한 봄이 잇스면 흰 눈 쑤리는 싸늘한 겨울이 잇고 밤이 잇스면 낫이 잇드시 화려한 사회의 반면(反面)에는 항상 눈물겨운 암흑면(暗黑面)이 잇는 것이니.

눈물 속에서 나서 눈물 속에서 살다가 비참한 최후를 이르는 젊고 어엽분 『녀직공 정옥』의 눈물의 애사(哀史)를 드러보시오

사회극 **여직공 정옥(貞玉)** 전삼막

국교단절…… 선전포고…… 하면은 여러분은 대포와 총을 연상하실 것입니다.

그러나 이 국교단절은 스위-트, 홈-,에서 이러나는 사랑의 선전포고입니다

소극(笑劇) **국교단절!** 전일막

비가 와도 반드시 개연합니다

토월회 직영 **광무대**에서 전 (본) 팔팔육

동아 25.06.30 (부록2) 무선전화를 이용해 비행기 타고 / 공중에서 결혼식 / 강연을 듯는 것 쯤은 례사 / 동화 듯다 잠드는 아해들 / 무전의 실생활화한 구미

과학이 발달되고 생활의 여유가 잇는 구미 각국에서는 무선뎐화 텽취 가튼 것이야 그리 신통하게 생각할 것도 업겟지만 그럿치 못한 동양에서, 그중에도 조선에 잇서서는 그것이 처음으로 이만콤 일 반의 흥미를 끄는 동시에 그 텽취기 설치 비용도 그리 만치 아니하야 시설을 희망하는 사람들도 날 로 늘어가는 중인데 그에 대하야 무선뎐화 전문가는 말한다. 현대 과학문명의 발달은 무선뎐화까지 도 연구하여냇습니다. 무선뎐화를 방송하는 편에서 침금(針金)에

뎐긔덕 진동(電氣的 振動)을 일으켜 소위 진동 뎐류(振動 電流)를 방출(放出)하면 그 주위에 잇는 에 텔이라는 우주 어느 곳에나 잇는 공긔 이외의 일종 매개물(媒介物)에 뎐파(電波)를 일으키여 그 뎐 파가 사방팔방 입톄(立體)의 방향으로 일 초 동안 십오만 이천 리(朝鮮 里數)의 속도로 뎐파진행(傳 播進行)을 합니다. 그런데 그 뎐파가 다른 침금에 맛부드친즉 그 뎐파를 일으킨 진동뎐류와 가튼 성 질의 진동뎐류를 끌어냄니다. 그런고로 송화측(送話側)에서 공중선의 침금에 방출한 진동뎐류를 엇 던 사람의 음성대로 변조(變調)를 식히면 그 공중선으로부터는 그 음성과 가튼 파형(波形)과 강하게 변한

뎐파가 발사(電波가 發射)됩니다. 그 뎐파는 임의 말한 바와 가튼 속도로 뎐파되야 그것이 수화측 (受話側)의 공중선에 충돌이 되면 그것이 송화공중선(送話空中線)에서 변조되엿든 진동뎐류와 쏙 가튼 진동뎐류를 끌어내는 것입니다. 그 뎐류를 수화기(受話器) 안에 덕당한 장치를 한 무선용 수화 긔로써 밧으면 송화측의 음성을 고대로 들을 수가 잇는 것입니다. 그럼으로 송화뎐력(送話電力)이 밋 치는 권내(圈內)에서는 수화긔(受話器)만 장치한 사람이면 수천만 사람이라도 동시에 다 들을 수가 잇습니다. 임의 구미 각국에서는 곳곳마다 방송 무선뎐화가 시설되고 빈부를 물론하고 일반 가뎡에 도 모다 무선뎐화 수화긔가 시설되야 아츰에는

시사문제(時事問題) 등에 관한 신문긔사를 듯고 혹은 취인소(取引所)의 시세 쏘는 표준물가(標準物 價)를 들어 각각 생업에 활동하게 되고 오정 째즘해서는 일홈난 음악가들의 고흔 음악을 듯고 반날 의 피로를 잇게 되며 오후 세 시부터는 유명한 명사들의 연설 강화를 들어 수양을 밧게 됩니다. 그 리고 저녁밥을 먹고 난 뒤에는 째를 이어 각 연극장과 각 음악회, 무도회 등 여러 곳에서 들려주는 가지각색의 소리를 한 가뎡 식구들이 자미잇게 모혀 안저 들으며 엇던 소리에는 웃기도 하고 혹 엇 던 말에는 노하기도 하며 엇던 슬픈 노래에는 울기도 한답니다. 그리고 쏘 어린이들에게는

동화 민요(童話 民謠) 등의 자미잇는 이야기를 들려주면 그들은 그 자미잇는 이야기를 자미스럽게 듯다가 그 자미잇는 이야기에 취하야 그만 잠이 들어 단쭘을 맷는답니다. 그런데 그럿케 무선뎐화 텽취자들이 만흔 이만콤 그들 중에는 우서운 이야기 거리가 다 만습니다.

엇던 할마니 한 분은 자긔 쌀의 독창하는 것을 무선뎐화 청취긔로 듯다가 『아이그 내 쌀아』 하고 손 바닥을 친 늙은이도 잇섯고 엇든 청년 하나는 강연을 듯다가 『아니요, 아니요』 하고 고함을 치며 '야 지'한 청년도 잇답듸다. 엇잿든 자미잇는 것입니다. 불란서에서 엇던 청년 남녀는 결혼식을 하는데 신랑 신부가 가치

무선뎐 장치(無線電 裝置)한 비행긔를 타고 공중으로 올라가고 그 혼례의 주례자인 목사는 아래 무

241

선면화 장치된 방 안에 안저서 서로 혼인에 대한 문답과 그 밧게 축복 긔도를 하야 혼례식을 하엿답듸다. 그러한 것이 문명한 이 시대에 잇서서는 그리 신통할 것도 업슴니다. 멀지 안은 장래에 조선에도 그 갓흔 일이 업슬 것은 안임니다. (짓)

매일 25.06.30 (1) 경성의 라디오 열 / 불원간 경성방송국 출현 / 장래는 내지 만주 중계 방송

경성방송국 창립위원회는 기보(旣報)한 바와 갓치 유하(有賀) 식은(殖銀) 두취(頭取)의 위원장 취임 수락에 의하야 진용은 정제(整齊)되얏스며 정관 기타 창립 사무도 대체 예상 이상으로 진보되야 불원 정식 출원을 견(見)하게 될 터인대 우(右)에 관하야 포원(蒲原) 체신국장은 좌와 여(如)히 어(語)하더라.

내지의 『라지오』 열은 예상 이상으로 왕성하야 동경에서는 기(旣)히 가입자 이만 인으로 돌파하고 대판(大阪)도 역(亦) 일만 이, 삼천 인을 산하는대

경성에서도 체신국의 시험방송을 청취하고자 근일 매일과 갓치 출원하는 자가 유(有)하야 오십 인 내외에 불과하던 것이 최근에는 아연히 증가되야 백 인 이상에 상(上)하얏도다. 발기인 측이 열심으로 방송국의 설립에 노력하는 것은 흔쾌에 불감(不堪)하는 바일 쑨 안이라 유하(有賀) 씨와 갓흔 모든 방면에 세력을 가지고 잇는 이가 위원장 취임을 수락한 것은 사실의 장래에 인의(人意)를 차강(差强)케 하는 바이라. 수(殊)히 조선으로써는 유일한 기획임으로 당국에서는 가급적

편의와 후원을 도(圖)하야 일국(一局)의 출현을 희망인불기(希望人不己)하는대 사업의 발달은 일로 당사자의 노력에 사(俟)치 안이하면 안이 되나니 차(此)에 대하야는 설비와 기기의 정선도 필요할 것이며 우(又) 가입자로 하야금 최(最)히 간편하게 청할 슈 잇도록 하는 연구가 중요하다고 사(思)하노라. 방송 구역은 백리 이내의 규정이지만은 사소한 사(事)로 청(廳)할 수 업서서는 기(其) 지방의 인사는 유감으로 사할 쑨 안이라 『라지오』의 보급에도 관계됨이 다(多)한즉 방책으로는 특별구역이라도 설하고자 고구 중이라. 우(又) 내지

비전(備前) 등 방송국의 『라지오』를 조선에 그대로 방송하는 소위 중계방송에 대하야도 기술상 완전히 행할 수 잇게 되면 장래는 필히 실시할 방침으로 연구를 진(進)하는 중이라 근래 동경과 대판(大阪) 등의 『라지오』를 청취하고자 시시(時時) 출원하는 자가 잇스나 차(此) 구역 외의 청취에 대하야는 체신국 자의로 결정하기는 불가능함으로 관계 당국자와 협의한 후 결정하고자 사하노라. 운々

시대 25.06.30 (6) 환락장 리(裏) / 인루함소(忍淚含笑)의 고충 / 멋잇는 놀애도 울음소리 / 남 보기앤 호화롭고 깃분 듯한 그 생활 / 거트로 웃고 속으로 우는 가련한 심상 / 회심(灰心)의 장탄(長歎)과 단장(斷腸)의 애소(哀訴)

다가튼 지옥 삶이언마는 남의 놀이를 어울리고 흥을 자아내는 노릇가티 생각하면 괴롭고 지긋지긋한 것은 업스리라. 남의 깃븐 경우와 나의 비참한 처지를 비교만 해 보아도 가슴이 쓰리고 마음이 압흐려든 하물며 제 슬홈은 눌르고 참고, 남의 절거움만 도옴이랴 거트로 웃고 속으로 우는 그 심상이야 얼마나 쌕하고 불상한가. 새벽바람이 창틈으로 새어들제 유야랑[23]에게 시달리우든 쑴을 쌔치고 자긔의 남다른 팔자와 전정을 생각하매 하염업시 벼개만 적시는 붉은 눈물을 어찌 금힌긋가.

그들의 가슴이 미어지는 듯한 한탄과 창자를 긋는 듯한 하소연은 눈썹을 아니 찡길 수 업스리라.

넘우 가혹한 / 각본 검열 / 광대로만 녀기어서 천대하는 것이 원* / 여배우 담(談)

배우, 더욱이 녀배우가 된 저로서는 대우를 낫브게 하는 것이 더할 수 업는 불망이외다. 이전에는 배우를 『광대』라 하야 기생이나 백정과 가티 천히 녀기엇지만 배우란 절대 그런 것이 아니외다. 이전에는 극(劇)을 한 유흥으로 알앗지만 현대에 와서는 곳 실나운 인생의 표현이 아닙니까. 만 사람에게 감흥을 주는 배우의 천직을 저는 무엇보담도 신성하게 생각합니다. 그러면 배우란 직업도 그러케 천한 것이 아닌 줄을 알아야 되쟌하요. 습관이랄지, 그리고 당국의 『각본』 검렬이 넘우 혹독합듸다. 조선사람의 자극될 만한 것은 모다 싹가버리지요. 그리고 구경하는 이도 아조 극에 대한 리해가 업서요. 박수할 째는 안 하고 안 할 째는 하는 것이 직접 출연하는 저로서는 퍽 답답해요. 배우답게 대우하얏스면 하는 것이 제일 바람입니다. 그리고 당국에서 검렬을 좀 넉을업게 하얏스면요.

(토월회 여배우 복혜숙) (이하 기사 생략)

시대 25.06.30 (7) 〈광고〉 축 혁신

경성부 수은동
활동사진 상설 **단성사**
전화【광】구오구번

경성부 인사동
활동사진 상설 **조선극장**
전화【광】二〇五번

경성부 관철동
활동사진 상설 **우미관**
전화【광】삼구오번

경성부 황금정
토월회 직영 **광무대**
전화【본】팔팔육번

조선 25.06.30 (석3) [신영화] 호리웃드 전팔권 / 조선극장에서 상영 중

『아메리카』합중국에서는 아이들 중에 자긔 나라 대통령의 이름을 모르는 이는 잇스되 유명한 활동사진 배우의 이름을 모르는 이는 업슬 만큼 활동사진이 여러 방면으로 사회에 큰 유행이 되엇스며

---

23) 유야랑(遊冶郞): 주색잡기에 빠진 사람.

쏘한 활동사진에 참가하야 종업하는 여러 사람의 생활상태도 말하면 영화계에 『스타-』가 한번 되고 보면 매년 수백만 원의 봉급을 밧는 것은 그러케 희귀한 일이 아니다. 싸라서 일상생활도 왕후장상 이상으로 사치를 다하게 된 것이 근일의 현상이다. 그럼으로 혈긔가 미정하야 아즉도 허영의 쑴을 쑤는 젊은 남녀들은 대부분이 활동사진 배우 되기를 지원하게 된다. 그러나 그러한 배우라는 것은 누구든지 그러케 쉽게 될 수 잇는 것이 아니오, 특별히 이러한 방면에 련분이 잇거나 소양이 잇서 야 할 것이다. 그런데 이러한 모든 것을 무시하고 일시 허영으로 유명한 배우가 되야 일생을 호화롭 게 지내랴다가 쑷을 이루지 못하고 도리혀 실망하야 일평생을 타락*활로 보내게 되는 일이 비일비 재임으로 이러한 폐단을 활동사진 배우가 되랴고 지원하는 청년 남녀에게 참고를 삼게 하기 위하야 현대 미국영화계에서 유명한 배우가 합동으로 출연하엿스며 막대한 금전을 허비하야 일대 명편 영 화를 촬영하엿스니 이것이 즉

호리웃드이다. 이 『호리웃드』의 경개는 시골의 빈한한 가정에서 자라난 수박한 처녀가 자긔의 얼골 어엽분 것만을 밋고 활동배우의 『스타』 되기를 쑴쑤다가 필경은 쑷을 이루지 못하고 한 가정부인으 로 평안히 지내엇다는 것이다. 이 사진은 영화의 내용 그것보다 활동사진이 엇더한 것이며 쏘 활동 배우가 되는 데에는 그러할 만한 텸품도 텸품이려니와 우연한 긔회가 도라와야 할 것이오, 인력으 로는 억지로 할 수 업다는 것과 쏘는 활동사진 배우의 그 화려하게 보히는 생활도 그 반면에는 여러 가지 고통과 비애가 숨어 잇는 것이며 사람이란 것은 할 수 업시 엇더한 운명에 복종하야 자긔의 분 수를 직혀야 한다는 것을 교훈뎍으로 보힌 것인대 이 영화에 출연한 배우는 미국 영화계에서 이름 이 쟁쟁한 『싸그라스』『쟈프렁』『포드』 양 『메리-카』 부인 등 기타 일유배우가 다수히 참가하엿다. 엇 잿든 조선영화계에서는 어더 보기 어려운 명편이다.

조선 25.06.30 (석4), 25.07.01 (석1), 25.07.02 (석4), 25.07.03 (석4) 〈광고〉
6월 29일자 단성사 광고와 동일

조선 25.06.30 (조1) 해성유치원 / 순회활사대와 / 각지 인사의 동정
해주군 남욱정(南旭町) 천주교당 *내에 잇는 해성유치원은 설립 후 경비 곤란으로 인하야 거의 폐원 할 형편에 지(至)하얏슴으로 그 교회 안에 잇는 해성청년회에서는 동원(同園)을 위하야 활동사진대 를 조직하야 황해도 각 지방을 순회하야 동정금을 어더 그것으로 긔금을 삼을가 하고 출발하얏다 함은 이미 보도한 바이어니와 각 지방 인사로부터 다대한 동정을 *하얏다는데 금액과 동정 제씨는 여좌하다더라. (이하 기사 생략) (해주)

동아 25.07.01 (2) [연예] 긔념 흥행 연긔 / 각본의 삭뎨로 / 토월회 공연

작지에 긔보한바 토월회(土月會) 데이주년 긔념 흥행을 금 일일부터 흥행하기로 하엿섯든바 그 각본 중 『녀직공 뎡옥(女職工 貞玉)』이라는 삼막물 각본은 반 이상이나 당국에서 삭제를 하엿슴으로 그 각본은 상연할 수가 업시 되엿는데 긔념 흥행이라 무슨 특별한 각본을 상장하고자 하나 허가와 련습 긔타 관계로 긔념 흥행을 래 사일부터 하기로 밀우고 지난 삼십일부터 나흘 동안은 『산¹⁾ 데아보도』라는 가극 이 막과 희극 『월요일』일 막과 인생 애화 『무지한 무리』한 막을 상연할 터인바 이것도 매우 자미잇는 것들이라더라.

동아 25.07.01 (2) 〈광고〉

육월 삽일(卅日) 밤부터 칠월 삼일 밤까지

가극 **신 데이아보로** 이막

엇썬 가정에서 개성에 눈 쓴 졂고 여엽분 주부를

중심에 두고 이러나는 포복절도의 우숨거리

희극 **월요일** 전일막

인생의 최하층에서 허덕거리는 무지하고도 불상한 사람들의

눈물의 애화를 그린

인생애화 **막지(莫知)한 우리**²⁾ 일막

= 예고 =

오는 칠월 사일부터

토월회 창립 제이주년 기념 대공연에 상연한 연극은 무엇?

손꼽아 기다리십시요

이번 기념 공연에 상연하려든 각본 『여직공 정옥』은

당국의 불허로 부득이 상연을 중지케 되엿습니다

(비가 와도 반드시 개연합니다)

토월회 직영 **광무대**에서 전 (본) 팔팔육

---

1) '신(新)'의 오식으로 보임.
2) 7월 3일자 신문에는 '무리'라고 표기됨.

매일 25.07.01 (3) [지방집회] 고흥 위생 활동사진회

전남도 경찰부에서는 폐『지스도마』예방 선전 활동사진의 신구입한 것으로 과반(過般) 해남에서 위생 강화할 쌔 차를 영사하야 폐『지스도마』예방 박멸상 다대한 효과를 득(得)한지라. 금반 좌기(左記) 일할(日割)과 여(如)히 다시 해(該) 병집지(病集地)로 본도(本道) 제이위인 고흥군 내에서 위생 강화와 한가지 실시한다더라. (광주)

▲ 칠월 일일 동강면(東江面) ▲ 동 이일 남면 ▲ 삼일 고흥면 ▲ 사일 포두면(浦頭面) ▲ 오일 금산면 (이하 기사 생략)

조선 25.07.01 (석3) [학예] 활동사진기의 유래 / 삼십 년 동안에 완성

불국(佛國)『리온』시에 사는『류미에-르』형제가 최초의 활동사진기의 특허를 어든 뒤로 금년이 꼭 삼십 년채임으로 최근 파리에서는 관민합동인 기념축하회가 성대히 개최되엇다. 그런데 금일에 활동사진 발명의 경로를 고구(考究)하건대 사람들이 완구의 움직이는 그림을 돌일 쌔에 그 외면(外面)에 나타나는 모양이 여러 가지로 변하게 된다. 이것은 사람의 눈 망막이 완고한 영속성을 가지고 잇슴으로 그러케 그림이 움직이는 것처럼 보이는 것이다. 활동사진은 이 이치를 응용하게 됨에 불과하다.『류미에-르』형제 시대에 백이의(白耳義)[3]의『프라트』라는 사람이 일종의 활동사진이라 할 만한『세날시겝프』를 발명하엿는데 이것도 사람의 눈 망막의 특성을 응용한 것이엇다. 기후(其後) 얼마 아니 되야 복잡한 자태를 나타내는 사진을 이용한 것이 금일 활동사진의 기원이 된 것이다.

그째까지에는 초자판(硝子板)[4]만을 사진건판으로 일 사용하든 것을『필림』식『스테몿타스커프』를 개량한 지 얼마나 아니 되야 천문가『짠산』씨가 사진『비톨』이라 할 만한 기계를 연구하야 그로써 一八七四년에 수성이 태양면을 통과할 쌔의 전후 모양을 연속 촬영하게 되엇다. 마침 이쌔에 미국 상항(桑港)[5]『류-부릿지』씨가 사진기계에 전기응용 분*기(分*器)를 장치하고 쏘 연판(鉛板)에 사십 개의『사쓰하메』를 느러노아 사진촬영을 속(速)하게 하고 쏘는 회수를 만히 할 것을 발견하엿다. 기후(其後)에 불국 학사회원『마레』박사가『짠산』식 단총(短銃)이라고 할 만한 대형의 정교한 기계를 제작하야 상당한 효과를 어덧다. 그리하야 필경『류미에-르』씨가 비로소『리온』의 공장에서 활동사진의 조상이라 할 기계를 만드럿스나 그것은 그다지 완전한 것이 되지 못하엿슴으로『류미에-르』씨도 더욱 초*하야 一九〇〇년부터 사진기계 개량에 전력을 경도하고 활동사진 연구는『파데』,『쇼몬』양인(兩人)에게 전임하엿다.

그리하야 이 두 사람은 세계 최초의 활동사진 제작업에 성공하게 되엇다.『리』씨의 손으로 된 활동『필림』은 십이 내지 십사미돌(米突) 되는 기리에 지내지 못하엿스나『파데』『쇼몬』양인의 손으로 된 것은 사십미돌이나 되엇다. 여긔에서 비로소 힘을 어더 활동사진 제작이 급격히 발달하야 一八九五년에『리』씨가 최초에 특권을 밧게 되고 익년 一八九六년 말까지는 활동사진 관계 특허가 백팔십육 종이나 되게 되엇다.

---

3) 벨기에.
4) 유리.
5) 샌프란시스코.

조선 25.07.01 (석4) 〈광고〉

이십구일부터 사진 전부 차환 특별대흥행

미국 메-도로 사 작 실사 **세계주보** 전일권

미국 유나이뎃트 사 작 희극 **다라나지마라** 전이권

미국 도라이안글 사 특작 비활극 **호우의 일야(一夜)** 전오권

미국 파-데사 작품 홍소(哄笑)활극 **맹진(猛進) 로잇드** 전팔권

세계 무비(無比) 주역 하로라이드 활화(活花)

유 사 특약 **제일관** 평양 전화 四二〇번

조선 25.07.01 (조1) 해청(海靑)순사대 / 겸이포(兼二浦)에서 영사 / 이일간 대성황

황해도 해주 천주교회 해성청년회에서는 해회(該會)의 기관으로 설립된 해성유치원의 경비를 보충하기 위하야 활동사진 순회대를 조직하고 오, 육 청년의 헌신적 열성으로 지방 순회를 행하는 곳마다 환영을 바다오던바 본 일행은 거 이십육일 겸이포에 도착하야 본보지국의 후원으로 당지 가설극장에서 영사회를 개최하야 만장의 대성황으로 이십칠일에 폐회하고 이십팔일 오후 삼시발 열차로 귀향하얏는데 유지의 동정도 다수하얏다더라. (겸이포)

동아 25.07.02 (2) 백남푸로덕순 배우 탈퇴 / 감독 외 아홉명

백남푸로덕순(白南푸로덕순)이란 활동사진촬영소(活動寫眞撮影所)에서는 그동안 여러 가지 활동사진을 백혀오든 터인데 최근에도 심청전(沈淸傳)을 촬영하야 간부 윤백남(尹白南) 씨가 필림을 팔기 위하야 대략 두 달 전에 일본 동경으로 써낫든바 간 후에 아모 소식도 업슴으로 여러 배우(俳優)와 연구생(研究生) 칠, 팔 인이 무수한 곤난을 당하고 오다가 할 수 업시 최후의 면보를 하얏더니 최근에 윤백남 씨로부터 그의 부인에게 해산할 수밧게 업다는 면보가 왓슴으로 동소 배우 리경손(李慶孫) 씨와 팔 인은 『백남푸로덕순』에서 탈퇴하얏다더라.

동아 25.07.02 (4), 25.07.03 (4) 〈광고〉

7월 1일자 광무대 광고와 동일

매일 25.07.02 (1) 라듸오 위원 정례회

사단법인 경성방송국 창립 사무소는 기보와 여(如)히 경성 남대문통 식산은행 본점 내에 치(置)케 되고 싸라서 창립사무도 동소(同所) 내에서 취급케 되얏스며 창립위원회는 금후 매주 월요 급(及) 목요 양일 오후 사시부터 전기(前記) 사무소에서 정례로 개최하야 설립 실행에 관한 만단의 중요 사항을 협의할 터이라더라.

매일 25.07.02 (2) 백남푸로닥숀 / 배우 이산(離散) / 빅남도 종적 업고 / 긔계까지 업서저

윤교중(尹敎重) 씨의 경영하는 빅남촬영소(白南撮影所)의 소속 배우 여덜 명과 촬영감독으로 잇는

리경손 씨는 금반 동 촬영소를 탈퇴하얏는대 그 리유는 윤교중 씨가 이제로부터 수월 전에 『심청면』 필림을 가지고 동경, 대판 등디로 순업을 나아간 후 다시 소식이 업는 중 요사히 와서 돌연히 촬영소의 운명과 갓흔 촬영긔게와 촬영 중에 잇는 필림이 간 곳이 업서지자 윤교중 씨 부인도 역시 어대로인지 자최를 감초고 마랏슴으로 일동은 그 무칙임한 데 분개하야 탈퇴를 한 것이라더라.

매일 25.07.02 (2) [연예안내] 〈광고〉
조선일보 6월 29일자 단성사 광고와 거의 동일
조선일보 6월 27일 우미관 광고와 동일

조선 25.07.02 (석2) 〈광고〉
칠월 일일 수요부터 이대 명화 공개
미국 아우덴구제스다 사 실사 **동(冬)의 스쌘-스** 전일권
미국 에데유게쇼날 사 희극 **하무와 폭탄** 전이권
독일 우-푸아 영화 에실양닝쿠스 씨 주연
서반아애사(哀史) **오리베라의 용장(勇將)** 전칠권
미국 쌔-데 지 사 초특작품 루스토란트 양 맹연
연속모험활극 **암굴여왕** 전십편 삽(卅)일권
제일편 최후의 일탄(一彈) 제이편 비등(沸騰)의 심연 오권 상영
일활 특약 **우미관** 전 광 삼구오번

조선 25.07.02 (조1) 원주에서 / 본보 독자위안
본보 원주지국에서는 거(去) 이십팔일에 마츰 신파연쇄순회극단 일행이 내원(來原)함을 기하야 원주 교월편(橋越便) 연초창고에서 본보 독자위안연극을 흥행하얏는데 대성황을 정(呈)하얏더라. (원주)

동아 25.07.03 (3) 양일간 악극회 / 도서관 기금을 엇기로 / 신인(新人)동맹 주최
기보(旣報) ─ 원산 신인동맹에서는 간이하게나마 도서관을 설립하겟다는 목적 하에 음(陰) 단오절을 복(卜)하야 지난 이십팔, 구 양일간 야(夜) 상리(上里) 일동 동락좌(同樂座)에서 악극회를 개최한 바 양야(兩夜) 공히 만장의 대성황을 정(呈)한바 현금 수입이 칠십여 원이요 기부금 역(亦) 칠십여 원이라는바 기부인의 씨명은 좌와 갓다고. (원산) (이하 기부금 명부는 생략)

매일 25.07.03 (2) 〈광고〉
조선일보 7월 2일자 우미관 광고와 거의 동일
7월 2일자 단성사 광고와 동일

조선 25.07.03 (석1) 배외(排外)선전 강연 / 안동현청년회에서

【안동현지국 특신(特信)】근일 안동현 중국인 기독교청년회에서는 금번 배외운동을 노동자 무식계급에까지도 철저한 각성을 부르짓기 위하야 매야(每夜)에 해회(該會) 회관 대강당에 활동사진과 환등을 설비하여 놋코 일반관람자의 입장하는 기회를 이용하야 배외열을 고취하는 선전강연을 발행하는 중이더라.

조선 25.07.03 (석3) [학예] 발성영화 / 활동사진계의 대발견 (一)

무선전화와 활동사진은 근일 문명의 이대 발견이다. 그러나 무선전화는 말소리는 들리나 말을 발하는 형태를 볼 수 업스며 활동사진은 활동하는 형태는 보이나 말하는 소리는 들을 수 업다. 이것이 이개(二個) 기계가 개개로 잇슬 째의 결점이라고도 할 수 잇다. 그리하야 이 이개 기계의 결점을 보충하야 형태도 보히고 ▨▨ 들리게 할 수가 업슬가 하는 것이 보통사람들의 원하는 바이며 사계(斯界) 전문가의 ▨▨ 거듭하던 바이엿다.

『에디손』 씨가 ▨▨사진을 발명한 이후로 다수 연구가가 활동사진이 말을 하게 하랴고 연구하야 최초에는 축▨기를 이용하게 되엇섯다. 영화기와 축음기의 회*을 균등하게 하야 사진이 말하는 것이나 흡사▨ 장치를 연구하엿다. 이것이 즉 『에디손』 씨의 『키네트폰』이다. 그리하야 『프르랜드케람』 씨는 * 장치를 비교적 완전하게 설비하야 *류기와 『모타─』를 연락케 하고 이천팔백십 개 되는 *면에 상당한 『레코트』 반(盤)을 비부(備付)하엿다. 그러나 『키네트폰』은 자연히 폐지하게 되야 이 연구도 일시 돈좌(頓挫)[6]되고 마럿다. 이러한 축음기 장치는 장척 영화에는 도저히 응용할 수 업는 까닭이엇다.

그러하더니 최근에 와서는 무선전화가 크게 발달되는 동시에 다시 발성활동사진을 제작할 수 잇다 하야 무선전화 연구가들이 다시 이것을 연구하게 되엿다.

그리하야 발성장치를 본질적으로 연구하게 되엿스니 그것은 언어와 동작을 합일한 『필림』 속에 너어두는 것이엿다. 이 발성영화에 선착수하야 기허간(幾許間)[7] 성공한 것은 불(佛) 『로우스트』 씨의 것과 기타 미, 독, 서(瑞) 등에 수종의 『한스폭트』의 발명이 잇스나 이것들은 하자(何者)를 물론하고 무선전화의 원리연구의 실험에는 성공하엿스나 시장에 발매할 만한 정도는 되지 못하엿다. 기중에도 『쏘포레─』 박사의 『오프노필림』은 발군하야 저윽이 완성의 역(域)에 달한 것인대 작년 뉴육(紐育) 『리바리오』좌에서 공개하게 되엿다. 언어와 운동을 동일한 『필림』에 너어두는 데에는 그 촬영방법에 특별한 장치가 유(有)하다. 즉 (일) 음파를 전파로 번역할 것 (이) 전파를 광파로 할 것 (삼) 광파를 『필림』에 기록할 것의 삼수속(三手續)이 필요하게 된다. 차등(此等) 수속을 위하야 여러 가지 장치가 발명되엇다.

전화의 송화기의 *판을 향하야 발하게 된 음의 강약에 응하야 탄소의 소립이 진동하야 전파의 강약을 여(與)함은 우리들의 숙지하는 바인대 그 전류로 인하야 전로(電路)에 배(配)*한 전등의 광도를 변화케 할 수 잇슴으로 종래와 가티 촬영하면서 『필림』의 양측 쏘는 편측에 음*으로 인하야 광의

---

6) 기세가 갑자기 꺾임.
7) 어느 정도.

변화를 감광*하면 일 장(張) 『필림』의 영화와 ** 간에 발하게 되는 음*을 완전히 기록할 수 잇게 된다. 발성영화의 발명은 이 원인에서 출발하게 되엇다. (미완)

조선 25.07.03 (석4), 25.07.05 (석4), 25.07.06 (조4), 25.07.07 (석4) 〈광고〉[8]
7월 2일자 우미관 광고와 동일

조선 25.07.03 (석4) 〈광고〉
7월 1일 제일관 광고와 동일

동아 25.07.04 (2) 기념 흥행 금야(今夜) / 손수건도 주어 / 토월회에서
광무대 토월회(光武臺 土月會)에서는 그 회의 창립 이주년 긔념 흥행을 지난 일일 밤부터 하고자 하엿스나 각본이 삭제되어 중지하엿섯다는 것은 긔보한 바와 갓거니와 금 사일부터 비극 『시드른 방초』 삼막자리 특별 각본과 희극 『국교단절(國交斷絕)』 일막을 가지고 긔념 흥행을 할 터이라는데 연극 외에도 쌔이올린 독주, 맨도린 독주, 로서아 짠스, 독창이 잇슬 터이요 긔념 흥행을 하는 일주일 동안은 각 등을 물론하고 임장하는 손님에게 긔념 손수건 한 개식을 드리겟다 하며 금일 본지 란외에 독자 활인 우대권을 삼일 밤 흥행에 쎄여가지고 가실 것이더라.

동아 25.07.04 (2) 소년군 활사 / 조선극장에서 상영 / 금 사일에 공개
시내 견지동(堅志洞) 칠 번디 조선소년군총본부에서 단장 조텰호(趙喆鎬) 씨 지휘에 소년군 활동사진을 박앗다 함은 긔보하엿거니와 동 부에서는 금 사일 오후 세 시부터 조선소년군의 야영(野營) 생활과 위급한 사람을 구호하는 광경과 헤염치는 것과 『쏫트』 경긔와 텰교 우에서 신호하는 법과 자면거로 추격하는 광경 외에 소년군의 특유한 유희와 권투(拳鬪) 등 자미잇는 여러 가지 사진을 시내 조선극장(朝鮮劇場)에서 영사한다는데 입장권은 일등 일 원, 이등 오십 전, 보통 삼십 전, 학생 이십 전식이라더라.

동아 25.07.04 (2) 〈공고〉
토월회 입(廾)회 공연
본보 독자 우대일
삼일 일일간 선택 수혜

동아 25.07.04 (2) 〈광고〉
칠월 사일 밤부터 십일 밤까지 토월회 창립 이주년 기념 특별대공연

---

8) 조선 25.07.05 (석4), 25.07.06 (조4), 25.07.07 (석4) 우미관 광고에는 조선 25.07.02 (석2) 광고의 내용과 함께 다음의 내용이 추가되어 있음. "금반 금강(金剛)소주를 선전키 위하야! 본관을 사랑하시는 관객 여러분씌 금강소주 일본식 무대(無代) 진정(進呈)하겟나이다."

스위-트 홈에서 이러나는 포복절도의 희극

소극 **국교단절** 전일막

『이내 몸은 강 언덕에서 시드른 방초 한가지로 너의 몸도 시드른 방초』

라는 노래를 부르며 애끈는 사랑을 하소연하는

홍련애화(紅戀哀話) **시드른 방초** 전삼막 일명 (영원한 설음)

= 특별 여흥 =

본회의 창립 이주년을 기념키 위하야

좌(左)의 여흥과 특전이 잇습니다

독창, 로서아 쨴스, 바이오린 독주, 현악 합주, 맨도링, 하-모니까 합주

◇ 기념품 증정 ◇

칠월 사일 오일 양일간 구경오시는

분은 누구시든지 본회의 기념품을 드리겟습니다

(비가 와도 반드시 개연합니다)

토월회 직영 **광무대**에서 전 (본) 팔팔육

동아 25.07.04 (4) 〈광고〉

당 칠월 사일(토요)부터 특별 흥행

미국 파라마운트 사 작 희활극 **석유도적** 전이권

대비극 **지옥화**(地獄花) 전칠권

대메도로사 특작품

루도루후, 바렌치노 씨 아랑, 나지보아 부인

대비극 **춘희** 전편

이번 연애 절세 대비극과 홍루(紅淚) 대비극을 꼭 보아주서요

 - 대예고 -

사회풍자극 『**도살자**』 전십권

문예극 『**백장미**』 전십권

문예극 『**아담과 이부**』 전십권

조선극장 전 (광) 二〇五

매일 25.07.04 (1) [연예안내] 〈광고〉

출연진 제외된 외 동아일보 7월 4일자 조선극장 광고와 거의 동일

출연진 제외된 외 7월 5일자 시대일보 단성사 광고와 동일

매일 25.07.04 (1), 25.07.05 (2), 25.07.06 (2), 25.07.07 (1) 〈광고〉

7월 3일자 우미관 광고와 동일

매일 25.07.04 (2) 연희(延禧)청년회 / 지방 강연대 / 금 사일에 출발

연희전문학교(延禧專門學校) 학성으로 조직된 연희 학성 긔독교청년회(延禧 學生 基督敎靑年會)에서는 하긔 디방강연대(夏期 地方講演隊)를 조직하야 금 사일 경성을 출발하야 약 일개월간 예명으로 황해도 봉산(鳳山), 수안(遂安), 신게(新溪), 곡산(谷山) 등디를 순연할 터이라는대 강연 곳에는 환등(幻燈)과 음악을 상연하리라 하며 연사(演士)는 김창조(金昌祚), 명일형(鄭一亨), 김근배(金根培) 삼씨라더라.

시대 25.07.04 (2) 인파에 싸인 각 극장 / 정각 전부터 독자가 밀려들어 / 재미잇고 유익한 사진에 도취 / 독자위안회 성황

애독자 제씨를 위하야 시내에 잇는 세 극장을 일제이 빌어 가지고 특히 재미스럽고도 의미 잇는『필림』을 비치해 독자위안 활동사진대회(讀者慰安 活動寫眞大會)를 개최한다는 긔사가 한번 본 지상을 통하야 널리 세상에 발표되자 수만 독자는 손에 손을 거듭 꼽아 하로 쌜리『관극(觀劇)놀이』의 *날이 돌아오기를 고대하고 잇든 중 **

삼일을 당하니 내려쏘이는 스겁은 볏에도 불구하고 개막시간이 되기도 전- 한 시간이나 두 시간이나 먼저부터 늙은이 젊은이 할 것 업시 각 극장 압헤 몰려들기 시작하야 넓으나 넓은 극장 압히 장을 섯다십히 되어 심지어 래왕까지도 자유롭지 못할 만치 성황을 일우엇다. 그중에도 단성사(團成社)는 더욱이 잡답에 잡답을 일우어 우층 부인석(婦人席) 알에층 남자석(男子席) 할 것 업시 모다 입추의

여지가 업슬 만치 대만원을 일우엇섯다. 정각인 정오에 니르러 세 극장이 다 각각 다른 사진으로써 막에 비취니 저마다 각각 다른 늣김을 어더 한* 움직이는 막 속에 수천 수백의 독자가 한거번에 취한 것과도 가탓다.

조선극장의『호리웃드』와『대소동』의 두 명화는 보는 독자로 하야금 자긔를 잇고 사진 그것에 도취되어 무슨 신비(神秘)스럽은 환상(幻想)의 궁전(宮殿)으로 슬려 들어가는 듯도 하얏스며

우미관의『암굴여왕』과 서반아(西班牙)의 애사(哀史)인『오리베라의 용장(勇將)』은 설움과 깃븐 눈물과 웃음을 번갈으게 하얏슬 쑨만 아니라 의분(義憤)과 용맹(勇猛)에 넘치는 마음을 한것 자아내이게 하얏고

단성사의『수의 죄(誰의 罪)』와 련속사진『취의 조(鷲의 爪)』는 사람과 사람 사에 비저내이는 두려운 죄악을 눈 압헤 늣기게 하는 동시에 련속사진으로서는 사람으로서도 능히 그만한 신출귀몰한 행동과 지혜가 잇다는 것을 쌔닷게 하얏다. 그리고 본사의 작업상황(作業狀況)을 박인『필림』은 더욱이 취미에 취미를 더하야 신문이 어써할 것인가를 깁히 늣기게 하얏다.

시대 25.07.04 (2) 소년군 활동사진

외로운 가운대에서 홀로 외치고 나온 조선소년군(朝鮮少年軍)은 더욱더욱 선전을 널리 하고저 씩씩한 소년군들의 실지 활동하는 모든 것을 활동사진으로 박아 금 사일 오후 세 시에 시내 인사동 조선극장(朝鮮劇場)에서 상영하리라는데 다수 림관하심을 바란다고 한다.

조선 25.07.04 (조1) 김제에 『라디오』 시험

전북일보사 주최의 『라디오』 주요 지방 순회시험을 내 십일 김제에서 행한다는바 입장료는 대인 오십 전, 학생 십 전이라더라. (김제)

발송소 역전(驛前) 석천(石川)농장

수신소 심상소학교

동아 25.07.05 (3) 독자 위안 활사대회 / 성황리에 종료

본사 동래(東萊) 지국에서는 독자 제위의 성염(盛炎)의 피곤을 위로하는 동시에 학생 제군에게 교육상 참고를 들이기 위하야 경성 단성사 지방순업부에 교섭하야 독자 위안 활동사진(심청전)대회를 거일일 하오 팔시부터 동래 제일공립보통학교정에서 개최하고 본보 애독자에게는 우대권을 진정(進呈)하고 학생 제군에게는 입장료를 할인한바, 관중은 무려 수천에 달한 대성황을 정(呈)하엿다고. (동래)

동아 25.07.05 (4), 25.07.06 (4) 〈광고〉

7월 4일자 광무대 광고와 동일

동아 25.07.05 (4), 25.07.06 (4), 25.07.07 (3), 25.07.08 (4), 25.07.09 (4), 25.07.10 (4) 〈광고〉

7월 4일자 조선극장 광고와 동일

매일 25.07.05 (2), 25.07.06 (2), 25.07.07 (1) 〈광고〉

7월 4일자 단성사 광고와 동일

7월 4일자 조선극장 광고와 동일

매일 25.07.05 (3) 변사들의 전율할 소식 / 말하는 영화 발명 / 미국의 『도프오례-』 박사가 발성 활동사진을 발명해

활동사진은 물톄의 형용과 운동은 셰밀히 표현하나 소리는 뎐하지 못하며 『라듸오』는 만물의 음향은 완전하게 뎐하나 그 형용은 뎐하지 못한다. 이 갓치 세계덕 대발명도 싸로 써나 놀게 되얏든 것이다. 활동사진의 셜명을 싸로이 말며 자막을 싸로히 넛치 안코 활동사진이 빗최는 동시에 인물의 동작을 싸라 대화가 함께 들니게 하자는 의론은 만하 됴션 활동사진관에서도 일즉히 유성긔를 트러셔 활동사진의 셜명을 대신하야 보왓스나 사진과 말은 연락이 용히히 취하야지지 못하야 결국 실패에 도라갓섯는데 요사히 『라듸오』 발명가로 유명한 미국의 『도푸오례!』 박사가 맛참내 『라듸오』를 리용하야 발성영화(發聲映畵)를 발명하게 된 것이다. 활동사진을 박일 째에 배우들에게 말까지 식히어셔 『라듸오』를 리용한 긔계로 사진을 박이면 그 영화에는 말소리까지 박혀져셔 사진을 비최이면 말소리까지 나와셔 변사가 업셔도 셜명이 다 되고 마는 것이니 실노히 활동사진계의 큰 발명으로 칠월 일일부터 동경(東京)에서도 이 신긔한 발언영화를 상영하야 대갈채를 밧앗다더라. (사진은 발명자)

△ 사진은 단성사의 위안회 광경

시대 25.07.05 (2) 시대일보 데이 / 각 극장 압헤 사람으로 성을 싸 / 성황을 극(極)한 위안회

작지에도 보도한 바와 가티 본사 주최의 독자위안 활동사진대회는 위선 첫 막을 여는 낫부터 실로 예긔하든 바에서도 한층 더 성황에 성황을 일우엇는데 밤에 니르러서는 그보다도 배나 삼배나 더하야 볼일로 말미암아 낫에는 나오지 못하고 저녁에야 나오게 된 이 또는 규중(閨中)에 깁히 들어안젓든 부인네, 한낫에는

내려 쪼이는 햇빗에 막히어 들어 안젓다가 저녁에 니르러 서늘한 밤 그늘을 쪼차 바야흐로 나오게 된 이들이 거리마다 골목마다 길이 메어지도록 오락가락 하는데다가 더구나 이 날은 본사의 『관극놀이』사날이라 그들의 전부가 거의 본사의 바라는 바를 저버리지 안코저 하는 이들이라 극장이라는 극장 압마다

사람의 산과 사람의 물결을 일우엇고 길에 헤여즌 사람들의 입으로서 나오는 말마다 시대일보(時代日報)에 대한 말쑨이엇섯다. 이리하야 이 날은 『시대일보 데이』라고 하야도 과언이 아니엇슬 만큼 공전의 대성황을 일운 가운대에 처음부터 씃까지 원만히 막을 다치니 본사로서는 그 긔대에 넘치고 넘침이 어쌔타 일커를 수 업다.

유감천만 / 늦게 오신 독자 제위를 / 그저 돌아가시게 한 일

그러나 그중에도 역시 한 가지 유감이 업지 아니한 것은 본사의 성의를 저버리지 아니하실 작정으로 백 가지 천 가지 볼일을 다 제하야 노코 일부러 극장에 오섯다가 정각이 넘어 이미 만원이 되어버*섯음으로 *아서 어썰 수 업시 그만 그대로 돌아가시게 하는 수밧게 업게 된 일이엇섯다. 이 점에 대하야서는 전에도 말슴한 바와 가티 성의가 잇고도 사실에 잇서서 어찌할 수 업는 일이라 이에 본 사는 애독자 제씨께서 깁히 본사의 참된 뜻을 짐작하야 주시기를 바라는 동시에 아울러 사과함을 마지 안는 바이다.

시대 25.07.05 (2) 인천 독자위안회 / 본보 인천지국 주최 하에 / 칠 팔 량일 가무긔좌에서

【인천】본보가 새로이 혁신됨을 짤서 만천하 독자는 열광적 환영으로 본보를 애독하게 됨에 인천 에서도 본보 애독자가 축일 증가되는 형편이며 본 인천지국***자가 밧귀고 짤서 모든 것이 쇄신 개혁됨을 긔회로 지국의 사업으로 오는 칠일 팔일 량일을 두고 시내 해안정 가무긔좌(歌舞伎座) 안 에서

본보 독자위안대회(讀者慰安大會)를 개최할 터인데 인천의 독자에게 특히 무료(無料)로 입장을 하게 하며 독자 외에는 절대적 입장을 거절하리라는바 독자는 오일, 육일 량일간 본지 란외에 씌어 잇는 무료입장권(無料入場券)을 비여 가지고 오시기를 바란다는바 자세한 것은 명일 소개하리라 한다.

시대 25.07.05 (2) 과자와 극장에 / 놀아 난 소승(小僧) / 강도 맛낫다고 / 거짓 고발을 하여

재작 삼일 밤에 시내 삼판통(三坂通)에서 강도를 마젓다고 룡산경찰서에 신고를 한 자 잇서 동 서에 서는 비상소집을 하야가지고 대활동을 하얏스나 아모 형적이 업슴으로 사교한 자를 취조한 결과 그 자는 황해도 신계군(黃海道 新溪郡) 월은사(月隱寺)에 잇는 중 최일진(崔逸進)(*三)으로 이일 밤에 경 성에 와서 보니 모든 것이 다 처음 보고 듯는 것이라 매일 과자 등속의 군것질과 연극장 구경에 그 동안 벌이한 돈을 모다 써 버리고 생각하니 큰일 낫는지라 이에 한 계책을 내어 시내 삼판통(三坂 通) 길거리에서 강도를 맛나 가젓든 돈 십 원을 쌔앗겻다고 허위의 신고를 함이 판명되엇슴으로 엄 중히 설유하야 보내엇다고 한다.

시대 25.07.05 (2) [잡동산이(雜同散異)]

▲ 토월회 창립기념 = 광무대를 경영하는 토월회에서는 창립 이주년 긔념 흥행을 한다는데 사일 오 일 이틀 동안은 특별히 관객에게 긔념품으로 손수건을 진정한다고. (이하 기사 생략)

시대 25.07.05 (3) 〈광고〉

〈백장미〉의 감독으로 'DW 구리피–쓰'라 명긔된 외 동아일보 7월 4일자 조선극장 광고와 동일
조선일보 7월 2일자 우미관 광고와 동일
동아일보 7월 4일자 광무대 광고와 동일

시대 25.07.05 (4) 〈광고〉

칠월 사일(토요) 신사진 전부 차환
미국 유 사 작품 실사 **국제시보** 전일권

미국 유 사 작품 센체리 희극

통쾌희극 **통쾌통쾌** 전이권

미국 유니버-살 사 대작 정희활극 **건곤일척** 전오권

미국 유 사 특작 로이스틔와-드 씨 주연

연속탐정 **전파왕** 전십편 이십권 중

제오회 최종편 사권 상영

미국 유 사 대작 대희활극 **미인! 미인!** 전이권

미국 유 사 공전의 대작 쾌남아 후렛토도무손 씨 주연

연속탐정 **취의 조(鷲의 爪)** 전십오편 삼십권 중

제이회 제삼 제사 사권 상영

수은동 **단성사** 전 【광】 구오구번

조선 25.07.05 (석2) 〈광고〉

일부 출연진 제외된 외 시대일보 7월 5일자 단성사 광고와 동일

조선 25.07.05 (석4) 〈광고〉

〈백장미〉의 감독으로 'DW 구리피-쓰'라 명기된 외 동아일보 7월 4일자 조선극장 광고와 동일

조선 25.07.05 (조1) 평양 명승(名勝) 촬영

총독부에서는 평양의 명승고적 교육 급(及) 산업상황 등을 활동사진으로 촬영하야 각지에 소개선전할 목적으로 총독부 촉탁 촬영기사 진촌(津村) 씨를 파견하얏는데 진촌 기사는 거(去) 이일 내양(來壤)하야 유옥(柳屋)호뗄에 체재 중인바 삼일에는 촬영 방면을 선정하얏고 사일부터 삼일간은 목단대 공원, 서기산(瑞氣山), 대동문(大同門), 연광정(練光亭), 낙랑(樂浪), 대안(對岸)의 공업 기타를 촬영할 예정이라더라. (평양)

동아 25.07.06 (1) 청진에 무전국 건설키로 내정

낭자(曩者)[9] 청원 중이던 청진 해안 무전국 건설에 대하야 청진부는 진정원을 체신국에 특파하야 운동을 계속하고 잇슴으로 체신국에서도 임의 언명한 바와 여(如)히 해안 전국(電局)의 필요를 감(感)하고 잇는 터임으로 건설비 사만 오천 원 중 반액은 청진부에서 부담한다는 조건부로 그 반액 즉, 이만 이천 원을 십오년도[10] 예산에 계상하기로 결정하얏다 한다. 기기 방식은 이기(二基) 『왓트』 진공관식의 최신식의 것을 쓰리라더라.

---

9) 지난번.
10) 대정(大正) 15년(1926년)을 의미.

매일 25.07.06 (3) 평양 명승의 소개 / 내선(內鮮) 각지에

총독부에셔는 평양의 각 명승고적 교육상황 산업상황 등을 활동사진으로 내지 급(及) 조선 각지에 소개하기 위하야 총독부 촉탁 촬영기사 진촌(津村) 씨를 파견하얏는대 진촌 기사는 재작 이일에 내양(來壤)하야 유옥(柳屋)『호텔』에 체재 중임으로 삼일에는 촬영방면의 선정을 행하고 사일부터 삼일간 모단대공원, 서기산, 대동문, 연광정, 낙랑, 대안공업 기타를『필림』에 촬영한다더라. (평양)

시대 25.07.06 (3) 독자위안대회 / 본보 부산지국 주최 알에서 / 오는 십일부터 당지 상생관 (相生館)

【부산】 본보 부산지국에서 본보의 혁신을 기념하기 위하야 오는 십일 야(夜)부터 독자위안대회를 당지에 잇는 상생관에 개(開)한다는데 여러 가지 활동사진과 기타 자미(滋味)가 진진(津津)한 가무로 본보 독자에게 일시적 흥미나마 도으랴 하며 당일 입장은 무료로 본보 독자에 한하야서 입장권을 본보지국에서 각각 배부하리라고 한다.

시대 25.07.06 (3), 25.07.07 (4), 25.07.08 (4), 25.07.09 (4), 25.07.10 (3) 〈광고〉

7월 5일자 조선극장 광고와 동일

시대 25.07.06 (3), 25.07.07 (4) 〈광고〉

7월 5일자 우미관 광고와 동일

시대 25.07.06 (3), 25.07.07 (4), 25.07.08 (3), 25.07.09 (4), 25.07.10 (3), 25.07.11 (4), 25.07.12 (4), 25.07.13 (4) 〈광고〉

7월 5일자 광무대 광고와 동일

시대 25.07.06 (3), 25.07.07 (4), 25.07.08 (4), 25.07.09 (4), 25.07.10 (3) 〈광고〉

7월 5일자 단성사 광고와 동일

조선 25.07.06 (조3) [학예] 발성영화 / 활동사진계의 대발견 (二)

발성영화가 발명한 뒤로 그 촬영장치에 기다(幾多)의 개량이 잇섯스나 기중(其中)에서도 ＊특한 자는 『도포레』 박사의 발명이 가장 우수한 것이라 한다.

『도표레ー』 박사는 유명한 무선전화의 연구가로 一九〇七년에 삼극진공관을 발명하고 무선용 전파를 발하는 단서를 득(得)하야 드듸여 금일의 수신 발신과 밋 고성(高聲)전화기을 완성하게 된 공적은 실로『말코니』 씨의 그것에 대비할 만하다.

×

『표노필림』의 촬영방법을 간단히 설명하면 음성을 전기로 변하기까지는 보통 송전기나 동양(同樣)이나 이 전화의 변화를 싸라 광의 강도를 변화식혀야 한다. 지금까지는 광원에는『아크』를 사용하얏스나 기다의 결점이 잇슴을 발견하고『표-손 광선』인 와사입백열(瓦斯入白熱)『란프』를 대용(代用)하야 양단(兩端)에 전압을 가한 극세한『추브』로 인하야 완전히 광을 변화케 하고 다시 그 변화를 도웁기 위하야 무선전화용 증폭기를 사용한다. 그리하야 이『란프』와 조곰 상거(相距)가 잇는 곳에 보통 촬영기를 두고『필림』의『네가추보』는 보통 방법으로 현상하며『포시치브』에 소부(燒付)하게 된다. 그리하야 일측(一側) 우(又)는 양측에 음성대를 둔다. 그런데 이러한『포노필림』의 촬영방법은 아즉 완전한 것이라고는 할 수 업다. 광원의 강도를 직접으로 변화식히는 것이 조흔지 납분지가 아즉도 미해결 문제이오, 광원에서 내(來)하는 광을 전발적(電發的) 작용으로 강약을 여(與)하는 방법도 잇다. 쏘는『필림』의 음성대도 일측으로 하는 것과 양측으로 하는 것을 싸라 이해득실이 잇슨즉 금후에도 만히 연구하여야 할 점이다.

방송거리는 금일에는 송화기 압흐로부터 오척 내지 십오척으로 제한되야 그 이상 거리에서는 감응치 안는다. 그럼으로 항상 일정한 거리를 잡어 잇는 독창이라든가『오케스추라』가 아니면 방송은 불가능하게 된다. 영화극에서도 무대의 전면에 확산하야 연출하는 인물을 촬영하는 경우에는 배우의 대사는『카메라』에 들니지 아니하게 된다.

×

발성영화를 영사하면 화면이 나타나는 동시에 소리를 들을 수 잇스니 이것을 음파의 재현이라 한다. 이 재현방법은 광파를 전파로 번역하고 전파를 음파를 만들게 하는 것이다. 광파를 전파로 번역함에는『세레늄 셀』을 사용하는 것과『포트에렉트릭 셀』을 사용는[11] 것이 잇다. 전자(前者)는『세레늄』이란 물질의 광의 강도로 전기저항을 변화함을 이용한 것인대 그 결점을 보충하기 위하야『포트 에렉트릭셀』을 사용하게 된 것이다.

이 방법으로 영사를 할 새에는 광원(소형의 백열전등을 장치)에서 발하는 광선을『필림』에 조사(照射)하느냐 보통과 여(如)히 영화를 막면 상에 투사하는 동(同)에 음성대를 통과한 광선을 전 광지에 감응케 하야 전류를 생(生)케 하고 박막(薄膜)을 진동하는 까닭에 전파가 음파로 환원되고 증폭기로 인하야 차(此)를 고*으로 변케 함으로 사진을 구경하는 동시에 육성과 **을 들을 수 잇게 되는 것이다.

뉴육(紐育)『리브오리』좌에서 이것을 비로소 공개하게 되매 영화계가 *이(異)하야 각국으로부터 권리의 분양을 제출하엿다. 그러나 기중에서 이 권리를 획득한 자는 영국의『시, 에프, 엘우엘』싼이다. 씨는 이『포노필림』제작에 종사하기로 하고 특별장치를 설(設)한 촬영소를 건축하기에 착수하엿다. 일방에『도포레-』박사로『도포-필림』회사를 이르켜 촬영감독으로『샤-르, 도레-』를 영입하야 영화극의 제조하는 중이라 한다. 이것이 일반화하게 될 것은 아즉 요원하나 엇젯든 머지 안흔 장래에 오등(吾等)은『스크린』우에서 동작과 언어를 가치 보고 들을 수 잇게 될 것이다.

조선 25.07.06 (조3), 25.07.07 (석4), 25.07.08 (석3), 25.07.09 (석2), 25.07.10 (석4) 〈광고〉

7월 5일자 조선극장 광고와 동일

---

11) '하는'의 오식으로 보임.

조선 25.07.06 (조4) 영명교(永明校)에 영사대회

충남 공주 영명학교에서는 동교 문예부 주최로 육월 이십구일 오후 팔시부터 동교 대강당 내에서 강연 급(及) 영사대회를 개최하고 이훈구(李勳求) 씨 사회 하에 강사 홍승한(洪承漢) 씨의 『마라리아』의 병원(病原) 급(及) 전염 경략(經畧)이라는 학술적 강연이 잇슨 후 미국소년군의 활동 급 위생에 관한 여러 가지 자미잇는 활동사진을 영사하얏는데 관중에게 만흔 흥미를 주고 성황리에 폐회하얏다더라. (공주)

조선 25.07.06 (조4), 25.07.07 (석2), 25.07.08 (석3), 25.07.09 (석2), 25.07.10 (석4) 〈광고〉

7월 5일자 단성사 광고와 동일

동아 25.07.07 (2) [연예] 토월회 성황과 본보 독자 우대일

지난 사일부터 시내 황금명 토월회(黃金町 土月會)에서는 그 회의 창립 이주년 긔념 특별 흥행을 한다 함은 긔보한 바와 갓거니와 요사이 련일 련야 명각 전부터 대만원을 일우어 립추의 여디가 업스며 특별 각본인 포복절도의 희극 『국교단절』과 련애 비극 『시드른 방초』를 위시하야 여러 가지 여흥은 대갈채, 대환영을 밧는 중인바 본보 독자를 위하야 이번에는 특별히 팔, 구, 십 삼일간 우대 흥행을 할 터인데 명지 란외에 우대권을 계재할 터이라더라.
〈사진〉 『시드른 방초』의 장면 / 토월회 공연

동아 25.07.07 (2) [연예] 활사(活寫) 응용 교육 / 고등예비학교에서

경성고등예비학교(京城高等豫備學校)에서는 디리(地理) 박물(博物) 교육에 활동사진을 리용하면 다대한 효과가 잇스리라고 인명한 결과 그를 실시하게 되어 오는 십일일 오후 여덜 시부터 동교에서 이태리, 불란서, 명말과 밋 일본의 도시의 영사를 할 터이며 십이일 일요에는 소학교 상급생을 위하야 영사할 터이라더라

동아 25.07.07 (3) 〈광고〉

칠월 사일 밤부터 십일 밤까지
토월회 창립 이주년 긔념 특별대공연
스위-트 홈에서 이러나는 포복절도의 희극
소극(笑劇) **국교단절** 전일막
『이내 몸은 강 언덕에서 시드른 방초
한가지로 너의 몸도 시드른 방초』라는 노래를
부르며 애끈는 사랑을 하소연하는
홍련애화(紅戀哀話) **시드른 방초** 전삼막 일명 (영원한 설음)
◇ 참으로 감사합니다

연일 만원! 호평 여용(如湧)!

◇ 구경오시려면 일즉 오서야 합니다

◇ 밤마다 밤마다 갈채를 밧는

= 참신한 무대

= 백열화(白熱化)한 연출

토월회 직영 **광무대**에서 전 (본) 팔팔육

시대 25.07.07 (2) 본보 인천지국 주최 / 독자위안회는 금일 / 칠 팔 량일간 가무기좌에서 / 먼저 오시는 이는 상품 진정 / 성황을 예기하는 이 모임

본사 인천지국(本社 仁川支局)에서는 그동안 독자위안회(讀者慰安會) 준비에 각 방면으로 분망하게 활동 중이든바 준비가 완료되어 오든 칠, 팔일 량일 동안을 밤마다 여듧 시부터 인천 빈정 가무기좌(仁川 濱町 歌舞伎座) 안에서 독자위안 활동사진회(讀者慰安 活動寫眞會)를 연다는데 특히 **영화계**(映畵界)에 이름 놉흔 『알린상회(商會)』의 찬성으로 각종의 활극 비극의 필림을 영사하리라는 바 당야의 인긔는 얼마나 열광적일 것을 추측할 수 잇스며 더군다나 인천지국에서는 제일 먼저 시간 마추어 출석하시는 독자 오십 명에 한하야는 사소한 물품이나마 상금을 들이리라 하는바 아모리 밧분 일이 잇슬지라도 시간 안에 당도하지 못하면 한정 잇는 장내에 자리를 엇지 못하리라고 한다. 그리고 입장권은 물론 무료인바 당일 본지 란외에 부턴 것을 쎄어 가지고 오라고 한다.

시대 25.07.07 (3) 본보 혁신과 / 대구지국의 활동 / 칠 팔 양일에 萬鍾館[12]에서 / 제일회 독자위안회 개최 / 매월 일회식 활사권(活寫券) 진정(進呈)

【대구】 본보 혁신에 대하야 본보 대구지국에서도 대대적으로 활동하야 외장(外裝) 내용을 일층 확장하고 *저히 **하는 중인바 거월(去月) 삼십일에는 혁신을 기념하기 위하야 자동차 삼대에 본사 적기(赤旗)를 사면에 달고 쾌활한 악대를 *진으로 행렬하야 대구 전시(全市)에 혁신선전지를 산포하얏다는데 당일 정오에 혁신선전을 마치고는 즉시 비호 가튼 배달부 십*인(十*人)이 혁신호 사천여 매를 배부한바 그쌔 대구민중은 깃분 마음을 이기지 못하야 서로 다투어가며 신문보기를 재촉하얏다. 이에 대하야 본보 대구지국에서는 **독자 제위**의 뜻을 만분의 일이라도 보답코저 고심으로 상(相)*한 결과 위선(爲先) 수일 내로 독자위안회를 개최코저 일자를 급히 정하게 되는바 본월 칠일, 팔일 양일간 이회로 분(分)하야 당지 만경관(萬鏡館)에서 가장 흥미가 진진한 고급 활동사진으로써 위안회를 개최할 터이며 내(來) 칠월부터 본보 독자 제위에 대하야 독자우대와 예술 장려의 취지로써 매월 일회식 당지 만경관 활동사진 무료 관람권을 진정하리라는바 대구 조선인 경영으로 잇는 유일한 극장인 만경관에서는 동(同) 경영주 현(玄)**, 이재필(李載弼) 양씨가 특히 본보와 본보 대구지국을 위하야 쏘는 대구사회를 위하야 비록 물질상 손해가 잇슬지라도 어듸까지든지 공헌하기로 결정하얏다 한다.

---

12) '萬鏡館'의 오기로 보임.

조선 25.07.07 (석1) 『라듸오』 열 치성(熾盛)[13] / 청취허가원 쇄도

경성방송국의 설치가 재이(在邇)한 조선의 『라듸오』 열은 점차 본무대에 입(入)하야 금일까지에 체신국의 시송(試送) 청취 허가된 것이 백십이 명이며 차외(此外) 부산, 원산, 평양, 군산 등으로부터도 시설신청이 잇서 계원(係員)은 상당히 분망한 중인데 일방 요(遙)히 대판의 것을 청취하랴고 동국(同局)의 승낙서를 첨부하야 설비 신청을 제출한 열심가도 부산에 사 명, 원산에 일 명이 잇는대 체신국에서는 차(此)를 허가함에 대하야 고려 중이더라.

조선 25.07.07 (석2) [자명종]

▲ 동대문(東大門) 밧 룡두리(龍頭里) 리강하(李綱夏)(一七)는 작년 팔월 이후로 시내 일한서방(日韓書房) 대판옥호서뎜(大阪屋號書店) 군서당(群書堂) 등 각 서뎜으로 도라다니면서 ▲ 활동사진 연극 등 기타 여러 가지 예술(藝術)에 관한 서적과 성욕에 관한 서적 륙십여 권을 절취한 사건이 발각되어 사일 오후에 시내 본명 경찰서에 례포되엇는데 ▲ 그는 평생 소원이 활동사진 변사나 연극배우이며 가장 조와하기는 기생과 노는 것이라는바 불행히 정신병자는 아니다.

동아 25.07.08 (4), 25.07.09 (2) 〈광고〉

7월 7일자 광무대 광고와 동일

시대 25.07.08 (3) 〈광고〉

칠월 팔일(수요)부터 차환

미국 쌔데-회사 실사 **고속도**

미국 센쥬리카마데- 영화 희극 **사자(獅子)와 부인** 전이권

미국 라스키영화 푸아니와-도- 주연

국경정화(情話) **양사의 낭(羊詞의 娘)** 전오권

미국 쌔데-지 사

세계적 활극 여우 일인자 거성 루스로란드 양 맹연

연속활극 **암굴여왕** 전십오편 삼십일권

제삼편 위험한 산도(山道) 제사편 공포의 기차

제오편 사원의 뇌옥 제육편 함정 팔권 상영

우미관 전【광】 삼구오번

조선 25.07.08 (석3) 교육활동사진

경성고등예비학교(京城高豫)에서는 디리(地理) 박물(博物)교육에 활동사진을 리용하야 다대한 효과를 나타내고자 오는 십일일, 십이일 량일 동안을 두고 오후 여덜 시부터 그 학교 안에서 이태리(伊

---

13) 불길같이 성하게 일어남.

太利) 불란서(佛蘭西) 명말(丁抹) 일본 등의 도시를 영사할 터이라고.

조선 25.07.08 (석3) [신영화] 춘희 / 조선 극장에 상영 중

불국 문호 『츄마』의 걸작인 춘희를 영화로 촬영한 것인대 주연자는 『로서아』와 『아메리카』에서 무대극 영화극에 다 가티 성공한 『알라, 나치모바』 부인이다. 그는 일즉이 『적등동』 『공작부인』 『살로메』 『인형의 집』에서 우수한 그의 예술덕 텬품을 발휘하엿고 금번 『춘희』에 잇서서도 주인공 『마규릿도』로 분장하야 전날의 명성에 지지 아니할 만큼 성공하엿다 한다. 그 자유자재롭고 풍부한 표정은 『마규릿도』의 역을 맛기에는 가장 덕임이엇다 할 수 잇스며 원작에 비교적 충실한 것은 화려하고 완비한 무대 면과 한가지로 보는 사람으로 하야금 엇더한 황홀을 늣기게 한다. 그런데 이 『춘희』는 일즉이 진순성이 홍루(紅淚)라는 제목으로 번안하야 매일신보에 련재한 일도 잇다. 그런데 사진은 『마규릿트』가 병상에 누어 『가스톤이여! 우지 마십시오. 내가 죽어도 세상에서는 아무러치 안케 생각하겟지오. 나는 쓸데업는 놀이개감이엇서요. 장식품이엇서요. 그리고 한 찰나(刹那)의 섬광이엇서요. 『알만』 씨 나를 고요히 잠들게 하여 주서요. 조용한 꿈나라에 방황하게 하여 주서요. 나는 행복스러워요. 참으로 나는 행복스럽워요』라 말하고 눈이 살푼살푼 내리는 겨울날에 창을 여러노코 나무가지에 꼿처럼 싸인 눈을 바라보며 애인 『알만』이 꼿 피고 새 우는 봄날에 꼿나무 아래 산듸풀 우에서 읽어 들려주든 『마논, 레코스[14]』란 책을 가슴에 품은 채 그대로 이 세상을 써나는 장면이다.

조선 25.07.08 (석3) 〈광고〉

시대일보 7월 8일자 우미관 광고와 동일

매일 25.07.09 (2) [붓방아]

▲ 리강하(李鋼夏)라는 금년 열일곱 살 먹은 소년은 연극배우가 되고 십푼 낫에 활동사진 혹은 연예(演藝)에 대한 서적을 절취하야 공부하랴다가 경관에게 발각 톄포 ▲ 그중에는 창작(創作) 한 권이 잇는대 칙 일홈은 『기싱 교섭법』이라 하고 기싱 인사하는 법, 기싱을 다리고 노는 방식, 기타 염서(艶書)의 원고, 기싱 묘사표 등이드라고 ▲ 서칙을 훔첫다는 것은 조금 섭々한 일인 듯하나 역시 악한(惡漢) 배우를 실다 시험한 것이며 겸하야 기싱 텰학(哲學)이 미우 정통한 모양인즉 예술박사 겸 화류박사가 될 번 ▲ 그러나 창작 『기싱 교섭법』을 인쇄 발민하얏드면 사랑의 『선물』이나 사랑의 『불꼿』보다도 썩 잘 팔니여 미두 이상의 돈버리가 되얏슬 것을 역시 나이가 어린 탓이든가 = 아마 말만 들어도 보고 십허할 자가 만을 듯.

시대 25.07.09 (4), 25.07.10 (3), 25.07.11 (4), 25.07.12 (4), 25.07.13 (4), 25.07.14 (1) 〈광고〉

7월 8일자 우미관 광고와 동일

---

14) '마논, 레스코(Manon Lescaut)'의 오식으로 보임.

조선 25.07.09 (석4), 25.07.10 (석4), 25.07.11 (석2), 25.07.12 (석1), 25.07.13 (조4), 25.07.14 (석1) 〈광고〉

7월 8일자 우미관 광고와 동일

동아 25.07.10 (1) 〈광고〉

7월 7일자 광무대 광고와 동일하나 아래 예고 첨가

대예고

칠월 십일일 밤부터

풍자극 『온천장의 사랑』 전이막

애화(哀話) 『간난이의 싀집사리』 전삼막

매일 25.07.10 (1) 지리 박물 교육에 / 활동사진 이용

동아일보 7월7일자 관련 기사 참고

시대 25.07.10 (2) 수천 독자의 환호 / 비 개인 저녁 달 밝은 밤에 / 감격에 울고 희열에 춤춰 / 대성황의 인천 위안 초일

【인천】 본보 인천지국 독자위안회(本報 仁川支局 讀者慰安會)는 우천(雨天)으로 하루를 연긔하야 재작 팔일 시내 가무기좌(歌舞伎座)에서 개최하얏는데 당일은 비개인 뒷날이라 흐리든 한울에는 밝은 달이 솟고 진흙투성이 길바닥은 쌔긋하게도 말라 고대하고 바라든 수천 독자는 정각도 되기 전에 입장하기 시작하얏다. 고흥성 우정식 박오장(高興成 禹正植 朴五*) 삼씨가 졔일착으로 입장할 째는 닐곱 시 십 쑨인데 그 다음 류 씨 문 씨(劉氏 文氏)

두 부인과 리창현 김선호 조순천(李昌顯 金*鎬 趙順天) 삼씨에게도 본 지국에서 금강소주(金剛燒酒)와 부채, 약, 과자 등을 진정하얏고 그 다음 오십 인에게 약간의 상품을 진정하얏스며 정각 여듧 시 반에는 벌서 장내가 송긋 세울 틈도 업게 됨에 본 지국장 안긔성(本支局長 安基成) 씨는 단에 올라 위안회 개최에 관한 동긔와 본사의 혁신내용을 비롯하야 인천독자에게

감사를 표한다는 의미로 개회를 하니 박수소리가 울에와 가티 장내는 부시는 듯햇다. 경성에서 활동변사로 사계에 이름이 놉흔 오인영(吳寅榮) 씨의 설명을 쌀하 활동사진은 막에 비췻어다. 『직무를 위하야』 『맹진 로이드』의 인정극과 활극은 어린이의 손바닥을 쌔치게 하고 젊은 부녀의 간담을 서늘하게 하얏스며 씩씩한 청년의 허리를 펴지 못하게 하얏다. 더욱이 본사 작업사진(本社 作業寫眞)이 막에 비춰어 『혁신한 시대일보』가 나타나자 만장의 독자는

울에 가티 박수갈채로 환호하얏는데 밤 열두 시 사십오분에 폐회하얏는데 당일 상품은 긔부해주신 씨명과 품명은 알에와 갓다고 한다. (이하 기사 생략)

◇ 사진 = 인천 독자위안 광경

시대 25.07.10 (3) 독자 위안 연기 / 본보 부산지국에서 / 십일을 십오일로

【부산】 본보 부산지국에서는 본보 혁신을 기념하기 위하야 오는 十五日[15] 오전 십시부터 독자위안대회를 당지에 잇는 봉래관(蓬來舘)에 개최한다 함은 이미 보도한바 여러 가지 사고로 인하야 십오일 오전 십시로 연기하얏다는데 당일은 독자 외에는 절대로 입장을 사절하리라 함은 독자의 전 가족을 입장케 함으로 만원될 염려가 잇기 째문이라는바 독자도 만원되기 전에 일즉 입장하기를 바란다고 하며 지국에서 배부한 입장권은 반듯이 휴대하기를 바란다고 한다.

조선 25.07.10 (조2) 독자위안 / 활동사진회 / 금 십일 오후에 / 본보 고양지국 주최

본보 고양 동부지국(本報 高陽 東部支局)에서는 고양 동부 일대의 본보 독자를 위안(慰安)코저 단성사 순회단(團成社 巡廻團)을 청하야 금 십일 오후 여덜 시부터 고양군 서독도면(高陽郡 西纛島面) 양대진(楊大鎭) 씨 집에서 활동사진대회(活動寫眞大會)를 열고 장화홍련면(薔花紅蓮傳)을 비롯하야 자미잇는 사진을 빗초일 터인바 입장은 본보 고양 동부 독자에게 보내는 무료입장권(無料入場券)을 가지고 오시는 이에게 한하야 무료로 입장케 할 터이라더라.

동아 25.07.11 (2) [연예] 기념 흥행 연기 / 금명 이일간 / 본보 독자 우대

시내 황금뎡(黃金政) 토월회(土月會)에서는 작 십일까지에 긔념 흥행을 마칠 터이엇섯든바 이번에 상연한 『시드른 방초』와 『국교단절』 두 각본에 대한 호평이 자자하야 매일 대성황을 이루는 중임으로 특히 십일, 십이일간을 연긔할 터이라는바 연긔한 이일간은 본보 독자를 우대할 터임으로 금명 량일간 본지 란외에 잇는 활인권을 베허가지고 가기를 바라는 터이라더라.

동아 25.07.11 (2) 〈특별 광고〉

토월회 입(卄)회 공연
본보 독자 우대일
십일일 일일간 통용

동아 25.07.11 (2) 〈광고〉

7월 7일자 광무대 광고와 동일하나 아래 내용 추가

단, 이일간 연기!!
여러분의 간청에 의하야 특별히
십일, 십이 양일간을 더 연기하게
되엿습니다

---

15) '十日'의 오식으로 보임.

동아 25.07.11 (2) 〈광고〉

당 칠월 십일일(토요)부터 봉절

문제의 대명화 공개

동아문화협회 직영 일주년 기념 대흥행

사회풍자극 **도살자** 전십권

스다-후이무루 회사 특작 인정활극 **설화의 적**(雪靴의 跡) 전칠권

경사로운 조극(朝劇)의 첫 돌잽히는, 이 날을

기념키 위하야 **무료 공개**를 합니다

(주의) 입장권을 사신 분에게 표를 한 장식 무료로 드립니다

조선극장 전 (광) 二〇五

매일 25.07.11 (1) [연예안내] 〈광고〉

당 칠월 십일일부터 신사진 전부 차환

미국 유 사 작품 실사 **국제시보** 전일권

미국 유 사 작품 서부활극 **재단의 일**(裁斷의 日) 전이권

미국 유 사 작품 인정연화(戀話) **심야의 여적**(女賊) 전오권

독일 위화 사 초대작 괴기희극 **산묘**(山猫) **리쉬-카** 전육권

미국 유 사 대표적 대작

결사적대연속 **취의 조**(鷲의 瓜) 전십오편 삼십권 중

제삼회 제오, 제육 사권 상영

단성사

동아일보 7월 11일자 조선극장 광고와 동일

시대일보 7월 8일자 우미관 광고와 거의 동일

시대 25.07.11 (2) 인천 독자위안회 / 완만(完滿) 종료 / 폭우 나리는 밤에도 / 닐곱 시부터 쇄도해

【인천】 밤새도록 쉬지 안는 폭우도 불구하고 저녁 여섯 시 반부터 가무기좌(歌舞伎座)에 수백 군중이 쐐도하야 『문 열어라. 표 *우』 소리가 청천벽력 가티 들리어 자못 홍수와 가티 밀어드는 독자는 정각도 되기 전에 무려 칠백이 넘엇다. 박수소리는 극장 내의 폭우소리와 아울려 둘리엇다. 본사 **작업사진**이 긋나자 **권(抽籤券)을 개표하야 다* 명에게 상품을 수상하고 ****로 희극계의 유명한 **『** 로이도』로 긋을 *으니 **** 두 시가 되엇다. (이하 기사 생략)

시대 25.07.11 (3) 공전의 성황을 일운 / 대구 독자위안회 / 주룩주룩 쏘다지는 무우(霧雨)도 불구 / 입추의 여지가 업는 만경관(萬鏡舘) 내외

【大邱】예정과 가티 지난 칠, 팔 양일간 대구 만경관에서 고급 활동사진으로 본보 독자위안회를 개최한바 연일 폭우 중임도 불원(不願)하고 입추의 여지가 어시[16] 대만원을 일우엇는데 제일일은 오후 팔시경에 개막되어 ****을 영사한 후에 본보 혁신선전*면을 사진으로 비추게 하고 지국 총무 서병식(徐丙植) 군이 등단하야 간단히 본보 주의(主義) 급(及) 목적과 본보 혁신의 대개(大槪)와 대구지국 확장에 관한 것을 진술하고 다음에 용진단원(勇進團員)과 제사(第四)청년회원의 **한 축사가 잇는 후에 다시 사진을 계속하야스며

제이일은 오후 칠시부터 사방 이척*의 대*특*한 시대일보 독자위안 기쌀 압에로 물밀듯 모여드는 관중는 벌서 장내에 천여 명의 다수로 만원되어 전일과 가티 희극의 영사가 잇슨 후에 본보 지국장 서병식 군의 식사(式辭)와 동 기자 이태식(李態植) 군의 조선**협회 주최 전조선****대회에 대한 설명과 대구에서 ***을 대대적으로 진행할 일은 진술한 후 다시 사진을 계속하얏는데 일반 관중은 특히 정숙한 태도로 암막(闇幕)되기까지 환희에 이기지 못하는 모양으로 *람하고 동 오후 십시경에 **한 주악 리(裡)에서 깃붐에 넘치어 각각 귀가하얏다 한다.

시대 25.07.11 (4) 〈광고〉

동아협회 직영 일주년 기념 대흥행
문제의 대명화 공개 당월 십일일부터
미국 라마운트 회사 대걸작품
세시루비-도미루 씨 감독
도-마스미-안 씨 로이스우이루송 양 리도리스요지어 양 주연
천재불마(千載不磨)[17] 대교훈극 **도살자** 전십권
스다-후이루무 회사 걸작
인정활극 **설화의 적(雪靴의 跡)** 전칠권
명화(名花) 젠-노바크 주연
경사로운 조극(朝劇)의 첫 돐날을 기념키 위하야 무료공개
주의
입장권을 사신 분의게 표 한 장식 무료로 드립니다
인사동 **조선극장** 전 【광】二○五번

당 칠월 십일일부터 신사진 전부 차환
미국 유 사 작품 실사 **국제시보** 전일권

---

16) '업시'의 오식으로 보임.
17) 천년 동안 업서지지 아니할.

미국 유 사 작품 토무산치 씨 활약

서부활극 **재단의 일(裁斷의 日)** 전이권

미국 유 사 작품 명화(名花) 크레쓰다몬도 양 주연

인정연화(戀話) **심야의 여적(女賊)** 전오권

독일 위화사 초대작 영화계의 여왕 보라네그리 양 역연

괴기희극 **산묘(山猫) 리쉬카** 전육권

근래 처음 는[18] 독일 희극 명편

미국 유 사 대표적 대작 후렛토드무손 씨 대활약

공중대모험 대연속

결사적대연속 **취의 조(鷲의 爪)** 전십오편 삼십권 중

제삼회 제오편 제육편 사권 상연

수은동 **단성사** 전 【광】 구오구번

조선 25.07.11 (석2) 〈광고〉
시대일보 7월 11일자 단성사 광고와 거의 동일
시대일보 7월 11일자 조선극장 광고와 거의 동일

조선 25.07.11 (조2) 동부지국 주최 활동대회 연기 / 작금의 비로 인하야
긔보= 본보 고양지국(高陽支局) 주최의 독자위안 활동사진대회(讀者慰安 活動寫眞大會)는 십일 밤에 열랴하엿든바 련일 호우(豪雨)로 인하야 부득이 무긔연긔하게 되엇는데 아모 째든지 비만 개이면 다시 열 터이오. 그 상세한 것은 그새에 다시 보도하겟더라. (동부지국 뎐화)

매일 25.07.12 (5) 포항에 비기(飛機) 선전 / 야(夜)에는 활동사진을 공개
대판(大坂) 천요(川要)비행기회사에서는 비행 사상의 보급을 선전키 위하야 수일 전 동 회사 좌하(佐賀) 비행사가 내포(來浦)하야 고삼(高杉) 포항면장을 방문하고 착륙지를 실사한 결과 남빈염전(南濱鹽田)이 최적당함으로 즉시 포항 재향군인회, 소방조, 청년단 삼단의 후원을 득(得)하야 목하 준비가 완성된 고로 확정은 아니 하얏스나 대개 팔일경에 평양에 재(在)한 비행기로 대구를 경(經)하야 포항 상공에 젓슬 모양이 잇섯는대 불행이 천긔(天氣)의 불량으로 무긔 연긔가 되얏스나 천긔만 순조로 되면 비행은 할 터이며 조종할 비행사 좌하 씨는 선년(先年) 불란서 비행학교를 졸업하고 구주 대전란 시 불군(佛軍)에 참가하야 발군의 공을 이루은 천재의 용사이라 하며 야(夜)에는 당지 소학교정에서 세계 각국 비행기 정황을 활동사진으로 일반에게 공개할 터이라더라. (경주)

---

18) '보는'의 오식으로 보임.

매일 25.07.12 (5), 25.07.13 (2), 25.07.14 (2), 25.07.15 (2), 25.07.16 (2) 〈광고〉
7월 11일자 단성사 광고와 동일

매일 25.07.12 (5), 25.07.13 (2), 25.07.14 (2), 25.07.15 (2), 25.07.16 (2), 25.07.17 (2), 25.07.19 (1) 〈광고〉
7월 11일자 조선극장 광고와 동일

매일 25.07.12 (5), 25.07.13 (2), 25.07.14 (2), 25.07.15 (2), 25.07.16 (2), 25.07.17 (2), 25.07.19 (1), 25.07.21 (4), 25.07.25 (2) 〈광고〉
7월 11일자 우미관 광고와 동일

시대 25.07.12 (3) 군산부인교육회 / 활동사진영사회 / 유치원 자금을 엇고저 / 내 십사일 야(夜)부터 개최

【군산】 군산부인교육회에서는 지난 사월에 그 회 사업으로 당지 개복동(開福洞)에 유치원을 설립하고 이래(邇來) 열성을 다하야 노력한 결과 입원(入園) 아동은 날노 늘어 발서 팔십여 명에 달하야 성적이 매우 양호하다는바 다만 부인들의 사업으로 유지비에 곤란하야 동회(同會)에서는 다소의 자금을 엇고자 오는 십사일 밤 칠시부터 당지 군산좌에서 활동사진회를 * 터이라는데 사진은 경성 부산 방면으로부터 수입한바 매우 자미잇는 각종이라 하며 일반 유지의 만흔 동정을 바란다고 한다.

시대 25.07.12 (4), 25.07.13 (4), 25.07.14 (1), 25.07.15 (4), 25.07.16 (3), 25.07.17 (1) 〈광고〉
7월 11일자 조선극장 광고와 동일

시대 25.07.12 (4), 25.07.13 (4), 25.07.14 (1), 25.07.15 (4), 25.07.16 (3) 〈광고〉
7월 11일자 단성사 광고와 동일

조선 25.07.12 (석1), 25.07.13 (조4), 25.07.14 (석1), 25.07.15 (석4) 〈광고〉
7월 11일자 단성사 광고와 동일

조선 25.07.12 (석1), 25.07.13 (조4), 25.07.14 (석1), 25.07.15 (석4), 25.07.17 (석3), 25.07.18 (석4) 〈광고〉
7월 11일자 조선극장 광고와 동일

조선 25.07.12 (석3) 〈광고〉
동아문화협회 직영 일주년 기념특별대흥행
문제의 대명화 공개 당 칠월 십일일부터 봉절

세시루·비－·도미루 씨 감독

도－마스미－안 씨 로이스·우이루송 양 리－도리스요·지－이 양 주연

A Paramaund[19] Picture

CECIL B. DEMILLE'S

Manslaughter

미국 파라마운트 회사 대걸작품 **도살자** 전십권

一, 제위(諸位)는 과거에 대하야 증(曾)히 여차(如此)히 훌융한 대영화를 어람(御覽)하신 일이 잇스심니가?

二, 종교가, 법관, 변호사, 인의 친(人의 親), 인의 자(人의 子), 신사숙녀, 기타 사회에 패(覇)를 고창(高唱)하시기를 기(冀)하오며 제위는 하(何)를 기조(棄措)할지라도 차(此)의 권위잇난 대영화 즉 천재불마(千載不磨)의 대교훈극에 접할 것을 망각하여서는 아니됩니다!!

스다－후이루무 회사 특작

인정활극 **설화의 적(雪靴의 跡)** 전칠권

명화(名花) 젠－·노바크 주연

경사로운 조극(朝劇)의 첫 돌잽히는, 이날을 기념키 위하야 무료 공개를 합니다

주의 입장권을 사신 분의게 표를 한 장식 무료로 드립니다

조선극장 전 광 二〇五번

조선 25.07.12 (조1) 종업원 위안 / 무선전화방송

경성철도국에서는 개성역 철도 종업원을 위안하기 위하야 거(去) 구일 하오 팔시 반부터 시내 역전(驛前) 암견(岩見)여관 내에서 대판 개성 간 무선전화로 연설 음악 일본가곡 등을 방송하엿는대 일반 청중은 과학의 위대함을 무불(無不)경탄하는 중 동 십시경에 산회하엿더라. (개성)

동아 25.07.13 (2) [연예] 토월회 감사일 / 오늘 밤부터

시내 황금명 광무대(黃金町 光武臺)에서는 동회 창립 이주년 긔념 흥행을 하야 대환영 중에 작야까지 마치고 금 십삼일부터 일간은 데이십삼회 대공연을 할 터인바 이번 각본은 『간난이의 설음』 이 막과 『온천당의 사랑』 두 막이라는바 이번에는 전번 긔념 흥행에 만흔 환영을 해준 여러 관람객에게 감사한 듯[20]을 표하기 위하야 일홈을 『감사일』이라 하고 조흔 향수도 입장권에 겨드릴 터이라더라.

동아 25.07.13 (3) 활사대로 선전

함남도 위생과에서는 전염병 기타 질병의 예방을 선전하기 위하야 금반 활동사진반을 조직하야 십일간 예정으로 각지를 순회한다는데 기(其) 일정은 여좌(如左)하다고. (함흥)

---

19) 'Paramount'의 오식으로 보임.
20) '쏫(뜻)'의 오식으로 보임.

삼수서(三水署) 관내 십이일 천평(川坪) 십삼일 관흥(舘興)

신가파서(新架坡署) 관내 십사일 상거(上巨) 십오일 상동(上洞) 십육일 소농(小農)

호인서(好仁署) 관내 십칠일 영성(嶺城) 십팔일 호인 십구일 별동(別東)

갑산서(甲山署) 관내 이십일 중리(中里) 이십일일 회린(會麟)

동아 25.07.13 (3) 라듸오 방송 시험

전북 김제에서는 지난 십일에 모(某) 일문지(日文紙)의 주최로 라듸오 방송 시험을 행하엿는데 당지 석천(石川)농장에 방송기를 설치하고 소학교 학생들과 일반 시민에게 독창과 하-모니가 합주 등을 방송하엿다고. (김제)

매일 25.07.13 (3) 광주 납량극장 설치

과반(過般)부터 전남 광주군 시내 광주좌에서 희극, 신파 등을 개연하야 인기를 무한히 박(博)한 배우 일행은 금(今) 하간(夏間) 광주에서 과하(過夏)하며 일반 시민을 위하야 납량극장을 설치하기로 되야 당국에 출원 중이더니 금(今)에 기(其) 설치의 건을 허가하얏슴으로 이, 삼 일 전부터 시내 서광산정(西光山町) 구(舊) 군청 적전(跡前) 공지에 임시극장 설치에 착수한바 미기(未幾)에 차(此) 준공을 고(告)하겟슴으로 대인은 이십 전, 아동은 십 전식의 균일한 관람료로 영객(迎客) 납량할 터인대 희극, 신파비극, 구극, 시대극 등을 상연하야 구월 중까지 일반인사에게 납량적으로 개연하리라더라. (광주)

시대 25.07.13 (3) 부산지국 주최 / 독자위안대회 / 화포(花砲) 삼발의 신호로 / 오전 십시부터 개회

【부산】 칠월 십오일 오전 십시부터 시내 보래관(寶來舘)에서 민중오락의 대표적 활동사진과 본사 작업 사진 기타 취미 진진한 여흥으로써 일반 독자의 위안대회를 개최한다 함은 누차 보도한 바어니와 당일 개회는 일시간 전에 복병산정(伏兵山頂)에서 화포(花砲)(락화) 삼발을 노와 이것을 신호로 하고 정각 십시에는 개회할 터임으로 일반 독자는 가족을 동반하야 내회(來會)하야기를 바란다고 한다.

조선 25.07.13 (조1) 방송국 출원은 / 태(殆)히 전국적

(동경전) 무전방송국의 설치에 관하야는 전국의 중요한 도시는 태히 유루(遺漏)가 업시 운동에 광분하는 중인데 체신성에서도 각각 조사를 진행하는 중인바 결국 찰황(札幌)[21]과 웅본(熊本)[22] 등은 허가되리라더라.

---

21) 삿포로.
22) 구마모토.

조선 25.07.13 (조3) [신영화] 도살자 / 전십권 / 조선극장에서 상영 중

『리데-아』는 돈과 얼골 어엽분 것만을 밋고 세상에 자긔밧게는 다시 사람이 업는 것처럼 녁이는 허영심이 만흔 녀자로서 날마다 자동차에 최대 속녁을 내어 모라 다니는 것으로 큰 락을 삼엇섯다. 하로는 자동차를 모라 긔차와 경주를 하다가 교통경관에게 취례를 밧게 되엇다. 그러나 그 자리는 무사히 모면하엿다. 그런데 『리데-아』에게 그 디방 재판소 검사로 잇는 『짜니엘』이라는 사랑하는 남자가 잇섯다. 『짜니엘』은 자긔 련인이 그 방종한 생활을 그치도록 몃 번이나 권하엿스나 그는 도모지 듯지 안코 더욱 방종하야 갈 쑨이엇다. 그리하야 자동차를 모라 다니다가 필경은 전일에 취례하던 교통경관에게 다시 취례를 당하게 되엇슬 째에 『리레-아』는 도망하다가 자긔 자동차로 길을 가로막어노아 쪼차오던 경관의 자동자전차를 거긔에 충돌케 하엿다. 탓든 경관은 중상을 당하야 몃 시간 뒤에 그대로 사망하고 말엇다. 『리데-아』는 살인범인으로 긔소되야 공판에 부치엇다. 그러나 『짜니엘』은 자긔의 애인리[23] 『리데-아』에 대하야 준엄한 론고를 하야 그 녀자는 필경 살인범으로 징역을 하게 되얏다. 이와 가티 징역하는 동안에 『리데-아』는 전일의 방탕한 생활이 잘못된 것을 후회하야 선량한 참사람이 되야 출옥하게 되엇다. 그리하야 자긔의 전 재산을 공공사업에 긔부하고 자긔는 엇더한 빈민굴 겨테 가서 무료로 빈민들에게 차와 썩을 나노아주며 세월을 보내엇다.

그의 사랑하던 사람 『짜니엘』은 『리데-아』가 입옥한 뒤에 자연히 타락생활을 하게 되야 검사의 관직도 내던지고 부랑배와 함쯰 도라다니다가 『리데-아』가 거저 난호아 주는 『커피』를 어더 먹으러 왓다 의외에 다시 녯날의 사랑하는 사람을 맛낫다. 그리하야 그들의 사랑은 다시 회복되야 가는 것이 사진의 대강 내용인대 인정에 넘치는 조흔 영화이다.

조선 25.07.13 (조3) 조선극장의 긔념흥행

시내 인사동 조선극장에서는 본월 십일일부터 동아문화협회 직영 일주년을 긔념하기 위하야 특별대흥행을 한다는대 입장은 무료이나 그 방법은 입장권을 산 사람에게 대하야 무료관람권 한 장식을 진정한다고.

조선 25.07.13 (조4) 군산유원(幼園) / 활사대회 개최 / 전주 이리에 순회

군산에서는 여자청년회와 부인교육회에서 적극의 노력을 다하야 동지(同地)에 군산유치원을 설립하얏다 함은 이미 누차 보도한 바와 갓거니와 그 면(面)에 간부 일동은 여러 가지의 괴로움을 불원(不願)하야 게으름 업는 활동을 하야오든바 입학 아동은 일가월증(日加月增)하야 지금은 근 백에 달하는 날노 성황을 보게 되는 중에 유지에 곤란을 심(甚)함으로 사회의 동정을 어더 동 비용에 충(充)코자 일전(日前)에 경성과 부산 방면으로 활동사진을 수입하야 오는 십사, 오 양일간을 당지 군산좌에서 영사하고 십육일에 이리로 십칠일에 전주를 순회하야 영사를 하리는대 사진은 취미진진한 고대소설 홍보전과 해의 비곡 등 기타 희극도 잇다는데 피가 잇고 아기를 사랑하는 유지는 동정이 만히 잇기를 바란다더라. (군산)

---

23) '애인'의 오식으로 보임.

동아 25.07.14 (4), 25.07.15 (4), 25.07.16 (4) 〈광고〉
7월 11일자 조선극장 광고와 동일

동아 25.07.14 (4) 〈광고〉
칠월 십삼일부터 오일간 토월회 제입(卄)삼회 대공연
간난이의 설음 전이막
온천장의 사랑 전이막
토월회 감사 데[24]
◇ 원료 향수 무료 진정
여러분의 후의(厚意)를 보답기 위하야 십사, 십오 양일간은 특히 구경오신
여러분에게 시가 십사 전의 고급 원료 향수를 거저드리겟습니다
◇ 토월회 음악부 출연!
이번에 새로히 토월회 음악부를 신설하엿습니다
막간마다 반드시 재미잇는 음악이 잇슬 것입니다
비가 와도 반다시 개연합니다
토월회 직영 **광무대**에서 전 (본) 팔팔육

매일 25.07.14 (2) 환자 위안 활사 / 평양 자혜의원에셔
평양 자혜의원에셔난 병상에 신음** 고초로 싱활하는 입원 환자를 위안하야주기 위하여 십일일 오
후 여덜 시 반부터 평양기네마의 활동사진을 비러다가 영화하여 병자의게 일야의 열락을 쥬엇다더
라. (평양)

시대 25.07.14 (1) 〈광고〉
동아일보 7월 14일자 광무대 광고와 동일

동아 25.07.15 (1) 〈광고〉
잡지 여명(黎明) 재판 출래(出來)!
창간 특대호 (정가 육십 전)
창간기념
『여명』 구독자에 한하야 단성사 무료 공개
기간 자(自) 칠월 십삼일 지(至) 칠월 입(卄)이일
『개척자』도 십칠일부터 개봉
무료 입장권은 경성 각 서점에 배치하야

---

24) '데이(day)'.

여명 일책에 일매식 진정

월간잡지 **여명사**

동아 25.07.15 (4), 25.07.16 (4), 25.07.18 (4), 25.07.19 (4) 〈광고〉

7월 14일자 광무대 광고와 동일

시대 25.07.15 (3) 부산 독자 / 위안은 금일

【부산】 본보 부산지국에서는 독자위안회를 금일 오전 십시부터 당지 보래관(寶來舘) 내에서 개최한다 함은 이미 보도한 바이어니와 이번 모임은 무엇보다도 피차의 흉격(胸膈)에 넘치는 회포를 풀며 쌀하서 날로 *고(苦)하시든 *뇌를 식힐 호기회임으로 시대일보를 특히 사랑하시는 여러분께서는 만사를 제폐(除廢)하시고라도 기어히 내림(來臨)하시기를 바란다고 한다.

시대 25.07.15 (4), 25.07.16 (3), 25.07.17 (4), 25.07.18 (3), 25.07.19 (2) 〈광고〉[25]

7월 14일자 광무대 광고와 동일

시대 25.07.15 (4) 〈광고〉

칠월 십오일부터 이대 연속 제공

미국 모(某) 회사 실사 ? 전일권

미국 쌔데-지 사 초특작 루스로란드 양 맹연

연속모험활극 **암굴여왕** 전십오편 삼십일권

삼회 제칠편 불행의 운명 제팔편 다이나마이드 음모 사권 상영

하리켄핫지 이상의 모험활극을 보시랴거든

루스로란드 양에 모험극을 보시요

미국 쌔데지사 초특작 거성 루스로란트 양 맹연

연속모험활극 **삼림 여왕 대회** 전십오편 삼십일권

자(自) 제일편 지(至) 제오편 십일권 상영

남성 이상의 모험…… 연속의 진가를 아시랴거든……

신출귀몰한 모험을 친람(親覽)하시랴거든 금회 상영인

이대연속 주연자 로스로란트 양의 결사적 모험활극을 보시요

우미관 전 【광】 삼구오번

---

25) 25.07.14 (1), 25.07.15 (4), 25.07.16 (3) 광무대 광고에는 '七月 十三日부터 五日間'으로 25.07.17 (4), 25.07.18 (3), 25.07.19 (2) 광무대 광고에는 '七月 十三日부터 七日間'으로 되어 있음.

조선 25.07.15 (석3) 〈광고〉

홍보문구 제외된 외 시대일보 7월 15일자 우미관 광고와 동일

시대 25.07.16 (3), 25.07.17 (4), 25.07.18 (3), 25.07.19 (2), 25.07.22 (4), 25.07.23 (1), 25.07.24 (1), 25.07.25 (3), 25.07.26 (1), 25.07.27 (1) 〈광고〉

7월 15일자 우미관 광고와 동일

매일 25.07.17 (2) [연예안내] 〈광고〉

당 칠월 십칠일부터 초특별 대흥행

고대(苦待)의 조선에 처음된 조선 문예품 봉절

미국 유 사 작품 실사 **국제시보** 전일권

미국 아–로 사 작품 미국 유 사 대제공품

사회비극 **죄악의 뉴육(紐育)** 전칠권

조선 초유의 문예품

개척자 전칠권

미국 유 사 대표적 대작

결사적대연속 **취의 조(鷲의 瓜)** 전십오편 삼십권 중

제사회 제칠, 제팔 사권 상영

금회의 전개되는 결사적 대모험을 꼭 보셔요!!

단성사

시대 25.07.17 (3) 부산 독자위안회 / 수천 군중의 환호 / 인산인해를 일운 보래관(寶來舘) 내외 / 본사 작업 寫[26]을 보고 더욱 열광

【부산】 본보 부산지국과 부산 ＊＊ 영도 각 분국의 주최 알에서 열인 본보독자위안대회는 예정과 가티 지난 십오일 오전 십시 반부터 당지 보래관에서 개최한바 정각 전부터 장내외는 인산인해로 사방에서 모여든 수천의 독자가 운집한 리(裡)에서 개회되엇는데 본보 부산지국장 고정대(高丁大) 씨가 단에 올나 독자위안회를 개최한 동기와 인사를 마치고 기자 박동주(朴東柱) 씨가 다음에 등단하야 본보 혁신에 대한 설명이 잇슨 후에 본사 작업사진이 영사되어

혁신한 시대일보가 나타나매 일반 관중의 박수갈채로 회장이 진동되엇스며 본사의 집웅 우에 잇는 시대일보의 간판이 나타나자 쏘한 열광적의 박수가 이러나고 그 막을 마치고는 보래관의 상＊ 사진인 여러 가지 현대극을 영사하야 일반의 환희가 극(極)한 후 폐회하얏는데 삼삼오오로 작신(作伸)하야 각각 도라가는 독자들은 거리거리에서 수군수군 하는 말이 시대일보- 시대일보 말쑌이엇다고 한다.

---

26) '寫眞'의 오식으로 보임.

시대 25.07.17 (4) 〈광고〉

당 칠월 십칠일부터 초특별대흥행

고대(苦待)의 조선에 처음된 조선문예품 봉절

미국 유 사 특작품 실사 **국제시보** 전일권

미국 아-로 사 대작품 미국 유 사 대제공품

에도외-드알-씨 대역연

사회비극 **죄악의 뉴육(紐育)** 전칠권

수원(水源)의 문제로 싸혀 잇는 빈부의 쟁투

그것을 포위한 광명과 암흑의 인생

이종(二種)의 대와권(大渦卷)[27], 파란은 파란을 생(生)하고

무서운 인과는 순래(循來)! 문제의 명화 그여히 금일부터?

고려키네마 제일회 완성 제공

이경손(李慶孫) 감독 작품 원작 이광수 씨 각색 윤백남 씨

조선 초유의 문예품 **개척자** 전칠권

주요배우 남궁운(南宮雲), 김정숙(金靜淑), 주인규(朱仁圭) 정(鄭)* 기타

미국 유 사 대표적 대작 후렛토톰손 씨 주연

결사적대모험연속 **취의 조(鷲의 爪)** 전십오편 삼십권 중

제사회 제칠편 제팔편 사권 상연

금회의 전개되는 결사적 대모험을 꼭 보서요!

수은동 **단성사** 전 【광】 구오구번

조선 25.07.17 (석2) 〈광고〉

7월 17일자 시대일보 단성사 광고의 주요 정보만 제공됨

조선 25.07.17 (석3), 25.07.18 (석4) 〈광고〉

7월 15일자 우미관 광고와 동일

조선 25.07.17 (조1) **횡성(橫城)에서 독자위안**

본보 횡성지국에서는 본월 삼일에 신파연쇄순회극단 일행의 내횡(來橫)함을 기하야 본보 독자 위안 연극대회를 개최하엿는데 대성황을 이루엇더라. (횡성)

동아 25.07.18 (4) 〈광고〉

당 칠월 십팔일(토요)부터 고대하시던 세계적 대명편 제공

---

27) 渦卷: 소용돌이.

조선 초유의 대모험 통쾌 활극

대메트로 사 초특작품

대모험대활극 **황무자(荒武者)의 키통** 전팔권

로이드 이상의 모험 명우 거성 쌔스다키-통 씨 대맹연

아슬아슬하고 아깃자깃한 근대 희유(稀有)의 공중 대모험 활극을 그여히……

대파라마운트 사 거(巨)작품

홍련대전극(紅戀大戰劇) **불붓는 사막** 팔권

정토낙원인 사막의 『오아시쓰』에서 정서(情緒)의 꽃피는 삼각적 연애의 애수로 넘치는 백열적(白熱的) 암투는 미화(美化)의 절정이라할가? 보라!! 불붓는 사막 우에 대전극(大戰劇)을

예고

문예극 『**아담과 이브**』 전십권

문예극 『**백장미**』 전십권

조선극장 전 (광) 二〇五

매일 25.07.18 (1) 무전 특허 치하(値下)

체신성에서 징수하는 연액(年額) 이 원[십월 일일 이강(以降) 허가한 것은 일 원]의 무선전화 청취 시설 특허료는 칠월 십육일 이후로 동 시설을 허가한 자로부터 연액 일 원으로 치하하기로 되얏는대 차(此)는 요금의 치히에 의하아 무료로 동 시설을 하든 것을 업새고자 함이라더라. (대판 전)

시대 25.07.18 (3), 25.07.19 (2), 25.07.22 (4), 25.07.23 (1), 25.07.24 (1), 25.07.25 (3) 〈광고〉

7월 17일자 단성사 광고와 동일

시대 25.07.18 (3) 〈광고〉

동아일보 7월 18일자 조선극장 광고와 동일

조선 25.07.18 (석4), 25.07.23 (석4), 25.07.24 (석4), 25.07.25 (석4) 〈광고〉

7월 17일자 단성사 광고와 동일

동아 25.07.19 (4), 25.07.22 (1), 25.07.23 (3) 〈광고〉

7월 18일자 조선극장 광고와 동일

매일 25.07.19 (1), 25.07.21 (4), 25.07.25 (2) 〈광고〉

7월 17일자 단성사 광고와 동일

매일 25.07.19 (2) 단성사 휴연

활동사진 상설관 단성사에셔는 이번 큰 수해에 근신하는 쯧을 표하기 위하여 십팔일 밤에는 활동사진을 놀니지 안엇다더라.

시대 25.07.19 (2), 25.07.22 (4), 25.07.23 (1), 25.07.24 (1) 〈광고〉

7월 18일자 조선극장 광고와 동일

매일 25.07.21 (2) 『라듸오』 방송 중지 / 일반의 무션뎐신으로 사용키 위하야 중지해

수해로 각쳐의 뎐신뎐화션의 고장이 싱기여 불통됨으로 톄신국에셔는 십구일부터 방송무션뎐화(放送無線電話)의 실시를 즁지하고 일반의 무션뎐화 장치를 곳쳐 인천 월미도(仁川 月尾島) 무션뎐신과 통신을 하는 즁인대 짜라셔 방송무뎐은 당분간 즁지한다더라. [십구일 오후 오시 기(記)]

매일 25.07.21 (4) [연예안내] 〈광고〉

동아일보 7월 18일자 조선극장 광고의 주요 정보만 제공됨

조선 25.07.21 (석1) 방송무선 실험 중지

증(曾)히 실험 중이던 방송무선전화체신국에셔는 일반의 무선전신을 개장(改裝)하야 인천 월미도 무선전신과 교신 중인즉 당분간 방송전화의 실험은 중지할 외에 타도(他途)가 무(無)하다더라.

동아 25.07.22 (2) 수해 구제 연극 / 토월회에서 양일간

황금뎡 토월회(土月會)에셔는 이십일일과 이십이일 양일간 수해 구제 공연(水害救濟公演)을 한다는데 연뎨는 다음과 갓다 하며 실비를 제한 외에 수입의 전부를 구제 사업에 뎨공하리라더라.
◇ 간난이의 설음 ◇ 온천장의 사랑

동아 25.07.22 (3) 〈광고〉

토월회 수재 구제 공연
광고(曠古) 미증유의 대홍수로 인한 동포의 비절참절한 정경을 보고야 뉘라서 눈물을 아니 쌀리겟슴닛가? 우리는 이에 그들을 구조함에 미력이나마 우리의 성의를 피력하기 위하야
입(廿)이일, 입삼일 양일간을 개방하야써 당일 이익
전부를 수해구제 사업에 제공하게 되엿슴니다 그날 상연할 연극은
◇ **간난이의 설음** 전이막
◇ **온천장의 사랑** 전이막
비가 와도 반다시 개연합니다
토월회 직영 **광무대**에서 전 (본) 팔팔육

시대 25.07.22 (4) 〈광고〉

동아일보 7월 22일자 광무대 광고와 동일

조선 25.07.22 (석2) 토월회의 / 수재구제흥행 / 금월 이십이, 삼 양일간 / 광무대에서

토월회 직영 광무대(土月會 直營 光武臺)에서는 금월 이십이, 삼 량일간에 특별히 의연흥행을 하야 리익의 수입되는 것을 금번의 수재구제에 의연할 터인바 상연할 예제는 그동안 호평을 바더오던 『간나니의 서름』이막, 『온천장(溫泉場)의 사랑』이막이라고.

동아 25.07.23 (3) 〈광고〉

7월 22일자 광무대 광고와 동일

시대 25.07.23 (1), 25.07.24 (1), 25.07.25 (3) 〈광고〉

7월22일자 광무대 광고와 동일

조선 25.07.23 (석4) 〈광고〉

동아일보 7월 18일자 조선극장 광고의 주요 정보만 제공됨
시대일보 7월 8일자 우미관 광고와 동일하나, 시대일보에서 개봉일이 7월 8일로 표기된 것과 달리, 이 광고에서는 7월 18일로 표기됨.

동아 25.07.24 (2) 우미관원 동요 / 월급을 주지 안는다고 분규 / 월급을 아니 주면 파업한다

시내 활동사진상설관 우미관(優美舘)에서는 동관 약 삼십여 인이 경영주 천명일(千命一), 박형근(朴亨根) 량씨로부터 금월 십오일에 지불하여야 할 금월 반 개월 봉급을 아즉 주지 안는다고 항상 불안스런 생각을 가지고 잇다가 작 이십삼일에는 그 주인을 차즈려도 차즐 수가 업슴으로 더욱 공항을 늣기고 월급을 주기 전까지는 개관할 수가 업다 하야 관원 삼십여 인이 우미관에 모히여 여러 가지로 협의하는 중이엇는데 만약 해결이 못 되면 이십삼일 밤부터 개관을 하지 안을 듯하다 하며 쏘한 그중에 해결이 되면 개관할 듯도 하다는바 영화삼우회(映畵三友會)에서는 동관 관원들을 후원하야 만약 현재의 경영자인 전긔 량인이 경영을 못 하게 된다 하면 삼우회에서라도 경영할 계획이라더라.

매일 25.07.24 (2) 우미관원 / 동맹 파업 / 월급 문뎨로

부내 관텰동에 잇는 활동사진상설관 우미관(優美舘)에는 변사, 악사, 기사를 위시하야 종업원 전부 합게 삼십여 명이 동밍파업을 하야 재작 이십이일 밤에 황동사신[28]의 영사를 하지 못하고 이십삼일에도 해결되지 못하얏다는대 그들이 동밍파업을 단힝한 리유는 우미관은 원리 시뎐삼대치(柴田三代治)란 사람이 관쥬로 잇고 박영근(朴永根)이란 사람이 그 관을 한 달에 팔빅 원식 세를 주고 맛하셔

---

28) '활동사진'의 오식으로 보임.

영업을 하여 오던바 금년 봄 이리로 손해를 만이 보와 직원의 월급도 간신히 지불하여 오다가 금월에는 십오일에 지불할 월급을 주지 못하고 이십일일 오후 셰 시까지에 지불하기로 언약하엿다 그 시에도 역시 지불치 못함으로 부득이 동밍파업을 한 것이라는대 그 리면에는 박 씨의 실패를 엿보고 그 뒤를 이어 맛하 가지고 영업을 하려 하는 야심가가 잇셔셔 리면으로 파업한 사람들을 션동하는 듯하다더라.

동아 25.07.25 (2) 〈광고〉

당 이십육일(일요) 주간부터 전부 신영화 제공

파나마운트 사 제공 대희극 **흑인의 무사(武士)** 이권

파나마운트 사 걸작 희활극 **빗나는 검** 전육권

명우 우오레스리-드 씨 주연

혁명이 이러나는 소공화국을 배경으로 하야 대소란과 전쟁이 돌기(突起)하는 중에 용감한 무사는 만란(萬難)을 제(除)하고 사선을 돌파하야 애인을 구하기에 전력한다?

대파나마운트 사 초특작 명화

세계적 성격 여우 보라-네구라 양 주연

인정극 **치-도** 전구권

일세에 처하야 남성적 의분, 애(愛)의 진가, 악마의 기묘한 음모, 연(戀)의 투쟁은 전개되려 한다 그 결과는

예고

문예극 『**백장미**』 전십권

문예극 『**아담과 이브**』 전십권

조선극장 전 (광) 二○五

칠월 입(卄)사일부터 오일간 토월회 제입(卄)사회 공연

후편 **롱 속에 든 새** 전사막 일명 (사랑의 노래)

후편 『롱 속에 든 새』는 전편 『롱 속에 든 새』의 모-든 해결편입니다. 사랑에 살려 하는 젊고 어엽분 평양 기생 향란(蘭香)과 그의 애인인 대학생 경식(敬植)은 엇지나 되엿는가

이 일편은 『롱 속에 든 새』와 가치 부자유한 처지에 잇는 젊은 청춘의 눈물겨운 사랑을 그리인 것이니 반드시 여러분의 눈물을 자아내고야 말 것입니다

비가 와도 반다시 개연합니다

토월회 직영 **광무대** 전 (본) 팔팔육

조선 25.07.24 (석4), 25.07.25 (석4) 〈광고〉

7월 23일자 조선극장 광고와 동일

조선 25.07.24 (석4) 〈광고〉
7월 23일자 우미관 광고와 동일

동아 25.07.25 (2) 토월회 공연 『농 속에 든 새』 / 이십사일부터 후편
토월회(土月會)에서는 『농 속에 든 새』 전편을 공연하야 만흔 갈채를 바닷든바 애극가(愛劇家)의 열렬한 긔대를 저바리지 못하야 이십사일 밤부터 후편(後篇) 『농 속에 든 새』를 공연한다는데 전편의 모든 해결이 이 후편에서 날 터임으로 매우 자미가 잇스리라 하며 특별 여흥으로 『로서아 짠스』『하모니카 합주』『독창』 등 여러 가지가 잇스리라더라.

매일 25.07.25 (2) 『라듸오』 발사기(發射器) / 톄신성에서 발명
톄신성(遞信省)에서는 『라듸오』 방송을 감독하기 위하야 『라듸오』 발사긔(發射器)라 하는 것을 고안하얏다는대 이 발사긔는 『라듸오』 방송의 삼배되는 력력을 가지고 풍긔상 됴치 못한 방송을 공중에서 막아 업시하야 바리는 것이라더라. (동경면보)

매일 25.07.25 (2) [연예안내] 〈광고〉
동아일보 7월 25일자 조선극장 광고의 주요 정보만 제공됨

시대 25.07.25 (3) 〈광고〉
〈아담과 이브〉의 감독으로 '구리피-스'가 추가 표기된 외 동아일보 7월 25일자 조선극장 광고와 동일

조선 25.07.25 (석4)
이대 연속 제공
실사 **경성 수재 실황** 전일권
미국 쌔데-지 사 초특작 루스란트 양 맹연
연속모험활극 **암굴여왕** 전십오편 삽(卅)일권
제삼회 제칠편 불행의 운명 제팔편 다이나마이드 음모 사권 상영
미국 쌔데-지 사 초특작 거춘(巨春) 두스로란트 양 맹연
연속모험활극 **삼림 여왕 대회** 전십오편 삼십일권
자(自) 제일편 지(至) 제오편 십일권 상영
일활 특약 **우미관** 전 광 삼구오번

동아 25.07.26 (4), 25.07.27 (2), 25.07.28 (1), 25.07.29 (3), 25.07.30 (4), 25.07.31 (6)
〈광고〉
7월 25일자 조선극장 광고와 동일

동아 25.07.26 (4) 〈광고〉
7월 25일자 광무대 광고와 동일. 다만 아래 내용 추가.

특별 여흥
지리한 막간을 이용하야 좌(左)의 여러
가지 재미잇는 여흥이 잇슴니다
◇ 로서아 쨴쓰 ◇ 하-모니가 합주 ◇ 독창 ◇ 현악합주

매일 25.07.26 (2) [연예안내] 〈광고〉
당 칠월 이십육일부터 신사진 전부 차환
미국 유니버-살 회사 대희활극 **용감한 소방부** 전육권
미국 유니버-살 회사 대작품 모험연화(戀話) **공중의 협위(脅威)** 전육권
미국 유니버-살 사 특작품 대희극 **인간 이상(以上)** 전이권
미국 유 사 대표적 대작 결사적대연속 **취의 조(鷲의 瓜)**
전 십오편 삼십권 중 제오회 제구, 제십, 사권 상영
금회의 전개되는 결사적 대모험을 꼭 보셔요
단성사

조선일보 7월 25일자 우미관 광고와 동일

매일 25.07.26 (2), 25.07.27 (2), 25.07.28 (2), 25.07.29 (2), 25.07.30 (2), 25.07.31 (2) 〈광고〉
7월 25일자 조선극장 광고와 동일

시대 25.07.26 (1) 〈광고〉
토월회 제입(卄)사회 대공연
오일간 (칠일 입사일부터)
후편 롱 속에 든 새 전사막
비가 와도 반다시 개연합니다
토월회 직영 **광무대** 전화 【본】 팔팔육번

칠월 이십일부터 사진 전부 차환
미국 유니버-살 회사 특작 영화
명감독 에드와드세크 씨 역작품 영화계의 인기아 후드킵손 대역연
대희활극 **용감한 소방부** 육권

미국 유니버-살 회사 초대작품 원작 감독 쟉케쓱쟉카-도 씨

모험연화(戀話) **공중의 위협** 전육권

미국 유니버-살 사 특작품 센취리 작품 명견 쌔-루 군 역연

대희극 **인간 이상(以上)** 전이권

쾌남아 후렛토톰손 씨 주연 모험여우 안릿틀 양 비행중위 알-월송 씨 조연

결사적 대연속극 **취의 조(鷲의 爪)** 15 30

제오회 제구편 운(運)을 천(天)에 제십편 추락 사권 상연

수은동 **단성사** 전【광】구오구번

시대 25.07.26 (1), 25.07.27 (1), 25.07.29 (3), 25.07.30 (2), 25.07.31 (1) 〈광고〉

7월 25일자 조선극장 광고와 동일

시대 25.07.26 (2) 전조선 각 전문학생 / 수재순회단 조직 / 활동사진과 강연을 할 터 / 문화의 발전을 목적으로

조선 각 전문학교 학생(朝鮮 各 專門學生) 유지는 수해구제와 지방문화의 발전 쏘는 경제적 향상을 도모키 위하야 수재구제순회단(巡廻團)을 조직해 가지고 조선 각지로 순회할 터인데 활동사진 강연 쏘는 기술 가튼 것을 한다고 하며 순회 긔한은 금월 삼십일부터 이후 일개월 동안이오, 단장과 단원의 씨명은

▲ 단장 심재순(沈載順) ▲ 부단장 최윤정(崔閏廷)

▲ 단원 김태원(金泰源), 최영원(崔榮元), 조병인(趙炳仁), 정세종(鄭世鍾), 김동인(金東仁), 장낙현(張洛鉉)

제씨이며 순회지방과 일할은 다음과 갓다.

◇ 행선지 급(及) 일자

북선(北鮮) 지방

본월 삽(卅)일 해주 삽일일 재령

九月　일일 황주(黃州) 이일 평양

　　　삼일 진남포 사일 안주(安州)

　　　오일 박천(博川) 육일 정주

　　　칠일 정주 팔일 신의주

　　　구일 의주 십일일 개성

남선(南鮮) 방면

　　　십삼일 수원 십사일 천안

　　　십오일 조치원 십육일 대구

　　　십칠일 삼랑진 십팔일 부산

　　　십구일 마산 입(卄)일 진주

입일일 순천 입이일 목포
입삼일 나주 입사일 광주
입오일 이리 입육일 전주
입칠일 군산 입팔일 강경

시대 25.07.26 (3) 함흥지국 / 독자 위안

【함흥】본보 함흥지국에서는 본사가 혁신함을 쌀하 함흥에 처음으로 변장 기자 탐색을 실행하야 일반 독자 급(及) 시민의 흥미를 취(取)하더니 다시 본보 독자에게 만일(萬一)의 위안을 드리고저 하야 지난 십육일 오후 구시부터 흥행계에 유명한 민우(民友)극단 일행의 무쌍한 희생과 애호하는 동정을 바다 본보 독자 가족위안 흥행을 함흥극장에서 공개하야 삼 일 전에 수천의 군중으로 인산인해의 공전절후한 대성황을 닐우읫다 한다.

조선 25.07.26 (석2) 수재활동사진을 / 전문학생이 순회 영사 / 문화운동으로 강연까지 / 어든 금품은 수재구제에

시대일보 7월 26일자 관련기사 참고

조선 25.07.26 (석4), 25.07.27 (조3) 〈광고〉

7월 25일자 우미관 광고와 동일

조선 25.07.26 (석4) 〈광고〉

당 칠월 이십육일부터 신사진 전부 차환
미국 유니버-살 회사 특작 영화
명감독 에드와-드세직크 씨 역작품
영화계의 인기아 후-드킵손 씨 대역연
대희활극 **감용(敢勇)한 소방부** 전육권
미국 유니버-살 회사 초대작품
원작 감독 쟉케쓰쟉카-도 씨
각색 후랭크 로렝쓰 씨 로이도 스라- 씨 촬영 미두톤마-크무아 씨
고(故) 룩크리아-중위 주연 명화(名花) 후란세리야빌-톤 양 조연
모험연화(戀話) **공중의 협위(脅威)** 전육권
미국 유니버-살 사 특작품 센취리 작품 명견 쌔-루 군 대역연
대희극 **인간 이상(以上)** 전이권
쾌남아 후렛토톰손 씨 주연 모험여우 안릿틀 양 비행중위 알-월송 씨 조연
결사적대연속 **취의 조(鷲의 爪)** 전십오편 삼십권 중
제오회 제구편 운(運)을 천(天)에 제십편 추락 사권 상연

송죽 유 사 특약 **단성사** 전 광 구오구번

홍보문구 제외한 외 동아일보 7월 25일자 조선극장 광고와 거의 동일

동아 25.07.27 (2), 25.07.28 (4), 25.07.29 (3), 25.07.30 (4), 25.07.31 (2) 〈광고〉
7월 26일자 광무대 광고와 동일

매일 25.07.27 (2), 25.07.28 (2), 25.07.29 (2), 25.07.30 (2) 〈광고〉
7월 26일자 단성사 광고와 동일

매일 25.07.27 (2), 25.07.28 (2), 25.07.29 (2), 25.07.30 (2), 25.07.31 (2) 〈광고〉
7월 26일자 우미관 광고와 동일

시대 25.07.27 (1), 25.07.29 (3), 25.07.30 (2), 25.07.31 (1) 〈광고〉
7월 26일자 광무대 광고와 동일

시대 25.07.27 (1) 〈광고〉
7월 26일자 단성사 광고와 동일

조선 25.07.27 (조3), 25.07.28 (석3), 25.07.29 (석3), 25.07.30 (석4) 〈광고〉
7월 26일자 단성사 광고와 동일

조선 25.07.27 (조3), 25.07.28 (석3), 25.07.29 (석3), 25.07.30 (석4), 25.07.31 (석1), 25.08.01 (조1) 〈광고〉
7월 26일자 조선극장 광고와 동일

동아 25.07.28 (2) 〈광고〉
토월회 입(卄)사회 공연
본보 독자 우대일
입팔일 일일간 통용

조선 25.07.28 (석2) 고등보통학회 / 위생 영사까지 / 수해사진 외에
시내 황금명 삼명목(黃金町 三丁目) 통신교수고등보통학회(通信*授高等普通學會)에서 금번 수해리재 동포를 구제하기 위하야 이십팔, 구 량일에 수해참경의 실사를 장곡천명 공회당에서 일반에 공개하야 그 수입으로써 구제사업에 긔증하리라 함은 긔보한 바어니와 그 회에서는 수해사건 이외에 위생

(衛生)에 관한 사진까지 영사(映寫)하야 이 긔회에 일반에게 위생을 선뎐하리라더라.

조선 25.07.28 (석3) 〈광고〉

입(廿)칠일 월요부터 이대 연속 교환

미국 쌔데-지 사 초특작 루스란트 양 맹연

연속모험활극 **암굴여왕** 전십오편 삽(卅)일권

제사회 제구, 제십편 사권 상영

미국 쌔데-지 사 초특작 거성 루스로란트 양 결사적 맹연

연속모험활극 **삼림 여왕 대회** 전십오편 삼십일권

자(自) 제육편 지(至) 제십편 십권 상영

일활 특약 **우미관** 전 광 삼구오번

동아 25.07.29 (2) 수재 활사 영사

시내 황금뎡(黃金町)에 잇는 고등보통학회(高等普通學會)에서는 이십팔일, 이십구일 량일간 오후 여덜 시부터 댱곡천뎡(長谷川町) 공회당(公會堂)에서 이번 수재의 활동사진을 영사하리라는데 입장료는 오십 전식이라더라.

시대 25.07.29 (2) 본사 촬영 수해 참상 / 필림의 한 토막 / 입(廿)팔일부터 단성사에서 공개

이 사진은 이로부터 널리 세상에 공개하야 수만 수십만의 동포형제자매들로 하야금 깁히 수재 당시에 참담하고도 처참한 광경을 추억케 하는 동시에 거듭 쓰거운 눈물을 자아내게 할 본사에서 자못 큰 쯧을 가지고 결사적 모험을 하야 가며 경성 부근 각 수해지의 참상을 촬영한 육천여 척이나 되는 기나긴 『필림』 중에 한 도막이니

(一)은 장마가 지나간 뒤 쎄만 남은 한강철도궤도의 모양이며 (二)는 경성역에 수용된 리재민에게 본사 구호반이 식사를 공급하는 광경이요 (三)은 붉은 물결 속에 휩쓸려 들어가는 서빙고 시가이며 (四)는 멀리 한강 철교를 바라보는 사진이올시다.

시대 25.07.29 (3) 취성좌 내인(來仁)

【인천】 신파연쇄극 김소랑 일행은 지난 이십칠일에 내인하야 가무기좌(歌舞伎座)에서 흥행 중이라고 한다.

시대 25.07.29 (3) 〈광고〉

조선일보 7월 28일자 우미관 광고와 동일. 다만 다음과 같은 안내문이 추가되어 있음.

수재민 구제 자선 대흥행으로
칠월 입(廿)칠일부터 팔월 이일까지 칠일간

좌기(左記) 입장료로써 제공하겟사오니

다수 내임(來臨)하여 주시요

대인 삼십 전 균일 소인 이십 전 균일

시대 25.07.29 (3) 〈광고〉

연강(沿江) 수해참상 활동사진

주최 시대일보사

수은동 **단성사** 전【광】구오구번

조선 25.07.29 (석3) 녹음만담(綠蔭漫談) (一) /『라듸오 문명』급(及) 기타에 대한 잡감 / 신의동(申義童)

사람들은 금일의 문명을 가르처 『라듸오 문명』이라 한다. 그리하야 세계는 이미 낡은 전기문명으로부터 새로운 『라듸오 문명』에 도달한 환희 중에 잇다고 말한다. 극단의 라듸오 문명찬미론자는 말하여 가로되 『세계는 새로워젓다. 라듸오 문명으로 인하야 세계는 갱생하엿다. 과거에 잇서서 문명이라 참칭하든 모든 것이 이제는 『라듸오』 압헤서 오직 그 잔해를 남길 쑌이다!』『아아 세계의 인류는 깃버하라! 라듸오! 라듸오! 이 『라듸오』로 인하야 세계문명은 새로운 국면으로 전개된다!』하며 이를 찬양한다. 우리는 여기에서 라듸오 문명찬미의 시비를 말하려는 것이 아니다. 말할 것도 업시 라듸오의 발명과 진보 응용은 밝은 문명 속에서 쒸여나온 새로운 희망과 환희인 것을 잘 아는 까닭이다. 그러나 우리는 라듸오 문명 찬미론자의 과장적 태도에는 불복(不服)이다.

그것의 발명과 진보 및 응용이 곳 인류의 행복을 의미하는 것이라는 어림업는 수작에 우리는 반대한다. 일개 라듸오의 발명이 인류의 특수한 일부를 제(除)한 무수한 민중과 무슨 관계가 잇느뇨. 무슨 교섭이 잇느뇨. 과거에 잇서서 문화라 일컷는 것의 대부분이 민중과 하등의 교섭이 업섯든 것과 꼭 마찬가지로 새로운 『라듸오』 문명도 결국 구 문명에 포만을 늣긴 일부 인류의 새로움을 어든 환희에 불과한 것이 아닐가.

×

일본인 실복고신(室伏高信) 군은 그 어느 잡지에 『라듸오 문명의 원리』라는 일문(一文)을 써나려가다가 라듸오와 신문지와의 금후 관계를 말하엿다. 그는 라듸오 문명은 신문지를 구축(驅逐)한다는 의미의 말을 하엿다. 즉 라듸오는 신문지* 독점하엿든바 보도, 비판, 광고 기타 신문지 특유의 기능을 완전히 소유하고- 그리고도 그 기능을 가장 완전히 보다 더 효과 잇게 발휘함으로 오는 시대는 라듸오 문명의 독점무대인 동시에 신문지 몰락의 시대라는 의미의 말을 실복 군이 쓴 줄로 기억한다. 과연 이 문제는 생각해 볼 만한 문제이다. 소위 현대의 문명이라는 권내(圈內)에서 그 한 목을 단단이 보든 신문지가 라듸오의 혜성과 가튼 출현으로 미구에 몰락이 된다면 다른 사람은 다 고만두고라도 우리들 신문에 종사하는 사람에게는 실로 연구해 볼 문제가 될 것이다.

그러나 석일(昔日)에 석유가 전기에게 여지업는 구축을 당하듯키 금일의 신문지가 『라듸오』로 인하야 구축될 것인가 우리는 매우 이를 의심한다.

조선 25.07.29 (석3), 25.07.30 (석3), 25.07.31 (석1), 25.08.01 (조1), 25.08.02 (조4), 25.08.03 (조2), 25.08.04 (석2), 25.08.05 (조2), 25.08.06 (조1), 25.08.07 (조3) 〈광고〉
7월 28일자 우미관 광고와 동일

동아 25.07.30 (2) 토월회 연극 / 농 속에 든 새 / 이일간 흥행 연기

후편 『농 속에 든 새』는 이십사일부터 이십팔일까지 오일간 공연할 예뎡이든바 애극가의 렬렬한 환영을 저바리지 못하야 이틀 동안을 연긔하기로 되엿다는데 이십구일, 삼십일 이틀 동안 본보 독자에 한하야 우대 입장케 하리라더라.

동아 25.07.30 (2) 〈광고〉

토월회 입(卄)사회 공연
본보 독자 우대일
입구일 일일간 통용

시대 25.07.30 (2) 화면에 나타난 참상 / 동포 참상에 눈물 쑤리고저 / 정각 전부터 극장은 대만원 / 수해 활동사진 공개 초일

본사에서 촬영한 수해참상활동사진은 예정과 가티 재작 이십팔일 저녁부터 단성사(團成社)에 공개되엇는데 『필림』이 공개되기를 착급한 마음으로 오늘 래일 손곱아 기다리고 잇든 삼십만 시민은 본사의 긔대를 저버리지 안코저 미처 해가 지기도 전 쏘는 극장의 문이 열리기도 전에 안해와 아들 쌀을 압세고 혹은 부모를 모시고 너르나 너른 극장 압 크나큰 길거리에 빈틈 업시 모여들어 놉즉한 『아-치』를 들러 싸고 사람물결 사람바다를 일우엇다. 오후 닐곱 시 굿게 다다 두엇든 극장 문을 바야흐로 열어 노키 시작하니 너도 나도 압흘 다투어 달려드는 관람객에 미처 어쩌케도 것잡을 수가 업시 너른 극장 안이 순식간에 우알에층 할 것 업시 *들어차 버리어 장내 장외에 사람물결이 쉼힘 업시 흔들리엇다.

암루(暗淚) 산연(潸然)[29] / 흙흙 늣기는 소리 / 장내는 눈물바다

움즉이는 한 폭 화면에 대하야 장내 전체가 비분하고도 애원한 분위긔(雰圍氣) 가운대에 들리어 잇는 중에도 철교와 철교 사이 인도교와 인도교 사이에 문어진 길둑을 비롯하야 그림자만 남게 된 이촌동(二村洞)의 비인 터로부터 동서 독도[30](東西 纛島)의 참담한 형상이 나타날 째에는 하늘이 인간에게 끼치는 위엄이 어쩌도 이리 심하냐는 듯이 천여 명 관람객은 남녀로소 할 것 업시 일제이 소소라쳐 놀래는 듯하얏스며 각일각으로 한치 두치 놉하 올라가는 붉은 물결이 세상에 모든 건설을 차례로 삼키어 들어가는 모양을 보고는 쩔이는 가슴을

---

29) 눈물이 줄줄 흐르는 모양.
30) 뚝섬.

것잡을 수 업는 것과도 가타 보이엇고 무섭게 휘도는 물결이 비최일 째에는 완연 굽이치는 붉은 물결 속에 휩쓸려 들어 구슬피 목숨을 부르짓는 듯한 절규(絶叫)의 소리가 구석구석에서 울리어 나왓다. 그리고 로량진 용금루(鷺梁津 湧金樓)와 경성역 구내(京城驛 構內)에 본사 구호반이 천여 명씩의 리재민을 구호하야노코 일일이 식사를 제공하야 주는 광경이 나타날 째에는 북바처 올르는 인류애(人類愛)의 정서에 눌리어 스스로 째닷지 못하는 사이에 감동에 넘치는 쓰거운 눈물을 두 눈에 담고 잇는 이도 작지 아니하얏다. 그러하다가 녯 터를 버리고 갈 바를 찾지 못하야

진사동촬상장해수는업도리자울세굿송

△ 사진 = 송곳 세울 자리도 업는 수해참상활동사진

헤매이는 형제와 자매의 리재동포이며 물먹은 석가래 기동이 기울어* 주추를 의지하야 향방 업시 쓸어저 잇는 가운대에 어여쁜 어린아이가 줄인 배를 움켜쥐고 굶줄임에 못 이겨 목메여 울고 잇는 정상을 보고는 저리는 마음과 끌는 피를 것잡기 어려운 것 가티 흙흙 늣기어 우는 소리까지 낫다. 이와 가티 기나긴 『필림』이 풀리어 나갈스록 장내의 공긔는 더욱더욱 비통하얏다. 장내 한가운대에도 더욱이 눈 여린 부인들은 옷깃을 적섯스며 겸하야 입장한 수도 예사 째에 비교하야 배나 삼배나 더한 것으로써 보면 잔인한 천위(天爲)에 대하야 누구보다도 그들 부인의 마음이 그만큼 더 굿세게 흔들리엇다는 것을 능히 추측하야 볼 수가 잇섯다.

일일을 연기 / 이십일을 주야로

원래의 계획으로는 이 『필림』을 이틀 동안만 경성에서 공개하고 즉시 지방으로 순회코저 이미 지상에 보도까지 하야 노핫섯든바 사실 공개하야노코 보니 실로 예긔하든 바에서도 더한층 성황에 성황을 거듭하얏슬 쑌만 아니라 수만 독자를 비롯하야 여러 방면으로부터 며츨 더 연긔하야 달라는 요구가 답지함으로 삼십일 하로를 더 연긔하야 이날은 주야로 공개할 터인데 낮은 오후 령시 반부터이며 밤은 종전과 갓다고 한다.

시대 25.07.30 (2) 본사 인천지국 / 독자위안극 / 금 삼십일일부터

본사 인천지국(本社 仁川支局)에서는 지난번 독자위안활동사진회를 열어서 대성황을 일우엇다 함은 긔보하얏거니와 쏘 다시 그동안 수해와 고열에 쏘들린 독자 여러분을 위안하기 하야[31] 금 삼십일 오후 여듧 시부터 인천 빙정 가무기좌(仁川 濱町 歌舞伎座) 안에서 독자위안 연쇄극을 (讀者慰安 連鎖劇)을 흥행한다는바 입장권은 란외에 부턴 우대권을 가지고 오기를 바란다고 한다.

---

31) '위하야'의 오식으로 보임.

시대 25.07.30 (2) 〈광고〉 수해참상활동사진

이십일 주야 이회 단성사에서

입장료 계상 사십 전 계하 이십 전

시대 25.07.30 (2) 〈광고〉

7월29자 단성사 광고와 동일

시대 25.07.30 (2), 25.07.31 (1) 〈광고〉

7월29자 우미관 광고와 동일

조선 25.07.30 (석2) 시대일보사 / 수재활동사진 / 금일 밤에도 / 단성사에서 영사

동업 시대일보사(時代日報社)에서는 금번 수해참상을 모험촬영하야 디방을 순회할 터인데 위선 시내에서는 이십팔, 이십구 량일간 단성사에서 공개하는바 계상은 사십 전이요, 계하는 이십 전이며 수입은 실비를 쏍고는 모다 구제사업에 쓴다더라.

조선 25.07.30 (석3) 녹음만담(綠蔭漫談) (二) / 『라듸오 문명』 급(及) 기타에 대한 잡감 / 신의동(申義童)

×

나는 이를 의심하는 가장 큰 이유로 라듸오에 『시간적 존재의 불가능성』을 든다. 라듸오가 보도의 신속을 원(願)하는 점에서 또는 지방을 초월하야 세계를 상대로 하는 점에서 신문지와 비견 내지 우월한 지위에 잇슬 것은 인정할 수 잇다. 그러나 신문지는 종희(紙) 그것으로 시간을 초월하야 그 생명의 존재를 계속할 수 잇스되 라듸오는 시간을 초월하야 그 생명을 계속할 수 업다. 밧구어 말하면 신문지는 독자에게 시간의 자유를 준다. 그러나 라듸오는 청자에게 일정한 시간의 구속을 요구한다. 그 시간이 아니면 다시는 그 소리를 드를 수 업다. 여긔에 라듸오의 큰 약점이 잇다. 『시간적 존재의 불가능성』! 이 약점으로 인하야 우리는 생각하기를 신문지와 『라듸오』는 각기 특수한 자기의 길을 걸어 나가지 아니할가 한다.

×

진실히 조선민중의 전도(前途)에 대하야 생각하는 청년은 반드시 어느 한 시기에 잇서서 두 갈내로 난 큰 기로 압헤 봉착하엿슬 것이다. 그것은 즉 조선의 신국면을 개척하자면은 현재의 ××와 ×× 일체를 ××하고 ××을 뜰고 세계의 가로로 나슬 것이냐. 또는 그리하지 안코 현재의 경우 밋헤서 책과 백묵과 호미를 들고 민중 속으로 긔어들어갈 것이냐 하는 문제일 것이다. 우리는 이 문제가 너무나 중대한 문제로 아는 싸닭에 여긔에서 나의 천박한 의견과 답안을 말하기를 주저한다.

×

일본 문*사(文*社) 일파의 푸로 문사(文士)는 칠, 팔일 전에 동경에서 시위행렬을 하고 『예술민중화의 직접행동』『기성예술의 파괴』『서재로부터 가로에』를 부르지젓다. 종래에 서재에만 농거(籠居)하든 백면(白面) 문사들이 가로에 나서서 시위를 하엿다는 것이 우리에게 일종의 통쾌미를 준다. 그러나 그 시위행렬에 대해서 우리는 다시 한 번 생각한다. 푸로문학 수립을 주장하자면 물론 필봉으로, 설단(舌端)으로, 행동으로, 온갓 방법을 앗기지 아니하리라. 그러나 푸로문학에 대해서 아모 상식과 이해와 동정을 가지지 아니한 민중 압헤서 활동사진 광고 행렬식 시위를 한들 그것은 그들의 구경거리는 될지언정 하등의 감격과 자극을 주지 못할 것이오. 또 기성문단에 대한 힘 잇는 도전도 되지 못*다. 푸로문학쓷만이 아니라 모든 운동에 잇서서 그 선구자 되는 사람들은 항상 남의 갑절의 열정과 총명과 의기와 노력을 소유하여야 되는 동시에 또한 가장 명절(明晰)한 두뇌로 운동의 방향을 결정하고 무용한 정력의 감(濫)*를 조심하여야 될 것이라고 생각한다.

동아 25.07.31 (2) 소년군 활사반 / 조선 각디 순회
조선소년군 총본부 활동사진반(朝鮮少年軍 總本部 活動寫眞班)에서는 이번 녀름 휴가를 리용하야 소년군의 취지를 널리 선뎐(宣傳)할 목뎍으로 오는 팔월 이일에 첫 거름으로 경성(京城)을 써나 강원도(江原道) 일부와 함경남북도(咸鏡南北道) 밋 간도(間島)의 각 도회디를 순회할 터이라더라.

동아 25.07.31 (2) 기생의 자진 의연 / 본사 지국에 보내
개성군 서본뎡(開城郡 西本町) 야명권번(夜明券番)에서는 이번에 자진하야 의연한 동정금 오십 원과 의복 이십여 가지를 본사 지국 경유로 긔근구제회에 보냇더라. (개성)

매일 25.07.31 (2) [연예안내] 〈광고〉
홍보문구 및 출연진 제외된 외 시대일보 7월 31일자 단성사 광고와 거의 동일

시대 25.07.31 (1) 〈광고〉
칠월 삽(卅)일일부터 명화 특별대흥행
유 사 대작 실사 **국제시보** 전일권
유 사 특작품 쾌남 윌리암데쓰몬드 씨 활약
활극 **북국의 암영(北國의 暗影)** 전오권
유 사 쥐엘 초대작 올-쓰터 캬-쓰트 푸리리라데잉 양 대작품
전투애화(戰鬪哀話) **이국기하(二國旗下)** 전팔권
보라! 여장부의 대활약과 위험일발 가운데 드러 잇는 불국(佛國)의 운명과 쏘한 그의 애인을 구키 위하야 최후의 활약은 과연 엇지나 전개될 것인가
유 사 대표적 대작 후렛토톰손 씨 주연
결사적대연속 **취의 조(鷲의 鳥)** 전십오편 삼십권 중
제육회 제십일편 이절(裏切) 제십이편 론쓰탄환(丸) 사권 상영
수은동 **단성사** 전 【광】 구오구번

시대 25.07.31 (2) 〈광고〉

금야(今夜)

시대일보 인천지국 독자위안회

빈정(濱町) 가무기좌에서

취성좌 김소랑 일행 출연

시대 25.07.31 (2) 이십구일도 / 대성황! / 수재활사의 제이일

시내 단성사(市內 團成社)에서 공개되는 본사 촬
영의 연강수해참상활동사진대회(沿江水害慘狀活
動寫眞大會) 첫날부터 예긔 이외의 대성황을 일우
엇슨데 제이일인 이십구일에 니르러는 첫날보
다도 더한층 성황을 거듭하야 본사로서는 그 긔
대에 넘침이 실로 어째랴 형언할 수 업섯슬 쑨만
아니라 만장의 형제자매가 째째로 변하야 가는
비참하고도 처참한 일을 화면에 대하야 자긔들이
직접 그 경우을 맛보고 잇는 듯이 째로 놀래고
째로 울엇다.

△ 단성사 압헤 세워 노흔 판과 『스쿠링』에 나타난 필림의 한 조각

(이 사진은 극장 압헤 세워 노흔 판과 밋 『스쿠링』
에 나타난 필림의 한 조각이니 부풀어 올르는 붉은 물결이 장차 세상에 모든 건설을 삼키려 하는
광경입니다)

시대 25.07.31 (3) 교육 선전 활사 / 전주에서

【전주】 지난 이십칠일부터 전주에서 개최된 전북교육총회에서는 아동교육에 관한 활동사진회를 전
주군청에서 동야(同夜) 칠시 반부터 개회하얏는데 남녀아동 급(及) 도내 교육 관계자가 정각 전부터
입장하야 입추의 여지가 업시 **의 성황을 정(呈)하고 십일시경에 폐회하얏다 한다.

조선 25.07.31 (석1) 〈광고〉

시대일보 7월 31일자 단성사 광고와 동일

조선 25.07.31 (석2) 전문학생 / 순회 수재 영사 / 허가 나는 대로 / 곳 써나게 된다

전문학생(專門學生)으로 조직된 수재구제 하긔순회단(水災救濟 夏期巡廻團)은 긔보와 가티 삼십일부
터 디방순회를 개시하려 하얏던바 아직 긔부금 허가 수속이 완결되지 못하야 부득이 연긔를 하게
되엿는데 이 순회단에서는 허가가 되는 대로 곳 출발하리라더라.

8월

동아 25.08.01 (조1) 〈광고〉

당 팔월 일일(토요)부터

미국 파라마운트 사 작품 희활극 **지위 잇는 인(人)** 전이권

미국 파라마운트 회사 작품 희활극 **약제사** 전이권

미국 파라마운트 회사 초특작품

문예대명화 **아담스, 릿브** 전십권

세계적 명감독 세시루비쏘미루 씨 감독

현대 여성의 심리를 적나(赤裸)로 해부한 문제의 대명화……

예고

유나이뎃트 회사 초특작품 명감독 구리피쓰 씨 감독

문예극 **백장미** 전십권

불원간 공개합니다 손쏩아 기대하서오

조선극장 전 (광) 二〇五

칠월 삽(卅)일일부터 삼일간 토월회 입(卄)사회 공연

후편 **롱 속에 든 새** 전사막 일명 (사랑의 노래)

무료 공개!

변치 안는 여러분의 후의(厚意)를 보용하기 위하야 칠월 삽(卅)일일 팔월 일일 이일 삼일간도 무료로
공개하겟습니다. 단 장내의 혼잡을 정리키 위하야 계상 이십 전 계하 십 전을 밧습니다.

◇ 특별 여흥

지리한 막간을 이용하야 좌(左)의 여러 가지 재미잇는 여흥이 잇습니다

◇ 로서아 쌘쓰 ◇ 하-모니가 합주 ◇ 독창 ◇ 현악합주

토월회 직영 **광무대** 전 (본) 팔팔육

동아 25.08.01 (석2) 토월회 감액 흥행

토월회(土月會)에서는 『농 속에 든 새』를 공연하야 성황을 이룬바 애극가의 후의를 보답하기 위하
야 삼십일일부터 팔월 이일까지 삼일간 이층 이십 전, 하층 십 전식을 밧고 공개하리라 하며 여전히
『농 속에 든 새』를 흥행하리라더라.

매일 25.08.01 (2), 25.08.02 (2), 25.08.03 (3), 25.08.04 (2) 〈광고〉
7월 31일자 단성사 광고와 동일

매일 25.08.01 (2) [연예안내] 〈광고〉
홍보문구와 출연제작진 제외된 외 동아일보 8월 1일자 조선극장 광고와 거의 동일

조선 25.08.01 (조1), 25.08.02 (석2), 25.08.03 (조3), 25.08.04 (석2), 25.08.05 (석2), 25.08.06 (조3) 〈광고〉
7월 31일자 단성사 광고와 동일

매일 25.08.02 (2), 25.08.03 (3), 25.08.04 (2), 25.08.07 (2) 〈광고〉
8월 1일자 조선극장 광고와 동일

조선 25.08.02 (석2) 〈광고〉
동아일보 8월 1일자 조선극장 광고와 동일

동아 25.08.03 (조1) 〈광고〉
8월 1일자 광무대 광고와 동일

동아 25.08.03 (조4), 25.08.04 (조1), 25.08.05 (조4), 25.08.06 (조4), 25.08.07 (석2) 〈광고〉
8월 1일자 조선극장 광고와 동일

매일 25.08.03 (2) 십육 촉광의 전력으로 세계 무전을 수신 / 체신국에서 긔계 제작 중 / 성공하면 전선에 설치 계획
지금으로부터 약 삼십 년 전에 처음으로 라듸오가 발명되얏슬 째에 사용하든 유치한 긔계와 단거리의 면파(電波) 길이로 그 우에 겨오 십륙 촉광의 면등을 킬 만한 면력으로 전 세계의 무면(無電)을 바들 수 잇다는 보도가 각쳐에서 들님으로 톄신국 공무과(遞信局 工務課)에서는 이것을 실험하기 위하야 좌좌목 기사(佐佐木 技師)가 주임이 되야 민면 기수(梅田 技手)를 다리고 긔계의 제작에 착수하얏다는대 만일 이것이 성공하면 『라듸오』 수용자에게 큰 복음이 될 것은 물론이요, 현금의 통신게(通信界)에 일대 혁신을 이르킬 모양인대 톄신국에서는 이 긔계의 성적 여하에 의하야 전선 각 디에 수신기를 설치하야 이번 수해와 갓흔 비상한 경우에 공중 통신을 완성케 할 작뎡이라더라.

무선진공관 영구 사용법
톄신 당국자의 말에 의한 즉 전북 김뎨군 셔무주임(金堤郡 庶務主任) 약사 신적태량(藥師 神積太郎)

씨는 디방에셔 보기 듬은『라듸오』의 연구가로 공무의 여가만 잇스면『라듸오』의 기계를 압헤 놋코 렬심으로 연구하야 왓셧는데 직래에 가장 리상덕으로 진보된 것이라는 진공관식(眞空管式) 긔계는 거의 전부가 영구히 사용되는 것이나 그중 가장 중요한 진공관은 일덩한 사용 긔한이 잇셔 그 긔한이 넘으면 사용할 슈 업게 될 쑨 안이라 박릭품은 한 개에 이십 원가량이요, 일본제는 오, 륙 원의 고가인데 그것도 디방에 잇셔셔는 용이히 구할 수 업는 것임으로 씨는 이것을 개량하기 위하야 이, 삼 년 전부터 연구에 몰두한 결과 드대여『폼푸』쟝치의 배긔법(排氣法)을 고안하야 임의 전믜 특허를 엇게 되얏다는대 이 방법에 의하면 한 번 산 진공관을 영구히 사용할 수가 잇다더라.

조선 25.08.03 (조2) 수재 영사 순회금지 / 전문학생이 하려든 것을 / 경찰이 금지

전문학교(專門學校) 학생으로 조직된 수해구제 하긔순회단(水災救濟 夏期巡回團)에셔 수재활동사진을 가지고 디방 순회를 하야 어든 금품으로써 구제사업에 뎨공하리라 함은 긔보한 바어니와 그 후로 당국의 량해를 어드려고 백방으로 노력하엿스나 결국 허가를 엇지 못함으로 부득이 중지하게 되엿다더라.

조선 25.08.03 (조3), 25.08.04 (석2), 25.08.05 (석2), 25.08.06 (조1), 25.08.07 (조1) 〈광고〉

8월 2일자 조선극장 광고와 동일

동아 25.08.04 (조1) 〈광고〉

七月[1] 삼일 밤부터 오일간 토월회 제입(卄)오회 공연
◇ **최후의 일순간** 전이막
◇ **비극(悲劇)** 전이막
비가 와도 반드시 개연합니다
토월회 직영 **광무대**에셔 전 (본) 팔팔육

동아 25.08.04 (조2) 무전 강습회

근일 경성에도 라듸오 팬이 만히 생기게 되야 시내 명치뎡 일정목 일독양행(日獨洋行) 안에 경성무선뎐화 강습회(京城無線電話 講習會)를 설립하고 팔월 십일부터 압흐로 한 달 동안 전긔학(電氣學)의 개요와 무선뎐화에 관한 학리 실험을 강습하기로 하엿는데 강사는 톄신국의 로창성(盧昌成), 길전방남(吉田芳男), 고궁미륭(高宮美隆), 매전길랑(梅田吉郎), 산촌정일(山村靜一), 조원창삼(條原昌三)의 제 씨라더라.

---

1) '八月(팔월)'의 오식으로 보임.

동아 25.08.05 (조2) 필림 연장 / 삼십오만여 척 / 오락이 최다

칠월 중 경성 시내의 각 극장(劇場)에서 상연 흥행한 활동사진 필림은 신파, 구극, 양극, 희극, 실사 등을 합하야 사백칠십구 권에 연장 척수는 실로 삼십만 구백사십이척이나 되엿다는데 그중에 뎨일 만흔 것은 양극으로 권 수 이백삼십삼 권에 십구만 륙천삼백륙십륙척이엿는데 이 중에서 뎨일 만히 상연된 것은 오락으로 사백삼십칠 권에 삼십일만 오천륙백사십삼척을 덤하고 예술 갓흔 것은 전연히 업섯다는바, 한 달 동안 금지(禁止), 절단(切斷)을 당한 것이 십삼권이나 되엿다더라.

동아 25.08.05 (조4), 25.08.06 (조1), 25.08.07 (석1), 25.08.08 (조4), 25.08.09 (조2), 25.08.10 (1) 〈광고〉

8월 4일자 광무대 광고와 동일

시대 25.08.05 (2) 우미관원(員) 재휴(再休) / 원인은 급료문제

거번 급료문제(給料問題)로 말미암아 관원(舘員) 전부가 동요되는 동시에 하로ㅅ동안을 휴관(休舘)까지 하얏든 우미관(優美舘)은 그 후 그럭저럭 해결이 되어 이래 그대로 흥행(興行)을 계속하야 왓섯는데 재작일에 니르러는 거듭 휴관하게 되엇다는바 결국 그 원인은 전긔 급료로 인하야 닐어난 것이나 아닌가도 추측된다고 한다.

시대 25.08.05 (3) 평양 제일관에 열린! 대홍수 참상 영사 / 이천여 인의 동정루(淚) 속에서 / 만흔 감회로 십일시에 맛처

【평양】 경성 부근 수해참상 활동사진은 이일 야(夜)까지 대구에서 흥행하고 삼일 오후 팔시부터는 평양 제일관에서 흥행하게 되엇는바 정각 전부터 운집한 관중은 무려 이천 명으로 공전의 대성황으로 첫재 **사진 **이 잇슨 후 곳 본사 작업 사진을 본사 내부의 **으로 만흔 갈채를 밧고 진(進)하야 본사에 촬영한 경성 대홍수의 참상사진이 잇서 처참**한 이재동포의 곤경의 실황을 여실히 관중에게 뵈이어 동포들의 동정애(同情愛)의 열루(熱漏) 속에서 깁흔 감정을 가지고 동야(同夜) 십일시 반경에 필(畢)하얏다 한다.

시대 25.08.05 (4), 25.08.06 (4) 〈광고〉

7월 31일자 단성사 광고와 동일

시대 25.08.05 (4) 〈광고〉

팔월 사일 화요부터 전부 차환
미국 쌔데-지 사 루스로란트 결사적 맹연
연속모험활극 **삼림 여왕 대회** 전십오편 삼십일권
해결편 제십일편 **차(車) 탈선 제십이편 나락의 *에 제십삼편 강제의 결혼
제십사편 ? 제십오편 불행 중의 행 십권 상영

미국 쌔데-지 사 루스로트 양 맹연

연속활극 **암굴여왕** 전십오편 삼십일권

최종편 자(自) 제십일편 지(至) 제십오편 십권 상영

우미관 전【광】삼구오번

동아일보 8월 4일자 광무대 광고와 동일

개봉일이 8월 1일에서 2일으로 변경된 외 동아일보 8월 1일자 조선극장 광고와 동일

조선 25.08.05 (조4) 대구에서 / 무대협회 창립

대구에서 예술계의 초성(初聲)으로 조선극계에 명성이 놉든 안종화 씨와 배병철(裵炳哲) 김춘강(金春岡) 제씨의 발기로 지나간 칠월 이십육일에 대구 무대협회를 창립하고 방금 회원을 모집한다는바 사무소는 대구 동성정(東城町) 삼정목 칠번지로 정하고 금반 입회자에 한하야는 입회금을 불요(不要)한다 하며 금월(今月) 중에 공개할 예정이라더라. (대구)

시대 25.08.06 (2) 〈사진〉

성황을 닐운 평양 수해 영사 관중 (작일 긔사 참조)

시대 25.08.06 (2) 〈광고〉 금일 수해 참상 활동사진

육일 오후 팔시부터 (명일은 신의주)

선천(宣川) 명신(明信)유치원 교정에서

시대 25.08.06 (4), 25.08.07 (3), 25.08.08 (4), 25.08.09 (4), 25.08.10 (2), 25.08.11 (3), 25.08.12 (2) 〈광고〉

8월 5일자 우미관 광고와 동일

시대 25.08.06 (4), 25.08.07 (3), 25.08.08 (4), 25.08.09 (4), 25.08.10 (2) 〈광고〉

8월 5일자 광무대 광고와 동일

시대 25.08.06 (4), 25.08.07 (3) 〈광고〉

8월 5일자 조선극장 광고와 동일

매일 25.08.07 (2) [연예안내] 〈광고〉

출연진 제외된 외 조선일보 8월 7일자 단성사 광고와 동일

매일 25.08.07 (3) 경북 순회 활사대

경상북도 지방과에서는 거(去) 칠일부터 구일까지 삼개(個)일간에 삼회에 분(分)하야 관내 각 군에 문화선전 활동사진을 순회 영사코져 기(其) 일할(日割)까지 결정하얏던바, 선반(先般) 수해로 인하야 기(其) 시행을 중지하얏던 중 금회 제일회의 일할은 최종에 시행키로 변경하고 내(來) 칠일로 위시하야 제이회분부터 시행한다더라. (대구)

시대 25.08.07 (2) 〈광고〉 금일 수해 참상 활동사진

칠일 오후 팔시에【입장료 삼십 전 균일】

신의주 상반좌(常盤座)에서【당지(當地) 신만(新灣)청년회 동정출연】

시대 25.08.07 (3) 칠일 신의주에 / 수해 영사 공개 / 상반좌에서 오후 팔시부터

【신의주】 재작년 칠월경에 압록강 일대의 해일로 **한 물결은 노한 맹수처럼 범람하야 신의주 부민의 보장(保障)인 제방도 거의 휩쓸어버리고 제방 외 수삼백 호의 전멸로 신의주 부민의 생명을 위협하는 **한 상태와 당* 애호임곡(哀呼臨哭)의 소리가 아즉도 신의주 인사의 기억이 새로온 오늘에 쏘 다시 한강 연안의 대수해의 참혹무비한 비*를 접할제 동일한 처지에 잇는 우리로서 동정의 *루를 금치 못하든바 금반 본사의 필사의 노력으로 촬영된 경성대수해참상 활동사진 영사를 금일 하오 팔시부터 신의주 부내 상반좌에서 공개하려는바 특히 입장료는 실비로 삼십 전식 균일케 하야 자못 성황을 예기한다고 한다.

시대 25.08.07 (3) 〈광고〉

일부 출연진 제외된 외 조선일보 8월 7일자 단성사 광고와 동일

조선 25.08.07 (조3) 〈광고〉

당 팔월 칠일부터 연속 최후편 공개

활극대회

미국 유 사 작품 소년 바데이 군 주연

대희활극 **밧데이 군 서부행** 이권

유 사 작품 쟉크흑키 씨 대맹연

서부활극 **포탄 쟉크** 전오권

유 사 특작품 쾌한 하바-드로링 씨 주연

권투맹투활극 **승리의 영관(榮冠)** 전오권

유 사 대표적 대작 후렛트돔손 대역연

결사적대연속 **취의 조(鷲의 爪)** 전십오편 삼십권 중

최종편 제십삼 제십사 제십오편 육권 상영

내주 예고

유 사 쉐엘 대작 대명화 **악마는 웃는다** 팔권

유 사 대표적 초대작 윌리암당-칸 씨 주연

신연속 **신뢰(迅雷)**[2]**열차** 전십오편 삼십권

고대하서요 내주를

송죽 유 사 특약 **단성사** 전 광 구오구번

조선 25.08.07 (조3) 부산 보래관(寶來舘)의 / 본보 독자 우대 / 각 등 반액으로

본보 부산지국에서는 애독자를 위안하기 위하야 부산 보래관(寶來舘)과 교섭한 결과 이후로는 우리 독자에 대하야는 각 등을 반액으로 우대케 되얏스며 우대권은 매주일 한 번식 지면에 삽입(揷入)하겟는데 보래관은 현재 부산에 잇는 몃몃 상설관 중에서도 조선사람을 본위(本位)로 하는 터이오. 우대권은 시내 독자는 물론이오, 동래디방의 독자도 긔회대로 만히 리용하기를 바란다더라.
(우대권은 본보 란외에 = 부산)

동아 25.08.08 (조2) 배우 학교 확장 / 학과를 늘이고 / 학생을 디모집해[3]

작년 이래로 동국문화협회(東國文化協會)의 부속 사업으로 현텰(玄哲) 씨가 교수하여오든 조선배우학교(朝鮮俳優學校)에서는 금번에 시내 원동 일백구십칠 번디(市內 苑洞)로 옴기고 학생을 모집한다고 하며 학과는 그전대로 교수한다는데 특히 활극에 리용하기 위하야 유도와 격검도 교수하는 중인데 그 사업에 종속된 조선영화제작소(朝鮮映畫製作所)의 뎨일회로 촬영할 숙영랑자전(淑英娘子傳)도 불원간 시작하게 된다더라.

동아 25.08.08 (조2) 〈특별광고〉

토월회 제입(卄)오회 공연

본보 독자 우대일

팔일 일일간 통용

동아 25.08.08 (조4) 〈광고〉

당 팔월 팔일 토요부터 공연

만천하 애극가는 반겨 마저주소서

과거 십유여 년의 아(我) 극단의 적공잇는

취성좌 김소랑 일행 대규모적 특별 흥행

연쇄극 신촬영한 주요 예제

一, 충의도(忠義道) 一, 장한몽 一, 사랑의 싹 一, 야의 성(夜의 聲)

---

2) 몹시 맹렬(猛烈)한 우레.
3) '재모집해' 또는 '모집해'의 오식으로 보임.

一, 편시춘(片時春) 一, 해조곡(海鳥曲) 一, 추월색 一, 눈물

예제는 매일 교환합니다

하오 팔시 개연

대예고 (내주 상영)

대탐정극 **여탐(女探)? 여적(女賊)?** 전칠권

대활극 **격투의 천지** 전팔권

손쉽아 기대하서요

조선극장 전 (광) 二〇五

매일 25.08.08 (2), 25.08.10 (2), 25.08.12 (2), 25.08.13 (2) ⟨광고⟩

8월 7일자 단성사 광고와 동일

매일 25.08.08 (2) [연예안내] ⟨광고⟩

8월 8일자 동아일보 조선극장 광고와 동일

시대 25.08.08 (2) 배우학교 확장 / 원동으로 이전하고 / 과정 확장 학생 모집

작년 이래로 동국문화협회(東國文化協會)의 부속사업으로 현철(玄哲) 씨가 교수하야 오든 조선배우학교(朝鮮俳優學校)에서는 금번에 경성부 원동(苑洞) 일백구십칠 번지로 옴기고 학생을 모집한다고 하며 본 학과 외에 특히 활극에 리용하기 위하야 유도와 격금도 교수하는 중인데 그 사업에 종속된 조선영화제작소(朝鮮映畵製作所)의 제일회로 촬영한 숙영랑자전(淑英娘子傳)도 불원간 시작하리라 한다.

시대 25.08.08 (3) 대홍수 참상 영사 / 육백여 형제의 동정리(裏)에서

【진남포】 경성 부근 수해참상활동사진은 지난 오일 오후 팔시부터 진남포 항좌(港座)에서 흥행하얏는데 보통사진 수종(數種)이 잇슨 후 곳 본사 작업사진을 영사하야 만흔 갈채를 밧고 연하야 본사에서 촬영한 금반 경성 대홍수의 참상을 영사하야 비참무비한 이재 형제의 곤란한 실황을 여실히 육백여 명 관중에게 보이어 다루다한(多淚多恨)한 동정애(同情愛)의 깁흔 인상을 주고 동(同) 십일시 반경에 폐막하얏다 한다.

시대 25.08.08 (4), 25.08.09 (4), 25.08.10 (2), 25.08.11 (3), 25.08.12 (2), 25.08.13 (3) ⟨광고⟩

8월 7일자 단성사 광고와 동일

시대 25.08.08 (4) ⟨광고⟩

8월 8일자 동아일보 조선극장 광고와 동일

조선 25.08.08 (조4) 〈광고〉

팔월 사일 화요부터 이대 연속 제공

미국 쌔데-지 사 초특작 루스란트 양 맹연

연속모험활극 **삼림 여왕 대회** 전십오편 삼십일권

해결편 자(自) 제십일편 지(至) 제십오편 십권 상영

미국 쌔데-지 사 루스로란트 양 결사적 맹연

연속모험활극 **암굴여왕** 전십오편 삽(卅)일권

할인관람료

계상 육십 전 계상 소인 사십 전

계하 사십 전 계하 소인 삼십 전

일활 특약 **우미관** 전 광 삼구오번

8월 8일자 동아일보 조선극장 광고와 동일

동아 25.08.09 (조2) 〈광고〉

토월회 제입(卅)오회 공연

본보 독자 우대일

구일 일일간 통용

동아 25.08.09 (조2), 25.08.10 (1), 25.08.11 (2), 25.08.12 (3), 25.08.13 (6), 25.08.14 (5), 25.08.15 (2), 25.08.16 (1), 25.08.17 (2), 25.08.18 (3), 25.08.19 (2), 25.08.20 (3), 25.08.21 (6), 25.08.22 (3) 〈광고〉

8월 8일자 조선극장 광고와 동일

동아 25.08.09 (석3) 독자 우대 기술(奇術) / 우리기술단 일행 / 개성좌에서

우리기술단 단장 박창순(朴昌順) 일행은 과반 개성에서 개성 십일개 단체 주최의 수해 이재 동포 구제 음악대회에 동정 출연하야 수백 관중으로 하야금 매우 만흔 흥취를 도도앗스며 개성 인사의 열광적 환영을 바덧다 함은 누보(累報)한 바어니와 동 박 씨는 금반 내개(來開)의 호기(好期)를 이용하야 본보 개성지국 관내의 애독 제씨에게 장하(長夏) 일야(一夜)의 서늘한 위안을 끼치겟다는 열정으로 내(來) 구일, 십일 양일간을 개성 서본정(西本町) 개성좌에서 기술과 마술을 상연하여서 독자 제씨에게 위안을 주리라는바 당야(當夜)의 입장료은 반액으로 할인할 터임으로 애독 제씨는 다수 내관(來觀)하기를 바란다고. (개성)

동아 25.08.09 (석3) 독자 위안 활동사진 / 함흥지국 주최

본보 독자를 위안할 목적으로 본사 함흥지국에서 금월(今月) 십일 급(及) 십일일 야(夜)에 당지(當地)

동명극장에서 독자 위안 활동사진회를 개최할 터인데 당일 본보 난외(欄外)의 우대권을 절취하야 지참하기를 바란다고. (함흥)

매일 25.08.09 (5) 경남 지방 개량 / 활동사진 순회
경상남도 지방개량 활동사진반인 지방과 사회계 박한묵(朴謹默), 길영원(吉永源) 양씨(兩氏)는 팔월 십일에 출발하야 동 십일일부터 십칠일까지 산청군, 십구일부터 이십칠일까지 함양군, 이십팔일부터 구월 사일까지 거창군 각면 사무소 부근 우(又)는 보통학교정에셔 사회개량의 활동사진을 실사할 예정이라더라.

시대 25.08.09 (2) 영화 잡지 시조(時潮) 발행
한창 되어 나오는 조선예술계(朝鮮藝術界)에 공헌이 잇고자 서광훈(徐光勳) 씨와 방린영(方麟榮) 씨의 주간으로 오는 구월부터 영화문예 월간잡지 시조(映畵文藝 月刊雜誌 時潮)를 발행할 작정으로 시방 운니동(雲泥洞) 사십오 번지의 삼에 사무소를 두고 모든 준비 중에 잇고고 한다.

시대 25.08.09 (3) 명신(明信)유치원정(庭)에서 / 수해 참상 영사 / 차련관(車輦舘) 악사, 남시(南市) 악기(樂器) / 남교회(南教會) 찬양대 동정 출연
【선천(宣川)】 금번 한강 연안의 수해참상활동사진은 지난 육일 선천 명신유치원에서 흥행하얏는데 정각 전부터 운집한 관중은 공전의 대성황을 일운 중에서 **으로 서양** 사진 수종이 잇슨 후 니어서 본사 작업사진을 영사하야 일반에게 관람식힌 후 연하야 본사에서 촬영한 경성 한강 연안의 대홍수에 비절참절한 참상을 *사 하얏다는데 금번 영사 시에 차련관 면려회(勉勵會) 음악대원은 동정하는 마음으로 오십리나 되는 선천에 일부러 와서 피곤함도 불고하고
동정 출연한바 그 악대의 ***『오거스트락』에 일반 관중도 갈채를 마지안히 하얏스며 다른 사진을 교환하는 시간에는 당지 **회 면려회 ***의 교러쓰(合唱)과 동 면려회 음악부장 *주(柱)* 군의 *창으로 일반에게 흥미를 주엇다는데 금번 영사하는 사진은 영리적이 안임을 일반이 아는 동* 선천여자기독교청년회에서는 특히 차(此)에 동정하야 자기들이 경영하는 명신유치원 뜰을 무료 사용케 하얏스며 당지 유지 박원모(朴元模) 씨는 관중에게 만분의 일이나마 편리를 도(圖)키 위하야 석자(席子)를 무료로 보내엇스며 차련관 **며 남시 악기며 남교회 ***니 할 것 업시 전부가 자진한 동정이 잇슴으로 본사 선천지국에서는 동정 각 단체에 **장을 보내엇다 한다.

시대 25.08.09 (4), 25.08.10 (2), 25.08.11 (3), 25.08.12 (2), 25.08.13 (3), 25.08.14 (2), 25.08.15 (2), 25.08.16 (3), 25.08.17 (3), 25.08.18 (1), 25.08.20 (4), 25.08.21 (4) 〈광고〉
8월 8일자 조선극장 광고와 동일

조선 25.08.09 (조1), 25.08.10 (조2), 25.08.11 (조2) 〈광고〉
8월 8일자 우미관 광고와 동일

조선 25.08.09 (조1), 25.08.11 (조2), 25.08.12 (조4), 25.08.13 (조4) 〈광고〉

8월 7일자 단성사 광고와 동일

조선 25.08.09 (조2) 조선예술단 / 평양에서 흥행 / 본보 독자에 / 우대권을 발행한다

조선예술단 김문필(朝鮮藝術團 金文弼) 씨는 그동안 일 년간이나 조선 각디로 도라다니며 만흔 환영을 바다오던바 이번 쏘 만흔 경영을 목덕하고 고국을 써나 멀리 해외로 향할 터이라는데 고국을 작별하는 마지막 흥행으로 팔월 륙일부터 오일 동안을 평양 데일관(平壤 第一舘)에서 최면대긔술(催眠大奇術) 마술(魔術) 서양인긔술(西洋人奇術) 남녀무도 가극 희극(喜劇) 등 여러 가지 종목으로 특별대흥행을 한다는대 본사 평양지국에서는 이 긔회를 리용하야 일반독자에게 우대권(優待券)을 발행하야 우대권 가진 분에게는 각 등에 십 전식 할인하야 줄 터이더라. (평양)

조선 25.08.09 (조2) 배우학교 이전 확장 / 과정을 늘이고 학생을 모집해

작년 이래로 동국문화협회(東國文化協會)의 부속 사업으로 현철(玄哲) 씨가 교수하여오든 조선배우학교(朝鮮俳優學校)에서는 금번에 경성부 원동 일백구십칠 번디(京城府 苑洞 一百九十七 番地)로 옴기고 학생을 모집한다 하며 학과는 그 전대로 교수한다는데 특히 활극에 리용하기 위하야 유도와 격금도 교수하는 중이며 그 사업에 종속된 조선영화제작소(朝鮮映畵製作所)의 데일회로 촬영할 숙영낭자전(淑英娘子傳)도 불원간 시작하리라더라.

조선 25.08.09 (조2), 25.08.10 (조2), 25.08.12 (조2), 25.08.13 (조4), 25.08.14 (조4), 25.08.15 (조4), 25.08.16 (조4), 25.08.18 (조3) 〈광고〉

8월 8일자 조선극장 광고와 동일

매일 25.08.10 (2), 25.08.12 (2), 25.08.13 (2), 25.08.14 (2), 25.08.16 (2), 25.08.17 (1), 25.08.18 (1), 25.08.19 (2), 25.08.20 (2), 25.08.21 (2) 〈광고〉

8월 8일자 조선극장 광고와 동일

시대 25.08.10 (3) 신의주 상반좌(常盤座)에서 / 대홍수 참상 영사 / 오백여 인의 동정루 속에서 / 만흔 감회로 십이시에 마처

【신의주】 경성 용산 부근 수해참상활동사진은 평양 이북 각지를 거치어 지난 칠일 하오 팔시에 신의주 상반좌에서 흥행하게 되엇는바 정각 전부터 몰려드는 군중은 무려 *오백 명의 대성황을 일우어 **사진으로 비롯하야 본사 작업사진으로 만흔 환영을 밧은 후 본사에서 필사적 모험으로 촬영한 경성 연안 대홍수의 참상을 영사함에 잇서 이재민의 **무*한 곤경의 상황을 **하는 것과 가티 여실히 관중에게 뵈인바 동족의 눈물 인류의 사랑 등 긑업는 늣김을 자어내고 동 십일시 삼십분에 필하얏다 한다.

동아 25.08.11 (2) [연예] 하계 소극대회 / 토월회 광무대에서

토월회(土月會)에서는 십일 밤부터 동회 직영인 광무대(光武臺)에서 『산 서낭당』(전이막), 『월요일』(전일막), 『국교단절』(전일막) 등의 모다 허리가 쉰허질 만한 희극들을 상장하야 닷새 동안 하계(夏季) 특별 소극(笑劇)대회를 무료로 공개하게 되엿다는데 장내의 혼잡을 정리하기 위하야 위층에는 이십 전, 아래층에는 십 전식을 밧는다더라.

동아 25.08.11 (2) ⟨광고⟩

팔월 십일부터 오일간 하계 특별 소극대회

◇ **국교단절** 전일막

◇ **산 서낭당** 전이막

◇ **월요일** 전일막

모도 다 허리를 쉰을 재미잇는 희극임니다

◇ **무료공개**

변치 안코 먼 곳을 차저주시는 여러분의 후의를 보답하기 위하야 십일, 십일일, 십이일, 십삼일, 십사일 오일간을 무료로 공개함니다

◇ 단 장내 혼잡을 정리하기 위하야 계상 이십 전 계하 십 전을 밧슴니다

연극 이외에도 여러 가지 재미잇는 희극이 잇슴니다

토월회 직영 **광무대**에서 전 (본) 팔팔육

동아 25.08.11 (4) 무대협회 조직 / 대구에서 조직

김춘강(金春岡), 안종화 외 수씨(數氏)가 무대협회를 대구에서 조직하고 팔일 발회식을 겸하야 신문기자 초대 다화회(茶話會)가 잇섯다고. (대구)

시대 25.08.11 (3) ⟨광고⟩

동아일보 8월 11일자 광무대 광고와 거의 동일

동아 25.08.12 (2) 본보 인천지국 주최 / 수재 활사 성황 / 십일일까지

본보 인천지국(仁川支局)에서는 저번 수재실황(水災實況)을 일반 독자의게 소개하기 위하야 지난 칠일 밤부터 금 십일일까지 당디 표관(瓢舘)에서 상영(上映)하는 활동사진을 특히 그곳 제명한 료금 반액으로 관람케 하도록 우대권(優待券)을 발행하엿든바 지나간 나흘 동안 매일 밤마다 우리 독자의 우대권 리용은 놀날 만한 명도로 매일 만장의 성황을 일우엇는데 예명한 긔일은 금 십일일 밤뿐임으로 아즉 우대권은 리용치 아니한 독자는 십일일 밤에 리용하도록 함이 필요하겟다더라. (仁川)

동아 25.08.12 (3), 25.08.13 (3), 25.08.14 (5), 25.08.15 (2), 25.08.16 (3), 25.08.17 (3) 〈광고〉

8월 11일자 광무대 광고와 동일

시대 25.08.12 (2), 25.08.13 (3), 25.08.14 (2), 25.08.15 (2), 25.08.16 (3), 25.08.17 (3) 〈광고〉

8월 11일자 광무대 광고와 동일

시대 25.08.12 (3) 대구지국에 / 독자우대 / 매월 이회식 / 우대권 발행

【대구】 본보 혁신을 짤하 대구지국에서는 면목을 일신 확장하야 **노력하는 중 지난 칠일 이후로 전(前) 독자수의 칠배 이상을 돌파하얏슴으로써 특히 독자를 위안키 위하야 지난달부터 매월 일차식 당지 만경관 상설 활동사진 무료 우대권을 진정(進呈)하야 오든바 금월(今月)부터는 매월 이차식 우대하게 되엇다는대 일차는 일개월 기한권으로 매월 신문대금 영수증에 첨부(貼付) 배달하야 당일 삼십일 내 하일(何日)이든지 한가한 째에 관람하도록 정하얏고 일차는 일자를 지정하야 우편으로 배달한다고 하는바 이는 독자에게 우대권을 완전히 배달되도록 하기 위함이라는데 팔월 중 제일차 우대권 진정은 이미 지난 사일부터 칠월분 영수증에 첨부 배달하얏슴으로써 근자 만경관에는 본보 독자 입장이 매일 오, 육십 명식에 달한다 하며 제이차 우대권 진정은 금월 십일일에 배달하야 * 십이, 십삼, 이 회로 분(分)하야 독자 제위를 우대한다고 한다.

조선 25.08.12 (조4) 〈광고〉

팔월 십일일 화요부터 신사진 교환
미국 쌔데-지 사 실사 **고속도** (경마 쏜-도경주) 일권
대판 조일신문사 촬영 실사 **방구(訪歐) 비행실황** 전일권
미국 센쥬리-영화 희극 **로-맨스와 오락장** 일권
미국 센쥬리-영화 희극 **정직한 도적** 전일권
미국 바이다그랍 사 어으레얼릐앰 주연
사회탐정 **누가 주엿느냐** 전오권
미국 모노쏠사 다다비드월 씨 주연
인정활극 **불멸의 죄** 전육권
일활 특약 **우미관** 전 광 삼구오번

시대 25.08.13 (3) 〈광고〉

조선일보 8월 12일자 우미관 광고와 동일

조선 25.08.13 (조2) 동명(東明)극장의 / 본보 독자우대 / 각 등 반액으로

본보 함흥지국에서는 애독자를 위안하기 위하야 당디 동명극장(東明劇場)과 교섭한 결과 이로부터 우리 독자에 대하야는 각 등 반액으로 우대하게 되얏스며 우대권은 매주일 한 번식 지면에 삽입할 터이며 지명한 일자(日字)에 긔회를 일치 말고 만히 리용하기를 바란다. (함흥)

조선 25.08.13 (조4), 25.08.14 (조4), 25.08.15 (조4), 25.08.16 (조3), 25.08.17 (조3), 25.08.18 (조3), 25.08.19 (조3) 〈광고〉

8월 12일자 우미관 광고와 동일

동아 25.08.14 (4) 개성지국 주최 독자 위안 성황 / 이일야(夜) 대만원

기보(旣報) = 본보 개성지국에서는 관내 애독 제위에게 성하(盛夏) 일소(一笑)의 흡족한 위안을 드리고저 『우리기술단』 박창순(朴昌順) 군 일행을 초청하야 위안 기마술대회를 연다 함은 기보한 바어니와 대회는 예정과 가치 지난 구일, 십일 양일간 개성 서본정(西本町) 개성좌에서 개최되엿는데 단장 이하 단원 일동의 귀신이 곡하고 망량(魍魎)이 소(笑)할 만한 기술과 신통한 마술은 과연 만장한 애독 제위로 하여금 혹은 읍루오인(泣淚嗚咽)케 혹(或)은 환희약동(躍動)케 하엿스며 싯흐로 포복절도할 골계극을 상연하야 만족한 위안을 드리고 백열적(白熱的) 환영과 백열적 박수성 리(裏)에 양일(兩日) 위안대회는 대성황으로 맛첫다고. (개성)

동아 25.08.14 (4) [지방집회일속(一束)] 조선소년군 활사대

조선소년군 경성총본부 교육선전활사대 일행 팔인은 조철호(趙喆鎬) 씨 인솔 하에 지난 구일에 홍원(洪原)에 도착하야 동일 하오 구시부터 읍내 부흥(富興)여관에서 소년군 실습상황 활동사진을 영사하엿는데 일반 유지 동정한 씨명과 금액은 여좌(如左)하다고. (홍원) (이하 동정 명부는 생략)

매일 25.08.14 (2) [연예안내] 〈광고〉

출연진 제외된 외 시대일보 8월 14일자 단성사 광고와 거의 동일

시대 25.08.14 (2) 〈광고〉

당 팔월 십사일 특별대흥행

유 사 작품 쉰취리 희극 대희극 **미인총출**(總出) 전이권

유 사 작품 후랭크메-요 씨 주연

애화(哀話) **서방**(西方)**에** 용자 전오권

유 사 작품 쥐엘 초특품 하바-드로링-손 씨 로이스틔와-드 씨 공연

애애(哀愛)**명편 악마는 웃는다** 전칠권

유 사 대표적 대작 월리암당칸 씨 주연

신연속 **신뢰**(迅雷)**열차** 전십오편 삼십권

제일회 제일편 제이편 사권 상영

대예고

고려영화제작소 처녀작품

조선 초유에 현대비곡

대비곡 **쌍옥루** 全後篇[4] 전권

현 촬영 중 불원 봉절됩니다

수은동 **단성사** 전【광】구오구번

시대 25.08.14 (2), 25.08.15 (2), 25.08.16 (3), 25.08.17 (3), 25.08.18 (1) 〈광고〉

8월 13일자 우미관 광고와 동일

조선 25.08.14 (조4) 〈광고〉

시대일보 8월 14일자 단성사 광고와 동일

조선 25.08.14 (조4) 무대협회 발회식

대구에서 예술계의 첫소리로 무대협회가 창설되엿다 함은 이미 본보에 보도된 바와 갓거니와 지난 팔일 오후 사시에 발회식을 성대히 거행하얏다는바 발기인 김춘강(金春岡) 씨의 개회사가 잇슨 후 안종화 씨의 경과보고가 잇섯스며 내빈 측으로 최국현(崔國鉉) 씨와 홍광(洪光) 씨의 축사가 잇슨 후 주석(酒席)으로 옴기여 주객이 **을 *치여 십* 환희 중에 폐회하얏다더라. (대구)

동아 25.08.15 (4) 함흥지국 주최 독자 위안 성황 / 이일간을 계속 개연

본보 함흥지국에서는 독자 위안 활동사진회를 지난 십일 급(及) 십일일에 양일간 동명극장에서 개최하엿는데 제일일인 십일에는 정각 전부터 모혀오는 관람자로 인하야 장내는 순식간에 입추의 여지도 업게 되엿슴으로 늣게 오신 분에게는 부득이 입장을 사절하게 되엿슴은 매우 유감된 바이며 정각 팔시 반에 천여 명 관중 박수리에 고지영(高志英) 군의 개회사로써 막이 열리여 자미 만흔 각종 사진을 차례로 영사하야 대갈채를 밧고 십일시경에 폐회하엿스며 제이일은 조조부터 쉬지 안코 퍼붓듯이 나려오는 폭우에도 불구하고 관람자가 삼백여 명에 달하야 역시 전일과 가치 박수리에 성황을 일우엇다고. (함흥)

시대 25.08.15 (2) 『쌍옥루』 촬영 / 고려영화제작소에서

영화계를 위하야 일즉이 노력을 하야 오든 박정현(朴晶鉉) 리봉익(李鳳翼) 리귀영(李龜永) 리필우(李弼雨) 정암(鄭巖) 오씨의 발긔로 금번 시내 훈정동(薰井洞) 사십륙 번지에 『고려영화제작소』(高麗映畵製作所)를 새로이 창설하얏는데 동 소의 사업은 영화제작, 판매, 흥행과 외국영화 직수입 등이며 첫

---

4) '前後編'의 오식으로 보임.

사업으로 비극소설 『쌍옥루』(雙玉淚)를 각색하야 지난 구일부터 촬영을 시작하얏는데 주연배우(主演俳優)로는 일즉이 일본제국키네마와 동방회사(東邦會社)에서 전속배우로 잇든 김택윤(金澤潤) 군과 토월회에 잇는 조련성(趙天星) 군과 김연(金嬿) 양 등이라 하며 촬영기사는 발긔인 중의 한 사람인 리필우 군이라는데 불원간 상연하게 되리라고 한다.

시대 25.08.15 (2), 25.08.16 (3), 25.08.17 (3), 25.08.18 (1), 25.08.20 (4) 〈광고〉[5]
8월 14일자 단성사 광고와 동일

시대 25.08.15 (3) 의주공회당에 열린! / 대홍수 참상 활사 / 육백여 형제의 동정루(淚) 속에서 / 대성황으로 막을 다치엇다

【신의주】 금번 한강 연안의 수해참상활동사진은 지난 십일 오후 팔시에 의주에서 대공개하려고 영사반 일행은 지난 구일에 의주에 도착하야 **과 제반준비를 맛추엇는데 오* 오시부터 검은 구름이 **며 비방울이 써러지기 시작하야 족금도 슨치지 아님으로 부득이 다음날 십일일로 연기하얏는바 그날도 역시 줄곳 비가 퍼부음으로 쏘한 다음 십이일로 연기하얏는데 우천으로 인하야 연기에 연기를 거듭하게 됨으로

일반인사는 『어서 비만 슨첫스면』 하고 기대에 기대를 더하다가 다행히 퍼부튼 비도 십이일 오후부터는 슨첫슴으로 악대를 선*로 하고 의주 시가를 일주하야 도라와 가지고 팔시부터 영사하기 시작하얏는데 그러케 기대하는 군중은 정각 전부터 **하야 실로 의주공회당이 개설된 이래로 초유의 성황을 일우엇는데 서양사진 수종을 맛치고 본사 내* 작업 사진이 시작되자 **은 열광적 환호의 박수로 * 공회당이 써나갈 듯하얏스며 뒤를 니어 본사에서 필사적 모험을 **한 경성 **의 대홍수의 참상**가 잇섯는바 육백여 형제의 쓰거운 동정의 눈물을 자어내고 동 십일시에 폐막하얏다 한다.

시대 25.08.15 (3) 광무대 배우 내인(來仁)

【인천】 조선 구극계의 명맥을 이어오든 극* 원조 광무대 배우 일동은 지난 십삼일부터 내인하야 외리 애관(愛舘)에서 매야 팔시 반부터 개연하얏다는데 동 극단은 광무대가 금반 토월회 직경(直經)으로 변경되엇슴으로 각지를 순회하야 역시 구극에 대한 것을 널리 선전한다는데 조선 명창 이동백 군도 십사일 야(夜)부터 출연하리라는데 연극 종목이 자못 흥미가 잇서 매야 만원의 성황을 정(呈)한다고 한다.

---

5) 시대일보 1925년 8월 15일자 (2), 8월 16일자 (3), 8월 17일자 (3), 8월 18일자 (1), 8월 20일자 (4) 단성사 〈광고〉에는 雙玉淚 내용이 아래와 같이 바뀜.

　　大悲哀曲 **雙玉淚**
　　前後編 全十數卷
　　사랑과 비곡에 피를 쓰리는 형제여,
　　자매여, 반드시 이 사진을 보고
　　반드시 통성의 눈물을 쑤리여라
　　【方今 撮影 中 不遠 封切됨니다】

307

시대 25.08.15 (3) 위생 방화 선전

【영동(永同)】 대홍수가 지나간 후로 각종의 괴질이 발생함은 일반이 공포를 늣기는 바인데 영동군에서는 관민유지의 주최로 지난 십일 오후 팔시에 조면(操棉)공장 내에서 위생과 방화에 관한 활동사진을 영사하얏다 한다.

조선 25.08.15 (조2) 수해구제 활사 / 숭신톄육부 주최로 / 래 이십이, 삼 량일간

시외 숭인면 숭신톄육부(市外 崇仁面 崇新體育部)에서는 전일에도 열심 로력하야 피란민을 백방으로 구호하얏스나 가옥이 전혀 업고 의복이 하나도 업서 도로에서 방황하면서 피눈물을 흘리는 동포를 위하야 쓰거운 정으로 숭신톄육부 주최와 후원은 반도부업양토회(半島副業養兎會), 동우친목회(東友親睦會) 시대, 동아, 본보 숭인지국(時代, 東亞, 本報 崇仁支局) 등으로 오는 이십이일 이십삼일 량일간 오후 팔시부터 시외 신설리 고학당(新設里 苦學堂) 건너편 광장에서 활동사진과 음악도 잇슬 터이며 입장료는 삼십 전식이라는데 수입은 구제사업에 쓴다는바 다수히 왕림하야 관람하기를 바란다더라. (숭인지국)

조선 25.08.15 (조4), 25.08.16 (조4), 25.08.17 (조3), 25.08.18 (조3), 25.08.19 (조3), 25.08.20 (조4) 〈광고〉

8월 14일자 단성사 광고와 동일

동아 25.08.16 (5) 수재 구조 활사 / 시외 숭인면에서

시외 숭인면 신설리(崇仁面 新設里) 숭신톄육부(崇信體育部)에서는 이번 수재당한 이재 동포를 위하야 각 방면으로 구제사업에 로력하여 오던바 톄육부원 일동은 다시 협의한 결과 사회에 동정금을 어더 리재 동포에게 조고마한 도움이라도 주자는 결의로 오는 이십이, 이십삼일 량일간 전조선 수재구제 활동사진 음악대회를 조선, 시대, 본보 삼 지국의 후원을 어더 개최하기로 되엿다는데 입장료금은 삼십 전식이라 하며 량일간 대회에는 금강산 활동사진, 딴스 등 여러 가지 자미시러운 실사와 희극까지라도 일반 관람객에게 만히 보여들일 예뎡이라는바 이번 대회에 파는 입장료는 실비를 제하고는 모다 수재 동포에게 보낼 작뎡이라는바 일반 사회에 만흔 동정을 바란다더라. (동부)

동아 25.08.16 (5) 소극회(笑劇會) 연장 / 토월회

토월회(土月會)의 특별 흥행 중인 소극(笑劇)은 지난 십일부터 시작하야 십사일까지 닷새 동안 흥행할 예뎡이엿스나 사정에 의하야 잇틀 동안을 연장하야 십칠일까지 계속 흥행하리라더라.

시대 25.08.16 (3) 대구지국 / 독자우대 활사

【대구】 기보한 바와 가티 대구지국에서는 지난 십이, 십삼 양일에 분(分)하야 당지 만경관 활동사진으로써 제이회 독자우대가 잇섯다는대 순전한 독자만 회집한 독자위안 가안임으로 일정한 순서가 업고 활동사진쑨으로만 우대하얏스나 기(其) 양일간 만경관 장내는 입추의 여지가 업섯스며 특별히

**하야 일반관중은 심히 취미잇게 관람하얏섯고 제일일은 일기도 더욱 혹서이엇스나 만경관 문에
는 대만원이란 글자가 붓게 되어 섭섭히 *행한 분도 만엇섯는데 이에 대하야 대구지국에서는 미안
한 마음을 금치 못하는 동시에 내 제삼회 독자를 접대할 째에는 특별한 방침으로 다른 자미잇는 *
서를 더하야 우대할 예정이라고 한다.

조선 25.08.17 (조4) 애독자우대 / 활동사진 / 양일간 대성황 / 본보 홍원(洪原)지국 주최

함흥 동명극장 활동사진대는 순회 중에 당지에 도착하얏는데 본사 홍원지국에서는 거 십삼일에 애
독자 위안회를 개최하얏는데 청중은 사백여 명에 달하야 성황을 이루엇고 십사일에는 애독자 가족
위안회를 개최한바 더욱 전일보다 성황을 정(呈)하얏더라. (홍원)

조선 25.08.17 (조4) 보전(普專)연예 내안(來安)

경성 보성전문학교 연예부에서는 문화선전에 목적으로 하기를 이용하야 각지를 순회하고 만흔 환
영을 밧던 중 거 십삼일에는 안동현에 내착(來着)하야 안동현청년회와 동아지국 본보 안동현지국의
후원으로 래 십팔일 오후 팔시 당지 안동극장에서 여러 가지 음악과 시대에 필요한 극도 잇다더라.
(안동현)

시대 25.08.17 (2) 구제 활사 개최 / 이십이 삼 량일간

동대문 밧게 잇는 숭신체육부(崇新躰育部) 주최로 금번 대홍수로 인하야 살 수 업시 된 리재동포를
구제하랴고 활동사진 음악대회를 오는 이십이, 삼 량일간 동대문 밧 신설리(新設里) 숭신체육부 운
동장에서 연다는데 후원은 본사 고양지국 외의 동아일보 조선일보 지국 동우친목회(東友親睦會)라
하며 입장료는 평균 삼십 전이라고 한다.

동아 25.08.18 (2) [연예] 장한몽 후편 / 십칠일부터 상연 / 토월회의 공연

시내 황금뎡(黃金町) 광무대(光武臺)에서 직영 중인 토월회(土月會)에서는 십칠일부터 예예를 변경하
야 『댱한몽(長恨夢)』 후편 전 오막 물을 상장하야 일주일 동안을 공연할 터이라는대 동회에서는 특
히 조선인의 경제 생활을 생각하고 쏘한 민중예술을 위하야 십칠일부터 입장 료금을 종전보다 감액
하얏다더라.

동아 25.08.18 (6) 〈광고〉

토월회 제입(卄)칠회 대공연
팔월 십칠일부터 칠일간
장한몽 후편 전오막
관극요금 계상 사십 전 계하 삼십 전
　　　　　학생 삼십 전 학생 이십 전
토월회 직영 **광무대**에서 전 (본) 팔팔육

시대 25.08.18 (1) 〈광고〉
동아일보 8월 18일자 광무대 광고와 거의 동일

시대 25.08.18 (3) 무대협회 / 제일회 공연 / 구월 십일부터
【대구】 본월 초에 창립한 대구 무대협회에서는 ****『키네마』에서 상영한 『해의 비곡』의 주역으로 잇든 안종화 씨와 밋 이**, 배병철(裵炳哲), 김춘강 제씨가 출연할 터인바 제일회 공연으로 오는 구월 일일부터 사일간 당지 만경관에서 흥행할 터이라는데 특별히 이번에는 대구고등보통학교에 **로 잇는 현동*(玄東*) 선생이 무대협회 창립을 축하하는 동시에 문예의 정신과 신극의 필요가 우리 인생에게 얼만한 유익을 끼치어 일반 대구인사에게 알게 하기 위하야 출연케 되엇다 하니 대구 문예계에 적지 안흔 서광이라 하야 일반은 매우 **할 쯧으로 공연일을 기대하는 중이라 하며 이번에 흥행할 것은 여좌(如左)하다고
연애극 **도라오는 아버지**
비극 **희망의 눈물**
시극(詩劇) **인생의 여로**
희극 ***종**

동아 25.08.19 (4) 정주 악대 내련(來漣) / 성황리에 종료
평북 정주악대는 거 구일 연천(漣川)역에 도착하야 본사 지국과 유치원의 후원으로 당일 오후 팔시 삼십분부터 교육활동사진을 개최하엿는데 수백 명 관중이 집합하여 자못 성황을 일우엇는데 본 악대의 사업은 통속교육활동사진부를 치(置)하고 작년부터 전 조선을 순회 연행하여 실수입의 반액을 교육사업에 보조한다더라. (연천)

동아 25.08.19 (5), 25.08.20 (3), 25.08.21 (6), 25.08.22 (3), 25.08.23 (5), 25.08.24 (3), 25.08.25 (6) 〈광고〉
8월 18일자 광무대 광고와 동일

매일 25.08.19 (2) 선린친화를 목적으로 지나(支那) 시찰단 모집 / 활동 촬영반까지 출동 / 희망자는 속히 신입하라고
동경시 국힝뎡구 내힝뎡(東京市 麴町區 內幸丁) 이명목 이 번디 동양협회 선뎐부(東洋協會 宣傳部)에서는 금번 선린친화(善隣親和)와 취미실익(趣味實益)을 도모코자 셔빅리아(西伯利亞), 만주(滿洲), 지나(支那) 산업시찰단(産業視察團)을 조직하야 본월 말일에 출발하기로 예명 중인대 가입 희망자는 려힝면장(旅行免狀) 하부 신청과 검사증(檢查證) 교섭 관계상 지급히 신입을 하야 팔월 이십일까지 수속을 마치도록 하지 안으면 안 된다는바, 긔시에는 활동사진 촬영대(活動寫眞 撮影隊)를 다리고 가셔 포염사덕(浦塩斯德), 『쏘크라니지나야』, 합이빈(哈爾賓), 쟝춘(長春), 봉텬(奉天), 무순(撫順), 탕강자(湯崗子), 대련(大連), 려순(旅順), 청도(靑島), 졔남(濟南), 텬진(天津), 북경(北京), 만리장셩(萬里長

城), 한구(漢口), 한양(漢陽), 무창(武昌), 구강(九江), 로산(盧山), 남경(南京), 소쥬(蘇州), 항주(抗州), 상해(上海)의 각 중요디를 박힐 터이라는대 기타 상세한 것은 츄후에 발표하리라더라.

시대 25.08.19 (2) 조선『프로』문예연맹 쥰비회
십칠일 오후 팔시 반경부터 시내 대성식당(大成食堂)에서는 조선의 제삼전선(第三戰線)을 형성하고 잇는 분자와 금번 강연차로 래경한 일본『프로레타리아』문예련맹 발긔인 중서이지조(日本無産階級文藝聯盟 發起人 中西伊之助』 씨가 모히어 조선『프로레타리아』문예련맹 발긔에 대한 의론과 밋 가담회가 열니엇섯다는바 당일 출석한 사람들은 단체『파스규라』의 동인(同人)과 염군사(焰群社)의 동인 십여 명이엇다는데 문단*(文壇*)으로 조선『프로레타리아』련맹이 탄생될 날도 멀지 아니한 장래에 잇다 한다.

시대 25.08.19 (2) 〈광고〉 금일 수해참상활동사진
십구일 오후 **
사리원 욱좌(旭座)에서

조선 25.08.19 (조3) 음악 신극대회
시내 문예협회극단(文藝協會劇團)에서는 십구일부터 이십삼일까지 사일간에 한하야 종로(鍾路) 사명목 권상장(勸商塲) 내에서 음악신극대회(音樂新劇大會)를 개최하야 그 수입 전부를 청엽명(靑葉町) 연화봉녀자야학회(蓮花峰女子夜學會)에 보충하리라는데 시간은 매일 오후 여덜 시부터이며 입장권은 좌긔 삼개소에서 판매한다더라.
영창(永昌)서관(종로 이정목) 덕흥(德興)서림(종로 이정목) 태창호(太昌號)양화점(남대문통)

동아 25.08.20 (4) 영남지방
활사순영 경남도청의 주최로 지방개선의 취지 하에 산청 지방을 순영(巡映)하는데 지방 급(及) 일자는 여좌(如左)하다고. [단성(丹城)]
도산(都山)면 팔월 십일일 생비량(生比良)면 팔월 십이일 신등(新等)면 팔월 십삼일 차황(車黃)면 팔월 십오일 산청면 팔월 십칠일

시대 25.08.20 (4), 25.08.21 (4) 25.08.22 (2), 25.08.23 (1), 25.08.24 (2), 25.08.25 (4) 〈광고〉
8월 18일자 광무대 광고와 동일

시대 25.08.20 (4) 〈광고〉
팔월 십구일 화요부터 명화 공개
미국 쌔데-지 사 작 실사 **주보** 전일권

미국 에드케이쇼나이 사 작 희극 **검역소** 전이권

불국 에크엘 회사 작 실사 **구주전쟁실황** 전이권

미국 푸아스드나소날 특작품 거성 쟐스레이 씨 주연

정희극 **여역자**(旅役者) 전육권

미국 켄푸송 회사 작 아리스푸레데- 양 주연

사회극 **박사의 죄** 전오권

내주 상영 특찬 명화 ? 인지 기대하시오

우미관 전 【광】 삼구오번

조선 25.08.20 (조4) 무대협회의 / 제일회 궁개극 / 구월 일일부터 사일간

대구 동성정(東城町) 삼정목 칠번지에 잇는 무대협회에서는 창립 이래 신설 사무를 착착 진행하는 동시에 연습에 열중하는바 내 구월 일일에는 일반에 공개하기로 되야 경정(京町) 만경관에서 제일회 공동극을 개최할 터인바 구월 일일부터 사일간을 계속하야 대대적으로 상연할 터인바 당일에 상연될 연제는 좌(左)와 여(如)하더라.

一, 도라오는 아버지 전일막

二, 희망의 눈물 전이막

三, 인류의 여로 전일막

외에 『만도링』 『바요링』 등속의 연주가 유(有)하리라고. (대구)

조선 25.08.20 (조4) 〈광고〉

취성좌의 고별대흥행

이상협(李相協) 씨 명작 **눈물** 전구막

특별히 조선일보 독자만 우대할인하나이다

예고

이십이일 토요부터

고대하시던 활극대회

파라마운트 사 작품 대대활극 **격투의 천지** 전팔권

파사 명작 괴기탐정대활극 **여적? 여탐?** 전칠권

경성 인사동 **조선극장** 전화 광 二○五番

시대일보 8월 20일자 우미관 광고와 동일

동아 25.08.21 (2) [연예] 납량 활사대회 / 조선녀자청년회 주최

시내 인사동(仁寺洞) 조선녀자청년회 부인강좌(朝鮮女子靑年會 婦人講座)의 주최로 오난 이십이일부터 이십삼일 잇틀 동안 매일 오후 여덜 시부터 수송동(壽松洞) 공립보통학교 운동장과 어의동(於義

洞) 공립보통학교 운동장의 두 곳에서 례년과 가치 랍량 부인 활동사진대회(納凉 婦人 活動寫眞大會)를 개최한다는데 일반의 만흔 관람을 바란다 하며 특히 부인들에게 한하여는 무료 입장을 허하리라는바 그 사진의 종목은 다음과 갓다더라.

一 수해실황

一 장질부사 주의 사항

一 금강산 실황

희극 기타

동아 25.08.21 (2) 〈공고〉

토월회 공연

본보 독자 우대일

입(卄)일일 일일간 통용

매일 25.08.21 (2) 조선 여자청년회의 납량 부인 활사회 / 이십이일 밤부터 량일간 개최

됴선 부인게(朝鮮 婦人界)의 상식 함양과 싱활 향상을 도모하기 위하야 분투 로력하야오는 됴선녀자청년회(朝鮮女子靑年會)에서는 이번에 그 안에 잇는 부인 강좌(婦人講座)의 주최로 랍량 부인 활동사진대회(納凉 婦人 活動寫眞大會)를 개최하기로 하고 명 이십이일 밤부터 다음과 갓흔 순서로 착수한다는대 관람자는 일반 부인에만 한하고 입장은 무료라 하며 시간은 믹일 밤 여덜 시부터라더라.

이십이일 수송동 공보 교정

이십삼일 어의동(於義洞) 공보 교정

사진 종류 수해실황, 전염병 注[6] 사항, 희극, 기타 금강산 실경

매일 25.08.21 (2) [연예안내] 〈광고〉

예고와 출연진이 제외된 외 주요정보는 시대일보 8월 21일자 단성사 광고와 동일

시대 25.08.21 (2) 부인 납량 활사회 / 조선여자청년회 주최로 / 부인의 위해 활동사진 대회 / 입장료는 안 밧고 그저 들여

시내 인사동에 잇는 조선녀자청년회(朝鮮女子靑年會)에서는 전번에 부인 강좌를 열고 만흔 가정 부인에게 지식을 주어 나려오든 차 이번에 그 부인강좌의 주최로 다음과 가티 납량 부인 활동사진대회(納凉 婦人 活動寫眞大會)를 연다는데 사진으로 말하면 수해의 참혹한 광경을 영사한 것과 요사이 돌아단이는 염병에 대하야 어써케 하면 미리 방지할 수 잇는 것을 사진으로 설명도 한다 하며 그 외에 포복절도할 희곡도 잇고 천하 절경 금강산 실사도 잇다 하며 부인에 한하야 입장은 무료라 한다.

---

6) '注意(주의)'의 오식으로 보임.

장소 시일

수송동 공보 정(庭) 이십이일 하오 팔시

어의동 공보 정 이십삼일 하오 팔시

시대 25.08.21 (4) 〈광고〉

당 팔월 이십일일 금요부터 명화 공개

유 사 작품 세계적 명견 쌔루 주연

대희활극 **쌔루의 대활약** 전이권

유 사 초특작품 베러커 무송 양 주연

서부활극 **차상(車上)의 모험** 전이권

유 사 최근 초대작품 후−드컵소 씨 에리나 홀드 양 공연

기상천외 대희활극 **성공성공** 전오권

유 사 대표적 대작 금발미인 로라, 라푸, 쎄톤 양 주연

모험대맹투극 **모험의 낭(娘)** 전오권

유 사 초연속 대활극 윌리암 당칸 씨 각색 감독 주연

연속사진 **신뢰(迅雷)열차** 15 30

제이회 제삼편 **의 女子 2 제사편 **** 2 **

대예고

고려영화제작소 처녀 작품

조선 초유의 현대적 **

대비애극 **쌍옥루** *******

사랑과 비곡에 피를 스리는 **** 자매여, 반드시 이 사진 보고 반드시 동정의 눈물을 쌕리여라

(방금 촬영 중 불원간 봉절됩니다)

단성사 전 광 구오구번

시대 25.08.21 (4), 25.08.22 (2), 25.08.23 (1), 25.08.24 (2) 〈광고〉

8월 20일자 우미관 광고와 동일

조선 25.08.21 (조3) 조선여자청년회 주최 / 납양부인활동사진회 / 팔월 이십이일부터 / 가뎡부녀를 위하야 / 입장은 무료

조선녀자청년회(朝鮮女子靑年會)에서는 작년 팔월에 거위 일개월 동안이나 납양부인활동사진대회(納凉婦人活動寫眞大會)를 열고 가뎡에 드러 안즈신 여러 부인들의 흥미 잇는 지식을 계발하여 드리엇든바 금년에도 오는 이십이일부터 매일 저녁 여덜 시에 금번 수해의 참상과 장질부사에 대한 주의사항 세계 데일의 금강산 실사 기타 여러 가지 희극을 활동사진으로 보혀 드릴 터이라 하며 입장은 무료로 부인에게만 한할 터이요, 장소는 이십이일은 수송동공립보통학교(壽松洞公立普通學校) 마당,

이십삼일은 어의동공립보통학교(於義洞公立普通學校) 마당, 그 다음날부터는 활동사진을 마친 후에 입으로 광고하여 드릴 터이라더라.

조선 25.08.21 (조3) 〈광고〉
8월 20일자 조선극장 광고와 동일

조선 25.08.21 (조4) 〈광고〉
당 팔월 입(卄)일일 금요일부터
연속 **신뢰(迅雷)열차** 십오편 삼십권 제이회 제삼편 제사편 상영
원작 에드와-스세지웩크 씨 각색 조-지할- 씨 감독 에드-와즈세지웩크 씨
성공 성공
원작 크로쓰세조-지 씨 금발미인 로라라푸렌돈 양 주연
모험의 낭(娘)
헤렝카부송 양 주연
서부활극 **차상(車上)의 모험**
세계적 명견 쌔-루 주연
대희활극 **쌔루의 대활극**
송죽 특약 유 사 **단성사** 전 광 구오구번

조선 25.08.21 (조4), 25.08.22 (조4), 25.08.23 (조2), 25.08.24 (조1) 〈광고〉
8월 20일자 우미관 광고와 동일

동아 25.08.22 (2) 〈광고〉
토월회 공연
본보 독자 우대일
입(卄)이일 일일간 통용

매일 25.08.22 (2) 세계적 대명화 / 비사맥(比斯麥)[7]의 일대기 / 이 영화를 만들기 위하야 특별히 회사를 창설햇다
목하 독일(獨逸)에서 전국민의 피를 슬케 하며 빅림[8] 사교계(伯林 社交界)의 유일한 화제(話題)의 중심이 되야 잇는 대영화(映畫)가 잇는대 그것은 유명한 『비사믹(比斯麥)의 일대긔(一代記)』로 이 영화를 제작하기 위하야 현 대통령은 『비사믹』 영화회사를 창립하고 각 방면의 명사를 위원으로 하고 막

---

7) 비스마르크.
8) 베를린.

대한 비용을 더져 촬영에 착수하얏다는대 오는 십월 중에는 완성할 예명이라는바, 각본은 륙군 대학교장이 담당하고 각본 교정은 젼 수상(前首相)『막쓰사데손』박사라더라. (동경면보)

매일 25.08.22 (2) 납량 부인 활사 장소 변경 / 수송동 공보교를 교동 공보로 변경
시내 인사동에 잇는 됴선녀자청년회(朝鮮女子靑年會)의 주최로 금 이십이일 밤부터 량일간 납량 부인 활동사진대회(納凉 婦人 活動寫眞大會)를 개최한다 함은 긔보한 바어니와 첫날의 장소인 수송동 공립보통학교 쓸은 사정에 의하야 사용할 수가 업슴으로 장소를 변경하야 금 이십이일은 교동 공립보통학교(校洞公立普通學校) 교뎡에서 개최하기로 하얏다는바, 입장자는 일반 부인에 한하고 관람료는 밧지 안는다더라.

시대 25.08.22 (1) 쎄스맑 일대기 / 영화 제작 중
(동경 이십일일 전) 목하 독일 전 국민의 피를 쒸게 하는 백림(白林) 사교계의 화제의 중심이 되어 잇는 대영화가 잇다. 그것은『쎄스맑』일대기로 차(此) 영화를 제작하기 위하야 현 대통령은 거 육월 쎄스맑 영화회사를 창립하고 각 방면의 명사를 위원으로 하야 막대한 비용을 투하야 촬영 중인데 십월에 완성하야 전 세계에까지 판다 하며 그리고 총감독은 독일영화계의 ＊＊『부엔르』씨, 각본은 육군대학교장, 고문은 전 수상『맑스 사데손』박사인바, 이것으로 어쩌케 그 규모가 큰지를 알 수가 잇다.

시대 25.08.22 (2) 부인 납량 활사회 / 장소를 변경 / 교동 공보에서 열어
긔보 = 녀자청년회 주최의 랍양 부인 활동사진대회(納凉 婦人 活動寫眞大會)는 수송동(壽松洞) 보통학교에서 개최케 되엇섯스나 학교 측의 사정으로 인하야 이십이일 오후 팔시부터 교동(校洞) 공립보통학교에서 개최케 되엇다 한다.

시대 25.08.22 (2) 〈광고〉
팔월 이십이일(토요)부터 제공
미국 파라마운트 사 희극 **예기(豫期)의 승리** 전이권
미국 파라마운트 사 희극 **의외의 강적** 전이권
미국 파라마운트 사 특작품 명우 베데이 콤푸승 양 주연
탐정극 **여탐? 여적?** 전육권
미국 파라마운트 사 대작품 명화 비샊- 다니엘 양 주연
대활극 **격투의 천지** 전팔권
대예고
내주 그여히 상영
모성애의 진정(眞情)!
애국심과 희생정신의 대로맨스

FBD사 초특작 대영화
특별명화 **아미리가**[9]**의 혼** 전십권 [일명 여성의 예(譽)]
인사동 **조선극장** 전 (광) 二〇五번

시대 25.08.22 (2), 25.08.23 (1), 25.08.24 (2), 25.08.25 (4) 〈광고〉
8월 21일자 단성사 광고와 동일(단, 예고가 생략된 날도 있음)

조선 25.08.22 (석1) [집회]
▲ 어린이 환등회
명진소년회 주최로 이십이일 오후 팔시부터 그 회관에서 어린이 환등회를 연다.
(이하 기사 생략)

조선 25.08.22 (석2) 비사맥 일대기 / 대규모로 영화제작
8월 22일자 매일신보 및 시대일보 기사와 거의 동일

조선 25.08.22 (조3) 납양활동사진 장소변경 / 이십이일은 / 교동공립보통학교에서
조선녀자청년회 주최의 납양부인활동사진(納凉婦人活動寫眞)은 긔보와 가티 이십이일 하오 팔시부터 열 터인데 예명 장소인 수송동공립보통학교는 운동장을 넓히기 위하야 방금 공사를 착수하엿슴으로 이십이일은 부득이 그 학교 마당에서 활동사진을 하지 못하고 교동공립보통학교로 변경케 되엿다더라.

조선 25.08.22 (조4), 25.08.23 (조3), 25.08.24 (조2), 25.08.25 (조3), 25.08.26 (조2) 〈광고〉
8월 21일자 단성사 광고와 동일

조선 25.08.22 (조4) 〈광고〉
시대일보 8월 22일자 조선극장 광고와 동일

동아 25.08.23 (2) 〈광고〉
토월회 공연
본보 독자 우대일
입(卄)삼일 일일간 통용

---

9) 아메리카.

동아 25.08.23 (5) 〈광고〉
시대일보 8월 22일자 조선극장 광고와 동일

매일 25.08.23 (2), 25.08.24 (3), 25.08.25 (1), 25.08.26 (1) 〈광고〉
8월 21일자 단성사 광고와 동일

매일 25.08.23 (2) [연예안내] 〈광고〉
시대일보 8월 22일자 조선극장 광고와 동일

매일 25.08.23 (5) 물산 장려 선전 / 활동사진 순회로
경남 거창군에는 본 도청의 주최로 본월 이십팔일부터 근검저축 장려 급(及) 물산장려 기타 여러 가지 필요점으로 거창면을 시(始)하야 기여(其餘) 십삼 면에 활동사진 순회 대선전을 행한다더라. (거창)

시대 25.08.23 (1), 25.08.24 (2), 25.08.25 (4), 25.08.27 (3), 25.08.28 (3) 〈광고〉
8월 22일자 조선극장 광고와 동일

조선 25.08.23 (석2) 의회 진행 모양을 /『라듸오』로 방송 / 현하 사례조사 진행 중
(동경전) 제국의회 개회 중 의사진행의 모양을 『라듸오』로 방송하게 되얏스면 하는 것은 『라듸오』 설치자의 열망 초점이 되얏는대 동경 방송국에서는 거 오십일 의회부터 조속히 실현할 희망으로 박곡(粕谷) 중의원의장에게 금(今) 동(冬) 의회부터 의장의 연단에 『맥크로혼』의 장치를 신청하얏는지라 박곡 중의장은 차(此)를 사무국에 회송하야 下事務局에서 各國의 例를 調目査함과[10] 동시에 연구를 진행하는 중인바 의사규칙 중에는 『라듸오』에 관한 규정이 업스며 종하야 방송치 말나는 조문도 업슴으로 당연 방송하게 되리라고 방송국에서는 관측하는 중이며 일방 의원 사무국에서는 당면의 문제라 하야 구월 사일 만국의원회의에 열석한 의원단과 공히 출장할 전구(田口) 서기관에게 위촉하야 구미 각국의 의사방송 사례를 조사하기로 한바 아마 씨가 귀국한 후 각 파(派) 교섭회를 개(開)하고 결정하게 되리라더라.

조선 25.08.23 (조2) 수해 활동사진 / 중앙긔독교청년 주최로
지난 이십일일 오후 여덜 시부터 시내 금뎡 효창원(市內 錦町 孝昌園)에서 금번 대수해로 참극을 일운 활동사진을 개최하엿다는데 수천의 군중으로 대성황을 일우엇다더라. (고양)

---

10) '目下 事務局에서 各國의 例를 調査함과'의 오식으로 보임.

조선 25.08.23 (조3), 25.08.24 (조1), 25.08.25 (조3), 25.08.26 (조3), 25.08.27 (조2), 25.08.28 (조3) 〈광고〉
8월 22일자 조선극장 광고와 동일

동아 25.08.24 (2) 영화로 재현된 쌍옥루 / 해상 모험과 배우들 고심 / 불원간 단성사에서 봉절한다 / 고려영화소 작품

영화계의 유지 리귀영(李龜永) 외 사씨의 발기로 조직된 고려영화제작소(高麗映畵製作所)에서는 지난 구일부터 첫 작품으로 고대 비극 소설 쌍옥루(雙玉淚)를 각색하야 촬영에 착수하엿든바 이십삼일에 촬영을 맛치고 제화(製畵)에 착수하엿다는데 주연 배우로는 다년 『일본뎨국기네마』와 동방회사(東邦會社)에 전속 배우로 잇든 김택윤(金澤潤) 군과 조선 극게에서 만흔 인긔를 가지고 잇는 조텬성(趙天星) 군과 김연(金嬿) 양 외 수십 명이라 하며 작품을 촬영할 쌔 해상(海上) 대모험이 잇섯스며 본 장면 촬영에는 수십 척의 범선을 바다에 씌우고 황해(黃海)의 것츤 물결 우에 십 세 미만된 어린 배우 두 사람을 써나가게 하엿섯는데 전후편에 나누어 대댱척이며 시내 단성사에서 봉절하리라는바 전편에는 관람객에게 현상까지 잇스리라더라.

동아 25.08.24 (2) 재민 구제 음악 / 성황으로 맛치엇다 / 뎨일일의 광*

시외 신설리 숭신톄육부(崇信體育部) 주최와 동우친목회(東友親睦會), 반도부업양토회(半島副業養兎會), 조선, 시대, 본보 삼 지국 후원으로 전 조선 수해 리재민 구제 활동사진 음악대회를 개최한다 함은 긔보한 바어니와 첫 날인 이십이일은 뎡각 전부터 모혀드는 관중은 오륙백 명에 달하야 장내에는 입추의 여디도 업시 되엿스며 순서에 짜라 자미스러운 활동사진과 독창, 『쌔이올린』, 『짠스』 등 여러 가지로써 일반 관람자에게 무한한 흥미를 주엇스며 당장에서 여러 단톄로부터 자진하야 일반 관람자 제씨에게 동정 금품을 모흔 후 동 십이시경에 폐회하엿더라. (동부)

동아 25.08.24 (2) 〈광고〉

토월회 공연
본보 독자 우대일
입(卄)사일 일일간 통용

동아 25.08.24 (3), 25.08.25 (2), 25.08.26 (2) 〈광고〉

8월 23일자 조선극장 광고와 동일

동아 25.08.24 (4) [영남지방] 도청 문화 선전

경북도청 지방과 주최로 경북 각 지방에 활동사진으로 순회하는 문화선전대는 지난 십육일 포항에 도착하야 당일 하오 팔시에 심상학교 운동장에서 만여 명을 모흐고 일본 각 지방 농촌, 산림 제반 모범지의 영사를 하고 하기 위생, 국세 조사, 근검 저축 여러 가지로 동 십일시 반에 폐회하엿는데

십칠일에는 구룡포, 십구일은 청하(淸河)로 간다고. (포항)

매일 25.08.24 (3), 25.08.25 (1), 25.08.26 (1), 25.08.27 (1), 25.08.28 (2) 〈광고〉
8월 23일자 조선극장 광고와 동일

시대 25.08.24 (2) 촬영을 마친 쌍옥루 전편(前編) / 불일 단성사에서 상영
긔보 = 그간 계속하야 촬영 중에 잇든 고려영화제작소(高麗映畵製作所)의 처녀작품(處女作品)인 쌍옥루(雙玉淚)는 마츰내 작일까지에 촬영을 마치엇다는데 우리 조선영화계에서는 처음 보는 장편일 뿐만 아니라 전편을 통하야 흘으로『리슴』은 족하써 일반의 긔대에 벗어나지 아니할 터이라 하며 상영은 래월 상순경 시내 단성사(市內 團成社)에서 할 터이라는바, 상편에서는 저윽이 흥미를 쓰으는 현상문제까지도 잇스리라고 한다.

조선 25.08.24 (조2) 〈사진〉 여자청년 납량영화회
조선녀자청년회 주최의 납양영화대회(納凉映畵大會)는 예뎡과 가티 이십이일 오후 팔시부터 뎨일회를 시내 교동공립보통학교(校洞公普校) 운동장에서 열엇는대 해가 지기도 전부터 몰려드는 부인 관객은 뎡각 전부터 만원의 성황을 이루엇더라. (사진은 영화회장의 광경)

조선 25.08.24 (조3) 신설된 / 고려영화제작소
박정현 이봉익(李鳳翼) 이구영 이필우 정암(鄭巖) 오씨(五氏)의 발기로 시내 훈정동 사육 번지에『고려영화제작소』를 새로히 창설하엿다는데 동소(同所)의 사업은 영화*작의 **** 급 외국영화 직수입 등이라 하며 첫 사업으로 현대가정비극소설『쌍옥루』를 각색하여 거 구일부터 촬영을 시작하엿슴으로 불일 완성되리라 하며 출연할 인물은 우수한 기술자를 선택하엿는데 그중에는 일본제국키네마 급(及) 동방회사에서 다년 전속배우로 잇던 김택윤 군과 토월회에서 인기를 쓸던 조천성 군과 제씨라 하며 촬영기사는 발기인 중 일인으로 일즉 단성사에서『장화홍련전』을 박어 그 일홈을 어든 이필우 군이라고.

시대 25.08.25 (2) 수해 참상 활사 / 근 천여 명의 관중으로 / 초유의 대성황을 일워 / 이십삼일부터 개성좌에 공개
(개성) 일시의 반도 전체를 공포케 하든 대홍수의 참상 활동사진은 사* 각지에서 만흔 인류애의 **을 주고 다시 지난 이십삼일 오후 팔시부터 개성좌에서 쏘한 공개하게 되엇는바 오래전부터 갈망하든 개성 인사는 뎡각 전부터 압흘 다투어 무려 천여 명이 운집하게 되어 장내, 장외는 대혼잡을 일우는 중에 서양사진 파리 전경과 교육극『미거손』과 사극 **의 야(夜),『사미손』과 대마술(大馬術)을 순차로 영사하야 관중의 **을 도은 중에 본사에서 필사적 모험을 다한 한강 연안의 참상을 실사하야 일반 관중에게 만흔 늣김을 주고 막을 마치엇는데 장소의 협*로 장외에서는 일시 불평을 말한 사람까지 잇섯다고 한다.

또 일야(一夜) 공개

별항과 가치 대성황을 일우엇스나 또한 유감됨이 불소(不少)함으로 지난 이십사일 오후 팔시부터 개성 중앙회관에서 또 일야 공연이 잇섯다 한다.

시대 25.08.25 (4) 〈광고〉

팔월 이십오일 화요부터 전부 교환

미국 폭쓰 사 실사 **폭쓰유니스 No 15** 전일권

미국 폭쓰 사 산샤-양 영화

희극 **삼인의 고인(三人의 雇人)**

미국 폭쓰 사 윌리암 푸아남 씨 주연

인정극 **남서(男誓)** 전육권

미국 폭쓰 사 윌리암 라셀 씨 주연

인정극 **명예는 모든 우에** 전육권

우미관 전 광 삼구오번

조선 25.08.25 (조3) 〈광고〉

시대일보 8월 25일자 우미관 광고와 거의 동일

동아 25.08.26 (2) 『복순(福順)의 사랑』 / 이십오일부터 일주간 / 토월회의 공연

시내 황금뎡(黃金町) 토월회(土月會) 광무대(光武臺)에서는 이십오일부터 삼십일일까지 일주일 동안은 희극 장가들기 실혀 전일막과 비극『복순의 사랑』 전삼막을 공연할 터이라는데 매우 자미잇는 극이라더라.

동아 25.08.26 (2) 〈광고〉

토월회 제입팔회 공연

장가들기 실여 전일막

복순이의 사랑 전삼막

관람 요금 반액 단행

계상 오십 전 학생 삼십 전

계하 삼십 전 학생 이십 전

비가 와도 반다시 개연합니다

토월회 직영 **광무대**에서 전 (본) 팔팔육

조선 25.08.26 (조2) 본보 인천지국 / 독자 위안 / 이십칠 팔 량일

천디를 뒤집는 듯하든 물란리에 전률(戰慄)하든 긔억은 아즉도 살아지지를 아니하고 쓸 압 오동(梧

桐) 입사귀에 불어오는 량풍(凉風)은 찌는 듯한 더위를 물리치는 이재에 본보 인천디국(本報 仁川支局)은 독자에게 위안을 주기 위하야 오는 이십칠, 팔 량일을 두고 활동사진 독자위안회(讀者慰安會)를 부내 가무기좌(歌舞伎座)에서 개최하기로 하엿는바 당일 열사할[11] 사진은 실사(實寫) 시사화보(時事畵報), 희극(喜劇)『라리의』비행(飛行), 대활극(大活劇) 약탈(掠奪), 사회와 가정에 만흔 유익을 주는 비극으로 이틀 동안을 전부 새것으로 흥행할 예뎡인데 입장은 특별히 무료로 하야 일반독자의 편익을 도읍고 다만 장래를 정리하기 위하야 하족료(下足料) 십 전만 밧기로 하엿스며 입장권은 본보 란외(欄外)에 게제된 독자우대권(讀者優待券)을 가지고 오든지 쏘는 본보 지국으로부터 인쇄한 우대권을 청구하든지 독자의 수의(隨意)로 만히 입장하기를 바란다. (인천)

조선 25.08.26 (조2), 25.08.27 (조2), 25.08.28 (조3) 〈광고〉
8월 25일자 우미관 광고와 동일

매일 25.08.27 (1) [연예안내] 〈광고〉
조선일보 8월 27일자 단성사 광고와 거의 동일

시대 25.08.27 (3), 25.08.28 (3) 〈광고〉
8월 25일자 우미관 광고와 동일

시대 25.08.27 (3), 25.08.28 (3), 25.08.30 (4), 25.08.31 (3) 〈광고〉
8월 26일자 광무대 광고와 동일

시대 25.08.27 (3) 〈광고〉
조선일보 8월 27일자 단성사 광고와 거의 동일

조선 25.08.27 (조2) 야(夜) 경성 순례기 (四) / 깃붐의 밤 서울, 서름의 밤 서울 / 번화한 우슴 소리에 / 박수성 놉흔 연극장 / 풍진 세상의 모든 일을 잠시라도 잇고서 / 하로 밤을 향락하려고 모혀드는 사람들
『서울』의 밤은 오다. 째는 일곱 시 반! 종로 큰 거리에 군대군대 벌려 잇는 각 극장(劇場) 활동사진관(活動寫眞舘) 등의 손 끄는 류창한 주악(奏樂) 중에 『서울』의 밤은 어두어간다. 『피리』『라팔』『북』『장고』등의 소리와 북악(北岳) 인왕(仁旺)의 산등성이를 넘어오는 서늘한 바람이 온종일 쓰거운 해쌀에 시들고 시든 억만 장안(長安)사람을 다시 『삶』의 무대(舞臺)로 불러듸려 온갖 연극(演劇)을 짓게 한다. 돈 잇는 탕자는 기생을 다려
홍등록주(紅燈綠酒)에 무르녹고 돈 업는 건달은 막걸리 한 잔에 거리를 헤매이며 야시(夜市)의 복판

---

11) '영사할'의 오식으로 보임.

△ 연극장 관람석

공원(公園)의 『쎈취』에도 사람의 물결을 이루기 비롯한다. 그리고 들려오는 흥겨운 주악을 싸러 쏘는 듯한 뎐등 불빗을 몸에 실며 이곳저곳의 극장문 압흐로 모혀드는 사람들 역시 수백수천을 이루어 그들의 자최가 ᄯᅳᆯ일 여덜 시경부터는 문 다친 극장 안에서 오즉 환희의 우슴과 갈채의 박수가 째째로 문틈을 새여 길거리로 흘러나올 ᄲᅮᆫ이다. 이것이 오즉 『서울』 중산계급(中産階級)의 사람들이 시달린 머리를 쉬며 『삶』의 위안(慰安)을 밧는 유일의 향락장(享樂場)이다.

아래 우층 객석(客席)에는 수백수천의 각 계급 각 방면의 절믄 남녀(男女)가 희미한 뎐등빗에 싸혀 죽은 듯 고요히 안저 잇스나 그들의 날카로운 눈은 『어듬』에서 활약을 하고 쌋댁업는 머리는 고요한 속에 음분(淫奔)[12]을 짓는다. 무대(舞臺)와 『스쿠링』을 바라보고 조와하고 웃는 학생이 잇스면 부인석(婦人席)의 아양피는 기생들을 건너다보고 어리석은 깃붐을 짓는 점잔타는 신사도 잇다. 이리 하는 동안에 시간은 작고 간다. 아홉 시, 열 시! 지리한 중에

십분 휴식(十分 休息)이 도라온다. 기생 건너다보는 신사들은 일분일초라도 휴식을 더 느리려 한다. 그러나 힘 업는 어린이 학생들은 휴식을 오히려 지리하다 소래친다. 이리하야 극장의 밤이 깁허가고 『서울』의 밤이 깁허간다.

× × ×

최후의 일각. 다첫든 극장 문이 화닥닥 열리면서 보ᄉ물이 터지듯 사람의 물결이 밀려나온다. 그들

---

12) 남녀가 음란하고 방탕한 짓을 함. 또는 그런 행동.

의 머리에는 주마등(走馬燈)가티 지금 본 양극(洋劇)이 번듯번듯거린다. 철 업는 아이는 『숭내』를 내이며 시시덕거리고 뜻 깁흔 절문이는 머리를 기우려 묵상(黙想)에 잠기면 탕자와 춘녀는 손에 손을 쥐어 하상견지만야(何相見之晚耶)[13]를 부른다. 이리하야 여유 잇는 사람들 하로 밤 노리터의 문이 다친다.

(사진은 연극장 관람석)

조선 25.08.27 (조2) 독자위안 / 활사대회 / 뎡각 전에 오기를 / 일반에게 바란다

본보 인천지국(本報 仁川支局) 주최로 이십칠, 팔 량일을 두고 매일 하오 일곱 시 반부터 부내 가무기좌에서 독자위안 활동사진대회를 개최한다 함은 이미 본보에 보도한 바어니와 주최자 측으로서는 오래동안 적막하엿든 독자제위에게 감사의 뜻을 표하는 동시에 십분 위안을 들이기 위하야 모든 준비에 분망 중이며 뎨일일 밤에 영사할 사진은 시사주보(時事週報)의 실사(實史)와 동물원(動物園)이라는 영국 국립(英國 國立)동물원의 실사(實寫) 쏘는 도적의 실패(盜賊의 失敗) 누구의 죄(誰의 罪) 위권투의 실패(僞拳鬪의 失敗) 략탈자(掠奪者) 거인정복(巨人征服) 등 희비활극이며 뎨이일도 전부 새것으로 영사하야 관중으로 하여금 만일의 유감이 업도록 만족을 주려고 백방으로 각색 사진을 교섭 중인데 물론 당일 밤의 성황은 미리 알겟슴즉 만원이 되기 전에 본보 란외에 긔재된 독자우대권 쏘는 본보지국에서 인쇄한 입장권을 가지고 정각 전에 입장하기를 바라는 바이며 입장은 무료로 다만 하족료 십 전을 밧게 되엇더라. (인천)

조선 25.08.27 (조2) 〈광고〉

당 팔월 이십칠일부터
미국 유니버살 작품 삼림대활극 **거완의 인(巨腕의 人)** 전이권
미국 유니버살 초특작 『사이크롱스미쓰의 재래편(再來編)』
에듸쏜로 씨 대비약(大飛躍)
맹투활극 **애마** 전이권
미국 유니버–살 작품 연속 **신뢰(迅雷)열차** 십오편 삼십권
제삼회 제오편 도회의 위험 제육편 암호전(電) 사권 상영
미국 유니버살 특작품 연애대비곡 **육시 오십분** 전오권
미국 유니버살 사 특작품 홍련애화 **흑막의 음(蔭)** 전오권
대예고
캉쌰스 전십이편 이십사권
십팔일간 세계일주 전십이편 이십사권
매주 십이권식 대회로 상장합니다

---

13) 서로 만남이 늦음을 한탄하여 이름.

고려영화제작소 처녀작품

조선 초유에 현대적 비애곡

대비애곡 **쌍옥루** 전후편 전십수권

송죽 특약 유 사 **단성사** 전 광 구오구번

조선 25.08.27 (조4) 밀양 활사대회

밀양청년회 주최로 금월 이십사일부터 연 오일간 밀양 예기권번에서 활동사진대회를 개최한다더라. (밀양)

동아 25.08.28 (1) [횡설수설]

시내 극장에서는 불경기로 인하야, 관람료 칠십 전을, 삼십 전까지 인하하여서도, 의연히 입장자가, 희소한 결과, 폐장까지 된 개소가 잇다고.

일로 보면, 현하 조선인의 생활의 참극이 여하한 것을, 누구나 추단할 것이다.

동아 25.08.28 (4) 기념 활사와 운동

거창 청년회관 낙성 축하 기념으로 이십이, 삼 양일 활동사진 영사가 잇서 매야 관람자 육칠백 명 이상의 대성황을 이루엇스며 동 이, 삼, 사, 오 사일을 연하야 남선(南鮮) 정구(庭球) 급(及) 축구대회를 개최한바 각 단체의 장쾌한 분투 하에 원만히 축하의 종막을 고하엿스며 동 성적은 여좌(如左)하다. (이하 기사 생략)

동아 25.08.28 (4) 군산 활사 성황

누보(屢報) = 광도(廣島)[14] 조선인 고학생 장학회의 고국 방문 활동사진대는 거 이십사일 군산에 도착하야 조선, 본보 양 지국 후원 하에 동일 급(及) 익일 양일간을 군산좌에서 흥행하엿는데 일반 유지의 다대한 동정으로 대성황을 정(呈)한 후 동 일행은 이십육일 이리로 향하야 출발하엿다더라. (군산)

매일 25.08.28 (2) 『파락크』 수용민 교화 영사회 / 작일 밤 여덜 시에

금번 수재로 인하야 효창원(孝昌園)에 수용되야 잇는 이재민은 잘못하면 찰나주의(刹那主義)에 싸지기 쉬움으로 경성부에서는 피란민의 교화선도(敎化善導)를 목덕으로 이십칠일 오후 팔시부터 효창원 내에서 근금져축(勤儉貯蓄), 온돌개량(溫突改良), 량풍미속(良風美俗), 위싱사상(衛生思想) 고취에 필요한 활동사진(活動寫眞)을 영사하기로 하얏는데 그날은 『우리는 악마이다』, 『강덕 지부스』 외 이 권을 영사할 터이라더라.

---

14) 히로시마.

매일 25.08.28 (2), 25.08.29 (1), 25.08.30 (2), 25.08.31 (3) 〈광고〉

8월 27일자 단성사 광고와 동일

시대 25.08.28 (3), 25.08.30 (4), 25.08.31 (3) 〈광고〉

8월 27일자 단성사 광고와 동일

조선 25.08.28 (조2) 효창원(孝昌園) 가가(假家)에 / 활동사진을

효창원 가가(孝昌園 假家)에 수용 중인 리재민들은 주위의 사정이 조곰 잘못되면 찰라주의(刹那主義)에 기우러저 인심이 거치러지고 계을러지기 쉬움으로 경성부에서는 그들에게 교화 선도(敎化 善導)를 할 터인대 그것은 활동사진으로 하는 것이 가장 유효하겟다 하야 몬저 위생사상을 고취하고 다음으로 근검저축 온돌개량 기타 량풍미속의 관념을 주입하기에 로력할 방침으로 이십칠일 오후 팔시에 데일회로 다음과 가튼 종류의 사진을 영사하엿다더라.

『우리는 악마이다』 ▲ 『강적 지부스』 외 수종

조선 25.08.28 (조3) [연예] 『아메카』 혼 전십권 / 칠월 이십구일부터 / 조선극장에서 상영

이 영화는 애처롭고 용맹스러운 어머니의 자식에 대한 사랑을 주제로 삼은 것이다. 우리는 이 영화에서 이 세상에는 전쟁처럼 사람의 생활을 파궤하는 것이 업다는 것을 볼 수 잇다. 평화로운 농촌 자제들이 전쟁에 나아가 목숨을 희생하는 그것쑌만 아니라 그 집에 남어 잇는 어린 처자와 늙은 어버이들 - 즉 생활에 아무 능력이 업는 그들의 비참한 생활이 엇더한 것을 볼 수 잇스며 이것을 기회로 그 집안에 숨엇든 모든 인간 갈등이 엇더케 이러나는 것을 우리에게 뵈어준다. 평화로운 농촌이 전쟁의 악마로 인하야 그들을 엇더케 고로웁게 한 것을 깁히 늣길 수 잇다. 이 영화에 출연하는 배우들은 마는 사람의 눈물을 싸아내인 『오비듸힐』에 출연한 이들이 다수이며 특별히 『메리카-』 부인의 로련한 어머니의 분장은 더욱 관객에게 심각한 것을 늣기게 한다.

조선 25.08.28 (조3), 25.08.29 (조1), 25.08.30 (조1), 25.08.31 (조2) 〈광고〉

8월 27일자 단성사 광고와 동일

동아 25.08.29 (2) 야외 활동사진 / 경성부 주최로 영사

경성부(京城府)에서는 위생 선뎐과 부민 위안을 하기 위하야 아래와 가튼 시일 당소에서 야회 활동사진을 한다더라.

구월 일일 용산 삼각지 구월 이일 마포 구월 육일 서대문 향토회관

구월 칠일 어의동(於義洞) 보교(普校) 구월 팔일 동대문 외 가축시장

(매일 오후 팔시 반 시작)

동아 25.08.29 (2) 라디오 방송 / 금일 순서

일요일(입구일) 하오 칠시부터

조선음악 방송 푸로그람

一, 조선노래

一, 제비가 한남권번 이연심(李蓮心)

一, 적벽가 동상(同上) 방채옥(方彩玉)

一, 상사별곡 동상 김금홍(金錦紅)

　동상 장향란(張香蘭)

　동상 김명선(金明仙)

一, 소녀 독창

一, 두루미 한창동(韓晶東) 요(謠) 정순철(鄭順哲) 곡

　연주자 나순화(羅順嬅)

一, 위생강화

쩍터 최영재(崔永在)

매일 25.08.29 (1) [연예안내] 〈광고〉

일부 출연진 제외된 외 조선일보 8월 29일자 조선극장 광고와 동일

조선 25.08.29 (석1) 인천 독자위안 성황 / 관중 일천삼백 / 공전의 대성황

긔보 = 본보 인천지국(本報 仁川支局) 주최 독자위안 활동사진대회(讀者慰安 活動寫眞大會)는 지나간 이십칠일 오후 일곱 시 반부터 빈정(濱町) 가무기좌에 열리엇는데 정각 전부터 립추할 여디가 업시 무려 일천삼백 명에 달한 대만원의 혼잡을 일우기 때문에 납량(納凉)의 위안을 주고저 하든 주최자 측은 도리혀 불안한 마음이 업지 아니하엿슬 쑨 아니라 문전에 답지하는 관중에게 만원으로 인하야 입장을 사절한 것이 더욱 유감이엇섯다. 시사주보(時事週報)의 실사를 비롯하야 이미 예정하엿든 희비활극을 영사하매 면긔의 광선 속에서 종종 일어나는 박수소리는 마티 우뢰가티 써러지는 듯하엿다. 두어 막을 마친 후에는 주최자 측으로 박창한(朴昌漢) 씨의 간곡한 사례가 잇섯스며 그 뒤를 계속하야 영사하는 사진과 석인룡(石仁龍) 김대원(金大遠) 두 변사의 설명은 관중의 갈채를 바다 씨는 듯한 장내의 공긔를 일층 긴장케 하야 공전의 대성황을 일우고 동 십일시 반경에 산회하엿섯다.

제이일 밤엔 전부 새것으로

제일일 밤에 영사하기로 선전을 하엿든 약탈자(掠奪者)라는 활극은 예정과 가티 도착이 되지 못하야 독자의 만족을 주지 못하엿스나 데이일인 이십팔일 밤에는 반드시 영사하기로 하엿스며 그 외에도 시사주보(時事週報)와 화원(花園) 등 실사를 위시하야 화학자의 실패(化學者의 失敗) 성공(成功) 또는 일시간 전(一時間 前) 등 희비활극의 전부 새것으로써 또 위안을 주기로 하엿슨즉 만원되기 전

에 속히 입장하기를 바라며 제이일 밤은 위안회를 마치는 밤인즉 일반독자는 후일의 유감이 업도록 만히 오기를 바라는 바이다. (인천)

조선 25.08.29 (조1) 〈광고〉
팔월 입(廿)구일 토요부터 특별대흥행
스타-필늼 회사 제공
애국심과 희생, 정신의 찬연한 대로맨스, 보시라! 국란과 혁명과 전화(戰禍)!
메리카-부인 주연
명화 **아미리가(亞米利加)의 혼** 전십권 [일명 여성의 예(譽)]
스타-필늼 사 특작품 명우 챠-레스레이 씨 주연
사회활극 **상자에 든 아들** 전오권
미국 파라마운트 사 희극 **천치의 분쟁** 전이권
예고
스타-필늼 사 제공 명화 **암야의 우자(暗夜의 愚者)** 전팔권
파라마운트 사 명우 도-마스미항 씨 주연
명화 **자번뇌(子煩惱)** 전팔권
경성 인사동 **조선극장** 전화 광 二○五번

조선 25.08.29 (조2) 현상금 = 십 원 / 인천지국에서 / 활동사진 렌쓰를 분실
본사 인천지국(本社 仁川支局) 주최로 지난 이십칠일부터 독자위안 활동사진대회(讀者慰安 活動寫眞 大會)를 개최하고저 국원이 경성(京城)으로부터 팔월 이십륙일 오후 여섯 시 삼십오분발 렬차로 인천(仁川)으로 향하야 오는 도중 룡산역(龍山驛) 근처에서 덕영상회(德榮商會)라 쓴 봉투 속에 너허 잇는 활동사진 긔계(活動寫眞 機械)의 『렌쓰』(화경과 가튼 것)를 부지중 분실하얏는데 누구시든지 습득(拾得)하야 인천부 내리 본사지국으로 보내주시면 사례금(謝禮金)으로 십 원을 진명하겟다더라. (인천)

조선 25.08.29 (조4) 〈광고〉
팔월 이십구일부터 특선명화 공개
미국 폭쓰 회사 실사 **폭쓰 유니-쓰** 전일권
희극 **삼인의 쏟이** 전이권
미국 폭쓰 회사 월니암 랏셀 씨 주연
인정극 **탈영자** 전육권
미국 휘바스 회사 초특작
눈지오마라소마 씨 원작 투자노알바데니 씨 주연
문명이기 **라지오 장군** 전육권

모험맹투대활극으로 정평잇는

예고

미국 폭쓰 회사 초특작 영국 문호 핫진스 씨 원작

예술영화 **겨울리 오면** 전십이권

경도적 대활극 **진천동지**(震天動地) 전칠권

경이적 대명화 **단데 지옥편** 전권

일활 특약 **우미관** 전 광 삼구오번

동아 25.08.30 (4) 김제 활사 종막

누보(累報) – 재동경 김제학우회 주최 본보 지국 후원인 하기 순회 영화단은 도처마다 대성황을 이루던 중 지난 이십오일 밤에는 월촌(月村)면에 도착하야 연정(蓮井)리 김석곤(金錫坤) 정미소 구내에서 김윤기(金允基) 씨의 개회로 비롯하야 천여 관중이 모힌 중에 영화는 시작되야 인산(因山)실사, 장화홍련전 급(及) 심청전 등을 상영하야 적지 아니한 늣김을 주고 금반 순회 영화회의 종막을 고하얏다는데 최초에는 김제군 내를 통하야 십개소를 순회할 계획이엇든 것이 신학기가 임박한 관계로 부득이 월촌면에서 마치엇다는바 당회의 금번 이 사업은 전혀 그 학우회의 간부 장준석(張準錫), 윤제술(尹濟述), 곽하진(郭夏鎭), 김종기(金瑢基), 곽병문(郭秉文) 등 제씨의 활동에 의함이라 하야 일반의 칭송이 부절(不絶)한다더라. (김제)

매일 25.0830 (2), 25.0831 (3), 25.09.02 (2), 25.09.03 (2), 25.09.04 (2) 〈광고〉

8월 29일자 조선극장 광고와 동일

시대 25.08.30 (4) 〈광고〉

조선일보 8월 29일자 조선극장 광고와 동일

조선일보 8월 20일자 우미관 광고와 동일

조선 25.08.30 (조1), 25.08.31 (조1), 25.09.01 (조2), 25.09.02 (조4), 25.09.03 (조3), 25.09.04 (조1) 〈광고〉

8월 29일자 조선극장 광고와 동일

조선 25.08.30 (조1), 25.08.31 (조4), 25.09.01 (조2), 25.09.02 (조3), 25.09.03 (조3), 25.09.04 (조2), 25.09.05 (조4) 〈광고〉

8월 29일자 우미관 광고와 동일

조선 25.08.30 (조3) [연예] 육시 오십분 / 전오권 / 팔월 이십칠일부터 / 단성사에서 상영 중

어느 싀골 텰도 부근에 잇는 『파-마-』라는 사람의 농장에서는 그의 늙은 아버지와 사랑하는 안해가 평화로운 세월을 보내엇습니다. 그러나 그 안해는 결혼한 지 이개년 뒤에 싀골살림의 너무나 단조한 것에 실증이 낫다. 이러할 지음에 텰도의 고장으로 도회에서 온 남녀 두 손님이 그 집에 류련하게 되엿다. 손님으로 잇든 남자가 도회로 도라간 뒤에 여러 가지 교묘한 수단으로 『파-마-』의 안해를 쇠엇다. 그 안해는 그러한 줄 모르고 남편의 허락을 바더 가지고 도회디로 구경을 갓다가 여러 번 색마의 독아에 걸리어 고생을 하엿다. 이러하는 동안에 그 남편도 자긔 집에 잇다가 도회에서 피서하러 온 아름다운 녀자에게 유혹을 당할 번하엿다. 그러나 그는 안해를 생각하고 그것을 물리치게 되고 안해도 남편을 생각하야 그 유혹을 물리치고 다시 평화로운 싀골로 도라와서 깁붐이 넘치는 가뎡생활을 엇게 되엿다는 것이 이 사진의 경개이다.

동아 25.08.31 (2) 〈광고〉
8월 26일자 광무대 광고와 동일
조선일보 8월 29일자 조선극장 광고와 동일

시대 25.08.31 (3) 소년군 내철(來鐵) / 성황으로 종막
(철원) 금번 하기를 이용하야 소년군의 취지를 선전키 위하야 북선(北鮮) 지방을 순회하든 조선소년군 일행 육 명은 단장 조철호, 최득만(崔得萬) 양씨 인솔 하에 지난 입(卄)칠일 오전 칠시 열차로 철원에 내착하야 철원청년회, 철원기독청년회, 조선, 시대 양 지국의 후원으로 지난 卄七日[15] 오후 구시에 철원청년회관에서 활동사진대회를 개최하얏는대 정각 전부터 운집하는 관중은 장 내외에 인해를 이루운 중 회*로 개회한 후 조철호 씨가 등단하야 소년문제로 십분간 열변을 토한 후 소년군의 활사와 오월 일일 어린이날 수만 어린들의[16] 기(旗) 행렬이 비취자 일반의 박수 환호 소리는 회관이 무너지는 듯 하얏스며 단원의 짠쓰와 하모니까 독주가 잇슨 후 서양사진 수종을 영사하고 동 십일시경에 ** 소년군 만세 삼창으로 무사 폐회하얏다는데 후원 단체에서는 동 십이시경에 일행을 초대하야 조선지국에서 위*회가 잇섯다 하야 압흐로 개학 일자가 임박하얏슴으로 북선지방 순회는 철원으로 씃을 막고 이십팔일 오후 삼시 차로 일행은 경성으로 향하야 출발하얏다 한다.

시대 25.08.31 (3) 『연의 력(戀의 力)』을 촬영
(인천) 인천문화극단에서는 금반 미두취인소(米豆取引所)를 배경삼고 『연의 력』이란 연쇄극을 촬영 중이라고.

시대 25.08.31 (3), 25.09.02 (4) 〈광고〉
8월 30일자 조선극장 광고와 동일
8월 30일자 우미관 광고와 동일

---

15) '卄七日'의 오식으로 보임.
16) '어린이들의'의 오식으로 보임.

9월

동아 25.09.01 (1) 〈광고〉
8월 26일자 광무대 광고와 동일하나 아래의 예고 첨가

대예고
반만년 역사가 난 향토예술의 정화!
춘향전 전팔막
불일간 상연

동아 25.09.01 (1), 25.09.03 (6), 25.09.04 (6) 〈광고〉
8월 31일자 조선극장 광고와 동일

동아 25.09.01 (5) 〈광고〉
토월회 공연
본보 독자 우대일
팔월 삽(卅)일일 구월 일일 이일간 통용

조선 25.09.01 (조2) 〈광고〉
당 구월 일일부터 오일간
미국 유니버−살 사 대표적 대작품
세계적 쾌한 윌리암·데쓰몬도 씨 대비약 모험여우 로−라·라·푸렌드 양 조연
십팔일간 세계일주 전십이편 이십사권 중
제일회 전편(前篇)
제일편 론돈 행 제이편 일일 십육시간 제삼편 파리에서
제사편 몬데가로 제오편 콘스단스 제육편 사하라 사막
미국 메도로 영화회사 一九二三년도 초특작품
키통연애 삼대기(三代記)
바−스타키−통 씨 대활약
배역

주인공 바스타키-통 군

낭(娘)······마가렛토리히 양　악한······월레스비아리 씨

대예고

불일 봉절 촬영 완성

고려영화제작소 처녀작품

조선 초유에 현대적 비애곡

대비애곡 **쌍옥루** 전후편 전십수권

송죽 특약 유 사 **단성사** 전 광 구오구번

매일 25.09.02 (2) [연예안내] 〈광고〉

당 구월 일일부터 오일간 연속대회

유니버-살 사 대표적 대작품

세계적 쾌한 윌리암 데쓰몬도 주연 모험 여우 로라, 라, 푸렌도 양 조연

십팔일간 세계일주 전십이편 삼십사권[1] 중

제일회 제1 제2 제3 제4 제5 제6 십이권 상영

메도로 영화회사 초작품

바-스타, 죠앙, 히빗 씨 감독 에데이, 크라잉 씨 주연

근대 희극의 거성 영화계의 가치는 불후불변

키통 연애 삼대기(三代記) 전칠권

고대하시던 이대 명화는 금일부터 상영하옵고

고대하시던 고려영화제작소 처녀 작품

조선 초유의 현대적

대비애곡 **쌍옥루** 전후편 십수권

은 촬영 완성되엿사와 불일 공개하겟사오니 만-은 눈물과 만-은 사랑으로써 인생애(愛)에 현상을
실지로 보아서 실험하시옵소서

단성사

시대 25.09.02 (4) 〈광고〉[2]

토월회 제입(廿)팔회 대공연

장가들기 실여 전일막

순복(福順)이의 사랑 전삼막

대예고

---

1) 보통 1편이 2권으로 구성되는 사례로 볼 때 이십사권의 오식인 듯하다. 조선일보 기사에는 이십사권으로 표기되어 있다.
2) 시대일보 9월은 2일 하루만 있으며 10월은 없고 11월은 전 일 모두 있다. 11월에는 일요일마다 6면으로 증보되어 출판되었으나 대부분 지면들의 하단이 완전히 파손, 떨어져나간 일자들이 많다.

반만년 역사가 난 향토예술의 **
춘향전 전팔권
근일 중 상장
비가 와도 반다시 개연(開演)합니다
토월회 직영 **광무대** 전 (본) 팔팔육

조선 25.09.02 (조4), 25.09.03 (조3), 25.09.04 (조2), 25.09.05 (조4) 〈광고〉
9월 1일자 단성사 광고와 동일

조선 25.09.02 (조4) [촌철]
【정선】강원도 위생계 주최인 순회활동사진은 지난 이십칠일 밤에 공전의 성황을 이루엇는데 중간
에 흐터저가는 남녀에게 향하야 그러케 곤하거든 오줌을 쌀 터이니 잘 째에 뒤웅박을 차고 자라 하
엿다나! 아마도 이것은 강원도 위생계에서 특발명인 위생인 모양.

동아 25.09.03 (5) 『쑤리아의 운명』 / 토월회의 공연
시내 황금명(黃金町) 광무대(光武臺) 직영 토월회(土月會)에서는 구월 일일부터 예제를 전부 밧구어
『이내 말슴 드러보시오』(전일막), 『산곡간의 그늘』(전일막), 『쑤리아의 운명』(전이막)이라는 새로운
예제를 상댱하야 금월 륙일까지 공연한다더라.

동아 25.09.03 (6) 〈광고〉
토월회 제입(卄)구회 대공연
이내 말삼 드러보시오 전일막
산곡간(山谷間)의 그늘 전일막
쑤리아의 운명 전이막
대예고
반만년 역사가 산(産)한 만고 불멸의 향토예술!
춘향전 전십막
토월회 직영 **광무대**에서 전 (본) 팔팔육

매일 25.09.03 (2), 25.09.04 (2), 25.09.05 (1), 25.09.06 (2) 〈광고〉
9월 2일자 단성사 광고와 동일

조선 25.09.03 (조4) 영천(永川)에 환등회
경주 사립 남명학교에서는 경비 곤란으로 곤경에 *하야 오든 중 유지금을 엇기 위하야 동교 대표
김일성(金一誠) 박일영(朴一暎) 양씨가 금반 경주고적영사대를 조직하야 전선(全鮮)을 순회할 계획인

데 팔월 삼십일 제일착으로 영천에서 영양청년회와 본보지국 후원으로 환등회를 개최하엿다더라. (영천)

동아 25.09.04 (2) 〈광고〉
교육활동사진 기술강습원 모집
一, 강습원 자격
중학 삼학년 수료에 상당한
학력이 잇는 신체 강장(强壯) 품행 방정한 남자
一, 강습기간 삼개월
一, 강습원 각도(各道) 이 명식
一, 강습료 금일백이십 원 전납(前納)
一, 강습사항
사진에 관한 일체의 기술 일반
교육의 개념, 전기, 와사(瓦斯), 기계공학의 일반과 설명 교련
一, 졸업 후 대우
일개월 최저 금 사십 원 이상 백오십 원의
범위 내에서 본회 직원으로 채용함
一, 신청 기한 급(及) 장소
구월 십오일 한, 경성부 황금정 삼정목 삼백십 번지
통신교수(敎授)고등보통학회로 신청할 사
상세는 우권(郵券) 사전(四錢) 송(送)하시면 규칙서 증정함
주최,
통신교수 고등보통학회
전화 본국 사칠이번

동아 25.09.04 (4) 개성 위생 전람
경기도립 개성의원에서는 금반 신청사의 낙성을 기념하기 위하야 내 육, 칠 양일간 개성여자공립보통학교 교실 내에서 위생전람회를 개최하고 일반의 관람을 허할 터이며 더욱 당일 야(夜)에는 경기도립 개성의원 정문 전(前) 광장에서 활동사진을 영사하야 일반에게 공개할 터이라고. (개성)

동아 25.09.04 (6), 25.09.05 (3), 25.09.06 (5), 25.09.08 (2), 25.09.09 (2) 〈광고〉
9월 3일자 광무대 광고와 동일

매일 25.09.04 (2) 대구 무대협회 / 일회 공연 호평 / 매일 갓치 만원
됴선극계에 명성이 잇든 안종화(安鍾和) 군 외 수십 명의 발긔로 대구에서 새로히 조직된 대구무대

협회(大邱舞臺協會)에셔는 지난 일일부터 사일까지 나흘 동안 당디 만경관(萬鏡舘)에셔 데일회 공연(公演)을 힝하는 즁인대 일반의 평판이 매오 됴와 매일 만원의 성황을 일우는 즁이라더라. (대구)

동아 25.09.05 (2) 〈광고〉

구월 오일(토요)부터 삼대 명화 특별대흥행

대파라마운트 사 불후의 명화 거성, 토마-스, 미유안 씨 주연

어린이의 애화(哀話) **자번뇌(子煩惱)** 전칠권

고귀한 부모님의 사랑을 주제로 하고 문명이 나흔 인간의 애사(哀史)!!

과연 본 영화는 무엇을 암시하엿슬가

백남프로덕순 일회 특작품

조선 유일의 비애사

효녀 **심청전** 전칠권 [일명 강산련(江山蓮)]

이경손 씨 감독

F.B.O. 사 세계적 대걸작품

전율공포대모험 **암야의 우자(暗夜의 愚者)** 팔권

명화 밧시·루스·미라 양 주연

사선을 돌파하는 일순간!

아슬아슬한 공중 대모험! 위험 절박한 가인(佳人)의 운명!

보라! 기상천외의 대활극을

대예고

차회 상연 만천하의 정평 잇는 대문예극

만혼(萬魂) 시인 쉑스피어 씨 걸작

명편 『쎄니스의 상인』 전십권

조선극장 전 (광) 二〇五

매일 25.09.05 (1) [연예안내] 〈광고〉

홍보문구가 제외된 외 동아일보 9월 5일자 조선극장 광고와 거의 동일

조선 25.09.05 (조4) 정주악대 활사(活寫) / 홍원(洪原)에서 성황

거 일일 정주악대 활동사진 전선(全鮮)순회 일단(一團)은 함남 홍원읍에 도착하야 일일 이일 양일간 동 읍내 부흥여관 전정(前庭)에서 동군 청년회, 동아지국 본보지국 후원 하에서 영사 급(及) 연주로 대성황을 일우엇다더라. (홍원)

조선 25.09.05 (조4) 〈광고〉

동아일보 9월 5일자 조선극장 광고와 동일

동아 25.09.06 (5), 25.09.07 (2), 25.09.08 (2), 25.09.09 (5), 25.09.10 (6), 25.09.11 (7) 〈광고〉

9월 5일자 조선극장 광고와 동일

매일 25.09.06 (2), 25.09.08 (2), 25.09.09 (2), 25.09.10 (2), 25.09.11 (2) 〈광고〉

9월 5일자 조선극장 광고와 동일

조선 25.09.06 (조4), 25.09.07 (조1), 25.09.08 (석2) 〈광고〉

9월 5일자 조선극장 광고와 동일

조선 25.09.06 (조4) 〈광고〉

구월 오일 토요부터 희극대회

미국 유니버–살 회사 실사 **국제시보** 전일권

미국 센츄–리 영화 희극계 명성 죠–마휘 씨 주연

연속희극 **칸푸스** 이십사권 중 전십이권 상영

미국 쌔데–지 사 하롤드로이드 씨 맹연

벙글벙글 희극대회

희활극 **거인정복** 전육권

예고

미국 폭쓰 회사 초특작 영국 문호 핫진스 씨 원작

예술영화 **겨울리 오면** 전십이권

경도적 대활극 **진천동지**(震天動地) 전칠권

경이적 대명화 **단데 지옥편** 전권

일활 특약 **우미관** 전 광 삼구오번

당 구월 육일부터 오일간 연속대회

미국 유니버살 사 대표적 대초(大超)작품

불국 문호 쥴뷔–두 씨 불후의 명저

각색 로바–드쥬–롱 씨 감독 이뷔–스이증 씨

쾌한 월리암데쓰몬도 씨 주연 명화 로–라푸렌드 양 조연

십팔일간 세계일주 전십이편 이십사권

쾌한 종횡무진의 대비약!은 금회가 최후

제이회 후편 제칠편 만리장성 제팔편 동경 제구편 장기(長崎)[3]

---

3) 일본 나가사키.

제십편 호노루루 제십일편 상항(桑港)⁴⁾ 제십이편 최후의 막(幕)

십이권 상영

최후편은 오날

유니버-살 초연속대활극 윌리암당칸 씨 각색 감독 주연

연속 신뢰(迅雷)열차 전십오편 삼십권 중

제사회 제칠편 습래자(襲來者) 제팔편 모계(謀計) 상영

미국 유니버-살 사 작품 센취리 대작

마죠-리마-세 양 쟉크알-쓰 씨

대희극 **매가(賣家)** 전이권

송죽 특약 유 사 **단성사** 전 광 구오구번

매일 25.09.07 (2) [연예안내] 〈광고〉

조선일보 9월 6일자 단성사 광고와 주요 정보 동일하나 아래와 같은 예고 첨가

대예고

불일 봉절 촬영완성

대비애곡 **쌍옥루** 전후편 십수권

조선 25.09.07 (조1) 열차에 무선전화 / 방송시험 성공

(동경전) 열차 『라듸오』의 준비는 *돈되야 철도국 **당국은 철도성 전기국 통신과와 협력하야 일반 철도 통신을 시작하야 승객 오락에 공(供)코자 하는 취기(趣氣)로 방송시험을 하려고 근일 동경시와 국부진(國府津)⁵⁾ 간에 무전열차를 운*하고 송영(松永) 통신과장, 동철(東鐵) 석전(石田) 전기과장 등이 타고 동경방송국의 방송을 수(受)하야 시험한바 의외 호성적으로 청취됨으로 일동은 깃거워 한 터인대 동경에서 ** 근처까지는 성선(省線)이 긴다(緊多)하고 차(且) 공장 내의 소음도 격렬함으로 잡음이 잇서 조치 못하엿섯스나 거긔서부터 국부진 방면까지는 비상(非常)히 잘 취(取)하엿다 하며 근근 대정(大井)방송국이 정식으로 체신성으로부터 인가를 수(受)하는 대로 본 방송을 행하게 되고 쏘 잡음을 피하는 새이에 철도통신선을 이용하야 각처에 『안테나』를 배설하면 효과를 득할 것임으로 실제에 사용될 시는 잡음이 과히 틀이지 아니할할⁶⁾ 터이라더라.

조선 25.09.07 (조1), 25.09.08 (석2) 〈광고〉

9월 6일자 우미관 광고와 동일

9월 6일자 단성사 광고와 동일

---

4) 미국 샌프란시스코.
5) 일본 가나가와 현 오다와라 시에 있는 '고즈 역'을 의미함.
6) '아니할'의 오식으로 보임.

조선 25.09.07 (조3) [연예] 캄프스 / 전이십사권 / 구월 사일부터 / 우미관에서 상영

이 영화는 미국에서 유명한 만화가 『시토니스미스』 씨의 만화를 재료로 삼아 제작한 것인대 내용으로 말하면 『캄프스』라는 멍텅구리 가튼 남자와 말성군인 안해 『씸』이와 잔쇠 만흔 아들 『쿠간』 세 식구의 가뎡생활을 그려내인 것이다. 그들의 그 어리석다 할는지 무사긔하다[7] 할는지 스크린에 나타난 그 형용부터 보는 사람으로는 아니 우슬 수 업는 영화인대 엇잿든 『우슴거리대회』란 제목에는 상당한 사진이다.

매일 25.09.08 (2) 금일 입경(入京)의 천화(天華) 일행 / 경극에서 개막

긔술계의 녀왕으로 텬하의 인긔를 한 몸에 모두우고 잇는 숑욱계텬화 양(松旭薺天華 孃) 일힝은 작팔일 오후 한 시에 인천(仁川)으로부터 입경하야 구일부터 시내 경성극장(京城劇場)에서 흥힝할 터인대 금번에는 부득이한 사정에 의하야 됴션인 측에서는 흥힝치 안는다더라.

매일 25.09.08 (2), 25.09.09 (2), 25.09.10 (2), 25.09.11 (2) 〈광고〉

9월 7일자 단성사 광고와 동일

조선 25.09.08 (조3) [상의] 저는 배우가 되길 결심하엿습니다

저는 어렷슬 째부터 연극을 대단히 조화하야 어느 째에든지 한번 배우생활을 하여 볼 결심임니다. 그러면 배우 될 사람은 엇더한 자격이 잇서야 하며 쏘는 배우학교에 드러가면 학자금이 매월에 얼마나 들겟슴닛가. 배우학교에 아니 가고 곳 활동사진회사에 드러가 배우 견습할 수 업슴닛가. 저는 일본 가 잇슬 째에 일활활동사진회사(日活活動寫眞會社)에서 견습하려다가 평양 잇는 어머님에서 병환이 대단하시다 하야 평양으로 도라가 보니 어머님은 벌서 세상을 바리섯슴으로 저는 다시 경성으로 와서 몃푼 돈을 벌기 위하야 로동하는 자올시다. 엇더케 하면 본 뜻을 이루어보겟슴닛가. (남대문 외 C生)

조선에도 근일에 와서 조선을 제재로 삼어 활동사진을 더러 촬영하게 되엇슴니다. 싸라서 활동사진 배우 되기를 지원하는 젊은 남녀가 만히 생기는 모양이나 그러나 우리 조선 안에는 배우를 양성하는 완전한 긔관이 아즉 업슴니다. 배우 될 자격으로 말하면 엇더한 것이 잇서야 한다고 좁은 지면에 일일히 말할 수 업슴니다만은 무엇보다도 첫재로 배우 될 만한 련분이 잇서야 함니다. 영화의 『스크린』에 나타나서 만인의 환영을 밧고 이름을 세계극단에 휘날리게 하는 것만 보고 누구든지 배우노릇을 하면 곳 별수가 잇슬 듯히 생각하기 쉬우나 이것은 만 사람 중에 하나나 천 사람 중에 하나가 될 듯 말 듯한 어려운 일임니다. 당신의 형편을 말슴하면 방금 로동을 하시는 모양이니 학비를 내어 가지고 공부할 수는 업슬 듯함니다. 이 뎜에 대하야 특별히 생각하여 보세야 함니다. 그리고 학교에 가지 안코 바로 영화회사에 드러가서 배우견습을 하시겟다 하지마는 조선에는 아즉 드러가서 배우

---

7) 조금도 간사한 긔가 업다.

견습을 할 만한 활동사진회사가 업습니다. 견습이니 무엇이니 하야 긔본이 확실치 못한 활동사진회사에 드러갓다가 도리혀 큰 고생을 사는 일이 만슴니다. 그러한 곤난이라도 참어가며 성공하여 보겟다는 결심이라 하면 다시 한번 모험덕으로 하여보시는 것도 조켓지마는 그것보다도 몬저 활동사진에 대한 지식과 또 배우 될 만한 소양을 미리 준비하는 것이 조흘 듯합니다.

동아 25.09.10 (5) 조선극장 영화 / 본보 독자 우대 / 십일, 십일일 량일간

시내 인사동(仁寺洞) 활동사진상설관 됴선극댱(朝鮮劇場)에서는 수일 전부터 됴선 고대소설 중에서 가장 비극이오, 걸작 소설, 우리 일반 가뎡에서 만히 읽고 잘 아는 심청전(沈淸傳)을 영화극으로 각색하야 가장 자미잇게 촬영한 활동사진 전륙권과 또는 비극『에프, 쎄, 오』회사의 걸작품으로 정열에 타오르는 청춘남녀의 불꼿 갓흔 사랑을 뎨재(題材)로 하고 그 내용에 여러 가지 모험과 활극이 연출되는 『암야의 우자(暗夜의 愚者)』라는 전칠권의 사진과 쏘한 미국『파라마운트』회사의 특작품이 『자번뇌(子煩惱)』라는 전칠권의 사진들을 영사하야 일반 활동사진 관람자의 대환영을 밧어왓는데 금 십일부터는 본보 애독자들에게 그 명 사진을 조곰 갑싼 료금으로 관람할 긔회를 만들기 위하야 십일과 십일일 량일 밤에 매날 밤 다음과 갓흔 할인료금으로 관람에 응하게 되엿다.

보통 이층 칠십 전을 오십 전으로
아래층 사십 전을 삼십 전으로
학생이층 사십 전을 삼십 전으로
아래층 삼십 전을 이십 전으로
각기 할인한다.

동아 25.09.10 (5) 춘향전 상연 / 토월회에서 / 금 십일 밤부터

시내 황금뎡 광무대(光武臺) 직영 토월회(土月會)에서는 조선 고대소설 중에서 가장 걸작인 춘향전(春香傳)을 전 십막으로 현대에 덕합하도록 자미잇게 각색하야 금 십일 밤부터 공연할 터이라는대 물론 동 회의 자랑거리인 무대장치는 물론 참신긔발하게 한다 하며 쏘한 동 회 출연부의 총동원으로 륙십여 명이 출연하리라더라.

동아 25.09.10 (5) 〈광고〉

조선극장 활동사진
본보 독자 우대일
구월 십일 당일 통용

동아 25.09.10 (6) 〈광고〉

토월회 특별대공연
구월 십일 밤부터
반만년 역사가 산출한 만고 불멸의 향토 예술

춘향전 전십막

생명이 약동하는 현대화한 각색

석시(昔時)를 추상(追想)케 하는 참신한 무대장치!

토월회 출연부 육십여 명 총출연

보라! 광채 찬란한 이 향토예술

칠시 반부터 개연

원체 막수가 만흠으로 반다시 오후

칠시 삼십분부터 개막합니다

종래 발행의 초대권은 본 공연만은 통용치 못합니다

토월회 직영 **광무대**에서 전 (본) 팔팔육

매일 25.09.10 (2) [연예안내] 〈광고〉

우대 특별 대흥행

동아 기네마 等特 院開新[8]

제이회 일대 특작 대영화

원작 각색자 가천천외(歌川天外) 감독자 송옥춘*(松屋春*)

파란군*(軍*) 난투 우(又) 난투 **검의 무(舞)** 육권

시천소문치(市川小文治) 생야초자(生野初子)

고두도태랑(高頭道太郎) 하합정자(河合靜子) 공연

마기노 푸로탁숀 제공 『고락(苦樂)』 칠월호 소재

중천자랑(中川紫郎) 감독 일대 시대극

애련구토담(哀戀仇討譚) **통마(通魔)**

동아기네마 갑양(甲陽) 결사적 모험 대희(大喜)

활극영화 폭탄아(爆彈兒) 육권

고전임(高田稔) 죽촌신부(竹村信夫)

횡적구자(橫笛久子) 엽촌곡자(葉村谷子) 역연

요금 계상 칠십 전 소아 학생 반액

　　　계하 오십 전 (군인 상 이십 전 하 십 전)

팔일부터 봉절공개

중앙관

동아 25.09.11 (7) 〈광고〉

조선극장 활동사진

---

8) '新開元 特等'의 오식으로 보임.

본보 독자 우대일
구월 십일일 당일 통용

동아 25.09.11 (7), 25.09.12 (2), 25.09.13 (2), 25.09.14 (3) 〈광고〉
9월 10일자 광무대 광고와 동일

매일 25.09.11 (2), 25.09.13 (6) 〈광고〉
9월 10일자 중앙관 광고와 동일

매일 25.09.11 (3) 근검저축과 국세(國勢) 조사 선전 / 활사와 강연으로
본월 사일에 충북도 활동사진반은 옥천군 군서(郡西)공립보통학교 광장에서 근검저축과 금추(今秋)에 시행할 국세(國勢) 조사를 선전코져 활동사진을 영사하고 민(閔) 도촉탁(道囑託)과 최(崔) 군속(郡屬)은 국세 조사에 대하야 신정금조(新井金組) 이사는 근검저축에 대하야 각각 강연하얏는대 청중은 무려 천여 명으로 농촌에서는 희유한 성황을 정(呈)하얏더라.

동아 25.09.12 (3) 〈광고〉
십구일(토요)부터 사일간
천화(天華) 일행이 내연(來演)함으로 고대의 이대 명편 초특별 대공개
파나마운트 사 제공 희극계 명우 니루-반스 씨 주연
포복절도 **여자는 일업다** 전이권
명화 베듸-콤푸슨 양 주연
연애명편 **웃는 백화** 전칠권
『하와이 열대의 밤!』 고요한 밤을 아름답게 장식한 웃는 백화!
그 처녀로 인하야 토인과 백인의 애(愛)의 쟁투는 격렬하얏다 그 결과는?
독일 후엘 네루 회사 대영화 윌리암 쉑스피어- 씨 걸작
대문예명편 **베니스의 상인** 전구권
씨의 걸작 중 희곡 『베니스의 상인』이 우리 조극(朝劇)에 출현케 됨은 실로 반도문학계에 대하야 축감(祝感)할 바이다
예고
대메트로사 초초작 특품
대모험대비곡 『호와이드시스다』
조선극장 전 (광) 二〇五

구월 십이일(토요)부터 고급 명화 공개
미국 폭쓰 사 희극 **크레틀님** 전이권

로비노-레잉 씨 주연 희극 **천하의 기자**(記者) 전이권

스데휘엥잘스마스 씨 원작 루이스 부리 양 주연

표류기담 운명의 함정 전오권

미국 나쇼날토라마 사 로-렌스호황크 양 주연

대전극(大戰劇) **대적**(大敵) **습래**(襲來)하면 십권

예고

미국 윌리암 폭쓰 사 영국문호 ASM 핫친 씨 원작

예술영화 **겨울이 오면** 전십이권

경이적대명화 **싼데 지옥편** 전편(前篇)

경도적대활극 **진천동지**(震天動地) 전칠권

폭쓰 사 특약 **우미관** 전화 광화문 삼구오번

동아 25.09.12 (4) 함흥 독자 우대 / 활동사진 반액 / 매 월요일마다 우대

본보 함흥지국에서는 독자를 위안할 목적으로 동명극장에서 영사하는 활동사진 관람 우대 할인권을 매주 월요일마다 본보 난외에 발행할 터인데 당일 할인권을 절취하야 지참하시는 이에게는 각등 반액으로 할인할 터이라고. (함흥)

동아 25.09.12 (5) 〈광고〉

유성긔 음악회

입장 무료, 만히 오시오

구월 십이일 오후 칠시부터

경성일보사 내청각(來靑閣)에서

경성 명기(名妓), 명창 취입

주식회사 일본축음기상회 경성지점

매일 25.09.12 (2) 극문회(劇文會) / 팔일에 창립 총회

지난 팔일 오후 다섯 시에 시내에서 무대예술(舞臺藝術)을 연구하는 극 동호자 십여 인이 시내 수송동(壽松洞) 륙십륙 번디 김영보(金泳俌) 씨 방에 모혀서 극문회 창립 총회(劇文會 創立總會)를 열고 림시 셕장 심대섭(沈大燮) 씨 사회로 의사가 진힝되엿는데 그 회의 목덕은 사게의 동지들이 결합하야 순전히 연극문학(演劇文學)과 무대예술을 연구함에 잇다 하며 일 년에 사, 오차 공연도 하리라는데 오는 십월 하순경에 데일회 시연(第一回 試演)을 공개할 예명이라 하며 동인과 간사의 씨명은 아리와 갓다더라.

고한승(高漢承), 김영보(金泳俌), 김영팔(金永八), 임남산(林南山), 이경손(李慶孫), 이승만(李承萬), 심대섭(沈大燮), 안석주(安碩柱), 최선익(崔善益), 최승일(崔承一)

= 간사 김영보 심대섭

동아 25.09.13 (5) 교육 활동 협회 / 고등보통학회에 부설

시내 황금뎡(黃金町) 삼뎡목 통신교수고등보통학회(通信敎授高等普通學會)에서는 이번에 교육활동사진협회(敎育活動寫眞協會)라는 것을 부설하고 아동 교육의 조흔 자료를 뎨공하랴고 그 사업의 뎨일보로 인격 잇는 기술원들을 양성하기 위하야 모든 준비를 정돈하여놋코 지원자 모집에 착수하엿다는데 기술원 강습생의 모집은 금월 십오일까지라더라.

동아 25.09.13 (5), 25.09.14 (4), 25.09.15 (5), 25.09.16 (2), 25.09.17 (2), 25.09.18 (2) 〈광고〉

9월 12일자 우미관 광고와 동일

매일 25.09.13 (6) [연예안내] 〈광고〉

당 구월 십일일부터 오일간 신사진 전부 차환
미국 유 사 작품 대희활극 **싹시-씨!** 전이권
미국 유니버-살 작품 대맹투극 **철권** 전이권
유니버-살 사 작품 서부활극 **백마의 맹장** 전오권
유니버-살 사 특작품 명화 **형이 되여서** 전오권
유 사 초대작품 윌리암 당칸 씨 각색 감독 주연
연속 **신뢰(迅雷)열차** 전십오편 삼십권 중
제사회 제구편 면죄 제십편 위험의 도(道) 상영
대예고
불일 봉절 촬영완성
대비애곡 **쌍옥루** 전후편 십수권
불일 본관에 공개될 대맹투 결사적 대모험 희활극
분투 괴물단 전팔권
단성사

십구일(토요)부터 사일간 천화(天華) 일행이 내연(來演)함으로
고대의 이대 명편 초특별 대공개
구리스치 대희극 포복절도 **여자는 일업다** 전칠권
대파나마운트 사 대영화 연애명편 **웃는 백화** 전칠권
영문학의 광채 세계 문학의 패왕인
대문예명편 **베니스의 상인** 전구권
대예고
대메트로 사 초〃 특작품
영화사 창시 이래 최대 예술 영화

대모험대비극 **호와이드시스다** 전십일권
루(淚)의 명화(名花)! 리리안 킷수 양 주연
(공개일 절박) 불일 내로
조선극장

동아 25.09.14 (4) 수재 구제 활사반 / 본사 울산지국 주최

본사 경남 울산지국(本社 慶南 蔚山支局)에서는 과반의 수해로 인하야 집 일코 먹을 것 업고 벌거버슨 동포를 구제코저 부산키네마회사의 특작품인 『해의 비곡』과 『운영전』, 『동리(洞里)의 호걸』, 『신의 장(神의 粧)』 긔타 취미가 만흔 활동사진으로써 수해구제 순회 활동사진반을 조직하고 좌긔 각디를 순회한다는대 각디 단톄의 후원과 동정이 만히 잇기를 바란다고.

순회 지방 급(及) 일자

울산 구월 십사, 십오일 경주 구월 십육, 십칠일 포항 구월 십팔, 십구일 대구 구월 이십, 이십일일 마산 구월 이십이, 이십삼일 의령 구월 이십사, 이십오일 진주 구월 이십륙, 이십칠일 통영 구월 입(卄)구, 삼십일 여수 십월 일, 이일 순천 십월 삼, 사일 광주 십월 오, 육일 목포 십월 칠, 팔일 정읍 십월 구, 십일 이리 십월 십일, 십이일 전주, 십월 십사, 십오일 군산 십월 십육, 십칠일 강경 십월 십팔, 십구일 논산 십월 이십, 입(卄)일일 공주 십월 입이, 입삼일 조치원 십월 입사, 입오일 청주 십월 입육, 입칠일 대전 십월 입구, 삼십일 김천 십월 삽(卅)일일 십일월 일일

동아 25.09.15 (2) 영화비 칠천원 드린! 영화극 쌍옥루 / 전후 십팔권의 작품 / 금월 중순 공개

최근 설립된 고려영화제작소(高麗映畵製作所)에서 제일회 작품으로 쌍옥루(雙玉淚)라는 사진을 제작하엿다 함은 긔보한 바어니와 그 사진은 촬영비 칠천 원, 촬영 일수 오십 일이 걸닌 전 십팔권의 대작품이라는대 금월 중순에는 시내 단성사(團成社)에서 공개되리라 한다. (사진은 쌍록루에 일 당면에 나타난 리경자로 분장한 김소진(金少珍)과 서병삼을 분장한 조텬성(趙天星) 서병삼)

동아 25.09.15 (5) 〈광고〉

9월 10일자 광무대 광고와 동일하나 아래의 예고 첨가

예고
내 구월 십칠일 밤부터
홍련애화(紅戀哀話) **시드른 망초**[9] 전사막
연일 만원!! 호평여용(好評如湧)!!
참으로 감사함니다 삼가 지상으로
사의를 표하나이다.

---

9) '방초'의 오식으로 보임.

매일 25.09.15 (2) 일축(日蓄) 회사의 신보 발표회 / 긔계와 실연으로 셩황을 이루어

일본 축음긔 회사의 신보(新譜) 발표회는 비로 인하야 예뎡보다 하로 느져셔 십삼일 밤 본사 루상 리청각에셔 셩황리에 개최하얏셧다. 뎡각이 되매 대수하(大須賀) 지뎜장의 인사가 잇슨 후 전후 십구회의 순서로써 축음긔와 실연을 번가라 만장한 텽즁에게 갈채를 밧앗셧다. (사진)

매일 25.09.15 (2) 레코-드와 육성 비교 / 조선 셩악 대가의 실연 대회 금일 / 주최 일동(日東) 회사 후원 매일신보

소리만 뎐하면 신긔하다는 시대를 멀니 지내인 요사히의 축음긔는 차차 육셩(肉聲)에 갓갑은 소리를 넛켓다는 사명(使命)이 커지게 되자 모든 축음긔회사에서는 압흘 닷호며 재조를 다하야 축음긔 판에 가장 완전한 소리와 가장 갑잇는 소리를 너흐랴 할 째에 엄연히 리해 문데를 써나 축음긔계의 한 혁명(革命)을 이룻키어 축음긔 소리나 사람의 소리나 조금도 다를 것이 업다는 갈채를 밧게 이른 회사는 곳 일동축음긔회사(日東蓄音機會社)이다. 창설된 지 거의 여러 해에 만난 천고를 다하야 오직 축음긔의 완성을 도모하든 동 회사에서는 됴션의 가곡에 눈 밝히든 긋헤 됴션의 예술을 가장 완전히 가장 빗나게 널니 민즁에게 소개하며 멀니 후세에 뎐하자는 취지 하에 다른 회사에서는 경셩에다가 림시로 집을 쑤미고 기싱들의 소리를 넛는 것을 일동축음긔회사에서는 가장 완전한 장치를 한 방에서 소리를 너허야 한다 하는 조건 하에 려비를 증츌하야 됴션 가곡게의 권위(權威) 하규일(河奎一), 김창룡(金昌龍), 박월명(朴月庭) 등 세 사람을 즁심으로하고 일힝 십여 명을 멀니 대판(大阪) 본사까지 초빙하야다가 가장 완전한 됴션 소리를 축음긔 판에 넛케 되얏던 것이다. 이러 수삭 동안 축음긔 판매 제조에 몰두하든 동 회사에서는 우션 자긔 회사의 노력한 성적을 일반 됴션 사람에게 하소하고자 금 십오일 밤 일곱 시부터 본사 리쳥각(來靑閣)에셔 본사 후원으로 실연회(實演會)를 개최하고 소리를 너흔 사람의 노리와 축음긔 판의 소리를 교대하야 드러가며 성적을 비판케 되얏스니 실로히 『시간뎍 예술』을 멀니 후세에까지 뎐하랴는 문화운동의 한 가지로도 볼 수 잇는 것이니 실노히 동 회사가 손익문데를 써나 긋까지 량심 잇는 예술 사업의 그것과 가튼 태도로 됴션과 밋 됴션 사람에게 대하는 것은 매오 가상한 일이라 안이 할 수 업는 것이다. 입장은 물론 무료이나 특히 혼잡을 면하기 위하야 입장권을 발힝키로 하얏는대 특히 본지 란외에는 무료 입장권을 박엇스니 독자 졔씨는 그 표를 가지고 자미잇고 뜻잇는 실연회를 한 번 구경하실 것이며 여흥으로 기싱의 춤도 잇겟다더라.

◇ 사진설명 ◇ 사진은 (上) 올흔편은 하규일 씨, 왼편은 김창룡 씨 (下)는 박월명 녀사

동아 25.09.16 (4), 25.09.17 (5), 25.09.18 (5), 25.09.19 (4) 〈광고〉

9월 15일자 광무대 광고와 동일

동아 25.09.17 (2) 〈광고〉

토월회 공연
본보 독자 우대일

구월 십칠일 당일 통용

매일 25.09.17 (2) [연예안내] 〈광고〉
당 구월 십육일부터 지상 유일의 세계적 명화 출현
본사 희생적 대흥행
미국 유 사 작품 연속 **신뢰(迅雷)열차** 전십오편 삼십권 중
제육회 제십일편 제십이편 사권 상영
미국 부루파-트 사 대걸작품 청춘대비애곡 **장한가** 전칠권
미국 대메도로 사 공전의 대작품
수천 인의 등장 배우의 취권(取卷)되여
소년 천재 쟉키 구캉 군의 독연(獨演)
눈물의희극 **왕양(王樣)만세** 십일권
대예고
불일 봉절 촬영완성
대비애곡 **쌍옥루** 십팔권
불일 본관에 공개될
단성사

십육일(수요)부터 특별 대공개
천화(天華) 대마기술(大魔術團)
○ 마술과 가극 ○ 풍자와 골계 ○ 음악과 무용
구월 십육, 십칠, 십팔 삼일간 한함
대예고
대메트로 사 초々 특작품
영화사 창시 이래 최대 예술 영화
대모험 대비극 **호와이드시스다** 전십일권
루(涙)의 명화(名花)! 리리안 킷수 양 주연
상영일 절박! 근々 상영
대파나마운트 사 특작영화 서반아 문호 이바네스 씨 원작
문예극 **혈과 사(血과 砂)** 전구권
이번에는 미국셔 신제품이 내도(來到)하야
어김업시 상영합니다
F·B·O 사 초특작 영화
절세대비곡 **자장가** 전칠권 [자수패(子守唄)]
근일 상영 주목 기대하시라

조선극장

명편 명화 명작 명우 전(揃) 특별 대흥행

마기노 푸로탁숀 제이회 작품

대탈선 대희활극 **엇썬날 구토(仇討)** 전칠권

오월신부(五月信夫) 설명

대동아갑양(甲陽)혁신 제일회 작품

하고잔몽(賀古殘夢) 감독

문박사(文博士) 정상철이랑(井上哲二郎) 선생 원작

회산미등(檜山美登) 각색

서남이문(西南異聞) **노녀백국(老女白菊)** 전오권

부사욱광(富士旭光) 해설

마기노기네마 일대 걸작품

결사모험활극 **쟁투** 전육권

산중권병위(山中權兵衛) 해설

요금 계상 칠십 전 (소아 학생 반액)

　　　계하 오십 전 (군인 상 이십 전 하 십 전)

십오일부터 봉절공개

중앙관

동아 25.09.18 (2) [연예] 인천 소년군 주최 / 활동사진대회

인천 조선소년군 본부(仁川 朝鮮少年軍 本部)에서는 선전(宣傳) 급 실디 훈련(實地訓練)에 필요한 모든 비품(備品)을 작만할 목덕으로 오는 십구, 이십 잇흘 동안 매일 오후 칠시 반부터 시내 빈뎡(濱町) 가무기좌(歌舞伎座)에서 활동사진대회를 개최할 터이라는대 그날 영사할 사진은 소년군의 실황과 비극『심청전』외 자미잇는 것들이 매우 만타 하며 이에 대하야 일반 시민들은 흥미를 가지고 그날을 고대하는 중이라 하며 당일 입장료는 보통 삼십 전 균일(三十錢 均一)로 하엿고 일반 학생은 이십 전식이라더라. (인천)

동아 25.09.18 (5) 조선 구극은 /『풍속문란』이라고 경찰에 진정

평양부 신창리 변창익(新倉里 邊昌益) 씨 외 십여 인은 지난 십륙일에 리민을 대표하야 평양 경찰서 당에게 진정을 하엿다는데 사실의 내용을 들어보건대 전긔 신창리 공설시장 뒤 넓은 마당에서는 근일 조선구극(朝鮮舊劇)을 날마다 흥행하는바 한 가지도 취할 만한 덤은 업고 다만 음담패설로써 동리의 풍속을 문란케 할 쑨인대 상당한 장소도 아니고 짜라서 설비가 불충분하야 더욱 풍속을 문란케 함이 심하다는 리유로 그와 가치 경찰당국에 진정을 한 것이라더라. (평양)

매일 25.09.18 (2), 25.09.19 (2), 25.09.20 (2) 〈광고〉
9월 17일자 단성사 광고와 동일

매일 25.09.18 (2), 25.09.19 (2) 〈광고〉
9월 17일자 조선극장 광고와 동일

**매일 25.09.18 (2), 25.09.19 (2), 25.09.20 (2), 25.09.23 (2), 25.09.24 (2), 25.09.25 (2)
〈광고〉**
9월 17일자 중앙관 광고와 동일

동아 25.09.19 (4) 〈광고〉
구월 십칠일부터 이대 명화 공개
미국 폭쓰 회사
실사 폭쓰 니유-스 **No. 38** 전일권
로비노로잉 씨 주연 희극 **해적퇴치** 전이권
미국 대메도로 회사 초특작 천재 작키-쿠-캉 군 임(臨)함
루(淚)의 미소의 애국 대시사(大詩史)
왕양(王樣)만세 십일권
미국 바데 A.E 영화 하롤도 로이드 씨 주연
벙글벙글 포복절도
대희활극 로이드 **독톨쌕크** 전오권
예고
미국 윌니암 폭쓰 회사 초특작
영국문호 A.S.M. 핫친스 씨 원작
예술영화 『**겨울이 오면**』 십이권
경이적 대명화 『**짠테 지옥편**』 전편(前篇)
경도적 대활극 『**진천동지(震天動地)**』 칠권
미국 쌔데 지사 하롤드 로이드 씨 주연
희활극 『**손님에게 싸여서**』 *권
폭스 사 특약 **우미관** 전화 광화문 삼구오번

동아 25.09.19 (5) 〈특별광고〉
토월회 공연
본보 독자 우대일
구월 십팔일 당일 통용

매일 25.09.19 (2) [개방란 /투고환영] 속히 개량할 극장의 좌석 / 우충과 아래충을 밧고아 쑤며노라

우리가 극장에 가서 구경을 하는데 멀니 안자셔 음성과 태도를 어렴풋이 대하는 것이 죳켓는가? 갓가히 안자셔 목소리도 잘 듯고 밉시도 분명히 보는 게 죳켓는가?

나는 이 문뎨를 드러셔 됴션 사람 측 연극장의 좌석과 등급을 개량하자는 발론을 하랴고 하는 것이다. 세계의 어느 나라 어느 극장이고 민 아리충이 뎨일 갑싼 좌석으로 된 나라는 아마 됴션밧게 업슬 것이다.

아리충을 얌젼히 쑤며놋코 특등셕을 민드러 노흐며[10] 무대도 바로 보히며 음셩도 잘 들닐 것을 엇지하야 이충 쏙닥이에다가 일등석 특등을 차려노왓는지 그 마음을 모르겟다.

그것도 돈 업는 이를 우대하기 위하야 특히 남의 나라에서는 특등 터로 쓰는 아리충을 하등으로 차려노왓다면 괴특할 일이겟스나 결코 영업자의 주판 주인 손이 어대가 어수룩하다고 그럴 리는 업스니 그야말로 됴션의 한 특수한 현상일 것이다.

량반 나라 됴션에서는 놉히 안자셔 나려다보지 안흐면 힝셰를 못 할 줄노 알지도 모르겟스나 임의 세계의 대세는 량반을 파뭇고 마랏쓰며 연극장의 모든 설비는 아리충이 가장 죠흔 구경터가 되는 것이니 쯧잇는 흥힝업자는 용단을 하야 아리충을 특등으로 삼아볼 만도 할 것이다. (YK生)

매일 25.09.19 (2) 조선에셔 처음 맛난 일본극계의 노장 / 입(廿)일일에 경극(京劇)에 출현 / 지금부터 인ㅅ긔가 굉장하다

일본극계(日本劇界)의 로장(老將)이요, 신파 연극의 혁명아로 애호자 사이에 우뢰갓흔 일홈을 썰치든 경도(京都)의 정간소차랑(靜間小次郎) 씨는 오래전부터 됴션과 만주의 슌업을 계획하얏스나 근본히 단톄가 크고 경비가 거대하야 션만 방면에 잇는 간난한 흥힝사로서는 손대일 엄두를 내이지 못하더니 이번에 구주 방면에 잇는 흥힝사와 련락을 취하야 가지고 맛참내 일힝을 됴션에 맛게 되야 지난 십일에 현해탄을 건너 부산, 대구를 것치여 경성에 드러와 오난 이십일 일부터 시내 경성극장(京城劇場)에서 번화한 첫 막을 열게 되얏다는바, 됴션에서 이 갓흔 큰 극단을 맛기는 이번이 처음임으로 진고개 방면의 인긔는 자못 굉장하야 지금부터 손을 곱고 기대리는 모양이라더라. (사진은 정간소차랑 씨)

매일 25.09.19 (3) 『심청전』 영사 / 인천 조선소년군 주최 / 활동사진 대회에

인천 조선소년군에서는 십구, 이십 양일간 매일 오후 칠시 반부터 시내 빈정(濱町) 가무기좌(歌舞伎座)에서 활동사진 대회를 개최하야 우수한 영화를 상영할 터이라는바, 동 소년군의 공익을 위한 기다(幾多)의 전적(前績)에 감(鑑)하야 일반의 동정이 폭주할 터임은 가의(可疑)치 못할 바로 성황을 예기하는바, 더구나 초일에 상영할 『심청전』 전육권은 걸작 중의 걸작인 조선 고대소설인 동시에 차(此)가 영화화한 점 등으로 일반의 인기가 다대하며 차일(此日)의 『살인자는 수(誰)?』 전오권의 태서

---

10) '노흐면'의 오식으로 보임.

탐정극도 심청전에 불하(不下)하는 인기를 초(招)하는 명화일 쌘 안이라 영화화한 조선소년군의 행사 동작의 실사, 기타 희활극 수 편 등을 합하면 관객으로 하금[11] 초추(初秋)의 일야(一夜)를 의의잇게 송(送)할 명화쌘으로 망라하얏다는대 입장료는 삼십 전 균일로 학생은 이십 전인바, 수입이 유(有)할 시는 동회(同會)의 공익 사업의 자금에 보충하리라더라. (인천)

동아 25.09.20 (2) [휴지통]

▲ 요사이는 『히야까시』라는 말이 썩 잘 쓰이는 모양인데 그중에 젊은 남녀 간에 그 말이 잘 쓰이고 『히야까시』를 하다가 경을 친 청년도 적지 안은 모양. ▲ 시내 활동사진 상설관 우미관에서 안내를 하는 됴경화(趙慶花)는 갓 스물 된 젊은 뇨자로 트레머리와 수수한 몸맵시에 우미관을 드나드는 오금쓴 어중이써중이들의 귀염을 좀 바덧든가바. ▲ 십팔일 밤에는 우미관 우층에서 어느 써중이의 『히야까시』를 밧는 통에 한참 활동사진 막으로 쏠렷던 구경군의 눈초리가 경화에게 몰렷섯드라든가. ▲ 경찰서에서는 사진관 주인을 불너다가 경화를 내보내라고 말하얏다지. 『히야까시』 하기도 어렵고 『히야까시』 밧기도 오렵은 세음이야……

동아 25.09.20 (3), 25.09.21 (1), 25.09.22 (5), 25.09.23 (4), 25.09.24 (2) 〈광고〉

9월 19일자 우미관 광고와 동일

동아 25.09.20 (4) 이재민 구제극

용암포(龍岩浦)에서는 그동안 서도(西道) 각지를 순회 흥행하던 형제좌 현성완 일행의 내용(來龍)을 기회로 하야 거 십칠일 하오 팔시 반부터 당지 가설극장 내에서 형제좌와 본보 용암포 지국의 연합 주최로 지금 남선(南鮮) 각지의 이재민을 구제할 목적으로 수해구제극을 흥행하얏는데 당야(當夜) 수입으로는 실비를 제한 외에는 전부 동포를 위하야 제공할 터이라고. (용암포)

동아 25.09.20 (5) [모임] 환등대회

시내 현대소년구락부 문예부(現代少年俱樂部 文藝部) 주최로 이십일 오후 여덜 시부터 경성도서관 아동실(京城圖書館 兒童室) 안에서 환등대회를 개최하리라더라.

동아 25.09.20 (6) 〈광고〉

토월회 제삽(卅)일회 대공연
구월 십구일 밤부터 매야(每夜)
이내 몸은 강 언덕에 시드른 방초
너의 몸도 한가지로 시드른 방초
라는 애씃는 노래를 각색한 단장극(斷腸劇)

---

11) '하여금'의 오식으로 보임.

시드른 방초 전삼막

순박한 전원의 처녀가 그의 첫사랑을 따라서

싀집간 뒤에 이러나는 가지가지의 눈물의 하소연인

간난이의 설음 전이막

일요일에는 반다시 주야 흥행이 잇슴니다

토월회 직영 **광무대**에서 전 (본) 팔팔육

매일 25.09.20 (2) [연예안내] 〈광고〉

십구일(토요)부터 초특별 대흥행

전미 영화계를 경동식히고 일본천지에서 백열적(白熱的)

환영을 바든 과연! 인기 대명화!

보시라!! 영화계의 진보(珍寶)! 상찬의 경(鏡)을!

영화사 창시 이래 최대 예술 영화

대메트로 회사가 전심 전력을 다하야 완성인

『남(嵐)의 고아』『동도』 이상의 경이적 대웅도(大雄圖)

대모험대비극 **호와이드시스다** 십일권

루(淚)의 명화(名花)! 리리안 킷수 양 주연

상영일 절박! 근々 상영

대파라마운트 사 기적적 명작

대영화 **설중의 신부**(雪中의 新婦) 육권

명화 아리스, 부레듸- 양 주연

본 영화의 가치는 불후(不朽)불멸

조선극장

매일 25.09.20 (3) 몸 갑이 사십만 원

(사진) 우는 미국의 유명한 활동사진 녀배우 『메리팍휘-드』 양이니 그는 어느 악한 세 명에게 싈녀 가셔 사십만 원의 몸갑을 주어야 살녀 보내겟다고 위협을 당하다가 겨오 위기를 면하야 나왓다는대 그를 잡아갓든 범인 세 명은 각각 십만 원식의 보석금을 내야 자유의 몸이 될 것을 그 돈이 업셔셔 아즉도 미결감 속에서 한숨만 길게 쉬고 잇다고.

◇ 재판 만난 『리』 양

(사진) 아릭는 『동도』의 『안나』가 되야 됴선 사람 = 안이 세계의 모-든 기네마 『판』[12]을 울니든 『리리안 킷수』 양이니 그의 아릿답은 밉시, 순진한 태도야 누가 우러러보지 안으랴. 그는 요사이 『잇스파레-손픽츄어』 회사와의 촬영 계약을 어기고 다른 회사로 옴겨 간 까닭에 마참내 재판을 만낫다고

---

12) '팬'의 당대 표기.

함니다.

동아 25.09.21 (1), 25.09.22 (5), 25.09.23 (4), 25.09.24 (5) 〈광고〉
9월 20일자 광무대 광고와 동일

동아 25.09.22 (4) 수재 구제 활사 / 본보 울산지국 주최
지난 번 폭풍우로 인하야 삼남디방에서는 농작물의 피해는 물론이고 그 밧게도 인축의 사상(人畜死傷), 가옥 도괴(家屋倒壞) 등의 비참한 현상이 만핫다 함은 임의 세상이 다 아는 바어니와 금번 본보 울산지국(蔚山支局)에서는 그 참경에 싸진 동포를 구하기 위하야 금번 수재구제활동사진반(水災救濟活動寫眞班)을 조직하야 각디로 순회한다는데 집도 업고 먹을 것도 업는 곤경에 싸진 동포를 위하야 일반은 만은 동정이 잇기를 바란다 하며 순회 디명은 다음과 일명은 아래와 갓다고. (울산)
(이하 순회 지명 및 일할은 9월 14일 관련기사와 같음.)

동아 25.09.22 (6) [경제시론] 『라지오』의 경제상 효과
유선전신, 유선전화 시대는 구시대에 관(關)하고 오늘을 무선전신, 무선전화 시대, 라지오 시대이라. 라지오의 지식을 가지지 못하고 오늘날의 문명 통신을 말하기 어려우며 라지오의 보급이 속(速)할수록 각지의 정기물(定期物) 시세가 할일(割一)되리라 한다. 라지오가 발명되기는 기(其) 시일(時日) 구(久)하엿슬 것이나 이것이 발달되야 사회적으로 각 방면에 이용케 되기는 오늘날로 비롯한 것이다. 최근에는 조선에도 라지오 열이 일일(日日)히 고(高)하야 경성무선방송국의 실현도 대(大)하 기대되는데 무전이 경제적 상업적 통신구로서 엇더한 영향을 생(生)할 것인가 하면 선(先)히 정기 매매품에 의하야 사(思)하면 정기물 시세가 전일(前日)과 갓치 통신의 지돈(遲頓)에 의하야 장소적 차이가 생(生)하든 것이 시간적으로 통일 획치(劃致)될 것이다. 예로 인천 기미(期米) 시세에 취(聚)하야 관(關)하면 기 시세가 단독적으로 동요하느니보담도 대판 기미 시세의 입전(入電)에 의하야 흔히 동요되엇스며 경성의 각 현물주(現物株)의 시세도 역(亦)히 대판 주식의 시세 여하에 의하야 동요되어 잇다. 그런대 전신보다도 일층 신속한 무선전화로 대판 시세가 인천에나 경성, 기타 중요 시장에 시시(時時) 방송되면 양지(兩地) 간에 통신상 거리적 차이가 감멸되야 동시 동 시세에 합치될 것이다.
조선 각지 시장에서는 상업 통신 용구로 라지오의 수신기 거부(据付)에 주의하는 자 다(多)하다는데 솔선하는 군산 미곡시장에서는 예(例)히 라지오 설치의 계획이 입(立)하야 기계 설치까지 종(終)하고 사용 허가가 하(下)하는 대로 실시되리라 한다. 라지오를 완전한 상업 통신구로 사용케 되기는 동 시장이 첫재가 되겟스며 이후부터 기타 각 시장에서도 차(此)에 효(倣)할 자 다할 것을 예상하며 타면(他面) 시세의 속보를 득하지 못하야 항상 아리(我利)를 타에 쌔앗기든 조선인의 상장사(相場師)들은 차 통신기 준비에 열열할 것이며 싸라서 라지오의 상업통신시대가 현출되리라 한다.

매일 25.09.22 (3) 본보 독자 우대 활동사진 대회 / 유희성(劉熙成) 일행을 영(迎)하야
거 십육일 재령 분국에서는 경성 유희성 흥행부 지방 순업단 일행이 본군(本郡)에 내착(來到)하야 재령좌에서 고대소설 심청전을 공개하게 되얏는대 본사 분국에서는 애독 제위에게 위안코자 하는 의미 하에 본보 애독 제위에게만 한하야 반액으로 입장 우대케 하얏다더라. (재령)

동아 25.09.23 (2) 〈광고〉토월회 공연
본보 독자 우대일
구월 입(廿)이일 입삼일 양일 통용

동아 25.09.23 (4) [호남지방] 조일(朝日) 독자 위안
동업(同業) 조선일보는 치안방해라는 법망에 걸리어 발행 정지가 되얏다 함은 본지에 기보한 바어니와 동보(同報) 군산지국에서는 발행 정지되기 전부터 독자위(讀者慰) 연주회를 개(開)코저 당지(當地)에서 일홈이 잇는 『군산』, 『보성』 양 예기권번 기생이 총출연하기로 준비를 만단(萬端)으로 진행하든 중 정지의 처분이 잇섯스나 그에도 불구하고 지난 십일일 당지 군산좌에서 보성권번 예기가 총출동을 하고 기(其) 익일되는 십이일은 우천으로 연기하야 십삼일에 군산권번 예기 총출로써 입추의 여지가 업시 성대히 개최하엿다는데 독자로부터 자진하야 의연한 금액도 불소(不少)하엿다고. (군산)

매일 25.09.23 (2) 영화화한 쌍옥루 / 이십륙일에 봉절 상영 / 됴선에서 처음된 장편

△ 쌍옥루 한 장면

일즉히 본보에 련재되야온 텬하의 눈물을 잇글던 가뎡 비극 쌍옥루(雙玉淚)를 요사히 『고려키네마』에서 활동사진으로 촬영에 착수한 이릭 됴텬성(趙天星), 김퇵윤(金澤潤), 김소진(金少珍) 등 남녀 배우의 심혈을 쓰린 효과를 엇어 임의 젼후 십권의 대장편이 완성되얏슴으로 불일간 시연을 한 후 오는 이십륙일부터는 시내 슈은동 단성사(團成社)에서 봉절 공개를 할 터이라는대 과도긔에 잇는 됴선 영화예술계에 한 이채를 발할 것은 물론이어니와 배경의 선틱과 채광의 묘기를 다한 이번 영화는 보는 이에 마음을 황홀이 하고 눈물을 쓰는 장면이 만핫스며 더욱히 김퇵윤 씨는 대판에 가서 영화배우가 되야 재조를 닥든 사람이라 동쟉과 표정이 매우 틕가 버서 보히엇셧다. = 사진은 쌍옥루의 한 장면이니 남자는 『뎡욱묘』로 분장한 『김윤퇵[13]』 씨, 녀자는 『리경자』로 분한 『김소진』 양

---

13) 바로 위 본 기사에서는 '김택윤'으로 표기했다가 여기 사진 설명에서는 '김윤택'으로 거명되었다. '김택윤'의 오식으로 보임.

매일 25.09.23 (2), 25.09.24 (2), 25.09.25 (2) 〈광고〉

9월 20일자 조선극장 광고와 동일

매일 25.09.23 (2) [연예안내] 〈광고〉

당 구월 이십일일부터

유니버-살 사 초특작 인기아 후-드 쌉쏜 군 주연

희활극 쌉쏜 백만장자 전육권

부득(不得) 재견(再見)의 희극 대회

대메도로사 제공 이리스 상회 직약

홀-로-지 씨…… 맹투 대희극

희활극 분투 괴물원(怪物園) 전육권

진묘! 기々괴々!

미국 유 사 작품

연속 **신뢰(迅雷)열차** 전십오편 삼십권 중

최종편 십삼편 십사편 십오편 육권 상영

불일 봉절 촬영 완성

대비애곡 **쌍옥루** 십팔권

불일 본관에 공개될

단성사

동아 25.09.24 (4) [영남지방] 남명교(南明校) 활사대 내안(來安)

경주 사립 남명학교에서는 교사를 신축하기 위하야 경주 고적 영사대를 조직하야 전 조선 각지를 순회 중이라는데 지난 십육일에 안동에 도착하야 이일간 당지 공보교 여자부 운동장에서 상연한바 대환영리에 무사히 폐회하고 십칠일 하오 삼시에 내성(乃城)으로 향하엿다는데 당지 의연 제씨는 여좌(如左)하다고. (안동) (이하 의연금 명부는 생략)

동아 25.09.24 (5) [연예] 『카추샤』 극과 / 희생하든 날 밤 / 이십사일 밤부터 / 토월회 광무대에 상연

시내 황금명(黃金町) 토월회 직영 광무대(光武臺)에서는 이십사일 밤 일곱 시 반부터 극데를 전부 밧구워 『톨쓰토이』의 작품인 『부활(復活)』 전삼막과 『짜눈치오』의 걸작 『희생하던 날 밤』 전이막을 상연하리라는데 오래스동안 병으로 시골에 내려갓던 리백수(李白水) 군도 이번부터 출연하게 되엿다더라.

매일 25.09.24 (2), 25.09.25 (2) 〈광고〉

9월 23일자 단성사 광고와 동일

동아 25.09.25 (2) 〈광고〉

구월 이십삼일 수요부터 대공개

삼일간 대흥행

미국 유니버－셀 사

명우 쟉구 말홀 씨 맹연 마카렛드 리원스드 양 조연

연속활극 사교계에 괴도(怪盜)대회

전십편 이십권 전부 상영

예고

미국 윌니암폭쓰 회사 초특작

영국문호 A.S.M. 핫친스 씨 원작

예술영화『**겨울이 오면**』십이권

경이적대명화『**짠데 지옥편**』전편(前篇)

경도적대활극『**진천동지(震天動地)**』칠권

희활극『**손님에게 싸여서**』＊권

폭스 사 특약 **우미관** 전화 광화문 삼구오번

동아 25.09.25 (4) 〈광고〉

토월회 제삽(卅)이회 대공연

구월 입(卄)사일 밤부터

세계적 대문호 레오·톨스토이 선생 불후의 명작

부활 전삼막 일명 카주샤

인생과 청춘 ― 청춘과 사랑 ― 사랑과 돈 ― 청춘에

이러나는 사랑의 로－맨쓰

희생하든 날 밤 전이막

토월회 직영 **광무대**에서 전 (본) 팔팔육

동아 25.09.26 (4) 산업 개량 활사

경남 함안군 농회에서는 산업 개량을 선전하기 위하야 금년 사월에 활동사진 영사반이 군내를 순회
한바 금번에도 농회 이사 김용표(金溶杓) 씨 인솔 하에 좌기(左記) 일정대로 순회할 터이라고. (함안)

◇ 순회 지명 급(及) 일정

월 일 면별(面別)

구월 입오일 지(至) 이십팔일 함안, 여항(艅航)

십월 오일 지 십일일 가야, 군북(郡北), 죽남(竹南), 법수(法守)

십월 십오일 지(至) 이십일일 산인(山仁), 대산(代山), 칠서(漆西), 칠북, 자원(紫原)

동아 25.09.26 (6) 〈광고〉

9월 25일자 우미관 광고와 동일
9월 25일자 광무대 광고와 동일

매일 25.09.26 (2) 〈광고〉

대웅편 공개 입(廿)육일 봉절
우수 영화 대회 봉절 특별 대흥행
고려영화제작소 제일회 처녀작품
총지휘 박정현 씨
각색 이필우 씨 이구영 씨
감독 이구영 씨 강홍식(姜弘植) 씨
주연
조천성 씨 김소진 양 김택윤 씨 정암(鄭巖) 씨
소역(小役)
박은동(朴銀童) 군 김덕성(金德成) 군
기타
대비극 **쌍옥루** 전후편 십팔권
여성은 약하다고 한다 그러나 어머니로써는 가장 굿세인 힘이 잇다 이는 다만 모성애가 광대무변함
에 잇다고 한다…… 세간에는 이와 갓치 굿세인 힘을 가지고도 내 아들을 사랑치를 못하고 참혹한
운명의 조롱을 바다…… 영원의 어머님이 되고자 하는 여성들이 잇다…… 우리는 그 녀자를 위하야
얼마나 우러야 할가…… 본 영화의 주인공도 이와 갓흔 여성 가운데의 한아인 사람이다
보라 모성애의 일대 명편을
미국 대메도로 사 초특작품
희극계의 거성이요 모험의 인(人)인……라ー리ー군 대비약(大飛躍)
미국 자ー도웍크 회사 一九二五年 삼월 발매
대모험 대희극 **소국(笑國)만세** 전칠권
보라! 전고(前古) 미증유의 스피도와 활극!!
홍소!! 전율!! 활극!!
그리고 쏘 상절(上切)될 명화는 무엇일까??
유 사 영화 봉절장 **단성사** (전 광 구오구번)

동아 25.09.27 (4) 〈광고〉

구월 이십칠일 (일요 주간)부터
미국 폭쓰 회사
실사 **폭쓰 니유ー스 NO. 3**＊ 전일권

희극 **쮜여난 명우** 전이권

아네스드드월쿠스 씨 주연

정희극 **문명병**(文明病) 전칠권

잘스죤스 씨 주연

인정극 **명적**(命的)

미국 파데- 지 사 하롤드 로이드 씨 주연

희극 **손님에게 싸여서** 사권

예고

와-나부라사- 영화

설중(雪中)맹투대활극 『호랑의 군(群)』 육권

독일 바이에릿유 사 초특작 에리사벳시에엔 여사 원작

문제 대영화 애욕비화(悲話) 『**인육의 시**(人肉의 市)』 팔권

폭스 사 특약 **우미관** 전화 광화문 삼구오번

9월 25일자 광무대 광고와 동일하나 아래의 예고 첨가

예고

반만년 역사가 산출한

만고 불멸의 향토 예술 춘향전의 자매편

심청전 전팔막

춘향전과 심청전은

조선 국민문학의 쌍벽

동아 25.09.27 (5) 본보 독자 특별 우대 / 『카추샤』 극과 『희생하든 날 밤』 / 토월회 광무대에서 / 금 일요일 주야 흥행 / 요금은 계하 십 전 계상 이십 전

텬고마비하는 중추 가절은 또다시 우리 마음을 질거웁게 하려 한 거름 두 거름 갓가히 닥처오는 이째에 시내 황금뎡 광무대 토월회(土月會)에서는 본보 독자의 여러분을 위하야 한째의 위안이나마 드리겟다는 생각으로 명 이십칠일 일요일 하로 동안 주야 이회로 독자 무료 관극회를 개최하기로 되엿는바 당일의 연극은 부활(復活)이라는 삼막 물과 『희생하든 날 밤』이라는 이막 물인데 부활로 말하면 동회에서 가장 자신잇시 행연하는 각본으로 긔위 만도의 환영을 밧든 것이며 『희생하든 날 밤』은 새 각본으로 역시 큰 환영을 밧는 것이다. 더욱이 그간 병으로 출연하지 못하든 동회의 명성(明星)인 리백수(李白水) 군이 병이 나어서 출연하게 되엿다 함으로 이는 반듯시 예상 이상의 흥미가 잇슬 것이오, 입당은 본보 란외에 잇는 입당권을 오려 가지고 가면 한 장에 세 사람식 무료로 입당케 될 터이나 그대로 입당을 한다면 댱내가 씀찍이 혼잡하야 정돈을 할 수가 업겟다 하야 하칭에는 십 전, 상칭에는 이십 전식을 바들 터이라고 하는데 낫에는 열두 시 삼십분부터요, 밤에는 일곱

시 삼십분부터이라 하며 만원이 만일 되면 입댱을 거절할 터임으로 될 수 잇는 대로 남보다 먼저 가야 하겟다. (사진은 부활 당면)

동아 25.09.27 (5) 〈특별광고〉

토월회 공연
본보 독자 우대일
구월 입(卄)칠일 주야 통용

매일 25.09.27 (2) 위생 순회 전람 / 십월 칠일부터

동아일보 9월 28일자 관련 기사와 거의 동일

동아 25.09.28 (1), 25.09.29 (3), 25.09.30 (5), 25.10.01 (2), 25.10.02 (5), 25.10.03 (2) 〈광고〉

9월 27일자 우미관 광고와 동일

동아 25.09.28 (2) 위생전람회

경긔도 위생과에서는 관내 인민들에게 위생사상을 보급식히고 전염병의 주의를 선면키 위하야 좌기의 일할로 위생뎐람회를 각처에서 개최할 터이라는데 특히 밤에는 위생에 관한 활동사진을 영사하리라더라.
▲ 십칠일, 팔일 경주 곤지암 ▲ 십일, 십이일 이천 장호원 ▲ 십오, 십육일 안성 죽산(竹山) ▲ 십구, 입(卄)일 진위(振威) 서정리(西井里)

동아 25.09.28 (2) 〈특별광고〉

토월회 공연
본보 독자 우대일
구월 입(卄)팔일 통용

동아 25.09.28 (3), 25.09.29 (3) 〈광고〉

9월 27일자 광무대 광고와 동일

동아 25.09.29 (2) 극장 안에 투석 / 래빈 일 명 중상

경의선 사리원 서리(京義線 沙里院 西里) 리순옥(李淳旭)(五*)이란 사람은 지난 이십륙일 밤에 광월단(光月團) 연극댱으로 구경을 갓다가 엇던 자가 돌맹이를 드러 치는 바람에 공교하게 량 미간이 마저 중상을 당하엿스며 코까지 씨부러저서 얼골의 형상이 무섭게 되야 연극댱 안에는 일시 소동이 이러낫섯다는대 급히 만수병원(萬壽病院)으로 다려다가 응급치료를 하는 중이라 하며 의사 인정수

(印廷洙) 씨의 말을 드르면 삼주일간은 치료를 밧어야 될 터이라는바 범인은 아즉 잡지 못하엿다더라. (사리원)

동아 25.09.29 (4) 수구(水救) 활사 성황 / 경북 영일에서

본보 울산지국 수재 구제 활동사진대는 기간(其間) 각지로 순회 중이던바 거 이십삼, 사 양일간 경북 영일에서 당지 청년회, 악우회(樂友會), 본보 포항지국 후원으로 영일좌에서 영사하엿는데 전 수입은 입장료 육십삼 원, 의연금 십칠 원으로 합계 팔십 원에 달하엿다고. (포항)

매일 25.09.29 (4) [연예안내] 〈광고〉

당 구월 이십육일부터 봉절

우수 영화 특별 흥행

대비극 **쌍옥루** 전편 구권

주의 – 전편은 이십육일부터 오일간

　　　 – 후편은 십월 일일부터 오일간

미국 유니버–살 제공 영화

연속대활극 **대천지** 전십오편 삼십권 중

제일회 사권 상영

(一八四九 년도 서부와 전개되는 고원의 대격전!!)

미국 자도워크 회사 一九二五년도 삼월 발매

대희활극 **소국(笑國)만세** 전팔권

내주 예고

대비곡 **쌍옥루** 후편 구권

대활극 **선풍아(旋風兒)** 전칠권

제이회 **대천지** 전사권

그리고 쏘 ? 전팔권

단성사

구월 이십육일(토요)부터 신명화 제공

고대하시던 대영화

스다–필님 회사 대작품 명우 쬬–지, 오하라 씨 주연

단속(斷續)권투활극 **투쟁의 열혈** 이십사편 사십팔권

제일, 이편 사권 상장

미국 파라마운트 사 특작품 명화 니다, 나루데이 양 주연

사회극 **남성의 적** 전육권

스다–필님 사 제공 명우 쬬니, 우오카 씨 대역연

대야구전극 **천하무적 명투수** 전팔권

대 야구열의 금일!

시기을 일치 마시고 청년의 피끌는 대 야구전극을…… 쏙

대예고

스다-필님 사 제공 대비극 **자장가** [자수패(子守唄)] 전편(全編)

미국 파라마운트 사 특작 영화 문예극 **혈과 사**(血과 砂) 전구권

조선극장

동아 25.09.30 (1) 〈광고〉

삼십만 시민의 열열한 재청으로 다시 상연……

보라! 찬란히 빗나는 이 향토예술을!!

초특별 대공연!!

민중예술 수립의 급선봉인 토월회 활약을 보라!

반만년 역사가 산출한 만고 불멸의 향토 예술

『옛 사람의 사랑은 이러하엿다』

조선의 쌀과 아들을 상징한 이도령과 춘향의 사랑은 엇더하엿든가? 춘향전은 우리에게 다만 하나밧게 업는 숙정연시(叔精戀詩)이며 향토예술의 정화이다. 형제야 자매야! 그대들이 참으로 흰 옷 입은 사람이거든 모름직이 이 일편을 보라! 옛 사람의 사랑이 얼마나 순진하엿다는 것을 알기 위하야 또는 그대들의 향토에도 이러한 훌륭한 예술이 잇섯다는 것을 알기 위하야

춘향전 전막

생명의 약동하는 현대화한 각색

석시(昔時)를 추상케 하는 참신한 무대 장치

토월회 출연부 육십여 명 총출연

조선 급(及) 조선인을 상징한 향토예술은 다만 이것쑨!

토월회 봉사 주간

항상 토월회를 애호하야 주시는 시민 제위를 위하야 특별히 보통 요금을 밧슴니다 만히 이용해주십시요

(구월 삼십일 밤부터)

음(陰) 팔월 추석(십월 이일)은 주야 이회 상연……

종래 발행의 초대권은 본 공연만은 통용치 못합니다

토월회 직영 **광무대** 전화 본국 팔팔육번

동아 25.09.30 (3) 〈광고〉

토월회 특작 대공연 구월 삼십일부터 사일간

삼십만 시민의 열열한 재청으로 쏘다시 상연!

반만년 역사가 산출한 만고 불멸의 향토 예술

춘향전 전십막

항상 토월회를 애호하야 주시는 여러분을 위하야

특별히 보통 요금을 밧슴니다. 만히 이용해주십시요.

정 칠시 개막

막 수가 원체 만흠으로 반드시 오후 칠시부터 개막합니다

종래 발행의 초대권은 본 공연만은 통용치 못합니다

음(陰) 팔월 추석(십월 이일)은 주야 이회 공연

토월회 직영 **광무대**에서 전 (본) 팔팔육

동아 25.09.30 (4) [호남지방] 이리 호역(虎疫) 예방주사

전북 익산 이리에서는 거 입팔일부터 삼십일까지 매일 오전 구시부터 오후 사시까지 이리극장에서
일반 면민에게 호열자 예방주사를 시행할 터이라는데 다수 주사하기를 바란다고. (이리)

10월

동아 25.10.01 (2) 조선극장 기수(技手)가 식도로 이 명 난자 / 자긔 형을 싸린 원수를 갑고저 / 취즁 칼로 찌르고 경찰에 잡혀 / 황금관 전(前)의 복수극

재작 이십구일 밤 열한 시경에 시내 황금뎡(黃金町) 사명목 황금관(黃金舘) 압헤서 조선극장(朝鮮劇場) 긔사 최영완(崔泳完)(二五)은 술이 취하야 지나가는 림뎡(林町) 백사십사 번디 류윤상(劉潤相)(三一)과 죽첨뎡(竹添町) 강인식(康仁植)(二五)의 두 명을 식칼로 찍어서 머리에 중상을 당하야 긔절하야 넘어진 것을 본뎡서 경관이 서촌(西村)의원으로 담어다가 응급치료를 하게 하엿스나 삼주일 이상의 치료를 하야 완치되리라는데 그와 가치 중상을 식힌 까닭은 젼긔 두 명이 가해자 최영완의 형을 싸린 일이 잇슴으로 원수를 갑흐려 그가치 찌른 것이라 하며 가해자는 즉시 본뎡 경찰서에 톄포되엿다더라.

동아 25.10.01 (2), 25.10.02 (5), 25.10.03 (2), 25.10.04 (4), 25.10.05 (4), 25.10.06 (6), 25.10.07 (4) 〈광고〉

9월 30일자 광무대 광고와 동일

동아 25.10.01 (5) 토월회 춘향전 재연 / 일반 관중의 환영으로

시내 황금뎡 광무대 토월회(黃金町 光武臺 土月會)에서는 향자에 상연하야 큰 환영을 밧든 춘향뎐(春香傳)을 일반 관중의 요구로 지난 달 삼십일 밤부터 재차 상연하는 중이라는데 이번에는 두 번재 올리는 것임으로 모든 준비도 유감 업시 되엿스며 배우의 긔술도 매우 환숙할 터임으로 특별히 자미잇스리라는바 전 십막을 하로 밤에 함으로 시간을 만히 잡는 까닭에 오후 일곱 시부터 시작한다더라.

매일 25.10.01 (2) [연예안내] 〈광고〉

당 십월 일일부터(봉절) 오일간
고대의 후편은 오날
고려영화제작소 처녀작품
찬란히 빗나는 쌍옥루의 후편은 꼭 보셔요
대비곡 **쌍옥루** 후편 구권 상영
보라! 인생과 청춘! 사랑과 돈

청춘 사이에 일러나는 눈물의 하소연 그리고 또 모성애의 대명편

금회에 이르러 궁굼이 여기시는 그…… 괴상한 손의 정체가 낫타남니다

과연 주인공은 누구일가요

미국 유니버-살 사 초작품 활극 **천하의 용자** 전오권

미국 유니버-살 사 초작품 활극 **완력(腕力)세계** 전오권

대천지는 검열 관계로 부득이 중지되엿슴니다

단성사

삼대 명화 공개

마기노푸로탁슌 대작품 **백호대** 전칠권

대동아갑양(甲陽)스타지오 일대 특영화

해국의 모(海國의 母) 전칠권

대동아등지원(等持院)스타지오 초특작품

송옥춘취(松屋春翠) 감독 여월무자(如月武子) 입사 제일회 출연극

증보(增補) **신찬조(新撰組)** 전육권

이십구일 봉절 **중앙관**

매일 25.10.01 (2), 25.10.02 (3), 25.10.04 (2), 25.10.06 (2) 〈광고〉
9월 29일자 조선극장 광고와 동일

매일 25.10.01 (3) [지방집회] 저축선전 활동사진 대회
조선 식산은행 함흥지점에서는 구월 삼십일부터 이일간 당지 함흥극장 내에 저축선전의 활동사진대회를 개최할 터인바 기(其) 내용은 비상히 충실하야 취지가 진(津)々할 터인대 더욱히 무료로 공개할 터이라 하야 일반은 기대하야 마지안는다더라. (함흥)

동아 25.10.02 (4) 본보 독자 위안 / 원주지국에서
본보 원주지국에서는 설치된 지 일개월 미만에 독자가 삼백여 인에 달할 뿐 아니라 장래 발전상 유망함으로 내 사일[음(陰) 십칠일]을 기하야 본보 독자 위안회를 개최할 터인바 당일은 특히 본보 지국원 일동과 당지 우리구락부 악사 일동의 활동연쇄극을 할 터이라는데 해(該) 연쇄극에 사용하는 활동사진은 당지 영화당(映華堂) 시계포 주임 김완식(金完植) 씨가 금반에 본보 지국을 위하야 특별히 무료로 제공할 터이라고. (원주)

동아 25.10.02 (4) [동북지방] 농사개량 환등회
함남 이원군청(利原郡廳)에서는 거월(去月) 입(卄)삼일 오후 팔시부터 당지 공립보통학교 운동장에서 농사개량과 양잠에 대한 환등회를 개최하엿는데 관중은 사백여 명에 달하야 성황을 정(呈)하엿다

고. (이원)

동아 25.10.02 (4) [영남지방] 남명학교 활사대 내례(來禮)

경주 사립 남명학교에서는 유지비의 일부를 어들 목적으로 경주 고적 영사대를 조직하야 각지로 순회하든 중 거월 이십칠일 예천에 도착하야 당지 신흥청년회의 후원으로 남본동(南本洞) 고후경(高厚京) 씨 택(宅)에서 영사하얏다고. (예천)

매일 25.10.02 (3) 고적 영사대 내례(來醴)

동아일보 10월 1일자 관련 기사와 거의 동일

매일 25.10.02 (3), 25.10.04 (2) 〈광고〉

10월 1일자 단성사 광고와 동일

매일 25.10.02 (3), 25.10.04 (2), 25.10.06 (2) 〈광고〉

10월 1일자 중앙관 광고와 동일

동아 25.10.03 (4) [호남지방] 홍성(洪城)유치원 활사

홍성유치원에서는 거월(去月) 이십구일에 공주 영명(永明)고등학교 지방 순회 활동사진대를 청하야 홍성읍 야소교회당에서 영사하얏다는데 당야(當夜)에 의연한 방명은 여좌(如左)하다고. (홍성) (이하 방명은 생략)

매일 25.10.03 (2) 엄 돗친 영화계 / 촬영술의 천재 / 고려영화의 이필우 군 / 화면에 출동하는 배우보다도 기사의 기술이 이채를 낫타내

아직도 토대가 잡히지 못한 황량한 됴선 영화 촬영계(映畵 撮影界)에 험악한 풍상을 물니치고 고고의 성으로 엄[1]이 돗치여 날로 달로 자라나아가는 고려영화제작소(高麗映畵製作所)에셔는 이번에 가명비극 쌍옥루(雙玉淚)란 전후 십팔권의 쟝편영화를 제작하야 만도의 『판』을 열광케 하고 잇다.

『스토리』가 근본히 일본 소설의 번안물로 신문에도 련재된 것이요, 경향 각 극단에서도 오릭젼부터 상장해오든 것이라 별로히 세인의 이목을 놀내일 새로운 맛은 업셧다 할지라도 한갓 화면에 낫타난 모든 긔분이 어대까지 진지한 것이 싯업시 보는 자를 깃부게 하얏고

촬영술이 거의 팔목하리 만치 진보된 것이 관중의 눈을 크게 놀내엿다. 아즉도 이것을 한 예술품으로 취급하고 전문덕 비판을 하기는 자못 시긔가 일은 혐의가 업지 안이하나 오날까지 됴선에셔 제작한 영화 즁에는 가장 웃듬이 되겟다는 덤에는 중론이 일치될 것이다.

---

1) '움(풀이나 나무에 새로 돋아 나오는 싹)'의 옛말.

통터러 말하면 이 영화는 화면에 츌동하는 배우보다도 촬영기사와 촬영감독의 수완으로 그만한 성적을 엇게 되얏다고 함이 가쟝 덕당한 평일 쯧하다. 이 영화의 촬영기사 리필우(李弼雨) 군은 근본히 영화제작에 텬재를 가지고 수 년 전에 내디에 건너가서 일활회사(日活會社)와 송쥭회사(松竹會社)의 각 촬영장에서 여러 해 동안을 실디로 련습하야

△ 리필우 군

지금은 그의 일홈이 내디 『키네마』게에도 썰치게 되얏다 한다. 고려영화제작소의 두령이요, 리필우 군의 선싱으로 이번 영화의 제작에 심혈을 경쥬한 박정현(朴晶鉉) 군은 득의한 얼골에 우슴을 머금고

『이번 첫 시험에 이만치 됴흔 성적을 어더 일반의 환영을 밧게 된 것은 진실로 깃분 일이외다. 츌연한 배우 일동의 로력은 물론이어니와 그보다도 리필우 군의 촬영기술이 화면에 약동하야 셔투른 구절도 싸주게 한 것을 이져서는 안이 될 것이외다. 종차 이후로 일층 로력하야 여러분의 긔대에 갓가온 작품을 민들 결심이외다』

= 사진은 리필우 군 =

매일 25.10.03 (3) [지방집회] 석곡면(石谷面) 활동 영사회

전남 광주군 석곡면에서는 동면 서석(瑞石)공보 개교식 거행일을 기(機)로 하야 일반 면민의게 산업 쏘난 위생상 필요함을 선전하기 위하야 도청에 잇는 참신한 활동사진대를 고빙(雇聘)하야 동 교정 광장에서 영사하는대 오후 팔시부터 남녀노소 육, 칠백 명이 운집하야 입추의 여지가 무(無)한 성황을 정(呈)하얏다더라. (광주)

동아 25.10.04 (2) 소년군 긔념식 / 명오일에 거행 / 중앙고보 뒷산에서

시내 견디동(堅志洞) 칠번디 조선소년군총본부(朝鮮少年軍總本部)에서는 창립 삼주년 긔념식을 명오일 오후 세 시에 시내 계동(桂洞) 중앙고등보통학교(中央高普) 뒷산에서 거행하고 그날 밤 일곱 시 반부터는 시내 견지동 시텬교당 안에서 이왕에 박아두엇든 자미잇는 소년군 활동사진도 영사할 터이라더라.

동아 25.10.04 (4) 〈광고〉

십월 삼일 토요부터 제공

천공(天空)의 추광(秋光)은 삼천리에 빗겨 잇고

조극(朝劇)의 특선 명화는 광휘에 싸엿다

대파나마운트 사 제공

대희활극 **연기에 싸여서** 이권

주연 …… 보비, 바농 씨

스다휠님 사 제공 F.B.O 사 특작 연속

대모험 권투 대희활극

투쟁의 혈류 전이십사편 사십팔권 내

제이회 삼, 사편 사권 상영

용장…… 조지- 오하라 씨 주연

대파나마운트 사 공전의 명영화

인정대활극 **선량한 악한 육권**

세계적 명우 도마-스 뮤안 씨 주연

가장 고대(苦待)의 명편

F.B.O 사 초특 명작 영화

루활(淚活)대비곡 **자장가** 전팔권 [자수패(子守唄)]

루(淚)의 가인(佳人)…… 센노박크 양 주연

아- 슬프다 인생아! 운명의 감옥에는 적아(赤兒)를 안은 어머니의 눈물이 흘으고 지금에 아버지는 사형대에 올나섯다!

일순간의 운명!

예고

명화 『**연(戀)의 개가**』 전구권

문예극 『**혈과 사(血과 砂)**』 전구권

조선극장 (전화 광화문 二〇五)

십월 삼일 토요부터 특선 명화 공개

미국 쌔데-지 사

실사 **가내타(加奈陀)**[2) **풍경** 전일권

미국 대메도로 회사 초특작 존니우잉스 씨 맹연

대모험희활극 **쾌남 후린드** 팔권

미국 와-나부라 사- 영화

설중(雪中)대맹투 활극

전율처창(悽愴) **호랑의 군(群)** 전육권

예고

십월 중순 상영

독일 바이에릿유 사 초특작 에리사벳시에엔 여사 원작

문제의 대영화 애욕비화(悲話) 『**인육의 시(市)**』 팔권

미국 우에스단 영화 연속활극 『**구레드핫지**』 십이편

---

2) 캐나다.

폭스 사 특약 **우미관** 전화 광화문 삼구오번

동아 25.10.04 (5) 〈광고〉
광무대 토월회(土月會)와
대정관(大正舘)의 본보 독자
활인권이, 난외에 실려
잇습니다 만히 리용하십시오

매일 25.10.04 (2) [모임]
됴선소년군 총본부에서는 리 오일 오후 세 시부터 부내 계동(桂洞)중앙학교 뒤ㅅ산 풀밧에서 동 소년군 창립 삼주년 긔렴식을 성대히 긔힝하고 또 그날 밤 일곱 시 반부터는 견지동(堅志洞) 시련교당에셔 소년군 활동사진회를 열 터인대 다수 입장 관람을 원한다더라.

동아 25.10.05 (1), 25.10.06 (5), 25.10.07 (4), 25.10.08 (4), 25.10.09 (4) 〈광고〉
10월 4일자 조선극장 광고와 동일

동아 25.10.05 (4), 25.10.06 (6), 25.10.07 (4), 25.10.08 (4), 25.10.09 (4), 25.10.10 (4) 〈광고〉
10월 4일자 우미관 광고와 동일

동아 25.10.06 (2) 화류탐악(花柳耽樂)과 아편 중독 / 절도죄로 유치장 / 허영의 금시계 줄은 수갑 챈 쇠사슬로 / 류치장 속에서도 『백설이 펄펄 날려』 / 석일(昔日) 활동 변사 서상호의 말로
활동사진을 볼 째마다 명 변사로 만흔 관객의 환영을 밧든 서상호(徐相昊)(三六)는 재작일 오후 절도죄로 본뎡(本町) 경찰서 형사에게 톄포되야 작일 오전부터 대패닙 모자를 푹 눌러 쓰고 쇠수갑을 압흐로 차고 포승을 뒤로 끌며 형사에게 호송되야 종로 큰 거리로 피해디 림검을 단엿는데 남루한 고의 잠뱅이에 모자를 깁히 쓴지라 그를 아는 사람도 무심히 보고 지나가게 되엿다. 당시에 코 흘리는 어린애까지 서상호라면 모르는 이가 업든 그가 이가치 몸을 망친 까닭은 몃 해 전부터 아편 침을 맛기 시작하야 잘하든 변사도 못 하게 되고 더욱 중독은 골수에 사못치여 하로에 십여 대의 주사를 마저야 살게 되엿스나 사 마즐 돈은 업스며 중독자의 말로로 도적질을 하게 되어 그와 가치 절도를 하다가 마츰내 잡힌 것이라는데 그는 일반에게 아즉 인상이 남아 잇는 것과 가치 벌서 대략 이십 년 전인가 동대문 안에서 『골부란』이가 환등가튼 활극극 활동사진만 놀리든 뒤에 처음으로 관중 본위의 활동사진관으로 조선 초유의 력사를 가진 고등연예관(高等演藝舘)이 창립된 시초부터 변사가 되여 일본 중학을 중도에 퇴학한 학식으로 재조 잇는 입으로 청산에 류수가치 흘러나오는 재변은 유치하나마 관람객의 눈보다도 귀를 취하게 만들어 이래 십팔 년 동안을 하로가치 수만흔 관객을 울리고 웃기어 관람자의 인상을 깁게 하여왓스나 몸을 재주에만 맛기여 화류계에 갓가워지며 자연히 타락의 구렁으로 싸저드러가 몸이 이가치 망해버렷는데 서상호는 텬직이라 할 만한 자기의 직업이 오매간에도 닛지 못하야 류치댱 속에서도『백설은 펄펄 날려오고』를 미친 듯이 부르다가는 간수 순사에게 욕을 먹는다고 하더라.

동아 25.10.06 (2) 춘향 흥행 연기 / 광무대 토월회에서 / 본보 독자 우대
긔보 = 시내 황금뎡 광무대 토월회(黃金町 光武臺 土月會)에서는 춘향뎐(春香傳)을 새로히 각색해가지고 상연하야 만도의 다대한 환영을 밧든 중 예뎡은 지난 사일까지엇섯스나 일반 관람자의 큰 환영과 요구를 저바리기 어려워서 작 오일과 금 륙일 이틀 동안을 연댱 흥행을 할 터이라는바, 특히 본보 독자는 우대 관람을 할 수 잇슬 터이라더라 = 란외 우대권을 리용하시옵.

동아 25.10.06 (5) 현재의 활동사진은 악영향을 준다 / 사진 젼부가 오락과 취미쑨 / 예술에 관한 것은 하나 업다 / 중등학교 당국자 담
가을철이 들어 밤이 길어지면서부터 탱탱 비히든 각 연극댱은 밤마다 만원을 일우는 모양인바 구월 중 시내 각 극장에서 상댱 활동사진『필림』 권수는 륙백삼십칠권에『후이룸』 사십칠만 구천사백구십삼척이나 되, 그 공안 방해로 절단된 권수는 이십권이나 되엿다는데 그중 양극(洋劇)이 이백팔십구권이엿고 실사(實寫)가 이십이권인바, 그중 예술을 중심으로 하는 것은 전연 업섯고 쏘한 교육도 팔권밧게 아니 되고 오락과 흥미를 중심으로 하야 상당한 것이 전부 오백팔십구권에 사십칠만 구천사백구십삼척이나 되엿다는데 그갓흔 반갑지 안흔 현상은 일반 관객들의 예술에 대한 흥미가 발달되지 안은 것도 리유이겟지만 더욱 큰 리유는 극댱 당국자들이 넘우도 영리에만 몰두하야 예술 도덕이 업는 까닭이라는데 그로 인하야 시내 각 학교에서는 학생들이 관극함으로써 죳치 못한 영향을 준다 하야 금지하는 터인바 그에 대하야 시내 련지동(蓮池洞) 사립 경신학교(儆信學校) 교무주임 댱지영(張志永) 씨와 뎡동(貞洞) 배재학교(培材學校) 교무계 리원식(李元植) 씨의 말을 종합하여보면『연극이라고 모다를 금함은 아니지만 현재 각 극댱에서 상연하는 사진이나 연극이 대부분이 저급뎍 오락을 중심으로 하는 것임으로 그를 보아 죳치 못한 영향을 줄 터임으로 그가치 금하는 것이라』고 하더라.

동아 25.10.06 (5) 〈광고〉
토월회 공연
본보 독자 우대일
십월 오일 육일 양일 통용

매일 25.10.06 (2) [연예안내] 〈광고〉
당 십월 육일부터 이대 명화 대공개
유니버-살 사 특작품 크라데-쓰월-톤 주연
희극 곡마단의 화형(花形) 전오권

유니버-살 초(超) 쥐월 작품 월레-쓰케리캉 씨 대역연

청춘애화(哀話) **남양의 일야(南洋의 一夜)** 전팔권

조선고대비곡 **장화홍련전** 전팔권

애화가(愛話家) 제위의 열々한 재청으로 쏘다시 여러분게 듸리나이다

대예고

불일간 봉절될 문제의 이대 명화

유나이딋트사 대걸작품

세계적대명화 **파리의 여성** 전구권

불국 파-데 본사 대걸작품

대명화 **희무정(噫無情)** 전십이권

고대하라! 불일 공개됨니다

단성사

동아일보 10월 4일자 우미관 광고와 동일

동아 25.10.07 (5) 허영의 말로 / 사정 업는 텬리는 이러하니라

◇ 작지 보도 = 활동사진 변사 서상호란 자가 아편침으로 패가망신을 하야 마침내 절도죄로 경찰에 잡히엇는데 구금되어 잇는 중에도 류치댱에서 『백구야 펄펄』을 부르고 잇다고 한다. 비단 이것만이 전례가 아니요 날마다 우리의 귀에 새록새록 들니는 허영으로 말미암어 생기는 소식은 우리를 놀래게 할 쑨만 아니라 몸서리를 치게 한다. (이하 기사 생략)

동아 25.10.08 (2) 토월회 예제 개체(改替) / 산송장 사막과 희극 일막

시내 황금뎡 광무대 토월회(黃金町 光武臺 土月會)에서는 지난 륙일까지 춘향뎐(春香傳)을 상연하야 큰 환영 중에 마치고 작 칠일 밤부터는 로국 문호 『톨스토이』의 작인 『산송장』 전 사막과 동＊창작 희극 『장가들기 실혀』 전 일막을 상연할 터이라는데 산송장은 기위 여러 번 상연하야 번번히 큰 환영을 밧든 것이며 장가들기 실혀는 실로 포복절도하는 희극으로 매우 자미스러운 것이라는바 이번 흥행은 오일간이라더라.

동아 25.10.08 (4) 〈광고〉

토월회 제입(卄)사회 대공연

십칠일 밤부터 오일간

로서아에서 탄생한 세계적 문호

레오·톨스토이 옹의 불후의 걸작

산송장 전사막

산송장 극 중의 표박(漂泊)의 노래!

우리들은 물에 쓴 풀 바람 부는 그대로 흘으고 쏘 흘너서 긋이 업서라

낫에는 길을 가고 밤새도록 춤추어 이 길은 어데메서 긋이 날싸나……

조선의 고유한 전설에서 울어난 대소극(大笑劇)이니 누가 이것을 보구 웃지 안으랴

장가들기 실여 전일막

토월회 직영 **광무대**에서 전 (본) 팔팔육

동아 25.10.09 (1) 만국 무선회의 / 조선에도 출석 권청(勸請)

一九二六년(대정 십오년) 춘(春) 화성돈(華盛頓)[3]에서 국제무선전신회의가 개최될 터인데 조선에도 비준국으로 하야 회의에 열석(列席)하라는 초청장이 왓다. 차(此) 회의에서 고구(考究)할 문제는 현금 세계 무전계의 실정에 종(從)하여 보더래도 선박 급(及) 해안국간 통신 처리에 관한 종래의 조약은 이래(邇來) 발달한 무전의 사용(私用)법규 제정의 사(事)를 포함치 안하엿슴으로 즉 선박 상호간에 통신에 관한 조항 등으로 좌(左)의 제항(諸項)에 대하야 협정할 터이라더라.

一, 一九一二년 칠월 륜돈(倫敦)[4]에서 조인한 조약 급(及) 규칙의 개정

二, 차(此)의 각 항에 대하야 고구, 신조항의 준비 잇슬 적마다 현행 조약 급(及) 규칙의 수정을 함

1. 고정국(固定局) 간의 무전통신

2. 신문 전보를 포함한 무전방송

3. 고정국 이동 급(及) 방송국 등과 여(如)한 업무의 종류에 응하야 통신 도수(度數)의 할당 업무의 종류에 응하야 통신 도수의 할당

4. 방송을 포함한 무선전신

5. 실시할 수 잇는 한에 상호 방해의 제거

6. 증가한 업무의 용법 급(及) 종류를 식별키 위하야 통신의 검열

7. 무전의 항해에 대한 구조

8. 기타 국제 무전 제반의 사항

동아 25.10.09 (2) [연예] 모성애의 극치 / 조극(朝劇) 상연 자장가 / 팔, 구 양일 본보 독자 우대

『약한 자여 나의 일홈은 녀자』라고 하지마는 어머니로서의 녀자에 잇서서는 그 사랑의 힘이 긋업시 강렬하야 영겁 불변한다는 것을 뎨재(題材)로 하고 미국 활동사진에 유명한 『에쭈·쎄·오』 회사에서 역시 활동 녀우 중에 명성으로 『기네마·애[5]』의 열광덕 환영을 밧고 잇는 『지엔·노싺악크』 양의 주연으로 『아해 보는 노래(子守唄)』라는 전후 칠막 물의 사진을 촬영하야 각디에서 만흔 환영을 바더 왓는데 이갓흔 사진이 방금 시내 인사동(仁寺洞) 조선극당(朝鮮劇場)에서 얼마 전부터 상영되야오는 중으로 금 구일 밤까지 상영하게 되얏다. 그 사진의 우수한 덤을 말할 것도 업거니와 엇던 잔약하던 한 녀성이 어머니로 되어서는 몹시 강하여지어 자긔의 수긔한 운명과 비극덕인 환경 가운데에서도

---

3) 워싱턴.

4) 런던.

5) '맨'의 오식으로 보임.

영원한 어머니가 되랴고 노력을 다하여가는 그 사랑의 심뎌(深底)에는 실로 보는 사람의 심정을 흔들지 안코는 마지안는 것인데 팔일(八日)과 구일(九日) 밤에는 본보 독자들의 우대일로 하고 보통 료금 이층 칠십 전을 오십 전으로(학생은 사십 전), 아래층 사십 전을 삼십 전으로(학생은 이십 전)으로 활인하야 독자 제씨의 관람에 뎨공하게 되얏다. (활인권은 란외에 잇슴니다)

칠십 전을 보(普) 오십 전 학(學) 사십 전

사십 전을 보 삼십 전 학 이십 전

동아 25.10.09 (4) 〈광고〉

10월 8일자 광무대 광고와 동일하나 아래의 예고 첨가

대예고

반만년 역사가 산출한 만고 불멸의 향토예술

춘향전의 자매편

심청전 전십일막

춘향전과 심청전은 조선 국민문학의 쌍벽!

걸기대(乞期待)

동아 25.10.10 (1) 활동사진과 학생 / 교육자의 주의를 촉(促)함

一

도시생활이 발달하고 문화적 의욕이 향상할수록 사회교화 문제가 더욱 중요시하게 된다. 그리하야 활동사진이나 연극 등이 단순한 오락물로만 존재적 이유가 잇는 것이 아니라 사회교화의 기관으로 쓰는 일보를 진(進)하야 교육기관의 일부분으로 간주하지 아니할 수 업는 데에까지 이르럿다. 더욱히 활동사진은 장족의 진보를 수(遂)하야 정교(精巧)가 극진하게 되어서 현대인의 특징이요 일대 결함인 찰나적 향락 기분에 합치되야가지고 육감을 도발하는 자극물이 되기 쉬웁게 되어 잇다. 활동사진이 이와 가치 발달함을 싸라 이것을 예술적 문화기관으로, 즉 이 활동사진을 통하야 문예상 작품의 정신을 일층 더 약동케 하고 그로 인하야 관람자로 하야곰 그 감정을 정화식히고 심화식히는 데에 보익(補益)하는 것이다.

二

그런데 이러한 문명의 이기도 사용방법의 여하에 싸라서는 해독이 막대하나니 최근 각국에서 이미 판명된 불량소년의 동기적 자극물의 대부분이 저급한 활동사진의 악영향에 잇다는 것은 다시 노노(呶呶)[6]할 필요가 업다. 그럼으로 각국에서는 일반의 풍기상 관계로 공개에 제한을 가하는 것도 잇지만은 모방성이 가장 풍부하고 세상의 사물에 대한 이해력이 유치한 소년 관람에 대하야는 규칙상

---

6) 여러 말을 길게 늘어놓음.

으로 이것을 제한할 쑨 아니라 그 가정에 잇서서 이 방면에 극히 엄중한 감독을 하나니 실로 그 모 방성이 왕성한 소학생이나 중학생 남녀에게는 활동사진의 영향이 의외로 다대(多大)한 줄을 아라야 할 것이다.

三

모방이라는 것을 어느 학자 간에는 심적 생활이나 사회생활의 어느 편에서든지 기본적 작용이라고 까지 말하나니 가장 모방성이 왕성한 소학, 중학생 남녀에게 모방과 암시를 만히 주는 활동사진은 교육자와 학부모의 가장 주의를 요할 바이다. 경성에서 구월 중 상장한 활동사진을 보면 육백삼십 칠권이오, 금지된 것이 이십권이며 그중 예술적 방면으로 볼만한 것은 태(殆)히 업고 교육적 의미로 볼 수 잇는 것도 불과 팔권이엿다고 하니 학생에게 보임즉한 것이 그 전부의 팔십분의 일에도 미급 (未及)한 모양이다. 그런데 매일 각 활동사진관에 대성황을 이루는 것은 절대 다수가 중학생 이하의 소년 남녀이니 엇지 사회교화상 쏘는 교육상 중대한 문제거리가 아니랴.

四

모방도 모방이려니와 그 연령으로나 쏘는 성적 발육기로 보아서 다못 흥미를 중심삼아 육감을 도발 하고 성욕적 정서를 조장함에 지나지 아니하는 흥행물이 중학생 이하의 소년 남녀에게 주는 해독 은 실로 막대할지니 이러한 활동사진의 관람과 금일 남녀 학생 간의 부패추악한 풍기 간에도 분명 히 어느 인과관계가 잇는 줄 밋는다. 물론 여하히 노골적 흥행물이라고 할지라도 상당히 지각이 발 달하엿거나 쏘는 학교에서나 가정에서 혹은 사회에서 성에 대한 상당한 이해와 교양을 바든 사람이 면 그다지 크게 염려하지 아니하여도 가할는지 알 수 업스나 그러나 다른 사회보다도 더 일층 이 성 교육에 관하야는 등한이라고 하는 것보다도 말만 하여도 일종의 죄악을 연상하리만콤 그 방면에는 폐문하엿고 무지에 근(近)한 우리 사회에서 자라나는 중학생 이하 남녀에게 이러한 흥행물로 그 감 정을 도발하고 육감을 자극하면 필경은 그 결과가 금일과 여(如)히 성적으로 태(殆)히 무정부 상태 오 난마의 형상인 패악한 풍기를 이룰 수밧게 다른 도리가 잇스랴.

五

이러한 흥행물을 상장식히는 영업자는 그 안중에 영리 외에는 다른 것이 보이지 아니하는 것이니 아모리 무엇이라고 하야도 별 효과가 업슬 것이오. 그러타고 감독 관청의 고려를 원(願)하는 것은 더 욱 어려운 일이며 쏘는 그네가 설혹 고려를 한다 할지라도 실행이 극난할지니 결국은 각 학교 당국 자와 감독할 수 잇는 부형(父兄)이 그 제자와 자여질(子與姪)[7]이 불량소년이나 혹은 야비한 생각으 로 연애 자살이나 부랑탕자가 되는 영향을 아니 밧도록 노력할 수밧게 업다. 경성에서만 말할지라도 일본인 소학교는 물론이오, 중학교에서도 엄중히 단속을 함에 불구하고 조선인 중학교에서만 이것 을 도외시 혹은 등한하나 태만히 하는 것은 남의 자여질을 교육하는 책임관념과 민족에 대한 성의

---

7) '자식과 조카'를 통틀어 이르는 말.

가 부족함에 인함이라고 아니할 수 없다. 다시 일반 각 학교 당국자의 주의를 촉하고저 한다.

동아 25.10.10 (4) [동북지방] 독자 위안 연쇄극
함북 나남(羅南) 본보 지국에서는 시내 독자 제위를 위안키 위하야 거 오일 오후 칠시부터 나남 초뢰좌(初瀨座)에서 활동사진 연쇄극을 하엿다고. (나남)

동아 25.10.10 (4) 〈광고〉
홍보문구와 일부 출연진 제외된 외 매일신보 10월 10일자 조선극장 광고와 동일

동아 25.10.10 (5) 조선 소녀 팔명 / 가극단 영란좌(鈴蘭座) / 금 십일부터 조극(朝劇)에서
시내 인사동 조선극장(仁寺洞 朝鮮劇場)에서는 금 십일 밤부터 십이일까지 삼일 동안 소녀가극 령란좌(少女歌劇 鈴蘭座)의 흥행이 잇슬 터이라는데 이 가극단은 대정 십일년에 대련(大連)에서 대련소녀가극단이라는 일홈으로 처음 조직되어 이래 사 년 동안의 단련을 밧고 각처에서 큰 환영을 바더왓스며 그후 일홈을 령란좌로 고치고 일본 별부(日本 別府)[8]에 가극 학교를 두고 그곳에서 공부를 하여 일본 각디로도 순회 공연을 다하야 동경, 대판 등디에서는 그곳 대가극단과 합동 흥행을 하야 역시 대환영을 바덧다는바, 이 가극 단원 열일곱 명 중에 열다섯 살을 최고로 여덜 살까지의 텬진난만한 조선 소녀가 그 반 수 여덜 명이나 잇다고 하며 특히 그들의 기술은 참으로 사랑스럽게 짝이 업다는데 이번 흥행의 프로그람은 동화무용극 인형의 혼(人形 魂), 무언극 예술가의 쑴(藝術家夢), 희극 원족(遠足) 등을 위시하야 여러 가지 싼스가 잇슬 터이라 하며 입장료는 웃층 보통 팔십 전, 학생 소아 오십 전, 아례층 보통 오십 전, 학생 소아 삼십 전식이라더라.

동아 25.10.10 (5), 25.10.11 (2), 25.10.12 (4), 25.10.13 (3) 〈광고〉
10월 9일자 광무대 광고와 동일

매일 25.10.10 (2) 〈광고〉
당 십월 십일부터 삼일간 소녀가극 영란좌(鈴蘭座)
보아주셔요……방실방실 피여웃는 꼿송이 갓흔 소녀들의 세련된
묘기와 난무(亂舞)를…… 들어주셔요…… 고흔 化壇에 이슬을
먹음은 듯한 소녀들의 입살에 흘너 넘치는 합창의 『메로듸-』를……
상연 프로크람
一, 동화 무용극 **인형의 혼** 일막
二, 무언극 **예술가의 몽(夢)** 일막
三, 희가극 **원족(遠足)** 일막

---

8) 벳푸. 일본 규슈(九州) 지방의 오이타 현에 잇는 유명한 관광지. 온천으로 유명하다.

四. 쌘−도빌
1 후랏구 짠스
백복남(白福男) 권익남(權益男) 김숙재(金淑才)
관백합자(關百合子) 김소군(金小君) 삼령자(森鈴子)
2 게−기오−크
성타견자(星他見子) 춘일려자(春日麗子)
3 와루스
권익남 백복남 삼령자
4 단보린 짠스
성타견자 춘일려자 뇌천신자(瀨川信子)
5 세라짠스
박순자(朴順子) 서복순(徐福順) 김옥희(金玉熙) 하천문자(夏川文子)
6 닷구미−
전원
권익남(十四才) 백복동(白福童)(十五才) 김소군(十三才) 김옥순(十二才)
김숙재(金淑才)(十四才) 서복순(十才) 김옥희(九才) 박순자(八才)
외 삼십여 명
입장료
계상 대인 팔십 전 소인 오십 전
계하 대인 오십 전 소인 삼십 전
인사동 **조선극장** 전화【광】二〇五

동아 25.10.11 (2) 시민 위안 흥행 / 광무대 토월회
시내 황금명 광무대 토월(黃金町 光武臺 土月會)에서는 작 십일과 금 십일일 이틀 동안은 경성 시
민을 위하야 시민 위안 관극 흥행(市民慰安 觀劇興行)을 할 터이라는데 각본은 『산송장』과 『장가들
기 실혀』라 하며 입당 료금은 위층 이십 전, 아례층 십 전식이라더라.

동아 25.10.11 (2), 25.10.12 (3), 25.10.13 (3) 〈광고〉
10월 10일자 조선극장 광고와 동일

동아 25.10.11 (2) 〈광고〉
십월 십일 토요부터 특별 명화 공개
미국 콜드윙 사 싯드 스미스 씨 주연
희극 **수영 명인** 전이권
미국 대메도로 사 대작 쩸−스카쿠웃드 씨 주연

활극 **광란황취(狂亂荒鷲)** 전칠권

독일 바이에릿유 사 초특작

에리사벳시에엔 여사 원작 『이십세기 치욕 백(白)여노예』 각색

문제의 대영화 애욕비화(悲話) **인육의 시(市)** 전팔권

예고

미국 우인스당 사 초특작 거성 쟐스 핫지송 씨 맹연

연속활극 『**구레-드핫지**』 [일명 맹진(猛進) 핫지]

쟐잘스 핫지 씨 영화 인퇴(引退) 최후 영화

이오니 기대하시요

폭스 사 특약 **우미관** 전화 광화문 삼구오번

동아 25.10.12 (2), 25.10.13 (3), 25.10.14 (5) 〈광고〉

10월 11일자 우미관 광고와 동일

동아 25.10.13 (2) 심청전 상연 / 토월회 광무대에서

춘향전(春香傳)을 새로히 각색 상연하야 가지고 큰 환영을 밧든 시내 황금명 광무대 토월회(黃金町 光武臺 土月會)에서는 데이 시연으로 심청면(沈淸傳)을 전 구막으로 새로히 각색하야 그동안 오*두고 연습을 하야오든 중 금 십삼일 밤부터 일주일 동안 흥행하기로 되엇다는바, 구막을 하로 동안 전부 마치도록 하겟슴으로 시간은 보통 쌔보다 일직히 시작할 터이라 하며 무대장치도 특별하게도 쑤미어 춘향면 쌔보다도 일층 더 완전하게 할 터이며 동회 전속 배우가 총출하여 대규모로 할 터인데 더욱 이 춘향면 쌔에 만흔 경험을 어덧슴으로 배우들의 기능도 전에 비하야 훨신 더 나을 모양이라는데 이번에는 특별 흥행인 까닭에 전에 발행하얏든 초대권으로는 입당을 불허한다더라.

동아 25.10.13 (5) 〈특별광고〉

초특별대공연

반만년 역사가 산출한 만고 불멸의 향토예술!

춘향전의 자매편-

심청전 전막

보라! 춘향전 이상의 대웅편을

십월 십삼일부터 일주일간

토월회 직영 **광무대**

매일 25.10.13 (2) 본사의 명(名)으로 / 봉축 무전방송 / 궁기(宮崎) 『페치카』상점에서 / 룡산 시민일반에게 공개

이번의 묘선신궁(朝鮮神宮)의 대계를 영원히 긔념하기 위하야 본사에서는 여러 가지로 봉축 절차를

거힝한다 함은 긔보한 바어니와 룡산 한강통(龍山 漢江通) 궁긔식(宮崎式) 『페치카』상회에셔는 본사의 취의에 크게 찬동하야 오난 십오일의 진좌졔 당일에 믜일신보(每日申報)와 경성일보(京城日報)의 일홈으로 무뎐방송(無電放送)을 힝하고 일반 룡산시민에게 공개하기로 하고 목하 준비 즁이라더라.

매일 25.10.13 (3) [지방집회] 활동사진 영사회

경상북도 지방과 활동사진 강연반은 내(來) 십구일에 문경군 점촌, 이십일에 동군(同郡) 읍내에 순회 영사와 동시에 문화선전의 강연을 한다는대 동 군청에셔는 산업개발, 생활개선, 소비절약, 근검저축에 관한 선전 쎄라의 조졔와 기타 준비를 착々 진행하야 일반은 일대 성황을 일우리라고 예기한다더라. (문경)

동아 25.10.14 (4) 〈광고〉

십삼일부터 조선 명화 대회

동아문화협회 제삼회 노력작

교육신화 **흥보도보전(興甫盜甫傳)** 전오권

이것은 어린이까지도 잘 아는 조선 유일의 교육신화임니다

긔회를 놋치지 마르셔요

동아문화협회 제일회 특작 영화

만고열녀 **춘향전** 전구권

여러분 갈망에 싸여 재차 상영함

스다 필님 사 제공

F.B.O 사 특작 대연속

단편 연속 **투쟁의 혈류(血流)** 입(卄)사편 사십팔권

제삼회 오, 육편 사권 상영

예고

유사 이래 대명편 예술영화

『THE TEN COMMANDMENTS』

십계 십사권

불일 내 封初[9]

조선극장 전 광 二〇五

토월회 제입(卄)오회 대공연 십월 십삼일부터 일주간

반만년 역사가 산출한 만고 불멸의 향토예술

춘향전의 자매편–

---

9) '封切(봉절)'의 오식으로 보임.

심청전 전구막

생명이 약동하는 현대화한 각색

신비를 극(劇)한 참신한 무대장치

토월회 연출부 육십여 명 총출연

대예고

레오·톨스토이 선생의 명작인

부활 후편 일명 [기후(其後)의 카추샤]

장백산인(長白山人) 이광수 선생의 걸작

무정

토월회 직영 **광무대**에서 전 (본) 팔팔육

동아 25.10.15 (2) 십계명 영사회 / 금야 청년회관에서

시내 종로 중앙긔독교청년회(鐘路 中央基督敎靑年會) 농업부(農業部) 주최로 동부사업을 위하야 금 십오, 십륙 이틀 동안 활동사진대회(活動寫眞大會)를 동회 대강당에서 개최할 터인바 사진은 종교예술 대명화(宗敎藝術 大名畵)『십계명(十戒命)』전 십사권이라는데 입댱료는 보통이 일 원과 륙십 전 두 가지요 학생은 사십 전이라 하며 이십 명 이상 단톄 입장은 특별히 교섭하기를 바란다고.

동아 25.10.15 (4), 25.10.16 (6), 25.10.17 (3), 25.10.18 (6), 25.10.19 (1), 25.10.20 (2), 25.10.21 (4), 25.10.22 (3) 〈광고〉

10월 14일자 광무대 광고와 동일

동아 25.10.15 (5), 25.10.16 (2) 〈광고〉

10월 14일자 조선극장 광고와 동일

동아 25.10.15 (5) 〈광고〉

십월 십오일 목요부터 전부 교환

대판 조일신문사 촬영

실사 **사대 선수 야구 실황**

희극 **황파(荒波)를 월(越)하야** 전이권

미국 메도로 영화 회사 바스다-키-돈 씨 주연

모험홍소(哄笑) 대희활극 **황무자(荒武者) 키-돈** 전칠권

여러분에 투서에 의하야 재차 본관에 상영하나이다

미국 파데- 지 사 잘스레이 씨 주연

설중(雪中)전율활극 **다이나마이트 스미스** 전칠권

예고

십월 하순 상영

미국 우인스당 사 초특작

연속활극 『구레-드핫지』 [일명 맹진(猛進) 핫지]

폭스 사 특약 **우미관** 전화 광화문 삼구오번

매일 25.10.15 (2) 봉축 무전방송 / 사개소에 수신기 장치 / 십오 십칠 량일에 방송할 터

톄신국에셔는 됴션신궁진좌졔를 봉축하기 위하야 십오, 칠 량일에는 주야 이회로 경성우편국(京城郵便局)과 삼월오복뎜(三越吳服店)과 한일은행(韓一銀行)과 남대문 압의 네 곳에 수신긔(受信機)를 쟝치하고 동셔 명곡과 텬긔예보 등을 무선뎐화로 특별방송을 하리라더라.

매일 25.10.15 (2) 열단식(閱團式)과 활동 촬영 / 금 십오일에

긔보한바 련합청년단(聯合青年團)은 금 십오일에 준공된 경성운동장(京城運動場)에셔 재등총독의 열단식(閱團式)을 거힝할 터인대 일반단원은 동일 졍오까지 사범학교(師範學校) 교뎡에 집합하야만 될 터인바 당일은 특히 총독부에셔 그 상황을 활동사진(活動寫眞)을 박힐 터임으로 후일에 청년단에셔는 이 사진을 빌여가지고 일반의 관람에 공하리라더라.

매일 25.10.15 (3) 〈광고〉 봉축 조선 신궁 진좌제(鎭座祭)

상설 활동사진관

우미관 전 광 삼구오번

매일 25.10.15 (4) 〈광고〉 봉축 조선 신궁 진좌제

구미 활동사진

단성사 전 광 구오구번

동아 25.10.16 (2), 25.10.17 (1), 25.10.18 (6), 25.10.20 (3) 〈광고〉

10월 15일자 우미관 광고와 동일

동아 25.10.17 (2) 자연은 유의유능(有意有能) / 금야부터 조극에 상영되는 / 예술적 대명화 『십계』

시내 인사동 조선극장(朝鮮劇場)에셔는 금 십칠일 밤부터 일주간 미국 『파라마운트』 회사 초특작 영화 『십계(十誡)』 전 십사권의 예술뎍 대명화를 상영하게 되엿다 한다. 사진의 경개는 『쯘』과 『쟌』이라는 아들 형뎨를 둔 어머니는 그 아들에게 종교뎍 신앙을 갓게 하기 위하야 야소의 『십계』를 가르치엇다. 영화의 발단은 두 아들을 다리고 『십계』의 긔원을 설명하기 위하야 성서 중 출애급긔(出埃及記)를 말하는 데로부터 시작된다. 녯날 애급왕 『파라오』가 권세를 세상에 펴고 자긔의 욕망을 채우기 위하야 수천만의 인명을 초개가치 녁이든 중 그와 가튼 도탄에 든 『이스라엘』 사람들을 구하기 위하야 성신은 무소불능한 힘을 안동하야 그의 사자 모세를 애급에 보내여 극악무도한『파라오』의 세력을 썩고『이스라엘』백성을 구하야 노흔 후『십계』를 비로소 그들에게 전하야 적히게 하든 일장의 이야기를 들리워주엇다. 이것이 이 사진의 서곡으로 형되는『쏜』과 아우되는『싼』은 장성하얏다. 형『쏜』은 어머님의 가라침을 그대로 바더 그 어머니 이상으로 십계를 직히는 사람이 되엿스나 그 아우『싼』은 그 감화도 밧지 안코 항상 사욕에 저저서 남을 속이고 남을 해하기를 례

△ 십계 한 장면

사로 알어서 형과 어머니는 그의 박해를 무수히 밧으면서도 오직『싼』의 회개하도록만 권유하야『쏜』은 자긔의 사랑하는 애인『메리』를 아우가 사랑하는 것을 알고 사랑의 희생까지 하고서로[10] 오히려 원통히 역이지 아니하얏다. 그러나 악에는 반듯이 텬벌이 싸르는 것이다. 그리하야『싼』은 범죄 발각에 뒤를 쫏는 법망을 피하고자 안해를 다리고 도망을 하다가 바다에 일으러서 표연히 일어나는 폭풍에 배가 업허저서 무참한 죽엄을 하는 것이다. 사진 전례가 대자연은 비록 뜻업시 뵈이나 반듯이 착한 이를 보호하며 악한 이를 징치하는 큰 세력을 가젓다는 것을 말하는 것인바, 사진에 출연 배우는 수만 명에 달하며 그 비용이 수백만에 달하다고 하느니만치 실로 누가 보든지 그 대규모에는 놀라지 안이치 못한다고 한다.

일주일간 본보 독자 우대
이 사진 흥행에 대하야 본사에서는 독자 여러분을 위하야 우칭 일원을 보통 팔십 전으로, 학생 오십 전으로, 아래층 륙십 전을 보통 오십 전으로, 학생 삼십 전으로 입장할 수 잇는 독자 우대권을 본지 란외에 늣키로 주선하얏는바 일반 본보 독자는 매일 란외에 련재하는 우대권을 만히 리용하시기 바란다더라.
(사진은 십계의 일 장면)

동아 25.10.17 (2) 심청극 / 독자우대일 / 토월회 / 란외에 우대권 금, 명 양일 통용
긔보 = 시내 황금뎡 광무대 토월회(黃金町 光武臺 土月會)에서는 요사히 심청뎐(沈淸傳)을 새로히 각색, 흥행하야 밤마다 만원을 일우는 관중들의 눈물을 자아내는 중 금 십칠일 밤부터 이틀 동안을 본보 독자 우대일(本報 讀者 優待日)로 웃칭 보통 륙십 전을 오십 전, 학생 삼십 전으로 아래칭 사십 전을 보통 삼십 전으로 할인 입당할 수 잇는 우대권을 본지 란외에 게재하얏는바 일반 독자는 만히 리용하기 바라는 바이더라.

---

10) '하고서도'의 오식으로 보임.

동아 25.10.17 (5) 〈광고〉

당 십칠일(토요)부터 초특별 대흥행

만도(滿都) 판이 일제히 고대하시던 영화는 광휘에 싸여 오날부터 봉절

보시라!! 유사 이래에 대명편을

대파나마운트 사 불후의 명작

세실 B 드밀 씨 대감독

실노 촬영비용 이천만불 출연배우 십만인

대영화예술 **십계** 전십사권

과연 천상천하 유일의 명편

시기를 놋치지 마시고 그여히 일람 걸(乞)함

F, B, O 사 특작품

제삼회 **투쟁의 열혈** 입(廿)사편 사십팔권

열혈아 조지오하라 씨 맹연

파라마운트 사 제공

구리스치 대희활극 **발광(發狂)마차** 이권

홍소! 전율! 모험! 대희활극

예고

서반아 문호 이바네스 씨 원작

문예극 **혈과 사(血과 砂)** 전구권

불일내 봉절

조선극장 전 광 二〇五

동아 25.10.18 (2) 물산장려 쇄신 / 긔관지도 속간

조선물산장려회(朝鮮物産奬勵會)에서는 재작 십삼일 시내 견디동 동 회관에서 리사회(理事會)를 열고 좌의 사항을 결의하고 리사부서(理事部署)는 아래와 갓치 뎡하엿다더라.

결의사항

一, 유지회원과 찬성회원을 더 모집하야 본회 유지와 사업을 확장할 일

一, 기관지를 속간하야 본회의 취지를 넓히 선전할 일

一, 경향 각처에 잇는 우수한 공장의 제조 실황과 모범이 될 만한 회사 상점을 활동사진으로 박혀 각 지방으로 순회 영사하야 일반 수요대자(大者)에게 실지로 선전할 일 (이하 이사부서 명단은 생략)

동아 25.10.18 (4) 도처에 대성황 / 봉산 삼림 품평

황해도 봉산군에서 거 오일부터 면 연합 삼림품평회를 개최하엿슴을 기보(旣報)와 여(如)하거니와 일할(日割)의 순서를 싸라 토성(土城), 구연(龜淵), 산수(山水), 덕재(德在), 쌍산(双山), 기천(蚊川), 초와(楚臥) 각 면에서 간벌(間伐)실습과 임업 강화(講話)와 활동사진 등으로 일반 면민에서 애림사상을

고취한 후 거 십삼일에는 정방(正芳)산성 성불사 정광장(庭廣場)에서 전과 갓치 현장 산림을 심사하고 간벌실습까지 행한 후 수백여 명이 회집한 전기(前記) 식장에서 성대한 식을 거행하엿는데 당일 야(夜)에는 사인면(舍人面) 기양(岐陽)학교정에서 강화와 활동사진을 흥행하엿다는바 포상 수여식은 십팔일 사리원 경암산하(景岩山下)에서 거행한다고. (사리원)

동아 25.10.18 (6), 25.10.19 (1), 25.10.20 (2), 25.10.21 (4), 25.10.22 (4), 25.10.23 (5) 〈광고〉

10월 17일자 조선극장 광고와 동일

매일 25.10.18 (2) 대창(大昌)무역에 라듸오 / 일반에게 공개

톄신국에서 이번 대례의 봉축에 관한 보도를 비롯하야 여러 가지의 음악과 소리를 무션뎐신으로 방송함에 대하야 부내 종로 일명목 대창무역주식회사(大昌貿易株式會社)에서는 그것을 일반에게 널리 들려주기 위하야 동 사 이층에 수화긔(受話器)를 장치하고 십칠일 오후 한 시부터 세 시까지와 동 여섯 시부터 여덜 시까지 두 번에 슈천 군중을 공개 모흐고 하얏는대[11] 무션뎐신의 방송을 듯는 것은 됴선에서 아직도 희구한 일임으로 듯는 사람! 보는 사람– 모다 신긔한 감상을 늣기는 동시에 대성황을 일우엇다더라.

동아 25.10.19 (4) [동북지방] 동명극장 계속 개업

함흥 상설활동사진관 동명극장에서는 특약회사 변경 관계로 오래 동안 휴업 중이든바 금반 유 사와 특약이 되여 십팔일부터 개연하게 될 터이라는데 금후에도 전과 가치 매주 월요일마다 본보 독자 우대권을 발행할 터이라고. (함흥)

동아 25.10.19 (4) [동북지방] 길주(吉州) 축산품평회 협찬회

내 입(卄)칠일부터 삼일간 길주에서 개최할 연합 축산품평회에 부대시설로 길주에서는 군민 일동으로 품평회를 후원하며 차(且) 내빈 환대의 의미로서 협찬회를 조직하고 좌(左)의 사업을 시설한다고. (길주)

연극 흥행, 악대(樂隊) 시설, 활동사진, 출품우(出品牛)의 투표, 기생 가무, 각희대회, 궁술대회, 위안연

매일 25.10.19 (1) 경성방송국 구체화 / 십일단체가 일치하야 / 사단법인 조직 계획

근일 방송무선전화의 발달 추세에 반(伴)하야 조선에도 사설 방송국을 설치하고자 하는 계획이 속출하는대 본 시설은 공익사업으로서 통일 경영이 필요하야 경쟁 분립을 불허함으로 예(豫)히 당국에 출원 중인 십일 단체의 대표자가 과일(過日) 회동하야 협의한 결과 자(玆)에 전기(前記) 제 단체가

---

11) '모흐고 공개 하얏는대'의 오식으로 보임.

합동하야 사단법인 조직 하에 **에 일 대방송국을 설치하기로 협정하고 위선(爲先) 전선(全鮮)으로부터 발기인을 구하야 기(其) 진력(盡力)에 의하야 일단 사원을 모집하야써 계획의 실현을 기하게 되야 금반 유하(有賀) 창립위원장으로부터 기(其) 창립취지 기업목론견서(起業目論見書)와 정관안을 칠(漆)하야 광(廣)히 각 방면의 찬동을 구하얏더라.

매일 25.10.20 (2) 한남권(漢南券) 온습회(溫習會) / 이십일부터 / 우미관에셔
시내 한남권번(漢南券番)에셔는 금 이십일부터 이십삼일까지 삼일 동안을 시내 관텰동 우미관(優美館)에서 츄긔 온습대회(秋期 溫習大會)를 개최할 터이라는대 동 권번에셔는 수 월간을 새로히 련습한 미기 십여 명이 총츌동하야 예예 칠십여 종을 매일 교환 흥힝할 터이라더라.

조선 25.10.20 (석3) 〈광고〉 축 조선일보 속간
경성부 황금정
토월회

조선 25.10.20 (석4) 〈광고〉 축 조선일보 속간
경성부 수은동
단성사 전화 구오구번

조선 25.10.20 (조3) 음악연예대회 / 노농(勞農)동우회 주최로
마산 노농동우회 주최와 동아 본보 양(兩) 마산지국 후원으로 지난 십삼일부터 십오일까지 삼일간을 수좌(壽座)에서 음악연예대회를 개최하고 동서양 각종 음악과 조선 신극계의 명성 노푼 안종화 씨와 대구 무대협회 허근애(許根愛) 양의 주연으로 각종의 신극이 잇섯고 그 외 대마술사 진상조(陣尚祚) 씨의 수십 종의 신비한 마술로 대성황을 일우엇는데 일반 관객은 주최 단체인 노농동우회를 사랑하는 성심으로 이일간을 연속하여 입추할 여지가 업시 대만원으로 관람할 쑨 아니라 재래로 마산에 만흔 연예의 흥행이 잇섯스나 금반과 가튼 성황은 처음이라고 호평이 **하얏다더라. (마산)

동아 25.10.21 (4) [기호지방] 죽산(竹山) 위생전람회
경기도 경찰부 위생과에서는 일반에게 위생사상을 철저히 보급시키기 위하야 지난 십오일, 십육일간 죽산공립보통학교에서 위생전람회를 개최하고 매일 오전 구시부터 오후 사시까지
일반에게 종람(縱覽)시키는 동시 매야(每夜) 위생 활동사진을 영사하얏다는데 매일 전람품 종람자가 천여 명에 달하얏스며 실사장에는 관중이 무려 천여 명에 달하얏다고. (죽산)

동아 25.10.21 (5) 〈광고〉
십월 이십일일(수요)부터 대공연 특별대흥행(삼일간)
한남권번 추기 온습(溫習)대회

기생 육십여 명 총출동

예제 매일 교환 칠십여 종

미기(美妓)의 고흔 자태 유능한 投藝[12]

새로운 자랑 여러분 잘 거두어

주시며 사랑하여 주시요

예고

미국 우인스당 회사 초특작 거성 쟐스 핫지송 씨 맹연

연속활극 **맹진(猛進) 하지** 십이편 이십사권 (일명 구레-드핫지)

쟐스 핫지송 씨 영화계 인퇴(引退) 고별작

폭스 사 특약 **우미관** 전화 광화문 삼구오번

매일 25.10.21 (2) [연예안내] 〈광고〉

당 십월 이십일일부터 (유 사 명화 차환)

유 사 작품 **實實**[13] **국제시보** 전일권

유 사 작품 리-모-란 씨 주연

대희활극 **큰일 난 신부(新婦)** 전오권

유 사 작품 후트킵-손 씨 주연

서부활극 **호랑(虎狼)의 결전** 전칠권

유 사 작품 제삼회 **대천지** 전십오편 삼십권 중

제구, 십, 십일, 십이편 팔권 상영

예고

불일 봉절될 이대 문제 대명편

유-고가(家) 소유품 창시 이래의 대명화

대명편 **희무정(噫無情)** 전십이권

예술대명편 대명편 **파리의 여성** 전구권

고대하소셔 불일 봉절됩니다

단성사

동아일보 10월 21일자 우미관 광고와 거의 동일

조선 25.10.21 (석2) 경성에 방송국 / 방금 창립 쥰비 즁

근래 세계덕으로 큰 류행이 된 무선뎐화(無線電話)는 문명사회의 업시 못할 시설이라고 할 만치 일

---

12) '技藝'의 오식으로 보임.
13) '實寫'의 오식으로 보임.

반의 취미와 환영을 밧는 모양인데 최근에 조선에 잇는 일본인 간에 무선뎐신방송국(放送局)을 설립할 계획이 잇서 현재 조선식산은행 두취(殖銀 頭取), 유하광풍(有賀光豊) 씨 등의 발긔로 사단법인 경성방송국(社團法人 京城放送局)이라는 것이 창립할 터이라 한다.

조선 25.10.21 (석2) 한남권번 연주회
시내 한남권번(漢南券番)에서는 이십일일 밤부터 사흘 동안 관텰동(貫鐵洞) 우미관(優美舘)에서 기생의 기예연주회(演奏會)를 열 터이라는데 참신 긔발한 각 과명이 만타고.

조선 25.10.21 (석2) 〈광고〉
동아일보 10월 21일자 우미관 광고와 거의 동일
〈파리의 여성〉에 대해 "차푸랑 氏 第一回 成功品"이라는 문구가 추가된 외 동아일보 10월 21일자 단성사 광고와 동일

조선 25.10.21 (조2) 도망한 여배우 / 개성에서 잡혓다
방금 시내 명치뎡(明治町) 골목 빈터에 싸락크를 짓고 흥행 중에 잇는 동양써커스단 일행 중 유일의 스타-라 할 만한 녀배우(女俳優) 김화자(金花子) (一四) 양은 사, 오일 전에 무단히 몸을 감추엇슴으로 이 고발을 접한 소관 본뎡서(本町署)에서는 각디에 통첩을 돌리고 수색 중 십구일 오전 열한 시경에 경의선(京義線) 개성역(開城驛)에 아모리 보아도 녀배우의 차림을 한 십사오 세가량 되는 소녀가 차표도 업시 하차하엿슴을 인치 됴사하엿든바 과연 그 소녀는 전긔 동양써커쓰단원으로 판명되어 방금 개성서(開城署)에서 보호 중이라더라.

동아 25.10.22 (4), 25.10.23 (4), 25.10.24 (3) 〈광고〉
10월 21일자 우미관 광고와 동일

동아 25.10.22 (5) [연예] 장화홍련전 / 토월회에 상연
시내 황금뎡 토월회 광무대(黃金町 土月會 光武臺)에서는 조선 신극계에 가장 공헌이 만흔 터인바 향자부터 재래의 구극을 새로히 각색하야 만도의 열광뎍 대환영을 바든바 이번에는 역시 구소설 중에서도 가장 눈물의 소설 장화홍련전 사막을 새로히 각색하야가지고 이십이일부터 동 광무대에 상연할 터이라는바 그와 동시에 『도적이 은인이라』는 요절할 희극도 잇슬 터이라더라.

동아 25.10.22 (5) 〈광고〉
조선극장
본보 독자 우대일
십월 입(卄)이일 일일 통용

조선 25.10.22 (석2) 제이회 전조선주일학교대회

조선주일학교련합회(朝鮮主日學校聯合會) 주최로 이십일일부터 이십팔일까지 사이에 시내 중앙긔독교청년회관에서 뎨이회 조선주일학교대회(第二回 朝鮮主日學校大會)를 개최하기로 되야 수일래 전조선 각디는 물론 멀리 서북간도(西北間島)와 서백리아(西伯利亞) 만주(滿洲) 등디로부터도 다수한 참가자가 경성을 향하야 모혀드는 중인바 이제 금번 대회의 목뎍은 『전조선의 종교교육(宗敎敎育)의 발뎐을 쐬하며』 『이 사업을 일신 확장키 위하야 전조선의 모든 로력자의 정신을 단합하야써 주일학교의 각 부를 전문뎍으로 연구하며 가장 조흔 방략을 강구하는 일변 동로자(同勞者)와 우의(友誼)를 돈독키로 함에 잇다』는바 회긔 동안에는 오전 오후(午前 午後)에 나누어 오전에는 주일학교 각 학과(各 學科)에 대한 심리학 급 교수법(心理學 及 敎授法)과 훈련 급 관리(訓練 及 管理) 등을 연구하고 오후에는 성경연구(聖經研究)와 종교교육(宗敎敎育) 등을 토구할 터인데 이 외에도 음악(音樂) 가극(歌劇) 활동사진(活動寫眞) 등의 여흥부(餘興部)와 접대부(接待部) 면람부(展覽部) 등이 잇는 중 더욱이 면람부는 우리나라 주일학교 상황과 그 일반사업(事業)의 표시할 만한 여러 가지 자료가 풍부히 잇서 참관자의 이목을 놀라일 모양이라 하며 기타 생도대회(生徒大會) 순회강연(巡回講演) 등도 대회의 뒤를 이어 잇슬 모양이요. 개회식은 이십일일 오후에 장중히 거행되리라더라.

◇ 사진 = 위는 뎐람회의 면람품, 아래는 회장 압헤 모힌 디방 대표들 ◇

조선 25.10.22 (석2), 25.10.23 (석4), 25.10.24 (석2) 〈광고〉

10월 21일자 우미관 광고와 동일

조선 25.10.22 (석3) [극과 영화] 심청전 단평 / CK 생

▽ 토월회에서 각색 상연한 심청전은 확실히 실패라 볼 수 잇다. 위선(爲先) 각색이 그리 잘 되엿다고 할 수는 업스니 그것은 극으로의 째임과 고조된 장면도 볼 수 업고 쏘 막의 배열이라든지 변화가 도모지 조화되지도 안엇기 째문이다. 극이라고 하는 것보담도 단지 사실의 나열이라고 하는 것이 가할 것이다.

▽ 심청전 전부를 한 극 안에 표현식힌다는 것은 상당히 고려할 일인 줄 안다. 나는 도로혀 심청전과 가티 조선사람으로 그 내용을 거위 몰을 사람이 업는 소설은 일부분 일부분을 각각 독립한 극으로 만드는 것이 그 장면의 효과를 수(收)하는데 비상히 유조(有助)하지 안흘가 생각한다.

▽ 이백수(李白水) 군의 심봉사는 상당한 성공이라 볼 수 잇다. 심청이를 써나 보내는 장면은 군이 아니면 연출치 못할 묘기이다. 그러나 최후의 황후가 된 자기 딸과 상봉하는 장면은 평범하다는 것보다도 도로혀 치열(稚劣)하다는 편이 나흘 것이다.

▽ 복혜숙 군이 심청의 역을 마튼 것은 매우 부적당한 역으로 안다. 심청은 가장 청초하고 간엷히고 처녀다운 곳이 잇서야 하겟는데 복혜숙 군은 성음부터가 벌서 심청이란 이 극의 여주인공의 인상을 전부 파괴하여 버린다. 그의 연출엔 여러 가지 험이 만타. 제일 관객을 실망케 한 곳은 자기가 뱃사공에게 몸을 팔기로 결심하는 장면이다. 동리 노파에게서 사람 산다는 풍문을 듯고 그 당장에 사람 살 사람을 데러와서 조금도 주저함도 생각함도 업시 당장에 팔녀가기를 승낙한다는 것은 보통

우리의 상식으로서는 이해할 수 업는 일이다.

▽ 이 극이 가극이 아니요, 몽환극이 아닌 이상 용궁을 일막으로써 삽입하는 것은 너무나 전후 막과의 조화를 파괴하는 것이다. 또 심청이가 물에 쌔질 째 심봉사의 환영이 낫타나는 것이라든지 용궁에서 선녀가 와서 심청이를 안어가는 것이라든지 그 신기한 무대장치는 일부 관객의 호기심은 씌을게 할지는 몰으되 극의 효과는 조금도 낫타내지는 안흐리라 생각한다.

신시양(申時兩) 군의 쌩덕어미는 상당한 연출이라 하겟스나 너머 그 동작과 언어 표정에 고의와 과장의 기분이 잇다.

▽ 기여(其餘)의 배우는 족히 말할 만한 것이 업고 조명과 무대장치는 아즉 조선의 정도로서는 이로써 만족하지 안흐면 안 되겟다. (一〇, 二〇)

조선 25.10.22 (석3) 쌍옥루 전편(全編) / 단성사 주최로 / 지방 순회 흥행

만인에게 대환영을 바든 장화홍련전(薔花紅蓮傳)의 텬재 감독 박정현(朴晶鉉) 씨의 총지휘 아래 완성된 쌍옥루(雙玉淚) 전, 후편 십오권[14]을 금년 구월 이십륙일에 단성사에서 개연하야 공전의 대성황을 일우엇고 십월 십팔일부터 평양 데일관에서 흥행하야 날마다 대만원을 일우엇다 함은 그째에 이미 보도된 바이어니와 단성사에서는 다시 청진(淸津) 회녕(會寧) 간도(間島) 웅긔(雄基) 성진(城津) 등 각디로 순회할 터이라 하며 날자는 아즉 미정이라고.

(사진은 쌍옥루 전편(前編) 중 일장면)

조선 25.10.22 (석3), 25.10.23 (석4), 25.10.24 (석4) 〈광고〉

10월 21일자 단성사 광고와 동일

동아 25.10.23 (2) 〈광고〉

토월회 제삼(卅)육회 공연 십월 입(廿)이일 밤부터 오일간

비절참절한 혈루애화

장화홍련전 전사막

하……하……만인의 우슴을 자아낼

소극 **도적놈이 은인이라니?** 이막

현상모집

내 십일월 이일은 본회가 동경서 발기된 창립 사주년 기념일입니다.

그날 상연될 연극은 무엇일는지?

다음에 기록한 목록 중에서 한 가지를 본월 말일까지에 토월회 서무부

로 통지해주시요. 당선된 분에게는 *사(謝)를 드립니다

토월회 출연 목록

---

14) 『매일신보』 9월 17일자 단성사 광고에는 '십팔권'으로 나와 있음.

◇ 입센 작 『유령』

◇ 톨스토이 작 『부활 후편』

◇ 체코우 작 『백조의 가(歌)』

◇ D.W.그리피스 작 『동도(東道)』

토월회 직영 **광무대**에서 전 (본) 팔팔육

동아 25.10.23 (4) 경영 곤란인 영천(永川) 백학(白鶴)학원 / 각지 순회 활사

영천군 지곡면(知谷面)에 잇는 백학학원은 대정 십년 일월에 그곳 유지의 단성(丹誠)으로 설립하엿든 것인데 일시 조선에 팽창하엿든 교육열도 차차 식어지기 시작하자 한때 이백여 명의 생도를 수용하고 거면(擧面)일치의 경영을 하다십히 하야오든 동원(同院)도 이 조잔(凋殘)한 운명을 버서나지 못하게 되엿을 재 맛차 시온촌(村) 동인(同人)이 그곳에 드러가서 농사를 경영하는 일면 학원을 맛허서 계속 경영하기는 대정 십삼년 삼월부터 이엇든바, 이래 이 년간 허다한 곤경을 당하여오면서도 종시일관 자자(孜孜)히 고절(孤節)을 직혀오든 터인데 거년(去年)의 연흉(連凶)하엿슴과 금년 각지의 농황(農況)이 비교적 등풍(登豊)하엿슴에도 불구하고 그곳만은 연하야 연황(年況)이 좃치 못하야 먹기에도 급급한 농촌의 학동은 차차 주러들기 시작하고 남아 잇는 학동도 수업료 갹출이 되지 못함에 육, 칠십 명의 생도에서 수입되는 수업료가 겨우 이, 삼 원밧게 되지 못하는 현상임으로 이에 동원(同院) 경영자인 『시온촌』 동인은 궁사각득(窮思覺得)한 결과 활동사진순극단을 조직하고 영천군내를 위시하야 각 주요지에 순회 영사할 예정으로 지난 십오일부터 군내 각 면을 순료(巡了)하엿는바 다대한 환영을 밧앗스며 압흐로 대구, 경주, 청도 등지까지 순회할 터이라고. (대구)

동아 25.10.23 (5) 〈광고〉

조선극장

본보 독자 우대일

십월 입(卄)삼일 일일 통용

매일 25.10.23 (2) 공전 성황의 / 영화 쌍옥루 / 도쳐에셔 환영

져번에 쟝화홍련뎐(薔花紅蓮傳)을 제작하야 전 됴션의 『키네마 판』을 열광케 한 됴션 유일의 명감독 박정현(朴晶鉉) 씨의 총지휘로 제작한 고려영화제작소(高麗映畵製作所)의 뎨일회 작품 장편영화 쌍옥루(雙玉樓)는 지난 구월 이십륙일부터 단성사(團成社)에서 봉절 상영하야 십일간을 계속하야 대만원의 공전 성황을 일우고 목하 평양 뎨일관(第一舘)에서 역시 평양에 상셜관이 싱긴 후 처음 보는 성황을 일우는 즁이라는대 평양의 흥힝을 맛맛치고 뒤를 니여 함북 회녕(會寧), 간도(間島), 청진(淸津), 긔웅(雄基)[15], 성진(城津) 등 각디를 순업하리라더라.

---

15) '웅긔(雄基)'의 오식으로 보임.

매일 25.10.23 (2) [연예안내] 〈광고〉
동아 10월 17일자 조선극장 광고와 동일

매일 25.10.23 (2) 〈광고〉
10월 21일자 단성사 광고와 동일
10월 21일자 우미관 광고와 동일

조선 25.10.23 (석2) 물산장려회의 / 선전영화 제작 / 유익한 사진을 / 각디에서 영사코저
조선물산장려회에서는 금년에 새로히 총회를 열고 리사를 개선하야 여러 가지로 새로운 사업에 진력하는 중인데 그 회관은 부내 황금명 일뎡목(府內 黃金町 一丁目) 일백사십삼 번디로 이뎐하고 선전사업으로 조선물산을 장려하는 활동사진을 조선영화제작소(朝鮮映畵製作所)에서 만드러 전 조선 각처에 선전을 시작할 터이라는데 그 사진과 함씌 강연대도 출발한다 하며 쏘는 조선 각처에 신용 잇는 상공업(商工業)의 제산실황과 상품을 실사하야 활동사진으로 비치여 조선 산업계에 공헌코자 한다더라.

조선 25.10.23 (석2) 인천지국의 / 독자위안 / 이십오, 륙 양일간 / 활동사진회를 연다
오래동안 명간(停刊)의 액운에 쌔저 적막히 지내든 됴션일보는 명간된 지 삼십팔일 만인 본월 십오일에야 해뎡되야 다시 나오게 되엿슴은 만련하 독자를 위하야 자축(自祝)함* 말지 아니하는 바인데 전후 사십여 일을 두고 너무나 독자의 갈망하* 바를 마치지 못하엿슴으로 본보 인천지국은 이재에 일반독자에게 한재 위안을 들이며 쏘는 속간(續刊)의 축하를 하기 위하야 오는 이십오, 육 량일을 두고 빈정(濱町) 가무기좌에서 독자위안 활동사진대회(讀者慰安 活動寫眞大會)를 개최하기로 되엿는바 당월 밤 영사할 사진은 경성 우미관에서 대환영 대갈채를 밧든 대모험 희활극(大冒險 喜活劇)『쾌남(快男) 후린드』의 일만척 되는 사진과 그 외의 희극(喜劇) 실사(實寫) 등 수종인데 누구나 한 번 관람할 가티가 잇슴으로 당일의 성황을 예측할 수 잇스며 입장료는 본보 독자에게 한하야 다만 장내를 정리하기 위한 하족료(下足料) 십 전을 밧기로 하엿는바 오는 이십오, 륙 량일에 본보 난외에 게재되는 입장권이나 본 지국에서 발행하는 입장권을 청구하야 지참함이 조켓더라. (인천)

조선 25.10.23 (석2) 시내 조선상점 / 추계 연합매출 / 이십삼일부터
가을바람이 선들선들 부러옴을 싸러 조선의 상업계는 자못 왕성하야진다. 이 긔회를 리용하야 시내 남대문통(南大門通)과 종로통(鍾路通)을 중심으로 한 원 조선인 상인들은 더욱 판로를 확장코자 오는 이십삼일부터 추계경품부 련합대매출(秋季景品附 聯合大賣出)을 행할 터이며 일반고객의 흥미를 도드기 위하야 『탑골』공원과 관상장 등 각디에서 기생광대의 연주와 활동사진 가튼 여흥을 할 터이라는데 아마 조흔 성적을 이룰 쯧하다더라.

동아 25.10.24 (5) 물산장려 선전 / 위선 활동사진으로

조선물산장려회(朝鮮物産奬勵會)에서는 금번에 리사를 개선하야 여러 가지로 새로운 사업에 진력한다는 것은 본보에 루차 보도하엿거니와 이제 다시 그 회관을 부내 황금명 일명목(黃金町 一丁目) 일백사십삼 번디로 이뎐하고 이번에는 선전 방편으로 조선 물산을 장려하는 활동사진을 만드러 선전 각처에 선전을 시작할 터이라는데 그 사진과 한 가지 강연대로 출발한다 하며 유성준(兪星濬) 씨 감독 하에서 현철(玄哲) 씨가 전무위원이 되엿다더라.

동아 25.10.24 (5) 〈광고〉

당 이십사일(토요)부터
생명이 약동하는 영예의 웅편(雄編)!! 초특별 대흥행
스타-필님 사 제공 F, B, O 사 특작 영화
권투활극 **투쟁의 열혈** 입(卄)사편 사십팔권
제오회, 제팔편 상장
스타필님 사 제공 F, B, O 사 특별 영화
명우 데오도루후옹엘쓰 씨 주연
희활극 **소등(消燈)** 전칠권
미국 파라마운트 사 초특작 명화
문예극 **혈과 사(血과 砂)** 전구권
거성 루도루 바-덴치노 씨 역연 서반아 대문호 이바네스 씨 원작
천하 인사의 호평이 책책(嘖嘖)[16]한 이 명화를 그여히
예고
연애극 **연(戀)의 개가** 전팔권
문예극 **백장미** 전십권
공개일 절박
조선극장 전 광 二〇五

조선 25.10.24 (석3) 독자우대 / 오늘밤부터

시내에 잇는 단성사(團成社) 조선극장(朝鮮劇場) 우미관(優美舘) 세 활동사진관과 본사가 특별히 계약하야 일주일에 한 번식 각 관에서 독자를 위하야 우대하여 오던바 그동안 본보의 발행정지 당함으로 인하야 그것도 자연히 명지 상태에 잇섯스나 금번 본보가 속간되는 동시에 다시 전과 가티 전긔 삼관에서 독자를 우대하게 되엇사오니 독자 여러분은 본보 란외에 잇는 독자우대권을 만히 리용하시옵기를 바랍니다.

---

16) '크게 외치거나 떠드는 소리'를 표현하는 한자.

조선 25.10.24 (조1) 큰 경성(警醒)을 쥰 / 양덕(陽德) 영화대회

거 십팔일에 양덕공립보통학교 운동장에서 활동사진대회를 개최하얏는데 당야(當夜) 영화 실비는 시내 유지와 관공리의 연조(捐助)로써 학생과 일반 시민에게는 무료관람케 한 결과 오후 육시부터 운집하는 관중은 수천 명에 달하얏스며 영화 중 『*자(子)와 부모』라는 현대에 모범적인 가정실극과 당지 공보교장 임봉현(林鳳鉉) 씨의 『부모가 자녀에 대한 의무』라는 설명에는 일반의 큰 경성(警醒)[17]이 잇섯다더라. (양덕)

동아 25.10.25 (2), 25.10.26 (4), 25.10.27 (4), 25.10.28 (6) 〈광고〉

10월 23일자 광무대 광고와 동일

동아 25.10.25 (2), 25.10.26 (4), 25.10.27 (3), 25.10.28 (6), 25.10.29 (4), 25.10.30 (7) 〈광고〉

10월 24일자 조선극장 광고와 동일

동아 25.10.25 (2) 〈광고〉

십월 이십사일(토요)부터 교환

미국 쟈드우익쿠 영화 종하-롱 씨 주연

해양활극 **절해 염(焰)** 전칠권

미국 와-나부라- 사 영화 사오우엔듸-이스 씨 원작

명화 **연행정화(縺行情火)** 전칠권

기타 실사 신극 수종 상영

예고

미국 우인스당 회사 초특작

거성 쟐스 핫지송 씨 맹연

연속활극 **맹진(猛進)** 하지 십이편 이십사권 (원명 구레-드핫지)

폭스 사 특약 **우미관** 전화 광화문 삼구오번

동아 25.10.25 (5) [연예] 조극(朝劇)에 『혈과 사(血과 砂)』 / 작야(昨夜)부터 상영

시내 인사동 조선극장(朝鮮劇場)에서는 작 이십사일부터 영사 예례를 갈엇다는바 이번에는 본보에 긔위 소개하얏든 『혈과 사(血과 砂)』 아홉 권의 문예명화를 주요 영화로 희활극 『소등(消燈)』 일곱 권짜리와 밋 련속사진 『투쟁의 열혈(鬪爭의 熱血)』 두 권을 상영할 터이라는데 이런 사진은 전부 영화판을 밋치게 할 만한 영화라더라.

---

17) 정신을 차려 그릇된 행동을 하지 않도록 타일러 깨우침.

동아 25.10.25 (5) [연예] 상연 각본 현상 답안 / 토월회 창립 기념

오는 십일월 이일은 시내 황금뎡 광무대 토월회(黃金町 光武臺 土月會)가 일본 동경서 발긔 창립되는데 사회 긔념일임으로 동회에서는 그 날 상연할 연극은 무엇일른지 다음에 긔록한 출연 목록 중에서 무엇이든지 한 가지를 본월 말일까지 동회 서무부로 통지하면 당선한 이에게는 상품을 주리라더라.

입센 작 유령 톨스토이 작 부활 후편, 체코포 작 백조의 가(歌), 이광수 작 무정 개척자, P.W.그리피스[18] 작 동도(東道)

매일 25.10.25 (2) 진좌제(鎭座祭)의 영화 / 본부에서 시사 / 이십사일에

총독부에서는 이십사일 정오에 뎨이 회의실(第二 會議室)에셔 됴션 신궁 진좌제(鎭座祭)의 실황의 활동사진을 상영하야 과원의 사람에 공하얏다더라.

매일 25.10.25 (2) 불야성화(不夜城化)한 / 종로의 사가(四街) / 야이계주(夜以繼晝)하는 대잡답(大雜踏) / 광고탑과 뎐등장식으로 / 참치 찬란한 봄동산 갓다

부내 종로통(鐘路通)을 중심으로 하야 죠직한 중앙번영회(中央繁榮會) 주최로 된 부내 중앙련합 경품부 대미출(中央聯合 景品附 大賣出)은 예뎡과 갓치 재작 이십삼일부터 개시되앗는대 각 상뎜에서는 뎜두(店頭)에 뎐등과 오식으로 쟝식한 광고탑(廣告塔)과 밋 오식긔(旗)로 찬란케 쑴이여 전 시가가 꽃동산 무르녹는 화초밧 속에 싸인 듯한 긔식을 드리엿다. 그런 중에도 종로 일뎡목 네거리 대창무역쥬식회사(大昌貿易株式會社)와 한영공사(漢英公司)며 덕원상뎜(德元商店) 등에는 일층 더 아릿다운 장식을 하얏다고. 대창(大昌)에셔는 활동사진을 무료 공개하며 또는 온갖 음악을 무료 공개하기 째문에 밤이면 그 네거리 광장에 무려 슈천 군즁이 모히여 혼잡을 일으는 중에 잇다더라.

각종의 여흥 / 무료로 공개

그리고 중앙번영회의 주최로 우미관(優美舘)과 밋 남대문통 일뎡목을 위시하야 각처 광장을 여흥장(餘興場)으로 하고 기성의 가무와 광대의 소리를 무료로 공개하는대 이십오일에는 다음과 갓치 여흥을 한다더라.

一, 오후 삼시부터 사시까지 우미관에셔 사 권번 기생 출연
一, 동 오후 팔시부터 동 구시까지 남대문통 일정목에셔 변장 미인행렬

조선 25.10.25 (석2) 기대되는 / 인천 독자위안 / 매우 성황일 듯

본보 인천지국(本報 仁川支局) 주최 독자위안활동사진대회(讀者慰安活動寫眞大會)는 이미 보도한 바와 가티 이십오일 밤 하오 일곱 시부터 빈뎡(濱町) 가무기좌에서 개최할 터인데 오래동안 뎡간되엿든 조선일보가 전후 사십이일 만에 속간(續刊)되자 곳 위안(慰安)이라는 의미 아래에 활동사진대회

---

18) 'D.W.그리피스'의 오식.

를 개최한다 함은 본 일반 애독자는 깁흔 호감을 가질 샏 아니라 당일 밤 영사할 쾌남(快男) 『후린드』의 모험극과 그 외에 흥미잇는 희활극(喜活劇) 쏘는 실사(實寫)가 잇슴을 더욱 환영하야 본 대회의 열리기를 고대하는 중이라는데 물론 당일 밤은 대만원의 성황을 일우겟슨즉 명각 전에 입장하야 유감이 업도록 하는 것이 조켓더라. (인천)

조선 25.10.25 (석2) 〈광고〉

십월 이십오일 주간부터 특선 명화 대공개

유 사 작품 싹크막콰- 씨 주연

대활극 **쟁투** 전이권

유 사 작품 최종편 **대천지** 단편 육권 상영

유 사 초대작 크라더-쓰월-톤 양 주연

절세애화(哀話) **녀자 십팔세이면** 전오권

유 사 공전의 대작품 밧-도오마레- 씨 대비약

학창로맨쓰 **천래(天來)의 용자** 전칠권

불일 예고

유고 원작 **희무정(噫無情)** 전십이권

모험의 리차-드다루마-치 씨 연(演)

무명의 괴인 전육권

모험연속 루치아-노알페루듸니 씨 주연

철의 인(鐵의 人) 전십오편 삼십권

송죽 특약 유 사 **단성사** 전 광 구오구번

동아일보 10월 25일자 우미관 광고와 거의 동일

조선 25.10.25 (조1) 소년군 순회단 / 청도에서 영화 성황

조선소년군 총본부 활동사진대 일행은 본월 입(廿)일일 경북 청도에 도착하야 청년회, 화성의우단(華城義友團), 본보 지국 후원 하에 대성황을 이루엇는데 동정금은 여좌(如左)하다더라. (이하 기사 생략) (청도)

조선 25.10.25 (조1) 〈광고〉 인천 독자위안활동사진대회

일시 십월 이십오, 육 양일간 매 하오 칠시

장소 인천 빈정 가무기좌

입장 무료 [난외 할입(割込)한 입장권 지참인에 한]

주최 조선일보 인천지국

동아 25.10.26 (2), 25.10.27 (3), 25.10.28 (3) 〈광고〉
10월 25일자 우미관 광고와 동일

매일 25.10.26 (2) 인파에 덥힌 종로 / 공전의 활기를 씌우고 / 밤이 깁도록 대혼잡을 일우어
부내 종로 중앙련합 경품부대미츌(中央聯合 景品附大賣出)은 각 상덤에서 경징덕으로 광고를 하기 위하야 조흔 물품은 정확한 가격으로 판민하며 그 우에 경품권까지 붓쳐주고 쏘 금상첨화로 활동사진과 음악 등 온갖 여흥을 무료로 공개하기 째문에 일반인스긔는 종로통으로 집중하야 상품의 매〃도 예측 이상의 호성적을 엇게 되얏고 젼 시가가 할긔를 씌우고 잇다. 그즁에도 종로 일명목 네거리에는 해만 지면 구경군이 사면으로 구름 갓치 모혀드러 수천 군중이 대혼잡을 일우는 터인대 대창무역주식회샤(大昌貿易株式會社) 이층에셔 무료로 공개하는 활동사진 영화에는 천여 명의 관람자가 드러가서 대성황을 일우웟는데 기타 각 상덤의 덤두장식(店頭裝飾)은 부내 중앙시가로 하야금 화세계와 불야성을 일우워 장관을 드리엿다.

변장미인 / 현상 탐색 / 이십오일 밤에
그리고 이십오일 오후 여덜 시부터는 남대문통 일명목 구역에서 변장미인탐상(變裝美人探賞)을 힝하는데 그 방법은 변장한 미인을 차져가지고 종로통 이명목 화신상회(和信商會) 안에 잇는 중앙번영회 림시 사무소로 오면 도착하는 순셔에 의하야 일등으로부터 륙등까지의 상품을 준다 하며 변장할 미인의 셩명은 다음과 갓더라.
김영월(金暎月), 안옥연(安玉妍), *비연(*飛鳶), 이송학(李松鶴), 김백오(金百五), 마봉채(馬鳳彩)

금야(今夜)의 여흥
그리고 금 이십륙일의 여흥은 밤 여덜 시부터 아홉 시까지 한 시간 동안 안국동(安國洞)에셔 활동사진을 무료로 공개할 터이라더라.

매일 25.10.26 (3) [지방집회] 경기도 교육 활동 영사회
경기도 지방과에서는 본월 이십사일 사회주사(主事) 조원환(曹元煥) 씨 인솔 하에 교육 활동사진대가 내김(來金)하야 좌기(左記) 일할(日割)로 영사가 잇섯는대 일반은 매우 호감 * 환영 대성황을 정(呈)하얏더라.
십월 이십사일 김포공보교
동 이십오일 양곡(陽谷)공보교
동 이십육일 통진(通津)공보교
동 이십칠일 양천(陽川)공보교

조선 25.10.26 (조1), 25.10.27 (석3), 25.10.29 (석3), 25.10.30 (석4) 〈광고〉
10월 25일자 단성사 광고와 동일

조선 25.10.26 (조2) 제이일 밤의 / 인천 독자위안 / 사진을 전부 교환

본보 인천지국(本報 仁川支局) 주최 독자위안회(讀者慰安會)에서 영사할 사진은 이미 보도한 바와 가티 이십일 밤에는 대모험 희활극(大冒險 喜活劇) 쾌남(快男)『후린드』 외에 희극 실사 등 수 종인데 데이일 밤인 이십륙일에는 독자위안에 일층 더 흥미를 도웁기 위하야 사진을 전부 교환하야 일본 관서 진재(關西 震災 二千 尺)의 실사와 국제시보(國際時報 一千 尺) 또는 사진(砂塵)을 『박차고』라는 일만척 되는 서부황야맹투활극(西部荒野猛鬪活劇)과 그 외의 희극 수 종을 영사하기로 되엿다더라. (인천)

조선 25.10.26 (조2), 25.10.27 (석2) 〈광고〉

10월 25일자 우미관 광고와 동일

동아 25.10.27 (2) 〈광고〉

우미관
본보 독자 우대일
십월 입(卄)칠일 일일 통용

동아 25.10.27 (4) [지방단평]

◇ 청진(淸津) 신암동(新岩洞) 파출소 순사 모(某)는 극장에 임석하여, 변사 '야지'하는 관객 이인(二人)을 구타하엿다고, 순사의 직무는 인민 구타인 줄만 아는 우자(愚者)!

동아 25.10.27 (5) 명화『연행정화(縺行情火)』/ 관철동 우미관에서 / 본보 독자 우대

시내 관텰동 우미관(貫鐵洞 優美舘)에서는 지난 이십사일 밤부터 미국『와나루러더쓰』회사 걸작 명화 련행정화(縺行情火) 전 일곱 권과 동『싸드워크』회사 영화 절해의 염(絶海의 焰) 일곱 권을 상영하는 중이라는데 련행정화는 료리덤에 고용하든 처녀가 쯧에 업는 죄를 범하고 옥중생활을 하다 나온 후 배우들이 긔숙하는 려관집에서 쓰라린 고용 생활을 하다가『샥러더위』태생의 청년 신사에게 구조를 당하야 탐명들의 주목으로부터 버서나게 되는 눈물의 명화이며 절해의 염은 해양 활극으로 엇던 청춘 부부가 아들을 다리고 쏃드를 타고 바다에 나갓다가 폭풍을 만나 파선을 하얏든 중 다행히 지나가는 배가 잇서서 구원을 청하얏든바 그 배의 선댱은 그 안해의 미모에 반하야 안해만 쌔앗고 눈을 멀니워 아들과 함께 널조각에 실어 물에 씌워 바린 것이 발단으로 사랑의 싸홈과 의긔의 다툼이 전편을 싸은 것이라는데 금 이십칠일 밤에는 본지 독자를 위하야 우대 활인을 할 터이라는바 본지 란외의 할인권을 만히 리용하기 바라는 바이더라.

매일 25.10.27 (2) 신궁(神宮) 경기(競技)의 활사(活寫) 가족회 / 경성극장에셔

됴선 신궁 진좌제(朝鮮 神宮 鎭座祭) 당일이요, 신궁경긔대회(神宮競技)의 첫날인 지는[19] 십오일에 재등 총독과 기타 관민 유력자 다수의 참석으로 개장식을 거힝한 경셩운동장(京城運動塲)은 그날

경성청년단(靑年團)의 열단(閱團) 급 분렬식(分列式)과 이만 륙천 아동의 련합례조 등으로 대성황을
이루엇슴으로 이를 활동사진으로 박혓다 함은 긔보한 바어니와 금 이십칠일 오후 오시부터 경성극
장(京城劇場)에서 가족회(家族會)를 개최하고 그 사진을 상연할 터이며 그 외에도 여흥으로 자미잇
는 다른 사진도 만이 잇슬 터이라는바 입장권은 각 명 청년회에서 회원에게 배부할 터이요. 필요로
인명할 째에는 이십팔일까지 할 터이라더라.

매일 25.10.27 (3) [연예안내] 〈광고〉
일부 출연진 제외된 외 조선일보 10월 25일자 단성사 광고와 동일
동아일보 10월 24일자 조선극장 광고와 거의 동일
동아일보 10월 25일자 우미관 광고와 거의 동일

조선 25.10.27 (석2) 번영회의 여흥 / 사권번의 기생연주
중앙번영회(中央繁榮會)에서 주최하는 이십칠의 여흥은 동일 오후 세 시부터 동 네 시까지 시내 관
텰동 우미관(優美舘)에서 사 권번 기생연주가 잇스리라더라.

조선 25.10.27 (조2) 라디오 순회 공개 / 본보 부산지국 주최 / 래 십일월 일일부터 출발 / 데
일착으로 령남일대에
본사 부산지국(釜山支局)에서는 무선뎐화(無線電話)에 대한 지식을 일반인사에게 보급시키기 위하야
일본 이엽뎐긔상회(二葉電機商會)로부터 오구식(五球式)『뉴도로와이부』무뎐긔(無電機)를 사가지고
오는 십일월 일일에 부산을 출발하야 령남 일대를 도라다니며 일본 동경(東京) 대판(大阪) 등디와
중국 상해(上海) 등디에서 방송(放送)하는 가곡(歌曲) 연설(演說) 등을 공개할 터인데 금번 순회 공개
를 데일선(第一線)이라 하야 약 이개월 동안에 마친 다음 다시 데이선(第二線)의 계획에 드러갈 터
이라는바 형편에 의하야는 아래의 데일선 순로(順路) 중 다소 변동이 업지도 아니할 모양이며 공개
는 한 곳에서 하루 저녁 할 터이더라. (부산)
십일월 일일 부산 출발 = 제일선(第一線) 순로(順路) 동래 량산 언양 울산 경주 포항 영천 하양(河陽)
대구 경산 청도 밀양 김해 마산 고성 통영 서천(西川) 하동 진주 산청 함양 거창 합천 고령 창녕

동아 25.10.28 (5) 동양 문명의 정화 / 신라 고적 영사 / 시내 각 학교를 순회하면서 / 경주 남
명학교 고적영사대
경상북도 경주 사립 남명학교(慶尙北道 慶州 私立 南明學校)에서는 동교 유디비를 엇겟다는 쯧으로
고적영사대(古蹟映寫隊)를 조직해 가지고 경주의 신라(新羅) 천여 년 고적 등 동양 문명의 책원디의
왕관 옥덕(王冠 玉笛)을 위시하야 성곽(城廓)과 뎐당(殿堂)의 찬란한 우리의 조선의 영예로운 예술품
삼십여 종을 활동사진으로 촬영하야 실디 견학을 하지 못한 각디 동포들에게 구경을 식히고자 하

---

19) '지난'의 오식으로 보임.

는 중 수일 전에 동 대원 김일성(金一誠) 씨가 동 영화를 가지고 상경하야 방금 시내 청진동 한창려관(淸進洞 韓昌旅舘)에 묵으면서 시내 각 학교를 빌어가지고 영사회를 개최할 터인바 작 이십칠일 밤에는 시내 관훈동 동덕녀학교(寬勳洞 同德女學校)에서 첫 영사회를 열엇섯다는데 영사 종목은 다음과 갓다 하며 입당료는 보통 이십오 전, 학생 소아 십오 전식이라더라.

석굴암 불국사 왕관 옥적(玉笛) 첨성대 봉덕사종 석귀(石龜) 계림 구층탑 석빙고 김유신묘 유촉곡수(流觴曲水) 괘릉(掛陵) 반월성(半月城) 아압지(鵝鴨池) 옥산정혜사(玉山淨惠寺) 석탑 기타 십여 고적

매일 25.10.28 (2) 〈광고〉

10월 27일자 단성사 광고와 동일
10월 27일자 조선극장 광고와 동일
10월 27일자 우미관 광고와 동일

동아 25.10.29 (1) 〈광고〉

토월회 창립 만 사주년 기념대공연
십월 입(卄)구일 밤부터 십일월 이일 밤까지
일시 낙양의 지가를 고등케 한
장백산인(長白山人) 이광수의 代的[20] 명작
무정 전구권
오래 동안 당국의 불허가로 상연치 못하던 무정을 인제야 겨우 무대에 올니게 되엿습니다
축키 위하야 십월 입(卄)구, 삼십, 삼십일일
삼일간은 매야(每夜) 이백 명에 한하야
선착순대로 기념품을 드리겟나이다.
십월 입(卄)구일 밤부터 십일월 이일까지
토월회 직영 **광무대**에서 전 (본) 팔팔육

십월 입(卄)구일(목요)부터 명화 공개
송죽 키네마사
실사 **설의 북월**(雪의 北越) 전이권
미국 푸리푸-아드 영화 바-드라이텔 씨 주연
정희극 **번민의 충자**(忠者)[21]
독일 데구라우푸아 사 초특작
쏠리히텔 씨 마카레데지에 양 한나 라루호 양

---

20) '代表的'의 오식으로 보임.
21) 시대일보 11월 4일자 광고에는 번민의 환자(患者)로 표기되어 있다.

보시요!! 선풍적 출현의 독일 문예 대명화를!!

대명화 **지-구후리드** 십권 SIEGFRIED

웅대 화려한 독일 개척기의 신화, 괴룡 퇴치, 미모인 왕비와 영웅의 연애, 맹한(猛漢)요녀, 간＊참인(奸＊慘忍)한 재상 등 난연(爛然)히 빗나는 금과 여(如)한 로맨스

영화의 신고전 예술의 대표적 작품이외다 일차 관람을……

예고

미국 우인스당 회사 초특작 거성 쟐스 핫지송 씨 맹연

연속활극 **맹진(猛進) 핫지** 십이편 이십사권 원명『구레-드핫지』

폭스 사 특약 **우미관** 전화 광화문 삼구오번

동아 25.10.29 (2) 토월회에 『무정』 / 사주년 기념 흥행 / 삼일간 기념품 증정

긔보 = 시내 황금명 광무대 토월회(黃金町 光武臺 土月會)에서는 금 이십구일부터 오일간 동회 창립 사주년 기념 흥행을 할 터인바 각본은 당국의 허가를 엇지 못하야 흥행을 하지 못하든 춘원 리광수(春園 李光洙) 씨 작 무정(無情) 전 아홉막의 허가를 어더서 새로히 상연할 터이라 하며 이십구, 삼십, 삼십일일 삼일간은 밤마다 먼저 입장하는 사람 이백 명에 한하야 긔념품을 줄 터이라더라.

매일 25.10.29 (2) 금일의 여흥 / 광대 줄타기와 사권번의 출연

부내 종로 중앙번영회(中央繁榮會) 주최의 여흥은 금 이십구일에는 오후 두 시까지 광화문통 광장(光化門通 廣場)에셔 광대 줄타는 것을 하고 동 오후 세 시부터 네 시까지는 우미관에서 사 권번 기싱의 연주가 잇슬 터이라더라.

매일 25.10.29 (2) 공회당에셔 / 진좌(鎭座) 영화 공개 / 래월 칠 팔 량일에

됴선에서 처음보는 대의식(大儀式)인 관폐대사(官幣大社) 됴선 신궁(朝鮮 神宮) 진좌제(鎭座祭)의 광경을 박힌 활동사진(活動寫眞)을 릭월 칠, 팔 량일에 장곡천명(長谷川町)공회당에서 공개하고자 경성부에셔는 방금 총독부에 신청 중인대 입장은 물론 무료이요, 시간과 기타 사항은 츄후에 발표하리라더라.

매일 25.10.29 (3) 학술품 전람회 / 진남포 제일공보에셔 / 대ヾ적 설비

진남포 제일공보교에셔는 금년 신축기념으로 조선에 최대한 전람회를 십월 삼십일일에 개최한다는 대 학예품은 조선에 잇는 학교는 물론이고 일본에 잇는 각처 학교에서까지 다수한 학예품이 도착하얏다는대 매일 설비에 분주한바 더욱 동창회에서까지 후원을 하야 동일(同日) 야(夜)에는 활동사진이며 기타 수종(數種) 음악도 잇스리라더라. (진남포)

매일 25.10.29 (3) 지방개량 선전 / 활동사진도 영사

본도(本道) 사회과 촉탁 엄달환(嚴達煥) 씨는 금반 지방개량을 선전키 위하야 활동사진기를 가지고

강연차로 내강(來江)하야 거 십팔일 오후 칠시부터 강릉면사무소 누상(樓上) 회의실에서 강연 급 (及) 활동사진회를 개최하얏섯는대 정각 전부터 운집한 남녀관중은 무려 오백여 명에 달하야 장내 에는 입추의 여지가 업는 대성황리에서 강릉군수 윤희성(尹希誠) 씨의 간단한 개회사가 잇슨 후 엄 촉탁의 지방개량에 대한 일장 강연과 인속(引續)하야 활동사진회로 일반 관중에게 무한한 흥미를 여하얏더라. (강릉)

매일 25.10.29 (3) 지방개량 선전 / 보성에셔 활동사진도 잇셔 / 도처에 성황
전북 보성군에서는 지방개량과 산업장려의 취지로 도 촉탁을 수(受)한 활동사진 강연단 일행은 전 (前) 권업과장 군 주임 대리 이원극(李元極) 씨의 인솔 하에 거 십팔일부터 각 면을 순회하며 산업장 려와 지방교육열과 위생에 대한 철저한 선전과 함쯰 활동사진 영사로 이십오일까지 계속하야 도처 에 성황을 정(呈)하얏다더라. (보성)

조선 25.10.29 (석3) 〈광고〉
〈지-구후리드〉 홍보문구가 제외된 외 동아일보 10월 29일자 우미관 광고와 거의 동일

동아 25.10.30 (1) 동양 무전망 확장 / 미국 정부의 신계획
미국 쌍교(雙橋) 무전문제로 일, 미, 중 삼국 간에 분쟁이 기(起)하는 차제 갱(更)히 동양의 무전전신 망의 확장에 노력(아메리캔·라듸오·코포레숀 자본금 오천만불)하야 『알래스카』 『캄작카』에 손을 썟 처 극동 노령(露領)을 경(經)하야 중국 방면에 지(至)할 무전망을 설치할 계획을 세우고 이미 노국 측 과 교섭을 진(進)하야 동국(同國) 정부와 연락을 취하랴고 한다는바 우(右)는 예(例)의 『페더랠』 무전 회사의 모적(母的) 회사로서 이에 의하야 동양의 무전망을 달성하고 일본 측의 활동을 방해하랴는 듯하다더라. (동경 전)

동아 25.10.30 (2) 관중의 깁흔 감흥 / 신라 고적 영사
경주 사립 남명학교 고적영사대(慶州 私立 南明學校 古蹟映寫隊)가 재작 이십칠일 밤에 시내 관훈동 (寬勳洞) 동덕녀학교(同德女學校)에서 입경 후의 첫 영사회를 열엇다 함은 작지에 긔보한 바어니와 그날 밤 일곱 시에 동교 교댱 조동식(趙東植) 씨의 식사가 잇슨 후 영사대원 김일성(金一誠) 씨의 신 라사(新羅史)에 대한 몃 마대 이약이를 비롯하야 동 씨의 간곡한 설명으로 이십 종이나 되는 사진 을 영사한바 어느 것이나 모도 다 찬란하던 녯날 신라(新羅)문화의 정수(精髓)인 고적 보물 등을 박 힌 것으로 당석에 모힌 삼백여 명 학생과 학부형들에게 만흔 늣김을 주고 동 열 시경에 폐회하엿는 데 아즉 경주의 고적을 구경하지 못한 이는 쏙 한 번 볼 만한 것이며 더구나 학생 제군에게는 적지 안흔 참고가 되겟는데 전긔 영사대는 압흐로 약 이주일 동안 서울서 체류할 예뎡이라 하며 그동안 시내 각 학교에 대하여서는 청구에 의하야 영사회를 열도록 하리라더라.

동아 25.10.30 (2) 〈광고〉
조선극장
본보 독자 우대일
십월 삼십일 일일 통용

동아 25.10.30 (2), 25.10.31 (5), 25.11.01 (2), 25.11.02 (1), 25.11.03 (6), 25.11.04 (5), 25.11.05 (5) 〈광고〉
10월 29일자 우미관 광고와 동일

동아 25.10.30 (4) 호서기자단 문화강연회 / 삼십일 공주서 개최
충청남북도 신문 잡지 각 지분국 기자로 조직한 호서기자단에서는 문화개발을 목적으로 순회강연대를 조직하야 금(今) 삼십일 오후 칠시 반부터 충남 공주 본정(本町) 금강관(錦江舘) 내에서 문화강연회를 개최한다는데 유지 인사는 다수히 관람하기를 망(望)한다고. (공주)

동아 25.10.30 (5) [동북지방]
◇ 농사 개량 환등회 평북 운산군청(雲山郡廳)에서는 농업의 개량 발달을 도(圖)키 위하야 거 이십사일 당지 공립보통학교 내에서 각종의 영화가 유(有)하야 외촌(外村)으로부터 운집한 농민에게 만흔 감상을 주엇다는데 관객은 무려 삼사백 명에 달하엿다고. [온정(溫井)]

동아 25.10.30 (6) 본보 영화 우대 / 영화는 혈과 사(血과 砂)
시내 인사동 조선극장(仁寺洞 朝鮮劇場)에서는 긔보한 바와 가치 문예영화 혈과 사(血과 砂) 아홉 권을 상영하야 일반 기네마 판의 대환영을 밧는 중이든바 금 삼십일 밤에는 본보 독자를 위하야 우대할인 흥행을 할 터이라는데 일반 독자는 본보 란외에 게재한 우대할인권을 만히 애용해주기를 바라는 터이라더라.

동아 25.10.30 (7), 25.10.31 (5), 25.11.01 (2), 25.11.02 (1), 25.11.03 (5), 25.11.04 (2) 〈광고〉
10월 29일자 광무대 광고와 동일

조선 25.10.30 (석2) 인천 내리(內里)예배당의 / 종교영화대회 / 삼십일일부터 이일간
인천 내리례배당(仁川 內里禮拜堂) 주최로 예술종교영화대회(藝術宗敎映畵大會)를 오는 삼십일일과 십일월 이일 량일을 두고 매일 일곱 시부터 내리례배당에서 개최한다는데 영사할 사진은 신과 인(神과 人)이라는 종교교육 대비사극과 『깃도』라는 눈물의 희극 또는 인간비행긔(人間飛行機)의 만화와 『고-네-아일렌드』의 실사이라 하며 입장은 회원에 한하야 대인 이십 전, 소인 십 전이라더라. (인천)

399

조선 25.10.30 (석2) 삽일(卅日) 야(夜)의 여흥 / 활동사진과

중앙번영회의 주최인 삼십일의 여흥은 안국동 광장(安國洞 廣場)과 남대문통(南大門通) 일명목에서 거행하리라는데 시간은 동일 오후 팔시부터 동 구시까지 활동사진과 조선악대(朝鮮樂隊) 행렬이 잇스리라더라.

조선 25.10.30 (석4), 25.10.31 (석4), 25.11.01 (석2), 25.11.02 (조1), 25.11.03 (석2), 25.11.04 (석1), 25.11.05 (석3) 〈광고〉

10월 29일자 우미관 광고와 동일

조선 25.10.30 (조1) 안성에 『라듸오 실험』

거 이십칠일 하오 칠시부터 경기도 안성에서는 경성체신국 주최로 신축한 안성경찰서 연무관(演武舘) 안에서 『라디오』 수신실험을 행하얏는데 당일은 일반시민에게 무료로 동경, 대판, 명고옥(名古屋)[22], 대련(大連), 상해 등지 방송국에서 보내는 음악 연설 등을 들이여주고 동 십시에 폐회하얏는대 청중이 삼백여에 달하얏다더라. (안성)

조선 25.10.30 (조2) 〈광고〉

라디오 순회

무선전화의 지식을 보급키 위하야 폐국(弊局)은 일엽(一葉)전기상회로부터 구입한 오구식 뉴도로와 이브 무전기로 남선(南鮮) 일대를 방문하야 동경, 대판, 명고옥, 상해 등지에서 방송하는 가곡 연설 등을 공개코자 하오며 이개월 내외의 예정으로 제일선로(第一線路)를 마친 후 다시 제이선의 순로를 발표하겟나이다

십일월 일일 부산 출발 = 제일선 순로

부산 출발– 동래, 양산, 언양, 울산, 경주, 포항, 영천, 대구, 김천, 거창, 함양, 산청, 하동, 진주, 의령, 창령, 마산, 고성, 통영, 김해, 밀양, 경산, 청도 [공개는 일처 일야(一夜)식]

경우에 조차 순로에 다소의 변동이 업지 못할 것이외다

조선일보 부산지국

동아 25.10.31 (5) 문예영화 / 자운(紫雲)의 피안 / 조선극장에 상영

『에드까』의 아버지는 그 아들이 희곡(戱曲)을 쓰기에 열심 중 그의 실패를 념려하야 『문학과 예술의 실패자 수용원』이라는 자선원을 창립해놋코 세상을 써낫다. 『에드까』는 실패자인 체하고 그 수용원에 와 잇든 중 『에이푸릴』이라고 하는 고흔 처녀와 사괴엿다. 그 처녀는 쾌활한 락텬덕 인물로 아름다운 성대를 가젓섯는고로 『에드까』와 미수용인들은 그 노래에 취하게 되엿다. 그 처녀가 심사 괴

---

22) 나고야.

제1장

악한 녀원당에게 쫓기여나게 됨에 『에드까』와 『쪼』라고 하는 『싸이올린』가와 세 사람이 뉴욕에 일으러서 성공하기에 노력하얏다. 『에드까』와 『쪼』와는 희가극을 지여 상연하게 되엿는데 그 주연으로는 『에이푸릴』이 기 작명되어 잇다. 그 녀자는 그 극의 작가가 『에드까』인 줄은 아지 못하엿스나 시연 중에 대성공을 하게 되엿는바 『싸드리』라고 하는 부자에게 결혼 청구를 밧게 되엿다. 이것을 안 『에드까』의 실망은 엇더하엿스랴! 그러나 『에이푸릴』은 『에드까』를 사랑하얏다. 그럼으로 드듸어 그 가극이 성공을 하는 밤에는 두 사람의 사랑의 꽃도 곱게 피엇섯다. ＝ 이 사진은 금일부터 인사동 조선극당에서 상연될 터이라더라.

동아 25.10.31 (5) 〈광고〉
당 십월 삼십일일 (토요)부터 특선 영화 제공!
파라마운트 사 제공
희극 **호박갓치 말는 처녀** 이권
예술영화 **자운의 피방(紫雲의 彼方)** 전칠권
주연 맛치게네데이 양
스타ー 필님 사 제공 F.B.D 사 특별 영화
명화 **이즐 수 업는 처(妻)** 전칠권
주연 맛치베라미 양
F.B.D 특별 작품
단편연속 **투쟁의 열혈** 전입(廾)사편 사십팔권
제육회, 구, 십편 사권 상장
다음 상영될 명편
우오레드, 리ー도 부인 대역연
사회극 **쎈로·로ー스** 전팔권 [모(母)의 미로]
파라마운트 초특작품
명편 **요마의 가(歌)** 전칠권
조선극장 전 광 二〇五

조선 25.10.31 (석4) 〈광고〉
십월 삼십일일 주간부터
유니버ー살 입사 제일회 특별 대작품
대모험연속대활극 **철의 인(鐵의 人)**
전십오편 삼십권 중 제일회 일 이편 사권 상장
유 특별제공
무명(無名) 괴인 전육권
구레이돈헬 씨 대맹연

통쾌임리(淋漓)[23]경마 **준마난전(駿馬亂戰)** 전오권

그리고 또 희극 사권 실사 일권

송죽 특약 유 사 **단성사** 전 광 구오구번

---

23) 淋漓: 물이나 피가 흠뻑 젖어 뚝뚝 흘러 떨어지거나 흥건한 모양.

11월

동아 25.11.01 (2), 25.11.02 (2), 25.11.03 (6), 25.11.04 (5), 25.11.05 (2), 25.11.06 (5) 〈광고〉
10월 31일자 조선극장 광고와 동일

동아 25.11.01 (4) 송고(松高)에『라디오』
개성 송도고등보통학교에서는 금번 생도의 학술 실험용으로『라디오』를 가설한바 거 이십칠일 하오
칠시부터 수화(受話) 실험을 행하기 위하야 일반 유지 급(及) 학부형을 해교(該校) 이화학(理化學) 교
실에 다수 초청하고 청화(聽話)를 시험하난 동시에 이만규(李萬珪) 교유(敎諭)의 간단한『라디오』에
대한 설명이 잇섯다고. (개성)

동아 25.11.01 (4) [동북지방] 지방 개량 강연
강원도청 지방개량 사무 촉탁 엄달환(嚴達煥) 씨는 거(去) 이십이일 오후 칠시부터 양양공립보통학
교 내에서 지방개량에 대한 강연을 하고 인하야 활동사진대회를 개최하얏다는데 청강 급(及) 관람
자는 약 사백여 명에 달하얏다고. (양양)

시대 25.11.01 (3) 활동사진 속임수 / 三. 어쩌한 방법으로 독가비를 부리나
지난번에 말슴한 이중로출(二重露出) 즉, 겹으로 나타나는 방법은『프랜시스·쩬킹』이 발명(發明)하얏
다는 말도 잇습니다. 그 동긔(動機)는 여러분이 활동사진을 보시면 아시겟지만 한 장면(場面)이 써지
고 다른 장면이 나아오는 사이에 어렴풋이 캄캄하야지매 살그머니 다른 장면(場面)이 나타나는 것
즉, 인저버 그림이다.
써지기 전에 다음 그림이 밝게 나타나는 방법이 생기자 이 밝* 개량(改良)하고 쏘는 더 연구(硏究)
하야 이중로출(二重露出)의 방법을 알게 된 것인데 혹은 귀신(鬼神)이 흐릿하게 나타나고 사람이 쑬
코 지나가도 그대로 써 서 잇는 그 장면(場面)은 모다 그러한 방법으로 속이는 것으로 아시면 좃습
니다. 그것을 자세히 말슴하자면 보통으로『핸들』을 어늬 곳까지 저어오다가 쓴친 뒤
그 다음에 렌쓰의 쑥경을 덥고는 앗가까지 박앗든 필림을 뒤로 적당하게 다시 감어들인 뒤 이반에
는 귀신 *내(幽靈)으로 분장(扮裝)내는 배우(俳優)를 세워노코 흐릿해지는 방법으로 박히면서 나종
에 아조 환-하게 해버리면 전에 박혓든 장면(場面)에 귀신이 엄연히 나타나서 사람들을 놀래어주는
광경(光景)으로 됩니다. 쏘는 귀신이 써돌아다니고 족으만 병(瓶)에 귀신이 꼼지락거리게 할 째에는
귀신으로 나아온 배우가 검은 배경(背景) 압헤 서서 백힌 이면 그 우에 다른 장면을 백히면 이것은

『싣어 박히는』 방법과도 달리

자연히 사람 사람의 눈에 부드럽게 빗최여주며 더구나 사람의 마음을 차차 족옴식 옴치라지게 하는 것으로 이것은 과중하게 긴요하게 쓰이는데 이것을 써서 아조 대환영을 밧기는 지난 일천구백십삼 년에 미국서 맨든 사진 철도활극(鐵道活劇) 대렬차 도적(大列車 盜賊)이라는 사진인데 이것은 *벤스라는 사람의 원작(原作) 대긔대(大**)라는 소설이엇답니다. 그리고 이 사진은 그 방법을 쓴 것으로서 삼중(三重) 복사(複寫)를 하얏답니다. (계속)

조선 25.11.01 (석2), 25.11.02 (조1), 25.11.03 (석2), 25.11.04 (석1), 25.11.05 (석1) 〈광고〉
10월 31일자 단성사 광고와 동일

조선 25.11.01 (석3) 우미관에 상영된 / 명편영화 / 독자를 위하야 이틀간 할인
구미영화계에 이름을 날리든 큰 명편『지크프리트』는 이십구일부터 시내 우미관에서 일주일간 상영하게 되엿는데 그 영화의 골자로 말하면 성악[1](樂聖)『와그넬』의 심혈을 경도한 오페라『니베룬겐치환』이오. 이것을 영화로 제작할 째에『싹터 마부새』를 만드러 세계영화계에 획시대적(劃時代的) 명성을 어든 독일의 명감독『프릿스 란고』씨가 감독하게 되엿다. 이 영화는 세계 삼대 영화 중(三大 映畵 中)에 하나라 일컷는 화려 웅대한 것으로 독일에서 생긴 가장 놉흔 영화예술품이라 할 수 잇다. 그런데 본보 독자를 위하야 삼십일부터 삼십일일까지 이틀 동안을 특별할인하게 되엿다.

동아 25.11.02 (2) 토월회 / 대구 순극(巡劇) 계획 / 작일 선발대 출발
시내 광무대(光武臺)에서 공연 중에 잇는 합자회사 토월회(土月會)에서는 그동안 디방 순회를 한 전례가 업섯스나 이번에는 특히 일반의 요망에 의하야 대구(大邱)를 한번 나려가보고저 목하 준비 중이라는데 지금 만흔 환영을 밧는『무정(無情)』의 공연이 긋나는 대로 곳 나려갈 듯하다 하며 그 선발대로 토월회 전무(專務) 김을한(金乙漢) 씨가 작일 오전에 대구를 향하고 써나갓다는데 대구 인사들의 만흔 원조를 바란다더라.

매일 25.11.02 (2) [개방란] 화류계 폐풍(弊風) / 하고 만은 노름에 / 하필 자뎐차인가
◇ 삼십일일 겨녁 째 기싱들이 자힝거를 타고 신성한 대경성의 쓰러노흔 길노 의긔양양히 달녀감니다.
◇ 악대를 선두로 울긋불긋한 쏠 사오나온 운동복을 입고 시가의 한복판을 제가 제인체하고 달녀감니다.
◇ 불운한 경성시민은 그 쏠을 안이 보지 못하는 것이올시다. 기싱집을 아모 데나 뎡하게 하야 량가의 창피를 보히게 하는 것도 큰 문뎨이겟거든 그 츄악한 모양을 하야 가지고 자힝거 운동회를 션뎐키 위하야 시가를 감히 돈다는 것은 나의 눈으로는 참아 볼 수 업섯슴니다.

---

1) '악성'의 오식으로 보임.

◇ 물론 져도 기싱 불필요론자는 안이올시다. 엇더한 의미 아릭에서는 기싱의 존재를 간절히 늣기기도 합니다. 그것은 대장부의 시드러가는 가슴에 아리답은 춤과 맑은 노릭로 새롭은 활긔를 너허주는 것 가튼 경우이겟지요.

◇ 그러나 기싱이면 기싱의 직분이 잇겟고 기싱에게는 기싱에 덕당한 취미도 잇슬 터인대 하필 씽충 쒸어가셔 셜넝탕 배달부나 집금원이나 타는 자뎐거가 윈일일가요. 운동에는 『테니쓰』도 잇겟고 『쌔쓰켓쏠』도 잇겟는대 하필 자뎐거임니가.

◇ 다소간 셜비가 든다 해도 그대들의 등 뒤에는 무수한 돈지갑이 입을 버리고 기다리지 안는가. 더욱히 쟈뎐거를 타는 기싱은 대개 자궁이 상하야 병원신세를 씨치는 모양이니 가긍한 일이다

◇ 자뎐거 타는 기싱을 도모리하야 가지고 잇는 대동권번 당국자야, 좀 정신 좀 차리자!

[일 완고생(頑固生)]

매일 25.11.02 (2) [연예안내] 〈광고〉

〈무영의 괴인〉 주연으로 "모험의 리챠드다루마치 씨"가 추가된 외 조선일보 10월 31일자 단성사 광고와 동일

동아일보 10월 31일자 조선극장 광고와 동일

일부 출연진 및 홍보문구가 제외된 외 동아일보 10월 29일자 우미관 광고와 거의 동일

시대 25.11.02 (4) 본보 독자 우대 / 이일간 활사 / 본사 진주 지국

(진주) 조선기네마 회사의 사업부 제일반이 내진(來晉)한바 사진은 순 조선 사람의 손으로 박힌 『바다의 비곡』 급(及) 『운영전』 기타 사진 희극 수종으로 전부가 조선 고대의 예술을 그대로 그려내인 것이다. 이에 본보 지국에서는 일반 독자를 우대키 위하야 진주좌에서 삼십일일부터 이일간은 본보 독자에 한하야 계상 오십 전을 사십 전으로, 계하 사십 전을 삼십 전으로, 학생권 삼십 전을 이십 전으로 관람케 하얏다는데 동반(同班) 일행은 그 수입으로 곤란한 우리 사회를 위하야 제공하리라고 한다.

시대 25.11.02 (4) 소년군 활사대

(동래) 조선소년군 경성총본부의 활동사진 지방순회대는 지난 달 이십육일에 내동(來東)하야 장소 관계로 영사치 못하다가 지난 십월 삼십일 야(夜)부터 동래 불교포교당 내에서 동래청년회 급(及) 동래소년회 후원으로 영사하얏는바 예상 이외에 대성황을 일우엇다고 한다.

조선 25.11.02 (조4) 소년군 활사대 / 십일월 일일부터 삼일간

조선소년군 총본부의 순회활동사진대는 예정한 순로를 거쳐 지난 이십오일 부산에 당도하얏스며 십일월 일일부터 삼일간 부산부 내 삼처(三處)에서 이십 전, 십 전의 요금으로 공개할 터이며 후원은 소년군 부산본부와 부내 각 단체 등이라더라. (부산)

동아 25.11.03 (4) 나주에 『라디오』

전남 나주에서는 거월(去月) 삼십일일 오후 삼시에 조선부식원(扶植園) 학예부를 초빙하여 나주군청으로부터 경찰서 구내까지 『라디오』를 방송하게 된바 삼십어 종 음악으로 군중에게 만흔 감상을 늣기게 하엿스며 운집한 관중은 수천에 달하엿섯다고. (나주)

동아 25.11.03 (5) 〈광고〉

토월회
본보 독자 우대일
십일월 이일 일일 통용

매일 25.11.03 (1), 25.11.04 (4) 〈광고〉

11월 2일자 단성사 광고와 동일
11월 2일자 우미관 광고와 동일

매일 25.11.03 (1), 25.11.04 (4), 25.11.06 (1) 〈광고〉

11월 2일자 조선극장 광고와 동일

시대 25.11.03 (3) 독자 우대 활사 / 본보 개성 지국

(개성) 본사 개성지국에서는 관내 ✽✽ 제위에게 장장 심야에 만족한 위안을 베풀고저 경성 단성사 특파대 일행의 내개(來開)를 기회로 지난 삼십, 삼십일일 양일간 시내 사본정(四本町) 개성극장에서 독자 우대 활동사진대회를 개최하엿섯는바 양야(兩夜)의 상영한 사진은 진실로 조선 초유의 여성 대비곡 『쌍옥루』 전십오권을 비롯하야 서양 명화 십수 권이엇슴으로 양야 공히 운집하는 독자는 과연 정각 전부터 입추의 여지가 업스리만치 대성황을 정(呈)하야 백열적(白熱的) 환영과 열광적 박수 성리에 양일의 위안 영사는 원만히 마치는 동시에 애독 제위에게 만족한 위안을 베풀엇다고 한다.

동아 25.11.04 (4) 금산에 『라듸오』 / 상설을 계획 중

전북 금산군 읍내 상전관치(上田貫治)는 방금 경성 우편 공사과(工事課)에 근무하는바 지난 달 이십구일부터 삼일간을 읍내 대관루(大觀樓) 상층에서 『라듸오』 수화기를 장치하고 시험한바 동경, 대판, 명고옥, 상해 등지로서 방송하는 음악 연설을 분명하게 드럿다는데 경성에서 오는 것만은 전력이 부족하야 분명치 못하엿다 하며 이 압흐로는 그곳에 상설로 둘 모양이라고.

동아 25.11.04 (4) 〈광고〉

백학(白鶴)학원 주최 활동사진대회
귀 익게 드르라 향촌문화 건설자의 첫 소리를!
눈 밝게 살피라 호미 잡은 교육자 고절충정을!

시일 십일월 오일 하오 칠시

장소 만경관(萬鏡舘)

입장료 대인 오십 전 학생 이십 전

후원

대구청년회 대구청년동맹 대구진우(眞友)연맹 대구노동공제회

형평(衡平)경북제일지사 여명사 농촌사 조선, 시대, 동아 삼 지국

대구여자청년회

동아 25.11.04 (5) 체신국 방송 / 라듸오 개선

톄신국(遞信局)의 『라듸오』 시험 방송은 종래의 설비가 불충분하야 여러 가지 불편한 덤이 만하 그 개선을 오래전부터 쇠하든 중 두 달 전부터 예산이 성립되여 개선 공사에 착수하야 착착 공사를 진행하여 이, 삼 일 내로 준공이 될 터이라는데 금번에 새로된 방송국에서는 동력실(動力室), 긔계실(機械實), 조성실(調聲室), 연주실(演奏室), 연주자공실(演奏者控室) 등으로 되엿는데 연송실은 특수한 방음(防音) 장치와 우향(友響) 설비를 배치하야 완전하게 되엿다더라.

동아 25.11.04 (5) 〈광고〉

토월회

본보 독자 우대일

십일월 사일 일일 통용

매일 25.11.04 (2) 강전문상(岡田文相)의 체육 방송 / 톄육일을 션뎐코자

작 삼일은 톄육일(體育日)로 전국 각처에서 톄육에 대한 모든 사업이 거힝되엿는대 이는 명치대뎨(明治大帝)의 성덕을 츄모하며 한편으로는 각종 운동경기도 힝하얏다는바 동경에서도 뎨국학교 위싱회(帝國學校 衛生會)와 밋 일본 톄육련띵(日本 體育聯盟)의 주최로 각종의 션뎐을 힝하얏고 강뎐문상(岡田文相)은 동경방송국(放送局)에서 『톄육일』에 대한 강연을 방송하얏다더라. (동경뎐보)

시대 25.11.04 (4) 〈광고〉

동아일보 10월 29일자 광무대 광고와 거의 동일

〈번민의 충자(忠子)〉가 〈번민의 환자(患者)〉로 표기된 외에 동아일보 10월 29일자 우미관 광고와 동일

조선 25.11.04 (조1) 걸아(乞兒)구제 연주

군산노동청년회 주최와 동아 본보 양 지국의 후원으로 십일월 삼일로부터 오일간 당지 군산좌에서 보성 군산 양 예기와 경성 단성사 영화순업대 응원으로 연주 급(及) 활동사진회를 개최한다는데 주최 취지는 한절(寒節)에 박(迫)한 시내 걸아 육십여 명을 구호코저 함이라더라. (군산)

시대 25.11.05 (2) 조선 푸로극협회 창립 / 일본 동경에서

지난 달 삼십일일 오후 한 시에 동경(東京)에 잇는 사회운동자 김남두(金南斗), 최병한(崔丙漢), 선렬(宣烈) 외 십여 명이 부사견정(富士見町)[2] 선렬 군 집에 모이어 민중예술(民衆藝術)을 본위로 한 조선 푸로극협회(朝鮮푸로劇協會)를 조직하얏다는데 동회의 임원은 알에와 갓다고 한다.

임원

김남두(金南斗) 최병한(崔丙漢) 선렬(宣烈) 조시원(趙時元) 임호(林虎) 김석호(金錫浩)

시대 25.11.05 (2) 십월 중의 『필림』

최근에 조선 사회에서도 문예작품(文藝作品)과 및 활동사진(活動寫眞), 신구파연극(新舊派演劇) 등을 혹은 오락물(娛樂物)로 혹은 정신수양(精神修養) 재료로 일반 민중이 만히 환영하야 오든 바인데 지나간 십월 중에 삼십만 시민에게 제공된 시내 각 활동사진관의 촬영 권수와(撮影 卷數) 필림 척수를 보면 알에와 갓다고 한다.

신파극 一二三권 八二,二九六척

구극 一二八 九八,六一二

서양극 一四五 一七九,九〇〇

희극 二四 一五,六九五

실사 一五 八,七七五

합 五二五 三八五,四七三

시대 25.11.05 (3) 〈광고〉

11월 4일자 단성사 광고와 동일

11월 4일자 우미관 광고와 동일

시대 25.11.05 (3), 25.11.06 (3) 〈광고〉

11월 4일자 광무대 광고와 동일

조선 25.11.05 (석1) 〈광고〉

십월 삼십일일부터

스타-필늼 사 제공 F, B, O 사 초특작 영화

대명편 **이즐 수 업는 처(妻)** 전육권

원작 각색 윌, 람바-드 씨 감독자 윌리암, 새이다 씨

주연 맛치, 베라미 양

제육 **투쟁의 열혈**

전이십사편 四十六卷³⁾ 중 구, 십편 사권 상영

대파라마운트 사 제공

예술영화 **자운의 피방(紫雲의 彼方)** 전칠권

大喜劇 **호박갓치 말는 처녀**

경성 인사동 **조선극장** 전 광 二〇五번

조선 25.11.05 (조1) 백학(白鶴)학원 영화 / 오일 오후 대구에서

영천 백학(白鶴)학원을 위하야 『시온』촌 동인의 주최로 십여 일 전부터 순회활동사진대를 조직하야 가지고 각 지방을 순회한다 함은 본보에 기보(旣報)한 바와 갓거니와 금 오일 하오 칠시부터 동아, 시대, 본보 각 지국과 기외(其外) 대구 각 단체의 후원으로 경정(京町) 만경관에서 활동사진대회를 개최한다고. (대구)

조선 25.11.05 (조1) 〈광고〉 활동사진대회

홍보문구가 제외된 외 동아일보 11월 4일자 백학학원 활동사진대회 광고와 거의 동일

조선 25.11.05 (조2) 단정(端艇) 삼척으로 / 태평양을 횡단 / 활동사진반도 참가할 터이다

바람 만코 물결 세며 크기로 세계 제일가는 태평양(太平洋) 이만 마일(二萬 哩)이나 되는 창파만리를 『쏫-트』로 횡단하랴는 사람이 잇는대 그는 지금 동경부 하대정명 토좌산(東京府 下大井町 土佐山) 『호텔』에 잇는 백정요태랑(白井要太廊)이라 하며 그 계획은 명순 사월에 『쏫-트』 세 척으로 한 척에 선원 이십 명식 실고 활동사진대(活動寫眞隊)를 태워서 일본을 써난 지 일 년 반 뒤에 『아루미야스』 털도와 『아라스카』 카나다(加奈陀) 연안과 남미 묵서가(墨西加)⁴⁾로 순항하야 그 부근의 지질 해양어족(地質 海洋魚族) 등을 일일히 활동사진으로 촬영한 후 일본으로 도라와 실업자 구제에 노력하리라 더라. (동경)

동아 25.11.06 (2) 〈광고〉

십일월 오일(목요)부터 명화 공개

미국 메도로사 이대 골계 영화

희극 **창(窓)으로부터 창(窓)에** 전이권

희극 **애(愛)와 과자** 전이권

미국 토라이앙클케-비 사 대작 종푸아송 씨 원작

인정활극 **약탈자** 전오권

미국 메도로클드위잉 사 초특작

---

3) 동아일보 10월 31일자 광고에는 四十八券으로 나옴.
4) 멕시코.

루이-씨-메-야 씨 원작 쌧드오마-리 씨 주연

장절쾌절 **빙원의 웅규**(氷原의 雄叫) 전팔권

아라스카의 대빙원에 권기(捲起)하는

대난투 규모 巨暮[5] 스케-르

웅대한 세계 유일 특선 대명화 상영

예고

불일간 봉절

미국 우인스당 회사 초특작 거성 쟐스 핫치송 씨 맹연

연속활극 **맹진**(猛進) **핫지** 십이편 이십사권 원명 『구레-드핫지』

폭스 사 특약 **우미관** 전화 광화문 삼구오번

동아 25.11.06 (4) 원청(元淸) 연락선 중에 『라듸오』 설비

원산 청진 간에 연락선 광제환(光濟丸)과 평양환에는 『라듸오』의 수화기를 취부(取付)하야 경성으로 부터 방송하는 것과 일본 명고옥(名古屋), 대판 양 방송국으로부터 방송하는 것을 선객(船客)에게 들리도록 목하 설비 중이라고. (원산)

동아 25.11.06 (5) [연예] 대구에서 공연 / 토월회 지방 순극(巡劇) / 소극장 건설 긔성(期成)

토월회(土月會)에서 대구(大邱) 디방을 순극하려고 계획 중이라 함은 긔보한 바어니와 과연 동 회에 서는 이제로부터 약 일개월 동안은 경성을 써나 디방을 순회하며 공연을 할 터이라는대 디방을 순 회하는 동안에도 광무대(光武臺)에서는 의연히 동 회의 직영으로 가무긔(歌舞妓)의 흥행이 잇스리라 하며 뎨일회 디방 순회 공연은 처음 예뎡과 가치 대구에서 흥행하리라는바 경성 출발은 래 구일경일 듯하다 하며 그동안 동 회에서는 경성에 소극댱 건설도 계획하야 실현되도록 힘쓰리라더라.

매일 25.11.06 (1) [연예안내] 〈광고〉

당 십일월 육일부터

유니버-살 사 특작품

서부극계의 거성

대활극 **총성 일발** 전이권

유니버-살 사 대작품 윌리암쑤로덕슨 작품

대활극 **북극광의 남**(北極光의 南) 오권

유니버-살 사 초(超) 쥐엘 영화 하리-포란드 씨 걸작품

무철포(無鐵砲) **시대** 전칠권

유니버-살 사 걸작품 구레이돈헬- 씨 대맹연

---

5) '巨莫'의 오식으로 보임.

모험연속 **철의 인(鐵의 人)** 전십오편 삼십권

제이회 삼, 사편 사권 상장

예고

유-고 원작 대명화 **희무정(噫無情)** 전십이권

단성사

일부 출연진, 홍보문구 제외된 외 동아일보 11월 6일자 우미관 광고와 거의 동일

매일 25.11.06 (2) 대제(大祭) 영화 공개 / 금 륙일 오후에

지난달 십오일에 거힝된 됴션 신궁(朝鮮 神宮)의 진좌제(鎭坐祭)와 밋 십칠일의 림시 대제(臨時 大祭)의 상황과 기타 시내 봉축물과 신궁 경기의 광경을 총독부에서 활동사진으로 촬영하얏다 함은 긔 보한 바어니와 경성부에서 사회교화(社會敎化)의 자료로 가장 뎍당한 영화라 하야 이것을 일반 부민에게 공개할 계획으로 총독부에 신청 즁이엿는대 요즈음에 허가를 어덧슴으로 금 륙일 오후 일곱 시부터 시내 장곡천뎡 공회당에서 데일회 영사회를 열고 부협의원과 학교비평의원과 국셰조사원과 밋 명동종대와 각 학교교장과 재향군인회장 각 청년회장을 초대한다더라.

시대 25.11.06 (3) 기자단 주최 활동사진대회

(수원) 수원 신문기자단에서는 오는 칠, 팔 양일간 독자 위안과 사회 교화의 목적으로 수원극장에서 추계 활동사진대회를 개최한다는데 입장권은 독자와 유지 제위에게 무료 증정할 터이나 제반 준비의 비용으로 십 전을 징수한다고 한다.

시대 25.11.06 (3) 본보 대구지국 후원 / 토월회 순회 공연 / 내 구일부터 향(向) 오일간 / 본보 독자는 특별 할인

(대구) 조선 유일한 신극단인 경성 토월회는 *금 사 년 즉 일천구백이십이년 십일월 초에 당시 동경 유학생으로서 조선에 신극단이 무(無)함을 심히 *탄하게 되어 박승희(朴勝喜), 김을한(金乙漢) 씨가 오, 육 인의 동지로써 비롯오 신극단을 조직하야 이래(以來)를 개성적 열렬한 노력으로 경영 유지하야오든바 현재 회원이 오십여 명이오 지난 사월에 합자회사로 변경되는 동시에 극장으로 경성 광무대를 전용하게 되어 해(該)단의 명성은 일반이 주지하는 바이나 오즉 **되는 바는 극장의 **소유권**이 개인에게 잇는 것이라 한다. 금일에 해회(該會)에서는 차(此) 문제로 그간 노심초사한 씨테 소극장 건설을 위하야 경비의 곤란을 당하는 해회(該會)에서는 극장건축을 기성(期成)코자 다대(多大)한 경비를 쓰면서 각지의 순회를 계획하게 되어 제일회로 본보 대구지국의 후원으로 당지 만경관에서 구일부터 오일간 대공연을 행하게 되엇는바 일반 유지 제씨는 만흔 찬성과 깁흔 동정으로 해회를 축복하며 일일이라도 속히 내구(來邱)하기를 기대한다는데 차(此) 기일에 본보 대구지국에서는 독자 일천 돌파를 자축키 위하야 특히 독자 제씨에게는 관람료 대할인으로 우대하게 되엇다 하며 금번에 출연할 역자(役者)는 사십여 인이오, 예제는 여좌(如左)하다는바 그중 춘향전은 경성에서 십

오일간 연속 공연으로 대만원의 성황을 본 특별한 예제라고 한다.

◇ 예제

一, 춘향전 一, 심청전 一, 부활(가주-사)

一, 사랑의 노래 (농(籠) 속에 든 새) 一, 신(新)데아부로

(사진) 춘향전 일막

시대 25.11.06 (3) 〈광고〉

당 십일월 육일부터 이대 명화 공개

『청춘시대』 그는 인생**** 희열과 만족……애와 로맨스……미(美)와 **의**!

유니버-살 초(超) 쥐엘 영화

하리-포란드 씨 쾌작품 쾌남아 레지놀-도·데니 씨 주연

미인 루-쓰 다이야 양 조연

보서요 광적(狂的) 난무(亂舞) 중에 참된 사랑을

발견할 째싸지의 이러나는 명편!

무철포(無鐵砲) 시대 전칠권

유니버-살 사 초특작품

서부극계의 거성 와렝게리캉 씨 주연

대활극 **총성일발** 전이권

그의 머리털은 태양의 빗과 갓고 동자는 푸른 대양(大洋)의 물결 갓다. 그를 보던 째에 나는 싸스한 봄날에 탄생이 되얏서라. 우- 나의 마음의 임자시여! 이는 곳 마리

유니버-살 사 대작품 윌리암 쌷로덕순 작품

나-루히-도 씨 주연

대활극 **북극광의 남(北極光의 南)** 전오권

북쪽 『가나다[6)]』의 전개되는 경천동지의 대맹투 대활극

유 사 걸작품

모험인 루챠-노 알*-니 씨 주연 명화 마가렛드 도리스 양 조연

대호평에 싸혀 잇는 대연속

철의 인(鐵의 人) 전십오편 삼십권

제이회 제삼편 급전직하 제사편 맹화의 중(猛火의 中) 사권 상영

쾌장한! 자동 자전차의 공중 대** 그리고 분연맹투

대예고

불원 봉절된 세계 최대 예술품

유-고 선생 원작 유-고 가(家) 소유품

---

6) 캐나다.

불국 파데사 一九**년도 최대 작품
희무정(噫無情) 전십이권
수은동 **단성사** 전 광 구오구번

시대 25.11.06 (3) 〈광고〉
동아일보 11월 6일자 우미관 광고와 동일

조선 25.11.06 (석3) 〈광고〉
동아일보 11월 6일자 우미관 광고와 동일
〈총성일발〉의 주연으로 '와렝게리캉'이 표기된 외 동아일보 11월 6일자 단성사 광고와 거의 동일

동아 25.11.07 (2) 〈광고〉
매일신보 11월 7일자 조선극장 광고와 거의 동일

동아 25.11.07 (2), 25.11.08 (5), 25.11.09 (3), 25.11.10 (2), 25.11.12 (2) 〈광고〉
11월 6일자 우미관 광고와 동일

동아 25.11.07 (4) 『라듸오』 설치 / 군산 미조(米組)에서
군산 미곡상조합에서는 저간(這間)부터 무선전화를 설치하랴고 만반 준비를 진행 중 기간(其間) 당국에 설치 허가를 신청 중 거 십월 십일일에 총독부 체신국 급(及) 대판 전신방송국으로부터 허가를 득하엿다고. (군산)

매일 25.11.07 (1), 25.11.08 (2), 25.11.09 (2), 25.11.10 (2) 〈광고〉
11월 6일자 단성사 광고와 동일

매일 25.11.07 (1), 25.11.08 (2), 25.11.09 (2), 25.11.10 (2), 25.11.12 (2) 〈광고〉
11월 6일자 우미관 광고와 동일

매일 25.11.07 (1) [연예안내] 〈광고〉
당 십일월 칠일(토요)부터 제공
파라마운트 사 제공 싯도, 스미스 씨 주연
희극 **독갭이 집** 전이권
스타-필님사 제공 F, B, O 사 영화
조-지, 오하라 씨 주연
권투활극 **투쟁의 열혈** 입(卄)사편 사십팔권

제칠회, 십일, 십이편 사권 상장

미국 파라마운트 사 초특작품 명화 돌시, 달톤 양 주연

인정활극 **요마의 노래** 전육권[7]

스타-필님사 제공 F, B, O 사 영화

우오레-스, 리-도 부인 주연

사회극 **모(母)의 미로** 전칠권[8] 일명 (쌘로켄로-스)

예고

명편 **연의 개가(戀의 凱歌)** 전구권

명화 **서반아의 용자(踊子)** 전구권

조선극장

시대 25.11.07 (2) 본사 촬영 수해 참상 활사 / 인천지국 주최로 / 가무기좌에서 상영할 터

지나간 녀름의 대홍수는 참담하기 짝이 업섯스며 이에 본사에서는 리재민 구호에 전력을 다하얏슬 쑨 아니라 본사가 홀로 신고를 무릅쓰고 수해 참상을 활동사진으로 박이어 전선 각지에 소개하야 오든바 이번에는 본사 인천지국(仁川支局) 주최로 륙일 오후 여덜 시부터 빈정(濱町) 가무기좌(歌舞伎座)에서 수해 참상 활동사진(水害 慘狀 活寫)을 영사한다는데 수해 참상 사진쑨 아니라 마츰 인천에 와 잇는 신파연극 김소랑(新派劇 金小浪) 일행을 청하야 피생아활(彼生我活)이라는 련쇄극을 흥행할 터이며 다음과 가튼 독창도 잇스리라 한다.

야반성(夜半聲) 정앵경 양

자연성(自然聲) 이애리수 양

가티 놀자 강영백(姜永白) 군

시대 25.11.07 (3), 25.11.09 (2) 〈광고〉

11월 6일자 단성사 광고와 동일

11월 6일자 우미관 광고와 동일

조선 25.11.07 (석2), 25.11.08 (석3), 25.11.09 (조4), 25.11.10 (석2) 〈광고〉

11월 6일자 단성사 광고와 동일

조선 25.11.07 (석3), 25.11.08 (석3), 25.11.09 (조4), 25.11.10 (석2), 25.11.11 (석3) 〈광고〉

11월 5일자 우미관 광고와 동일

---

7) 11월 2일자 연예안내에는 '전칠권'으로 되어 있음.

8) 11월 2일자에는 '八卷'으로 되어 있음.

조선 25.11.07 (석3) 〈광고〉
매일신보 11월 7일자 조선극장 광고와 거의 동일

조선 25.11.07 (조2) 『메리 빅크훼-드』 활동사진계를 써나서 / 은행 지배인이 되여
미국영화계(米國映畵界)의 녀왕(女王)이라 별명을 듯는 『메리빅크훼-드』 녀사는 저 유명한 영화계의 대왕 『다그라스훼-야팡크스』 씨의 둘도 업는 어엽쌘 안해인데 금번에 활동사진배우의 처터로부터 일약 『캐리포-니야』 『해리웃드』 시의 『훼델류래드』은행(銀行) 지배인(支配人)이 되엿다더라. (쏠도 뎐보)

동아 25.11.08 (4) 독자 위안대회 / 사리원 지국에서
본사 사리원지국에서는 극계의 명성(明星)인 형제좌 일행이 내정(來町)하야 거 오일부터 팔일까지 당지좌(當地座)에서 개연케 됨을 기회삼아 본보 애독자의 후의를 만일(萬一)이라도 보답키 위하야 초일부터 특히 우대권을 발행, 배부하야 매일 오후 칠시 반부터 관극(觀劇) 위안케 한다고. (사리원)

동아 25.11.08 (5), 25.11.09 (3), 25.11.10 (2), 25.11.12 (2), 25.11.13 (5) 〈광고〉
11월 7일자 조선극장 광고와 동일

매일 25.11.08 (2) 진좌제(鎭坐祭) 영화 / 금 팔일과 십일에 내션인에게 공개
됴션 신궁 어령대 어리경(朝鮮 神宮 御靈代 御來京)과 진좌제(鎭坐祭) 광경을 박힌 활동사진을 경성부에서 재작 륙일부터 공회당에서 영사한다 함은 긔보한 바어니와 이에 대하야 일반시민의 희망이 잇슴으로 금 팔일에는 뎨일고등보통학교(第一高等普通學校)에서 영사하야 됴션인 측의 관람에 공할 터이며 십일에는 룡산소학교(龍山小學校)에서 하여 내디인 측의 관람에 공할 터이라는데 시간은 모다 오후 륙시 반부터이라더라.

매일 25.11.08 (2), 25.11.09 (2), 25.11.10 (2), 25.11.12 (2), 25.11.14 (1) 〈광고〉
11월 7일자 조선극장 광고와 동일

매일 25.11.08 (3) [영화만담] 고뇌에 싸진 / 조선영화계 / 이구영
우리 조선영화 방면은 맛치 재래 극단이 성황으로 대두하던 팔, 구 년 전과 갓흔 경로를 답습하고 왓다.
조선키네마, 백남푸로쩍순, 백남푸로싹슌의 후신 고려키네마나 지금은 해산 혹은 중지상태에 잇고 작품으로도 수 편을 발표치 못하고 말엇다.
원인을 퉁트러 살펴볼 것 갓흐면 말할 것도 업시 기예자 업는 까닭도 잇스나 무엇보다도 사업상으로 재정적 기초에 박약함과 영업보신의 자신이 업섯는 까닭이엿다.
이런 가운데셔도 그릭도 처처(處處)에 형체 알 수 업는 제작회사가 작고 싱긴다. 왈(曰) 선활(鮮活)회

415

사, 왈 계림(鷄林)영화, 왈 조선영화, 왈 동양키네마, 무엇ㅅ 무엇하야 경성영화계는 자못 줄거리를 찾기 어려운 형편에 잇다. 사실노 조선영화계는 여명기에 잇서, 말할 수 업는 고뇌상태에서 버둥대이는 모양이다.

조선 25.11.08 (석3), 25.11.09 (조4), 25.11.10 (석2), 25.11.11 (석1), 25.11.12 (석2), 25.11.13 (석3) 〈광고〉
11월 7일자 조선극장 광고와 동일

동아 25.11.09 (2) 〈특별광고〉
우미관
본보 독자 우대일
십일월 구, 십일 양일간

동아 25.11.09 (4) 백학(白鶴) 활사 성황
기보(既報) = 영천군 백학학원 주최 농촌사, 대구청년회 외 육단체 급(及) 조선, 시대, 동아 삼 지국 후원 활동사진대회는 예정대로 오일 야(夜) 만경관에서 개최하얏는데 입장 만원의 성황리에 『어듸로 가나』 외 수종의 사진으로서 각금 장내를 울니는 박수 속에서 무사히 맛치엇다는바 정운해(鄭雲海), 김승묵(金昇默), 서상식(徐相直) 삼 씨의 축사가 잇섯다 하며 당야(當夜) 의연 방명은 여좌(如左)하다고. (대구) (이하 의연 명부는 생략)

조선 25.11.09 (조3) 사회극 쑤로큰, 로- / 전칠권 / 십일월 칠일부터 조선극장에 상영
이 세상에는 그 어머니가 자식에게 너무 귀엽게 굴어서 그 아들을 세상에 버릇 업는 자식을 만드는 일이 만타. 이 명화는 이러한 사회에 흔히 잇는 사실로 제재(題材)를 삼은 것인대 그 경개를 대강 말하면 『아렌』이란 집에 외아들 『쏜비』란 십팔 세 된 아이는 그 어머니가 너무나 귀히 녁인 까닭에 버릇 업는 망난이 자식이 되야 국법에 걸리여 톄형을 밧게 되엇다. 그런데 『쏜비』의 부친은 아들을 잘 가르치랴고 하엿스나 그 안해가 너무나 귀엽게 구는 까닭에 뜻이 잇고도 하지 못하다가 결국은 용긔를 내어 그 아들에게 엄격한 태도를 취하야 버릇을 가르첫다는 것이다.

조선 25.11.09 (조4) 『시은』촌 순영단(巡映團) / 대구에서 대성황으로
동아일보 11월 9일자 관련 기사 참고

동아 25.11.10 (5) [연예] 『세계의 애인』이 은행 지배인으로 / 미국 영화계의 녀왕 / 메리 · 픽포드
미국 영화계의 녀왕이라고 일컷는 『메리 · 픽포드』는 카나다 『하리웃트』의 『페씌랄트라스트』 은행 지배인으로 선거되엿다는데 『메리 · 픽포드』라면 키네마 『판』들은 다 아는 것과 가치 『짜그라쓰 페쌩쓰』

의 사랑하는 안해로 『세계의 애인』이라고까지 일컷는 녀배우인데 최근에 한 해 동안 출연을 하지 안어 얼마간 그 일홈이 숨겨진 것 갓터섯든바 다시 세상의 인긔를 쓸고자 『나에게 덕당한 역은 무엇이 겟나요』 하는 것을 현상으로 세계 『판』에게 물은 일도 잇섯는데 매리가 은행 지배인으로 쏩히엇다는 것은 흥미잇는 일이나 또 한편으로 생각하면 전에 명예 련대당으로 쏩히엇든 일까지 잇섯든 녀배우임으로 별로 신통할 것도 업슬 것 갓다. 하여간 무슨 공적이든지 미국식 선거로 그러케 쏩히인 것이다. (사진은 메리 픽포드)

매일 25.11.1O (2) 영화 여우(女優)가 은행지배인

미국(米國) 영화게(映畵界)에서 일홈이 놉은 녀우(女優) 『메리빗구홋트』 양은 요즈음 가주(加州) 『하리웃트』 휘델트라이드 은힝(銀行)의 지배인(支配人)이 되앗다더라.

동아 25.11.11 (5) 영화 도시 / 하리우드 (1) / 세계의 영화 연중 칠할 산 / 스타듸오가 오십여 / 주민들은 영화 위업

전 세계의 일 년 동안에 생기는 영화의 팔할은 미국에서 생기는 것이 사실이니만큼 미국은 영화국이다. 영화국이니만큼 미국에는 영화시(映畵市)라고 일커를 한 도시가 잇다고 한다. 그 도시는 『하리웃드』라고 하는 면적 삼 마일가량 되는 곳으로 『쌈푸란씨쓰코』로부터 약 삼백 마일가량되는 곳이라는데 실로 영화 판들은 한 번 가보고 십흔 곳이다. 지금부터 십이, 삼 년 전까지도 인구가 불과 몃 호에 지나지 못하고 편한 귤밧들만 쪽 갈리어 잇섯스며 그 가운데 조고마한 촬영소 한 채가 호적하게 잇든 곳이엇섯는데 그것이 십여 년 동안에 차차 늘어서 지금은 인구가 십만이나 되고 훌륭한 건물들이 엄연히 들어안게 되어 갑작이 일대 도시를 일우엇다고 한다. 인구 만코 터전 넓은 미국이라 이것을 그다지 도시로까지는 간주하지 안이하나 조선으로 치면 평양이나 대구만이나 한 곳이니 엇지 일대 도시라고 하지 안이하겟는가. 그런데 그 쌍에 사는 사람들 중에 이만 명가량은 영화 배우이요, 그 나머지는 촬영사며 영화 극작가 *긔사 역인 『쎄트』 제작인에 일으기까지 모다 영화 제작에 관한 직업을 가지고 그것으로 먹고 사는 사람들쑨이라고 한다. 지금 『하리우드』에는 일류 『스타듸오』만도 스물다섯이나 잇고 그 외에 조고만 것을 합하야 오십여의 『스타듸오』가 잇다는바 아모리 적은 『스타듸오』라 하드라도 일본의 큰 『스타듸오』의 삼 배식은 되는 터로 긔계의 일 년 중 영화의 팔할을 뎜령하는 미국의 영화 중 이곳에서 생기는 것이 칠할은 차지한다고 한다. (계속)

동아 25.11.11 (5) 명화 로모라 전 십이권

쪼시에리오트 여사 원작

리리안 씻쉬 또로시 씻쉬 자매 공연(共演)

일본의 금년 가을 영화 『씨슨』은 씀직이 찬란하얏섯다. 그중에도 불원간 동경에서 봉절된다는 『로모라』는 일본의 눈 놉흔 영화 판들이라도 미치게 하리라고 한다. 『로모라』는 미국 『예트로쏠드윙』 회사의 일천구백이십오년도의 최대 작품으로 미국 영화게에서는 그 갑을 황마차(幌馬車), 『쌔그쌋드의 도적』, 십계(十戒) 이상으로 치며 『리리안 씻쉬』 양의 그 전 작품 『화잇트씨쓰터』를 능가한다는 평을 바덧다.『리리안 씻쉬』양의 비극뎍 기예와『또로시 씻쉬』양의 희극뎍 기예를 교묘하게 싸어노흔『헨리 킹』감독의 일대 걸작이다.

『로모라』의 경개는 일천사백구십이년부터 구십팔년까지 즉 십오세긔 문예부흥 시대에 리태리의 도시『푸로렌쓰』에서 일어난 련애와 음모의 이약이로서 압흘 못 보게 된 대학자『쌜드쌜듸』의 쌀『로모라』(『리리안 씻쉬』연(演))는 청년 화가『칼로 쌕최린』(로날드 콜만 연)의 사랑을 밧고 잇섯는데 그 아버지의 림종할 림시의 명령을 좃차『틔트』(윌니암 포엘 연)와 결혼하게 되엇다. 『틔트』는 혁명 소동통에 신정부의 중요한 의자를 차지하게 되어 정치뎍 음모를 일우기에 거추장거리는 쓰거운 마음을 가진 승려『싸포나로라』를 업시하기 위하야 자긔가 만드러노흔 법률로 사형을 하고자 한다.

결혼한 후 남편이 올치 안은 일을 하는 것은 알게 된『로모라』는 집을 바리고 순례의 길을 써낫든 중 폭민(暴民)들의 음습을 당하야 곤난 중에 잇는『싸포나로라』를 구코자 하다가 중상을 당하고『틔트』의 감추어둔 본처『텟사』(또로시 씻쉬 연)의 구원을 바더 그의 집에 일러 친절한 간호를 밧고 머물러 잇든 중『팃트』가 음모 발각으로 폭민들에게 쏫기여 자기 집으로 도망해오게 되니『틔트』와『로모라』가 서로 맛나게 됨에『로모라』는 비로소『틔트』가 자긔를 속이고 이중 결혼한 일을 알게 되엿스며『틔트』는 도망할 길을 일허『알노』강에 씌여들자 그 안해는 그것을 붓들고자 하다가 역시 물에 쌔저 세상을 써나버리고『로모라』는 마츰내『칼로』의 싸듯한 가슴에 포곤히 안길 날이 왓다고 하는 것이다. (사진은 리리안 씻쉬의『로모라』)

매일 25.11.11 (2) [개방란] 쇠잔한 흥행계 / 상당한 흥힝물을 / 보여주기 바란다

◇ 재계 공황의 모진 바람을 만나 사회의 빅반 사업이 모다 시드러 갈 뿐이지만 그중에도 더욱 심한 것은 됴션의 흥힝계(興行界)인 듯하다.

◇ 연극(演劇)도 좃코 음악(音樂)도 좃코 무엇이든지 구경할 만한 흥힝물이 − 됴선사람이 보아서 정신뎍으로 위안을 바들 만한 예술뎍 가치 잇는 흥힝물이 보고 십다.

◇ 상설관으로 말하드릭도 내디인 측에서는 간간히 셰계뎍의 명편을 상연하야 가사 수입으론 쯧과 갓지 못하드릭도 녀름 동안 침톄하얏든 흥힝게에 활긔를 회복하랴 애를 쓰지 안는가.

◇ 우리는 물질에 쪼즐리는 대신에 남과 갓치 정신상으로나 위안을 바다스면 좃켓다. 연극은 싱긔랴다가 스러져바렷지만 그리하야도 좀 엇더케 잘해 볼 방침이 업겟는지.

◇ 일본연극을 숭내든 시대가 지나가니까 지금은 셔양연극을 모방하야 됴션풍속과는 거리가 왕청스되는 괴괴한 장면을 뵈여주는 것도 그다지 치하할 일은 못 되거니와 음악만 한다면 혜(舌)가 도라가지 안는 셔양사람 숭내를 내고 벌々 떨고 셔 잇는 것은 괴상해서 못 보겟다.

◇ 허물며 그것을 듯고 번연히 몰느면셔 아는 척하는 소위 신시대의 청년남녀야말로 가이업슨 사람들이다.

◇ 신긔(新奇)에 발광증 들닌 신시대의 풍됴는 이갓치 정신병자를 만히 제조하는 모양이다. 아! 무엇이고 됴션 뉨새 나는 위대한 예술에 접하고 십다 −. 상당한 흥힝을 구경하고 십다. [장탄생(長嘆生)]

조선 25.11.11 (석3) 〈광고〉

당 십일월 십일일 수요부터

조선문예품 특별대공개

고려키네마 일회 제공 백남푸로덕순 착수

개척자 전칠권

유 사 작품 실사 **국제시보** 전일권

유 사 특작 희극 센취리 작품 천재아(兒) 밧데이멧센자- 군 주연

통쾌희극 **전보배달** 전이권

유 사 초대작품 주연 로라-로푸랜드 양 주연

정희활극 **대차륜**(大車輪) 전오권

유 사 걸작품 **철의 인**(鐵의 人) 전십오편 삼십권

제삼회 제오편 비약 비약 제육편 여행권 사권 상영

대예고

불원 봉절될 세계 최대 예술품

유-고 선생 원작 **희무정**(噫無情) 전십이권

송죽 특약 유 사 **단성사** 전 광 구오구번

동아 25.11.12 (5) 영화 도시 하리우드 (2) / 세계 제일의 이상적 기후 / 한결가튼 조흔 일기 / 도로도차 완전 무결

그러면 『하리우드』가 엇지하야서 그다지 영화 중심디가 되엇는가? 이 『로스안젤스』를 한가운데 두고 둥그럭케 오십 마일가량 돌나잇난 해안은 여러 방면으로 보아 세계에서 더할 나위업시 긔후가 조흔 곳이다. 그로부터 한 백 마일가량 상거되는 곳에는 비가 만히 와서 참으로 긔후가 조치 못하건만은 이곳만은 비라고는 십일월, 십이월, 일월 석달 동안밧게 볼 수가 업는 터인데 그것도 일주일 동안에 한 번, 만하야 두 번가량 소내기처럼 한 번에 왓작 와서 모든 것을 말정하게 씨처가버리고는 한 방울의 비를 구경할 수가 업다고 한다. 그럼으로 조선에 잇서서는 날이 조곰 흐리기만 하면 오늘이나 올가, 내일이나 올가 하는 념려로 활동사진 촬영하기에 공연히 날을 허비하는 일이 만으나 『하리우드』는 결단코 그런 념려가 업다고 하며 아침 아홉 시경에는 해안으로부터 안개가 와서 씨여 잇스나 아홉 시만 지나면 안개를 것처고 은혜로운 일광이 골고로 빗처 저녁 째까지 한결갓다고 한다. 그 다음에는 세계에서 길 조키로는 『칼리포니아』를 첫 손가락을 씁는 터인데 그중에서도 『로스안젤스』가 예일이라고 한다. 『로스안젤스』에서는 거리에 나아가 흙을 밟어보려 하여도 밟을 수가 업슬 만치 몃 십 마일의 거리를 한결가치 『애스팔트』로 치도를 하야 노앗다고 한다. 그리고 『칼리포니아』에만 자동차가 일백삼십만 대나 잇는데 그중 『로스안젤스』에만 삼십오만 대나 잇서서 『로스안젤스』 인구 구십만에 비하야 두 사람 반에 자동차 한 채식을 소유한 세음이 된다고 한다. 례를 들어 말하면 도로가 엇지 조튼지 영화 판들은 누구나 가장 친한 애인과 가치 녁이는 희극배우 『차푸린』은 『하리우드』로부터 한 오, 륙 마일 상거되는 산 속에 사는데 자동차의 속력을 조곰만 내이면 십분 내지 십오

분이면 넉넉히 『하리우드』에 잇는 『스타듸오』에 올 수가 잇다고 하니 그를 미루어 볼진대 그 길이 얼마나 됴흔 것을 알 수가 잇슬 것이다. 그럿케 길이 조흔 까닭으로 적고 큰 긔구들을 운반하기에 참으로 힘이 들지 안는다고 한다. (계속)

매일 25.11.12 (2) [연예안내] 〈광고〉
일부 출연진 제외된 외 조선일보 11월 11일자 단성사 광고와 거의 동일

동아 25.11.13 (4) [호남지방] 도 사회과 활사대 내금(來錦)
전라북도 사회과의 지방개량 선전을 목적한 활동사진대가 내(來) 십오일 야(夜) 칠시에 금산공립보통학교 대강당에서 무료 입장으로 영사할 터이라 하며 좌(左)의 일할(日割)로 각처에서 영사한 후 십구일에는 진안군(鎭安郡) 용담(龍潭)으로 향할 예정이라고. (금산)
십육일 추부(秋富) 십칠일 휴(休) 십팔일 부리(富利)의 각 공립보통학교에서

동아 25.11.13 (5) 영화 도시 하리우드 (3) / 세계 인종의 표본족 운집 / 뎐긔는 맘대로 쓰고 / 영화 셜비 만반 정돈
그와 가치 『하리우드』는 특별히 자연의 은혜를 힘 넘어서 십 년 동안에 영화 도시를 일우어 지금에는 만반의 설비가 정돈되엇다. 그리고 영화를 만드는 데 가장 큰 것은 뎐긔인데 그곳에서는 마음껏 흡족하게 뎐긔를 쓸 수가 잇다. 『로스안젤스』의 뎐긔는 수력 뎐긔로 세계에서도 드물게 역이는 터로 『하리우드』에 오는 뎐력만도 비상히 강하야 오십여 촬영소가 일시에 힘껏 쓰드래도 조곰도 거리낌이 업다고 한다. 『트리워맨』이라고 하는 그중 큰 『쎗트』를 사용할 쌔 쓴 뎐력이 팔천오백 윗트로 한 『쎗트』에 그와 가치 만흔 뎐력을 썻서도 그다지 거리낌이 업엇다고 한다. 『하리우드』 촬영소들의 뎐정에는 몟백 촉 뎐등을 백여 개식이나 달아노앗스며 이 지음에는 여섯 자가량이나 되는 『쌋치라이트』를 달아노흔 데도 잇다고 한다. 구석구석이 빗치우는 『스쌋트라이트』 갓흔 것도 무수히 달아노앗다고 한다. 조선서는 온 경성이 하로 밤 동안이나 씀직한 뎐력을 『하리우드』에서는 한 『쎗트』에 쓴다고 한다. 더욱이 이와 가치 만흔 뎐력을 한 곳에서만 쓰는 것도 아니오, 큰 『스타듸오』 두서너 곳에서 일시에 쓰더라도 그 근처의 뎐긔는 어두어지는 일이 결단코 업다고 한다. 그리고 『하리우드』에는 세계에서 이럿타고 손꼽아주는 배우들이 놀나울 만치 골고루 모혓다 한다. 로서아 귀족이나 중국의 로동자를 위시하야 온갓 인종의 가지각색 계급 사람들이 그곳에 만히 모혀 산다고 한다. 그네들도 역시 영화 제작의 한 도움이 되여 그것으로써 생계를 세워나간다고 한다. 그와 가튼 수효 만흔 가지각색 세계 인종의 표본이 될 만한 사람들을 종별에 싸러 뎐화부(電話簿) 갓흔 책을 출판하는 회사도 잇는 고로 그 책을 들처보면 어느 쌔든지 손쉬웁게 그 사람들을 시간으로 일시 채용할 수가 잇다고 한다. (계속)

동아 25.11.13 (5) 모성극 모(母)의 미로 / 전칠권
워더쓰리드 부인 주연

『쌘세』라고 하는 소년은 그 어머니 『쪼안』이 오직 귀엽게 길으기만 한 까닭에 집안에서나 사회에 나가서나 자긔밧게는 아모도 업는 듯이 방약무인(傍若無人)의 태도를 가진 사람이 잇다. 그 아버지 『랄루』는 그와 가치 길으는 것을 씀직히 쩌리어 좀 엄하게 기르고자 하얏스나 어머니 『쪼안』의 싸고 도는 힘은 당치 못하얏다. 『쌘세』가 열여덜 쌀 되는 생일 날에 그가 늘 소원이든 자동차 한 대를 그 어머니로부터 생일 선물로 바덧다. 그리하야 그 이웃집에 사는 『파시』라는 열여섯 쌀 된 처녀와 그 자동차를 타고 『카페』로 도라다니며 철업는 련애에 쌔져 란잡한 거조를 하다가 집에 도라오는 길에 야채를 팔러 다니는 한 로파와 충돌을 하야 과실 살인을 하고 입옥하게 되엇다. 그리하야 법뎡에 나가서 사형을 밧게 되엇슬 지음에 죽을 줄로 알엇든 야채 장수 로파가 살어 도라왓든 까닭에 무죄로 되엇다는 사실이 그 영화의 해심[9)]으로 모성의 교육에 대한 큰 교훈덕 영화인데 『오버듸힐』 이후의 큰 모성애(母性愛) 영화이다.

조극(朝劇) 본보 독자 우대일

이 사진은 방금 조선극당에서 상영 중 다대한 환영을 밧는 터로 금 십삼일 밤에는 본보 독자를 우대할 터이라는바 일반 독자들은 본지 란외의 독자 우대권을 만히 리용하기를 바라는 터이라더라.
= 사진 =『쏜큐』의 싸고라쓰 패쌩쓰 씨

동아 25.11.13 (5) 〈광고〉

십일월 십이일부터 특별 명화 공개
미국 메도로 회사 특작 메-마-레 양 주연
명화 표박(漂泊)의 자매 전칠권
미국 메도로 사 초특작 위오-스다나 양 주연
연애애화(哀話) 허영의 꿈 전칠권
미국 파데- 지사 초특작
하롤드 마라 씨 주연 아렌-레- 양 조연
연속활극 광야(曠夜)의 암투 전십편 입(廿)사권
제일편 아지못하는 여로 제이편 적백의 전쟁
예고
십일월 중순 상영
미국 우에스당 회사 초특작 거성 잘스 핫치송 씨 맹연
연속활극 맹진 핫지 십이편 이십사권
폭스 사 특약 **우미관** 전화 광화문 삼구오번

조선극장

---

9) '핵심'의 오식으로 보임.

본보 독자 우대일
십일월 십삼일 일일간

매일 25.11.13 (3) [지방집회] 장수군청 낙성식

전북도 장수군청사는 대정 십삼년도에 신축되야 동년 준공되얏스나 상금(尚今) 한해(旱害)의 관계로 낙성식을 거행치 못하고 연기되얏더니 본월 십일에 청목(靑木) 지사 임석 하에 성대한 식이 집행되얏는바, 당일은 중요 물산의 진열, 학예품 전람회, 일편으로는 예기의 가무와 지방개량의 활동사진, 각희, 청년극이 잇셔々 비상한 대혼잡을 정(呈)하는 동시에 전시(全市)를 통하야 축하회까지 개최하야 우천임을 불구하고 대번창을 극(極)하야 공전의 성황을 정(呈)하얏다더라. (전주) (이하 기사 생략)

시대 25.11.13 (3) 대구 초유의 토월 연극 / 매야(每夜) 대성황

(대구) 본보 대구지국 후원 하에 경성 토월회 지방순회 극단이 대구에 도착하자 일반 인사의 인기는 비등하야지는 중 본보 대구지국에서 독자 일천 명 기념 우대권을 발행하야 독자의 편의를 도(圖)한 바 만경관이 창건된 후로 초유의 대성황을 정(呈)하얏는데 제일일인 구일에는 관람자 천오, 육백 명에 달하얏스며 제이일인 십일에는 만추에 째 아닌 비가 옴을 불구하고 입장자는 극장 외까지 입추의 여지가 업시 운집하야 천*여 명의 입장이 되얏스며 제삼일에는 본보가 대구에서 압수되자 우대권을 가지려 오는 독자는 본 지국에 잡답(雜遝)하야 일일간 정신을 수습치 못할 만치 분주하얏다는데 대구에서 극단이 이와 가티 대환영을 밧기는 토월회가 효시라고 한다.

조선 25.11.13 (석1) 〈광고〉

예고가 제외된 외 동아일보 11월 13일자 우미관 광고와 동일

동아 25.11.14 (3), 25.11.15 (5), 25.11.16 (3), 25.11.17 (3), 25.11.18 (2), 25.11.19 (3) 〈광고〉

11월 13일자 우미관 광고와 동일

동아 25.11.14 (4) 토월회 순극단 / 삼일간 부산서 흥행 / 본보 지국 후원 하에

경성에 잇는 토월회는 극장 건축을 목적으로 지방 순극을 조직하여 제일, 이회 공연은 대구, 진주 등지에서 개연하야 만흔 환영을 밧고 금반에는 본보 부산지국 후원으로 래 십팔일부터 이십일까지 삼일간 부산 국제관에서 제삼회 공연을 개관하리라는데 일행 남녀 배우 사십여 명의 기예로서 연극과 기타 특별 여흥으로 구 한국 궁성 정악대(正樂隊) 일조와 노서아 쨘스, 독창, 주악 등으로서 대대적 한다는데 일반은 다수 관람하기를 바란다고. (부산)

동아 25.11.14 (5) 영화 도시 / 하리우드 (4) 일시 관차(貫借)의 동물과 기구 / 임시 고용의 품삭은 보통이 칠 쌀라가량

가령 영화를 제작하기에 로서아 귀족 『타입』의 사람이 필요타고 하면 면화부 가튼 책의 무슨 페지를 들추면 로서아 귀족이 될 만한 사람의 일홈이 씨워 잇스며 불란서 사람의 『타입』이 필요하다든지 조선 사람이 필요타 하면 다 각각 엇더한 페지를 들추면 반드시 그 사람의 일홈이 나타나고 사진까지도 볼 수 잇스며 당당에 그 사람에게 면화만 걸면 불러다 쓸 수가 잇다고 한다. 엇더한 인종이든지 세계의 온갓 괴상한 인종이라도 곳 불러 쓸 수가 잇다고 한다. 그 불니워씨는 사람들은 의례히 그 불니는 것을 업으로 하는 까닭에 조선의 기생들가치 날마다 어듸서든지 면화가 오기만 고대하고 잇는 고로 면화가 오면 시각을 머물지 안코 불르는 데로 쫏차갈 수가 잇다고 한다. 그런데 그 사람들의 품삭은 보통이면 일급 『쌀러 오십 쎈쓰』가량식이라고 한다. 특별히 대규모의 촬영에는 그 품삭이 조곰 놉서서 사오 삭 전에 경성에서도 공개하얏든 『쌔그짯트 도적』에 고용되엇든 사람들 중에는 그중 만흔 품삭이 이십오 쌀라로부터 삼십 쌀라이엇는데 이째것 그 이상을 올라가본 일은 업다고 하며 보통 연미복을 입고 오게 하면 십이 쌀라 오십 쎈쓰요, 녀자는 인물이 어엽부어야 십오 쌀라식 밧게 된다고 한다. 그리고 아동역(兒童役)들도 세계의 온갓 종족들의 아동들이 잇서서 조선 아동이라든지, 일본 아동, 중국 아동들도 잇다고 한다. 일본사람 청산설웅(靑山雪雄)이라고는, 영화 판들은 대개 아실 터이지만은, 『쌔그짯트 도적』에 출연도 한 사람인데 그 사람은 방금 그곳에서 일본 사람과 중국 사람의 아동들의 품파리 주인 노릇을 한다고 한다.

그리고 그 다음에는 촬영에서 사용할 긔구들인데 그것도 무엇이든지 구비하야 동양 사람들의 세간이 필요하다면 면화만 걸면 당당에 가저오고 부처(佛像) 가튼 것이 필요하드래도 역시 당당에 어더 쓸 수가 잇다고 한다. 그리고 김생들을 전문으로 길르는 장사가 잇서서 가령 원숭이가 필요타든가 악어(鰐魚)가 필요하다든가 온갓 동물이 필요한 경우에는 역시 면화로 청하야 하로 얼마식의 세를 내이고 어더다 쓸 수가 잇다고 한다. (계속)

동아 25.11.14 (5) 충견극(忠犬劇) / 맹견 심판 전편(全篇)

에리나 쌘드맨 양

레몬드맛키 씨

명견 펴-타- 주연

『쌘스톤 쌱라키담』으로 유명한 『쌕쌘일』 씨의 원작을 『톄스타푸랭크린』 씨와 『푸랭크오코나』 씨의 각색으로 『련의 수련(戀의 睡蓮)』과 가치 『톄스타푸랭크린』 씨의 감독 하에 『팔녀가는 영혼』에 출연한 『메리나쌘드맨』양과 『열 번재의 녀자』라는 사진에 출연하야 대번에 큰 인긔를 쓴 『례몬드막키』 씨와 밋 명견(名犬) 『피타』가 주연한 영화로 그 경개는 『쌔쌔라』와 『쩩』은 피차간 남이 알서라 몰을 서리 연애를 하얏섯스나 그 양부는 두 사람의 쯧대로 허락을 해줄 것갓지 안은 까닭에 몰내 도망을 해서 아지 못하는 곳에 가서 결혼을 하기로 약속을 하자 그날 밤에 공교히 그전부터 『쌔쌔라』에게 마음을 두고 쪼차단니든 『필』이란 사람이 『쌔쌔라』의 방에 들어왓다가 양부에게 발견이 되야 남으램을 들고 그것을 분히 녁여 맛춤내 『필』은 양부를 죽여바리엇다. 그제 맛츰 그 방에 들어왓던 『쩩』은

423

진범인의 혐의를 쓰고 옥에 갓치게 되엿다. 그런데 그 현당에 광경을 목도한 것은『쌕』의 충견『피타』 외에는 아모도 업섯다. 그리하야 충견『피타』는 천신만고하야 주인『쌕』을 옥으로부터 구해내서『필』 이 도망한『남아메리가』로『쌔쌔라』와『쌕』을 인도하야 듸디여『알젠친』에서『필』을 만나게 하엿다. 『필』은 죄를 감치고 삿삿내 도망하랴고 하야 엇더한 호숫가에 일으러『피타』와 대격투를 한 결과 맛 츰내『피타』의 힘을 당치 못한『필』은 하는 수 업시 모든 죄를 자백하고 만 까닭으로『쌕』은 청턴백 일 하의 몸이 되어『쌔쌔라』와 행복한 생을 짓게 되는 것이다. (씃) (사진은 맹견 심판의 일 장면)

동아 25.11.14 (5) [에피쓰드] 영화배우 가발 고통 / 리리안 씻쉬 양의 처녀 적 가슴아리

『리리안 씻쉬』 양은 원래 찬란한 금발을 가진 녀배우로 무슨 영화를 촬영할 쌔에든지 가머리(假髮) 쓰기를 한사하고 실혀한다고 한다. 그런에 이번의 사시극(史詩劇)『로모라』를 촬영하는 데는 불가불 시대에 덕응토록 가머리를 쓰지 안으면 안이된다고『헨리 킹』 감독의 명령이 나리엇슴으로 홀로 가 슴을 알코 잇섯다고 한다. 그런데 마츰내 리태리(伊太利)『푸로렌스』에 일으러『로모라』의 원작을 리 태리 말로 번역한 유명한『라쌔니아』도서관당『까이드쎄아고』 박사가『로모라』의 력사뎍 참고를 담 당하기로 되엿던바 박사의 언명으로 십오 세긔 째에『푸로렌쓰』 녀성들도 찬란한 금발을 가젓섯다는 것이 판명되여서 마츰내『리리안 씻쉬』 양은 자긔의 찬란한 금발을 가지고 촬영할 수가 잇섯다고 한 다. 이와 가치 영화계의 녀왕이라고 일컷는『리리안 씻쉬』 양도 세상 사람들이 아지 못할 처녀뎍 고 통이 잇다고 한다.

동아 25.11.14 (6) 〈광고〉

십사일부터 특별 대제공

일본 영화계 초유의 대작 예술품!!

삼천 년 전 고전극

일본 사상의 가장 광휘잇는 홍련대비사(紅戀大秘史)

연합영화예술가협회 공전의 대작품

대전사극(大戰史劇) **일륜(日輪)** 전십이권

여러분 예술에는 국경이 업슴니다

동양영화계를 진동한 최대 예술품

과연 한담율연(寒膽慄然)할 대전사극!!

F.B.O 사 특작 대영화 명감독 젬스·다부류·혼 씨

정희극 **자기선전** 전육권

명우 와나·박크스다 씨 주연 명화 데레리스·바듀 양 조연

보시라!! 전 광가치 비약하는 남성적 활극!

예고

대파라마운트 사 비장품

대웅편 『서반아의 용자(踊子)』 전십권

연(戀)와 미(美)와 시극(詩劇) 대영화

명편 『연(戀)의 개가』 전구권

조선극장 전 광 二〇五

매일 25.11.14 (1), 25.11.15 (1) 〈광고〉

11월 12일자 단성사 광고와 동일

매일 25.11.14 (1) [연예안내] 〈광고〉

일부 출연진 제외된 외 동아일보 11월 13일자 우미관 광고와 동일

시대 25.11.14 (1) 〈광고〉

당 십일월 십일일 수요일부터

조선문예품 특별 대공개

고려키네마 제일회 제공 백남 푸로덕순 착수

원작 이광수 씨 각색 윤백남 씨 감독 이경손 씨

하(下)는 인사 한마듸나마 정답게만 고하여 주는 성정이* 머리 안에 두어 제 마음대로 공상의 날을
보내엇다. *도 나왓스며 피아노도 낫하낫고 『키스』 쏘는 포용도 실토록 하고 십허든 것이다.

개척자 전칠권

유 사 작품 실사 **국제시보** 전일권

유 사 특작 희극 센취리 작품

천재아 밧데이멘센자 군 주연

통쾌희극 **전보배달** 전이권

유 사 대작품 정희활극 **대차륜(大車輪)** 전오권

유 사 걸작품

대모험대활극 **철의 인(鐵의 人)** 십오편 삼십권

제삼회 제오편 비약 비약 제육편 여행권 사권 상영

수은동 **단성사** 전 광 구오구번

동아일보 11월 13일자 우미관 광고와 동일

시대 25.11.14 (2) 촬영기사가 창기를 유인 도주 / 포주는 수색원을 제출

(인천) 인천부 부도정(仁川府 敷島町) 이십이 번디에 사는 전산고일랑(畑山高一郎)이라는 일본인 창기
포주(娼妓 抱主)는 요사이 인천경찰서에 창기 수색원과 아울러 고소장을 제출하얏다는데 그 사건
의 내용을 들어보면 전긔 전산은 금년 칠월경에 신의주에서 굴쓰하(굴ツヒ)(二三)라는 녀자를 오개
년 계약으로 일천륙백 원에 사 왓섯는데 신의주 제국(帝國)키네마 기사(技師)로 잇는 승간계조(勝間

425

啓造)가 지나간 오일 인천에 와서 잇든 려관에서 전화 혹은 편지로써 쇠어내어 마츰내 륙일 오전 다섯 시경에 행방불명이 되어버린 것이라고 한다.

조선 25.11.14 (석3), 25.11.15 (석3) 〈광고〉
11월 11일자 단성사 광고와 동일

조선 25.11.14 (석3), 25.11.15 (석4), 25.11.17 (석3) 〈광고〉
11월 13일자 우미관 광고와 동일

조선 25.11.14 (석3) 〈광고〉
일부 홍보문구 제외된 외 동아일보 11월 14일자 조선극장 광고와 동일

동아 25.11.15 (4) 백학원(白鶴院) 활사회 / 십일일 영천서 개최
경북 영천 시온촌 백학학원 주최, 본보 영동지국 외 삼 개 단체 후원으로 지난 십일일 칠시 반부터 영동청년회관에서 활동사진대회를 개최하야 회장 내에는 만원으로 대성황을 정(呈)하엿스며 본보 영동지국에서는 독자에 한하야 우대입장권을 배부하엿다고. (영동)

동아 25.11.15 (4) 〈광고〉
토월회 지방 순회 연극
시일 십팔일부터 삼일간 매야(每夜) 육시 개관
장소 부산 국제관
입장료 일등 일원 이등 칠십 전 삼등 오십 전
동아일보 독자에 한하야 반액
후원 동아일보 부산지국

동아 25.11.15 (5) 영화 도시 하리우드 (5) / 영화제작은 개인도 가능 / 세계의 고급 배우는 모다 이곳에 모힌다
엇더한 영화 중에 큰 악어(鰐魚)들이 욱시글득시글하는 런못 속에다 사람을 써러터린다든지 큰 사자 압헤다가 사람을 묵어다 놋는 등 위험한 것을 하는 장면을 각금 볼 수가 잇다. 그것을 볼 째에 관객들은 몸서리가 처지도록 공포를 늣기게 되나 실상 그 맹수들은 사람에게 길이 잘 들은 까닭에 사람을 해하는 일이 업는고로 결단코 겁내지 안는다고 한다.
다음에는 필님을 만드는 데 대한 편의인데 가량 촬영을 하고 십다든지 현상을 하고 십다든지 하면 그것만 맛서서 해주는 사람이 잇는 까닭에 누구든지 돈만 잇스면 영화를 만들 수가 잇다고 한다. 독일 가튼 데서는 한 영화를 만들랴면 미리부터 모든 준비를 해가지고 시작하지 안으면 안 되는 고로 사소한 덤에까지 인공이나 금전이나 시간이나 여간 만히 걸니는 게 안이나 『하리우드』에서는 모

든 것이 손쉽게 힘 안 드리고 된다고 한다. 개인으로라도 멧 만 원의 돈만 가지면 자긔 생각대로 영화를 만들 수가 잇다고 한다. 그런데『하리우드』에 거주하는 사람들의 그날그날의 생활 상태를 보면 물론 거긔에 천태만상으로 별별 사람들이 다 잇서서 엇던 사람은 하로의 세 끼를 끌이지 못하야 눈물로 쓰라린 생활을 하는 사람들 잇스며 엇던 사람들은 황후라도 부러워 넉이도록 팔자 조케 날마다 우슴으로 사치한 생활을 하는 사람도 잇다. 그리고 세계의 예술가 – 활동사진도 이 가치 극치에 이르럿슴에 한낫 예술품이라고 일커를 수 잇다 하면 – 현금 세계 예술가 중에서 그중 행복한 사람들은 모조리『하리우드』에 모혀 잇다고 한다. 비단 예술가로서뿐이 안이요 세상에서 그중 월급쟁이로 수입 만흔 사람들은 대개 이곳에 모혓다고 한다. (계속)

동아 25.11.15 (5) 비극 표박(漂泊)자매 / 전칠권

메드로 회사 근작

메마-레 씨 주연

『오르가』와『지타』도[10] 누의는 로서아 태생으로 성질 불량한 아버지로 말미암어 남북으로 갈니워 잇게 되엇다.『오르가』는 뉴욕 엇더한 극당 녀배우로 잇다가 우연히 엇던 재산가와 련모의 사이가 되어 드듸여 결혼을 하얏다. 그러나『오르가』에게는 남편에게 말할 수 업는 비밀을 가지고 잇섯는 고로 고민하얏섯다.『오르가』는 결혼생활을 한 지 일 년 만에 그 축일을 당하야 성대한 축하식이 열니는 밤에 멀니 로서아부터 형을 차저온 누이 동생『지타』를 맛낫스나 비밀이 폭로되면 꿀가튼 결혼생활에 불행이 닥처올까 겁하야 동생히 반가히 달녀드는 것을 무정히 쎄어바리엇다. 그리하야 그의 고통은 그 도를 더하게 되엇다. 운명은 엇지면 그다지도『오르가』의 행복을 뎌주하는가?『오르가』를 전부터 은근히 사랑하다가 얼골에 상처를 어든 로서아 부랑자는 원수를 갑고자『지타』의 뒤를 짤어 미국에 와서 조흔 긔회를 기다리엇다. 그는『오르가』의 집에 다수한 손님들이 로서아 변장으로 모히는 결혼 축하의 밤에『지타』를 밋기로『오르가』를 쇠어내어 마침내 총으로 쏘아 심장을 마치엇다.『오르가』는 마지막으로 그 동생『지타』를 보고 세상을 애달게 써나게 되엇다는 눈물의 영화이다. – 이 영화는 지난 십이일 밤부터 시내 관텰동(貫鐵洞) 우미관(優美舘)에 상영된다고 하는데 푸로그람에는 연애활극 허영(虛榮)의 꿈 일곱 권도 잇다고 한다.

동아 25.11.15 (5) 일본영화 일륜(日輪) / 전십이권

연합영화예술가협회 작

시천원지조(市川猿之助) 주연

이 영화는 일본 시대극으로 일본 일류 구극 배우 시천원지조(市川猿之助) 주연과 련합영화예술가협회(聯合映畵藝術家協會) 회원이 총 출연하야 실로 서양 사극에 비하드래도 결단코 손색 업는 일본 사극이라고 한다. 이제 그 경개를 소개하건대 노국(奴國)의 귀족 댱라(長羅)라는 사람이 산양을 나

---

10) '두'의 오식으로 보임.

갓다가 길을 일코 헤매든 중 불미국(不彌國) 비미호(卑彌呼)라는 애기씨에게 구원을 바든 일이 잇섯 는데 그 뒤로는 그 애기씨를 못내 잇지 못하든 중 마츰내 그 애기씨가 불미국 대형(大兄)과 결혼하 는 당일에 궁연에 드러가서 대형을 찔러 너머치고 애기씨를 쌔앗기는 하엿스나 댱라를 살부지수로 역이는 아화랑(阿和郞)에게 쏘 다시 애기씨를 쌔앗기엇다. 그러나 아화랑은 야마대(耶馬臺)라 하는 나라의 추댱(酋長) 반회(反繪)에게 피살되고 아기씨는 반회에게로 가게 되엿다. 애기씨는 반회를 리 용하야 처음으로 불행을 주출해준 댱라를 업시하고 댱하엿다. 댱라는 죽기를 결단하고 전장에 나 아가서 반회로 더부러 단긔로 싸흔 결과 승리를 함에 애기씨는 비로소 남자의 쓰거운 마음을 알게 되어 댱라로 하야금 추댱 업는 야마대의 추댱이 되게 하야써 두 사람은 일륜과 가치 원만한 행복 에 취케 되엿다는 것이다 - 이 사진은 작 십사일부터 시내 인사동 조선극장(仁寺洞 朝鮮劇場)에서 상영한다고 한다.

동아 25.11.15 (5) [에피쓰드] 로모다 촬영 인연 / 로마에 가게 되는 뎜괘를 낫는 세음

『리리안 씻쉬』가 엇던 사람에게다 『참말이지 이상한 일이라』고 이약이한 일이 잇섯다. 『화이트씨스 터』의 촬영이 거진 끗날 림시에 『로마』의 어느 동리에 괴상한 샘이 잇는데 그 샘에는 누구든지 돈을 써러터리면 반듯이 머지 안이한 장래에 쏘다시 『로마』에 오게 되는 인연을 짓는다고 하는데 『리리안 씻쉬』는 아모 생각도 업시 오직 작란삼어 돈 주머니를 열고 은화 한 푼을 쯰내어 그 샘 속에 써러터 려보고 집에 도라온 일이 잇섯는데 그 이튿날 다음에 촬영할 영화는 『로모라』. 『리리안 씻쉬』가 주인 공 『로모라』 역을 맛게 되고 촬영 장소는 『푸로렌쓰』라는 의미의 면보를 바덧섯다는 참으로 놀랏노라 고 인연담(因緣談)을 하엿다고 한다. 인연담 한 마듸나마 력사가 오랜 나라에서는 이와 가치 흥미잇 는 이약이가 추출된다.

동아 25.11.15 (6), 25.11.16 (1), 25.11.17 (2), 25.11.18 (5), 25.11.19 (5), 25.11.20 (3) 〈광고〉

11월 14일자 조선극장 광고와 동일

매일 25.11.15 (1) 〈광고〉

11월 14일자 우미관 광고와 동일

매일 25.11.15 (1) [연예안내] 〈광고〉

홍보문구와 일부 출연진 제외된 외 동아일보 11월 14일자 조선극장 광고와 거의 동일

매일 25.11.15 (2) 요즈음의 경성 화류계

작년보다 금년은 특히 수재로 인하야 경계상 영향이 만음에도 불구하고 화류계는 도로혀 번창하야 지는 모양인 것을 보면 일반시민의 심성이 얼마나 허랑하야진 것을 알 수 잇겟다는대 금년 십월 중 경성 시내에 예기들의 노름에 불닌 시간수를 보면 내선인을 합하야 총 사만 이천륙빅이십 시간인바 작년 십월 삼만 오천삼빅십삼 시간에 비하면 금년은 칠천삼빅십사 시간이 늘고 금액으로는 일만 륙

빅오 원 삼십 전이 증가하얏다더라.

시대 25.11.15 (1) 〈광고〉
11월 14일자 단성사 광고와 동일

시대 25.11.15 (1), 25.11.18 (4), 25.11.19 (3) 〈광고〉
11월 14일자 우미관 광고와 동일

조선 25.11.15 (석4), 25.11.16 (조3), 25.11.17 (석3), 25.11.18 (석3), 25.11.19 (석4), 25.11.20 (석4) 〈광고〉
11월 14일자 조선극장 광고와 동일

매일 25.11.16 (2) 동경소녀가극 / 명일(明日) 개연 / 경성극장에서
예술에는 국경이 업다더니 구경거리에 주린 됴선사람들의 발자최는 자조 『경성극장』으로 옴겨 간다. 더욱히 어엿분 처녀들이 춤 츄고 노릭하는 자미스러운 가극에는 취미를 붓친 이가 만흔 모양인대 일시 동경에서도 절문이들의 가슴을 태워주든 가련한 처녀들의 『동경소녀가극단』이 명 십칠일 밤부터 경성극장에서 나흘 동안 개연을 할 터인대 첫날 연뎨는 동화가극 『물새의 재판』, 오페레트 『소문』, 가극 『빅호대』, 희가극 『붉은 배』 등이며 입장료는 이 원, 일 원 오십 전, 일 원, 오십 전의 네 가지이라더라.

매일 25.11.16 (3) [지방집회] 경북 문화선전 활사회
경상북도 지방과 사회계에서는 내 십팔일부터 십이월 이일까지 좌기(左記) 일정으로 달성, 고령, 칠곡, 성주, 선산, 김천 등 육군(六郡) 관내 각면에 문화선전 활동사진을 순회 영사한다더라.
▲ 십일월 십팔일 달성군 수성면(壽城面) ▲ 동 이십일 고령군 득성면(得成面) ▲ 동 이십일일 고령면 ▲ 이십삼일 칠곡군 왜관면 ▲ 이십사일 성주면 ▲ 이십칠일 칠곡군 약목면(若木面) ▲ 이십팔일 선산군 구미면 ▲ 이십구일 선산면 ▲ 삼십일 십이월 일일 김천군 김천면 ▲ 동 이일 동군(同郡) 지례면(知禮面) (이하 기사 생략)

조선 25.11.16 (조3) 〈광고〉
십일월 십육일부터 신사진 전부 차환
미국 유 사 작품 실사 **국제시보** 전일권
미국 유니버-살 사 작품
원작 바-레봐-시안 씨 각색 레몬드엘사록크 씨
감독 봐-레쌔-새안 씨 『올 스터 카스트』
탐정극 **심야의 비전(飛電)** 전오권

미국 유니버-살 사 작품

애화(哀話) **낭자군(娘子軍)** 전오권

명화 루-스도봐야- 양 조연

유 사 걸작품 **철의 인(鐵의 人)** 전십오편 삼십권

제사회 제칠편 운전수 제팔편 암흑행 사권 상영

송죽 특약 유 사 **단성사** 전 광 구오구번

동아 25.11.17 (2) 원산극장 전소 / 이웃 일본 사람 집까지 / 손해 륙만* 원

지난 십오일 새벽 네 시경에 일본 사람의 경영하는 원산부 천뎡(元山 泉町)에 잇는 원산극장(元山劇場)에서 불이 이러나 그 극장을 전소하고 이웃집인 송촌이라는 일본 사람의 집까지 태여버린 후 동 다섯 시경에 겨우 진화하얏다는대 손해는 대략 륙만 오천 원가량이오, 원인은 미상하다더라. (원산)

동아 25.11.17 (5) 영화 도시 하리우드 (6) / 일류 배우의 대규모 촬영 / 실로 이곳이 안이면 엄두됴차 못 낼 촬영

지금 『하리우드』에 잇는 영화배우로 그중 일류는 『쵀푸린』, 『싸그라쓰 페쌩쓰』, 『메리 픽포드』, 『쩨밀』, 『루쎗차』 등 다섯 사람이라고 하겟는데 그중에서도 『루쎗치』는 좀 써러지고 나머지 네 사람이 일류라고 한다. 이와 가튼 일류 배우들이 무슨 영화를 촬영하고자 할 째에는 조선에는 아직 영화제작회사조차 업스니까 말할 것도 업거니와 상당히 촬영소도 만허지고 촬영 제작술도 매우 만히 진보된 일본에서도 그와 가튼 큰 규모는 세워볼 엄두도 못 내이갯거니와 몃 십만 원을 드리드라도 도뎌히 불가능할 것이 잇다고 한다. 가령 괴상하게 생긴 인도(印度)의 왕족들을 몃 사람 모하놋코자 한다면 일본 가튼 데서는 아모리 돈을 만히 드리드라도 모아노흘 수가 업슬 것이다. 키가 삼척 일촌밧게 아니되고 귀는 업고 코는 반족밧게 업는 사람 가튼 것은 일본서는 아모리 해도 모하볼 생각조차 할 수 업슬 것이나 『하리우드』에서는 당당에라도 모아노흘 수가 잇다고 한다.

『안짜폭피트』라는 곳에서는 삼, 사척가량식 되는 인도의 소인(小人)들이 다수히 모히어 사는 까닭에 면화로 불으기만 하면 당당에 오는 터이라 돈만 잇스면 어려울 것이 조곰도 업다는바, 이러한 덤으로든지 기타 모든 편의며 또는 경비상 관계로 전긔 일류 배우를 다른 곳에서는 그와 가튼 사진은 당초에 촬영하겟다는 엄두조차 못 내일 만한 사진을 촬영한다고 한다. 그리고 더욱이 일류 배우들은 세력이 조와서 무엇이든지 쯧대로 할 수 잇는 곳이라고 한다. 엇지햇든지 이 『하리우드』는 긔위 말한 것과 가치 모든 덤으로 보아 영화를 만들기에 가장 덕당한 곳으로 영화도시라고 일커를 곳이라고 한다. (섯)

동아 25.11.17 (5) 대웅편(大雄篇) / 수난 테쓰 / 전구권

영(英) 문호 하-씌이 옹 원작

또로시 파남 여사 각색

싹란치스위트 양 주연

이는『로모라』와 함께 일본영화계에서 큰 긔대를 가지고 잇든『메트로쏠드윈』영화로 불일간 일본서 봉절된다는데『테쓰』로 분장한『쌕란치스위트』양은 이 영화에 촬영감독을 한『마살 니란』씨의 부인으로 미국영화계에 유수한『에모쇼날』녀배우요,『콘랏드 네겔』씨,『스추아트 홈스』씨가 조연하엿스며 이야기의 고향인 영국『워쎅쓰』디방에서 촬영, 완성한 것이다. 그 내용을 통트러 말하면 충실하게 묘사한 청정무우안한 녀성의 이야기라고 할 것이다. 어엽분 처녀가 심술 사나운 운명의 손에 롱락되여 비한 살림의 희생으로 짐생 가튼 남자의 성욕의 희생이 되여 달큼한 사랑의 꿈도 일순간에 지나지 못하엿고 사랑이라고는 오직 하나쑌인 남편에게까지 바린 바 되여서 마츰내 듯기만 하야도 몸서리가 처지는 사람을 죽인 범죄인으로 교수대에 올라서 아참 나절 풀 꼿헤 이슬과 가치 사라지기까지의 파란 중첩한 눈물의 이약이다.『파남』여사의 각색은 이야기의 시대를 연대로 쇠치엿슬 쑌이요, 원작을 그대로 살니워노아서 미국에서도 굉장한 흥행 성적을 어덧다 하며 감독『니란』씨 자신도 자긔 작품 중에 가장 자신 잇는 것이라고 호언하엿다 한다. (사진은 수란 테쓰의 일 장면)

시대 25.11.17 (3) 단성사 일행 내진(來晋)과 독자 우대

(진주) 경성 단성사 순업대 일행은 지난 십이일 진주에 도착하야 조선 명화 고려제작소 처녀작품인 쌍옥루를 당지 진주좌에서 삼일간 흥행케 됨을 이용하야 본보 진주지국에서는 차(此)에 특히 교섭한 결과 본보 독자를 위하야 특히 우대권을 발행하고 각등을 본보 독자에만 한하야 우대케 되엿다고 한다.

시대 25.11.17 (3) 활사대회 성황

(개성) 개성 중앙교회 주최와 조선, 동아, 시대지국 후원의 활동사진대회는 지난 십사일 밤에 중앙관 안에 열리엇는데 정각 전부터 장내는 일천 수백 관중으로 입추의 여지가 업시 대성황을 일우엇다고 한다.

조선 25.11.17 (석1), 25.11.18 (석3), 25.11.19 (석4), 25.11.20 (석4) 〈광고〉

11월 16일자 단성사 광고와 동일

조선 25.11.17 (조1) 지방개량 선전

전라북도 사회과에서는 지방개량의 필요를 선전키 위하야 본월 십오일부터 동 십팔일까지 삼일간 금산(십오일) 추부(秋富)(십육일) 부리(富利)(십팔일) 각면에 출장하야 활동사진을 영사하리하며 익일인 십구일은 진안군(鎭安郡) 용담면(龍潭面)으로 행하리라는데 장소는 각 면 관내에 재한 공립보통학교 운동장이라더라. (금산)

동아 25.11.18 (4) 토월회 흥행에 본보 독자 우대 / 마산지국에서

동서고금의 명작걸품으로 조선예술계에 신 광채를 들처내는 경성 토월회 일행이 금번 남조선 지방을 순회함을 기회하야 본보 마산지국에서는 동 일행을 마자 이십일, 이십이, 이십삼 삼일간으로 당지 수좌(壽座)에서 연예회를 개최하고 본보 애독 제위에게는 특히 우대권을 발부하야 공람(供覽)할 터이라고. (마산)

동아 25.11.18 (4) 『라디오』 청취회

평북 강계에서 『라디오』를 설치하고 『라디오』 청취회를 조직한다 함은 기보한 바어니와 다수한 입회자가 유하야 거 팔일 하오 칠시에 창립회를 『라디오』 설치관에서 개최하고 임원을 선거하엿다는데 피선된 임원은 여좌(如左)하다고. (강계) (이하 임원 명부는 생략)

동아 25.11.18 (5) [연예] 조선영화계 과거와 현재 (一) 영화 矯矢[11]는 연쇄극 / 영화 처음 수입은 이십 년 전 녯날 / 조선사람의 첫 촬영은 사 년 전 일

우리 조선에 활동사진이 처음 드러온 것은 발서 근 이십 년 전 일임니다. 서울 동대문 안 광무대(東大門 內 光武臺)에서 우숨거리 만화 비슷한 영화를 갓다노코 관객의 경이(驚異)의 늣김과 우숨을 잇슬든 그재가 일본에도 영화가 수입된 지 불과 몃 해 되지 안엇섯슬 재이엇슴으로 활동사진이 수입된 연조로 보아서는 일본보다 그다지 일천하지 안컨마는 역시 빈한한 탓이든지

애활가는 요구하는 명도라든지, 수입되는 영화의 종류를 일본에 비하면 실로 격세지감이 잇슴니다. 이는 필경 돈 업는 탓이겟지요. 민중오락의 큰 선물로 그러케 갑 싸고 민중덕이건만은 지지하게 발련되는 연고는 생각건대 극댱도 업거니와 그것이나마 일반덕으로 볼 힘이 업슴이겟슴니다. 이제 우리 조선영화계를 살*어볼진대 실로 한심하기 짝이 업슴니다. 남의

영화를 갓다 보기에도 고급영화는 세금의 관계로 못 가저오는 것도 만커니와 가저온대야 남이 실컷 보고 못 쓰게 된 찍억이나 겨우 어더 보게 됨니다. 이것을 생각하면 조선사람의 영화에 대하야는 무엇이 엇더하다고 입을 열어 말하기에도 실징이 남니다마는 그러나마 과거와 현재를 살피어보면 이러합니다. 조선에서 활동사진을 처음 촬영한 것이 지금으로부터 햇수로 다섯 해 전 소위 신파연극단

신극좌 김도산(新劇座 金陶山) 일행이 일본 대판서 일본 촬영 긔사를 다려다가 련쇄극(連鎖劇)을 박어가지고 시내 단성사(團成社)에서 상연한 것이 효시일 것임니다. 그것이 다행이 우리 조선사람의 눈에 새로웁게 뵈인 탓으로 의외에 큰 성공을 하게 됨애 그 당시에 나오는 대로 경비를 지탕치 못하야 긱구러지는 신파연극게에서는 나도나도하고 림성구(林聖九) 일행이니, 김소랑(金小浪) 일행이니 하는 신파연극단들이 뒤를 이어 박기 시작하얏섯슴니다.(계속)

동아 25.11.18 (5) [연예] 풍자극 / 결혼만세 / 전칠권

메트로쏠드원 사 특작
로쌔트 레나드 감독
차미율시푸만 원작
『찜 나이트』와 『쯕크 테일라』 두 사람은 합병조직으로 새로운 업을 착수하얏다. 『쯕크』는 『쏘리스』라

---

11) '효시(曉示)'의 오식.

고 하는 어엽분 약혼 처녀와 하로라도 속히 결혼을 하고자 하나 『씸』은 결혼생활에 뜻도 두지 아니하고 『에베린 쌔드나』라고 하는 녀자를 정부로 두고 지내엇다. 『에베린』은 『씸』과 어느 쌔 엇더케 헤어어지게 되는지 몰르겟다는 생각을 하는 까닭에 『씸』과 사괴어 지내는 동안에 돈이나 모하두리라는 뜻으로 쐬쐬로 『씸』의 돈을 싸내어서 은근히 저금을 하얏다. 마침내 『씸』에게는 불행이 닥처와서 재게의 변동으로 『씸』과 『씌크』 사업에는 큰 타격을 밧게 되어 파산을 할 디경에 일으럿다. 이 경우에 일으러서 『씌크』의 안해 『쏘리스』는 비경에 싸진 『씌크』를 구원해내기 위하야 극력 활동을 한 결과 은행가 『릿쏠』의 도움을 밧게 되어 급한 디경을 버서나게 되엿스나 『씸』의 정부 『에베린』은 수십만 쌀라의 은행 예금이 잇스면서도 『씸』의 애원하는 것을 저바리고 맷고 쓰는 듯이 한 푼 돈도 내어 놋코자 하지 안엇다. 그리하야 『쏘리스』의 힘으로 파산을 면하게 된 『씌크』와 쌀쌀하게도 거절을 당한 자긔 신상을 비교해 생각해본 『씸』은 마침내 쓸쓸한 세상을 비관하고 자살을 한다. 『씌크』는 사랑하는 안해 『쏘리스』와 함께 행복한 결혼 생활에 드는 것이다. = 사진은 결혼만세의 일 당면 =

동아 25.11.18 (5) 〈광고〉
우미관
본보 독자 우대일
우대권 란외에
십일월 십팔일 일일간

매일 25.11.18 (1) 사회교화에 활동사진 이용 / 경성부의 계획
경성부에서는 과일(過日) 경성교육회 총회가 개회되얏슴을 기(機)로 하야 사회교육 문제에 관하야 동회(同會)에 자문한 바가 잇섯는대 동 회에서는 종々 심의한 결과 종래 이(耳)로써 교화되든 것을 안(眼)과 이(耳)를 동시에 활동케 함에 의하야 만흔 효과를 재래(齎來)할 것이라는 의견으로써 활동사진으로 사회를 교화케 하자는 의견과 경성부에 사회과를 설치하야 전(專)히 차임(此任)에 당케 함이 적당하다는 설이 출하얏는대 사회과의 신설은 목하의 재정으로는 도저히 출현하기 난(難)하며 활동사진이면 년년(年年) 근근한 예산으로 충분히 효과를 발휘함을 득하리라는 설이 유력한즉 금후 차(此) 방면의 활동사진회를 개최하야 일반 부민의 사회교화에 노력하게 될 모양이더라.

시대 25.11.18 (4) 〈광고〉
십일월 십육일부터 신사진 전부 차환
오후 칠시부터 개관합니다
미국 유 사 작품 실사 **국제시보** 전일권
미국 유니버-살 사 작품 서부활극 **악성시**(惡盛時) 전이권
미국 유니버-살 사 작품 서부활극 **의문의 탄환** 전이권
미국 유니버-살 사 작품 탐정극 **심야의 비전**(飛電) 전오권
미국 유니버-살 사 작품 *화(話) **낭자군**(娘子軍) 전오권

유 사 대작품

대호평 대연속 **철의 인**(鐵의 人) 십오편 삼십권

제사회 제칠편 운전수 제팔편 암흑행 사권 상영

= 예고 =

불일공개 **희무정**(噫無情)

선풍아(旋風兒) 전칠권

수은동 **단성사** 전 광 구오구번

조선 25.11.18 (석2) 경성부의 활동사진 교화 / 활동사진반이 생길 쯧

경성부에서는 그동안 사회교화(社會敎化)의 방법을 강연회(講演會)는 물론 다른 방식까지 만히 리용하야 왓스나 사회의 실상이 점점 번잡하여 감을 짜라 전긔 방법만으로는 충분한 효과를 보기가 어려웁게 되엿슴으로 이에 여러 가지 연구를 거듭한 결과 종래 귀(耳)만을 리용하던 교화방법을 고처 이목(耳目)을 일시에 리용할 수 잇고 또한 비용에 잇서서도 가장 경제뎍인 활동사진(活動寫眞)을 응용함이 조흘 것 가타 부당국자 사이에 전형되는 중이라는바 결국은 이것이 실현될 듯하다더라.

조선 25.11.18 (석3) [연예] 연애애화 / 심야의 비전(飛電) / 전오권 / 단성사에서 상영 중

이 영화는 련애의 삼각관계로 인하야 이러난 인생의 갈등을 뵈인 것인대 그 『스토리』로 말하면 미국 남방 고요한 시골농장의 한 청년이 이웃농장의 쌀과 사랑을 하게 되얏스나 그 녀자의 부친되는 이는 절대로 반대하야 자긔 집에 차저 오는 청년을 몹시 학대하여 왓섯다. 그런데 그 녀자를 사랑하는 청년 하나이 또 잇스니 그는 그 시골에서 뎐신을 취급하는 뎐신기수엇섯다. 하로는 그 녀자의 형 되는 남자가 칠면조 소리의 흉래를 내고 산숩풀에서 깃버히 놀 쌔에 그 뎐신기수가 그것을 참으로 칠면조인줄 알고 총을 노아 그를 그릇 죽이고 놀라서 다라나고 마럿다. 이쌔에 녀자와 사랑하는 청년이 그곳을 지내다가 죽은 시톄를 발견하고 황겁하야 자긔가 가젓든 총을 그 시톄 겻헤 노코 가 바럿다. 이 총이 증거가 되야 살인혐의가 청년에게로 가서 결국은 사형을 밧게 되야 그 생명이 위태하게 되엿슬 쌔에 그릇 살인한 진범인 뎐신기수는 자긔 량심의 가책을 못 이기여 뎐보로 자백하게 되야 겨우 그 청년이 생명을 보전하게 되엿다는 것인데 이 영화는 장면의 긴장한 것이 관객에게 조고마한 틈도 주지 안는 근래 볼 수 업는 조흔 작품이다.

동아 25.11.19 (1) [횡설수설]

경성부에서는, 『경성의 현상에 감(鑑)하야, 사회교육 상 시설할 가장 적절한 방안』으로, 활동사진반을 설치하리라고, 무엇을 교육할 터인가.

동아 25.11.19 (4) 안동에 『라디오』

경북 안동에도 지난 팔일부터 십일까지 삼일간 안동읍 서부동(西部洞)에서 무선전신을 설치하고 동경, 대판, 상해 등지에서 오는 음악 등을 들엇다고. (안동)

동아 25.11.19 (4) [관서지방] 중화(中和) 위생전람회

기보와 여(如)히 거 오일부터 삼일간 중화경찰서 주최의 위생전람회는 십수일 전부터 서원 일동이 협력 일치로 준비를 하엿다는데 개회 당일 입장자는 사천칠백에 불과하나 제이일은 칠천육백, 제삼일은 오천백여 명에 달하엿다는바 야간은 오후 칠시 반부터 경찰서 구내에서 활동사진을 영사하야 위생선전에 노력하엿슴으로 관중은 만원의 성황을 이루엇다고. (중화)

동아 25.11.19 (4) 〈광고〉

토월회 지방 순회 연극

시일 이십일일부터 삼일간 매야(每夜) 육시 개연

장소 마산 수좌

입장료 계상 팔십 전 계하 육십 전

(동아일보 독자에 한하야 반액)

후원 동아일보 마산지국

동아 25.11.19 (5) [연예] 조선영화계 과거와 현재 (二) / 최초 영화는 춘향전 / 극동문화협회[12]가 영화제작 원조 / 흥행 성적은 예상 이상으로 량호

신파연쇄극을 촬영하야 그 성적이 예상 이상의 큰 성공을 보게 됨에 련쇄극보다도 순 활동사진을 촬영하엿스면 련쇄극 이상으로 성적이 조흐리라 하는 것이 일반 흥행업자들의 돈버리의 전부를 차지하게 되야 제각기 활동사진을 하나 촬영해보고자 하엿스나 다만 거리끼는 것은 경성이나 평양, 대구 등디와 가치 활동사진 상설관이 잇는 곳에서는 물론 다대한

리익을 볼 수가 잇겟스나 조선칙 상설관이라고는 단지 경성, 평양, 대구밧게 업슴으로 그 세 곳 이외에는 사진을 세노아 볼 수가 업슬터임애 열삼, 사권의 사진을 박어서 하로 저녁 푸로그람을 만들기에 경비 상 관계로는 오히려 그다지 어려운 일이 아니나 십삼, 사권의 영화를 만들고자 할지라도 아모리 절약에 절약을 한대야 칠, 팔천 원의 돈이 들겟는데 경성, 대구, 평양 세 곳에서만 흥행하여 가지고는

그 돈을 다 쌥을 수가 잇겟는가 하는 것이 문뎨가 되어 그만한 용긔를 내이는 사람이 업섯다. 그리하다가 재작년 대정 십이년에 방금 조선극장(朝鮮劇場) 경영인 조천(早川)이라는 일본인이 동아문화협회(東亞文化協會)라는 것을 조직해가지고 신파 배우와 밋 활동 변사로 다년 경험이 잇는 방금 조선극장 주임 변사 김조성(金肇盛) 군을 중심으로 기생 기타 몃몃 사람을 배우로 리용하야

춘향전(春香傳) 아홉 권 사진을 촬영하야 시내 됴선극댱(朝鮮劇場)에서 다른 서양 영화와 석거 봉절 상연하니 이것이 조선사람의 배우를 써서 순 조선 각본으로 촬영한 최초의 영화이엿섯다. 이 흥행이 됴선극댱에서 시작됨에 역시 긔대하엿든 이상으로 큰 수입을 보게 되어 경성 흥행으로만도 그 밋천을 쌥게 되고 평양, 대구 등디로 순회 영사를 하야 다대한 리익을 보게 되니 이제는 흥행업자들

---

12) 문맥상 '동아문화협회'를 오해한 것으로 보임.

은 일칭 더 허욕을 내어가지고 영화제작을 꿈꾸게 되고 잇섯습니다. (계속)

동아 25.11.19 (5) [연예] 경마활극 / 명마(名馬)재생 / 전칠권

메트로쏠드윈 영화

레쯰날즈쌔카 씨 감독

— 해설 — 미국의 류행 작가『쎄랄드 쌤몬트』씨의 소설『쎅씨』를『왈쯰마양그』씨가 각색하야 활극영화 감독자로 유명한『례쯰날드쌔카』씨의 감독으로 된 경마활극인데 출연은 로역(老役)으로 명성이 자자한『푸랭크 키난』씨가 오래간만에 주연하고『크레아원사』양과『로이드 휴즈』씨가 조연하얏다.

경개(梗槪)=『로쌔쓰』로판사(老判事)[키난 씨 연(演)]는 재정상 곤난으로 명마『메로씌』가 나은『쎅씨』라는 어린 말을『쏀스윗스』라는 재산가에게 일만 딸라의 갑을 밧고 팔어서 그의 쌀『버지니아』(크레아 연)를 주어 구라파 만유의 길을 써나게 한다. 그 이듬해 경마대회에 참가한 젊은 말『쎅씨』는 서투른 긔수(騎手)로 말미암어 다리를 상하야 불구가 되엇다. 재산가『쏀스윗스』씨는『쎅씨』를 총으로 쏘아 죽이고자 하엿스나 로판사 집에서 그 말에게 정을 드려 기르는 마부『쏘니』(모이드쌔쓰 연)가 재산가를 차저가보고 애걸하야『쎅씨』의 목숨을 구해내엿다. 그리하야 정성스러운 간호로 명마『쎅씨』는 다리가 완전히 낫게 되여『라트니아』에서 개최되는 대경마에 참가하야 마츰내 승리를 하고 그에 쌀 하로판사의 집에는 깃거운 봄이 오게 된다. (사진은 명마재승 일 장면)

동아 25.11.19 (5) [연예] 연속활극 맹진 핫지 / 전입(卄)사권

차레쓰하친슨 씨 안투사 양 공연(共演)

영화 내용의 발단은 어엽분 쌍동 처녀 자매로부터 시작된다. 부호 광산왕『몰톤』의 안해『카사린』은 악한『쌔레크』의 감언리설에 속아 쌀 쌍동이 중 아우되는『에리나』= 뒤에는『넬』= 을 다리고 영국으로 건너가든 중 긔선에 불이 나서 침몰하야『카사린』은 물에 쌔저 세상을 써나고『쌕레크』는『네루』를 다리고 구조되어 다시 미국에 도라왓다.『몰톤』은 루거만[13]의 재산은 잇스나 쌍동이 중 형되는『마린』을 다리고 쓸쓸한 생활을 계속하야 십수 년을 지냇다.『에리나』는『넬』이라고 개명되어 양부『쌕레크』로 더부러 가진 악한 짓을 한다.『마린』은 열여덟 살의 봄을 마저서 부호의 영양으로『뉴욕』사교계에 한 썰기 꼿으로 영화로운 생활을 하는 중『쌕레크』의 박해를 수업시 당하게 된다. 이에『랄프랏쎌』이라는 쾌남아가 잇서서 항용 일홈을『핫치』라고 하야 남성덕 모험을 조와하는 사나희로 역시 악한『쌕레크』의 극흉극악한 위해를 바더 쌍동이 자매를 위하야 경련동디의 활동을 하는 것이다. = 이 사진은 금 십구일 밤부터 시내 관텰동 우미관(貫鐵洞 優美舘)에서 한 번에 십이권식 상영하야 이 주일에 전부 영사하기로 되엿다더라.

---

13) '누거만(累巨萬)', 매우 많은 액수를 의미.

동아 25.11.19 (5) 조선 물산 장려 / 이사회 결의

시내 황금뎡(황금정) 조선물산장려회(朝鮮物産獎勵會)에서는 예뎡과 가티 지난 십칠일에 그 회관 안에 리사회(이사회)를 열고 다음과 가튼 결의를 하얏다더라.

◇ 결의사항

일, 영화 선전에 대하여 이사 총 출동으로 각 방면에 활동하야 모집할 일

일, 찬성 회원 모집건에 대하야는 이사 전부가 소규(所規)대로 능력껏 회원을 증모할 일

일, 영화극이 완성되기 전에 선전 사업으로 강연회를 개최할 일

(단 시일, 장소, 연제, 연사는 추후 발표함)

시대 25.11.19 (2) 푸로그람 / 금일 독자 우대 = 단성사

『심야의 비전(飛電) 전구권』은 미국 어느 시골 그 어썬 농장의 젊은 산아이와 그 동리 농장에 어여쎤 시악시와의 그 두 사이에 봄볕에 싹트는 이파리와 가티 사랑의 싹이 돗고 쏘 자라 봄바람에 납흘거리며 속삭이엇스나 항용 이러케 행복을 쑴꾸는 사람을 쏘는 어여쎤 시절을 시긔함은 어느 곳에나 잇는 것과 가티 마음 어진 그 두 청춘의 사랑을 훼방하는 사람들이 그들의 주위를 휩싸고 돌며 내종에는 살인범(殺人犯)이라는 이름까지 지어주어 결국은 그 청년이 사형을 밧게 되엇는데 다행이도 악한 자의 회개로 그들은 다시금 질거웁게 이 세상을 지나갓다는 아름다운 영화(映畵)이다. 그 외에 『낭자군(娘子軍)』 전오권과 『철의 인(鐵의 人)』이라는 련속사진 사권이 잇다 한다. (우대권은 란 외에)

시대 25.11.19 (3), 25.11.20 (3) 〈광고〉

11월 18일자 단성사 광고와 동일

조선 25.11.19 (석2) 물산장려회 / 영화선뎐 결의

조선물산장려회(朝鮮物産獎勵會)에서는 예뎡과 가티 지난 십칠일에 리사회(理事會)를 그 회관에 열고 영화 선뎐에 관한 여러 가지 사항을 결의하엿다더라.

조선 25.11.19 (석4) 〈광고〉

십일월 십구일부터 연속대회

실사 **해군생활** 전일권

미국 메도로 사 벤-다빈 씨 주연

희극 **애와 과자** 전이권

미국 우에스당 사 초특작 영화계 혜성 쟐스핫지송 씨 맹연

연속모험극 **맹진(猛進) 핫지** 십이편 입(卅)사권

초회 자(自) 일편 지(至) 육편 십이권 상영

쟐스핫지송 씨 영화계 인퇴(引退) 최후 고별작품

맹진 핫지 흥행 중 종래 발행한 초대권은 미안천만이오나 통용치 아니함

일활 특약 **우미관** 전 광 삼구오번

동아 25.11.20 (1) 〈광고〉

조선일보 11월 19일자 우미관 광고와 거의 동일

동아 25.11.20 (5) [연예] 조선영화계 과거와 현재 (3) / 부산에 조선키네마 / 윤백남 리경손이 중심이 되어서 일본에 영화 수출까지 계획하여

동아문화협회에서 춘향뎐을 박어 다대한 리익을 보고 흥행업자들이며 연극 단톄들이 활동사진을 촬영하야 리익을 보고자 하는 생각이 벗석 놉하진 재작년 여름에 역시 뜻만 두고 손해를 볼까 겁하야 손을 대이지 못하고 잇든 단성사(團成社) 주인 박승필(朴承弼)은 밋지지 안켓다는 자신이 생기엇고 겸하야 흥행 모양으로 도라단이든 리필우(李弼雨)라는 사람이 일본에 가서 몃 달 동안 활동사진 촬영법을 배워가지고 와서 하는 것 업시 놀고 잇스며 단성사에 출입을 하든 중이엇섯슴으로 그를 중심으로 단성사 촬영부라는 것을 세워놋코 촬영 긔게 하나를 작만한 후 위선 뎨일 착수로 시사(時事) 소개로 실사 몃 권을 박어 상영하며 일변으로 장화홍련전(薔花紅蓮傳)을 박어서 역시 동 극장에서 상영하게 되엇섯슴니다. 이째는 사진의 죳코 그른 것은 도라볼 여디도 업시 다만 조선사람의 배우가 출연한 순 조선 각본의 활동사진을 보겟다는 호긔심으로 영화 판들은 물론이요 아모것도 몰르는 여념집 부녀들까지도

구경을 하고자 하든 째이라 또한 큰 리익을 보게 되엇슴니다. 이제는 조선영화도 만들기만 하면 리익을 본다는 것은 의심 업는 사실로 나타낫스나 그러나 그래도 조선에 활동사진 상설관이 만허지기 전에는 영구 사업으로 촬영업을 하기는 어려울 쑨 안이라 자본도 넉넉지를 못하야 뒤를 이어 촬영을 하지 못하고 주저하기를 마지아니하든 중 부산(釜山)에 잇는 고자관댱(高者管長)이라는 일본인이 조선영화를 만들드라도 일본에 수출만 하면 되겟다는 생각으로 주식회사 『조선키네마』를 조직하고 위선 이리저리 써도라단이는 신파 연극 배우 중 남자 이, 삼 인과 녀배우로는 리월화(李月華) = 본명 정숙 = 을 다려다가 그를 중심으로 부산 청년 리경손(李慶孫)이라는 사람이 지엇다는 해의 비곡(海悲曲)이라는 사진을 촬영하야 먼저 경성에서 봉절한 결과 상당한 수입을 엇고 계획대로 조선사람의 사진이라는 일종 호긔심을 이끌어 그 사진을 일본에도 수출할 수가 잇게 되엇섯슴니다. 그리하야 다음에는 규모를 크게 하고자 서울서 윤백남(尹白南)을 청해다가 감독의 직책을 맛기로 하고 또는 리경손, 왕필렬(王必烈) 등 조선 청년 몃몃 사람으로 하야금 그를 도웁게 한 외 녀배우로는 전 예술좌(藝術座)에서 화형이라고 일컷든 리채뎐(李彩田)과 밋 김우연(金雨鷰)이라는 함흥 녀자 한 사람을 『스타』로 데이회 작품으로 윤백남 각색의 운영뎐(雲英傳)을 촬영하기 시작하얏슴니다.

동아 25.11.20 (5) [연예] 문예명화 / 연(戀)의 개가 / 전팔권

(一)

알버트로스 영화

이반 틀게네프 원작
툴안스키 감독
나다리 쇼빈코 양 싼안체로 씨 몰라놀만 씨 공연(共演)

一.

우에는 애칭 하늘이 덥혀 잇고 아래는 초록빗 바다가 둘너 잇는 구라파 남쪽 이태리 넷 도읍『펠라아라』에서 면해 나려오는 긔묘하고 쪼 아름다운 녯 이야기 승리의 자랑스러운 사랑의 노래가 로서아 문호『이반틀게네프』의 고흔 필치로 한 편에 소설이 되고 다시『툴얀스키』의 능란한 각색과 감독 하에 련마되여 한 편의 영화를 일운 것이『련의 개가(戀의 凱歌)』이다. 째는 십륙 세긔 시와 음악과 미술을 질기는 태공(太公)의 휘하에『펠라아라』에 사는 두 젊은 귀족이 잇섯스니 한 사람은『파비오』요 쪼 한 사람은『뭇쇼』라고 하엿다. 두 사람은 머지 안은 친척일쌘더러 가족조차 업는 외로운 신세이엇슴으로 어렷슬 째붓터 서로 써러지지를 아니하고 친동긔 갓치 지내오는데『파비오』는 미술에,『뭇쇼』는 음악에다 각각 예술을 위하야 그날그날을 보내는 사람이엿섯다. 그 두 청년이 사는 동리에는 새로 핀 쏫이라도 무색해함직한 어엽분『바레리아』라는 처녀가 잇섯다. 그 처녀는 사원(寺院)에 례배를 가는 날이나 대제일 외에는 문 박게 나와보지를 아니하건만은 동리 사람들은 그 아릿다운 자태에 취하야 제각긔 싹사랑의 불길이 타오름을 금치 못하엿섯다.

二.

불란서 루이 십이세 공신들을 청해놋코 그를 위하야 열닌『펠라아라』태공의 대제일에『파비오』와『뭇쇼』는 아연히『바레리아』를 보게 되엿다. 그리하야 두 사람은 제각긔『바레리아』를 련모하게 되엿다. 얼마 지난 뒤에 그 두 젊은 예술가들은『바레리아』의 허락을 어더 그의 집에 놀너 단닐 수가 잇게 되엿다. 한 사람은 음악을 들니우며 쪼 한 사람은 그림을 그리여가며 자미스럽게 처녀로 더부러 질기는 중 사랑에 쌔진 두 젊은이들의 정렬은 나날이 굿세여젓다.

엇더한 날 두 사람은 하늘에 맹세하고(우리 둘 중에 그 누가 련애에 성공을 하든지 실패한 사람은 결단코 원한을 품지 말고 사랑스러운『바레리아』와 그 남편이 행복하기만 축원하고 이 동리를 써나자는 것은 굿게굿게 언약하엿다). 그리 하고 두 젊은이는 제각긔 정성을 다하야『바레리아』에게 옥찰을 보내엿다. 그 편지를 바든 처녀는 두 청년에게 우렬의 차이를 두지 안는 까닭으로 누구를 취해야 조흘지 몰라 생각다 못하여서 그 어머니에게『저는 아즉 혼인은 쯧지 안슴니다만은 어머니쎄서 제가 남의 안해가 될 나희라고 생각하시거던 두 사람 중 누구를 선택하여야 조흘는지 가르처주십시오』하고 물엇다. 그 어머니의 대답은『누구든지 네가 조와하는 사람을 골느렴으나』하얏다. 그리하야 그 이튼날 련애의 승리자는『파비오』로 결명이 되엿다. 그 통지를 바든『파비

△ 련의 개가 한 장면

오』의 깃붐은 실로 형언할 수 업섯다. 그러나 실패를 한『믓쇼』는 무여지는 가슴을 움켜쥐고 련인과 친구를 눈물로써 작별한 후 세간 집물을 팔어 로자를 만들어가지고 배에까지『파비오』의 면송을 바더 명처업는 나그내 길을 써나 동쪽으로 동쪽으로 향하엿다. (계속) = 사진은 련애의 개가 일 장 면 =

매일 25.11.2O (2) 구주대전이 나흔 / 비사극(悲史劇)의 여주인공 / 참절한 오국(墺國) 황실의 말로 / 여달 명의 황자를 양욱하고자 / 활동녀배우가 된 오국의 황후

큰 전란이 잇든 바로 젼까지 구주(歐洲) 즁부의 큰 나라로 웅명을 썰치든 오태리(墺太利)[14]의 전 황후『지이나』 폐하가 아모리 령락하얏다 할지라도『하아리·웟드』 영화회사의 초빙을 바다 활동사진의 녀배우(女俳優)가 된 대 이르러셔는 무시로 변천하는 부세(浮世)의 덧업슴에 놀내지 안이할 수가 업다.

그것은 결코 그의 허영에서 나온 것도 안이요, 활동녀우의 변화한 싱활에 동경하야 그리 된 것도 안이다. 처음에『하아리·웟드』 회사로부터 여러 번 초빙을 바닷스나 그는 어대까지 완강한 태도로 그를 거절하야왓섯스나 긋업시 박명한 그의 눈 압헤는『스크린』의 녀배우가 되지 안이하면 안이 될 운명이 손을 버리고 핍박하야 왓든 것이다. 그리하야 계교에 궁진한 그는

회사와 계약을 톄결하고 맛참내 녀배우가 되기로 결심을 하얏다. 회사에셔는 특히『지이나』 황후의 주연으로『하부스불그』 가(家) 황실의 비밀사와 왕됴가 몰락한 후의『오태리』를 영화로 촬영하기로 하고 목하 그에 대한 허가를 현재『오태리』의 정부에 요구하는 즁이라 한다. 그리하면 아모리 몰락하얏다 할지라도 그리하야도 일국의 황후이든『지이나』가 활동배우로까지 령락함에는 반다시 눈물 겨운 애화가 숨어 잇슬 것이다.

세상이 세상 갓흐면 일국의 황자(皇子)로 만빅셩의 흠앙을 바들 야달 명의 그의 왕자는 구주전란 당시에 임의 젹군에 포로되야 영국 함대에 유폐(幽閉)되얏다가 그 후 여름 궁궐의 란로 하나 업는 차듸찬 한 방에서 모자 아홉 사람이 눈물의 싱활을 계속하며 국운이 회복되기만 하날에 축수하고 기대리여 왓섯다.

얼마젼 일천구빅이십이년에 그의 부군(夫君)인 폐뎨(廢帝)가 폐염에 걸니여 목숨이 경각에 잇슬 새에 그는 자긔의 피로 수혈법(輸血法)의 희싱자가 되야 부군의 텬명을 얼마간 길게 하얏든 용감한 그는 이 인싱의 극단가는 비운에 쳐하셔도 최후까지 왕됴의 흥복에 대하야 몃 번이나 음모를 하얏스나 낫낫치 실패에 도라가고

지금은 전혀 셰상과 인연이 긋치여 쓸쓸한 산촌의 궁벽한 곳에서 여덜 명의 왕자와 갓치 참아 볼 수 업는 간고한 싱활을 하여 잇는 것은 모조리 다 팔고 최후로『하부스불그』 왕가의 력대로 나려오는 보옥을 팔냐 하얏스나『이태리』[15] 정부의 항의를 바다 그것좃차 뜻을 일우지 못하고 셰사의 덧업슴에 오직 비탄할 다름이얏다.

---

14) 오스트리아.
15) '오태리'의 오식으로 보임.

전황후 『지이나』 폐하의 장차 사라 나아갈 한낮의 활로는 『하아리웃드』 회사로부터의 활동녀배우의 교섭을 듯는 것쑨이엿다. 그는 맛참내 뜻을 명하고 여덜 명의 사랑하는 아달을 양육하기 위하야 인류 최상의 명예를 초개갓치 내바리고 『개멀라16)』의 압헤서 마음에 업는 녀성의 교태를 그려내는 슯흔 운명에 싸아지고 만 것이리. 하야 제작되는

영화의 『필림』이야말로 구쥬대전이 나흔 최대의 비사극(悲史劇)이 될 것이다. 아! 아름답고 용감한 그의 장릭에 만흔 *복이 잇기를 바란다.

사진은 『지이나』 젼 황후.

시대 25.11.20 (3) 본보 진주지국 후원 / 토월회 불원 래연 / 래 이십사일로 연 사일간 / 본보 독자에게 특별 할인

(진주) 조선 현행 극계의 명성인 신극단 경성 토월회는 경성쑨 아니라 도처에 독특한 환영의 대갈채를 밧는바 금반 동단(同團)의 지방 순회의 목적은 다만 자기네의 사업과 정신을 민중에게 소개하려는 것쑨 아니라 진정한 가치적 예술을 보급시키고 아울러 자기 소유 극장의 건축 기성(期成)을 위하야 다대한 경비로 거룩한 무대 배경까지 운반하야 각지 순회를 계획하고 제일회로 대구 본보 지국 후원으로 연기(延期)에 우복(又復) 연기로 일반의 열망과 다대한 동정을 밧엇다 하며 차례로 진주를 오게 되어 오는

이십사일 혹은 이십육일로 사일간의 *정을 잡어 본보 진주지국 후원으로 진주좌에서 다수의 열망하든 기대의 극을 소개하고 흥행하게 되엇는데 일반 유지 제씨는 만흔 찬성과 동정으로 해단(該團)의 장래를 축하고 일일이라도 속히 오기를 기다리는 가운데 잇다 하며 본단(本團)이 진주 온다는 소식이 선전한 지 기일(幾日)에 희망 신입이 본보 지국을 통하야 다수이라 하며 본보 지국은 특히 본보 진주지국 혁신과 독자 일익 증가됨을 자축 기념하는 뜻으로 독자 제위에게는 특별 요금 할인을 제정(提呈)하리라 한다.

시대 25.11.20 (3) 원산극장 전소 / 손해 육만 원

(원산) 원산 오락기관의 하나로 쏘 원산의 유수한 건물인 원산극장은 십삼일 오전 삼시 사십분에 발화되어 소방대의 전력(全力)을 빌엇쓰나 겨우 오시 삼십분경에 소화되어 극장은 전소되고 인근 이, 삼 동까지 소화되엇는데 손해는 약 육만*원이라고.

시대 25.11.20 (3) 〈광고〉

십일월 십구일 목요부터 명화 공개

일활회사 실사 **해군생활** 전일권

미국 마구세-빗드 회사 벤-다빈 씨 주연

희극 **애(愛)와 과자** 전이권

---

16) '카메라'를 의미하는 것으로 보임.

미국 메도로 회사 바스다- 키-튼 씨 주연

희극 **여난(女難)돌격** 전이권

미국 메도로 회사 안-나 키요닐승 양 주연

비루(悲淚)대활극 **대양(大洋)을 집으로** 전육권

미국 파데- 지 사 초특작

하롤드, 미라 씨 주연

연속활극 **광야의 암투** 전십편 이십일권

이회 제삼편 격류의 와중 제사편 황야의 표박(漂泊) 사권 상영

맹진 핫지는 불허가인 고로 상영치 아니함

관철동 **우미관** 전 (광) 삼구오번

조선 25.11.20 (석2) 허영에 씐 소녀 / 부모를 버리고 / 마술단으로 다녀

시외 고양군 한지면 한강리(市外 高陽郡 漢芝面 漢江里) 권경순(權景順)의 맛딸 순이(順伊)는 금년 십오 세의 묘령의 녀자로 본시 가명의 생활이 곤난함으로 이웃 어린아이를 보아주든바 얼마 전에 자긔 부모에게는 자긔가 보아주는 아이를 다리고 경성에를 단여오마 말하고 나간 후 이삼 일이 되어도 도라오지 아니함으로 순이의 부모는 사방으로 종적을 찻든바 경성에 본부를 두고 디방으로 단이며 순업하는 우리긔술단(우리奇術團)이란 마술단에 참가하얏다 함을 알게 되자 곳 차저 가서 집으로 도라가자고 백방으로 달내이며 쏘는 위협하얏스나 순이는 영영 거절함으로 그 부모는 하릴업시 도라왓다는대 이제 그 마술단에 참가하게 된 원인을 탐문한 바에 의하면 순이는 본시 자긔 집의 빈한함을 원망하며 호강스런 생활을 하여볼가 하야 정조를 더럽힌 일도 종종 잇서서 동리사람의 주목을 바다오든 중 전긔 마술단에 참가하게 되엇다고 한강리에서는 한 이야기거리가 되엿다더라. (한강)

조선 25.11.20 (석4) 〈광고〉

시대일보 11월 20일 우미관 광고와 동일

동아 25.11.21 (4) [기호지방] 중앙교회 활사회

개성 중앙교회 주최와 시대, 조선, 동아 삼 지국 후원 하에 지난 십사일 오후 육시에 십계 성극 활사대회가 열니엇는데 정각 전부터 일천오백여에 관중으로 동 십시경에 대성황리에 폐회하얏다고. (개성)

동아 25.11.21 (5) [연예] 조선영화계 과거와 현재 (4) / 배우의 화형(花形) 다툼 / 조선키네마 해산 후 백남 푸로탁손 / 이로부터 이러나는 온갓 괄목질시

조선키네마의 데이회 작품으로는 윤백남의 각색 운영뎐(雲英傳)을 박기로 되엿섯는데 이재에 녀배우 리월화(李月華)와 김우연(金雨鳶) 두 사람의 『스타』 다툼이 일어낫습니다. 총 감독인 윤백남은 김우연으로 하야금 운영의 역을 맛게 하겟다 하며 리월화는 실제 긔술로 보아 자긔가 나은 것은 누구나

다 알아주어 주는 터인데 자긔에게 운영을 맛기지 안는다니 이는 전혀 정실관계라고 하야 어듸까지 반대를 해 보앗스나 드듸여 일우지 못하고 리월화는 분연히 사퇴를 하고 말엇습니다. 이것이 영화 촬영에 분쟁도 첫 분쟁이엇스며 『스타』 다툼으로도 조선에서는 첫 다툼이엇습니다. 그 후 동 회사는 일본 사람과 가치 하는 일이라 그랫든지 대소의 암투가 쓸일 사이가 업더니 『신의 식(神의 飾)[17]』이라는 영화 하나를 더 촬영하고는 흐지부지 해산이 되고 윤백남은 함흥(咸興)으로 가서 그곳에 잇는, 연예에 쯧을 두는 몃몃 돈 잇는 청년과 결탁해 가지고 금년 봄에 경성에 올라와서 황금뎡(黃金町) 오명목에다 『백남푸로탁숀』이라는 것을 설치하고 일반으로 대선전을 해가며 부산으로부터 리경손(李慶孫)과 밋 몃몃 배우들을 불러 올리어서 리경손에게 감독의 전 책임을 맛기고 일본인 촬영사를 둔 후 긔계와 밋 기타 설비를 대강 하야 뎨일회 작품으로 심청전을 촬영하엿스며 다시 개척자(開拓者)를 촬영하든 중 윤백남은 심청면을 가지고 일본에 가서 종적이 업서지고 그 휘하에 잇든 사람들은 그대로는 계속 할 수가 업서서 『백남푸로탁숀』은 쌔처바리고 리경손, 주인규(朱仁奎) 등을 중심으로 『고려키네마』라고 일홈을 곳친 후 촬영 중지를 하고 잇든 개척자의 촬영을 계속하야 완성을 하엿습니다. 그러나 그 역시 불과 수삼 삭에 경영난으로 해산이 되고 말엇습니다.

동아 25.11.21 (5) [연예] 문예명화 / 연(戀)의 개가 / 전팔권

(二)

알버트로스 영화

이반 틀게네프 원작

툴안스키 감독

나다리 쇼빈코 양 깐안체로 씨 몰라놀만 씨 공연(共演)

三.

『파비오』와 『바레리아』의 결혼생활은 행복스러웟섯스나 오직 한 가지 쓸쓸함과 유감되는 일이 잇섯스니 그는 사랑스러운 일 덤 혈육이 업는 것이엇섯다. 그러나 남편의 사랑과 안해의 정은 나날히 깁허갓다. 더욱 『파비오』는 열심으로 그림을 연구하야 맛츰내 미술가로서 큰 명망을 엇게 되니 『파비오』는 물론이오 『바레리아』와 그 어머니의 깃붐은 이로 형용할 수 업섯다. 쯧 업는 세월은 쑴결가치 사 년을 거듭하자 그들의 행복에는 일대 파문을 일으키게 되니 그는 자애에 깁흔 어머니가 거듭 처오는 늙음에 병들어 『바레리아』와 사위를 두고 세상을 써나바리엿다. 『바레리아』의 서름은 골수에 사모치엿스니 그는 세상에서 밋고 의지할 데는 오직 남편 『파비오』밧게 업는 까닭이다. 날이 가고 달이 감에 짜라 그 슯흠은 엷어지나 쓸쓸한 심사는 한칭한칭 깁허갓다.

四.

해는 서산에 지고 남어지 붉은 발은 조각 구름을 붉게 채색한 즐거운 녀름의 저녁 째에 오 년 전에

---

17) 〈암광〉의 다른 제목인 〈神의 裝〉과 같은 영화로 보인다. 꾸밀 장(裝)과 꾸밀 식(飾)으로 뜻이 같은 한자라 혼용되었던 것으로 보인다.

애닯은 눈물을 흘녀가며 동쪽으로 동쪽으로 가든 『뭇쇼』가 홀연히 폐라아리 돌아왓다. 동리 어구 성벽 근처에서 『뭇쇼』를 만나 『파비오』의 깃붐은 쑴이 안인가 의심할 만하엿다. 맛츰 자긔집 외채가 브여 잇는 것을 긔회로 넷 친구를 그 집에 머무르게 하엿다. 『뭇쇼』는 벙어리 인도인으로 더부러 『이 마음의 상처가 낫기 전에는 뵈러 오지 안이하겟노라』는 말을 남기고 리별하엿든 『바레리아』 압헤 다시 낫하낫다. 이제는 그에게는 녯날의 련애에 실패하고 먹음엇던 원한의 긔색이 보이지 안이하엿다. 『뭇쇼』는 인도인 벙어리 『힌쑤』를 식혀 당분간 거처할 그 집에다 동방으로부터 모아 온 진기한 긔구를 버려노앗다. 그중 『파사』 왕에게 어더 온 목거리는 그가 고향에 도라온 데 대한 무슨 례사롭지 안은 관계가 잇섯다. 『파비오』의 만찬에 청을 바더 간 『뭇쇼』는 동방에서 나든 이약이와 벙어리 인도인 을 사다로붓허 우연히 구해내든 이약이를 한 후 『바레리아』 부부를 다리고 자긔 방에 일으러 벌녀논 온갖 진기한 물품을 일일이 설명해가며 구경식혓다. 그리 하는 중 상면을 싸라갓든 『파비오』의 하인 『안토니오』가 아모 쯧 업시 엇던 그릇의 쑤게를 열엇드니 그 안에서 무수한 배암이 쏘다저 나왓다. 『바레리아』는 너모나 놀나워 벌벌 썰고 잇슬 째 벙어리 『힌쑤』는 놀나는 긔색도 업시 저(笛)를 써 내어 한 번 부니 배암들은 모조리 벙어리의 신변으로 모혀 다시 그릇 안으로 드러가바리엿다. 『뭇쇼』는 『파사』 왕에게 어더 온 목거리를 선물로 『바레리아』 목에 거러주엇다. 『바레리아』는 벙어리의 괴상한 마술에 놀나면서도 음악 이약이를 물엇다. 『뭇쇼』는 바이올린을 드러 동방에서 류행하는 긔묘한 곡됴를 타기 시작하엿다. 차차 진경에 드러가자 『뭇쇼』의 얼골 빗은 창백해지고 악긔를 든 손 ꞓ은 이상하게도 썰니엿다. 그 곡됴를 듯든 『바레리아』와 『파비오』는 물론이요 『뭇쇼』 자신좃차 취해바리 엿다. 『뭇쇼』는 타기를 맛치매 비상한 피곤을 늣기고 풀업시 주저안젓다. 『파비오』는 그 곡됴 일홈을 물엇다. 『뭇쇼』는 풀업시 입을 여러 『쎌돈』에서 배혼 명곡인데 곡명은 『승리의 자랑스러운 사랑의 노 래』라 한다고 대답하엿다. 『파비오』는 그 곡됴를 한 번 더 듯고저 하엿스나 『뭇쇼』는 피곤함을 칭탁 하고 그에 응치 안이하매 『바레리아』로 더부러 무색한 빗과 상서롭지 못한 일종의 불쾌한 늣김을 씌 우고 돌아왓다. (계속) = 사진은 련의 개가의 일 장면 =

동아 25.11.21 (5) 〈광고〉

---

18) '十一月'의 오식으로 보임.

연과 미와 시극 대영화

명편 **연(戀)의 개가** 전편

예고

문예극 **서반아의 용자(踊子)** 전십권

명편 **베라돈나** 전구권

문예극 **백장미** 전십권

조선극장 전 광 二〇五

시대일보 11월 20일 우미관 광고와 동일

매일 25.11.21 (2) 취미잡지 / 『백양(白楊)』 창간

부내 종로 삼명목(鍾路 三町目) 일빅륙십삼번디 빅양사(白楊社)에서는 월간 잡지 『빅양(白楊)』을 발힝하기로 하고 목하 창간호를 준비하는 즁이라는대 그 내용은 일반의 흥미를 끌 만한 오락과 문예를 즁심으로 하야 됴선에서 쳐음되는 취미잡지(趣味雜誌)를 만들 터이라는바 창간호는 릭월 즁순에 발힝된다 하며 동 잡지의 집필자는 빅양사 주간 리운셔(李雲栖) 리사 김덕셩(金德成) 김재섭(金在涉) 삼씨를 비롯하야 시내 각 쳐에 산재한 유명한 문사의 취미잇는 원고를 망라하리라더라.

동아 25.11.22 (5), 25.11.23 (2), 25.11.24 (2), 25.11.25 (5), 25.11.26 (3), 25.11.27 (5) 〈광고〉

11월 21일자 조선극장 광고와 동일

시대 25.11.21 (3) 본보 독자 우대 / 단성사 일행 내통(來統)과

(통영) 금반 각지를 순업 중인 경성 단성사 활동대 일행은 지난 십오일 진주로부터 통영에 도착하야 조선명화 고려제작소 처녀작품인 쌍옥루를 당지 화대정(和大町) 봉래좌(蓬萊座)에서 이일간 흥행케 됨을 이용하야 본보 통영지국에서는 그 일행에게 특히 교섭한 결과 본보 독자를 위하야 특히 우대권을 발행하고 본보 애독자에 한하야 각등을 우대하기로 하야 지난 십육일 차(此)를 시행한바 우즁을 무릅스고 모여드는 관람객은 입추의 여지가 업시 대성황리에 폐막하고 동 일행은 즉시 목포로 향하얏다고 한다.

시대 25.11.21 (3) 〈광고〉

당십일월 입(卄)일일부터 특별 대공개

빈약한 미국제가 아니라 불국 대파-데 지사의 불후 대작품

불국 대문호 빅톨 마리- 유-고 선생 대걸(大傑)

희무정(噫無情) 전십이권

유니버-살 특작 영화 쌕크호키시 씨 주연

유니버-살 목장기대 총출연 감독 그리희드 스미스 씨 대작품

명화 헤렝 홀무쓰 양 조연

맹투활극 **국경의 황취(荒鷲)** 전팔권

미국 국경 남측에서 이러나는 이야기로써 암석 준험한 야중(夜中)

대고원에서 『십자(十字)』에 악한과 장렬한 대접전

유니버-살 작품 센춰리 희극

명견 쌔-루 군 주연

대희활극 **명견 쌔루** 전이권

유니버-살 특작품 모험왕 루챠노 일쎌페니 씨 주연

연속모험활극 **철의 인(鐵의 人)** 십오편 삼십권

제오회 제구편 분실한 유산 제십편 흉악의 영(影) 사권 상영

수은동 **단성사** 전 광 구오구번

11월 20일자 우미관 광고와 동일

조선 25.11.21 (석3) 희무정(噫無情) 일만 오천여 척 / 십일월 이십일부터 단성사에서 상영

『불란서』의 대문화 『빅톨,유고』의 만흔 녀작(著作) 가운대에 『레, 미제라블(噫無情)』처럼 사람의 가삼에 정의(正義)의 불길을 이르킨 것은 업다. 우리 조선에서도 전날 우리 문단에 명성이 놉흔 민우보(閔牛步) 씨의 손에 애사(哀史)로 번역된 일이 잇서 만흔 애독자의 눈물을 자어낸 째도 잇섯다. 이 작품이 영화로 되어 나온 지 훨신 오래전 일이나 금번에 단성사(團成社)에 상영하는 것 그것처럼 완전한 것은 업섯다. 이것이 처음으로 완전한 작품이 된 것이라 할 수 잇다. 『톨스토이』도 이 『희무정』 원작에 대하야는 현세에서 가장 아름다운 종교덕 감정을 표현한 큰 예술품이라고 격찬하얏다 한다.

조선 25.11.21 (석4) 〈광고〉

당 십일월 이십일일 토요부터

미국 파라마운트 사 명우 싯도, 스미스 씨 주연

희극 **호리웃도를 행하야** 전이권

미국 파라마운트 사 명우 싯도스미스 씨 주연

희극 **대획물(大獲物)** 전이권

미국 파라마운트 사 특작품 명우 챠-레스레이 씨 대역연

희활극 **구시의 시가(九時의 市街)** 전육권

대파나마운트 사 초특작 대영화

명감독 하-바-도, 부레논 씨

요염……보라, 네구리 양 주연 쾌남아……앤토니 오모레노 씨 조연

명편 **서반아의 용자(踊子)** 전구권

경성 인사동 **조선극장** 전 광 二〇五번

홍보문구 제외된 외 시대일보 11월 21일자 단성사 광고와 거의 동일
11월 20일자 우미관 광고와 동일

조선 25.11.21 (조2) 라디오 순회대 / 이십이일에 재출발
중도에서 긔계 고장으로 부득이 일시중지케 되엿든 본보 부산지국의 무선전화순회대(無線電話巡廻
隊)는 그동안 새로운 제반 준비가 굿낫슴으로 오는 이십이일에 다시 부산을 출발하야 남선 방문(南
鮮 訪問)의 길에 오르게 되엿스며 이십삼일경에는 울산(蔚山)에서 공개케 되리라더라. (부산)

동아 25.11.22 (5) 〈광고〉
십일월 십구일부터 명화 공개
일활회사
실사 **해군생활** 전일권
미국 마구세넷트 회사 벤-다빈 씨 주연
희극 **애(愛)와 과자** 전이권
미국 파-데 지사 초특작 하롤드 미-라 주연
연속활극 **광야(曠夜)의 암투** 전십편 입(卄)사권
이회 삼편 격류의 와중 사편 황야의 표박(漂泊) 사권 상영
미국 우에스당 회사 초특작 영화계 혜성 쟐스 핫지송 씨 맹연
연속활극 **맹진 핫지** 십이편 이십사권
초회 자(自) 제일편 지(至) 제사편 팔권 상영
예고
대검협전 **시라노** 전오편 십이권
폭스 사 특약 **우미관** 전화 광화문 삼구오번

동아 25.11.22 (5) [연예] 조선영화계 과거와 현재 (5) 재정난과 분쟁 속출 / 단성사 중심으로 세 영화제작소 / 배우 맹파도 생기고 간부도 분리
고려키네마 설립되기 몃 달 전에 단성사 촬영부는 흐지부지 해산을 하고 그 대신에 역시 박승필의
다소간 도움을 바더서 시내 와룡동(臥龍洞) 칠십이 번디에다가 현텰(玄哲), 리구영(李龜永)을 강사로
배우학교(俳優學校)를 설립하고 남녀 학생을 모집하야 일변 교수를 하다가 그도 뜻과 갓지 아니하
야 몃 달 후에는 동국문화협회(東國文化協會)라는 간판을 내어부치고 배우학교는 그의 부속으로 하
고 단성사 박정현(朴晶鉉), 리필우가 가담하야 영화촬영을 계획하다가 경비 조처가 마음대로 되지
안니하야 흐지부지하고 그 대신에 동대문 외 창신동(昌信洞)에다가 조선영화제작소(朝鮮映畵製作所)
를 설치한 후 단성사의 긔관으로 숙영낭자뎐(淑英娘子傳)을 활영하든 중 분규가 이러나서 배우들은

447

동맹파업을 하고 간부들도 현철 한 사람만 남기고 전부 탈퇴를 하여버렷습니다. 그 후에 조선영화제 작소에서 탈퇴한 리구영, 리필우, 박정현과 및 단성사에 외교원으로 잇는 리봉익(李鳳翼) 등 네 명이 고려키네마 해산으로 물러나와 아모것도 하는 것 업시 잇든 정암(鄭岩)이란 청년의 자본을 밋기로 훈정동(薰井洞) 구십륙 번디에 고려영화제작소(高麗映畵製作所)를 설치한 후 일본인의 소설 번역인 쌍옥루(雙玉淚)를 촬영하여가지고 굉장한 선전을 하야 일확천금의 꿈을 꾸엇스나 쯧을 일우지 못하고 역시 재정 곤난으로 중지를 하고 말게 되니 이는 모다 단성사 중심으로, 영화계를 위한다는 것보다도 짠생각들이 잇서서 생긴 것들이엇스나 그의 운명은 모다 짤럿섯습니다.(계속)

동아 25.11.22 (5) [연예] 문예명화 / 연(戀)의 개가 / 전팔권

(三)
알버트로스 영화
이반 틀게네프 원작
툴안스키 감독
나다리 쇠빈코 양 짠안체로 씨 몰라놀만 씨 공연

五
그날 밤『바레리아』는 좀처럼 자미 안 와서 고생고생 하다가 날이 밝게야 잠이 좀 들랴말랴 하는데 참으로 이상하기도 짝이 업고 한업시 무서운 꿈을 꾸엇다. 어느 악마의 궁면에를 더드머 들어갓드니 그 안으로부터 한 사람이 나오니 그는『뭇소』이엿다. 쯧밧게 두 사람은 밧삭 씨여안고 키쓰를 하며 열정에 취하엿섯다. 괴상한 그 꿈을 깨고 나니 창으로부터 승리의 자랑스러운 련애의 노래가 흘러나왓다.『무엇에 놀랫소』『무서운 꿈을 꾸엇서요』하고 남편의 뭇는 말에『바레리아』는 얼골빗이 창백해가지고 대답하엿다. 그 잇흔날 아침에『파비오』는『뭇소』에게『지난 새벽의 승리의 자랑스러운 련애의 노래는 누가 탓느냐』고 물엇더니『뭇소』역시 자긔는 꿈꾼 일밧게 업다고 하엿다.『엇던 꿈을 꾸엇나.』『화려한 궁면에서 내가 일즉이 사랑하든 녀자를 맛낫는데 그는 참말이지 고흔 자태로……』하면서 말 끗을 채 맷지 못하고『뭇소』의 시선은『바레리아』의 얼골에는 불안한 빗이 써도랏다.『뭇소』는 다시 말 끗을 이여『그리하고 꿈을 깨엿네』『그 녀자는?』『내가 쓸히라는 동리에서 맛낫든 남편 업는 인도 녀자』『내 안해도 꿈을 꾸엇다는데』하고『파비오』는 무엇인지 생각하고 잇섯다.『바레리아』는 그만 밧그로 나가바리고『뭇소』는 아침을 먹은 뒤에 거리에 나갓다.

六
안해를 모델로 그림을 그리든『파비오』는 이상하게도 안해의 얼골에 근심 빗이 써도는 것을 보고 붓대를 멈추엇다. 그리하야『뭇소』를 자긔집 둔 뒤 벙어리 인도인의 괴상한 마술이며 이상한 긔구이며 모든 것이 근심의 씨가 된 것을 새삼스럽게 깨다럿다. 그리하야 마츰내 념려되는 생각에 안해에게 그 전날 밤 꿈을 물엇다.『괴물에게 몸을 갈갈이 씻길 번해서……』『괴물이란 사람의 형상입디가』『아니요, 짐승 갓해요』하고『바레리아』는 몸서리를 치며 움치럿다.『파비오』는 안해의 손을 꼭 쥐여다가 쓰거운 키쓰를 하엿다. 자고자 하나 잠을 못 이루어 시를 외와보앗스나 마음은 점점 산란하여저서 잠들지 못하다가 다 밝게야 혼곤히 잠드러 잇는 안해의 겻헤 쓰러저 고요히 잠을 일우엇다. 어느 째나 되엿는지 우연히 눈을 써보매 겻헤 잇는 안해가 업서젓는 고로 하도 놀나워 벌덕 이러나 문에까지 나아가니 『바레리아』는 그림과 가치 일업시 드러오더니 그대로 침대에 쓰러저 잠드러바렷다. 그 옷은 비를 마저 젓고 바레는 모래가 붓흔 것을 볼진대 마당에 나갓든 것이 분명하엿다. 『파비오』는 산란한 가삼을 움켜쥐고 마당에 나아가니 비는 어느듯 슨치고 풀은 달빗은 교교한데 아아— 그는 남녀의 발자최가 잇는 것을 발견하엿다. 그리하야 그는 그 발자최를 싸라 나무 그늘이 욱어진 명자에 일으매 아아— 거기에는 『뭇소』가 바이올린을 타고 안젓섯다. 너머나 놀라워서 『파비오』는 얼른 자긔 침실에 돌아와보니 그 안해는 온몸을 벌벌 썰며 엇지면 그다지도 무서운 쑴이…… 하얏다. 그러나 다시 남편의 팔에 안기여 고여히 잠드러바리엿다. (계속)

매일 25.11.22 (3) 『리』 양(孃)과 『탈』 문제 / 명배우의 수픈 고민

『동쪽 길』 『비바람에 우는 고아』 등 눈물의 명화에 낫하나 온 세계를 울니든 활동사진 녀배우 『리리안 컷슈』 양은 엇더한 활동사진을 박히든지 결단코 머리에 『탈』은 쓰지 안앗섯습니다. 그러나 요즈음 시대극(時代劇) 『로모라』에 츌연할 째에는 할 수 업시 남의 터럭으로 만든 탈을 머리에 쓰게 되얏습니다. 처음에는 물론 실타고 고집도 하얏스나 감독 령감의 브롭쓰는 눈에 하는 수 업시 쓰기로 하얏습니다. 그러나 하늘이 도왓든지 일힝이 『리태리』로 『로케』손을 갓슬 째에 『로모라』의 원서를 정통하다는 『피아고』 박사가 나서々 『로모라』 시대에도 『리리안 컷슈』 양의 머리와 가튼 머리가 잇섯다고 주장을 하야 『리』 양은 맛참내 『탈』을 쓰지 안케 되얏다고 합니다.

시대 25.11.22 (3) 〈광고〉

토월회 지방 순회 사회 공연

시일 이십사일부터 사일간 매야(每夜) 육시

장소 진주 영정(榮町) 진주좌

입장료 본보 독자 한 계상 팔십 전을 육십 전

 계하 육십 전을 사십 전으로 할인

후원 시대일보사 진주지국

시대 25.11.22 (3), 25.11.24 (1), 25.11.25 (4) 〈광고〉

11월 21일자 단성사 광고와 동일

시대 25.11.22 (3) 〈광고〉

〈시라노〉 예고에 다음과 같은 사항이 첨부된 외 동아일보 11월 22일자 우미관 광고와 동일

이태리 우니오네이다라마 초특작

불국 문호 에드몬로스단- 원작
세계적 남구 영화의 대***로
동양 제일의 봉절

조선 25.11.22 (석3), 25.11.23 (조4), 25.11.25 (석4) 〈광고〉
11월 21일자 단성사 광고와 동일

조선 25.11.22 (석3), 25.11.23 (조4), 25.11.25 (석4), 25.11.26 (석4), 25.11.27 (석4) 〈광고〉
11월 21일자 조선극장 광고와 동일

조선 25.11.22 (석3) 〈광고〉
동아일보 11월 22일자 우미관 광고와 동일

동아 25.11.23 (2), 25.11.24 (5) 〈광고〉
11월 22일자 우미관 광고와 동일

매일 25.11.23 (2) [연예안내] 〈광고〉
동아일보 11월 22일자 우미관 광고와 동일
출연진 및 홍보문구 제외된 외 시대일보 11월 21일자 단성사 광고와 동일
조선일보 11월 21일자 조선극장 광고와 거의 동일

조선 25.11.23 (조3) [학예] 조선영화계의 / 과거-현재-장래 / 이구영
우리에게는 영화사가 업다. 적어도 우리의 손으로 작품을 발표해보기도 이 년 전이요, 작품으로도 십여 편이 못 된다. 그러면 내가 쓰랴는 조선영화계의 과거사도 불과 이 년 전이요, 이 년 후인 현재다. 사실 말하면 우리 영화계는 폐허다. 아니 처녀지다. 영화를 제작하는 곳도 지금은 업다 해도 과언이 아닌가 한다. 조선『키네마』가 해산되엿고 백남『푸로쩍슌』도 지금은 업다. 개척자를 완성햇다는 고려『키네마』는 잇섯다 할지 업섯다 할지 마치 아츰이슬가티 반작이다가 스러지고 말엇다. 내가 관계햇든 고려영화제작소가 독(獨)히 적막한 조선영화계에 남어 잇서 차회 작품 제작 준비를 급히 하고 잇슬 뿐이다.
조선『키네마』가 최근 동양 무엇 무엇하고 써들더니 지금은 소식조차 쓴어지고 계림영화니 하는 곳도 아즉 준비 중으로 이삭(二朔)이 바라본다. 선활사(鮮活社)가 요사히 새로 생기여 『현대인의 비애』란 작품 일천기백척 촬영을 최후로 주식회사 이론을 목적하고 중지 운운하는 풍설도 전하나 장래를 가신(可信)할 수는 업는 것이다. 외에 다른 무엇이 잇스랴! 우리 영화계의 과거는 업다. 현재도 업다. 이 속에 무슨 그리 큰 사실이 잇스랴. 영화예술에 뜻을 둔 우리네들은 불과 기인도 못 된다. 각색가도 업다. 감독자도 업다. 오즉 자기의 연약한 힘들은 주서 모아 폐허 가튼 우리 조선영화 예술계

를 우리는 터를 닥자. 우리는 명예보다도 성공보다도 업는 것을 맨들자. 잘 되든 못 되든 성공과 명예는 우리들의 뒤에 오는 그들에 것임을 각오하자. 우리는 힘껏 터를 닥거보자 함이 아마 영화계에 몸을 두고 영화계에 쯧을 둔 이들의 마음인 줄 안다. 생각하면 슯흐다. 우리는 왜 남과 가튼 재산이 업섯든가. 아니 왜 우리조선은 남에게 뒤진 민족이 되엿든가? 하는 우름 나오는 신세 타령이 잇슬 쑨이다. 우리 영화계의 과거사가 그랫고 우리 영화계의 현재 상태가 이럿타. 몰을 것이다. 우리 영화계의 장래는 엇더하랴?! 먼저 우리 조선영화가 탄생되기 전 말하면 외국영화의 조선발전사는 엇더하엿든가? 이것을 먼저 나는 회고하여본 후 최후로 싸르나마 파란중첩(波瀾重疊)한 조선영화계의 과거를 가티 회고하고 십다. 그리하야 나는 조선영화계에 나선 사람 중의 일인으로써 영화계의 현상을 들어 장래 조선영화 발전에 대하야 사견을 피력해볼가 한다. 독자여—

조선 25.11.23 (조4) 〈광고〉
11월 22일자 우미관 광고와 동일

동아 25.11.24 (2) [연예] 조선영화계 과거와 현재 (5) 현재의 영화제작소 / 지금껏 생긴 영화는 모다 열 가지 / 회사의 수효는 열둘이나 된다고

긔보와 가치 조선영화가 생긴 것도 몃 종에 지나지 못하고 처음 생긴 지도 불과 이, 삼 년에 지나지 못하나 영화제작 긔관은 비교뎍 다수이엿스며 분쟁과 파산과 알록도 만엇섯습니다. 그 후로 새로히 생기여 현재로 남어 잇는 영화제작 긔관은 그 수효로는 넷이 잇스니 그 하나는 계림영화협회(鷄林映畵協會)라는 것으로 방태영(方台榮), 조일재(趙一齋) 쏘는 식산은행 모 일인이 중심으로 황금뎡 일뎡목에 사무소를 두고 톄국과 밋 관텅의 교육영화, 선뎐영화 등을 주당으로 촬영하는 터이며 둘재로는 종로통 삼뎡목 일백일 번디에 사무소를 둔 선활사(鮮活社)이니 김택윤(金澤潤)을 지배인으로 리경선이가 촬영에 관한 제반 책임을 맛타가지고 신 영화를 촬영 중인데 생긴 지 몃칠 안이 되어 배우와 간부 중에 분쟁이 잇서가지고 방금 문뎨 중에 잇다고 합니다. 셋재로는 조선영화예술협회(朝鮮映畵藝術協會)니, 이는 재동(齋洞) 칠십오 번디에 사무소를 두고 감독의 책임은 리구영이가 맛고 촬영 책임은 일본예술영화협회에서 칠 년 동안이나 영화에 관한 연구를 하엿다는 홍만선(洪萬善)이가 맛허서 방금 영화제작에 준비 중이라 하며 시내 원동 강무관(*洞 講武舘) 안에는 현텰(玄哲)의 중심으로 배우학교(俳優學校)를 두고 십여 명의 배우를 기르는 중 일변으로 촬영부를 두어 영화 제작을 게획 중 조선물산장려회(朝鮮物産獎勵會)와 결탁을 해가지고 물산 장려에 관한 영화를 촬영코자 하는 중이라는데 지금까지에 촬영된 조선영화 밋 영화제작 긔관의 총결산은 다음과 갓다 합니다. (끗)

一, 동아문화협회(현존) 춘향전, 비련의 곡, 흥부놀부뎐

二, 조선기네마(해산) 해의 비곡, 운영전, 신의 식(神의 飾)

三, 단성사촬영부(해산) 장화홍련전

四, 백남푸로탁손(해산) 심청전

五, 고려키네마(해산) 개척자

六, 동국문화협회(해산) 작품 무(無)

451

七, 조선영화제작소(해산) 작품 무

八, 고려영화제작소(해산) 쌍옥루

九, 계림영화협회(현존) 작품 무

十, 선활사(鮮活社)(현존) 작품 무

十一, 조선영화예술협회(현존) 작품 무

十二, 배우학교 영화부(현존) 작품 무

동아 25.11.24 (2) [연예] 명편 / 서반아의 무희 / 전구권

라라 바운트 영화

포라네그리 양 주연

넷날에 서반아와 불란서는 력사 상으로 비상히 친밀한 관계가 잇섯다. 『필립』 대사세 째에 불란서가 서반아에서 세력을 펴기 위하야 공주를 『필립』 사세의 황후로 보내엿는데 서반아 대신 『오리쌔레쓰』는 그 친구 『썽찰스치』와 결탁하야 불란서로부터 요구하는 일을 모조리 반대하엿다. 이째에 쌔잔의 령주(領主)인 호화롭고 쾌활한 젊은 귀족 『썽켜절』이 방탕하야 가산을 탕패하고 령디가 몰수되엇슬 째에 쏘는 결투사건으로 국법에 의하야 벌을 밧게 되엿을 째에도 친한 친구이건만 『오리쌔레쓰』는 모르는 톄 할 쑨만 아니라 도리혀 죽어 업서지면은 자긔의 야심이라는 것을 채워볼 수가 잇스리라는 것을 생각하엿섯다. 이약이는 조금 선후가 밧구엿스나 일직히 『썽케잘』이 『쌔잔』 성에서 주연을 베푸럿슬 째 춤 추는 녀자요 점괘를 본다는 씹스의 『마리타나』라는 계집 아희와 사귀엿다가 그 가정에서 쫒기여나온 뒤에도 그 녀자에게 목숨에 구원도 밧어섯스며 피차간 사랑도 하엿섯는데 『오리쌔레쓰』의 자만으로 『필립』 사세는 『썽케잘』을 사형에 처하고 『마리타나』를 수중에 넛코자 하엿슬 즈음에 『썽케잘』은 『나잘릴로』라고 하는 어린 아희에게 목숨에 구원을 바다가지고 『마리타나』를 쌔서오게 되엿다. 이와 가튼 모든 괴상한 인연으로써 신분이 나진 씹시 『마리타나』는 유명한 귀족 『썽케잘』의 부인이 되어가지고 행복한 생활을 하게 된다는 일 편의 시대 련애영화이다. = 이 사진은 지난 이십일일부터 시내 인사동 조선극장(仁寺洞 朝鮮劇場)에서 상영한다는데 이번에도 전례에 의하야 본보 독자 우대 할인 날이 잇슬터이라더라.

= 연(戀)의 개가 금일 휴게 =

매일 25.11.24 (2), 25.11.25 (2) 〈광고〉

11월 23일자 단성사 광고와 동일

매일 25.11.24 (2), 25.11.25 (2), 25.11.27 (3) 〈광고〉

11월 23일자 조선극장 광고와 동일

매일 25.11.24 (2) 〈광고〉

11월 23일자 우미관 광고와 동일

시대 25.11.24 (1), 25.11.25 (4), 25.11.26 (3), 25.11.27 (4) 〈광고〉
11월 22일자 우미관 광고와 동일

동아 25.11.25 (5) 〈광고〉
십일월 입(卄)사일부터 오일간 공개
미국 메도로 회사 바스다 키-톤 씨 주연
희활극 **여난돌격** 전이권
미국 파-데 지 사 하롤드 미-라 주연
연속활극 **광야(曠夜)의 암투** 전십편 입(卄)일권
삼회 제오편 마법사 제육편 사격대 사권 상영
인정활극 **극광(極光)에 춤추는 여** 전육권
미국 우에스당 사 초특작
영화계 혜성 쟐스 핫지송 씨 맹연
연속활극 **맹진(猛進) 핫지** 십이편 이십사권
이회 자(自) 제오편 지(至) 제팔편 팔권 상영
예고
대검협전 **시라노** 전오편 십이권
폭스 사 특약 **우미관** 전화 광화문 삼구오번

매일 25.11.25 (2) 희무정(噫無情) / 연일 대만원 / 시긔를 일치 말고 / 반다시 구경할 일
목하 부내 단성사(團成社)에서 특별상영 중인 희무정(噫無情)이란 활동사진은 원문이 불란서 문호 『쎅토-유-고』씨의 일대 걸작인 세계덕 대소설이요, 쏘 이번에 나온 사진이 종리에 도라단니던 미국 제품과는 판이하야 불란서 『파데』회사의 특작품인 일만 이천척 되는 명화로 보는 사람으로 하여금 덧업는 인싱의 비애를 늣기지 안을 수 업게 되얏슴으로 영화게의 인스긔는 단성사로 집중이 되야 미일 밤 만원 이상의 대성황을 일우는 즁이라는대 이와 갓흔 명화는 쌔를 놋치지 말고 한번 볼 만하다더라.

매일 25.11.25 (2) [연예안내] 〈광고〉
동아일보 11월 25일자 우미관 광고와 거의 동일

조선 25.11.25 (석3) [학예] 조선영화게의 / 과거-현재-쟝래 / 이구영 (二)[19]
미국 昭畵[20]가 차차로 우리 눈에 익어가고 구주영화가 조선에서 차차 그 형체가 사라저갈 째 미국

---

19) 조선일보 11월 24일자의 소실로 확인할 수는 없으나 26일자에 사(四)회가 연재됨을 볼 때 삼(三)회로 추정됨.
20) '영화'를 의미하는 것으로 보임.

각 社會[21]는 불국 파데와 갓치 먼저 동양 방면에 손을 내여 밀어 최초로 미국에서 육회사인 유니벌살 회사가 역시 상해를 중심으로 일본에 지사를 두고 일본과 조선에 휘일천(輝日天)의 세로 판매를 확장하야 이윽고 동사(同社) 영화는 일시 전 동양영화계 중심이 되엿섯다. 당시 유 사로 말할 것 갓흐면 십육사를 병합하야 쏠뉴쌔드·쌧터풀나이·레드,퍼터, 삼제작사가 오권 내지 육, 칠권에 작품을 파이슨, 슨드실, 등은 이권 활극을 쏠코, 쪽커 사는 일, 이권 희극영화를 유 사 본사에서는 주보사 연속영화 등을 제작하게 되엿스니 이는 자사 작품으로 각 흥행관에 대하야 매주 환당(換當)한 푸로그람으로 흥행자 측의 편익을 주어 독점주의로서 자사의 만전한 토대를 세우려는 영업정책이엿든 것이다. 사실노 재래 각 當設舘[22]으로 말하면 매주 교환되는 신영화 필님을 구하기에 비상한 고심이 잇섯다. 유니벌살 회사가 십육개 사 푸로썩순에서 제작되는 풍부한 작품으로 일본 영화시장에 나스매 각 상설관은 압흘 다토아 특약을 신청하야 매주 일회식 오권 영화 이편, 이권 영화 이편 내지 삼편식 정기 푸로그람의 제공을 밧게 되엿다. 그리하야 삽시간 일본영화계는 거위 미국영화 아니 유니벌살 회사의 세력권에 들고 말엇다. 물론 여기에는 여러 가지 다른 이유도 잇다. 당시 활동사진은 잠차로이 향상발달되여 그 진가는 다만 오락계에서 유리한 지위를 엇게 된 것뿐만 아니라 일반 『팬』들은 여기에 만족치 안코 영화극으로서 활동사진을 평가하려 하는 째엿다. 당시 유 사의 청조극(靑鳥劇) 호접극(蝴蝶劇) 가튼 예술미가 풍부한 작품은 영화로도 처음이요, 내용으로도 상당히 로맨틕한 맛이 만엇다.

좌우간 유니벌살 사는 동양에서 그 완전한 판로를 개척하게 되엿다. 그 결과일는지 한 군데박게 업는 우미관도 一九一六년인 듯 기억한다 유니벌살 작품이 시적(時的) 상영하게 되여 제일회 봉절노 청조극 『유큐니』란 오권 인정극, 엘고 희극, 쌔이슨 활극 등이엿다. 계속하야 유 사 청조극은 청년 학생 간에 비상한 인기를 엇게 되니 그째는 제법 한 기네마『팬』도 잇서 청조영화 취미열은 날노날노 우리 조선 청년들 사이에 놉하갓다. 그럿타고 불국(佛國)영화나 이태리영화가 오지 아는 것은 아니엿다. 제이 대정관은 성히 구주영화가 상영되니 그중에는 불국 천연영화도 잇서 구주전란을 배경으로 볼 만한 영화도 잇섯다. 유 사 영화가 한번 경성에 오게 된 뒤 일본인 측 유락관(희락관)과 조선인 측 우미관은 경성 영화 상설관 중 가장 우수한 성적으로 타관을 추※하게 되엿다. 그리하야 서양영화 아니 미국영화는 오늘날까지 우리 조선영화계를 지배하고 잇다.

조선 25.11.25 (석4) 〈광고〉
예고가 제외된 외 동아일보 11월 25일자 우미관 광고와 동일

조선 25.11.25 (조1) 전주에 정주악대
평북 안주악대 일행은 호남 등지에 순회 중인대 거 이십일일에 전주에 래도하야 이십이일부터 이일간 음악연주와 활동사진대회를 개최한다는데 장소는 공회당으로 하고 시간은 매야(每夜) 칠시로부

---

21) '會社'의 오식으로 보임.
22) '常設舘'의 오식으로 보임.

터 시작한다더라. (전주)

동아 25.11.26 (3), 25.11.27 (5), 25.11.28 (2), 25.11.29 (6), 25.11.30 (2) 〈광고〉
11월 25일자 우미관 광고와 동일

동아 25.11.26 (4) 평화단 활사회 / 회관 건축을 목적하고 / 내 입(卄)팔, 구 양일 개최
군산 체육단체인 평화단에서는 회관이 일정치 못함으로 회관 건축에 기금을 득하기 위하야 금월 이십팔, 구 양일간 시내 희소관(喜笑舘)에서 활동사진를 개최할 터인바 특별히 보성, 군산 양 권번 일동은 총출연하야 관객의 흥미를 더하게 한다 하며 일반은 다수 관람하기를 바란다고. (군산)

동아 25.11.26 (5) [연예] 촤푸린의 최근 생활(一) / 궁궐가튼 주택에 / 남녀 하인만 십여 명을 부려
하리우드 중앙에서 해안 쪽으로 한 오 마일가량 되는 씌페리힌이라고 하는 곳에는 영화배우들 중에도 일류들만 모혀 산다고 한다. 그 까닭에 그곳에는 적은 집이라고는 한 채로 볼 수 업고 모다 큰 주택들쑨이라 하며 그에 쌀린 그의 생활 상태도 매우 사치스럽다고 한다. 촤푸린은 그곳에 조고마한 산 하나를 사 가지고 그 산 멸뎡에다 궁궐 가튼 집을 짓고 사는데 그는 지금 부인인 포라 양과 결혼을 하기 위해 지은 집이라고 한다. 그와 가치 큰 집을 가지고 단지 젊은 부부가 지내는데 하인이며 긔타 고용인들을 합하야 십여 명의 남의 사람을 다리고 산다. 본래 그곳에서는 녀하인 한 사람을 두랴고 해도 대개 조선 돈 삼백 원의 비용은 나는 터임으로 매삭 고용인에게 쓰는 돈만 해도 사, 오천 원식 된다고 한다. 그런데 촤푸린은 엇지한 까닭인지 일본 사람 하인을 조와하야 그 부리는 사람들 중 육, 칠 인은 일본사람들이라고 한다. 혹시 친구들에게도 왜 『쩹』을 부리느냐고 빈정댐을 밧는 일도 만흐나 갑싼 것을 취해 그리지는[23] 자동차 운뎐수까지 일본인을 사용한다고 한다. 집을 그러케 큰 집을 짓고 사는데 싸라 모든 것을 호사스럽게 차리여 자동차만 하드래도 아홉 대나 가지고 잇다고 한다. 그의 일과로 말하면 아침 아홉 시경에 일어나서 일 녀하인이 구어오는 판과 차를 먹은 후 목욕탕에 들어가서 목욕을 하고 나서 그날 자긔 마음에 만는 자동차를 타고 자긔 손으로 운뎐하야 호반석을 까라노흔 듯한 하리우드의 조흔 길로 속력을 노아 한 십분가량에 스타듸오에 간다고 한다. 하리우드의 오십여 개소나 되는 스타듸오 중에서도 촤푸린의 스타듸오는 그리 크지도 안코 앙그러진 사람과 가치 담탁하다고 한다. (계속)

동아 25.11.26 (5) [연예] 문예명화 / 연(戀)의 개가 / 전팔권
(四)
알버트로스 영화
이반 틀게네프 원작

---
23) '그러는지'의 오식으로 보임.

툴안스키 감독

나다리 쇼빈코 양 쌴안체로 씨 몰라놀만 씨 공연

七

그 이튼날 『바리레아』는 남편의 허락을 어더가지고 시비와 『안토니오』를 다리고 그 이웃 동리에 사는 승정(僧正)의 사원을 차자가서 붓그러움도 무릅쓰고 날마다 고통으로 지내는 괴상한 쑴 이약이를 하고 쑴에나마 잘못된 것을 뉘우치엿다. 한동안 묵묵히 무슨 생각을 하든 승정은 『바리레아』를 다리고 그의 집에 차저왓다. 그리하야 승정은 『파비오』더러 그 안해의 비밀은 조곰도 말하지 안코 오직 그 친구 『뭇소』와 수상한 인도 벙어리를 내어쫏치라 권고하고 돌아갓다. 『파비오』는 저녁 먹을 쌔에 그러한 말을 하랴고 『뭇소』를 기다리엇스니 『뭇소』는 어대를 갓는지 오지 안이하고 벙어리의 종적조차 업서젓다. 그 업는 까닭은 거리로부터 도라오든 주인 『뭇소』의 신변에 상서롭지 못한 일이 잇는 것을 마술로써 알게 된 인도인 『힌쑤』가 말을 달녀 쫏차가 구원해낸 까닭이엿다. 그리하야 밤이 훨신 느저서야 두 사람은 도라왓다.

八

『바리레아』는 잠드럿스나 『파비오』는 엇전 일인지 잠이 오지 안이하고 유난히도 가삼이 쒸노랏다. 안해와 『뭇소』의 사이에 변스러운 사건이 의심스러워 견댈 수가 업섯다. 밤은 점점 밝어오는데 이상하게도 명자로부터 무슨 향긔인지 무슨 광채인지 형언할 수 업는 그 무엇이 창을 넘어 방안으로 흘너드러왓다. 그리하야 고요히 잠드러 잇는 『바리레아』로 하야금 침대로붓터 밋그러지듯이 나려와서 몽유병자(夢遊病者)와 갓치 그 향긔인지 광채인지를 싸라 밧을 향하야 나가고저 하게 하얏다. 『파비오』는 얼는 출입문을 잠그고 자긔가 대신 박그로 나갓다. 압흐로부터 차차 갓가히 오는 사람의 그림자 잇섯스니 그는 틀님업는 『뭇쇼』로 역시 몽유병자와 갓치 『바리레아』의 침실을 향하고 왓다. 『파비오』는 너머나 흥분된 김에 『뭇쇼』의 가삼을 찔너 넘어첫다. 『뭇쇼』가 넘어지자 실내에서도 요란한 소래가 일어나며 『바리레아』도 넘어젓다. 『파비오』는 급히 달녀 드러와서 『바리레아』를 안어다가 침대에 누이매 그는 혼곤히 잠드러 바리엿다. 잇흔날 아침에 하인은 벙어리의 편지를 가지고 왓스나 그 내용은 『뭇쇼』가 병이 드러 짐을 쑤려가지고 도회디로 간다고 하는 것이엿섯다. 『파비오』는 『뭇쇼』가 죽엇는지 살앗는지 궁금함을 견대지 못하야 『뭇쇼』의 방에 일으러보니 벙어리는 『뭇쇼』를 뉘여놋코 마술로써 어루만지고 잇섯다. 그러나 얼마 안이 되여 죽엇섯슬 터인 『뭇쇼』가 살아 일어낫다. 『파비오』는 『뭇쇼』보고 자긔집을 쩌나달나고 하매 『뭇쇼』는 인도인으로 더부러 말을 타고 어듸로인지 가 바리엿다. 『바리레아』는 목에 걸엇던 괴상한 목거리를 쓸너서 던저바리니 그 집에는 다시 행복이 차자왓다. 그리하야 『파비오』는 안해의 초상화를 완성하고 『바리레아』는 오래간만에 풍금 압헤 안젓다. 『바리레아』의 손이 건판에 일으고저 할 지음에 풍금을 저절로 타지기 시작하니 그는 일즉이 『뭇쇼』가 타든 『승리의 자랑스러운 련애의 노래』이엿섯다. 그 순간에 『바리레아』는 자긔 배속에서 새로운 생명이 쏘물거리는 것을 쌔달앗다. 이것이 모두 무엇을 의미하는 것인가…… (쯧)

이 사진은 시내 인사동 조선극장(仁寺洞 朝鮮劇場)에서 상영할 터인데 본보 독자를 위하야 특별 홍행이건만은 우대하는 날이 잇슬 터이라더라.

동아 25.11.26 (5) 〈특별광고〉

조선극장

본보 독자 우대일

우대권 난외에

십일월 입(卄)육, 입칠일 양일간

시대 25.11.26 (3) 〈광고〉

십일월 이십육일부터 특별 대공개

전주(前週) 희무정 공개시에 연일 (만원)을 어례(御禮)하옵니다

유니버−살 작품 실사 **국제시보** 전일권

유 사 작품 대희극 **원시시대** 전이권

유 사 대표적 작품 루쟈노 일쌜페니 씨 주연

연속 육회 **철의 인(鐵의 人)** 십오편 삼십권

제십일편 이절(裏切) 제십이편 운명의 염(熖) (사권 상영)

유니버−살 대작

천재아 후도 킵손 씨 역연품 명감독 에드와드 세릭크 씨 작품

대희활극 **천냥(千兩) 배우** 全七卷

유나듸트 사 대작 풍운아 쌰그라−쓰 퓌팡−쓰 씨 대역연

대모험대통쾌 **쾌걸 쌰크라−쓰** 전칠권

(대예고) 불일 봉절될

조인(鳥人) 리챠−드 다쑤마−치 씨 주연

모험모험 결사적 모험 **선풍아(旋風兒)** 전칠권

유 사 신제품 월니암당칸 씨 주연

설중(雪中)맹투 **북국의 낭(北國의 狼)** 전이십권

수은동 **단성사** 전 광 구오구번

조선 25.11.26 (석3) [학예] 조선영화계의 / 과거-현재-장래 / 이구영 (四)

한 가지 특기할 것은 비록 영화극장에 일개소엿슬망정 『유니바살』회사는 일방으로 청조극 조우극(鳥羽劇) 호접극 가튼 예술미가 잇는 작품을 제작하는 동시에 통속 흥미 본위의 연속극을 제작하야 관객을 잇글게 되니 처음으로 유 사 *생의 역작품 명금(쌔로인, 쇠인)이 조선에 왓고 이 작품으로 말미암아 영화를 즐기는 회정관객은 격증하얏스며 연속영화에 대한 이해와 환영은 문예 취미 이상으로 『앤』들 사이에 원만하엿섯다. 이 명금들이야말노 조선영화계에 深大影한 響을[24] 주게 되엿스니 이 한 편의 연속극이 비록 내용 상으로 보잘 것은 업섯스되 지금까지의 『앤』들의 영화감상에 대한

457

태도를 일변케 한 것이엿다. 재래『스토리』본위로부터『스타시스템』즉 배우 중심주의에, 그 작품의 내용보다도 출연하는 배우들과 사열(私熱)하게 되어 각자의 경애하는 배우의 출연작품이라면 맹목적으로 찬상(讚賞)하게 되엿스니 이러한『앤』들은 역시 인기를 쓸기 쉬운 연속이나 활극 희극을 즐기는 니 가운데 만헛다. 그리하야 에데이포로쿠레스·카나드·푸렌시스포-드 등 제우는 그중 가장 우리 조선 활동앤들 가운데 인기가 놉핫섯다. 쑨만 아니엿다. 명금 상연 이후 연속영화열은 날노 놉하갓다. 그리하야 일시는 일본인 측과 한가지 연속영화의 대유행을 보게 되엿스니 쾌한 로로, 자(紫)의 복면, 흑상전화(黑箱電話)의 성(聲) 등 유 사 연속은 인속(引續) 상연되엿고 기타 미국 월드 사 작품 하트의 3, 파데 미국지사[파데는 전란 발발 후 미국에 지사와 가튼 명목으로 전부 파사의 근거를 미국에 옴기고 성(盛)히 영화를 제작하게 되엿다] 작품 권골(拳骨)[25] *의 조(瓜) 가튼 장편 연속 등도 상연을 하게 되엿다.

구주 영화는 완전히 조선에서 자취를 볼 수 업게 되엿다. 싸라 구주의 탐정활극의 명성도 *차(次) 하화(下火)가 되고 말엇다. 불국(佛國)의『푸안도마』영국의『울다스』연속영화도 완결를 보지 못하고 마럿다.

이와 가티 조선영화계는 미국영화계의 전성을 보게 된 후 유 사의 연속영화로 말매암아 더한층 미국영화가, 미국영화 중 유 사 작품이 *가가 놉하갓스며 청조영화로 말매암아 영화극의 진가를 알게 되엿스나 일반 판들은 다수가 연속영화 *이엿든 것은 사실이다. 눈물보다도 웃는 것이 통쾌한 활극이 더욱 조케 생각되엿섯다. 차푸린 콩쑤린 등 희극영화도 유 사 작품 중에 만히 조선에 왓섯다.

一九一八년 가을에 새로히 조선인 측에는 영화 전문 상영관이 신설되엿스니 지금 수은동에 잇는 단성사엿다. 단성사는 즉시 일본 대정활영주식회사[26]에서 영화 배급을 밧게 되어 조선 기네마『앤』사이에 확호불발(確乎不拔)[27]의 인기를 잡고 잇는 유니바살 영화와 대립하게 되엿스니 대정활영(大正活映)은 국활(國活) 일활회사와 한가지 일본영화계에서 정립의 세로 닷투는 째엿섯고 유니바살 회사에 대항하야 메트로, 월드, 와나쑤러더, 폭스, 토라이앙클, 커스톤, 부아이다그럽, 래스키, 파라마운드, 아메리칸막세넷트 등 유수한 미국 제작회사는 실력으로 유 사를 대항키 어려웟스나 각 사 제작영화는 일본영화 배급회사인 대정 국활 일활의 손을 거처서 일본영화시장에 나타나게 되어 유 사 영화는 저윽히 그 지반에 동요가 생기기 시작햇스나 그째까지 조선의 영화계에서는 전혀 유 사 영화의 독점지대가 되어 잇섯든 째이다.

조선 25.11.26 (석4) 〈광고〉

예고가 제외된 외 시대일보 11월 26일자 광고와 동일

---

24) '深大한 影響을'의 오식으로 보임.
25) 주먹.
26) 조선일보 1925년 12월 1일자 (3) 연재되는 기사에 '정정 이십육일 본론 중 대정은 국활의 착오'라는 정정 내용 있음.
27) 단단하고 굳세어서 뽑히지 않음.

조선 25.11.26 (석4), 25.11.27 (석4), 25.11.29 (석3), 25.11.30 (조4) 〈광고〉

11월 25일자 우미관 광고와 동일

조선 25.11.26 (조1) 본보 독자우대 / 정주악대가 김제에서

평북 정주악대에서는 우리 소년운동의 계발을 위하야 소년교육에 참고가 될 사진과 음악을 가지고 작년부터 전선(全鮮)을 순회 중 지난 십팔일에 김제에 래착하야 본보 김제지국 후원으로 당지 천도교당에서 음악연주 활동사진대회를 열고 본보 독자에 한하야 특히 반액으로 우대하엿섯는데 십팔, 구 양일 여러 가지의 자미스러운 음악과 취미 진진한 활동사진으로 일반을 울니고 웃게 하엿는바 특히 홍*신(洪*信) 군의 유창한 해설과 홍월파(洪月波) 군의 묘곡(妙曲)은 일반청중에게 만흔 늣김을 주엇더라.

동아 25.11.27 (5) [연예] 촤푸린의 최근 생활(二) / 점심 가가 이십 원 / 그 사람됨은 씀직이 애상덕이요 / 영화제작에는 무섭게도 충실해

『촤푸린』이 도착하기 전에는 『스타듸오』가 써들석하게 여러 사람들이 잡담과 롱지거리로 판을 차리다가도 『촤푸린』이 싹 도착하면 갑작히 쥐 죽은 듯이 조용해진다고 한다. 『촤푸린』이 『스타듸오』에 도착해가지고 그중 먼저 하는 것이 풍금을 타는 것이라고 한다. 세상 사람들은 『촤푸린』의 영화만을 보고 사람됨됨이까지 홋써웁고 우수우리라고 생각하니 실상은 씀직이 착하고 조용한 사람으로 엇더한 째에는 명원에 나가 안저서 『씨다』 가튼 것을 타기도 하며 하염업시 눈물을 흘닐 째도 잇다고 한다. 마음이 내키지 안이하는 째는 멧칠이든지 『스타듸오』에 발을 드려놋치 안이하고 자긔집 명원가튼 데서 『씨다』 가튼 간단한 악긔를 작란하고 잇다고 한다. 그러나 한 번 마음이 내키기만 하면 밤을 새워가며 아침 아홉 시까지 줄곳 쉬지 안코 삼, 사십 장면은 예사로 촬영하고 잇스며 촬영을 해보아서 자긔 마음에 맛지 안이하는 덤이 잇스면 이십 번, 삼십 번 내지 오십 번 그저 작고 가튼 당면을 촬영하야 한 이십 번식 고처 박는 것은 아조 예사로 아는 터이라고 한다. 생김생김으로 보아서 밧삭 말려 쎄만 남은 남자인데 엇지면 그다지도 근긔가 잇는지 한 번 『스타듸오』에 드러서면 실증을 내지 안는고로 돌히어 작업하는 사람들이 파김치가 되도록 시진해바리고 만다고 한다. 촬영이 싯이 나면 목욕실에 드러가서 몸을 말쌍하게 씨슨 후 덤심을 먹으러 간다. 하리우드에서도 가장 상등 료리덤에 가서 덤심 한 씨니에도 조선 돈으로 싸지면 이십 원식이나 내고 덤심을 먹는다고 한다. 덤심을 먹고 『스타듸오』에 도라와서는 한 시간 이상 두 시간식은 이리저리 거닐기도 하고 동리 아희들을 다리고 작란도 하다가 촬영을 시작하자고 한 후 쏘다시 십오분 내지 이십분식은 가만히 의자에 걸터 안저서 무슨 생각을 하고 잇기도 하고 쏘는 휘파람 가튼 것을 불고 공연히 안젓기도 하다가 겨우 촬영을 시작한다고 한다. (계속)

= 사진은 『촤푸린』 애교 자태 =

동아 25.11.27 (5) [연예] 일본 신수입 영화 / 서부극 광야의 처(曠野의 妻) THE PRAIRIE WIFE / 전구권

메트로 쏠드윈 제공

해설 『아사쓰트린까』 씨의 소설을 허영의 저자의 작자로 유명한 『휴쓰쌔린』 씨가 각색, 감독한 서부극이다. 서부극이라도 재래의 『카쏜이』 극과는 전연히 그 취지가 달러서 자연과 인간 사이의 격렬한 투쟁 중에서 생기는 심각한 현실을 취급한 미국 서부 생활의 적라라한 묘사이다. 『하쌔트 로린손』 씨와 눈 어엽부기로 유명한 『쏘로시 씌쏜아』 양이 주연하고 악역으로 유명한 『씨부린 쏠란드』 씨가 악역을 마터서 활약을 한다.

경개(梗槪) 사교게의 화형인 『찻씌』[씌쏜아 연(演)]는 그의 아버지가 세상을 써난 후 아모도 업는 외로운 몸이 되어 농당 주인 『쨩칸』(로린손 연)이란 청년의 안해가 되어서 서부로 살러 갓다. 그리하야 황량한 들에서 신 가뎡을 일우엇는데 『쨩칸』은 매양 농당 순시로 집에 잇지 아니하고 『차씌』는 농당 관리인 『오리』(쏘란드 연)의 밉살스러웁고도 괫심한 행동을 바더가며 귀치 안은 세월을 보내다 못하야 그것을 피하고저 신병을 고치겟다는 핑게로 그 이웃 촌락에 가 잇섯다. 그런데 『차씌』는 친구로 생각하는 『파시』라는 청년을 간호인으로 다리고 갓든 까닭에 남편의 의심을 사게 되엿다. 그 눈치를 안 『파시』가 『차씌』의 겻흘 써난 까닭으로 그 두 사람의 결백하얏든 것을 『쨩칸』이 알게 되자 모든 반목의 근원은 전혀 『오리』에게서 나온 것을 알게 되엿스며 『오리』가 자살한 까닭으로 『차씌』의 아버지도 『오리』의 손에 살해되엿든 것을 알게 되엿다. 그리하야 맛츰내 황량한 들 가운데서도 행복의 꼿은 피엿다.

(사진은 광야의 처 일 장면).

동아 25.11.27 (5) [연예] 영화계의 진화(珍話) / 보험액 십만 원의 양안(兩眼) / 쏘로시 씌쏜아 양

미국 영화배우들의 진긔한 이약이거리는 참으로 새록새록 별별 것이 다 만타. 『쏘로시 씌쏜아』 양의 눈은 엇지나 어엽부엇는지 조선 돈으로 치면 한 쪽 눈에 오만 원식, 두 눈에 십만 원이라는 보험을 드럿다고 한다. 그래도 영화판들은 그래도 그 보험갑이 오히려 싸다고 한다니 과연 얼마나 어엽분지? 본란 광야의 처란 영화의 일 장면으로 소개한 사진 중 한 가운데 서 잇는 녀자가 『씌쏜아』 양.

동아 25.11.27 (5) 〈광고〉

11월 26일자 조선극장 본보 독자 우대일 광고와 동일

매일 25.11.27 (3) [연예안내] 〈광고〉

시대일보 11월 26일자 단성사 광고와 동일

매일 25.11.27 (3), 25.11.29 (2), 25.11.30 (2) [연예안내] 〈광고〉

11월 25일자 우미관 광고와 동일

시대 25.11.27 (4) 〈광고〉

11월 26일자 단성사 광고와 동일

동아 25.11.28 (2) 〈광고〉

당 십일월 이십팔일(토요)부터

신명화와 가극 무용 특별 공개!

파라마운트 사 희극 **안토니오와 크레오파도라** 전이권

대파라마운트 사 특작품 명화 보라네구리 양 대역연

사회비극 **베라돈나** 전구권

여흥 영란좌(鈴蘭座)의 가극과 무용!!

귀여운 소녀 숙예(熟藝)의 천재는 연연(軟軟)하고

재롱스럽게도 제현(諸賢)을 예술단(壇)에 도취케 하오리다

예고

명화 **연(戀)의 개가** 전칠권

문예극 **백장미** 전십권

대활극 **쫀큐** 전십이권

조선극장 전 광 二〇五

동아 25.11.28 (5) [연예] 촤푸린의 최근 생활(三) / 권투와 무도(舞蹈) 구경 / 칠, 팔권의 영화를 촬영하는데도 오십여만 필트[28]의 필림을 허비해

촤푸린이 촬영을 할 째에는 겻헤서 구경하든 사람들이 허리가 부러질 만큼 우서워서 죽을 지경이라 한다. 비단 겻헤서 보고 잇는 사람들뿐만 아니라 열심으로 작업을 하는 사람까지도 허리를 못 편다고 한다. 그만큼 겻헤 사람들을 웃기고 기사까지 웃기엿스면 대개 완전한 영화가 되엿을 것인데 그래고 자긔 마음에 맛지 아니하는 덤이 잇다고 생각하는 째에는 더 조흔 의사가 나기까지 얼마든지 곳처 박는다고 한다. 촬영이 끗나면 권투(拳鬪) 구경을 가거나 무도 구경을 가는 것이 그의 일과라고 한다. 한 번 촬영을 맛처놋코도 그 영화 전부가 끗나기 전에는 어느 댱면을 엇더

△ 자긔 영화를 감독하는 촤푸린

케 쏘다시 곳처 박을넌지 알 수가 업다고 한다. 그러함으로 엇더한 째에는 칠, 팔 권의 영화를 촬영

---

28) '피트'의 오식으로 보임.

하는데 촤푸린 혼자서만 오십사오만 『피트』의 『필림』을 허비한 일도 잇다는데 그래도 촤푸린은 례사로 녁인다고 한다. 또 엇더한 째에는 눈이 오는 씬을 박기 위하야 소금을 쌕려 눈이 온 것가치 하고자 몃 십 석의 소금을 쌕려노앗섯는데 엇지하야 마음이 내키지 아니한다고 그대로 내버렷든 일도 잇다고 한다. 그와 가치 마음이 내키지 아니한다고 촬영을 중지하고 잇스면 단지 『셋트』에 대한 손해 쑨이 아니라 몃 백 원식의 일급을 주는 배우들을 놀니고 먹이게 된다고 한다. 촤푸린이 자긔 작품에 대하야 얼마나 충실한 것을 그만하면 알 것이나 그에는 이러한 이야기도 잇다. 엇더한 미국 활동사진 상설관에서 촤푸린의 『워맨홀』이라는 사진을 영사하는데 오전, 오후, 밤의 하로 삼 차 흥행으로 관객들은 작고 갈녀나가는데 엇더한 관객 한 사람은 작고 되푸리기로 보고 안젓슴으로 하도 이상하야 자세히 드려다보니 그는 촤푸린이엿다고 한다. 그는 그만큼 자긔 영화가 일반 관객에게 엇더한 늣김을 주는가 하는 것을 주의해 보고 잇섯든 것이다. (계속)

– 사진은 자긔 영화를 감독하는 촤푸린 –

동아 25.11.28 (5) [연예] 일본 신수입 영화 / 명편 치인애락(痴人哀樂) THE SNOB 전칠권

메트로 쏠드윈 영화

해설 『파리의 녀성(巴里女性)』이라는 영화를 촬영할 째에 『촤푸린』 씨의 보조감독 노릇을 하야 영화계에 발을 드려놋케 되고 『봉행정화(縫行情火)』란 사진의 감독으로 대번에 명감독의 일홈을 어든 『몬터 쎌』 씨가 『멧트로 쏠드윈』에서 데일회로 만든 것인데 『헬렌 맛친』 녀사의 소설 『스놉』을 『쎌』 씨가 각색하야 감독한 것이다. 주역은 봉행정화에서 주연을 한 『노마 샤리』 양과 서부혼(西部魂), 암굴왕(岩窟王) 등에 주연한 『쫀 씰쌔트』 씨와 결혼만세(結婚萬歲), 『수난 테쓰』 등에 주연한 『콘라트 네쎌』 씨 등과 그 외에 『쩨네트』 희극에서 판들이 만히 친해진 『필리쓰 하쌔』 양도 중요한 역을 맛허서 박은 사진으로 미국에서 비상한 평판을 바덧다고 한다.

경개(梗槪) 자긔의 디위를 놉히고자 하는 수단으로 머리 우에 잇는 디위 놉흔 사람에게 아담하고 수하에 잇는 사람들에게 교만무쌍한 행동을 하는 아름다운 용모를 가진 청년 교사 『유첸』(씰쌔트 씨 연)은 자긔의 어엽분 안해 『난씨』(노라샤라 양 연)를 신분이 낫다고 생각하야 교주의 쌀 『필리쓰』(하쌔 양 연)에게 사랑을 밧는 것을 긔화로 안해와 리혼을 하고 그 녀자와 결혼코자 하엿다. 『난씨』는 그 아버지가 녀자 싸닭으로 세상을 써나게 된 데 대하야 일종의 붓그러운 생각을 가지고 자긔 신분을 비밀히 하엿스나 실상은 수백만 원의 유산을 가진 녀자이엇섯다. 나종에 그와 가튼 사실을 알게 된 『유첸』은 갑작이 녜전 사랑을 회복하고자 하엿스나 째는 이미 느젓섯다. 『난씨』 역시 그 학교에 교사로 잇는, 자긔 어렷슬 째의 친구 『헤리크』(콘랏드 네쎌 씨 연)에게로 다시 싀집을 가서 그의 변함업는 사랑에 들어 비로소 진실한 행복을 늣기게 되엿다.

동아 25.11.28 (5) [연예] 영화계의 진화 / 보험액 칠만 원의 대비(大鼻) / 에드몬드 루스 씨 영화

『에드몬드 루스』라는 미국영화 남배우의 코를 벌가튼 것이 쏘는 일이 잇다고 하면 두 보험회사는 큰 랑패를 하리라고 한다. 그 래력은 그의 코가 엇지나 크고 어엽부고 유명하얏든지 미국 돈 삼만 오천 불, 조선 돈으로 싸지면 약 칠만 원의 보험을 드른 싸닭이라 한다.

동아 25.11.28 (5) 〈광고〉

우미관

본보 독자 우대일

우대권 란외에

십일월 입(廿)팔일 일일간

매일 25.11.28 (2) 대판 기미(期米)시세를 / 무전으로 청취 / 인천 기미계의 신기원 / 시세 등락도 변동이 생길 쯧

인취중미인조합(人取仲賣人組合)에서는 종리로 면보에 의하야 알게 된 대판(大阪)의 긔미(期米) 시세를 『라디오』에 의하야 텽취(聽取)코자 목하 계획 중이라는바 이번에 『라디오』 긔계 한 채를 사들이여 수일 전부터 실험 중인대 그 성적은 룡산무션면신소(龍山無線電信所)에서 지금 사용하는 긔계가 구식인 발화식(發火式)임으로 면파(電波)의 방해가 다소 심할 쑨이요, 그 밧게는 아모 지쟝이 업시 명료하게 방송이 텽취된다. 바로 룡산무션면신소에서도 명년도부터는 신식인 진공식(眞空式)을 채용할 방침이라 한즉 이것이 실현되면 대판 긔미시세는 완전히 『라디오』로 텽취하게 될 것은 물론이요. 싸라셔 종리보다 약 이십분간이나 시간이 단축될 터임으로 인취의 시셰가 올느고 써러짐에 큰 변동을 이으킬 터이라 하며 다년간 숙뎨가 되야 잇든 인천과 대판 사이의 직통면신(直通電信)을 가설한다는 것도 필요가 업시 될이라더라. (인천)

조선 25.11.28 (조1) 독자위안 / 『라디오』대회 / 각 청년단 대의원 초대

본보 동래지국에서는 본월 이십이일 오후 칠시 반에 동래 불교포교당에서 본보 부산지국 라디오 순회대를 초빙하야 독자위안 라디오대회를 개최하얏는대 기일(其日)은 정(正)히 동래군 청년단 연합창립대회일임으로 각지에서 래집한 각 청년단 대의원 전부를 특히 초대하얏다더라. (동래)

동아 25.11.29 (5) [연예] 촤푸린의 최근 생활(四) / 지배인이 이십 명 / 그의 인긔는 하리우드에서도 최고 / 그가 가장 신뢰하기는 메리 픽포드

엇던 영화는 일 년 반 동안이나 걸녀서 겨우 완성하얏다고 한다. 그래도 촤푸린은 그것이 완전하다고는 생각지 안이하는 모양이라고 한다. 촤푸린의 영화가 하나 완성되기만 하면 사면으로부터 사자는 소리가 빗발치듯 하는 까닭으로 촤푸린의 압헤서 그의 지배인 노릇을 하는 사람이 열두 사람이나 된다고 한다. 그런데 촤푸린의 영화는 긔위 말한 바와 가치 돈을 만히 먹는 까닭으로 몃백만 원식 밋질 쌔도 잇다고 한다. 그리고 하리우드에서 촤푸린의 인긔로 말하면 참으로 놀라울 만치 굉장하다고 한다. 촤푸린이 자동차를 타고 거리로 나오면 지내가든 사람들도 최대 경례를 한다고 한다. 일반 민중에게 밧는 경애는 그만두고 영화도시 안에서 다른 일류 배우들도 여간 만치 안이하건마는 무명 배우들은 물론이요 갓흔 일류 배우들에게도 다대한 존경을 밧는 터이라고 한다. 가령 무슨 『쎄트』 가튼 것으로라도 의견 충돌이 되어서 다투다가도 촤푸린이 이러타고 하드라고 하면 그 말에 복종하게 되는 일까지 잇다고 한다. 날마다 변해나가는 것은 활동사진 배우들의 인긔임으로 장래에는 엇지 될른지 몰으겟스나 지금에 잇서서는 그를 우덥흐리가 업다고 한다. 그런데 촤푸린이 무슨 일에든지 의론하는 사람은 오직 한 사람밧게 업스니 그는 『메리 픽포드』라고 한다. 촤푸린이 무슨 일을 하고자 할 째에는 그중 먼저 차저가는 사람이 『메리 픽포드』라고 한다. 『메리』에게 물어보아서 『베리 굿』 하는 소리를 드르면 아조 만족하게 넉이고 그 일을 한다고 한다. 그런 까닭에 지금 하리우드에서 『메리 픽포드』의 남편되는 『짜그라스 페벙쓰』도 상당한 인긔를 가지고 잇스나 장래에 촤푸린의 인긔를 덥허 눌늘 사람은 『메리 픽포드』일 것이라고들 한다고 한다. (굿)

동아 25.11.29 (5) [연예] 신착 영화 / 인정비극 쎄라쏜나 BELLA DONNA 전팔권

포라 네그리 양 주연

일직이 『체푸스투』란 사람의 안해로 세도가 당당하고 인물이 어엽버서 영화로운 생활을 해나가든 『쎄라쏜나』는 질투심 만흔 남편이 세상을 써난 뒤로는 모든 것이 전과 갓지 못하야 마츰내 방랑생활을 하느라고 『런던』 한 구석에 트러백히어 쓸쓸한 생활을 하고 잇섯다. 깃썻 피곤해지고 희망이라고는 아조 쓴처지고 말엇든 그는 죽음의 거리에서 신음을 하면서도 다소간의 희망을 품고 잇든 중 그에게는 쏘 다시 행복의 서광이 비치엇다. 그는 청년 긔사 『니쎌 아민』이라는 남자가 『쎄라쏜나』에게 마음이 쓸니어 약혼해 노흔 『파트리샤』라는 처녀를 버리고 『쎄라쏜나』와 함께 멀리 애급에 일으럿다. 금자탑(金字塔)이 반공에 놉히 소슨 망망한 사막에는 그들의 행복을 저주하는 무서운 바람이 불엇다. 애급 왕의 아들 『쌔로씌』가 『쎄라쏜나』를 그림자가치 쌀키를 시작하자 육욕에 미친 『쎄라쏜나』는 피의 유혹을 버서나고자 무한 고심도 해보앗스나 마침내 『쌔로씌』에게 마음을 쌔앗기고 말어서 『니쎌』을 죽이고자 하엿다. 그러나 두 사람의 음모는 『런던』으로부터 짜라온 『파트리샤』와 『아이쌕손』 박사에게 발각되어 음탕한 『쎄라쏜나』는 자긔의 김생 가튼 피로 인하야 작만한 무서운 죄에 대한 텬벌로 맹수의 밥이 되고 말엇다. 이 사진은 시내 인사동 조선극당(仁寺洞 朝鮮劇場)에서 작 이십팔일 밤부터 상영된다고 한다.

동아 25.11.29 (5) [연예] 영화계의 진화(珍話) / 보험액 오만 원의 미경(美頸) / 카자린 케이 양

세상에서는 이런 말을 하면 모도가 거짓말이라고 할른지 몰으겟스나 사실이니, 실로 놀나지 안이 할 수 업는 일이다. 카자린 케이라고 하는 녀배우의 목은 엇더케나 아름다웁든지 미국 돈 이만 오천 불, 조선 돈으로 치만 약 오만 원의 갑을 처주게 되어 보험회사와 계약을 체결하엿다고 한다.

동아 25.11.29 (5) [연예] 영란좌(鈴蘭座) / 소녀가극 / 조선극장

시내 인사동 조선극장(朝鮮劇場)에서는 작 이십팔 일부터 월여 전에도 동 극장에서 행연하야 일반에게 적지 안이한 환영을 밧든 소녀가극단 령란좌(少女歌劇團 鈴蘭座) 일행이 여러 가지 새로운 각본을 가지고 상연할 터이라는데 이번에도 전례에 의지하야 본보 독자 우대 할인 흥행이 잇슬 터이라는데 그 일자는 다시 보도하겟더라.

동아 25.11.29 (6), 25.11.30 (2), 25.12.01 (3), 25.12.02 (5), 25.12.03 (5), 25.12.04 (5) 〈광고〉

11월 28일자 조선극장 광고와 동일

매일 25.11.29 (2) [연예안내] 〈광고〉

동아일보 11월 28일자 조선극장 광고와 거의 동일

매일 25.11.29 (2), 25.11.30 (2) 〈광고〉

11월 27일자 단성사 광고와 동일

매일 25.11.29 (3) 영화계의 진설(珍說) / 기맛키는 보험

미국의 활동사진배우들은 가즌 특식을 다 가지고 배우의 일싱을 덤치는 터이라 자연 그 한 가지 특식은 결국 자긔의 싱명과 가튼 것이다. 자긔의 소지한 특식에 무슨 재앙이 끼치지나 안이할가 하는 의심 끗에 그들은 별별짓을 다-보험(保險)에다가 붓침니다.

◇『코』로써 명배우가 된『에도몬트 로우스』군은 그 잘싱긴 코가 혹시나 병이 나거나 닷칠가 하야 삼만 오천 불의 보험을 거러놋코 매일 셕경만 드려다보고 잇다 함니다.

◇ 정치계의 큰 인물들에게는 대개 그 적당에서『목』을 버히랴고 상금을 걸기도 하나『가사린·케』 양은 자긔 목에다가 자긔가 보험을 거럿스니 그 금액은 이만 오천 불!

◇ 보석 갓치 눈에다가 오만 불의 보험을 걸고 잇는 여자는『도로시데보아』양인대 엇지나 눈이 곱든지 오만 불은 너모 젹다고 투정을 하는『팬』도 잇다고.

매일 25.11.29 (3) 갓가위오는 / 예술사진시대 / 시긔는 가을이 뎍당하고 / 시간은 오후가 뎍당하다

사진을 박는대 한참 동안은 모습만 박이면 고만이라 하는 분들이 이계는 모양을 보신다, 광선을 틱하신다, 표졍을 보신다, 잔소리하시는 손님이 만하져셔 도져히 예술사진을 연구치 안코는 사진관도 내지 못하게 되얏슴니다. 사진 박이시는 시긔는 지금(십월 십일월)이 가장 조흐니 느진 가을 첫겨울에는 대개 낫에는 싱긔가 돌며 의봄에는 지튼 빗이 드러셔 매오 사진이 잘되는 것이올시다. 시간으로는 대개 열두 시 이후 태양이 반공에 소삿슬 째가 조흐며 야외사진은 조금 흐린 날이 좃슴니다. 역광선(逆光線) 가튼 것을 리용하야 박이는 데는 대개 오전 태양이 동에 나서 서에 잇슬 째가 조흐나 그것은 례외이올시다. 손님 중에는 여자 손님이 칠할가량이나 되는 것은 자미잇는 현상이며 소판이나 간판을 차즈시는 이도 잇스나 완전무결한 사진은 증판부터 될 수 잇는 것이올시다. 한 사진에 가튼 사람이 둘식 셋식 낫하나며 머리 깍근 사람이 더벙머리도 되게 하는 것은 보기에는 신긔하나 실상인즉『건판』을 수정할 째에 사진사가 협잡을 하는 것이며 사진사도 맛치 의사나 변호사가 직업상 관계로 만남의 비밀을 루셜치 안는 바와 갓치 한번 박이시고 간 사진의 증사(增寫)는 결코 번인[29]이나 밋을 만한 관계자가 청하지 안흐면 절대 불능한 것이니 어엿쑨 기싱들의 사진을 팔고 셰

쓰는 손님 치닥군이에 머리를 아를 째도 만습니다.
[서린동 금광당 사진관주 김광배(金光培) 씨 담(談)]

조선 25.11.29 (석2) 〈광고〉
동아일보 11월 28일자 조선극장 광고와 거의 동일

조선 25.11.29 (석3) 군산부인교육회의 / 활동사직대회[30] / 군산유년학당에 / 긔부하기 위하야
군산부인교육회(群山婦人教育會)에서는 자래로 그 회와 관계가 가장 깁흔 군산녀자청년회(群山女子青年會)와 힘을 아울러 지난 이십륙일부터 이십칠일 이십팔일 삼일 동안을 계속하야 매일 저녁 당디 군산좌(座)에서 활동사진대회(活動寫眞大會)를 개최할 터이라는데 당일 수입은 경비만 제하고 그 남아지 전부를 군산의 유년 자데를 교육하는 군산유년학당(群山幼年學堂)에 긔부하리라더라. (군산)

조선 25.11.29 (석3), 25.11.30 (조4) 〈광고〉
11월 26일자 단성사 광고와 동일

조선 25.11.29 (조1) 울산에 「라디오」 공개 / 본보 부산지국 순회대
본보 부산지국 무선전화 순회대는 거(去) 이십사일 울산에 도착하야 이십오일 오후 육시 반부터 구시 반까지 울산공립보통학교에서 일반에 무료로 공개하얏는데 우천임도 불구하고 기대하던 청중은 천여 명에 달하야 대성황을 이루엇는데 천후(天候)의 저기압을 인하야 음파가 강대하지 못함이 좀 **이엇더라. (울산)

조선 25.11.29 (조2) 경성부의 / 교육위원회 / 주사위원을 선뎡
이십팔일 오후 한 시부터 경성부텅 루상에서 데삼회 경성부 교육회(第三回 京城府 教育會) 위원회(委員會)가 열렷섯는데 이는 지난번에 개최한 교육회에 경성부윤으로부터의 자문안(諮問案)인 경성부의 현상에 비취어 사회교육상 실시를 필요하는 방책 여하에 대하야 각 위원으로부터
一, 학교운동장의 확장 개방
一, 사원 개방
一, 활동사진
一, 시민관의 이용
一, 강연회, 강습회
一, 소(小)도서관의 증설 순회문고
一, 소공원

---

29) '본인'의 오식으로 보임.
30) '활동사진대회'의 오식으로 보임.

一, 청소년단의 집회장에는 학교를 제공할 사(事)

一, 동식물원의 이용

一, 불량소년소녀의 감화구제

등 여러 가지 예안이 잇섯스나 이를 구체화하지 못하고 결국 이십 명의 위원으로부터 주사위원(主査委員)을 선명하야 신중 심의하기로 한 후 다시 위원회에 부처 찬부를 명하야 대답하기로 하엿는데 선명된 주사위원은 조선인 한 명과 일본인 다섯 명으로 조선인은 리승범(李範昇)[31] 씨라더라.

조선 25.11.29 (조2) 재 동경동포 / 푸로극협회 / 민중예술연구의 긔관

동경에 잇는 조선인 류학생 중 선렬(宣烈) 김남두(金南斗) 김석호(金錫浩) 씨 등 십여 인은 수 일 전에 재 동경 조선쓰로극협회(在 東京 朝鮮쓰로劇協會)를 조직하엿는데 그 목덕은 민중예술연구(民衆藝術研究)라 하며 조직방식은 동인제(同人制)라는바 그 동인 중에는 낫에는 로동을 하면서 밤에는 열심으로 극(劇)을 연구하는 사람이 사, 오 인에 달하야 일반은 만흔 긔대를 가졋다는데 그 사무소는 동경부하 삽곡명 마포광미(東京府下 澁谷町 麻布廣尾) 칠십사 번디에 두엇다 하며 동인 중 최병한(崔丙漢) 김남두(金南斗) 량씨는 그 회의 용무를 씌고 금월 하순경에 내디에 건너가서 활동을 하리라더라. (동경)

동아 25.11.30 (4) 부산지국 주최 / 『라디오』 순회대 / 삼남(三南) 각지 순회 / 일정 추후 발표

본보 부산지국에서는 문화선전을 목적으로 당지 이엽(二葉)전기상회의 후원 하에 『라듸오』 순회대를 조직하야 삼남 각지에 순회하기로 하고 래월 오일에 부산을 출발하리라는데 긔(其) 지명은 여좌(如左)(단, 추가도 잇슬 것임)하다 하며 일정은 추후 발표하리라고. (부산)

김천, 영동, 요천(沃川), 대전, 논산, 강경, 함열(咸悅), 이리, 전주, 진안, 임실, 남원, *창, 금구(金溝), 김제, 군산, 옥구(沃溝), **, 흥덕(興德), 장성, 송정리(松汀里), 광*. 남평(南平), 담양, 벌교, 보성, **, 강진, 나주, 영광, 능주(綾州), 화*, 영산포, 목포, 무안, 영암, 해남

매일 25.11.30 (2), 25.12.02 (3), 25.12.03 (1), 25.12.04 (2), 25.12.06 (2) 〈광고〉

11월 29일자 조선극장 광고와 동일

조선 25.11.30 (조3) [학예] 조선영화계의 / 과거-현재-장래 / 이구영 (六)

이미 경성에는 조선인 전문 상설관이 세 곳이나 스게 되엿다. 인구 비례로 볼 것 가트면 다른 오락기관도 업는 경성에는 넘어도 적은 수다. 그러나 기존한 흥행자 측으로 볼 것 가트면 오히려 다행한 편이라 할는지도 알 수 업섯다. 조선극장이 스기 전까지 상설관은 비록 이개처에 불과하엿스나 상장되는 작품이나 량에 대하여서는 상당한 편이엇섯다.

외국영화 배급사인 송죽회사가 조선에 처음으로 손을 대게 되기는 一九二一년 봄부터엿스니 대정활

---

31) '李昇範'의 오식으로 보임.

영주식회사 배급을 해약하고 즉시 송죽기네마의 배급계약을 한 째로부터이엇다. 이윽고 송죽회사는 경성 안에서 일본인 측 이관·조선인 측 이관 합 사개처에 특약관을 갓게 되엿스니 우미관 희락관 대정관을 제하고 전부엿다. 일본에 유수한 배급회사가 된 송죽은 일본 국내와 조선 만주에까지 세력이 부(付)＊되고 이윽고 대정활영화를 합병한 후로부터는 외국영화배급회사로 첫자리를 점령하게 되엿다. 대정을 합병한 이후 『메트로』 『쏠드윈』 『퍼스트내추낼』 『폭스』 『와나쌕러더』 『푸레페드』 『아메리칸』 『파라마운드』 『유나이셋트』 구주영화 기타 미국 유수한 영화회사 작품을 수입하야 전 일본 흥행＊을 장악하게 되자 경성 송죽계 특약관은 상당한 각 회사 영화가 봉절되엿섯다. 그런 까닭인지는 모르되 가튼 특약관 사이에는 가장 큰 갈등이 이러낫스니 영화 푸로그람 배급의 불공평한 처치로 중앙관 단성사가(가튼 푸로그람을 사용하엿는고로) 송죽 본사에 항의를 제출하면 다음에는 조선극장 황금관이 항의를 제출하야 상호간 조흔 영화를 엇기에 노력하는 가데[32] 배급료는 자연 중(中) 올나가고 말엇다. 이리하야 조선영화흥행사 이래 대혼전를 연출하엿다. 더욱이 양극 전문인 조선인 측은 그러한 폐해가 더욱 컷섯다. 이윽고 조선극장은 몃 번인가 주인이 갈니엿다. 째로는 반년 이상이나 문을 닷고 잇섯다. 이런 가운데 조선영화 흥행계는 상당한 발전을 보게 되엿다. 이는 양이 아니요, 질이엇다. 관객의 감상안은 저윽히 향상을 볼 수 잇섯다. 이미 미국영화는 조선에서 구파센트를 구주영화는 겨우 일파센트의 비례로 수입이 되엿다.

작년 중 유 사계의 우미관은 화재로 인하야 폐관이 되고 조극도 임자 업시 문을 닷고 잇다가 여름에 다시 임자를 마즈니 조선에서 이십여 년 흥행사로 잇든 일인(日人)의 것이 되고 말엇다. 우미관은 겨우 다시 소생되야 조선인의 경영이 되엿다가 다시 일인의 손에 넘어가고 단지 단성사만이 조선사람의 경영으로 대구의 만경관과 평양의 제일관과 한가지 남아 잇슬 쑨이다. 말이 짠길노 드러갓다. 송죽은 이와 가튼 편중주의로써 조선에 조선에도 영화계 중심인 경성흥행계를 흔들어 노앗다. 이 이키네마팬은 상당한 감상안으로 영화를 평가하엿다.

조선 25.11.30 (조4), 25.12.01 (석3), 25.12.02 (석1), 25.12.03 (석1), 25.12.04 (석3) 〈광고〉
11월 29일자 조선극장 광고와 동일

---

32) '가운데'의 오식으로 보임.

동아 25.12.01 (3) 〈광고〉

십일월 삼십일 월요부터 교환

오태리(墺太利) 필님 회사 실사 **주보 NO.589** 전일권

미국 쎅쿠화이드 작품 희극 **잡엇다** 전이권

미국 우에스당 사 초특작 영화계 혜성 쟐스핫지송 씨 맹연

연속활극 **맹진 핫지** 십이권 이십사편

최종편 자 제구편 지 제십이편 팔권 상영

미국 메도로 사 특작 인정활극 **극광(極光)에 춤추는 여** 전육권

예고

대검협전 **시라노** 전오편 십이권

명화 **복면의 여** 전구권

문예영화 학창로맨스 **사출(思出)** 전십일권

명화 **아-청춘** 전칠권

문예영화 **오세로-** 전십이권

문예영화 **파리** 전십사권

폭스 사 특약 **우미관** 전화 광화문 삼구오번

동아 25.12.01 (5) [연예] 영화배우계 현재 (상) / 장래를 채색할 배우학교 생도들 / 악역 잘 하기로 유명한 조텬성 군

조선에는 조선사람이 극에 리해가 적은이만콤 극의 발달이 지지하야 아직까지 극단다운 극을 볼 수가 업섯스며 그에 짜라 배우다운 배우를 엇지 못하엿섯든 것은 사실일 것임니다. 림성구(林聖九), 김도산(金陶山), 김소랑(金小浪) 등의 신파연극단 소속의 배우들은 너모 오래기도 한 일이며 또는 특필할 만한 재조가 별로 업다하니 그는 제처놋코 지금의 배우계만을 도라보아 그중에서도 장래 조선극계에 상당한 공헌이 잇스리라는 일반의 긔대와 또는 홀용한 배우가 되리라는 자신으로 미약한 힘이나마 조직덕으로 훈련을 하여나가는 사람들은 시내 원동(苑洞)이 잇는 동국문화협회(東國文化協會) = 향자에 조선영화계의 과거와 현재를 소개할 째에 동국문화협회가 해산되엿다 함과 및 단성사(團成社) 주인 박승필(朴承弼)의 도움을 바더 세워젓섯다고 한 것 등은 오면 = 소속으로 현텰(玄哲) 씨를 강사로 한 조선배우학교(朝鮮俳優學校) 생도들이 잇고 합자회사 토월회(土月會)의 소속 배우들이 잇

섯스나 이는 후일 무대에 나서는 배우들을 소개할 째에 다시 소개하기로 합니다. 지금에는 역시 별로 특필함직한 재료가 부족하나마 지금까지의 영화계의 배우들을 소개코자 할진대 남배우로는 조텬성(趙天星), 안종화(安鍾和), 주인규(朱仁奎), 뎡암(鄭岩) 등 네 사람을 소개케 되리라는데 조텬성 군은 평양(平壤) 태생으로 그 나희는 스물여섯 살이며 청년학관(靑年學舘) 출신으로 처음으로 무대를 밟고 극계에 나서게 되기는 토월회(土月會) 뎨이회 공연 째부터이엿다 하며 그후로는 그 극단에서 악역을 마터서 상당한 인긔를 어덧섯다는데 영화에는 쌍옥루(雙玉淚)에서 의사의 역을 마터 출연할 결과 그 성적이 매우 조왓스며 그에 따라 대번에 상당한 인긔를 엇게 되엿섯다고 한다. (계속)

동아 25.12.01 (5) [연예] 신착영화 / 문예명화 시라노 전십일권

(1) 이태리 영화
불국 문호『로스짠』씨 원작으로 십칠 세긔의 전쟁극이다. 리태리 배우 중 뎨일인자인『피레트로마니에』씨와 역시 리태리 녀배우계에서 최고 권위라는 일홈을 듯는『린싸모리안』양과『안쎌토펠라리』씨와『움쎌트카지린』씨와『알렉싼들 쎄랄』씨 등이 출연하엿스며 촬영은 리태리 영화계에서는 일즉히 보지 못하든 대규모로 하엿다는데 고정장치로 이십 대의 촬영긔를 사용하엿스며 유동촬영으로도 십여 대의 촬영긔를 사용하엿다고 한다. 이 사진을 감독한 사람도 열두 사람이나 되엿지만은 오히려 민속한 련락을 취치 못하겟다고 하야 림시 뎐화를 가설하엿섯다고 한다. 그리고 전쟁의 씬을 완전하게 촬영하고자 출연 배우들을 군대와 가치 대로 난호와 각각 대긔(隊旗)를 주어 오랫동안 쌔앗기지 아니한 소대에게는 조선 돈으로 약 사백 원의 현상을 거럿섯는고로 전쟁과 별로 다를 것이 업슬 만치 백열뎍으로 싸호는 씬을 촬영할 수가 잇섯다고 한다. 그리하야 반년 만에야 겨우 촬영을 맛치엿는데 그동안에 사십이 명의 희생자를 내엿다고 한다.

경개(梗槪) 십칠세긔 루이 십삼세 대에 불란서 파리에서 생긴 이약기다. 주인공『시라노』라는 사람은 코가 이상하게 생긴 사람으로 시인이요, 검객이엿섯다. 강한 자는 썩거누르고 약한 자는 도아주며 오만하고 친절하고 실업는 짓 잘하고 비장하고 통쾌하며 얼골은 흉악하게 생기엿스나 성미는 아름다오며 칼을 잡으면 대덕할 이 업고 붓을 잡으면 그의 문장을 짜르 리 업섯다. 그는 항용 부르기를『록싼누』라고 하는 어엽분 사촌 누이가 잇섯다. 어느날『록싼누』는 거리에서『크리스챤 드 누비렛트』남작이라고 하는 미남자를 만히 만난 이후로 입박게 내지는 안엇스나 피차간 련모하기를 시작하엿다. 그후 얼마 되지 아니한 어느 날 밤에『뻴코뉴』극댱에서『락크노리쓰』라는 극단이 연극을 하는데 그 당시에 큰 세력을 가진『리슈류』대승정이 족하쌀을 안해로 삼어 가장 핫써운 톄를 하는『디깃쉬』백작이 자긔가 친한 귀족들을 다리고 왓스며『록싼누』도 시비를 다리고 구경을 왓섯다.『드킨쉬』는『록싼누』에게 추파를 보내여 귀치안케 구럿스나『록싼누』는 본톄만톄하고 잇섯다. 연극은 막을 열어『몬풀리』라고 하는 자칭 명우가 무대에 오르자 어대서인지 맹수의 부르짓는 소래갓치 무대를 나려가거라 하는 호통이 이러낫다. 그 호통을 한 사람은『시라노』이엇다.『몬풀리』가 언제인가 무대에서『록싼누』에게 추파를 보낸 일이 잇서서『시라노』가 그를 분개하고 일개월 동안 무대에 오르지 말라고 명령한 일이 잇섯는데『몬풀리』는 설마 엇더할가 하는 생각으로 무대에 올낫든 것인대『시라노』의 호통으로 말미암아 맛츰내 무대에서 축출을 당하고 말앗다. 이것을 보고 잇든『드킨쉬』는 자

긔가 잇는데도 『시라노』가 거리낌 업시 그와 갓튼 짓을 하얏다는 것을 분하게 생각하야 귀족 한 사
람을 격동해서 『시라노』에게 싸홈을 걸게 하얏다. 그 귀족은 『시라노』의 코를 흉보아 성을 내게 하고
자 하얏스나 『시라노』는 도리혀 자긔의 코 칭찬을 하고 시를 읇허가며 결투를 하야 그 귀족을 찔너
넘어치니 관객들은 펄펄 쒸며 깃버하엿고 『록싼누』는 웃칭으로부터 나려와서 그의 용감함을 칭찬하
여 주엇다. (계속)
사진 시라노의 일 장면

동아 25.12.01 (5) 본보 독자 우대 / 영란좌(鈴蘭座) 예제 교환

시내 인사동 조선극장(仁寺洞 朝鮮劇場)에서는 수일 전에 소개한 바와 가치 소녀가극단(少女歌劇團)
령란좌(鈴蘭座) 일행이 행연을 하는 중 일반에게 다대한 환영을 밧는다는데 그들이 이번에 행연하
는 연예는 전부 새것이요, 싼스 가튼 것도 새로이 련습한 것이라는바 금 일일부터 사일까지 나흘 동
안은 본보 독자를 위하야 우대 활인 흥행을 할 터이라 하며 동 흥행 중에는 더욱이 싼스와 가극 등
의 예제를 갈어서 새로운 것을 상연할 터이라는데 활인권은 본지 란외에 게재하엿슴으로 일반 독자
는 만히 리용하기를 바라는 터이라더라.

동아 25.12.01 (5) 〈광고〉

조선극장
본보 독자 우대일
우대권 란외에
십이월 일일 일일간

매일 25.12.01 (2) [연예안내] 〈광고〉

당 십이월 일일부터 푸로크람
유 사 작품 실사 **국제시보** 전일권
유 사 작품 희극 **천하의 명기수** 전이권
유 사 작품 맹투활극 **맹력자(猛力者)** 전육권
유 사 작품 정희활극 **전속력** 전육권
유 사 작품 연속 종편 **철의 인(鐵의 人)**
십오편 삼십권 중 최종편 육권 상영
대예고
불일 공개될 세계적 대명화
조인(鳥人) 리차-드 군 주연
대모험 결사적 **선풍아(旋風兒)** 전칠권
유나이딧트 사 대걸작품
세계적 문예품 **인형의 가(家)** 전팔권

단성사

동아일보 12월 1일자 우미관 광고와 거의 동일

조선 25.12.01 (석1) 〈광고〉 단성사 12월 1일부터

당 십이월 일일부터

유 사 작품 실사 **국제시보** 전일권

유 사 작품 희극 **천하의 명기수** 전이권

유 사 작품 로이스치와-드 씨 주연

맹투활극 **맹력자(猛力者)** 전육권

유 사 작품 하-바-도로링손 씨 주연

정희활극 **전속력** 전육권

유 사 대작 루치아-노-알-벌데니 씨 주연

연속종편 **철의 인(鐵의 人)** 십오편 삼십권 최종편 육권 상영

송죽 유 사 특약 **단성사** 전 광 구오구번

조선 25.12.01 (석3) [학예] 조선영화계의 / 과거-현재-장래 / 이구영 (七)

그리하야 활극당은 잠차 소년들로 박귀고 그전 활극 팬들도 비극을 비극 중에도 연애비극에 취미를 두게 되엿스니 이 이태리영화 『마리아·야고비니』 양 주연 『아-청춘』 『파라마운트』 사 작 똘시달돈 양 주연 『풀쓰·파라다이스』 가튼 영화는 아즉까지도 청년남녀 간에 화제가 되어 잇다. 좌우간 조선영화 팬들의 일반 경향이 연애극 비극를 환영하게 되기는 삼, 사 년 전부터 날을 싸라 그러한 경향이 농후하여젓다. 배급회사가 임의로 보내는 사진을 가지고 경향을 말하기는 좀 어려운 일이다. 그러나 사실로 이러하엿든 것이다.

송죽계 사진이 나온 후로부터는 최초 『폭스』 작품이 대부분이엿다. 그리하야 『폭스』 사 작품은 차차 『팬』들 눈에 익게 되엿다. 그러나 『폭스』 사가 송죽과 해방 후 즉접(即接) 일본에다가 『폭스』 극동지사를 두고 『유니바살』과 가티 배급을 시작한 이후로는 최근 우미관에 봉절을 보앗스나 中繼되고[1] 수입을 볼 수 업다. 다음으로 『퍼스트, 내추낼』 사의 작품이니 『메트로』 작품과 한가지 상당한 수입을 보게 되엿고 쏠드윈 와나형제 순으로 차차 적엇다. 『유니바살』은 작품이 흉하니 언짜느니 하나 오늘날까지 그 세력은 보지(保持)하고 잇다. 우리 조선영화계에 작품 수입 능률로는 제삼위에 잇스면서 어느 째던지 상당한 인기를 보지하고 잇는 회사는 연합영화예술가협회 즉 『유나이뎃트』 『애지스트』 사다. 동도(東道)의 인기는 아즉도 사라지지 안헛슬 것이다. 삼총사는 엇더하엿든가. 『애의 화(愛의 花)는,[2] 『남(嵐)의 고아』는? 『로빗푸드』 『깃트』는. 송죽 『키네마』는 차차 조선에서 쇠퇴의 조가 보히게 되

---

1) 문맥상 '中斷되고'의 오식으로 보임.

2) '『愛의 花』는'의 오식으로 보임.

기는 작년 겨울부터엿스니 미국 영화회사들은 즉접으로 일본에 지사를 설치하고 흥행자들과 취인(取引)을 시작하게 되기 재문이다. 이윽고 일본영화계는 일활회사의 개혁과 목야(牧野)키네마 *두(*頭) 동아키네마 창설 개인『푸로썩순』의 종출(從出) 미국영화『쏜아곳트』 등으로 인하야 그 발흥을 보게 되고 쏘다시 구주영화 *두의 기풍을 주엇다. 송죽회사의 교활한 영업정책은 이윽고 경성에서 특약관을 일케 되엿스니 단성사와 황금관 외에는 중앙관은 동아 목야키네마 계로 조선극장은 자유계 약관으로 되엿다. 송죽의 지반은 동요되엿다. 양극(洋劇) 전문인 단성사는 배급영화 부족으로『유니바살』작품을 상장하다가 송죽 외국영화 비저(沸底)로 드대여 금년 사월에『유니바살』작품 봉절장이 되고 겨우 대정관 일처에 공영관(共營舘)이 잇슬 쑨이다. 이리하야 완전히 송죽은 조선인 측 영화계에서 자최가 사라지고 말엇다.

지금 조선영화계는 미국영화 중심으로 양으로 유니바살이 질노 파라마운드, 메드로쏠드윈, FBO 등 제(諸) 사(社) 영화가 가장 만이 수입된다.

[정정 이십육일 본론 중 대정은 국활의 착오이며 이십팔일 본론 중 一九二〇년에 조극(朝劇) 개관 운운한 기사는 一九二二년의 착오이기로 자(玆)에 정정함] (필자)

조선 25.12.01 (석3) 〈광고〉

〈주보〉 제작사의 국가가 오태리(墺太利)가 아닌 이태리(伊太利)로 표기되어 있고 예고에 〈시라노〉만 나와 있는 것 외에 동아일보 11월 30일자 우미관 광고와 거의 동일

동아 25.12.02 (2), 25.12.03 (6), 25.12.04 (5), 25.12.05 (3) 〈광고〉

12월 1일자 우미관 광고와 동일

동아 25.12.02 (4) 평화 활사 성황

기보(旣報) = 군산평화단에서 거월(去月) 입(卄)팔, 구 양일간 보성, 군산 양 권번의 후원을 바다 시내 희소관(喜笑舘)에서 활동사진 급(及) 예기 연주회를 개(開)하엿든바 동단(同團)의 형편상 거월 이십오, 륙 양일로 변경하야 매야(每夜) 입추의 여지가 업시 대성황을 이루엇다는데 의연 씨명은 좌(左)와 여(如)하다고. (군산) (이하 의연 명부는 생략)

동아 25.12.02 (5) [연예] 영화배우계 현재 (중) / 우편 소원으로 영화계에 나온 주 군 / 녀교원으로 녀배우가 된 리채뎐 양

다음에는 안종화(安鍾和) 군이니 그는 경성 태생으로 방년 이십사 세라 하며 본래는 림성구(林聖九) 일행에 석기어서 단성사(團成社)에서 녀역(女役) 배우로 잇다가 그후 이, 삼 신파극단에 씨워가지고 디방 순회 흥행으로 여러 가지 고초를 바덧스며 대정 십이년[3]경에 경성예술학원(京城藝術學院)에 들어 공부를 하다가 부산에 조선키네마가 발긔될 쌔에 그곳에 나려갓다가 비로소 영화배우가 되엿는

---

3) 1923년.

473

데 처음으로는 해의 비곡(海의 悲曲)에 출연하엿고 계속하야 동 회사 면속으로 운영전(雲英傳) 주역과 신의 식(神의 飾)에도 출연하엿다 하며 다음에는 주인규(朱仁奎) 군이니 그는 함흥(咸興) 태생으로 심청면(沈淸傳)에 심봉사 역을 마터 출연하야 상당한 인긔를 어덧섯다는데[4] 그의 나희는 스물여섯 살이라 합니다. 그 다음에는 정암(鄭岩) 군이니 그는 경긔도 부평(富平) 태생으로 나희는 스물여덜이요, 본래는 인천(仁川)에서 엇던 우편소 소원으로 잇다가 그것을 내여놋코 고려영화제작소(高麗映畵製作所)에 입참하야 쌍옥루(雙玉淚)의 어부 역을 맛터 출연하야 역시 상당한 인긔를 어덧섯다 합니다. 그 다음에 녀배우로는 리채면(李彩면), 리월화(李月華), 김우연(金雨鷰), 김명숙(金貞淑) 등 네 사람을 헤아리라 합니다. 첫재 리채면은 경성 태생으로 모 녀자고등보통학교 명도의학교를 졸업하엿스며 대명 십일년경에 예술좌(藝術座) 뎨일회 공연 째에 첫 무대를 밟고 단성사에 나타나서 대번에 상당한 인긔를 박득한 후 그후로는 극계에서 발을 쌔어가지고 그 남편으로 더부러 동래(東萊)에 나려가서 교원생활 하다가 조선키네마가 처음 발긔되자 그에 들어서 운영면과 밋 기타에 출연하엿섯스며 약 이 개월가량 전에 조선키네마 지배인 고자관장(高者管長)이라는 일본 사람과 영화 연구를 한다고 일본에 건너가 지금은 행방불명되엿다는 소문이 잇슴니다.

동아 25.12.02 (5) [연예] 신착영화 / 문예명화 시라노 전십일권

(2) 이태리 영화

그날밤에 『록싼누』의 시비가 『시라노』를 차저와서 『록싼누』가 비밀히 맛나고자 한다는 통지를 하얏다. 『시라노』는 전부터 은근히 『록싼누』를 사랑하얏스나 자긔의 얼골 못 생긴 것을 생각하고 그런 눈치는 참아 뵈이지 못하는 터이라 그런 면갈을 듯고 나니 스사로 극장에서 행한바 자긔의 사내다운 긔상에 대하야 감동한 바가 잇서 자긔를 맛나고자 하는 것이라고 생각하고 무한히 깃버하얏다. 그리하야 그 이튼날 아츰에 료리덤하는 『라그노』라는, 지을 줄도 몰으는 시를 지어가지고서 혼자 시인인 톄하는, 사람의 집에서 맛나자고 회답을 보내엇다. 그리고 그날 밤에 『시라노』는 쏘다시 『드킷쉬』를 조롱하는 시를 지어 그의 노여움을 사고 『드킷쉬』에게 발목을 잡히어 지내는 『에리오』라는 주정군을 구조해주느라고 『네루』문 근처에서 큰 싸홈을 일으키어 백여 명의 덕군을 물니첫다. 그 이튼날 아침이 되어 약속한 바와 가치 『시라노』는 『라그노』의 집에서 『록싼누』를 맛나가지고 조곰이라도 『록싼누』가 자긔를 사랑하는 눈치가 뵈이면 생각하든 일을 모조리 고백하기로 잔득 준비하얏섯는데 『록싼누』는 『스코뉴』 청년대(靑年隊)에 처음 드러간 『크리스챤』이라는 사람을 사랑한다고 말하고 그 청년대에서는 처음 드러간 사람들을 몹시 시달인다니 아못조록 그런 일이 업게 하야 달라는 것을 부탁하얏다. 그 말을 드른 『시라노』는 한업시 락망이 되엇스나 자긔의 사랑은 전혀 희생을 하기로 하고 『록싼누』의 청에 대하야 쾌히 승락하얏다. 그후 『시라노』는 청년대에서 모든 용사들과 그 전날 밤 『네루』 문 근처에서 싸호든 이약이를 하고 잇는데 『크리쓰챤』은 『시라노』의 코의 흉을 보앗다. 그러나 그는 『록싼누』가 사랑하는 남자이라는 생각하고 참고서 돌리혀 모든 대원들을 그곳으로 내여쏫고 사랑의 적인 『크리쓰챤』을 옹호하얏다. 그러나 『크리쓰챤』은 미남자이지만은 재조가 업서서 『록싼누』

---

4) 〈심청전〉에서 심봉사 역을 맡은 배우는 나운규였으므로 이 내용은 오해로 보인다. 주인규는 〈개척자〉의 성재 역으로 주목을 받았다.

가튼 자긔를 쌀른 녀자들에게 듯기 조와하는 말도 들려줄 줄도 몰으고 편지 한 장이나마 아름다웁게 써서 보낼 줄 몰랏다. 그래서 『시라노』는 『록싼누』에게 보내는 엽서의 대필까지 해주어서 아모조록 두 사람으로 하여금 숫다운 『로만쓰』의 주인공이 되게 하고자 힘썻다. 그로부터 삼개월이 지낸 뒤에 불란서 군사가 『아라쓰』에서 서반아 군사를 포위 공격하든 째를 당하엿다. 『리수류』 대승정은 루이 십삼세에게 군사를 더 파견하라고 권하야 그 지위관으로는 자긔 족하 사위되는 『드킷쉬』 백작을 추천하엿다. 『드킷쉬』는 사랑의 적 『크리쓰찬』을 파리에 그대로 두고 출전하기가 실혀서 『시라노』와 『크리쓰찬』이 잇는 청년대에 출전 명령내리기로 위선 『록싼누』 처녀와 맛나고자 엇더한 사원 안에 안저서 승려 한 명을 식히어 『록싼누』에게 면회하기를 강청하엿다. 한편 『크리쓰찬』은 『시라노』가 써준 아름다운 엽서의 덕으로 『록싼누』와 그의 집 압헤 잇는 분수(噴水)가에서 맛나게 되엿다. 『크리쓰찬』은 어리석은 생각에 자긔 자신이 이미 『록싼누』에게 사랑을 밧는 것이라 하야 『시라노』의 도움을 밧지 안켓다고 하야 자긔 지혜만으로 『록싼누』를 맛나 다만 『나는 당신을 사랑합니다』라는 말밧게 하지 못하엿든바 령리한 『록싼누』는 그 말에 만족을 엇지 못하야 『크리쓰찬』에 대한 염징을 갓고 자긔 집으로 드러가버리엇다. (계속)

동아 25.12.02 (5) 〈광고〉
조선극장
본보 독자 우대일
우대권 란외에
십이월 이일 일일간

매일 25.12.02 (3), 25.12.03 (1), 25.12.04 (2) 〈광고〉
12월 1일자 단성사 광고와 동일
12월 1일자 우미관 광고와 동일

조선 25.12.02 (석1), 25.12.03 (석1), 25.12.04 (석3), 25.12.05 (석3) 〈광고〉
12월 1일자 단성사 광고와 동일
12월 1일자 우미관 광고와 동일

동아 25.12.03 (5) [연예] 영화배우계 현재 (하) 토월회 화형배우이든 이월화 / 운영뎐과 심청뎐 주역의 김우연
다음에는 리월화이니 이는 오래동안 극계에 잇섯스며 쪼는 무대 배우로도 상당한 인긔를 어덧스며 고로 사계에 유의한 사람들은 물론이요 그 외 일반 젊은 사람들 처놋코는 몰으는 이가 업슬 만치 그 일홈이 세상이 알니워젓다고 합니다. 그는 경성 태생으로 방년 스무 살인데 무대를 처음 밟기는 그의 나희 열여섯 살 째이엿다고 합니다. 처음에는 김도산 일행에 석기여 잇섯스며 그 후에는 한동안 무대를 밟지 아니하다가 열여덜 살 째에 려명극단(黎明劇團)에 들어서 디방 순회 흥행을 하다가 그 극단이 흐지부지하게 됨애 짤아 다시 한동안 쉬다가 토월회가 조선극장에서 데이회 공연을 할 째에 그에 들어서 출연한 결과 적지 아니한 인긔를 쓸어 그후 그 극단에 면속으로 잇다가 역시 조선 키네마 발긔 초부터 영화배우가 되어 해의 비곡에 출연하엿스며 운영뎐을 촬영할 림시에 화형 다툼으로 동 회사를 써난 이후로 한동안은 일본 동아키네마에 팔려가게 되엿다고 전하더니 지금은 그의 정부와 상해로 가 잇다고 합니다. 다음에는 김우연(金雨鷰)이니 그는 방년 이십 세요, 함경도 태생인데 윤백남(尹白南) 씨에게 유망하게 뵈여 역시 조선키네마에 들어 운영뎐의 운영의 역을 마터서 출연할 결과 대번에 수월치 안은 수완을 뵈이고 백남프로탁손이 생기자 그리로 올마서 심청뎐의 심청 역을 마터 출연하야 큰 인긔를 어덧섯다고 하는데 지금 어데 잇는지 미상하다고 합니다. 다음에는 김명숙(金貞淑)이니 그의 나희는 스물이요 부산 태생으로 방금 평양에서 쉬고 잇다는데 고려키네마에 들어서 개척자 주인공으로 출연하야 역시 일반의 상당한 촉망을 바더섯다고 합니다. (끗)

동아 25.12.03 (5) [연예] 신착영화 / 문예명화 시라노 전십일권

(3) 이태리 영화

그리하자 『시라노』가 쌀코니에 숨어서 그 광경을 엿보고 『크리쓰찬』에게 지혜를 빌녀주어서 그대로 하게 되니 『록싼누』는 다시 『크리쓰찬』을 짜라나와서 비로소 키쓰를 하게 되엇다. 이재 마참 『드킷쉬』의 편지를 가진 승려가 왓다. 『록싼누』는 『드킷쉬』의 편지로 돌히어 승려를 깜짝가치 속여서 그로 하야금 주례(主禮)가 되게 하야 『크리쓰찬』과 결혼식을 거행하기 시작하얏다. 이재에 마츰 『드킷쉬』가 차져왓다. 『시라노』는 그가 막 오자 갑작히 긔긔묘묘한 월세계(月世界) 려행담을 하야 『드킷쉬』를 억제해서 마참내 결혼식을 맛치게 하얏다. 그것을 안 『드킷쉬』는 절치부심하얏스나 엇지하는 수 업섯슴으로 그 분푸리로 혼인 날 밤에 잠간도 여가를 주지 아니하고 『크리쓰찬』과 『시라노』에게 명령을 나리어 전디 중에도 가장 위험한 곳으로 보내인다. 이에 일으러서 씬은 『아라쓰』 포위 공격으로 변하야 서반아 군사를 위워싼 불란서 군사가 쏘다시 서반아 군사에게 포위공격을 당하는 중 군량의 결핍으로 위급한 경우를 당하고 잇다. 그런 중에도 『시라노』는 쯘임업시 『크리쓰찬』의 일홈으로 『록싼누』에게 편지를 햇다. 『록싼누』는 그 편지로 말미암어 쓰거운 정열을 금치 못하야 『크리쓰찬』과 가치 잇겟다는 생각으로 만혼 량식을 실은 마차를 타고 전디로 향하야서 주린 청년 배로 하야금 배를 불으게 한다. 『크리쓰찬』은 이제서야 인정이라는 것을 알게 되여 『록싼누』는 자긔의 미남자임을 사랑한 것이 아니요 재긔(才氣)를 사랑한 것이 잇다는 것을 알게 되며 그에 짤하 『록싼누』의 사랑을 산 자긔의 온갓 재긔는 자긔의 것이 아니요 『시라노』의 재긔이엇든 것을 생각하고 자긔는 전혀 의우(義友) 『시라노』가 바들 사랑을 횡령하얏섯다는 것을 깨달게 되엇다. 그리하야 『크리쓰찬』은 그 이상 더 『록싼누』의 사랑을 밧지 못하겟다는 생각으로 전장에 나가서 덕으로 더부러 싸화 죽기를 결심하고 사디에 쮜어들어서 마참내 절명을 하게 됨애 지낸 일을 전부 『록싼누』에게 고백하고자 하얏다. 그러나 『시라노』는 오히려 세상을 써나는 『크리쓰찬』의 마음을 질겁게 해주기 위하야 『자네는 세상을 써나나 『록싼누』의 사랑은 영원히 자네의 것일세』 하는 말을 최후로 들녀주엇다. 그후 『시라노』는 모든 비밀을 자긔 가슴 속에 감추고 입밧게 내이지 아니하얏다.

동아 25.12.03 (5) [연예] 영화계의 진화(珍話) / 보험총액 사백만 원 미남 / 라몬로쌔로 씨

미국영화계에서 씨슨 배추 줄거리가치 씩씩하고 사내다운 기상으로 수업는 녀자들의 가슴의 고동을 심하게 한다는 『라몬노쌔로』 씨는 보험회사의 큰 귀중품이 되여 잇다고 합니다. 그의 보험 총액이 이백만 불 — 조선 돈으로 치면 약 사백만 원이나 된다고 합니다. 사백만 원이라니 말은 례사로 합니다마는 조선에는 사백만 원 자본커녕 그의 사분지 일, 일백만 원의 자본을 가진 보험회사나마 업지 안습니까? 한일은행 한성은행의 자본금 총액이 얼마이든가요? 긔가 막힙니다.

동아 25.12.03 (5) 십월 중 공개영화 총 척수

십월 중 시내 각 연극장에 상장한 활동사진의 필림 척수는 도합 삼십륙만 사천륙백오십구척이엿다는데 그중 양극(洋劇) 십오만 이백오척이 뎨일 만코 실사(實寫) 일만 팔천팔십척이 뎨일 적엇는바 그를 다시 교육, 선뎐, 오락 등 종별로 보면 오락(娛樂) 삼십삼만 팔천이십삼척이 최고요, 교육(敎育) 이천이백척이 뎨일 적엇스며 십일월 중의 공안 방해로 절단된 건수는 이십 건으로 십월 중 십사 건에 비하야 륙 건이 느럿다더라.

조선 25.12.03 (석3) [학예] 조선영화계의 / 과거-현재-장래 / 이구영 (七)

(二) 조선영화계의 현재

최근에 이르러 조선영화계를 살피건대 외국영화 자유배급으로 인하야 흥행자 측은 말할 수 업는 곤경에 쌔지고 말엇다. 완전한 푸로구람을 제공하는 회사는 『유니바살』, 『폭스』, 『파라몬트』이니 그중에서 『유니바살』이 제일 완전한 배급을 할 수 잇스며 일개월 배급 특약료는 일천오백 원이니 칠, 팔 년 전 동사(同社)의 삼백 원에 비하면 오십할의 증가된 세움이요. 『파라몬트』는 일천오백 원 이상이니 『파』 사 작품에는 대개가 특작품으로 보통 정기 배급은 작품의 부족으로 지난한 모양이며 『폭스』는 배급상 부족은 업스되 역시 특작품이 만흠으로 최저가 이천 원이다. 『유나이뎃트』는 특작품 대부에 불과하고 일주일에 『박댓트의 도적』 가튼 작품은 대판 송죽좌 봉절 시 일만 원이엿스며 경성에서 일(日), 선인(鮮人) 측 공동으로 일천오백 원 이상이엿다. 유 사의 『노돌담의 쏩사등이』는 일주간 이천 원의 상장료를 요구하엿슴으로 흥행자 측과 공영(共營)을 한 일도 잇다. 이 가티 사진요금의 등귀한 중에도 작품의 비저(沸底)로 말매암아 경성의 흥행계는 자못 곤경에 쌔저 잇다. 작품이 풍부한 『유니바살』도 쌔로는 특선료를 내지 안코는 조흔 사진을 상장할 수 업고 특선 영화가 아니고는 도저히 자기 극장의 인기를 지지(支持)할 수 업는 것이 최근 영화 흥행계의 현상이다. 이러한 경향은 날노날노 심하여지는 모양 가트며 최근에 『퍼스트내추낼』 회사도 동경예다 지사를 설치하고 직접 영업을 시작하엿스며 일광(日米)영화배급사 『스타필님』 회사 등이 신호(神戶)[5]와 동경에 쓰게 된 이후 일본의 송죽, 동아, 목야, 제국 가튼 대회사는 전연 외국영화 수입을 정지햇다 할 만치 그 수입 영화가 적으며 송죽은 『푸레페드』 『나와쌱러더』[6] 『아메리칸』 기타 소회사 작품과 구주영화 소수의 수입이

---

5) 고베.
6) '와나쑠러더'의 오식으로 보임.

잇슬 쑨이요, 일활도 역시 『파데』 연속 『로이드』작품 등쑨으로 일본의 유수한 제작과 배급을 겸햇든 회사들은 최근에 이르러는 전혀 일본영화 倒作에 專力을 傾製하고[7] 자사계 봉절장 중 양극 전문관은 역시 전기(前記)한 자유계약주의로 수시 각 지사로부터 대용(貸用)을 하게 되엿다. 이와 갓튼 현상은 제작 흥행 배급의 완전한 독립을 보게 되엿다. 생각컨대 조선인 측 상설관은 순전한 양극 본위임으로 그 여흥 선택에 금후 비상한 난관이 잇슬 것이다. 더욱이 최근 관람객들은 여간한 진기한 명화나 자극이 강렬한 내용의 작품이 아니면 보지 안는 형편이다.

금후의 조선영화계는 엇지 되겟는가? 묘연한 추측으로 판단할 수는 업는 일이다. 그러나 영화극장의 증가가 업는 현상대로 나아간다 하면 결국은 조선영화계는 일홈쑨으로 몃몃 흥행극장의 존속를 볼 쑨이오, 그 발전은 가망할 수 업슬 것이다.

동아 25.12.04 (5) [연예] 교묘한 인기 집중책 / 미 영화배우 선전의 발달된 책략 / 약혼담으로 신문 긔자를 속이어 / 당장에 유명해진 미국 영화 녀우

미국에서는 일류 배우가 되면 그 한 사람의 선전 사무를 마터보는 사람들이 몃 사람식 잇다고 합니다. 그리하야 무슨 긔회를 보든지 결단코 그 긔회를 놋치지 안는다 것은 오히려 례사의 일이요, 엇더케 하든지 공연한 소문을 지어서 아모쪼록 선면한 긔회를 만들고자 각기 대활동을 한다고 합니다. 그래도 한마듸 이약이를 소개하건대 『메리 짜듼』이라고 하는 녀배우는 본래 가극단 배우로 영화계에 나오게 되엿는데 그는 『치카고』 엇던 신문사 중역과 약속하기를 자긔 일을 어느 신문에든지 아모 달, 아모 날 엇던 면에다가 계재하게 되리라고 하야 서로 내기를 걸어놋코 그 약속한 날 하로 전날을 당하야 『치카고』 각 신문 긔자들을 자긔가 묵고 잇는 호텔로 청해놋코 시치미를 싹 쩨고 류리창 밧 길거리에서 교통을 정리하고 섯든 교통 순사를 손가락으로 가라치면서 『저런! 벌서 교대 시간이 되엿나? 저긔 섯든 저 교통 순사가 잇지요? 나는 저이와 약혼을 해바리엿서요』 하고 말을 하엿드람니다. 그 말을 들은 신문 긔자들은 속는 줄을 모르고 제각긔 경쟁을 해가며 그 긔사를 써서 그 이튼날 아침에는 『치카고』에서 발행되는 신문쑨만 아니라 미국 전토의 유수한 신문에는 그 지정하엿든 면에 몃 단식 되는 큰 표례로 경쟁뎍 신문긔사가 발표되고 당장에 미국 전토에는 그 소문이 좌악 퍼지게 되엿섯드람니다. 『짜듼』 양이 그와 가치 약혼 문례로 큰 인긔를 쓸게 된 이래로는 미국에서는 그와 비슷한 책략으로 신문긔자들을 감짝가치 넘겨씨워서 큰 인긔를 쓸고자 하는 일이 만허젓는데 지금은 그 수단 방법이 더욱더욱 발달되여 별별 긔맥힌 수단이 다 잇다고 합니다.

동아 25.12.04 (5) [연예] 신착영화 / 문예명화 시라노 전십일권

(4) 이태리 영화

그후 살 가치 쌀은 세월은 어느덧 십오 성상을 지냇다. 『록싼누』는 남편이요 애인이든 『크리쓰찬』이 세상을 써난 뒤로 수도원(修道院)에 들어가서 녀승의 생활을 하며 죽은 남편을 잇지 안코 마음으로 섬기고 잇섯다. 『드킷쉬』 백작은 그째까지도 오히려 『록싼누』를 잇지 못하고 각금각금 수도원에 차저

---

7) '製作에 全力을 傾倒하고'의 오식으로 보임.

와서 귀치안케 굴고 잇섯다. 『시라노』는 『아라쓰』 전쟁으로 말미암어 중상을 당한 이래 전과 가튼 원긔는 업서젓슬망정 그래도 늘 재긔잇는 솜씨로 풍자와 공격 등의 구절을 느러노흔 공개장을 각금 써내어서 세상의 밉살스러운 사람들에게 적지 안은 악감을 사고 잇섯다. 어느 느진 가을 토요일 밤에 그는 『록싼누』를 방문하고자 집을 나와서 그의 집을 향하든 중 그째까지도 『시라노』를 밉게 생각하고 잇는 『드킷쉬』 백작의 교사를 바든 엇더한 세상 일홈조차 업는 우수운 자가 『시라노』의 머리 우에 큰 재목을 나리처서 그를 중상케 하엿다. 그러나 『시라노』는 압흔 것을 억지로 참고 긔의 가겟다고 한 시간보다는 좀 느젓지만은 긔어코 『록싼누』를 허덕거리고 차저갓다. 점으로 오는 날 락엽 소리는 소소한 수도원 쓸에 일으러서 『록싼누』를 만나 『크리쓰찬』이 최후로 남기고 간 편지를 읽어 들니여주기 시작하엿다. 그러나 그는 상처 압흠을 견듸지 못하야 손이 썰니어 들엇던 편지를 써러터리엇다. 편지는 써러치엇스나 가슴에 굿게굿게 못을 박어준 그 편지를 보지 안이한들 엇지 외울 수가 업스랴. 편지의 긋까지 좔좔 내리 외워서 『록싼누』에게 들니워주엇다. 그제야 자긔에게 온 모든 엽서는 『크리쓰찬』의 것이 안이요, 『시라노』의 것이엇섯든 것을 깨닷게 되엿다. 그리하야 그의 산아희다운 희생덕 처사에 대하야 비로소 깁히깁히 감격히 생각하고 『시라노』를 붓들고 『왜 십오 년 동안이나 잠잣고 잇다가 이제야 나에게 이런 말을 하얏느냐』고 애통하얏다. 그러나 『시라노』는 사랑하는 『록싼누』와 변함 업는 친한 친구들 압해서 마침내 죽엄의 길을 써나게 되자 그는 의자에 거러안저 죽는 것을 천착히 생각하고 나무에 의지해 서서 한 손에 장검을 쌔어들고 휘둘러서 세상의 허위와 야비성과 편견 등 온갖 죄악의 유령을 베어가면서 통쾌한 죽엄을 하고 말엇다. (긋)

▲ 우미관에 상영

이 영화는 명 오일 밤부터 시내 관털동 우미관(貫鐵洞 優美舘)에서 공개될 터이라더라.

동아 25.12.04 (5) [연예] 독일 백림(伯林)[8]에 영화 전람

독일 백림(伯林) 『카이젤쌈』에서는 지난 구월 이십오일부터 십월 사일까지 영화와 보통 사진 대뎐람회(展覽會)가 개최되엇섯다고 한다. 전 독일의 영화업자들과 및 보통사진업자들 중 가장 유수한 자들 전부가 귀중한 출품들을 만히 하엿섯다고 한다. 보통 예술덕 가치가 잇는 황색관(黃色舘)과 활동사진상설관을 옮겨다 노흔 듯한 록색관(綠色舘)과 영화에 대한 미술 방면의 자료를 진렬한 홍색관(紅色舘)과 촬영소를 그대로 옮겨다 노흔 한 청색관(靑色舘) 등 사 관으로 난호여인 순 과학뎐람회로서의 비상한 평판을 바덧다고 한다.

= 사진 = 백림 영화 사진 전람회장과 『우파』사 출품 일 교육영화 『쎗트』

동아 25.12.04 (5) 〈광고〉

조선극장
본보 독자 우대일
우대권 란외에

---

8) 베를린.

동아 25.12.05 (5) [연예] 지상 최(最) 행복 / 스타생활 (1) / 일신(一身)으로도 이신(二身)의 생활 / 쌔렌치노 씨 감상록 / 정말 자긔와 스크린의 자긔

이는『묵시록의 사 긔사』며『씩』등 명화를 위시하야 다수한 미국 스크린으로 판들과 친해진『루돌푸 쌔렌치노』씨의 영화 화형배우로서의 감상담을 번역 소개하는 것이다.

쌔렌치노 이인(二人)

나는 남과 가치 몸은 한 몸이지마는 행세는 두 사람으로 합니다. 다시 말하면『루돌푸 쌔렌치노』가 두 사람 잇는 모양이 됩니다. 한 사람은 판 제씨가 스크린으로부터 친해지신『쌔렌치노』이니 그는 극히 로맨틕한 산아희로 열정덕 사랑에 살어서 덕을 못질르고 마츰내 사랑하는 애인을 자기 품에 안고야 만다든가 혹은 구차한 운명에 쏘들니어 이것을 더항하다 못하야 영웅덕으로 최후를 마치는 등의『쌔렌치노』이요, 쏘 한 사람은 참말『쌔렌치노』이니 씀직이 근면한 청년으로 남의 갑절식이나 고생을 하야 남의 갑절식이나 행복을 누리는 청년인데 이 사람은 여러분이 별로 보지도 못하시엇스며 그에 쌀하 매우 사이가 멀음니다.

판의 흥미는 여하(如何)

판 여러분이 이 두『쌔렌치노』중 엇던 사람에게 흥미를 가지실 것입니까. 물론 스크린에 나타나는, 다시 말하면『묵시록의 사 긔사』의『쭈리오』나『씩』의 주인공과 가튼 청년『쌔렌치노』일 것입니다. 그런데 영화에 나타나는 젊은『쌔렌치노』를 참말『쌔렌치노』와 가치 보아주는 것에 대하야는 나로서는 감사함니다. 그러케 보아주지 안이한다면 나라고 하는 사람은 참으로 쯧밧게 괴이한 사람으로 세상에 나타낫섯슬 것이니까요! 스크린을 통하야 나타나는『쌔렌치노』가 참말『쌔렌치노』보다도 세상에서는 흥미를 갓게 되는 줄을 쌔달은 나는 구타여 참말『쌔렌치노』를 들축여내이고자 생각지 안습니다. (계속)

동아 25.12.05 (5) [연예] 미국 영화배우 전신(前身)

남우

쏜 파리무어 배우　하롤드 로이드 애성방

라몬 나쌔로 서방님　리차드 탈마치 운동선수

데오돌로버쓰 부호　노마게리 음악가

싸그라쓰 마크린 운전수　차례쓰 레이 이발사

토마쓰 미한 판사　차리 촤푸린 백화점 주

아네쓰트 트레쓰 요리점 주　라이오넬 파리무어 선교사

루돌프 쌔렌치노 남첩(男妾)　쌘알렉싸드 불량소년

피씨마본트 과장(課長)　아들푸엔쪼 카페 업자

조천설주 청직이 몬트 쐴 남공(男工)
에밀야닌그스 외교가 루들푸크라인로게 정치가
야리크로쓰 인형상(人形商) 쌕카트란 남(男)하인
팔하푸만 학생 쏜포레스트 귀동자(貴童子)
이반모주힌 대학생 알푸렛트노베리 비서역

여우
그로리아 스완손 의상상(衣裳商) 포라 네그리 기생포주
리의안 씻쉬 여승(女僧) 마리언 싸비쓰 소첩(小妾)
쏘로시 쌔쉬 불량소녀 아리쓰 듸리 귀부인
마리 푸레쏸스트 카페녀(女) 노마 싸루마치 가정부
쌔부 싸니엘 음지발화(陰地發花) 리아트리쓰쏘이 여공
메리 픽포드 배우 아라나지모바 노처녀
마치 페라미 상인여식 코린 무어 야구선수
콘쓰단친 달마치 미안(美顔)업자 니타 달씌 노(老)기생
미-무레 무녀(舞女) 사리메손 신문기자
헤렌 차드빅크 결발사 메리- 카- 양로원 주
나타리코쌘코 양첩(洋妾) 마게리트센 여주의자(女主義者)
오씨워스월드 인형상(人形商) 아스타닐젠 계모
루이스모란 여하인 에바마이 여관집쌀
리아씌즈치 영애 마리야야코비니 여학생
푸란체쓰카버지니 미망인 리파리 창녀

동아 25.12.05 (5) [연예] 영화계의 진화(珍話) / 보험총액 삼십만 원 미인

미국영화계에서 상당한 인긔를 가지고 잇는 얼골 어엽분『쌀라씨 스와트』양에게는 엇던 보험회사가 그 아름다운 얼골의 갑을 십오만 딸라 - 조선 돈으로 환산하면 약 삼십만 원의치로 처주엇다고 함니다. 대톄 얼마나 어엽부기에 삼십만 원의 가치가 되겟슴니까. 조선에서는 아모리 인물이 잘 생긴 기생이라도 그의 몸 갑이 겨우 사오백 원에 지내지 못하는데 비해 생각해보십시오 엇지 놀라웁지 안이한 일이겟슴니까?

동아 25.12.05 (5) 동반(東半)예술단 제이회 흥행 / 조선극장

시내 조선극장에서는 금 오일 밤부터 이번에 새로히 조직된 동반예술단(東半藝術團) 일행의 흥행이 잇슬 터이라는데 이 극단의 단원은 종래의 가극단에 잇던 유수한 배우 이십팔 명을 망라하얏스며 녀배우로는 전자에 광무대에서 출연한 향란(香蘭)을 위시하야 여덜 명이나 되고 단원 전부는 사십 여 인이나 되는 대규모의 구극단이라 하는데 이번 흥행 각본은 재래극과 신극, 각색극 등이오 번외

는 무도과 마술도 잇슬 터이라는데 본보 독자에게는 특별히 우대 할인을 할 터이라 한다. = 우대권은 란외에 잇스니 만히 리용하기를 바라옵.

동아 25.12.05 (5) 〈광고〉
조선극장
본보 독자 우대일
우대권 란외에
십이월 오일 일일간

동아 25.12.05 (5) 〈광고〉
당 십이월 오일 토요부터 특별 대흥행
동반(東半)예술단 대공연
남녀 오십팔 명 배우 총출
연예종목
대, 소기술, 최면술, 대마술, 기합술, 독창, 합창, 동서양 무용, 음악
신극 (시대 현대극)
예제 (매일 교환)
예고
명화 **연(戀)의 개가** 전칠권
문예극 **백장미** 전십권
대활극 **쏜큐** 전십이권
조선극장 전 광 二〇五

조선 25.12.05 (석3) 〈광고〉
예고편에 〈연의 애가〉만 표기된 외 동아일보 12월 5일자 조선극장 광고와 동일

동아 25.12.06 (2) 〈광고〉
십이월 오일 토요부터 특선 명화
일활회사 실사 **지나동란 일편** 전일권
미국 윌리암폭스 사 명우 중컬-바-드 씨 주연
대전(大戰)활극 **강적일축(一蹴)** 전육권
이태리 우니오네지네마이다라 불국문호 에드몬로스당 씨 원작
철학가, 대시인, 검협객, 음악가
비에드로 만니에 씨 주연
문예영화 대검협 **시라노** 오편 십이권 『CYRANO DE BERCELAC』

백인화화(白刃火花)를 산(散)하는 검협! 가인과 영웅

홍련(紅戀)에 우는 애절의 비사!

우정과 신의에 *오뇌! 인간애의 투쟁 모다 수획(收獲)의 대웅편!

예고

문예영화 **파리** 전십사권

동 **키-ㄴ** 전십권

명화 **지내가는 영(影)** 전십권

명화 **아-청춘** 전칠권

폭스 사 특약 **우미관** 전화 광화문 삼구오번

동아 25.12.06 (3), 25.12.07 (2), 25.12.08 (5), 25.12.09 (3), 25.12.10 (6), 25.12.11 (5), 25.12.12 (2), 25.12.13 (3) 〈광고〉

12월 5일자 조선극장 광고와 동일

동아 25.12.06 (5) [연예] 지상 최(最) 행복 / 스타생활 (2) / 쌔렌치노 씨 감상록 / 행복의 반면엔 고통도 중중 / 마음대로 출입도 할 수 업다

영화배우란 참말로 놀라운 매력을 가젓습니다. 연극배우들은 제 아모리 스타일지라도 자긔 몸이 일으러서 그곳 무대에 나타나지 아니하면 그곳 사람들이 그를 리해할 수 업스나 영화배우는 일 폭 그림으로이나마 일시에 전 세계를 도라단일 수가 잇는 까닭으로 자긔 몸은 가보지 못한 곳에서라도 그를 리해할 수 잇게 되는 매력을 가젓습니다. 그러나 그 반면에는 적지 안은 고통도 잇습니다. 위선 자긔 마음대로 엇더한 곳에든지 갈 수가 업습니다. 극당에를 가면 연극이 개막되기 전에는 드리지를 아니하며 맨 나종에, 그린대야 그중 뒤 잘 뵈이지 안케 구석진 데로 보냄니다. 호텔 가튼 데서 누구와 맛나기를 약속하는 것도 마음대로 할 수가 업습니다. 만일 약속한 것을 알게 되면 그 호텔이 인산인해가 되다십히 큰 혼잡을 일으게 됩니다. 또는 거리에도 긔운을 펴고 마음대로 단일 수가 업습니다. 스타가 지나는 것을 누가 한 사람만 발견하면 큰 야단이 남니다. 오고가는 사람들의 시선이 전부 스타에게로 모힘니다. 그중에도 조곰 심한 사람들은 줄줄 싸라오는 일이 여간 만치 안습니다. 그러나 직업 상으로 보아서는 그것을 환영하지 안을 수도 업습니다. 남의 구경거리가 되는 것은 누구나 다 실혀합니다마는 아모리 실트래도 그 실혀하는 빗조차 뵈일 수도 업습니다. 그리기에 영화 스타들은 거트로 보면 조곰도 실혀하지 안습니다. 실혀하는 눈치는커녕 돌히여 조와하는 눈치를 뵈이여야 합니다. 세상 사람들의 그가치 자긔에 대하야 흥미를 갓지 안는다면 직업 상 큰 불행이 되는 싸닭에 그리는 것입니다.

동아 25.12.06 (5) [연예] 시집 출판한 영화 여우 / 세계의 최초

오 년 전에 영화 녀배우로 유명하든 미국 『쏘리쓰 케니온』 양은 시재(詩才)가 잇서서 녀시인으로도 상당히 일홈을 어더 미국 영화잡지에서는 그의 시를 만히 보겟드니 이번에 혼의 가(魂의 歌)라는 시

483

집을 출판하엿다고 한다. 영화 녀배우로서 시집을 출판한 것은 이것이 처음이라 한다. 더욱히 그 시집의 일홈 혼의 가는 그가 일곱 살 째에 진 처녀작(處女作)인 시의 일홈이라고 한다.

동아 25.12.06 (5) [연예] 영화배우 결혼담

촤푸린의 로맨쓰는 녯날부터 미국을 위시하야 세계 각 처의 온갖 신문에 적지 아니 썻섯다. 밀드렛드 하리쓰 양과의 결혼, 리혼 또는 그후 게 애인 이야기며 그 신 애인과의 재혼한다는 등 그 결혼 소문은 실로 신문긔자들의 큰 재료와 수분이 되엇썻스나 희극왕인 그 자신에게는 실로 적지 아니한 재앙이엇섯든 것이다.

매일 25.12.06 (2) [연예안내] 〈광고〉

당 십이월 육일부터
유 사 작품 실사 **국제시보** 일권
유 사 작품 활극 **쫑々이 남편** 전이권
니-루하-도 씨 주연
활극 **이인(二人)의 친우** 전이권
유 사 대작 맹투육탄활극 **철권목사(牧師)** 전육권
막쓰란-다 씨 주연
모험맹투희극 **삼소사(三笑士)** 전육권
유니버살 대작 윌리암 당칸 씨 주연
설중(雪中)연속 **북극의 낭(狼)** 이십권 사권 상영
불일 공개될 세계적 대명화 조인(鳥人) 리차-드 군 주연
결사적대모험 **선풍아(旋風兒)** 전칠권
유 사 백만불 대영화 애국애화(哀話) **애국의 나팔** 팔권
아라나지요바 대역연
문제영화 **인형의 가(家)** 전팔권
불국건국사 여용장군(女勇壯軍) **짠다크** 전구권
고대하소서 문제의 대명편을
단성사

〈시라노〉의 출연진 및 홍보문구 제외된 외 동아일보 12월 6일자 우미관 광고와 동일

조선 25.12.06 (석1) 〈광고〉

매일신보 12월 6일자 단성사 광고와 동일
〈시라노〉의 홍보문구 제외된 외 동아일보 12월 6일자 우미관 광고와 동일

조선 25.12.06 (석1), 25.12.07 (조2), 25.12.08 (조4), 25.12.09 (석4), 25.12.10 (석4), 25.12.11 (석4), 25.12.12 (석1), 25.12.13 (석1), 25.12.14 (조4) 〈광고〉
12월 5일자 조선극장 광고와 동일

조선 25.12.06 (조1) 유원(幼園)을 위한 / 연쇄극 대성황
함남 이원읍(利原邑)에서 수월(數月)간 흥행 중이던 조선 신파 연쇄극 혁신단 임용구(林容九) 일행은
리원읍 유치원의 곤경을 보고 일일간 유치원을 위하야 흥행 실비만 제하고는 유치원 경비 보충으로
흥행하엿던바 당야(當夜)에는 입추에 여지가 업는 공전의 대성황을 이루어 일반 인사의 동정이 다대
하엿다더라. (이원)

동아 25.12.07 (2), 25.12.08 (5), 25.12.09 (2), 25.12.10 (6) 〈광고〉
12월 6일자 우미관 광고와 동일

동아 25.12.07 (4) 경주 고적 영사 / 이일간 인천서
경북 경주군에 잇는 남명(南明)학교의 기금 모집을 목적으로 각지를 순회 중인 경주고적환등영사대
일행은 경성으로부터 내인(來仁)하야 좌기(左記)와 가튼 일정으로 내리(內里)예배당에서 영사를 마치
고 거 오일 군산 방면으로 발정(發程)하엿다고. (인천)
▲ 십이월 삼일 오후 칠시 영화(永化)학교 주최로 학생을 위하야 영사
▲ 동 사일 오후 칠시부터는 금곡(金谷)청년회 주최로 일반을 위하야 영사

매일 25.12.07 (2), 25.12.08 (3), 25.12.10 (3) 〈광고〉
12월 6일자 단성사 광고와 동일
12월 6일자 우미관 광고와 동일

매일 25.12.07 (2) [연예안내] 〈광고〉
동아일보 12월 5일자 조선극장 광고와 거의 동일

시대 25.12.07 (4) 〈광고〉
동아일보 12월 6일자 우미관 광고와 동일
매일신보 12월 6일자 단성사 광고와 동일

조선 25.12.07 (조3) [상의] 활동사진배우 되기를 원합니다
『문』저는 열여덜살 먹은 청년이올시다. 수 년 전부터 활동사진 배우를 불어워합니다. 그리하야 엇지
하면 활동사진 배우가 될가 하야 마음을 태우고 잇스나 아모 도리가 업습니다. 엇더케 하엿스면 조
켓습닛가. 가르처 주십시오.

(견지동 김○○)

『답』 당신과 가튼 젊은이 가운대에는 활동사진의 화면에 나타나는 배우의 화려한 생활을 보면 곳 자긔도 배우가 되여보겟다 하는 생각을 만히 하게 됨니다. 당신의 엇더한 동긔에서 활동사진 배우가 되기를 원하게 되엿는지 알 수 업스나 다른 만흔 사람들은 엇더한 허영에 날뛰어 그러한 곳으로 드러가는 일이 만습니다. 이러한 것은 자긔의 텬품을 스사로 잘 생각하여 작뎡하는 것이 조흘 듯합니다. 그러한 배우생활이란 물질 상에는 어느 뎡도까지 여유가 잇는 생활을 할 수 잇스나 잘못하면 영영 구원바들 수 업는 타락생활에 드러가기 쉬운 일이니 이러한 덤에도 충분히 생각하야 할 것임니다. (일긔자)

조선 25.12.07 (조3) [학예] 조선영화계의 / 과거-현재-장래 / 이구영 (八)

발표된 십편의 영화는 제작 능률 상으로 제작계의 빈약함이 얼마나 심한가를 명언하는 것이다. 그만큼 제작계의 재원은 빈약한 것이다. 거대한 자본을 옹호치 안흐면 도저히 발달하기 어려운 영화사업에 대하야 근소한 자금으로 일확천금을 연상할 수 업는 노릇이니 현재 조선영화 제작계를 도라볼 것 가트면 누구나 다 가티 연구치 안흐면 아니 될 큰 문제가 잇다. 첫재로 자금난이요, 둘재로 완전한 영화사업가의 업슴이다. 기(幾)개처의 영화 상영관을 대상으로 기만 원식 드려 작품을 제작한다는 것은 도저히 못 될 일이니 제작비용의 회수의 가망이 업슬 것이다. 현재 제작된 조선영화가 완전한 수익이 잇섯느냐 하면 제작자의 안목으로는 도저히 이익이 잇섯다고는 말하지 못할 것이다. 현재 시내 삼 극장 중 정원 만키로 조선극장 단성사 우미관의 순서인데 삼관 전부 만원으로 삼천오백여 인이니 각 극장에서 전부 만원으로 오늘날까지 팔백오십 원 이상을 돌파해 본적이 업섯스며 더욱이 최근에 이르르는 재계의 타격으로 인하야 특별 흥행 이외에는 일일 평균 일백오십 원 내지 이백 원 내외이며 적을 째는 칠십 원 이하의 수입이니 적어도 일 극장을 경영하려면 일일 평균 일백오십 이상의 비용이 아니고는 경영할 수 업는 처지로서 그 곤난함이 여하한가를 가규(可窺)하겟다. 이를 미루어 제작자된 처지로서는 여차(如此)한 흥행계의 현재 정세를 도라보지 안코는 경경(輕輕)히 과다의 제작비용을 드릴 수 업게 됨으로 자연 규모가 적고 불완전한 작품이 되고 만다. 물론 영화극이 반드시 거액의 자본만으로 완전한 작품이 되는 것은 아니로되 무엇보다도 항상 재정적으로 부자유를 늣기는 지금의 조선영화 사업자 일반은 슯흔 일이나 먼저 이것을 염두에 노치 아니할 수 업다. 지금까지 제작된 십편 영화 중 작품의 우열은 여하튼 영업 상으로는 수삼 편을 제외하고 완전한 실패를 하고 말엇다. 불완전한 작품으로 일본에 판로를 구할 수는 지난한 일이며 기(幾)개처의 영화 극장을 대상으로 제작사업을 확장할 수는 더욱이 문제 밧기 될 것이니 외국 가티 제작자가 안저서 영화 배급으로 능히 영업을 할 수는 처지가 아니다. 할 일 업시 흥행대를 조직하야 방방곡곡이 다니면서 노천 흥행을 하는 수밧게는 다른 도리가 업다. 그리하야 흥행, 배급, 제작을 제작자 자신이 겸행(兼行)치 안흐면 도저히 영화사업에 착수는 어려울 것이니 조선키네마 실패된 주요 원인이 여긔에 잇지 안엇섯든가 생각한다.

조선 25.12.07 (조4), 25.12.08 (조4), 25.12.09 (석4), 25.12.10 (석4) 〈광고〉
12월 6일자 단성사 광고와 동일
12월 6일자 우미관 광고와 동일

동아 25.12.08 (4) 토월회 순극단 / 오일간 목포서 흥행

조선의 신흥예술을 대표하야 건전히 발달하는 극단 토월회에서는 거 십월부터 각지 중요 도시 순회를 계획하고 이미 대구, 부산, 마산 등 각지에서 흥행하야 애호가의 열광적 환영을 수하든바 거 오일에 일행 남녀 삼십여 명이 목포에 도착하야 금 팔일부터 십이일까지 오일간 본보 지국 후원으로 당지 상반좌(常盤座)에서 흥행을 개시하리라는바 극제(劇題)는 로국 문호『돌스토이』걸작인『부활』을 비롯하야『희생하든 날 밤』, 『사랑과 죽엄』 등 모두 경성 기타 각지에서 상연하야 인기를 집중하든 터임으로 본보 목포 지국에서는 이 기회를 이용하야 독자를 우대할 계획으로 할인권을 발행한다고. (목포)

동아 25.12.08 (4) [영남지방] 청송에서 『라지오』 실험

경북 청송에서는 조선일보 부산지국『라지오』순회대가 인읍(隣邑) 영덕까지 온 것을 기회로 생각하야 군경 양 관청에서 연합 협의하고 민중의 개발과 지방 발전을 도모키 위하야 우(右) 순회대를 초대하고 지난 이일 오후 칠시부터 동군(同郡) 공보 교실 내에서 무선전화 청취를 하엿다는데 남녀 학생 일반 청람 제씨의 이목을 놀래일 만한 상태를 이루엇스며 동 구시 반경에 폐회하엿고 기(其) 익야(翌夜)도 역(亦) 읍내 내등정길(內藤貞吉) 여관 내에서 공개하엿다고. (청송)

동아 25.12.08 (5) [연예] 지상 최(最) 행복 / 스타생활 (3) / 쌔렌치노 씨 감상록 / 수인사(修人事)조차 기세가 양난(兩難) / 엇지 햇든지 험구만 듯는다

나로서는 항상 난문제가 하나 잇습니다. 가령 내가 엇더한 데를 간다고 합시다. 그러하면 군중이 모혀드러 나를 에워쌈니다. 그러한 경우에 나는 그들에게 엇더한 얼골로 인사를 해야 하겟슴닛가. 만일 내가 고개를 숙이어 빙긋 우스면 군중들은『응 우리가 제 얼골을 보고 십허서 기대리고 잇는 줄 생각하는군. 참말 우수운 놈이다』고 하실 터이지요. 그는 내가 만일『내 얼골을 보기 위해서 쫏차오는 사람들이고나. 참 못난 작자들이다』 하는 생각으로 그들을 대한다면 군중들은 괘씸한 놈이라고 할 것이며 또는 내 얼골을 들여다보는 것을 붓그럽게 생각하는 낫흐로 대한다 하면『저계 쌔렌치노인가? 저럿케 못생겻서?』할 것이니 그러한 경우에 나는 그들을 엇더케 대하여야 좃케슴닛가. 누구나 좀 아시는 분이 잇거든 가라처주십시요. 참 고맙겟습니다. 여러분이 나를 에워싸는 군중 중 한 사람이 될 재에는 반드시 이러한 사정을 아라주십시요. 아모조록 나의 곤난한 처지를 동정해주십시요. 그리고 나는 그럿트라도 여러분이 나를 에워싸고 무슨 물건갓치 구경해주는 것을 도리혀 크게 감사한다는 것을 량해해주십시오. 배우의 정신을 기르는 재료는 다만 박수에 잇습니다. 만일 여러분이 나를 구경하기에 흥미를 갓지 안이하엿다면 나는 배우 노릇을 고만두고 달니 무슨 직업이던지 엇지 안이하면 안 되겟습니다. 내가 만일 다른 직업을 엇는다면 깃버할 사람도 잇슬지 몰으겟스나 나에게 대하야는 적지 안이한 몸에 파멸을 당케 될 것이라고 생각합니다. 아모리 행복하다 하여도 이와 갓튼 여러 가지 고통도 잇습니다.

동아 25.12.08 (5) [연예] 영화계 진화(珍話) / 일거양득의 병적(病的) 천지목(天指目) / 쌘타쎈 씨
미국 일류 사팔쓰기 희극 배우 『쌘타쎈』 씨는 당초에 일주일에 삼십 쌀라의 품삭을 바더가며 허드잡이 배우로 잇슬 째에는 남과 갓흔 보통 눈을 가지고 잇섯다. 그러나 일조에 눈을 상하야 홀연히 사팔쓰기가 되자 대번에 ``껑청 쒸여 일류가 되여서 그 수입이 삼천 쌀라가 되야바리엿다. 더욱히 지금와서는 그 눈이 낫게 된다면 십만 쌀라, 조선 돈으로 치면 이십만 원이 생기게 된다고 한다. 이거야말노 일거양득이라고 할 것이다.

동아 25.12.08 (5) [연예] 천재 소년 배우 『짜키 쿠간』 군 / 하므레트 분장
어둠침침한 뷔인 굴에 태어나서 미국 영화계의 희극왕 『차례 촤푸린』과 『키드』라고 하는 사진에 출연하야 대번에 소년 명우의 명성을 박득한 이래 커다란 모자와 헌 누덕이 옷과 다- 쩌러진 구쓰를 신고 눈물의 희극에 출연하야 영화 『판』들을 웃기엿다 울니웟다 하는 『짜키 쿠간』 군은 최근 『메트로』 사에 잇서가지고 『쓰비드 쌔라스코』 씨의 후견으로 『*스피어』 명작 『하무레트』 극의 주연을 하엿다고 한다.
= 사진은 『쿠간』 군이 『하무레트』로 『살어야 할가 죽어야 할가?』 하는 유명한 대사를 하는 광경이다.

매일 25.12.08 (3), 25.12.10 (3), 25.12.11 (2), 25.12.12 (2), 25.12.14 (2) 〈광고〉
12월 7일자 조선극장 광고와 동일

시대 25.12.08 (3) 청송에 『라지오』
(청송) 경북 청송군에서는 조선일보 부산지국 라지오 순회대가 와서 당지 청년단 후원으로 지난 이일 오후 칠시부터 당지 공립보통학교 강당에서 개최한바 인근 유지 제씨가 내람(來覽)하엿는데 우리 청송군에서는 처음 실험임으로 청중이 인산인해를 이루엇스며 쌀하서 일반의 환영도 만핫다 한다.

시대 25.12.08 (4), 25.12.10 (4), 25.12.11 (4) 〈광고〉
12월 7일자 우미관 광고와 동일

시대 25.12.08 (4), 25.12.10 (4) 〈광고〉
12월 7일자 단성사 광고와 동일

동아 25.12.09 (5) [연예] 지상 최(最) 행복 / 스타생활 (4) / 쌔렌치노 씨 감상록 / 스타되기보다 인기 유지 난(難) / 가간사에도 세평은 맹렬해
이제 나는 영화에 나타나는 『쌔렌치노』 말고 참말 『쌔렌치노』 본인을 소개하기 위하야 나의 일상 생활을 말씀하겟습니다. 영화를 만들 째에는 나는 날마다 아침 다섯 시에 자리를 니러남니다. 요사이는 『스타듸오』에 여섯 시까지 이태리 긔병 대좌 『마리오 카리로』 씨의 지휘 하에 군대덕 격렬한 승마련습을 합니다. 일곱 시에는 의상실(衣裳室)에 가서 의복을 갈아입습니다. 그리하야 여덜 시 삼십분이면 만반의 주의가 다 됨니다. 그리고서는 종일토록 『키네마』 압헤 서서 영화제작에 대한 모든 세세한 덤에까지 주의를 게을니하지 안코 신경을 시달리다가 밤 일곱 시가 되여야 겨우 『스타듸오』를 써나게 됨니다. 잠은 아홉 시만 되면 반드시 자기 시작합니다. 그러나 다행히도 이 일과는 오십이 주간을 꼭 그대로 계속하지 안습니다. 일만 하고 놀지 못하면 정신덕으로든지 육테덕으로든지 새 생명에 대하야 큰 해가 잇다는 것을 나는 잘 아는 터이니까 그 덤에 대하야도 주의를 게을니하지 안습니다. 그리하야 영화 제작을 하는 틈틈이 남불 『니스』에서 산장인 『후드누』 씨의 굉장한 려택을 방문하기도 하고 쏘는 그림가튼 스페인을 자동차로 만유하기도 합니다. 이것이 참말 『쌔렌치노』의 일상 생활의 대개임니다. 여러분이 상상하시든 것과 엇더함니까 필경 틀니는 덤도 적지 아니할 것임니다마는 그 까닭에 영화에 나타나는 『쌔렌치노』와 참말 『쌔렌치노』 두 사람이 잇다는 것을 미리 말씀해 둔 것임니다.

동아 25.12.09 (5) [연예] 지상(紙上)영화 / 푸른스팔아스타 사 작 / 애인의 서(誓) / 라몬노바노 씨 주연 전편(全篇)

저명한 『오-마카이얌』의 시론(詩論)을 『씨호크』가 주연하야 상당한 명성을 어든 영화를 『밀톤실쓰』가 각색하고 『페루지난드리알』 씨가 감독하얏다. 그 경게는 상수롭지 안는 일에 그 아들을 살해한 『하싼』은 점점 광덕 성격 소유자로 변하야 마침내 안해 『쌔지싸』에게까지 사이가 멀어저서 파사(派斯)[9]로 도망을 하지 안을 수 업는 경우를 당하얏다. 파사에 일은 『하싼』은 『로스쌈』 추장(酋長)의 쌀 『쩨린』의 자태에 마음이 끌니어 『로쓰쌈』의 집에 들어갓섯스나 역시 녯날의 허물이 들어나 역시 쏫기어나고 말엇다. 그러나 이질 수 업는 것은 어엽분 『쩨린』의 자태이엿섯다. 『하싼』은 궁리를 하다못하야 흉악한 암살단을 조직해가지고 『로쓰쌈』의 집에 들어갓다. 그 기별 바든 그 리웃 부락의 추당 아들 『쎈아리』라는 『쩨린』의 명혼한 남편이 구원을 와서 맹렬한 격투를 하얏다. 『하싼』은 『쎈아리』를 잡어놋코 『쩨린』을 강데로 싸리고 살고자 하얏스나 홀연히 이상한 사람의 그림자가 나타나서 날카로운 칼로 『하싼』의 가슴을 찔러 너머처바리엿다. 그 그림자의 임자는 누구이엿섯든가? 그는 『하싼』의 안해 『쌔지싸』이엿섯다고 한다.

동아 25.12.09 (5) [연예] 영화배우 결혼담

쌔마라마 루 양은 이번 혼인이 둘재 번 혼인인지 셋재 번 혼인인지 알 수 업스나 그 혼인은 전혀 인긔 집중책이엿섯다는 평판인데 그의 쯧과 가치 미국 전토의 각 신문에서는 그에 대한 긔사를 상당히 만히 게재하엿는고로 실상은 그의 평판이 쐐 놉하지고 인긔도 상당히 집중되엿슬 것이나 쯧밧게 그 결과는 그와 정반대로 대번에 인긔가 쑥 써러저버리고 헛 애쓴 것이 미안하다는 평판만 자못 놉

---

9) 페르시아.

다고 한다.

동아 25.12.09 (5) 〈광고〉
우미관
본보 독자 우대일
우대권 란외에
십이월 구일 일일간

조선 25.12.09 (조1) 토월 순극 성황
재경 토월회 순극단이 내방(來訪)하야 당지 봉래좌(蓬萊座)에서 사일간 출연한바 의외의 대성황을
정(呈)하얏스며 최종의 거(去) 삼일은 당지 총운동동맹을 위하야 조석(朝夕)의 식가(食價)만을 제하
고 수입 전부를 제공하기로 하야 공연하얏다더라. (통영)

조선 25.12.09 (조1) 청송에 『라디오』 시험 / 본보 부산지국 순회대 대성황
본보 부산지국 『라디오』 순회대는 먼저 영덕 령해 등지에서 공개한바 량호한 성적을 득하고 예정한
순로(巡路)로 이일 청송에 도착하야 동일 오후 칠시부터 당지 청송공보 교실에서 본보 청송지국과
청년회 노동공제회의 후원으로 공개하얏는데 회중이 수천이엇스며 당일은 천기의 불량으로 최호(最
好)의 성적은 부득(不得)하얏스나 역시 불량한 결과를 면케 되야 일반은 신기(神奇)에 경탄하얏다 하
며 동 순회대는 익(翌) 삼일 오전 칠시 청송을 향하야 출발하얏다더라. (청송)

조선 25.12.09 (조1) 의성의 『라디오』
본보 부산지국의 주최 『라디오』 순회대가 각지에 순회함은 누보(累報)한바 사일 의성에서는 동아지
국 삼성당(三省堂) 본보지국의 후원으로 당지 공보교 내에서 공개하게 되엿는대 오래동안 갈망하돈
의성 인사는 정각 전부터 삼(三)교실이 만원되야 대성황을 치(致)하얏는데 그 실비는 관공(官公)의
원조로 되엿다 하더라. (의성)

동아 25.12.10 (4) 송고생(松高生) 활사회
송도고등보통학교 오학년 반우회(班友會) 주최로 활동사진대회를 지난 삼일 오후 칠시 반에 시내 중
앙회관에서 열엇다는데 정각 전부터 장내는 입추의 여지도 업시 만원이 되엿는바 송고생의 합창을
비롯하야 희극 수종과 희무정의 활동사진을 영사하엿다고. (개성)

동아 25.12.10 (5) [연예] 지상 최(最) 행복 / 스타생활 (5) / 쌔렌치노 씨 감상록 / 애처(愛妻)와 의 연애 생활난 / 부녀 판들 비평도 퍽 두려워
다음에는 이야기가 조곰 엽길로 바스러저 드러가는 것 갓슴니다마는 『스타』의 명성을 유지하는 데
대한 고통담이니 대톄 『스타』의 명성을 유지하기는 처음 『스타』가 되는 것보다도 몃 십 배나 어렵슴

니다. 한 번『스타』가 되면 다만『스타듸오』안에서뿐이 아니라 일으는 곳마다 그의 일거일동을 모조리 감시를 밧게 되는데 그 감시하는 것도 마치 현미경을 가지고 무슨 세균이나 검사하듯 치밀한 검사를 밧게 됩니다. 그 까닭에 아침 잠을 좀 늣게 자든지면 몸을 좀 게을니 하는 경우가 잇드라도 그 비평은 몃 천 리 밧게 면해짐니다. 가간사에라도 안해에게 대하야 조금 거역하는 일이 잇스면 안해에게는 짐승 가튼 대접을 밧게 되고 그로 인해『스타듸오』에는 출입할 수 업시까지가 됩니다. 쏘는 안해에게 너머 곱게 뵈이어 사랑에 쌔진다 하면 부인 판들에게 깃것 어드노흔 인긔가 쏙으러부터 바림니다.『요사이 아모 스타는 너머 정분이 나서 로맨틕한 출연은 전혀 볼 수가 업시 되엇다』는 담박에 험담을 듯게 됩니다. 좀 써들기나 조와하는 친구와 카페 가튼 데를 가는 일이 잇다고 하면 대번에 난봉을 부린다고 비평을 합니다. 내가 어느해 섯달 그믐쎄 망년회 = 더욱이 그쌔에 출석햇든 사람들은 모다 훌용한 사람들이엇섯슴니다 = 에 출석하랴고 햇드니 그곳은 금주법 강제관(禁酒法 強制官)에게 주목을 밧는 곳이라고 하는 말이 면해짐으로 나는 그날 집을 나가지도 못하고 쏙 들어안젓든 일도 잇섯슴니다. 만일 갓다가 톄불 우에 술병 가튼 것이 노혀 잇는 경우가 잇다 해보십시요. 그 이튼날 아츰 각 신문에는『쌔렌치노』의 주류 밀수입(酒類 密輸入)이라는 큰 표뎨로 굉당한 긔사가 날 것임니다.『스타』의 명성을 유지하기는 실로 어려운 일임니다. (계속)
= 사진 = 루틀푸 쌔렌치노 씨 분장 남자(男姿)

동아 25.12.10 (5) [연예] 문장(文章) 여우(女優) / 싸쿠린 로산 양

일직이『파라마운트』사에 잇서서 당래의 만흔 기대를 밧든 미국 영화의 신 인긔 녀우『싸쿠린 로샨』양은 이번에『폭쓰』사에 입사하얏다고 한다.『로샨』양은 이전에『코리랏드 스푸링써씨트』라는 신문 긔자로 활약한 일도 잇섯다고 한다. 그 까닭으로 영화배우가 된 뒤에도 선뎐문 가튼 것을 자긔 자신이 쓰며 쏘는 촬영에 관한 긔사도 자긔 손으로 써서 본사 선뎐부로 보내는 고로 글 잘 쓰는 녀우로 유명하다고 한다.『폭쓰』사에 입사한 뒤 뎨일회 작품으로는『게을븐 사람』으로 그 영화는 임의 봉절을 하야 다대한 호평을 바덧고 지금은『안해의 용차』라는 영화를 촬영 중인데 그 상대 배우는『크레인 헬』씨로 경쾌한 희활극이라고 한다.

시대 25.12.10 (3) 해주지국 독자 우대 성황

(해주) 경성에 잇는 활동사진 상설관인 단성사에서 지방 순회를 하는 것을 기회로 하야 조선, 본사 양 지국에서는 지난 육일에 독자 우대를 하얏다는데 당일의 사진은『희무정(噫無情)』과『무명의 혼인(魂人)』두 가지를 상영하얏다 하며 관객은 천여 명으로 해주에서 재래(在來)에 구경치 못하든 초유의 성황을 일우엇다고 하는데 관객들은 희무정의 주인공되는『짠쌜쟌』의 현 제도의 법률을 부인하고 모든 인간을 저주하는 장면에 가서 극장이 써나갈 듯이 열광적으로 박수를 하얏스며 다음에『짠쌜쟌』이 신부에게 교화를 바다 타락에 쌔진 모든 인간을 건지랴고 자기의 자신까지 일코 활동하는 장면에 쏘한 박수를 마지 안핫다는데 씃으로 본보 지국 독자 임성환(林成煥) 씨의 간단한 독자 우대의 설명이 잇슨 후 오후 십일시에 무사히 마치엇다 한다.

조선 25.12.10 (석3) [학예] 조선영화계의 / 과거-현재-장래 / 이구영 (十)[10]

현재 의존하엿든 영화제작자로 볼 것 가트면 순전한 연구적 태도로서 영화사업에 투족(投足)하는 이가 만흔 것 갓다. 이리하야 그 사업은 작품쑨만 아니라 영업적으로 완전한 손실을 당하고 마럿다. 제이의 문제인 기술자에 대해서도 물론 지금 현상으로는 업다. 전혀 업다. 각색자도 업스며 감독자도 업고 배우도 업다. 지금에 우리 영화계에서는 기사보다도 무엇보다도 완전한 수완을 가진 영업자와 감독이 더 필요를 늣긴다. 기사는 다만 촬영을 한다는 그 의미 하에서 즉접(即接)으로 작품의 생명을 좌우하는 감독이 더욱 필요를 늣긴다는 말이다. 각색가에 대하야도 감독과 가튼 필요를 늣긴다. 사실노 현재 영화극 각본 창작가로 그 사람의 실력은 좌우간 이, 삼인는 박게[11] 업다. 그리하야 발표한 각본이 그다지 완전한 것은 못 된다. 필자 역시 장래 감독술 이상으로 각본에 대하야 완전한 연구를 싸코저 하나 지금까지 해본 가운데 발표된 작품으로 일편에 불과하되 스사로 적면(赤面)함을 금할 수는 불완전한 것이엿다.

배우 영화배우, 조선에 배우가 완전한 배우가 잇는 것은 아니다. 초기에 잇는 지금의 영화계다. 그것은 일반이 용*할 줄 밋는다.

전혀 기사, 감독, 각본작가, 배우, 영업자가 업는 우리의 영화사업은 경제상으로 적빈(赤貧)에 입장을 둔― 말하자면 다만 신통치 아는 하소연이 나올 쑨이다. 그러면 우리는 현상대로 어써케 하면 우리 영화사업의 장래잇는 발전을 기대할 만한 방침이 잇겟는가? 이 문제에 대하야 간단히 생각해보자. 지방적으로 아즉도 활동사진이 민중오락으로서 발전이 업기 쌔문에 작품상으로는 재래에 유명하든 고대소설의 영화화한 작품박게 일반의 환영이 업는 모양이다. 현대영화가 수삼 편 발표되엿스되 흥행 성적으로도 실패엿스며 일반의 취미 경향 상으로 현대영화보다도 고대영화의 성적이 훨신 나엇다. 작품의 우열은 둘재 문뎨엿든 것이다. 그러면 적어도 영화제작이 예술사업으로서 경제문제가 첨부하여 잇는 이상 일반적으로 환영하는 시대영화 제작이 물론 나흘 것이다. 그러나 문제가 잇다. 장차 일어날 문제요, 지금 일어나 잇는 문제가 잇다. 몃몃 시대작품이 일반의 환영을 밧기도 처음이기 쌔문에 진기하여서 보아주엇든 것이요, 재래로 소설노서 읽고 듯든 것을 실지로 본다는데 흥미를 잇그럿든 것이며 결코 그 작품이 완전하여서 보아주엇든 것은 아니다. 그럼으로 지금부터 제작되는 영화는 적어도 일반이 어느 점으로 보든지 수긍할 만한 말하자면 고대인의 풍속습관에 상위(相違)는 업서야 하겟다. 그러나 우리에게는 분명한 풍속사나 복장사가 업다.

동아 25.12.11 (5) [연예] 지상 최(最) 행복 / 스타생활 (6) / 쌔렌치노 씨 감상록 / 영원한 스타 업는 영화계 스타 / 각본이 낫버도 배우를 비평

그 외에 또 한 가지 고통이 잇스니 그는 실로 애매하게 비난을 밧는 것입니다. 영화극 각본이 좃치 못한 경우에 『스타』가 출연을 하면 그 각본에 대한 책임은 『스타』에게 일호 반사도 업건마는 공연히 배우에게 비난이 도라옵니다. 『스타』는 다만 감독의 명령에 의지하야 출연할 싸름이것마는 일반 관

---

10) 연재 순서를 볼 때 '(九)'의 오식으로 보임.
11) '이, 삼인 박게는'의 오식으로 보인다.

12편

객은 그러케 생각지를 안이함니다. 『놀마타 마르치』 라든지 『페쌩쓰』, 『픽포드』, 『촤푸린』 가튼 사람들과 가치 자긔네가 영화를 제작하는 사람들은 이와 가튼 덤에서는 아모 거리낌이 업겟슴니다마는 나가튼 사람은 실로 한심할 째가 잇슴니다. 엇지 햇든지 각본이 낫부든지 감독이 낫부든지 하면 참말로 배우들은 애매하게 죽어버림니다. 그러나 그 대신에 감독을 잘 하거나 각본이 조흔 경우에는 아모리 못난 배우일지라도 칭찬을 밧게 됨니다. 그리고 다른 무대 연극 배우로는 영원히 『스타』의 명성을 가지고 잇슬 수 잇스나 영화배우로는 아직까지 영원히 한 번 어든 명성을 유지할 수가 업는 까닭에 영원한 『스타』는 업슴니다. 저 영화 『스타』 자긔는 자긔가 어든 『스타』의 명성을 영원히 유지하고 영원한 영화 배우가 되랴 한다. 우에 말슴한 것과 가튼 여러 가지 관게 상 영원히 가질 수가 업시 됨니다. 이것이 무대 배우보다 영화 배우의 안타가운 사정임니다. 나는 『스타듸오』를 나오면 가명에 드러가서 백여 드러안젓슴니다. 남에게 구경거리가 되어 지내다가 『스타듸오』를 나오면 사뎍 생활이 그리워짐니다. 사뎍 생활을 하자면 가명밧게 업슴으로 그와 가치 집에 가 백여잇게 되는 것임니다. 『스타』 생활이 이 세상에서는 가장 행복스러운 도활이나 그중에는 이와 가튼 고통도 적지 안타는 것을 일반 판은 알어주시기 바라는 바임니다. 이제 나는 『스타』의 생활은 우덥흘 수 업는 행복하다고 하지 안으리 잇스랴, 이 디구 우에서 발견할 수 잇는 행복한 생활 중에 가장 행복한 것은 『스타』 생활이다. 이 말로써 긋을 막고자 함니다. (긋)

동아 25.12.11 (5) [연예] 활변(活辯)학교 / 동경에 창립

일본 활동사진 변사계의 예일인자 덕천몽성(德川夢聲)의 주선으로 이번 동경 우입구(東京 牛込區)에 활동 설명자 학교(活動說明者學校)를 창설하고 방금 학생을 모집 중이라고 한다. 그 학교의 입학 자격은 중등학교 졸업 명도 이상의 학력이 잇고 건전한 사상을 가진 자라야 입학을 허한다 하며 학과는 일본과 서양영화사(映畵史), 영화통론(映畵通論), 세계뎍 영화 상식 등이 잇슬 터이요, 긔타는 실습으로 해설 방법가지 교수할 터이라더라. (동경)

동아 25.12.11 (5) 〈광고〉

조선극장
본보 독자 우대일
우대권 란외에
십이월 십일 일일간

동아 25.12.11 (5) 〈광고〉

십이월 십이일 토요부터 특선 명화
실사 **시사주보** 전일권
희극 **이인(二人)의 엉터리** 전이권
이태리 이다라 영화 회사 세계적 거인 할드로바-카- 씨
대활극 **호걸 마지스듸** 칠권

493

오십관의 체량(體量)의 마지스듸 활약

불국 알바드로스 사 초특작

『노벨 수상자』 원작 감독자 아렉키싼다 쑤-마 씨 주연자 이완모쑤-힌 씨

명화 **키-ㄴ** 전십권

키-ㄴ(KEAN)이 아(我) 영화계에 현출한 시(時) 판은 경이의 안(眼)으로 볼 것이다

대 아렉키싼다 쑤-마 씨의 *필이다

지에쿠스세아 극 명우 (KEAN)이 케후엘드 백작 부인에게 밧은 연(戀)

그 고민의 혼에 *은 모쑤힌에 의하야 이러케 심각히도 표현이 되엿다

신축 일주년 기념 흥행

관람료 특별 대할인 반액

예고

문예영화 **파리** 전십사권

동(同) **키-ㄴ** 전십권

명화 **지내가는 영(影)** 전십권

명화 **아-청춘** 전칠권

문예영화 **사출(思出)** 전십이권

명화 **신혼 로이도** 전육권

폭스 사 특약 **우미관** 전화 광화문 삼구오번

매일 25.12.11 (2) [연예안내] 〈광고〉

출연진 및 예고편 일부 제외된 외 조선일보 12월 11일자 단성사 광고와 동일

동아일보 12월 11일자 우미관 광고의 주요 정보만 축약되어 제공됨

시대 25.12.11 (2) 문명의 이기? 만행의 무기? / 대흥 전기의 악수단 / 입장권 몃 장에 연극장 전등 불을 / 연극 흥행 중에 써버렷다고 한다

(광주) 대흥전긔주식회사(大興電氣株式會社)의 광주지점(光州支店)은 전긔 사업의 목적이 원래 단순히 영리(營利)에만 쓰치지 안코 시가의 발전을 위하야 적지 안은 사명이 잇슴은 족음도 생각하지 안코 집금인(集金人)의 태만으로 혹시 전등료를 밧지 못한 집은 설혹

새 주인인 *갈아지라도 그 전 사람의 전등료를 대신 지불치 아니하면 불을 아니 키어줄 쑨 아니라 비록 시가지가 아니라도 긔왕에 전주(電柱)가 섯지 안흔 곳에는 신청자가 새로 세우는 전주의 비용을 담당치 안흐면 전등을 아니 키어주는 등 별별 가혹한 수단이 만흠으로 오래전부터 광주 시민의 만흔 비난을 바다오든바 지난 팔일 아홉 시경에는 수백 명 관중이 모이어 한참 재미잇게 연극(演劇)을 구경하든 장춘관(長春舘) 안의 전등불이 갑작히 써저 휘황하든 극장 안이 별안간 암흑세계가 되어버림으로 일반 관중은 평소에 고장이 만핫든 광주 전등인 고로 무슨 고장이 쏘 널어낫는지 알아본즉 사실은 긔계에 고장이 생긴 것이 아니라 그날 밤

그 극장에서 밧게 되는 전등료 삼 원 삼십오 전을 속히 밧지 못한다는 리유로 일부러 전등불을 써버렷다 하나 극장 주인의 전하는 말로는 단순히 전등 문제가 아니라 그날 밤에 그 전긔 회사원이 청구하는 무료관람권(無料觀覽券)* 다섯 장을 청구하는 대로 다 주지 안는다는 감정으로 그러한 횡포한 행동을 하게 된 것이라 함을 아는 일반 관중은 다수 관중의 고통을 불구하고 아모 통고도 업시 불을 써버리는 것은 문명의 리긔를 가지고 만적행동(蠻的行動)을 하는 무긔에 쓰는 일이라 하야 가일층 분개를 하야 만흔 불평으로 돌아갓다 한다.

경찰 엄중 단속 / 사실을 알고
전항의 보도한 광주 전긔회사의 횡포한 행등을 알게 되는 광주경찰서에서는 전화로 그 회사의 책임자를 불러 행동이 넘우 불미한 것을 힐책한즉 전긔 회사원은 광주경찰서로서 책망하는 전화인 줄을 모르고 평소 시민에 하든 버릇으로 반항을 함으로 경찰서에서는 정식으로 호출하야 엄중히 단속하려 한다고 한다.

시대 25.12.11 (2) 〈광고〉
금일 독자 우대
우미관

출연진 및 예고편 일부 제외된 외 조선일보 12월 11일자 단성사 광고와 동일

조선 25.12.11 (석4) 〈광고〉
당 십이월 십일일 고대의 명화 대공개
유 사 작품 실사 **국제시보** 전일권
유 사 작품 희극 **무선전화** 전이권
유 사 작품 희극 **기락(氣樂)의 남자** 전이권
유 사 대작 메리될닙핑 양 주연
연애비화(戀愛悲話) **남의 전(嵐의 前)** 전육권
유나이딋트 사 대걸작 아리나지모봐 부인 대역연
문제영화 **인형의 가(家)** 전팔권 일명 【노라……】
유 사 작품 제이회 **북국의 낭(狼)** 제삼 제사 사권 상영
(대예고)
통부(痛扶)통쾌 *施風兒*[12] 전칠권
유 사 대작품 결사적대연속 **천군만마** 십오편 삼십권
불국 건국사 건국애사 **쟌다-크** 전구권

---

12) 조선일보 1925년 12월 22일자 단성사 광고를 참고할 때 '旋風兒'의 오식으로 보임.

유 사 백만불 대영화
애국우화(哀國憂話) **애국의 나팔** 전팔권
송죽 유 사 특약 **단성사** 전 광 구오구번

조선 25.12.11 (석4) 〈광고〉
〈키-ㄴ〉의 홍보문구 제외된 외 동아일보 12월 11일자 우미관 광고와 동일

동아 25.12.12 (5), 25.12.13 (3), 25.12.15 (2), 25.12.16 (2), 25.12.17 (4), 25.12.18 (3) 〈광고〉
12월 11일자 우미관 광고와 동일

매일 25.12.12 (2), 25.12.14 (2) 〈광고〉
12월 11일자 단성사 광고와 동일

매일 25.12.12 (2), 25.12.14 (2), 25.12.17 (2) 〈광고〉
12월 11일자 우미관 광고와 동일

조선 25.12.12 (석1), 25.12.13 (석1), 25.12.14 (조4), 25.12.15 (석1) 〈광고〉
12월 11일자 단성사 광고와 동일

조선 25.12.12 (석1), 25.12.13 (석1), 25.12.14 (조4), 25.12.15 (석1), 25.12.16 (석4), 25.12.17 (석4) 〈광고〉
12월 11일자 우미관 광고와 동일

조선 25.12.12 (석2) 경성역에 라듸오 / 무료로 공개한다
경성역(京城驛) 식당에서는 드러오는 손님들을 우대키 위하야 요즘 『라듸오』를 설치하엿든바 그 성적이 매우 량호하엿슴으로 십일일부터는 매일 드러오는 손님들에게 한하야 무료로 듯게 하리라더라.

조선 25.12.12 (석3) [연예] 킨 전 십권 / 금 십이일부터 / 우미관에 상영
이 영화는 『아럭산더, 듀마』의 작을 각색 촬영한 것인대 문예덕 가치 잇는 유수한 작품의 한아이다. 그런데 그 내용을 대강 말하면 『에드만, 킨』이란 명배우가 두 녀성에게 사랑을 바더오게 되엇다. 그런데 한 녀성은 『케펠드』 백작부인이오, 쏘 한아는 어엽부고 젊은 『안다비』라 하엿다. 그러나 킨은 『케펠드』 백작부인을 사랑하야 결혼을 강청하는 『안나, 단비』를 잘 일러 자긔집으로 도라 보내엇다. 이째에 『웰스』란 황족은 『케펠드』 백작부인을 사랑하는 까닭에 『킨』과는 사랑의 쟁탈자이엇다. 이와 가티 련애의 삼각관계로 킨의 인긔는 여디 업시 써러진 뒤에 신병으로 고생을 하다가 사랑하는 사

람의 가삼에 안기어 이 세상을 영영 써나갓다는 것인데 이 영화는 불란서 『알바톨스』 회사의 초특작명화이다.

동아 25.12.13 (5) [연예] 배우열전 로이드 씨 / 고급 『파』의 명성 / 무엇보다도 어려운 희극 배우 / 관중의 눈은 점점 놉하간다고

제 아모리 어려웁다 하드라도 영화 희극배우가치 어려운 것은 업다 합니다. 극비[13] 배우들은 다소간 틈이 벌은 장면이 잇드라도 그다지 관중의 눈의 씌우지 안이하고 흐지부지 싸이여 너머가는 수가 잇스나 희극에서는 그러한 용납성이 조곰도 업시 실로 털끗만치도 방심을 하지 못한다 합니다. 게다가 요사이는 더욱이 관중들의 눈이 놉하저서 억지로 쑴이는 동작이라든지 생긔업는 느슨한 동작에는 만족을 하지 안케 되엇습니다. 그 싸닭에 희극배우들은 그중 심리학을 만히 리해하는 심리학자라고 일커를 만한 사람이어야 된다고 함니다. 사람의 감정의 발작이 어더케 변화하는가, 한 동작이 잇슨 후 그 다음 동작은 엇더케 나타나는가. 그를 심리뎍으로 해부하야 그것을 자연한 착오로 잇끌어야만 비로소 만족을 주게 되는 것이라 합니다. 구경꾼을 웃기는 것도 전에는 쌀쌀 웃게만 하면 만족하든 것인데 지금에는 그 웃는 속에도 반듯이 그 무엇 잇시 의미 깁게 웃키어야 한다고 함니다. 하롤드 로이드 군은 나종에 말한 의미잇는 우슴을 웃기는 쌔에 덕웅한 희극 배우라 함니다. 매일 그가 잇는 하리우드에 와 써러지는 판들로부터 오는 수만 통의 편지를 대개 두 가지로 난흘 수가 잇다는데 한 가지는 유식 계급의 판들에게서 오는 것 쏘 한 가지는 녀급 사람들에게서 오는 것 등이라고 합니다. 평범하고 천착하고 소홀한 녀급 판들의 편지는 대개 다른 스타들에게 오는 편지요, 상당한 명망가들을 위시하야 대학생, 학교 교사, 중고급 판들에게서 오는 편지들은 모도 다 하롤드 로이드 군에게 오는 것이라 합니다. (계속)

동아 25.12.13 (5) [연예] 지상(紙上)영화 / 불국(佛國) 알쎄드로스사 작 / 킨(KEAN) 전십권

이완 모주힌 씨 나타린 코쌘코 양 공연(共演)

명우 『에드만 킨』은 『켈펠트』 백작부인과 『안나 짠쎄』 두 여자에게 사랑을 바덧다. 『킨』은 백작부인에게 마음이 더 쓸니엇섯다. 젊은 『안나 짜쎄』는 마음에 업는 결혼의 강청을 당하야 『킨』에게로 도망을 와서 자기 사정을 전부 말하고 녀배우가 되게 해달라고 하엿스나 『킨』은 그는 잘못된 생각이라고 돌녀보냇다. 그째 『푸리쓰 오푸웰쓰』라는 사람은 백작부인에게 마음을 두고 잇는 싸닭으로 『킨』과 사랑의 적이 되어 다투든 중 『킨』은 마침내 무대 우에서 『프린스』를 모욕하얏다. 그로 인하야 『킨』의 인긔는 한동안 써러지게 되엇다. 그리하야 그는 충실한 친구 『싸 로몬』 집에 병든 몸을 부처 잇서 가지고 치료를 하다가 사람의 눈을 피하야가며 오는 백작부인의 품에 안키어 늣김 만흔 『쉑스피어』 극책을 씨어안고 폭풍우라는 텬지는 뒤집는 듯한 어두운 밤에 세상을 써나고 말엇다.

= 사진 = 『킨』의 주연한 이와 모주힌 씨

---

13) '비극'의 오식으로 보임.

동아 25.12.13 (5) [연예] 이태리 영화 / 호걸 마티스테

거인 하루트로쌔가 씨 주연

유명한 세계덕 거인『하루트로쌔가』씨 맹연으로 된 영화이니 그 경개는 엇더한 귀족의 쌀이 돌연히 그 아버지를 일코 그 어머니와 더부러 눈물로 세월을 보내는 중 그 숙부되는『알렉씨스』공작이 그 집안 재산을 횡령하랴고 하나 그 쌀이 거리끼는 까닭에 어느날 밤에 그 처녀를 혼수상태에 써러치어 외국으로 다리고 갓다. 그 처녀는 정신을 차려보니 악한들에게 잡히어와 잇는 고로 그곳을 피해 나와서 엇던 활동사진관에 드러갓다가『마티스테』의 용감한 것을 보고『마티스테』에게 편지를 하야 자긔는 몹쓸 악한들에게 생명 재산을 쌔앗기게 되엇스니 구원해달라고 부탁하얏다. 이에『마티스테』는 본래부터 용감한 모험을 질겨 하는 터이라 그를 도아주기로 약속하고 온갖 음해와 가진 곤경을 다 격거가며 놀라운 텩력과 교묘한 긔지로써 악한을 물니치고 그 처녀의 모녀를 구원하야써 다시금 안일한 생활에 들어가게 하는, 미국영화에서는 일직이 보지 못하든 모험 대활극이다 = 이 사진은 작 십이일부터 우미관에 상영 중인데 례에 의지하야 본보 독자 우대 날도 잇슬 터이라더라.

동아 25.12.13 (5) [연예] 긔념흥행 / 우미관

시내 관텰동 우미관(貫鐵洞 優美舘)에서는 작 십이일부터 일주일 동안 신축 개관 일주년 긔념 흥행을 할 터이라는데 그 까닭으로 별항에 소개한 불국 명화『킨』열 권짜리와 밋 이태리 이다라사 특작 영화『호걸 마티스테』일곱 권 등 두 가지 특별 사진을 일시에 상영한다더라.

매일 25.12.14 (2) 세계적 명화 / 매일 갓치 대만원

부내 우미관(優美舘)에서 재작 십이일부터 일주일 동안 신축 일주년 긔념(一週年 紀念)으로 특별 상연 중인 연애 사진『킨-』이란 사진의 원문은 불란셔 문호『안렉산도 쑤이마』씨의 일대 걸작인 세계덕 소설이요 또 이번에 나온 사진이 종릭에 도라단이던 미국 졔품과는 판이하야 불란셔『파테』회사의 특작품으로 보는 사람으로 하야금 덧없는 인싱의 취미를 늣기지 안을 수 업게 되얏슴으로 영화게의 인긔는 이에 집중되야 매일 밤 만원 이상의 대성황을 이루는 즁이라더라.

동아 25.12.15 (5) [연예] 배우열전 로이드 씨[14] / 초봉(初俸)은 일주 오불 / 알 업는 큰 안경을 쓰고 출연해 / 마침내 지금의 인긔를 엇덧다

그러한 까닭으로 향자에『스타』중에서『스탄포드』에 대하야 야구경긔가 개최되엿을 쌔에 특별한 대우를 바덧기 쌔문에 경긔 개시 전후에 다수한 배우들의 경긔장 내에 들어가게 하야 광경을 촬영하게 하고『로이드』자신도 그중에 쒸어들어서 영화를 촬영할 수가 잇섯든 것이라고 한다. 이것만으로 쏘『하롤드 로이드』가 지식계급의 한명을 밧는 것을 알 수가 잇을 터이라고 한다. 그의 나희는 금년에 이십구 세인데 그가 학생시대에는 집안이 빈한하야 겨우 학교를 맛치게 되엿는데 학교를 졸업한 후로는 그 직시 활동사진 방우[15]계에 발을 던저 처음에는『뉴니버설』사에 들어가서 일주일에 오 쌀

---

14) 이 글의 문맥으로 비추어 보아 1925년 12월 14일 5면에도 〈배우열전 로이드 씨〉 란이 있었던 것으로 추정되나 14일자가 4면까지만 남아 있다.

라, 조선 돈으로 환산하면 십 원을 돈을 밧고 별로 불평도 업시 지내오든 터에 회사 칙에서는 엇지 하야 그랫든지 갑작이 일주일에 삼 쌀라식밧게 줄 수 업다고 월급을 싹거나리고자 하는 고로 그에게 큰 분개하야 그 회사에서 나왓섯는데 그 회사에서 친히 알든 『로치』라는 사람이 감독으로 승진하자 그와 가다시[16] 맛나서 의론한 결과 차차 압길를 녈니기 시작하야 마츰내도 사람의 피차간 노력으로 차차 인긔를 엇게 되자 늘 유난히 큰 알 업는 안경을 쓰고 민첩한 긔지로써 모든 동작을 하야 일으는 곳마다 관중의 허리를 싯허놋키로 지금과 가튼 큰 인긔를 박득한 것이라고 합니다.

동아 25.12.15 (5) [연예] 영화 검열 / 미국 취체 내규

활동사진이 사회 각 방면에 긍하야 직접 간접으로 여러 가지 영향이 잇게 됨에 쌀하 그에 대한 취톄는 일으는 곳마다 상당한 규뎡이 잇다. 그 취톄 조례를 볼진대 각각 상이한 뎜에서 대개 그 민족의 온갖 사정을 드려다볼 수가 잇다. 이제 미국 취톄 규뎡을 소개하건대 다음과 갓다고 한다.

일, 백색인종의 노례와 밋 엇더한 형식으로든지 부녀의 뎡조를 매매하거나 그를 주선하는 것과 추행을 목뎍으로 감금한 것이라든지 창부와 밋 창부 집안 광경이 잇는 것

이, 영화 전권(全卷) 쏘는 일부에 부녀를 릉욕하는 것을 물론 더욱이 소녀를 릉욕 쏘는 추행을 목뎍으로 폭행을 하는 것

삼, 태아 쏘는 해산(解産)하는 씬 쏘는 『타이텔』

사, 전권 쏘는 일부에 독약을 버릇으로 사용하는 것 다시 말하면 『하오피암』, 『몰피네』, 『코카인』 등을 상용하는 것

오, 범죄를 가르치는 것과 학살, 독살, 가옥 파괴, 금고(金庫) 도적, 스리, 폭탄 강도 쏘는 약품을 사용하는 도적이 잇는 것

육, 잔인무도한 광경, 자살(刺殺), 아사(餓死), 교살 쏘는 빈사자(瀕死者)와 밋 시톄, 태형, 사형, 감뎐(感電), 외과수술(外科手術), 발광(發狂) 혼수(昏睡)하게 하는 것

칠, 화실(畵室) 기타 장면에서 나톄(裸體) 사람이 낫타나는 것

팔, 전권 쏘는 일부에 타태(墮胎) 쏘는 부정료범 등 륜리에 버스러진 일을 행하고자 하는 것과 쏘는 산아제한(産兒制限) 기타 종족 자멸, 인종개량 문뎨에 관한 것

구, 사회계급을 모욕하고 종교의 위엄을 상하는 것과 신톄(神體) 쏘는 크리스도를 나타내 뵈이는 것

십, 결혼하지 아니한 부부가 동거 쏘는 결혼부인주의(結婚否認主義)의 것

십일, 어린이와 동물을 학대하는 것

십이, 야비하고 조리에 닷지 안는 대사(臺詞)와 자막(字幕)이 잇는 것

십삼, 방화, 파괴 등 소년에게 범죄와 비행을 가르치기 쉬운 것

십사, 주정군의 폭행 더욱이 부인이 그중에 석긴 것

십오, 영화의 결말이 총살(銃殺), 자살(刺殺) 등과 밋 빈민굴에서 최후를 마치는 것 쏘는 원 주톄가

---

15) '배우'의 오식으로 보임.
16) '다시'의 오식으로 보임.

범죄로 된 쌔에는 반드시 달니 구제되는 씬이 잇서야 하며 서로 목숨을 해하는 장면은 쌀려야 할 것으로 그럿치 안커나 추악한 싸홈이 잇는 것은 전 화면을 금지함

십육, 집단덕(集團的)으로 비천한 것 쏘는 희극의 장식(葬式) 병원 전 광원(癲狂院) 매음가(賣淫家) 등을 소개한 것

십칠, 성애(性愛)의 키쓰와 밋 련애 장면과 쏘는 희극 긔타 경우를 불관하고 성애를 표현한 것, 남녀 동금하는 것, 목욕하는 것, 비천한 무도 쏘는 필요도 업시 자리옷 쏘는 속옷만 입은 부녀를 뵈이는 것

십팔, 영화의 내용 쏘는 주례가 출판물에서 나온 것이 잇는 경우에는 고면(古典)이라든지 고면이 아님을 불관하고 충분한 리유가 업는 경우에는 인가치 안이함

십구, 부녀들이 담배를 태우는 것

이십, 부조리한 모험심을 격동식히는 것

이상은 『펜실바니아』의 검열 준비인데 복잡하야 그대로 덕용한다면 좀처럼 영화를 상영할 수가 업슬 것이다. 그러나 하여튼 이와 가튼 정신 아래서 검렬한다고 한다.

동아 25.12.15 (5) [연예] 무도(舞蹈) 연극 / 보화(補化)학원 주최 / 용산 개성좌에서

시내 가회동(嘉會洞)에 잇는 경성녀자보화학원(京城女子補化學院)의 장래 유지 방침에 대한 후원회에서는 동 학원의 경비의 만일의 보조라도 엇기 위하야 룡산(龍山) 일대 청년 단톄의 후원을 어더 십사일 오후 일곱 시에 시내 룡산 개성좌(開盛座)에서 음악(音樂) 무도(舞蹈) 연극(演劇)회를 개최하리라는데 그 순서 중에는 아긔자긔한 소녀들의 무도와 일류 음악가들의 양금, 오현금 등이 잇는 외에 희망의 눈물 이 막과 허영이란 두 막의 사회극이 상장되리라는데 입장료는 청권(靑券) 삼십 전과 백권(白券) 사십 전이라더라.

동아 25.12.15 (5) 〈광고〉

당 십오일부터 신사진 제공 초특별 대흥행

파사 구리스-치 희극 포복절도 **삼각관계** 전이권

일본 영화계의 진보(珍寶) 마키노 프로덕슌 대표적 초특작

동양의 구리피-스 목야삼성(牧野省三) 씨 감독

탐정복수맹투활극 **문명의 복수** 구권

맹렬히 쓸는 대 복수전극! 볼사록 통쾌통쾌 암투 난도(亂刀)

대 파라마운트 사 초특작 대영화

명편 **니인형**(泥人形) 전팔권

명화 메마-테 양 주연

남양(南洋) 열대에 이러나는 홍련(紅戀)의 로맨스!

암투, 활극! 그 결과는?

대예고

조선에 유명한 재래 배우 간부가 모혀 새로운 극단을 조직하엿슴니다

민립극단

제일회 공연을 기대하서요

조선극장 전 광 二○五

매일 25.12.15 (2) 세계적 명화 『부활』 상영 / 십륙일부터 단성사에서

『톨쓰톨이』 선싱의 걸작으로 세계의 절문이의 가슴을 태오고 눈물을 잇글는 사랑의 애사 『캬주샤(원명 부활)』 그간 『차레스』 씨의 각식으로 미국 『파라마운트』 회사에서 촬영 중이더니 임의 동양에 까지 이루어 오는 십륙일부터 시내 수은동 단성사(團成社)에서 상영을 한다는바, 지금브터 『키네마판』의 인긔는 자못 굉장하더라.

조선 25.12.15 (석1) 〈광고〉

동아일보 12월 15일자 조선극장 광고와 거의 동일

조선 25.12.15 (석3) 조선의 영화제작계 / 새로운 활동을 시작한 계림영화협회 / 사계에 경험이 만흔 인물을 망라 (一)

영화예술이 현대에 와서 대대덕으로 발달함에 싸라 우리 조선에서도 이 영화제작에 종사하는 사람들이 퍽으나 만하엿스나 재정의 곤란과 기술의 불숙련으로 비 온 뒤의 버섯처럼 곳 나왓다가 곳 스러지고 마럿다. 그러나 아즉까지도 뒤ㅅ날의 제작을 준비하며 쏘는 새로운 힘으로 사업을 시작하려는 몃 개 단톄가 잇다. 그런데 최근에 와서 우리 영화계에 대대덕 활동을 시작하랴는 단톄가 한아 잇스니 이것은 계림영화협회이다. 이 단톄에는 우리영화계에서 여러 해 동안 활동하든 경험 잇는 배우가 다수히 잇스며 더욱히 이 단톄를 대표하야 모든 일을 주관하는 이는 일즉이 우리 조선에 번안소설을 만히 소개하엿고 더욱히 씨의 작 『장한몽(長恨夢)』 가튼 것은 지금까지 우리 가뎡에서 만히 읽는 중이며 쏘한 씨는 우리나라에서 원각사(圓覺寺) 시절부터 신파극(新派劇)의 운동에도 매우 애를 만히 썻다 한다. 그리고 금일에 와서는 우리 조선의 영화계가 침체함을 보고 다시 힘을 이 방면에 쓰기 시작하야 전긔의 계림영화협회를 만들고 스사로 진두에 서서 활동 중이라 하는대 씨는 영화제작에 대하야 포부를 말하되

『이런 사업은 데일 자금와 인물 문뎨인데 지금도 넉넉치 못하고 인물이 부족하면 이런 사업에는 도려히 착수할 수 업슴니다. 그러나 우리 협회는 뒤에서 상당히 자금을 낼 분이 잇고 쏘는 여러 상당

△ 사진 = 조일재 군.

△ 사진 = 리경손 군.

한 기술자도 모앗스니 아모 장애 업시 나갈 듯합니다」한다.

쏘한 조씨 이외에도 나 어린 촬영감독으로 이름난 이경손(李慶孫) 군이 잇스니 군은 조선키네마와 백남프로러준에서 만흔 경험을 싸어 가지고 다시 수완을 뵈일이라 한다. 그의 감독하에 촬영된 개척자 가튼 것은 이미 우리 영화계에 명평이 잇스며 짜라서 군의 장래에 대단 총망하는 모양이다.

조선 25.12.15 (석3) [학예] 조선영화게의 / 과거-현재-장래 / 이구영 (十)

선조의 생활양식이 엇더한 것인 것도 모른다. 망녕되히 경솔하게 시대영화를 남작할 수는 업다. 그러타고 안 만드러서도 안 될 일이다. 이 문제에 대하야는 여러 방면에 물론(物論)[17]이 만흔 모양갓다. 지정된 지면 관계로 타일(他日)에 양(讓)하여 두거니와 제일 쉬운 것은 현대극 제작이 될 것이다. 이러고 보면 할 일 업시 제작자의 처지로는 경성을 목표로 즉 경성의 관객을 대상으로 작품을 제작하는 수박게 업슬 것이요. 경성에 영업상으로는 수지 성산(成算)이 잇서야 하겟다.

다만 이 한 길이 잇슬 쑨이다. 조선영화 제작계의 장래는 모른다. 누구던지 조흐니 영구한 계속 잇기를 희망한다. 이것이 유일한 광명의 길이다. 우리는 기술이나 모든 것이 다 남에게 뒤를 것다. 일본 수출 가튼 것은 제작계의 천재가 남을 기다릴 수밧게 업다. 그째까지는 우리는 멋멋 도시에서 영화를 발표하여 보는 수밧게 업다. 그럼으로 지금의 우리 영화제작 사업은 극히 적은 규모로 경영하여야 한다. 개인사업에 갓가운.

계림영화 고려영화제작소 선활사(鮮活社) 지금 준비중이라는 이필우 군 일파의 새로운 제작소 조선영화제작소가 지금 기존(旣存)된 『푸로쩍순』들이다. 다 가티 그 완전한 발육이 잇기를 희망한다.

무엇으로 보던지 활동사진 사업은 극히 유망하다. 연극보다는 훨신 발달될 가능성이 만이 잇다. 요컨대 수완 잇는 영업자와 자본가 제작감독의 필요다. 지금 힘 잇는 자본가의 후원만 잇다 하면 우의 기록한 범위 이내에서 제작자들은 완전한 발육을 볼 수 잇슬 것이다. 과대한 제작비용을 드렷다던가 극장 업는 조선에서 배급만을 유일한 영업책으로 하든 제작소는 어느 째던지 미구에 파산을 하고 만 것이 사실이엿다.

◇

문제는 극히 간단하다. 영화사업의 관계자들의 생활보장이 업서 가지고는 아니 될 것이니 어느 편으로 보던지 자본가의 후원만 잇다면 매년 삼, 사 편식 제작 발표할 수 잇슬 것이요. 관계자에게 대하여도 이상의 문제 해결은 용이할 줄 밋는다. 음으로 양으로 조선영화계 진출을 희망하는 송쭉 일활 동아 제국 등 일본제작회사는 아즉까지는 그 마수를 우리 제작계에까지는 내여 밀지 안코 동정을 관망 중에 잇다. 힘 잇는 자본가여 나스라. 제작계는 다 가티 그대의 출현을 기다리게 되엿다. 『완』

동아 25.12.16 (2), 25.12.17 (4), 25.12.18 (3), 25.12.19 (4), 25.12.20 (4), 25.12.21 (3) 〈광고〉

12월 15일자 조선극장 광고와 동일

---

17) 여러 사람의 논의, 또는 평판.

동아 25.12.16 (5) [연예] 배우열전 그로리아 / 미국의 제일인자 / 삼림 속의 맑은 호수 가튼 눈 / 배 안에서 자라나 영화 녀우로

그로리아 스완손 양은 아직 조선에서는 그다지 굉장한 인긔를 엇지 못하엿스나 미국에서는 방금 영화 녀배우로는 첫 손가락을 꼽는다 하며 일본에서도 그 인긔가 날로 놉하간다고 합니다. 그로리아 양은 마치 싸그라스 페쌩쓰가 녀성화한 것 갓흔 화형배우임니다. 그의 큼직한 눈은 경개 절승한 산중에 고요한 호수를 보는 것 갓해서 찰라찰라로 써오르는 열정덕 표정은 실로 변화무쌍하야 그 눈이 한 번씩 깜쌕임애 천금의 갑이 잇다고 합니다.

그는 미국 치카고에서 일천팔백구십팔년 삼월 이십칠일에 고고의 성을 발하여서 금년에 그 꼿다운 나희는 스물일곱 살이라고 합니다. 그의 아버지가 선인이엿슴으로 십이, 삼 세까지는 대개 바다에서 컷다고 합니다. 영화계에 처음 발을 드려놋키는 그가 이파시대이엿다고 합니다. 맨 처음에는 넷싸네이라고 하는 촬영소에 들엇다가 얼마되지 안아서 키스톤 회사에 입사하엿스며 일천구백십칠년에 처음으로 스타의 렬에 들게 되엇다고 합니다.

그가 쎈네트 희극단에 잇서서 상당한 수완을 뵈이매 그 회사에 감독으로 잇든 명감독 세실 드밀 씨가 그의 장래가 매우 유망한 것을 간파하고 적지 안은 신뢰를 하기 시작하엿담니다. 그러한 인연으로 그로리아는 마츰내 파라마운트 회사로 옴기게 되어서 방금 그 회사에 잇는 포라 네그리 양과 더부러 귀중한 보석물가치 녁이는 대접을 바더가며 그 회사가 황금을 그러모으는 재료가 되엿섯다고 합니다.

동아 25.12.16 (5) [연예] 영화 검열 / 국민성 유로(流路) / 귀족적 영국 내규

다음에는 영국의 취체 규측을 소개하건대 다음과 가튼바, 이는 대개 그 국민성이 얼마나 귀족덕인 것을 짐작할 수가 잇슴니다.

1. 풍속을 방해하는 것
2. 동물을 학대하는 장면
3. 성신을 욕되게 하는 행위의 것
4. 극단으로 란취한 장면
5. 야비한 행동을 하는 것(직누덕이 옷을 입고 누추한 짓을 하는 것)
6. 장례식이나 죽은 사람의 시톄가 잇는 방, 직 빈소를 모욕하는 것
7. 유명한 범죄자의 격력을 박은 것
8. 범죄 방법을 지시한 것
9. 어린이에게 대하야 잔인한 행동을 하는 것
10. 과도히 잔인하거나 혹형을 하는 장면
11. 필요 업시 부녀들의 속옷을 뵈이는 것
12. 야비한 행위의 의복을 입은 것
13. 규률 업는 무도
14. 공덕을 비난하는 것

15. 정부의 위신을 더해하는 것

16. 참혹한 살인, 자살, 학살

17. 사형 집행의 광경

18. 폭탄 파렬의 참상

19. 전쟁의 현실덕 공포를 보이는 것(종군하는 데 대하야 두려움을 늣게 하는 것)

20. 공안을 방해하고 겁을 집어먹게 하는 것

21. 군대의 배치와 이동을 뵈인 것

22. 동맹국(同盟國)의 교의를 상하게 하고자 하는 것

23. 백인 노예를 주뎨로 한 것

24. 부도덕을 암시하는 장면

25. 누추란잡한 량성관계

26. 부부간이라고 육교에 갓가운 친밀을 뵈이는 것

27. 뎐통성 병징(傳統性 病症)의 결과는 뵈이는 것

28. 각본이 호색뎍(好色的)인 것

29. 란륜(亂倫) 관계를 암시한 것

30. 인종자면(피임법과 가튼 것)에 관한 내용의 사진

31. 부녀를 모욕하는 것

32. 아이 낫는 광경을 박은 것

33. 매음녀의 집과 그 광경을 박은 것

34. 인종개량학(人種改良學)에 관한 육감뎍(肉感的) 해석을 한 것

동아 25.12.16 (5) [연예] 동물영화 유행 / 전(前) 적십자군 명견 『하트』 군 / 사람 이상 큰 인긔 / 그 족하는 일본에

근래 미국영화계에서는 동물들이 출연하는 영화가 유행된다고 한다. 그중에서는 『린틔인틔인』과 『스트통 하트』라는 두 개가 굉장한 인긔를 어더 우연만한 인긔를 가진 사람 배우보다도 크게 명성을 박두[18]하얏다고 한다. 두 개 중에서도 『하트』는 더욱 유명하니 그 리력을 듯건대 일직이 독일의 경찰견으로 구주 전쟁 시에는 적십자 군으로 전장에 나아가서 동치서주하며 적군을 싹싹 분별해가며 다수한 자긔 나라 군사들의 상병을 구원하야 적지 아닌 공을 끼치웟든 개이라고 한다. 군의 족하 벌 되는 『하리우드』 군이 잇는데 그는 불원간 일본영화계를 방문할 터이라고 한다.

조선 25.12.16 (석3) 조선의 영화제작계 / 새로운 활동을 시작한 계림영화협회 / 사계에 경험 이 만흔 인물을 망라 (二)

이 계림영화에서는 회장 조일재 군 감독 리경손 군을 비롯하야 그 밧게도 촬영기사 서천수양(西川秀

---

18) '박득(博得)'의 오식으로 보임.

 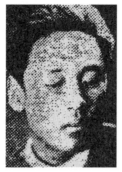  

△ 사진 = 강홍식 군.　　△ 사진 = 남궁운 군.　　△ 사진 = 대택유 군.　　△ 사진 = 서천수양 군.

洋) 군 배우에 강홍식(姜弘植) 김태진(金兌鎭) 대택유(大澤柔) 라운규(羅雲奎) 남궁운(南宮雲) 뎡긔택(鄭基澤) 리규설(李圭卨) 제군과 김정숙(金靜淑) 양이 잇다.

서천 — 서천군은 조선영화제작계에서 이즐 수 업는 촬영기사의 한 사람이니 그는 일즉히 일본의 큰 촬영소인 송죽(松竹) 제국(帝國)에서 수련한 기술을 조선키네마에 와서 발휘하다가 다시 동고하던 여러 벗과 거취를 함씌하야 백남포로덕순으로 와서 개텩자의 작품을 완성 식히고 다시 계림영화협회에 드러가 모든 촬영 준비에 방금 분주히 지내는 중이라 한다.

강홍식 군 — 이이는 일본극계에서도 석정(石井)이란 성명으로 이름이 놉핫든 일이 잇다. 동경오페라좌에서 출연도 하엿고 그 뒤에 택전정이랑(澤田正二郎)의 제자가 되야 극계에 출연하엿스며 다시 대정활영회사(大正活映會社)에 드러가 일 년 동안 영화배우 노릇을 하고 쏘 다시 톄조학교(體操學校)에서 얼마 동안은 공부하고 그 뒤에 일활회사(日活會社)로 드러가서 그째에는 충분히 자긔의 기술을 발휘하야 일본영화계에서도 만흔 귀염을 바덧다 한다. 그런데 금번에 조선에 나온 것은 독일 가는 길에 고국영화계를 위하야 사, 오 번만 출연하기로 된 것이라 한다.

대택유 — 이이는 금년 스물한 살 된 아름다운 청년배우이다. 일즉히 심청뎐에 왕의 역을 마터 가지고 발군의 기술을 내어 보인 이다. 군도 조선키네마에 잇다가 여러 친구의 끄을임을 싸라왓다 한다. 이이도 일흠은 일본 일흠이지마는 실상은 조선사람이라 하며 일즉이 일본극계에 삼, 사 년 동안이나 잇섯고 쏘는 출연한 영화가 십여 편이 됨으로 지금은 기술도 점점 진경에 드러가는 모양이다.

남궁운 — 군은 계림 영화배우 가운대에 가장 보드러운 감정을 가지니라 한다. 시도 쓰고 음악도 좀 알며 권투도 흉내를 낸다 한다. 개텩자에 화가로 출연한 이가 즉 이이다.

조선 25.12.16 (석4) 〈광고〉

당 십이월 십육일부터 이대 명화 돌연 출현

유 사 작품 밧데이 군 주연

대희극 **미래파 탐정** 전이권

유 사 쮀엘 초대작품 메리휠립쎈 양 대역연

문예극 **파리의 장미** 전팔권

파나마운트 사 최근 대작

505

문호 톨스토이 선생 원작 명화 보-린후레데릭크 양 주연

대비곡 **가츄-샤** 전육권

유 사 작품 제삼회 **북국의 낭(狼)** 제오 제육 사권 상영

(대예고)

모험통쾌 *施風兒*[19] 전칠권

유 사 대작품 결사적대연속 **천군만마** 십오편 삼십권

불국 건국사 건국애사 **잰다-크** 전구권

유 사 백만불 대영화 애국(哀國)명화 **애국의 나팔** 전팔권

송죽 유 사 특약 **단성사** 전 광 구오구번

조선 25.12.16 (석4), 25.12.17 (석3), 25.12.18 (석1), 25.12.19 (석2), 25.12.20 (석4) 〈광고〉

12월 15일자 조선극장 광고와 동일

동아 25.12.17 (5) [연예] 배우열전 그로리아 / 재혼 삼혼의 불행 / 첫 봉급 오 쌀라로 막심한 고생 / 지금 남편온 불국 유수한 귀족

맨 처음 『엣사네이』 촬영소에서 한낫 일홈 업는 녀배우로 잇슬 째에는 일주일에 겨우 오 쌀라밧세 생기지 못하얏담니다. 그째에는 『그로리아』는 곳흐로 치면 봉우리가 피일락말락한 고흔 얼골에 매력 만흔 지금의 그 어엽분 큰 눈을 역시 가젓섯지만은 아모도 그 훌륭한 것을 발견해주는 사람이 업섯다고 함니다. 『참말 그째 한심하던 생각은 한평생 이즐 수가 업슴니다』하고 지금도 오히려 만나는 사람에게마다 넷말 삼아 한다 함니다. 그리하다가 겨우 세상이 그의 갑슬 알아주게 되자 그는 녀자로서는 누구나 그리워하는 행복한 결혼생활에 드러가게 되엿섯는데 불행이 그 남편 『왈레스』와 쯧이 맛지 아니하야 리혼을 하고 또다시 『손쌜』이라는 사람을 둘재 남편으로 맛게 되엿섯스나 역시 리별하게 되엿다 함니다. 이와 가치 파란 중첩한 그의 불행은 그로 하야금 더욱 힘 잇는 예술경에 나아가게 하얏다 함니다. 그러나 그도 녀자이니 발굼치를 련하야 닥처오는 불행에 얼마나 쓸아림을 늣기엿겟슴닛가. 그후로는 그로리아도 결혼생활에 진절머리가 나서 다시는 싀집을 가지 안켓다고 단언을 하엿섯다고 함니다. 그 까닭으로 세상에서는 그가 한 평생 독신생활을 하리라고 밋엇섯드니 『마담 쌴천』이라는 영화 촬영하기 위하야 불란서에 갓다 『파레스 드 후크드레』 후작과 또다시 결혼하엿다는 보도를 접하고는 온 세계의 활동사진 판들이 기연가 미연가 하는 큰 의심을 품게 하얏다 함니다. (계속)

사진은 『그로리아 완손』 양

---

19) 조선일보 1925년 12월 22일자 단성사 광고를 참고할 때 '旋風兒'의 오식으로 보임.

동아 25.12.17 (5) [연예] 지상(紙上)영화 / 탐정극 문명복수 전십권 / 마기노 푸로탁슌 작 / 마기노 푸로탁슌 화형 총 출연

일본 경응(慶應) 년간으로부터 명치 초년에 긍한 이약이를 영화로 박은 것인데 률증풍지조(律登豊之助)라는 젊은 무사가 잇섯다. 그의 아버지 선우위문(仙右衛門)은 오다마라는 젊은 첩을 두엇섯는데 첩 오다마는 나이 늙은 선수위문을 사랑하지 안이하고 비밀히 삼진목(三津木)이라는 정부를 두엇섯다. 어느날 오다마는 삼진목과 쇠하고 선우위문을 살해하고 금은 재보를 모조리 거더 지손고[20]에 손을 잡고 도망하엿다. 선우위문의 외아들 풍진조[21]는 당시 습관 상 원수를 갑고자 그의 하인 길삼(吉三)을 다리고 원수를 차저 길을 써낫다. 봄이 가고 여름이 가고 가을이 가서 몃 성상이 거듭하엿스나 원수 삼진목은 그림자도 차저 볼 수가 업섯다. 그동안 산과 들로 방황하야 풍지조는 그만 걸식자와 가치 되엇다. 더욱 그의 하인 길삼은 오래동안 원수를 차저 다닌 까닭에 그만 실증이 나서 엇던 녀자와 정을 통해 가지고 주인 풍지조를 바리고 가버리엇다. 풍지조는 그 하인 길삼을 처음에는 자긔를 배반하얏다고 원망도 하얏스나 젊은 길삼의 사정을 생각하야 그도 엇지할 수 업다고 생각하얏다. 그와 가치 천신만고하다가 마침내 어느 달 밝은 밤에 원수 삼진목을 맛나서 뜻을 일우엇다.
= 이 사진은 재작 십오일부터 시내 인사동 조선극장(仁寺洞 朝鮮劇場)에서 파라마운트 영화 진흙인형 일곱 권과 희극 두 권을 함께 상영한다고 합니다.

동아 25.12.17 (5) [연예] 교화영화회 / 신과 인(人)(팔권) / 짓트 (육권) / 청년회관에

시내 종로 긔독교청년회관(鐘路 基督敎靑年會舘)에서는 금 십칠, 십팔 량일 밤 일곱 시부터 교화영화회(敎化映畵會)를 개최할 터이라는데 사진은 유명한 교화교육 대사극『신과 인(神과 人)』여덜 권과 희극왕 촤푸린과 소년 배우『싸키 쿠칸』군이 출연한 유명한 교화열누의 대희극『갓트』여섯 권 두 가지라 하며 입장료는 큰 사람 오십 전, 학생 소아 삼십 전식이라더라.

매일 25.12.17 (2) [연예안내] 〈광고〉

출연진 및 제작진 제외된 외 조선일보 12월 16일자 단성사 광고와 동일

조선 25.12.17 (석2) 중앙긔독청년의 / 교화극 영사회 / 십칠 팔 량일간 / 종로청년회관에서

시내 종로 주앙긔독교청년회[22](中央基督敎靑年會)에서는 십칠일부터 이틀간을 두고 오후 일곱 시부터 동 회관에서 활동사진회를 개최한다는데 입장료는 보통 오십 전과 학생 삼십 전이라 하며 당일 영사할 사진은『싼 웨슬네』씨의 교화극(敎化劇)『신과 인』팔권(神과 人 八卷) 외의 수 종이라더라.

---

20) '삼진목'의 오식으로 보임.
21) '풍지조'의 오식으로 보임.
22) '중앙긔독교청년회'의 오식으로 보임.

조선 25.12.17 (석3) [연예]

가쥬사 전육권 / 금 십육일부터 / 단성사에 상영

이것은 누구든지 다 아는 바와 가티 대문호 『톨스토이』의 만년의 대걸작 부활(復活)을 영화로 제작한 것이다. 그동안에 우리나라에서도 그 책이 해당화란 일음으로 번역된 일도 잇섯고 또는 가쥬샤로 번역된 일이 잇섯다. 그리고 토월회 가튼 극단에서도 가쥬샤를 상연하야 상연할 째마다 만흔 환영을 바더 오더니 금번 단성사에서 미국 『파라몬래스키푸로덕순』의 제인 『가쥬샤』가 상영하는 중이다. 그리고 『가쥬샤』의 녁을 바든 이는 세계덕 명평이 잇는 『포렌, 푸레데릭』이오, 감독은 『에드와도 쏜』이다.

문명의 복수 전십권 / 지난 십오일부터 / 조선극장에 상영

이 영화는 일본 마기노푸로덕순의 초특작 영화인데 그 내용은 경응(慶應)으로부터 명치(明治) 초년까지 일으는 오래동안을 두고 내려온 이야기다- 엇던 젊은 무사가 잇섯는데 그 무사의 아버지가 첩을 두엇다. 그 첩에게는 쏘한 젊은 정부 한 아히 잇서 그 첩과 공모하야 그 무사의 아버지를 죽이고 집안 재물을 도적질하야 가지고 밤중에 도망을 하여바렷다. 그 아들 되는 무사는 아버지의 원수를 갑흐랴고 그 첩과 첩의 정부를 차저 여러 해 동안을 사방으로 도라다니며 여러 가지로 고생을 하다가 필경은 달 밝은 어느날 밤에 원수를 우연히 맛나게 되엇다는 것이 이 영화 내용의 대강인 모든 것이 동양정조가 넘치는 영화이다.

조선 25.12.17 (석4), 25.12.18 (석4), 25.12.19 (석2), 25.12.20 (석4) 〈광고〉

12월 16일자 단성사 광고와 동일

동아 25.12.18 (5) [연예] 배우열전 그로리아 / 장래 생활의 희망 / 삼십오세에 영화게를 써나서 / 슬하에는 오 남매만 두겟다고

『마담 싼첸』은 파리 교외에 잇는, 력사덕으로 유명한 『폰테네부로』의 삼림 궁면을 배경으로 촬영한 영화임니다. 그곳은 사랑의 궁면이라고 력사에도 유명한 귀족들과 달콤한 사랑의 실마리를 맷는 데로 유명한 곳인데 『그로리아』는 그와 가튼 일홈 잇는 곳의 한낫 련화의 주인공 『싼첸』 부인으로 일편 영화를 싸아내이면서 일변으로 유명한 젊은 후작과 그 영화에 나타나는 정경 이상의 짯듯한 사랑에 성공을 하야 그의 남편 젊은 후작과 손에 손을 잡고 얼마 전에 미국에 도라왓다고 함니다. 『바쎄리힐』에는 화려를 극한, 실로 황후나 귀족의 뎌택 부럽지 안이한 『그로리아』의 주택이 잇슴니다. 그 주택은 주인이 원톄 화려한 것을 조와하느니만큼 찬란하게 쑴여노왓다고 함니다. 그 주택에서 그는 사랑하는 련인과 더부러 그날그날은 환락에서 저저 지낸다고 함니다. 『그로리아』는 『나는 설흔 다섯 살만 되거든 영화게를 써나겟슴니다. 그 다음에는 늙어서는 자식이 업스면 퍽 쓸쓸할 테니까 아들 쌀 가추어서 다섯이나 여섯만 낫코 십슴니다. 그리고는 내가 나은 어린 것들 외에 남의 어린애도 이, 삼 인 어더 길러서 모다 훌륭한 사람을 만들어 놋켓슴니다. 이것이 늙어서의 질거움이지요.』라고 말한다고 함니다. 지금도 그의 슬하에는 먼저번 남편에서 나은 어린 것이 하나 잇고 어더 길으는 남의 자식이 하나 잇다고 합니다. 그리고 그는 『영화에는 요부(妖婦)로도 각금 나타남니다마는 나는 참말이지 선량합니다. 모성애도 충분히 갓고 잇슴니다. 싹싹하지요, 여자다웁지요』라고 우슴의 말삼이 늘 이야기한다고 합니다. 이는 그의 말쑨이 아니라 사실이라고 합니다. (끗)

동아 25.12.18 (5) [연예] 지상(紙上)영화 / 대희극 백귀난폭(百鬼亂暴) 전칠권 / 차르윅사 영화 / 라리씨몬 씨 쏘로씨 쑤몬 양 공연(共演)

해설 『맹진(猛進) 로이드』를 위시하야 다수한 『로이드』의 희극을 감독하야 그 명성이 자못 놉흔 『푸레드 뉴마이아』 씨의 감독으로 『라리 씨몬』 씨가 『소국만세(笑國萬歲)』 속편으로 제작한 장편 희극이다. 그 상대역으로는 『소국만세』에서 역 『씨몬』 씨와 대활약을 한 동 씨의 부인 『쏘로시 두온』 양이 출연한 영화이다.

경개(梗槪) 『라리』는 모 회사 사무원으로 가튼 회사 사무소에 근무하는 『로지』라는 미인과 련애를 한다. 매일 출근 시간에 지각을 하야 지배인에게 야단을 맛나는 것이 그의 일과가 되여 잇는데 『로지』의 청으로 겨우 무사히 되엿섯다. 어느날 『라리』는 회사 돈 일만 쌀라를 은행에 녀금하고 오라는 심부름을 가게 되엿다. 그런데 시간을 늣추 잡다가 은행 시간에 불급되여 문을 닷친 뒤에 은행에 일으럿든 싸닭으로 하는 수 업시 돈 가방을 그대로 가지고 도라오게 되엿다. 『라리』는 려관 밥갑을 오래 내이지 아니한 싸닭으로 려관 주인은 『라리』가 도라오기를 기다리고 문간에서 파수를 보고 잇는 고로 『라리』는 집에 드러갈 수가 업섯다. 올데 갈데 업는 『라리』는 회사에 문직이로 잇는 토인 『스노쏠』과 가치 육축에 잇는 엇더한 괴상한 집에 들어가서 밤을 새우기로 하엿다. 그째 마츰 그 뷔인 집에는 탈옥 도주한 죄수 두 명이 경관에게 쏫기여 들어왓다. 그리하야 『라리』와 『스노쏠』은 죄수들에게 의복을 쌔앗기고 죄수 옷을 밧구어 입은 싸닭으로 탈옥 죄수로 잘못 인정한 바 되어 추격을 당하얏다. 그리하야 하로 밤 동안은 무슨 뷔인 괴 속에 들어가서 숨엇다가 두리서는 그 이튿날 아츰에야 겨우 무사히 나왔다. 그러나 또 다시 경관에게 쏫기다가 갓가스로 회사에 도착하얏다. 『라리』가 지금까지 천신만고하야 모호[23] 하든 돈 가방을 열어보니 그 가방은 텅 뷔이고 아모것도 업섯다. 하도 기가 맥혀 망지소조[24] 하든 중 일만 쌀라의 돈이 들어 잇는 가방은 애당초부터 『라리』가 가지고 나가지를 아니하엿고 다른 가방을 잘못 보고 가지고 나갓든 것이 판명되엿다. 그리하야 『라리』와 『로지』는 쓰거운 포옹을 하엿다. (끗)
= 사진 = 백귀난폭의 일 장면

조선 25.12.18 (석4) 〈광고〉

십이월 십구일 토요부터 전부 교환
미국 파데-지 사 실사 **시사주보** 전일권
에테케-지요날 영화 희극 **잡으러 가는 호걸** 전이권

---

23) '보호'의 오식으로 보임.
24) 망지소조(罔知所措) - 당황해서 어찌할 바를 모름.

509

하롤드도로이드 씨 주연

활극 **신부(新婦) 로이도** 전육권

미국 대메도로 사 초특작

맛드무-아 씨 에낫드벳넷드 양 공연(共演)

인정활극 **해적 앱풀짝크** 전구권

예고

구주 영화 상영 순서

문예영화 **파리** 전십사권

명화 **지내가는 영(影)** 전십권

문예영화 **사출(思出)** 전십이권

명화 **아- 청춘** 전칠권

구주영화 절봉장(切封塲) **우미관** 전 광 삼구오번

조선 25.12.18 (조1) 함평(咸平)에 소년군 영화

조선소년군 총본부 지방순회활동사진선전대 일행은 거 팔일 함평에 도착하야 함평청년회 동 소년 단 후원으로 당지 청년회관에서 야(夜) 칠시 반부터 활동사진대회를 개최하고 이현(李鉉) 씨의 개회 사와 동(同) 대장 김여수(金麗水) 씨의 취지설명이 유(有)한 후 사진 팔권을 영사하고 동 십일시 반에 폐회하얏다는대 장내는 입추의 여지가 무(無)하얏고 유지의 동정금도 유하얏다는바 동 활사대는 익 (翌) 구일에 나주로 향하얏다고. (함평)

동아 25.12.19 (2) 〈광고〉

조선일보 12월 18일자 우미관 광고와 동일

동아 25.12.19 (5) [연예] 영화 신발명 / 월야(月夜) 촬영법 / 세 가지 막을 렌스에 가리고 촬영 / 달 잇는 밤 정도를 그대로 나타내[25]

활동사진이 우리 인간에게 여간 긴요치 안은 것이 됨에 짜라 우리는 극장에서 다만 오락에만 쓰 지 안코 광고 선뎐(廣告 宣傳), 교육(敎育), 학술 연구(學術 硏究), 통신(通信) 등 여러 가지에도 리용 할 수가 잇슬 만치 그 범위가 확대되자 활동사진 영사도 밤에만 한하지 안코 낮에 태양의 광선이 잇 는 집 밧게서도 능히 할 수가 잇도록 햇스면 좃켓다는 생각으로 그에 대한 연구를 하는 사람도 적지 안이하얏다고 합니다. 그것이 쯧과 가치 완성이 된다면 위생 상으로든지 또는 감정 상으로든지 만 족할 수 업는 캄캄한 암굴 속에 들어안저서 진짬을 펄펄 흘너가며 구경하지 안코 공긔 좃코 시원한 공원 가튼 곳이나 길거리 가튼 데서도 밤낮 가릴 것 업시 볼 수가 잇슬 것이며 회사, 상뎜 가튼 데

---

25) 이 기사는 촬영이 아닌 영사에 관한 내용인데, 상기와 같은 제목이 붙어 있다. 오류인지, 12월 20일자 같은 제목의 기사의 전편인지 확인할 수는 없다.

12권

선뎐 영화라도 대낮에도 사용할 수가 잇게 될 것임니다. 지금 그 발명을 겨우 완성하얏다고 볼 만한 것은 백이의[26] 쓰랏셀에 재주하는 불국인 엘네스트 썰트론 씨로 그가 발명한 장치로 말하면 보통 사진 긔게의 암함(暗函) 모양으로 되엿스며 한편 좁은 긋헤는 영사긔를 장치하얏고 그 반대편 즉 넓은 곳은 영사막이 되엿는데 관중은 그 막을 보게 된 것임니다. 다시 말하자면 지금 활동사진을 막 뒤에 가서 드려다보는 것임니다. 영사긔로부터 쏘다저나오는 광선은 암함을 통과하는 까닭으로 일광에 백하지를 안코 영사막에까지 비치워지게 된 것으로 밤에 광선 업는 곳에서 비치는 것과 조곰도 달으지 안케 선명히 뵈인다고 함니다. 그 긔게의 첫 시험은 쓰랏셀의 쿨쌀이라는 공원에서 행하엿다고 함니다. 영사막의 크기는 칠 피트 평방이요, 이백 피트 밧게서도 명요한 구경을 할 수가 잇다고 함니다.

동아 25.12.19 (5) [연예] 지상영화 / 해적 앱풀쏜 전구권 / 미국 메트로 사 특작 / 마드무어 씨 에이니트 베네트 양 공연

영국의 모 명문 거족의 후손으로 그 집안을 니어나려오든 『맘쌕로스 아풀쏜』은 그 아주머니와 어엽분 『포피』로 더부러 한적한 생활을 하고 잇는데 본래 겁쟁이요, 붓그림이 만흔 실로 하잘것업는 못난이엿섯다. 어느날 폭풍우가 부는 밤에 보도 듯도 못한 썩 어엽부게 생긴 『안나』라는 로서아 미인이 갑작이 구원을 해달라고 쒸여 드러왓다. 『앱풀쏜』은 깜짝 놀라서 당황 망조하는 중 『쏏롤스키』라는 악한과 괴상한 녀자 한 명이 차례차례로 차자와서 혹은 녀편네를 내어노흐라거나 혹은 집을 좀 빌어달라거나 하는 형형색색이의 알 수 업는 소리를 하엿다. 『앱풀쏜』은 마음이 서먹서먹하야 그들을 모다 쏘차보내고 『포피』로 더부러 집안을 삷혀보니까 벽 속에 한 조각 그림이 잇는 것을 발견하엿다. 그에 씨워 잇는 글을 읽건대 자긔 할아버지가 일직이 용감한 해적이엿섯다는 것을 알게 되엿다. 그 글을 읽고 잇다가 졸음을 견듸지 못하야 잠이 들엇다. 쑴에 자긔가 해적이 되어 크게 란폭한 짓을 하다가 쌔여보니 그 차저왓든 로서아 미인과 밋 그 밧게 사람들이 모조리 그 그림을 탐내어 그와 가치 하얏든 것을 알게 되어 마침내 대희활극을 일으키어서 용긔를 어든 『앱풀쏜』은 드디어 악한을 톄포하고 『포피』로 더부러 그 만흔 보물을 가지고 질거웁게 일생을 보낸다는 것이다.
우미관 상영 = 이 사진은 『하롤드 로이드』 출연 대희극 『신혼(新婚) 로이드』 전 륙권과 함씌 금 십구 일부터 우미관에 상영할 터이라더라.

매일 25.12.19 (2) 대성황의 교화 영화회 / 뎡각 전부터 만원

시내 종로 긔독청년회(鐘路 基督靑年會) 주최로 재작 십칠일 오후 일곱 시부터 동 회관에서 신과 인(神과 人) 『깃쏘』란 교화 영화 활동사진회(敎化 映畵 活動寫眞會)를 개최하얏는데 일긔가 치움에도 불구하고 뎡각 전부터 만원이 되야 동 열 시경에 대성황리에 폐회하얏다더라.

---

26) 벨기에.

조선 25.12.19 (석2), 25.12.20 (석4), 25.12.22 (석4), 25.12.23 (석1), 25.12.24 (석3) 〈광고〉

12월 18일자 우미관 광고와 동일

조선 25.12.19 (석3) 세계에서 제일 / 큰 무선뎐화

로마 법왕텽에 독일로부터 중량 삼돈(頓)이 넘는 큰 무선뎐화가 도착하엿다. 이것은 법왕이 가만히 안저서 온 세계의 모양을 알 수가 잇도록 할 목뎍으로 지급히 장치하랴고 주문한 것이더라.

동아 25.12.20 (1) [횡설수설]

전 조선총독부 경무국장 환산(丸山) 군은, 일선융화 선전재료로, 영화 『조선』을, 기초중이라든가 요 다음은 활동사진 변사로, 도래(渡來)할 심산인 듯.

동아 25.12.20 (4), 25.12.21 (3), 25.12.22 (6), 25.12.23 (5), 25.12.24 (2) 〈광고〉

12월 19일자 우미관 광고와 동일

동아 25.12.20 (5) [연예] 영화 신발명 / 월야(月夜) 촬영법 / 세 가지 막을 렌스에 가리고 촬영 / 달 잇는 밤 정도를 그대로 나타내

일광이 잇는 낮에 박은 사진은 아모리 해도 달밤의 정조를 그대로 충분히 나타내일 수가 업섯습니다. 그래서 종래는 하는 수 업시 필림에다 푸른 물을 드리어서 겨우 그 정조를 나타내여 왓섯습니다. 그런데 최근 뉴니버살 회사에 촬영 기사로 잇는 버질미라라는 사람이 오래 동안 연구한 결과 대낮에 일광이 아모리 강하게 비치는 곳에서 박은 사진이라도 완전한 달밤의 명조를 나타내이는 영화 촬영 방법을 발명하엿다고 합니다. 그 방법은 렌스로 들어가는 광선을 세 가지 빗으로 된 막(膜)을 뒤집어 씌워가지고 광선이 변화되여 촬영되게 하는 법이라고 합니다. 보통으로 촬영하면 푸른 빗은 희게 나타나고 붉은 빗은 검게 나타납니다만은 그 방법으로 촬영하면 푸른 빗이 검게 나타나고 붉은 빗이 희게 나타나서 푸른 하늘은 검은 하늘이 되고 그늘진 곳은 푸르러저서 달밤과 조곰도 달르지 아니한 정조를 나타내일 수가 잇다고 합니다.

필림 내구력 증대

『필림』이 얼마 쓰면 몹시 상하는 것을 막기 위하야 최근 『희어텔희』어라는 곳에서 그에 대한 신발명이 잇다고 합니다. 그를 『필림』 량편 가에다가 열분 구리로 만든 조붓한 줄을 둘르게 된 것이라 합니다. 그 방법대로 해 노흐면 영사긔에서 상하는 『필림』 량편 궂헤 잇는 영사긔 박휘가 들러가는 구멍이 아모리 사용하드라도 쒸일 념려가 업시 매우 순하게 돌 수가 잇다고 합니다. 이 발명에 대하야 미국에서는 적지 안은 발명이라고 당차 그 방법을 응용하리라 합니다. 그런데 그 장치하는 긔게가 씀직이 교묘되엇는 고로 더욱이 귀중히 역인다고 합니다마는 그 자세한 내용은 아직 발표되지 안이하얏다고 합니다.

동아 25.12.20 (5) [연예] 지상영화 / 연애극 홍백합 / 메트로 쏠드윈사 작 / 라몬나로 씨 주연

그림과 가치 경치 조흔 『세쌘누』라는 촌에 그곳 촌장의 아들 『짠』이라는 용감하고 순박한 청년과 구두를 고치는 사람의 쌀 『마리스』라는 턴진란만하고 순결무구한 텬사가튼 처녀가 잇섯다. 『마리스』의 아버지는 불행이 심장병으로 세상을 써낫다. 『마리스』는 하는 수 업시 그의 백부에게 가 잇게 되엇스나 그 백부는 술을 잘 먹는 사람으로 주정을 몹시 하는 까닭에 그 집에 더 잇슬 수가 업서서 다시 넷날에 살든 비인 집을 차저왓다. 『짠』과 『마리스』는 본대부터 서로 련모하는 터인데 그 비인 집에서 우연히 맛나게 되니 비로소 쓰거운 포옹을 하게 되엿다. 그러나 완고한 『짠』의 아버지는 거지가튼 『마리스』와 혼인을 하면 촌장인 자긔 명예에 관계가 된다고 절대로 반대를 할 쑨만 아니라 『마리스』를 그 동리로부터 아조 쏫차내이기로 하엿다. 『짠』과 『마리스』는 하는 수 업시 늘 그리워하든 로파 손에 손을 잡고 남몰내 도망을 하여 왓다. 그 두 사람에게는 한층 더 큰 불행이 닥처왓다. 그는 『짠』의 아버지가 『짠』이 써나든 날 아침에 그 동리 엇더한 악한에게 도적을 맛고 그 혐의를 그 아들에게 두어 경찰관에게 부탁을 하야 『짠』과 밋 『마리스』를 톄포해달라고 부탁한 것이엇다. 그리하야 『짠』은 『마리스』를 명거당 대합실에서 기다리게 하고 문 밧게 나왓다가 경관의 손에 잡히어 『짠』의 고향으로 압송하게 되엇다. 그러나 『짠』은 『마리스』를 홀로 파리에 둘 수 업서 진행 중 긔차로부터 쒸어나리어 도보로 명거장에 일으럿다. 그 『마리스』는 임의 『짠』을 기다리다 못하야 명처 업시 어듸로 간 뒤이엇섯다. 그리하야 두 사람은 각각 애인을 차저 파리 시로 헤매다가 『짠』은 악당의 무리에 들게 되고 『마리스』는 탕녀의 무리에 들게 되엇다. 『짠』이 어느 날 경관에게 쫏기어 도망하다가 『마리스』가 잇는 집에 쒸어들어가서 비로소 두 사람은 맛나게 되엇스나 경관이 쏘는 탄환이 『마리스』의 가슴을 마치어 쓰러젓다. 그러나 다행이 요처를 맛지 아니한 까닭에 목숨을 건지게 되엇다. 『짠』은 경찰에 자수를 하야 털창 생활을 하다가 만긔 출옥을 한 후 녯날의 싸듯한 포옹을 다시 하게 되엇다. (끗)

조선 25.12.20 (조2) 개연 전부터 / 인기를 쓰는 토월회 / 이십이 삼의 량일간 개연 / 본사 인천지국 후원

경성 토월회(土月會)는 조선의 민중예술(民衆藝術)로 그 칭예가 놉든바 금반 동 회에서는 디방을 차례로 순회하야 만흔 환영과 무한한 찬성을 밧고 오는 이십이일에 인천(仁川)을 방문하게 되여 본보 인천지국(本報 仁川支局) 후원 하에 이일간을 공연케 되엇는바 매일 하오 칠시부터 빈정(濱町) 가무기좌(歌舞伎座)에서 매일 예제를 갈어서 공연할 터인데 토월회의 능란한 긔술과 쏘는 남녀배우의 고상한 예술에는 일즉이 명성이 잇슴으로 다시 소개할 필요도 업거니와 량일간에 상연할 예제는 『부활(復活)』 『간난이의 서름』 『월요일(月曜日)』 『신세아보로』 『장가들기 실여』 『농 속에 든 새』 『사랑과 죽엄』이라는 가장 자미잇는 것이라 하며 보통료금은 백권 칠십 전, 청권 오십 전인바 특히 본보 독자에 한하여서는 백권 사십 전, 청권 삼십 전의 우대가 잇슬 터으로 우대권(優待券)은 별로히 독자에게 전달할 것이오. 쏘는 청구만 하면 앙정할 터인데 이 가튼 긔회에 토월회의 고상하고 의의 깁흔 것을 보지 못하면 다시 어더볼 수 업스리라고 발서부터 일반 인천부민은 압흘 다투어 긔일을 고대한다더라. (인천)

동아 25.12.21 (2) 일본영화 일륜(日輪)은 불경극으로 기소? / 경성에서도 상연한 일륜은 / 일본 뎨국신대의 불경이라고 / 일본 초유의 불경 영화 사건

일본의 국례(國體)를 써러트릴 만한 허무맹랑한 면설을 쑤미여냇다는 불경(不敬) 사건이 돌발되야 동경 대심원 검사국(東京大審院檢事局)에서는 극비리에서 수색을 하는 동시에 궁내셩, 내무셩, 사법셩(宮內省 內務省 司法省)에서는 그 사건에 대하야 방금 협의에 고심하는 중이라는데 그 건은 동경 상야광소로 뎨국박품관(上野廣小路 帝國博品館) 안에 잇는 목야(牧野)『푸로닥순』이 제작한 일본고대영화(日本古代映畵)로 그동안 일본 전국의 각 극단에 영사된 후로 요전에 시내 인사동(仁寺洞) 조선극장(朝鮮劇場)에서도 본지 독자에게 우대 영사한 일륜(日輪)이란 활동사진이 일본 신세(神世)의 력사에 비준하야 여러 신(神)이 한 녀신(女神)을 중심으로 하야 련애의 갈등으로 잔학한 행위를 한 것인데 일개년 동안을 일본 신대(神代)의 신(神)이 욕 당한 사실이 분명히 나타난 것이라는바 이 불경죄에 범한 사람은 춘양당(春陽堂) 이외 화뎐리언(和田利彦), 배우에 시천원지조(市川猿之助), 시천팔백세(市川八百歲) 등 삼백여 명이라더라.

매일 25.12.21 (2) 건국시대 죤엄 깨친 / 명작 영화 『일륜』이 대문제 / 대심원 검사국이 활동 / 세 대신이 구수 회의 즁

일본 력사 중에 가장 존엄을 가지고 잇는 신대(神代)시대 인물을 취하* 일대 고뎐 연애 활극(古典戀愛活劇)을 지어 일륜(日輪)이라는 활동사진이 명배우 시천원지죠(市川猿之助) 씨의 주연 하에 완성되야 형뎨가 한 미인을 가지고 닷호며 한 미인으로 하야 살육은 차치하고 큰 싸홈까지 이르키는 그 내용은 임의 경셩에셔도 됴선극장의 소개로 봉졀되얏는 바인대 이에 대하야 요사히 대심원 검사국(大審院 檢事局)에셔는 비밀리에 내용의 됴사에 착수하얏는대
『이로 말하면 신경 존엄한 근국시대의 신화에다가 사랑이니 싸홈이니 하는 불의무도한 치욕을 가하게 한 것으로 큰 불경죄가 구성되겟다』
는 것인데 이로 인하야 『궁내셩』, 『내무셩』, 『사법셩』에셔도 구수 회의 즁이라더라.

매일 25.12.21 (2) 민립극단 조직 / 일월 일일에 뎨일회 공연

됴션의 재릭 극단의 간부 배우로서 명셩이 잇든 변긔죵(卞基鍾) 씨 외 십여 명의 각 단례의 간부 배우들은 요사히 극계의 잠잠함을 유감으로 역여 함께 활동을 한 후에 다시 녀배우로 홍상옥(洪相玉), 최셩해(崔星海) 등 미인을 가한 후 민립극단(民立劇團)을 조직하얏다는대 그 셜립한 정신이 오직 극단의 뎍료함을 탄식함에 잇슴으로 오는 일월 일일에 자미잇는 『인정활극』으로 됴션극장에서 뎨일회 공연을 한 후 다시 준비에 착수하야 매삭 일회식 공연을 거듭 하리라는대 의상과 배경에는 상당한 의안과 비용을 드리는 즁이라더라.

매일 25.12.21 (2) [연예안내] 〈광고〉

십이월 이십일일부터 단성사 개관 칠주년 기념 대흥행
이대 명화 봉절

미국 유니버-살 대표적 쥐엘 품

야구 대시합의 진(珍)명화 대명* **야구대왕** 전칠권

미국 유니버-살 초대작 결사적대모험 **선풍아(旋風兒)** 전칠권

모험극계의 신기록

보셔요 전 광석화 *와 여(如)한 쾌장한 육탄 화화(火花) 그리고 모험

기타 연속 희활극 전부 이십이권

대예고

봉절 기일 절박

명화 **호접** 전팔권

문제명화 **팔리여가는 혼** 전구권

비약(飛躍) **돌관왕(突貫王)** 전칠권

애국애화(哀話) **애국의 나팔** 전팔권

여장군 **잰다-크** 전구권

단성사

동아일보 12월 15일자 조선극장 광고의 주요 정보만 제공
출연진 제외된 외 조선일보 12월 18일자 우미관 광고와 동일

시대 25.12.21 (2) 활동사진의 불경죄 / 조선에도 영사되엇든 「일륜」 / 일본 건국 삼천년 국체 모독(?) / 일 대심원(大審院)의 대경실색

동아일보 및 매일신보 관련기사 참고

조선 25.12.21 (조2) 영화 「일륜」 제작자 / 불경죄로 문제 / 「일륜」이라는 사진의 내용이 / 일본 신대 력사를 더럽혓다고

동아일보 및 매일신보 관련기사 참고

조선 25.12.21 (조2) 인천지국 후원 / 토월회의 공연 / 이십일일부터

토월회에서 본보 인천지국 후원 하에 인천 가무기좌에서 이일간을 흥행함에 대하야 본보독자를 우대한다 함은 작지에 보도하엿거니와 이제 그 일할은 이십일일부터 이일간을 흥행하기로 되엿더라.

동아 25.12.22 (5) [연예] 영화 신발명 / 경편한 촬영기 / 한 손으로 낙시질 한 손으로 촬영 / 모든 것이 큰 기게보다도 치밀해

활동사진 긔게도 일반덕으로 발달됨에 짤하 촬영긔도 극히 간편한 것이 발명되엇다고 합니다. 단초 가튼 것을 회면하면 촬영이 되여가지고 단이기에도 경첨한 활동사진 촬영긔가 발명되엇다고 합니다. 세 다리를 버틔어 노흘 필요가 업고 한 번 단초 가튼 것을 회면하기만 하면 준비한 이백오십 「피트」

의 『필림』을 촬영할 수가 잇다고 하며 한쩌번에을 사천 『피트』를 가지고 단일 만한 장치가 잇다고 합니다. 초덤을 정확히 맛출 수 잇는 『파이터』가 달려 잇는 고로 촬영하면서 한편 손으로는 강변 가튼 데서 락시질도 할 수가 잇스며 세 쪽 다리는 버틔고 십흐면 버틔고 씩어놋코 십흐면 버틸 수가 잇다고 합니다. 일광이 잇는 곳에서도 『필림』을 가러너흘 수가 잇스며 그리고 그 긔게에는 조고만 뎌항긔(抵抗器)가 달려 잇는 까닭에 화면이 박여진 데까지 일곱 『피트』 내지 아홉 『피트』의 표시가 다 나타나게 되엇다고 합니다. 처음 박기 시작할 쌔에는 속도의 늣고 속한 것과 시작하는 것과 뎡지하는 것 순으로 회면하고 반대로 회면하는 것들 모도 다 단초 가튼 것을 눌르거나 회면하기만 하면 임의대로 될 수가 잇스면 긔타 모든 것이 극히 경편하게 되엇다는데 그 긔게는 무게도 겨우 세 『온쓰』밧게 안 된다고 합니다. 그리고 그에 쓰는 『필림』도 불이 다아 잘 타지 안토록 된 것이라고 합니다. 더욱이 특색은 『필림』 통만 씌어 노흐면 보통 사진 긔게로도 사용하게 된 것이라 건만[27]이나 『필림』만 준비해가지고 단이면 어느 쌔든지 쯧대로 활동사진을 촬영할 수가 잇다고 합니다.

동아 25.12.22 (5) [연예] 영화 검열 / 국민성 유로(流路) / 일본 경시청 내규

일본 동경 경시텽의 현행 『필림』 검열 내규를 보건대 황실 존엄 숭배 위주로 되여 잇습니다.

1. 황실(皇室) 혹은 그 조선의 존영(尊影)을 나타내 뵈이는 것
2. 황실 혹은 그 조선에 관한 사항으로 조직된 것
3. 긔타 황실 존엄을 손상할 념려가 잇는 것
4. 국가의 위신을 손상할 념려가 잇는 것
5. 국톄(國體), 졍톄(政體)의 변경 긔타 조헌 문란의 사상을 고취하거나 쏘는 풍자하는 것
6. 현재 사회조직 타파 사상을 고취하거나 쏘는 풍자한 것
7. 국교(國交) 상 친선을 손상할 념려가 잇는 것
8. 위인 쏘는 고성현(古聖賢)의 위신을 써러칠 념려가 잇는 것
9. 범죄의 수단이나 방법을 뵈이거나 쏘는 범죄 혹은 범인의 종적 은폐의 방법을 뵈이는 것으로 모방심을 이르킬 념려가 잇는 것
10. 영화면에 참혹 무쌍한 상황이 나타나거나 추악한 늣김을 줄 것
11. 너머 음탕한 것
12. 간통에 관한 것을 골자로 쑤며노흔 것
13. 련애에 관한 사실을 쑤며노흔 것으로 그 내용이 넘우 비열하고 루추한 것
14. 망령된 시사를 풍자하고 쏘는 현존한 인물 쏘는 가명의 내정 등을 덕발 혹은 풍자한 혐의가 잇는 것
15. 학업과 밋 졍업을 게을니하거나 쏘는 심성(心性)을 거칠게 할 경향이 잇는 것
16. 지(智) 덕(德)의 발달을 뎌해하고 쏘는 교육상의 장해를 씻칠 념려가 잇는 것
17. 아동의 악희를 가라치고 쏘는 교사의 위신을 손상할 념려가 잇는 것

---

27) '건판'의 오식으로 보임.

18. 권선징악의 취지에 배반되고 또는 덕의에 버스러진 것
19. 화면이 파손되고 또는 해어저서 진동이 심한 것
20. 전긔 각 호 외에 공안 풍속 위생을 해할 념려가 잇는 것

동아 25.12.22 (6) 〈광고〉

당 십이월 입(廿)이일 화요부터 차환
미국 파라마운트 사 희극 **이전부호(移轉富豪)** 전이권
미국 파라마운트 사 특작품 명우 쟉크·홀드 씨 주연
정희극 **유한계급** 전육권
대파라마운트 사 제공 메-후라와- 영화회사 걸작
감독 죠-지론맛가 씨
사회풍자극 **여성아 진실하라** 전구권
명화 베듸 콤푸승 양 명우 로바-도·에리스 씨 공연
예고
녯날의 간부 배우로만 모여 규모잇게
조직한 의미 심각한 대연극단
민립극단
제일회 공연은 언제?
제일회 예제는 무엇?
조선극장 전 광 二〇五

시대 25.12.22 (3) 〈광고〉

본보 수원 지국 주최
현성완 일행 출연
시민 망년 위안 극대회
시일 십이월 이십이, 삼 양일간
장소 수원극장
요금 무료 (신발 갑 십 전쌘)
후원 조선일보, 조선신문
경성일보, 동아일보
부산일보, 매일신문 각 지국

시대 25.12.22 (3) 세모(歲暮) 독자 위안 / 함흥지국에서

(함흥) 본보 함흥지국에서는 십일월 이래로 일이 매우 번잡하야 한 번도 독자에게 위안을 줄 만한 기회를 엇지 못하엿든바 금번 세모에 유 사 활동사진 상설관에서 함흥으로 옴김을 기회로 하야 본

보 함흥지국에서는 독자의 가족을 위안하랴고 당지 동명극장에서 지난 십구일부터 삼일간 계속하야 활동사진을 흥행한다는데 그 사진은 철의 인, 의문의 탄환, 낭자군, 대차륜 등 세계적 명화 또 이전부터 대환영을 밧든 것이라는데 동명극장에서 극장을 실비로 제공하얏다 한다.

시대 25.12.22 (3) 〈광고〉
일부 출연진 제외된 외 조선일보 12월 18일자 우미관 광고와 동일

시대 25.12.22 (3) 〈광고〉
단성사 개관 칠주년 기념 대흥행
십이월 입(廿)일일부터 이대 명화 봉절
칠주년 긔념일로 삼일간 즉 십이월 입일, 입이, 입삼 (삼일간) 한하야
입장하시난 제씨에게 그 입장권을 엇던 날이던지 다시 사용하난
특권이 잇나이다
미국 유니버-살 대표적 쥐엘 품
원작, 각색 에드와-세지크 씨 거성 에드와즈세지크 씨 총감독
대인의 인기남 후드 킵손 씨 대맹연 세계적 명화 마리안- 하랑 양 조연
야구 대시합의 진(珍)명화
체육 쟈이안츠 대학 야구군(軍) 선수 전부 출연의 대명편
야구대왕 전칠권
유니버-살 超大作
호(好)* 조인(鳥人) 리챠드 다루마치 씨 역연
미인 미리도렛트 에리쓰 양 역연
선풍아(旋風兒) 전칠권
기타 연속 *활극 전* 이십이권
수은동 **단성사** 전 광 구오구번

조선 25.12.22 (석2) 강설로 인하야 / 토월 공연 연긔 / 하로를 연긔하야 / 이십이일부터 공연
긔보= 디방을 순회하든 예술단 토월회(土月會)가 이십일일부터 본보 인텬지국(仁川支局)의 후원을 바다 당디에서 흥행한다 함은 이미 보도한 바와 갓거니와 뜻밧게 이십일 밤부터 눈이 오기 시작하야 아즉도 그치지 아니하야 일반관객에게 불편이 만켓슴으로 부득 이십이일부터 빈뎡(濱町) 가무기좌(歌舞伎座)에서 공연키로 되엿더라. (인천 면화)

조선 25.12.22 (석4) 〈광고〉
동아일보 12월 22일자 조선극장 광고와 동일
"칠주년 긔렴일로 삼일간 즉 십이월, 입(廿)일일, 입이일, 입삼일(삼일간) 한하야 입장하시는 제씨에

게 그 입장권을 엇던 날이던지 다 다시 사용하는 특권이 잇나이다"라는 문구가 삽입된 외 매일신보 12월 21일자 단성사 광고와 거의 동일

조선 25.12.22 (조1) 〈광고〉 토월회 지방순회공연

시일 십이월 이십이, 삼일 양일간 매야 칠시 간연

장소 인천가무기좌

관극료 백권 칠십 전 청권 오십 전

(본 지국에서 발행한 할인권 지참에 한)

백권 오십 전 청권 삼십 전

후원 조선일보 인천지국

동아 25.12.23 (2), 25.12.24 (2), 25.12.25 (3), 25.12.26 (2), 25.12.27 (6), 25.12.28 (1), 25.12.29 (1), 25.12.30 (3), 25.12.31 (4) 〈광고〉

12월 22일자 조선극장 광고와 동일

동아 25.12.23 (4) 환등 순회영사 / 농촌계발 목적으로 / 사인금조(舍人金組)에서

평남(平南) 사인금융조합에서는 저금선전과 농촌계발의 목적으로 동(同) 관내인 자산(慈山), 사인 양 면의 십일개 리(里)를 순회하면서 환등 영사를 하엿다는바 이별(里別)과 일할(日割)은 다음과 갓다 고. (사인) (이하 일할 및 장소는 생략)

동아 25.12.23 (5) [연예] (1) 미국의 촬영소 / 영화 촉진법과 미국 신제도 / 만반의 촬영 설비 가 정돈된 유나이쎗드 사의 세 촬영소

영화 제작 사업이 *****덕 자본이 드는 것은 촬영소 토디와 건물노서 우연만한 촬영소를 장만하 랴 하더래도 막대한 고정 자금이 들어야 한다고 합니다. 이에 대하야 미국 영화게에서는 새로운 제 도가 생기엿다고 합니다. 그는 다른 것이 안이라 세를 논는 촬영소가 잇는 것입니다. 촬영소가 업는 영화제작자에게 세를 밧고 빌녀주면 영화제작자들은 그쌔그쌔 드는 영화 제작 자금만 가지면 엇더 한 영화이던지 마음대로 만들 수가 잇다고 합니다. 이 님세차식(賃貰借式) 촬영소 제도가 요사이 생 긴 것이 안이고 지금은 차차 발달이 되는 도뎡에 잇다고 합니다. 이 까닭에 미국의 영화제작 사업은 세계에서 가장 번창해지는 것입니다. 세로 논는 촬영소 중에서도 『유나이쎗드』 촬영소, 『하리우드』 촬영소, 『미아미』 촬영소 등은 가장 규모가 크고 설비가 완전하다고 합니다. 그러한 촬영소들은 세 논는 것을 전문으로 하는 촬영소이지만 그 밧게 다른 회사에서도 촬영소 일부를 개방하야 독립 한 제작자들에게 빌녀주는 일이 적지 안타고 합니다. 『유나이쎗드』 촬영소는 본대는 『쌕란톤』 촬영 소라고 하든 터로 라부(羅府)[28]의 교외 『멜로스』에 잇다고 합니다. 뒤로는 큰 산이 잇고 바다 갓가운

---

28) 로스엔젤레스.

곳인데 영화 제작에는 매우 덕당한 곳이라 합니다. 일천구백십팔년에 『파랄타』 회사에서 거액의 자본을 드려 건축하기 시작하야 그의 완성하게 되엿슬 지음에 촬영부 지배인 『로버트 쌕란톤』 씨와 협의한 후 촬영소 전권을 씨에게 맛기야 되야 일홈을 『쌕란톤』 촬영소라고 하엿섯는데 그후 조직이 변경되여 『유나이쎗드』 촬영소 회사를 조직하야 『믹크 시레버』라는 사람을 사댱으로 하고 『쪼세푸 셍크』 씨와 『루이스 셀츠닉크』 씨 등 일류 제작자를 고빙하야 두엇섯는데 『씽크』 씨는 자긔가 백오십삼만 쌀라를 내여 그것을 매수하야 뎨일국제영화(國際映畵)를 만히 만드러내엿다고 하며 최근에는 『쎙크』 씨가 『유나이쎗드아치스트』 사에 입사한 까닭으로 뎨일국제영화 외에 『유나이쎗드』 직계 촬영단도 촬영소로 만히 올마왓다고 합니다. 촬영소 내부는 여섯 패 내지 여덜 패의 『스테지』를 쏨여노을 수가 잇스며 긔구부(器具部), 의상부(衣裳部), 뎐긔부(電氣部), 조각부(彫刻部), 텰공장(鐵工場), 쎈키공장, 연공부(鉛工部), 현상실(現像室), 정리실(整理室) 등을 위시하야 영화제작에 필요한 모든 것에 『씌쌔트멧트스토마』의 설비도 잇스며 상당한 비인 터도 잇고 최근에는 『탈맛씨』, 『쌔렌치노』, 『마리언 쎄비스』 등 명배우의 전용실도 완성되여 잇다고 합니다. (계속)

동아 25.12.23 (5) 〈광고〉
우미관
본보 독자 우대일
우대권 난외에
십이월 입(卄)삼일 일일간

매일 25.12.23 (1), 25.12.24 (1), 25.12.25 (3) 〈광고〉
12월 21일자 단성사 광고와 동일

매일 25.12.23 (1), 25.12.24 (1) 〈광고〉
12월 21일자 우미관 광고와 동일

매일 25.12.23 (1) [연예안내] 〈광고〉
출연진 및 민립극단 홍보문구 제외된 외 동아일보 12월 22일자 조선극장 광고와 동일

시대 25.12.23 (3), 25.12.24 (4) 〈광고〉
12월 22일자 우미관 광고와 동일

시대 25.12.23 (3), 25.12.24 (4), 25.12.25 (3) 〈광고〉
12월 22일자 단성사 광고와 동일하나 아래의 예고가 첨가

대예고

불일 봉절될 명화 순서

유 사 쥐엘 대작 명화 **호접(蝴蝶)** 팔권

******윙사 대작품 문제명화 **팔리여가는 혼** 전구권

유 사 쥐엘 대작 애국애화((哀話) **애국의 나팔** 팔권

유 사 초대작품 비약비약 **돌관왕** 칠권

불일 봉절될 불국 **사 여장군 **잔다-크** 전구권

조선 25.12.23 (석1), 25.12.24 (석3), 25.12.25 (석4), 25.12.26 (석1), 25.12.27 (석4), 25.12.28 (조1), 25.12.29 (석1), 25.12.30 (조2) 〈광고〉

12월 22일자 조선극장 광고와 동일

조선 25.12.23 (석1), 25.12.24 (석3), 25.12.25 (석1) 〈광고〉

12월 22일자 단성사 광고와 동일

동아 25.12.24 (5) [연예] (2) 미국의 촬영소 / 이십팔만 평의 『미아미』 촬영소 / 모든 설비의 새로움으로는 유나이뎃드 사보다도 낫다

『푸로리더』 주의 『미아미』 촬영소는 일천구백이십이년에 새로히 된 촬영소인 까닭에 설비로는 『유나이쎗드』 촬영소보다 돌히어 낫다고 합니다. 면적은 오백사십 『에카』, 조선 면적으로 환산하면 이십팔만 평이나 되고 『스테지』 빌딩을 두 채로 난호아 그 한 채는 팔십 『피트』 폭에 이백오십 『피트』 장으로 여섯 개의 『스테지』(舞臺)를 숨엿고 쏘 한 채는 륙십 『피트』 폭에 백이십오 『피트』 장으로 두 개의 『스테지』를 만들어노앗다고 합니다. 그 채에 쌀으는 의상부(衣裳部), 욕장(浴場), 사무현소상실[29](現像室), 정리실(整理室)들이 배치되어 잇고 면긔의 설비는 각 『스테지』마다 『막크[30]』와 『스포트라잇트』를 장치해 노흔 외에 팔 『키로』의 수은 면등(水銀 電燈)도 사용하도록 되엇스며 쏘는 실외에서 촬영할 째에는 칠십오 『키로』의 휴대 면등을 사용하도록 되엇다고 합니다. 현상실은 사십 『피트』 광에 칠십오 『피트』 장이요, 목공부는 칠십 『피트』 광에 이백 『피트』 장이며 창고는 오십 『피트』 광에 이백 『피트』 장이라고 하는데 각각 독립한 건물로 되어 잇고 그 밧게 『필림』 뎌당용(貯藏用)으로 내화 지하실(耐火 地下室) 잇다고 합니다. 이 『미아미』 촬영소 회사는 영화 사업에 큰 열성을 가진 『미아미』 실업가들의 출자로 설립된 것인대 사장으로는 『째텟드제 쎄비』라고 하는 사람이 선명되어 잇다고 합니다. 『쎄비』 씨는 오래 동안 『로스안젤스』에 잇서서 영화 사업에 종사하든 큰 경험가라고 합니다.

도처에 신계획

『하리우드』의 『하리우드』 촬영소도 역시 세를 놋는 촬영소로 가장 일홈이 놉다고 합니다. 『하롤드 로

---

29) '사무소, 현상실'의 오식으로 보임.
30) 마이크.

이드」 씨가 『할로치』 씨와 분리된 이후 지금의 그의 촬영소인 『쎈트모니칼』 촬영소를 건축하기까지는 역시 이 『하리우드』 촬영소에서 영화제작을 하얏섯는데 작년 일월에 『크리스티』 영화회사에서 이 촬영소를 매수햇다고 합니다. 이 밧게도 서부에는 『쌜우랴리』 촬영소, 『칼리폰이아』 촬영소, 『짜손』 촬영소 등이 잇고 동부에는 『쎅크아트』 촬영소, 『쌔이오클럽』 촬영소, 『휘트맨 쎈네트』 촬영소 등이 잇다고 합니다. 그리고 독립영화제작 사업이 날로 발뎐됨에 짤아 세 촬영소의 계획도 작구 새로운 것이 만히 나타난다고 합니다. 가령 『하리우드』 가튼 데서는 독립영화제작자협회 부회댱 『쪼쌕랜드』 씨가 중립이 되여가지고 백만 『쌀라』의 자금을 내어 세 촬영소의 신계획을 세우는 등 쏘는 『뉴욕』에서는 뎨일국제영화(第一國際映畵)의 『리차드로란드』 씨, 『인스푸레숀』 사의 『이엘 스미스』 씨 등의 발긔로 일대 촬영소 설립의 계획이 세워지는 등 일칭일칭 촬영소는 도처에 만허진다고 합니다. 전긔 뉴욕 대촬영소 계획에는 『스테지』(舞臺)를 아홉을 만들고 『스테지』마다 목공부(木工部), 의상실(衣裳室), 사무실(事務室)을 중심으로 현상실(現像室), 『필림』 창고 등을 만들 계획이라고 합니다. 『포로리더』 주 『탐쌔로』에서도 자본금 류백만 『쌀라』로 회사를 창립하고 독립제작자들을 위하야 대촬영소를 건설할 계획이라고 합니다. (계속)

동아 25.12.24 (5) [연예] 영화 검열 / 국민성 유로(流路) / 일본 경시청 내규

일본의 활동사진 취톄 내규는 긔보와 갓거니와 허가 여부에 대하야 민중 일반이 요구하는 바가 잇는 경우에는 그 의견을 드러 심의 후 결뎡한다는 흥행물 취톄 조례가 잇는 싸닭에 그에 의지하야 활동사진 취톄에 대한 일본교육자 측의 의견으로 일본 뎨국교육회(帝國教會)가 대정 륙년에 당국에 요구하야 참작 취톄하게 된 열 가지 조항이 잇스니 그는 다음과 갓다 합니다.

1. 활동사진 취톄에 관하야는 관텽 특히 교육 관텽과 사이의 련락을 일층 더 친밀히 하야 일뎡한 방침에 의지하야 취톄를 엄중히 할 일
2. 중앙 디방의 각 관텽에서 행하는 필림 검열은 아모조록 그 표준을 일뎡하게 할 일
3. 각 관텽에서는 활동사진, 특히 필림 검렬에 대하야 쌔쌔로 교육자의 의견을 들을 긔관을 만들 일
4. 활동사진 상설자가 되고자 하는 자에게는 그 인물의 성질과 소행 등을 됴사한 후에 감찰을 교부할 일
5. 설명자의 설명 요령은 필림과 가치 함께 검렬할 일
6. 활동사진에 관한 위생상 취톄를 일층 더 엄중히 할 일
7. 관게 관텽에서 특히 아동들에게 뎍당한 교육뎍 활동사진의 흥행과 밋 그에 필요한 필림의 제조를 홍보, 장려할 일
8. 엇더한 활동사진관에서든지 십륙 세 미만의 아동은 밤에는 입장케 하지 못하게 할 일
9. 학교 재학 아동에 대하야는 교육 관텽으로부터 학교 당사자에게 훈령하야 활동사진의 관람을 취톄하도록 할 일에 노력하고 경찰 관텽은 이에 협력할 일
10. 관게 관텽, 교육회, 학교 등에서 활동사진의 교육상 영향을 됴사하야써 아동의 부형들에게 주의를 식혀줄 일

동아 25.12.24 (5) 〈광고〉

우미관

본보 독자 우대일

우대권 란외에

십이월 입(卄)사일 일일간

매일 25.12.24 (1), 25.12.25 (3), 25.12.26 (2), 25.12.27 (2), 25.12.28 (3), 25.12.29 (2), 25.12.30 (2) 〈광고〉

12월 23일자 조선극장 광고와 동일

동아 25.12.25 (3) 〈광고〉

십이월 입(卄)오일 전부 교환

미국 파데- 지 사 실사 **시사주보** 전일권

미국 에푸비-오- 사 희극 **명마와 웅(熊)** 전이권

이태리 칸쏠카리아니 영화

칼로 칸쏠카리아니 씨 레덱쓰이아괄란다 양 공연

희활극 **사랑할 방랑자** 전칠권

미국 에푸비-오- 사 작

공중왕 세계 일(一)의 모험 곡승(曲乘) 비행가

알위일송 씨 맹연 바-지니아 후에아 양 조연

비행기상대모험활극 **대공역권(大空逆卷)** 전칠권

예고

구주 영화 상영 순서

문예영화『**파리**』전십사권

명화『**지내가는 영(影)**』전십권

명화『**아-청춘**』전칠권

폭스 사 특약 **우미관** 전화 광화문 삼구오번

동아 25.12.25 (5) [연예] (3) 미국의 촬영소 / 내경(內景) 촬영과 임대차 계약 / 장 시일의 세 촬영소도 잇고 / 어느 부분을 빌니기도 한다

세 촬영소에도 여러 가지 종류가 잇다고 합니다. 하나는 촬영소 전부를 빌니는 것이요, 쏘 하나는 멧 채로 난호아서 여러 사람들에게 빌니는 것인데 그것을 쏘 다시 난호아 말하면 조선의 세세집과 쏙가치 촬영소 전부를 엇더한 영화제작 회사에서 멧 해 계약이든지 만흔 시일을 세 주는 것이 잇고 쏘는 비교덕 단시일을 계약하는 일도 잇스며 어느 부분만 짜로짜로 쎄어서 시간으로 빌니는 일도 잇다고 합니다. 보통 세 촬영소라는 것은 이 나중에 말한 것입니다. 세 촬영소란 대개 실내 촬영에

한한 것이요, 『유나이뎃드』 촬영소 가튼 데는 원톄 뷔인 터를 만히 가것는고로 그 터를 리용하야 야외 촬영도 할 수 잇다고 합니다. 그러나 만흔 세금을 내이지 안키 위하야 외경촬영(外景撮影)에는 임의로 국유 삼림 가튼 데서 하고 내경(內景) 촬영에만 세 촬영소를 리용하게 된다고 합니다. 세 촬영소를 빌니면 『쎄트』라든지 면긔는 모다 촬영소에서 공급하며 직공들조차 촬영소 전속 직공을 부릴 수가 잇다고 합니다. 다만 의상이라든지 소긔구 가튼 것들은 촬영소에서 어더 쓸 수 업슴으로 그는 모다 그것을 업으로 하는 전문 영리자들에게 빌어 쓴다고 합니다. 『필림』 현상 가튼 것도 제작자들의 의뢰를 바더 전문으로 해 주는 영업자 『로스안젤스』에만 해도 사십여 인이 잇다고 합니다.

속임수
사진을 구경하신 분은 더 아라듯기 쉬울 것입니다. 금년 봄에 시내 단성사(團成社)에서 상영한 『쌔그댓트의 도적』이라는 사진에 비행(飛行)자리라고 담요 조각가튼 것을 펴고 올나 안저서 진언을 하면 그 자리가 공중으로 빙빙 써올라가는 것이 잇섯슴니다. 사진을 보기에는 허릴업시 그 담요만이 써올라가는 것 갓스니다마는 실상은 관중이 그 영화 감독자의 꾀에 속은 것임니다. 그 자리에는 박여지지 안는, 다시 말하면 박여지드래도 눈에 뵈이지 안는 텰사를 매여가지고 공중에 그러올니여 빙빙 돌니게 한 것이람니다.
= 사진 = 미국 유니버살 회사의 화형 여우 『완다왜리』 양이 『크리쓰마스』 밤에 『쎄터크리스』[31]로 분장을 하고 아동 판들을 방문하는 광경

매일 25.12.25 (3) [연예안내] 〈광고〉
예고편에 "연속활극 불견의 광선 접십오편 삼십일권" 추가된 이외 동아일보 12월 25일자 우미관 광고와 주요 내용 일치

시대 25.12.25 (3) 〈광고〉
십이월 입(卄)오일 전부 교환
미국 파데- 지사 실사 **시사주보** 전일권
미국 에푸비-오- 사 희극 **명마와 웅(熊)** 전이권
이태리 칸쌋카리아니 영화
칼로 칸쌋카리아니 씨 레덱쓰이아곽란다 양 공연
희활극 **사랑할 방랑자** 전칠권
미국 에푸비-오- 사 작
공중왕 세계 일의 모험 곡승 비행가
알위일송 씨 맹연 바-지니아 후에아 양 조연
비행기상대모험활극 **대공역권(大空逆卷)** 전칠권

---

31) 산타클로스.

목(木)의 **와 여(如)히…… 추락…… 비행기에서

비행기의 비*…… 공중의 대격투……

지상 천상의 입체적 대모험 대활극……?

예고

구주영화 상영 순서

문예영화 **파리** 전십사권

연속활극 **불견(不見)의 광선** 십오편 삼십일권

명화 **아-청춘** 전칠권

문예영화 **연(戀)의 개가** 팔권

명화 **지내가는 영(影)** 전십권

관철동 **우미관** 전 (광) 삼구오번

조선 25.12.25 (석4) 〈광고〉

〈대공역권〉홍보문구 제외된 외 시대일보 12월 25일자 우미관 광고와 동일

조선 25.12.25 (조1) 강계의 / 유원(幼園) 구조 영화

평북 강계에 잇는 양성(養性)유치원 급(及) 강계유치원은 설립한 지 미구에 경비 곤란이 불소(不少)함으로 차(此)에 보용(補用)키 위하야 당지 유지 손응범(孫應範) 씨 외 수 인의 발기로 경성 식산은행으로부터 휠림 삼십삼권과 강계군청에서 기계를 무료 차용하여 지난 십칠일에 강계관(江界舘) 누상(樓上)에서 십팔, 십구 양일에는 천도교 강계 종리원(宗理院)에서 영사하고 입장료는 대인 오십 전, 소인 급(及) 학생 이십 전으로 정하엿든바 매야(每夜) 예기(預期) 이상의 입장으로 호성적을 정(呈)하엿스며 일반인사의 기부도 불소(不少)하엿다는데 기부인사의 씨명 급(及) 금액은 여좌(如左)하다더라. (이하 기사 생략) (강계)

조선 25.12.25 (조2) 교묘한 변장법은 / 활동사진에서 학득(學得) / 강도범 김준상의 자백

석간 기보 = 교묘한 범행으로 세간의 이목을 소연케 하던 서문서 관내 강도범 김준상(金準祥)은 방금도 역시 종로서원의 엄중한 취됴를 계속하야 밧는 중인데 이제 이십사일 오후에 이르러 범인이 새로히 자백한 내용의 일단을 소개하면 『자긔의 집안은 원래부터 상당한 행세를 하여오든 터임으로 이와 가튼 범행을 집안사람의 누구에게로 알리지 안코 다만 홀로 하여 왓는바 변장에 **사용하던** 모든 긔구와 흉긔는 자긔집 뒤에 잇는 빈 『고무』공장(工場) 뒷문 안에 숨겨두고 강도를 행코자 할 째마다 그곳에서 변장을 한 후 나가는 것이 항례이엇스며 집안에는 수원(水原) 혹은 개성(開城)을 다녀오겟다 하는 말이 의례이엇는바 자긔는 원래 이 범행을 시작하기 전에 각 활동사진관(活動寫眞舘)의 출입이 자젓든 관계로 **그 사진 속에 나오는 악한(惡漢)들의 교묘한 변장술과 신출귀몰한 행동을 이켜 두엇다가 범행을 할 째마다 응용 실행하야 적지 안흔 효과를 보앗슴으로 이십이일 밤 톄포되든 째에도 역시 시내 대정

525

관(大正舘)에 이르러 해적(海賊)『암쌕로쌱크』의 사진을 보아 그 행동을 이킨 다음에 청진동(淸進洞) 일대 부촌(富村)에 이르러 쏘

다시 강도를 행코자 하다가 섯불리 하야 잡힌 것이오. 서대문서 관내만은 아무리 쏘차 다녀도 소득이 별로 업서 새로히 종로 관내에 범행의 구역을 넓히고자 하든 차이라」진술한 후 다시『강도를 행하여도 사람을 살상(殺傷)하는 일은 절대 피하랴 하든 것이 잘못되야 미동공립보통학교(渼洞公普) 숙직교원 박용규(朴容圭) 씨의 머리를

장도리로 째려 피를 흘리게 하얏는데 하여간 내가 종로서에 테포된 것은 서대문서장 석교(石橋) 씨에 대하야 적지 아니 미안함을 늣기는 터이라」고 조곰도 서슴지 안코 모든 것을 진술하얏더라.

동아 25.12.26 (2), 25.12.27 (6), 25.12.28 (1), 25.12.29 (1), 25.12.30 (3) 〈광고〉
12월 25일자 우미관 광고와 동일

동아 25.12.26 (5) [연예] (4) 미국의 촬영소 / 세금 절약으로 촬영율 증진 / 하로 한 스테지의 촬영률이 륙십 장면으로 내지 백 장면
세 촬영소의 『스테지』 사용 세금은 촬영소마다 그 밧는 양식도 달으고 액수도 상이하닛가 엇더타고 말할 수 업습니다마는 『유나이뎃드』 촬영소에서는 『쏜란톤』 시대에는 실비 주의로 한 주일에 삼백 『쌀라』식 사용료를 밧더니 그후『레비』 씨가 경영하게 되면서부터는 제작 영화의 종류와 『필림』 장단에 의지하야 얼마라고 림시하야 뎡하기로 되엿다고 합니다. 『삼쎄스코푸』 씨 경영하는 『칼리포니아』 촬영소에서는 하로 백『쌀라』로부터 이백오십 『쌀라』식을 밧고 무대 배경으로부터 던긔에 일으기까지 영화촬영에 필요한 것은 모다 뎨공한다고 합니다. 그 까닭에『쌀베손헌타스』란 영화는 내경이 매우 만흔데 그 내경은 『클란든아싸』 촬영소를 빌어서 활용한 것인데 그 사용료는 나흘 동안에 오백 『쌀라』를 바덧다고 합니다. 나흘 동안에 그와 가치 만흔 내경을 박은 것을 보면 제작업자들이 얼마나 촬영소 세금을 덜 쓰랴고 하는 것인가를 알 수가 잇다고 합니다. 그런데 『하리우드』에서는 하로 동안에 륙십 장면으로부터 백 장면식을 촬영한다고 합니다. 엇지 햇든지 촬영소 세금을 일세로 계산하는 일이 만흔 까닭에 제작업자들은 촬영에 대하야 더욱 덤흘 수 업는 촬영률을 내인다 합니다. (끗)

동아 25.12.26 (5) [연예] 지상영화 / 대희극 돌관신부(突貫新郎) 전칠권 / 메트로쏠드윈 사 작 / 노마샤라 양 콜란드 네겔 씨 공연
해설『루파드 휴스』 씨의 원작 무대극으로 전 미국을 풍미하든 『진정 용서하서요』를 『휴스』 씨가 자수로 각색하야 총 지휘하고『알푸쏠씌잉그』 씨가 감독한 것이다. 주연은 봉행정화(縫行情火)와 치인애락(痴人哀樂) 등으로 최근에 큰 명성을 어든 미인 녀우『놀마 샤라』 양과 치인애락, 수난(受難) 테스, 결혼만세 등에 주연을 한『콘란드 네겔』 씨요『레데 아드레』 양과 『월터 하이어쓰』 씨 등이 조연하얏다.
경개『하리 마로니』 중위(네겔 씨 연)는『피립핀』에 부임코자 출발하게 되자 먼저 그 애인인『마조린』

(샤라 양 연)과 결혼코자 하엿스나 시간 관계로 뜻을 일우지 못하고 렬차 안에서 결혼을 하기로 하고 『싼푸랜시스코』 가는 침대 렬차를 탓다. 그러나 잔득 미덧든 목사가 뵈이지 아니하고 승객들은 신혼부부로 대접을 하며 쪼는 감동이 렬차『쏜이』(하이아쓰 씨 연)가 쮜어들어서 렬차 중에서 한바탕 허리가 부러질 희극을 연출한다. 그 이튿날 『하리』의 녯날 애인 『푸랜신』(아드레 양 연)이 우연히 가튼 렬차에 탓다가 차저와서 자기 남편이 자식을 쎄아스랴고 하니 좀 구원해달라고 『하리』에게 다리고 잇든 어린 아희를 맛기고 아버지라고 불으게 한다. 그것이 오해의 씨가 되어 『하리』, 『마조리』, 『푸랜신』 세 사람에 삼각으로 대소동을 일으킨다. 그리하다가 겨우 어느 뎡거당에 일으러서 목사를 만난 『하리』는 렬차로부터 쮜어나려서 목사에게 교섭을 하는 중 긔차는 그만 써나바리엇다. 『하리』는 하는 수 업시 비행긔를 어더 타고 그 뒤를 쌀케 되엇다. 긔차가 가는 중간에 텰도 다리가 불이 나서 써러지게 되엇는데 『하리』가 그것을 보고 위험을 무릅쓰고 비행긔로부터 쮜어나려서 위긔 일발에 잇는 만흔 사람들의 목숨을 구원하얏스며 『하리』와 『마조리』는 비행긔 덕택에 시간이 느질 번한 것을 면하고 『싼푸랜시스코』에 도착해 마침내 결혼식을 거행하게 된다.
= 사진 = 돌관신랑의 일 장면

매일 25.12.26 (2), 25.12.27 (2), 25.12.28 (3), 25.12.29 (2), 25.12.30 (2) 〈광고〉
12월 25일자 우미관 광고와 동일

매일 25.12.26 (2) [연예안내] 〈광고〉
일부 출연진 및 홍보문구 제외된 외 시대일보 12월 27일자 단성사 광고와 거의 동일

조선 25.12.26 (석2) 〈광고〉
일부 출연진 및 홍보문구 제외된 외 시대일보 12월 27일자 단성사 광고와 거의 동일

조선 25.12.26 (석2), 25.12.27 (석4), 25.12.28 (조1), 25.12.29 (석1), 25.12.30 (조2) 〈광고〉
12월 25일자 우미관 광고와 동일

동아 25.12.27 (5) [연예] 희극영화 명배우 / 신(新) 바가 대장의 사(死) / 꼿가치 젊은 안해와 파리 시에서 / 혈관을 쓴어 정사한 막쓰 리더 군
지금은 희극 영화 배우라 하면 차리 『쵸푸린』이라든지 『하롤드 로이드』를 위시하야 참으로 별별 희극 배우들이 만치마는 지금으로부터 십여 년 전까지만 하드라도 소위 일본말로 신마록대장(新馬鹿大將)이라는 칭호를 듯든 『막스 리더』가 오직 한 사람이 사계의 권위로 조선에도 『파테』 영화가 만히 수입될 째에는 상당한 인긔를 어덧섯슴으로 나히 만흔 판들은 몰을 사람이 업슬 것입니다. 그는 희극 영화 배우의 첫 선진자로 그 기술도 상당하얏섯습니다. 그런데 그 『막스 리더』 군이 지난 십일월 일일에 돌연히 파리에서 그 안해로 더부러 정사를 하얏다는 보도를 접하게 되엇섯슴니다. 그 부부는 잘[32]하든 날까지도 파리 『크레페』 거리 팔십팔 번디 엇던 『호텔』 살림을 하고 잇섯다고 함니다. 죽

든 그 전날 십월 삼십일일 저녁 째 『호텔』 사환들에게 좀 거리끼는 일이 잇스니 누가 차저오든지 내 방으로 인도를 하지 말고 싸라고 일러노흔 후 부부가 방문을 굿게 닷고 들어가버리엇다고 합니다. 그 이튼날 아츰이 되어 역시 파리에 거주하는 그 장모 『페텔』 부인이 『막스』에게 면화를 걸엇스나 일향 밧지를 안이하는 까닭에 매우 이상히 생각하고 호텔로 차저와서 사환을 식히어 그 방문에 넉크를 해 보앗스나 안에서는 역시 아모 대답이 업는 까닭으로 나중에는 문을 쌔치고 드러가보앗다고 합니다. 방 안에 드러가보니 『막스』 부처는 선혈에 잠겨서 마루 바닥에 쓰러저 잇섯다고 합니다. 두 사람은 모두 손목의 혈관을 쓴헛고 그 겻헤는 면도칼이 노혀 잇섯스며 쏘는 『몰피네』 뷔인 병이 써러저 잇섯다고 합니다. 면도칼로 손목의 혈관을 쓴코 다시 다량의 『몰피네』까지 먹은 모양인데 그쌔까지도 아조 절명은 되지 안이하얏슴으로 직시 갓가운 병원으로 다려다가 응급 치료를 해보앗스나 아모 효과가 나타나지 안이하고 마침내 절명을 하고 말엇다고 합니다. 그런데 『막스』는 금년에 사십일 세요, 그 안해는 이십일 세밧게 안 된 쏫가치 젊은 미인이라고 합니다.

동아 25.12.27 (5) [연예] 속임수

작지에도 『쌔그닷트의 도적』이라는 영화의 속임수를 한 가지 소개햇슴니다마는 쏘 한 가지 속임수를 들우어내지요! 뵈이지 안는 하두 옷을 입고 『쌔드닷트』 도적과 왕녀가 층게를 올라가는데 두 사람의 몸은 모다 안 뵈이고 발만 뵈이는 것이 잇슴니다. 이것을 관중들은 크게 이상하게 보시엇지요? 그것은 이중촬영법(二重撮影法)으로 박은 것임니다. 처음에 검은 우단으로 온 몸을 전부 가리고 박은 후 다시 촬영긔의 위치는 쏙 그대로 가지고 배우는 업시 뷔인 층게만을 박어서 둘을 합해가지고 만든 것임니다. 그리하면 발만 이칭게로 올라가는 것과 가치 뵈인다고 합니다.

동아 25.12.27 (5) [연예] 백만장자가 영화배우로 / 명예, 디위, 재산을 모조리 내바리고

일본 소립원(小笠原) 푸로탁숀에서는 『우리는 바다 사람』이라는 여덜권 영화를 촬영하고자 그 주역은 동(東)이란 배우가 하기로 결명하고 마침내 촬영을 개시하랴 할 지음에 갑작이 촬영 중지가 되고 그 주역 바다 사람(海의 人) 용작(勇作)의 역을 신뎐준이(神田俊二)라는 사람이 맛흐기로 변경이 되엇다. 그리하야 동 푸로탁숀 남녀 배우들이 깜작 놀낫다고 한다. 그 까닭은 전긔 신뎐준이란 사람은 천만장자 신뎐뢰장(神田雷藏)이라는 사람의 둘재스 아들 준이(俊二)(二六)인 까닭이라고 한다. 그는 말할 수 업는 가뎡의 풍파와 압박으로 고민을 하다 못하야 명예며 디위며 재산을 모조리 내어던지고 아버지를 반역하야 유일한 위안이 될 현실에 살고자 한 것이라고 한다.

매일 25.12.27 (2) 현대소년의 쥭음긔 대회 / 금 이십칠일에

시내 인사동 경성도서관(京城圖書舘) 안에 잇는 현대소년구락부(現代少年俱樂部)에서는 금 이십칠일 오후 여섯 시 반에 동 도서관 아동실에서 레코-드 컨사-트를 개최한다는데 입장은 소년 소녀에게만 허락한다 하며 장내를 정리하기 위하야 신발 맛는 갑으로 매 명에 오 전식을 밧는다더라.

---

32) '쫄'의 오식으로 보임.

매일 25.12.27 (2), 25.12.28 (3), 25.12.29 (2), 25.12.30 (2) 〈광고〉
12월 26일자 단성사 광고와 동일

시대 25.12.27 (4), 25.12.28 (3), 25.12.30 (4) 〈광고〉
12월 25일자 우미관 광고와 동일(단, 30일자에는 예고가 없음)

시대 25.12.27 (4) 〈광고〉
당 십이월 이십육일부터
유 사 작품 실사 **국제시보** 전일권
유 사 작품 희극 **세 집** 전일권
유 사 작품 활극 **백열전(白熱戰)** 전이권
유 사 작품 탐정활극 **열혈미인** 전오권
유 사 대작 연속 **북국의 낭(狼)** 전십편 이십권 중 최종편 사권 상영
독일 유니온 사 대작 고대의 문제 대영화
불국 대건국사 **여장군 쟌다-크** 전칠권
오루레안의 소녀 쟌다-크의 일사(一史)를 꼭
보서요……부득재견(不得不見)의 대명화임니다……
예고 불일 공개
유 사 대작 조인(鳥人) 리챠-드 씨 주연
대맹투대모험 **돌관왕(突貫王)** 전칠권
유 사 대작 크마-와 씨 주연
대모험대연속 **천군만마** 전십오편 삼십권
수은동 **단성사** 전 광 구오구번

조선 25.12.27 (석4), 25.12.28 (조1), 25.12.29 (석1), 25.12.30 (석3) 〈광고〉
12월 26일자 단성사 광고와 동일

조선 25.12.27 (조2) 명고옥(名古屋) 대화(大火) / 극장 신수좌 전소 / 손해는 십여만 원
지난 이십륙일 오전 두 시 십분경에 일본 명고옥시 서구통 옥명(名古屋市 西區通 屋町)에 잇는 극장 신수좌(新守座)의 내부로부터 발화하야 맹렬히 연소(延燒)되다가 동 세 시경에 이르러 겨우 진화하엿다는데 손해는 십여만 원가량이라 하며 동 극장은 목하 개축공사 중임으로 담배불 떨어진 데서 발화한 듯하다더라. (명고옥 면보)

동아 25.12.28 (2) 일본 극장 소실
이십륙 일 새벽 두 시 십분 일본 명고옥시 서구옥명(名古屋市 西狗屋町) 사명목 극장 신생좌(新生座)

529

안에 불이 일어나 약 사시간 만에 전소되고 진화되얏다는데 맞츰 그 근처는 면화국(電話局)과 삼정은행(三井銀行) 등 유수한 건물이 잇섯슴으로 한참 동안은 크게 소동하얏다는바 원인과 손해는 아즉 불명이라더라. (명곡 면보)

동아 25.12.28 (4) 오주(五周) 기념 활사 / 본 지국 후원으로 / 삼일간 대성황
군산부내에 산재한 일백오십여 조선인 음식점 경영조합은 창립 이래 오주년을 맞는 동시 그를 기념하기 위하야 경성 단성사로부터 명성이 자자하던 『쌍옥루』 전후편 십오권을 당지 군산좌에서 본보 지국 후원으로 상장식혀 연 삼일간 매야(每夜) 입추의 여지가 업시 대성황을 정(呈)하엿는바 즉석에서 팔진주조조합(八珍酒造組合)을 필두로 관계자 급(及) 동 조합원으로 의연금이 삼백여 원에 달하엿다고. (군산)

매일 25.12.28 (2) 부민의 사회교육을 위하야 신 자문기관을 특설 / 사회 각 방면 전부 망라 / 이십 오일에 구테안을 결덩 / 도서관 증설과 활사반 신설 / 명년도부터 실시
전긔와 갓치 함에는 시일 문뎨에 대하야 만은 곤난이 잇는대 명년은 위선 부 학무과 내에 활동사진반을 설치하야 이것을 부민에게 공개하기로 할 것과 경성부에 사회교육에 관한 자문긔관과 실시긔관을 설치할 것과 부영 도서관을 증설할 것과를 실시하기로 하얏고 또 명년은 교육제도가 완비함에 빗츄어 긔념으로 됴션교육 발면의 현상을 표시하기에 덕당 시설을 할 것과 됴션인 청년단을 선도하야 내디인과 뎨휴케 할 것이라더라.

매일 25.12.28 (2) 교육 필림 시사회 / 오는 삼십일에
통신교수 고등보통학회(高等普通學會) 쥬간 국정천(國井泉) 씨가 경영하는 교육활동사진협회 됴선본부(敎育活動寫眞協會 朝鮮本部)에서는 긔왕부터 교육자에게 활동사진에 대한 특수한 기능을 가라치기 위하야 전션 각 도로부터 지망자를 모집하야 기술과 해설(解說)에 관한 일반 지식을 강습하야오든바 이번에 문부성 특션의 영화와 내무성 검뎡의 교육영화 중 가장 우수한 것을 어더 오는 삼십일 오후 일시부터 시내 희락관에 부내 각 교육관계자와 내선 관민 이빅여 명을 초대하야 뎨일회 시사회(試寫會)를 개최하고 관람자 일동의 영화와 밋 해설 등에 대한 엄정한 비판을 밧기로 하얏다더라.

시대 25.12.28 (3). 25.12.29 (3), 25.12.30 (4) 〈광고〉
12월 27일자 단성사 광고와 동일(단, 29일자 30일자 예고에는 '千軍萬馬' 사라짐)

조선 25.12.28 (조2) 토월회 순회대 귀경
토월회(土月會)에서는 그동안 오십여 일간을 디방에 순회하야 만흔 환영과 열렬한 갈채를 밧고 지난 이십륙일에 규경하엿는데 오는 삼십일경에는 모든 준비가 되겟슴으로 삼십일부터 토월회 직영인 광무대에서 개연할 예뎡이라더라.

조선 25.12.28 (조3) 민립극단 창립 / 새해 일일부터는 / 조선극장에 상연

조선에 신파극(新派劇)이 드러온 뒤에 무수한 극단이 비온 뒤의 죽순처럼 만히 생기엇스나 모다 상당한 회과와 발면을 엇지 못하고 곳 나왓다 곳 사라지는 것이 조선극계의 현상인데 이것을 대단 유감으로 생각한 김조성(金肇盛) 변긔조[33](卞基鍾) 군 외 여러 사람은 우리 조선에 극예술(劇藝術) 운동을 이르키기 위하야 민립극단(民立劇團)을 조직하야 래년 정초부터 조선극장에서 상연하리라는데 그 단원은 신파연극계에 이름 잇는 이들도 만흘 쑨 아니라 신진 긔예의 새 배우도 만히 참가되엇다 하며 특히 녀배우도 조선연극에 이름 잇는 이들을 망라하얏다고.

조선 25.12.29 (석2) 노동학원의 연극 / 학원 비용에 쓰고저

시외 룡산 대도뎡(龍山 大島町)에 잇는 룡을청년회(龍乙靑年會)에서는 그 회 사업으로 일반로동자에게 초등교육이라도 실시하기 위하야 룡산로동학원(龍山勞働學院)을 설치하고 백여 명의 학생을 수용하여 오든바 경제곤난으로 불도 못 째고 찬마루에 벌벌 썰고 안젓는 어린아이들을 생각하고 그 회 간부들은 백방으로 그 학원 유지 방침을 강구 중이든바 일반 유지의 동정을 엇고저 경성시내에 일류로 명성이 놉흔 배우 제군을 망라하야 연극을 흥행코저 오는 십이월 삼십일부터 삼일 안을 룡산 개성좌에서 연극을 행한다는데 일반유지는 만히 동정하야 주기를 바란다더라.

조선 25.12.29 (석2) [집회] 교육영화 일회 시사

시내 통신교수고등보통학회의 주간이 경영하는 교육활동사진회 조선본부에서는 오는 삼십일 하오 한 시부터 희락관(喜樂舘)에서 데일회 교육관계자 이백여 명을 초대한다고.

조선 25.12.30 (조2) 멍텅구리 볼랴고 / 종로 일대가 인산인해 / 멍텅구리 활동사진 박는 것을 / 보려고 구경군이 만히 모혀서 / 군중으로 인하야 경관 출동

이십팔일 오후 두 시경에 시내 중앙리발관(中央理髮舘)은 수백 군중에 싸히어 인산인해의 대혼잡을 이루어서 마츰내 경관대까지 출동하얏다는데 그 내용인즉 조선영화연구회(朝鮮映畵研究會)에서 본보에 련재되는 『멍텅구리』가 리발관에서 머리를 싹다가 마츰 밧그로 지나가는 『옥매』가 톄경에 빗처서 나타나는 것을 보고 톄경을 향하야 옥매를 쪼처 간다고 날쒸다가 톄경을 쌔트리고 리발관 주인과 톄경갑 문뎨로 다투는 장면(場面)을 배우들이 전긔 중앙리발관에서 활동사진으로 박엇섯는데 그것을 구경하기 위하야 그와 가티 군중이 모혀드러서 중앙리발관에서는 몃 시간 동안 일도 잘못하얏다 한다.

동아 25.12.31 (4) 〈광고〉

당 일월 일일부터 오일간 주야
불국 고몬 회사 모험활극 **고몬주보** 전일권

---

33) '변기종'의 오식으로 보임.

미국 푸아스트나쇼날 사 벤다-빈 씨 주연

희활극 **결혼생활** 전오권

미국 유나이딋트아지쓰 사

싹쿠 뵈쿠푸오-드 씨 주연 루실리쿠송 양 조연

모험대활극 **분망천리**(奔流千里) 전칠권

미국 후후미유-지맨드 사

싹크 세릴 씨 주연 루스쿠리푸오-드 양 조연

연속모험활극 **불견**(不見)의 **광선** 전십오편 삼십일권

예고

문예영화 『**연**(戀)**의 개가**』 전팔권

동 『**파리**』 전십사권

명화 『**지내가는 영**』 전십권

명화 『**아-청춘**』 전칠권

폭스 사 특약 **우미관** 전화 광화문 삼구오번

시대 25.12.31 (2) [영화소개] 단성사

한 편의 필름을 위하야 해군함대(海軍艦隊)까지 제※※※ 전칠권의 미국 영화 『돌관왕(突貫王)』 ─ 이 사진은 처음부터 씃까지 모험으로 된 사진으로 더욱이 주역이 『티차드 달마춰』가 되어 미국 전체에 잇서서 크게 환영을 바닷슬 쑨만 아니라 우리 조선에 잇서서도 여러 『환[34]』들이 손쑵아 기다린 지 이미 오래이엇든바 비롯오 새해의 첫날부터 단성사에서 상장하게 되엇는데 특별히 이 날은 이 외에도 육탄(肉彈) 맹투(猛鬪)의 련속 대활극인 『천군만마』를 비롯하야 사회의 리면을 그려내인 『암흑의 가(街)』 등 특별 사진만 골라 상장하기로 하얏다고 한다.

시대 25.12.31 (4) 〈광고〉

출연진 제외된 외 동아일보 12월 31일자 광고와 동일

---

34) '팬'의 당대 표기로 보임.

[색인]
기사·인명
극단명·극장명

색인(기사)

기사·인명
극단명·극장명

색인(기사)

동아 25.08.05	(조2)	필림 연장 / 삼십오만여 척 / 오락이 최다	295
시대 25.08.05	(2)	우미관원(員) 재휴(再休) / 원인은 급료문제	295
시대 25.08.05	(3)	평양 제일관에 열린 대홍수 참상 영사 / 이천여 인의 동정루(淚) 속에서 만흔 감회로 십일시에 맛처	295
조선 25.08.05	(조4)	대구에서 / 무대협회 창립	296
매일 25.08.07	(3)	경북 순회 활사대	297
시대 25.08.07	(3)	칠일 신의주에 / 수해 영사 공개 / 상반좌에서 오후 팔시부터	297
조선 25.08.07	(조3)	부산 보래관(寶來舘)의 / 본보 독자 우대 / 각 등 반액으로	298
동아 25.08.08	(조2)	배우 학교 확장 / 학과를 늘이고 / 학생을 디모집해	298
시대 25.08.08	(2)	배우학교 확장 / 원동으로 이전하고 / 과정 확장 학생 모집	299
시대 25.08.08	(3)	대홍수 참상 영사 / 육백여 형제의 동정리(裏)에서	299
동아 25.08.09	(석3)	독자 우대 기술(奇術) / 우리기술단 일행 / 개성좌에서	300
동아 25.08.09	(석3)	독자 위안 활동사진 / 함흥지국 주최	300
매일 25.08.09	(5)	경남 지방 개량 / 활동사진 순회	301
시대 25.08.09	(2)	영화 잡지 시조(時潮) 발행	301
시대 25.08.09	(3)	명신(明信)유치원정(庭)에서 / 수해 참상 영사 / 차련관(車輦舘) 악사, 남시(南市) 악기(樂器) / 남교회(南敎會) 찬양대 동정 출연	301
조선 25.08.09	(조2)	조선예술단 / 평양에서 흥행 / 본보 독자에 / 우대권을 발행한다	302
조선 25.08.09	(조2)	배우학교 이전 확장 / 과정을 늘이고 학생을 모집해	302
시대 25.08.10	(3)	신의주 상반좌(常盤座)에서 / 대홍수 참상 영사 / 오백여 인의 동정루 속에서 만흔 감회로 십이시에 마처	302
동아 25.08.11	(2)	[연예] 하계 소극대회 / 토월회 광무대에서	303
동아 25.08.11	(4)	무대협회 조직 / 대구에서 조직	303
동아 25.08.12	(2)	본보 인천지국 주최 / 수재 활사 성황 / 십일일까지	303
시대 25.08.12	(3)	대구지국에 / 독자우대 / 매월 이회식 / 우대권 발행	304
조선 25.08.13	(조2)	동명(東明)극장의 / 본보 독자우대 / 각 등 반액으로	305
동아 25.08.14	(4)	개성지국 주최 독자 위안 성황 / 이일야(夜) 대만원	305
동아 25.08.14	(4)	[지방집회일속(一束)] 조선소년군 활사대	305
조선 25.08.14	(조4)	무대협회 발회식	306
동아 25.08.15	(4)	함흥지국 주최 독자 위안 성황 / 이일간을 계속 개연	306
시대 25.08.15	(2)	『쌍옥루』 촬영 / 고려영화제작소에서	306
시대 25.08.15	(3)	의주공회당에 열린 / 대홍수 참상 활사 / 육백여 형제의 동정루(淚) 속에서 대성황으로 막을 다치엇다	307
시대 25.08.15	(3)	광무대 배우 내인(來仁)	307
시대 25.08.15	(3)	위생 방화 선전	308
조선 25.08.15	(조2)	수해구제 활사 / 숭신톄육부 주최로 / 래 이십이, 삼 량일간	308
동아 25.08.16	(5)	수재 구조 활사 / 시외 숭인면에서	308

시대 25.08.25	(2)	수해 참상 활사 / 근 천여 명의 관중으로 / 초유의 대성황을 일워 이십삼일부터 개성좌에 공개		320
동아 25.08.26	(2)	『복순(福順)의 사랑』 / 이십오 일부터 일주간 / 토월회의 공연		321
조선 25.08.26	(조2)	본보 인천지국 / 독자 위안 / 이십칠 팔 량일		321
조선 25.08.27	(조2)	야(夜) 경성 순례기 (사) / 깃붐의 밤 서울, 서름의 밤 서울 / 번화한 우슴소리에 박수성 놉흔 연극장 / 풍진 세상의 모든 일을 잠시라도 잇고서 하로 밤을 향락하려고 모혀드는 사람들		322
조선 25.08.27	(조2)	독자위안 / 활사대회 / 뎡각 전에 오기를 / 일반에게 바란다		324
조선 25.08.27	(조4)	밀양 활사대회		325
동아 25.08.28	(1)	[횡설수설]		325
동아 25.08.28	(4)	기념 활사와 운동		325
동아 25.08.28	(4)	군산 활사 성황		325
매일 25.08.28	(2)	『파락크』 수용민 교화 영사회 / 작일 밤 여덜 시에		325
조선 25.08.28	(조2)	효창원(孝昌園) 가가(假家)에 / 활동사진을		326
조선 25.08.28	(조3)	[연예] 『아메카』 혼 전십권 / 칠월 이십구일부터 / 조선극장에서 상영		326
동아 25.08.29	(2)	야외 활동사진 / 경성부 주최로 영사		326
동아 25.08.29	(2)	라디오 방송 / 금일 순서		327
조선 25.08.29	(석1)	인천 독자위안 성황 / 관중 일천삼백 / 공전의 대성황		327
조선 25.08.29	(조2)	현상금 = 십원 / 인천지국에서 / 활동사진 렌쓰를 분실		328
동아 25.08.30	(4)	김제 활사 종막		329
조선 25.08.30	(조3)	[연예] 육시 오십분 / 전오권 / 팔월 이십칠일부터 / 단성사에서 상영 중		329
시대 25.08.31	(3)	소년군 내철(來鐵) / 성황으로 종막		330
시대 25.08.31	(3)	『연의 력(戀의 力)』을 촬영		330
조선 25.09.02	(조4)	[촌철]		333
동아 25.09.03	(5)	『쑤리아의 운명』 / 토월회의 공연		333
조선 25.09.03	(조4)	영천(永川)에 환등회		333
동아 25.09.04	(4)	개성 위생 전람		334
매일 25.09.04	(2)	대구 무대협회 / 일회 공연 호평 / 매일 갓치 만원		334
조선 25.09.05	(조4)	정주악대 활사(活寫) / 홍원(洪原)에서 성황		335
조선 25.09.07	(조1)	열차에 무선전화 / 방송시험 성공		337
조선 25.09.07	(조3)	[연예] 캄프스 / 전이십사권 / 구월 사일부터 / 우미관에서 상영		338
매일 25.09.08	(2)	금일 입경(入京)의 천화(天華) 일행 / 경극에서 개막		338
조선 25.09.08	(조3)	[상의] 저는 배우가 되길 결심하엿습니다		338
동아 25.09.10	(5)	조선극장 영화 / 본보 독자 우대 / 십일, 십일일 량일간		339
동아 25.09.10	(5)	춘향전 상연 / 토월회에서 / 금 십일 밤부터		339
매일 25.09.11	(3)	근검저축과 국세(國勢) 조사 선전 / 활사와 강연으로		341
동아 25.09.12	(4)	함흥 독자 우대 / 활동사진 반액 / 매 월요일마다 우대		342

동아 25.11.06	(4)	원청(元淸) 연락선 중에 『라듸오』 설비	410
동아 25.11.06	(5)	[연예] 대구에서 공연 / 토월회 지방 순극(巡劇) / 소극장 건설 기성(期成)	410
매일 25.11.06	(2)	대제(大祭) 영화 공개 / 금 륙일 오후에	411
시대 25.11.06	(3)	기자단 주최 활동사진대회	411
시대 25.11.06	(3)	본보 대구지국 후원 / 토월회 순회 공연 / 내 구일부터 향(向) 오일간 본보 독자는 특별 할인	411
동아 25.11.07	(4)	『라듸오』 설치 / 군산 미조(米組)에서	413
시대 25.11.07	(2)	본사 촬영 수해 참상 활사 / 인천지국 주최로 / 가무기좌에서 상영할 터	414
조선 25.11.07	(조2)	『메리 빅크훠-드』 활동사진계를 써나서 / 은행 지배인이 되어	415
동아 25.11.08	(4)	독자 위안대회 / 사리원 지국에서	415
매일 25.11.08	(2)	진좌제(鎭坐祭) 영화 / 금 팔일과 십일에 내션인에게 공개	415
매일 25.11.08	(3)	[영화만담] 고뇌에 빠진 / 조선영화계 / 이구영	415
동아 25.11.09	(4)	백학(白鶴) 활사 성황	416
조선 25.11.09	(조3)	사회극 쑤로큰, 로- / 전칠권 / 십일월 칠일부터 조선극장에 상영	416
조선 25.11.09	(조4)	『시온』촌 순영단(巡映團) / 대구에서 대성황으로	416
동아 25.11.10	(5)	[연예] 『세계의 애인』이 은행 지배인으로 / 미국 영화계의 녀왕 / 메리·픽포드	416
매일 25.11.10	(2)	영화 여우(女優)가 은행지배인	417
동아 25.11.11	(5)	영화 도시 / 하리우드 (1) / 세계의 영화 연중 칠할 산 스타듸오가 오십여 / 주민들은 영화 위업	417
동아 25.11.11	(5)	명화 로모라 전 십이권	417
매일 25.11.11	(2)	[개방란] 쇠잔한 흥행계 / 상당한 흥힝물을 / 보여주기 바란다	418
동아 25.11.12	(5)	영화 도시 하리우드 (2) / 세계 제일의 이상적 기후 한결가튼 조흔 일긔 / 도로됴차 완전 무결	419
동아 25.11.13	(4)	[호남지방] 도 사회과 활사대 내금(來錦)	420
동아 25.11.13	(5)	영화 도시 하리우드 (3) / 세계 인종의 표본족 운집 면긔는 맘대로 쓰고 / 영화 셜비 만반 정돈	420
동아 25.11.13	(5)	모성극 모(母)의 미로 / 전칠권	420
매일 25.11.13	(3)	[지방집회] 장수군청 낙성식	422
시대 25.11.13	(3)	대구 초유의 토월 연극 / 매야(每夜) 대성황	422
동아 25.11.14	(4)	토월회 순극단 / 삼일간 부산서 흥행 / 본보 지국 후원 하에	422
동아 25.11.14	(5)	영화 도시 / 하리우드 (4) 일시 관차(貫借)의 동물과 기구 임시 고용의 품삭은 보통이 칠 쌀라가량	423
동아 25.11.14	(5)	충견극(忠犬劇) / 맹견 심판 전편(全篇)	423
동아 25.11.14	(5)	[에피쓰드] 영화배우 가발 고통 / 리리안 씻쉬 양의 처녀 적 가슴아리	424
시대 25.11.14	(2)	촬영기사가 창기를 유인 도주 / 포주는 수색원을 제출	425
동아 25.11.15	(4)	백학원(白鶴院) 활사회 / 십일일 영천서 개최	426
동아 25.11.15	(5)	영화 도시 하리우드 (5) / 영화제작은 개인도 가능 셰계의 고급 배우는 모다 이곳에 모힌다	426

동아 25.11.29	(5)	[연예] 촤푸린의 최근 생활(四) / 지배인이 이십 명 그의 인긔는 하리우드에서도 최고 / 그가 가장 신뢰하기는 메리 픽포드	463
동아 25.11.29	(5)	[연예] 신착 영화 / 인정비극 쎄라쏜나 BELLA DONNA 전팔권	464
동아 25.11.29	(5)	[연예] 영화계의 진화(珍話) / 보험액 오만 원의 미경(美頸) / 카자린 케이 양	464
동아 25.11.29	(5)	[연예] 영란좌(鈴蘭座) / 소녀가극 / 조선극장	464
매일 25.11.29	(3)	영화계의 진설(珍說) / 기맛키는 보험	465
매일 25.11.29	(3)	갓가워오는 / 예술사진시대 / 시긔는 가을이 뎍당하고 / 시간은 오후가 뎍당하다	465
조선 25.11.29	(석3)	군산부인교육회의 / 활동사직대회 / 군산유년학당에 / 긔부하기 위하야	466
조선 25.11.29	(조1)	울산에 『라디오』 공개 / 본보 부산지국 순회대	466
조선 25.11.29	(조2)	경성부의 / 교육위원회 / 주사위원을 선뎡	466
조선 25.11.29	(조2)	재 동경동포 / 푸로극협회 / 민중예술연구의 긔관	467
동아 25.11.30	(4)	부산지국 주최 / 『라듸오』 순회대 / 삼남(三南) 각지 순회 / 일정 추후 발표	467
조선 25.11.30	(조3)	[학예] 조선영화계의 / 과거-현재-장래 / 이구영 (六)	467
동아 25.12.01	(5)	[연예] 영화배우계 현재 (상) / 장래를 채색할 배우학교 생도들 악역 잘 하기로 유명한 조텬성 군	469
동아 25.12.01	(5)	[연예] 신착영화 / 문예명화 시라노 전십일권	470
동아 25.12.01	(5)	본보 독자 우대 / 영란좌(鈴蘭座) 예제 교환	471
조선 25.12.01	(석3)	[학예] 조선영화계의 / 과거-현재-장래 / 이구영 (七)	472
동아 25.12.02	(4)	평화 활사 성황	473
동아 25.12.02	(5)	[연예] 영화배우계 현재 (중) / 우편 소원으로 영화계에 나온 주 군 녀교원으로 녀배우가 된 리채뎐 양	473
동아 25.12.02	(5)	[연예] 신착영화 / 문예명화 시라노 전십일권	474
동아 25.12.03	(5)	[연예] 영화배우계 현재 (하) 토월회 화형배우이든 이월화 운영뎐과 심청뎐 주역의 김우연	475
동아 25.12.03	(5)	[연예] 신착영화 / 문예명화 시라노 전십일권	476
동아 25.12.03	(5)	[연예] 영화계의 진화(珍話) / 보험총액 사백만 원 미남 / 라몬로쌔로 씨	477
동아 25.12.03	(5)	십월 중 공개영화 총 척수	477
조선 25.12.03	(석3)	[학예] 조선영화계의 / 과거-현재-장래 / 이구영 (七)	477
동아 25.12.04	(5)	[연예] 교묘한 인기 집중책 / 미 영화배우 선전의 발달된 책략 약혼담으로 신문 긔자를 속이여 / 당장에 유명해진 미국 영화 녀우	478
동아 25.12.04	(5)	[연예] 신착영화 / 문예명화 시라노 전십일권	478
동아 25.12.04	(5)	[연예] 독일 백림(伯林)에 영화 전람	479
동아 25.12.05	(5)	[연예] 지상 최(最) 행복 / 스타생활 (1) / 일신(一身)으로도 이신(二身)의 생활 쌔렌치노 씨 감상록 / 정말 자긔와 스크린의 자긔	480
동아 25.12.05	(5)	[연예] 미국 영화배우 전신(前身)	480
동아 25.12.05	(5)	[연예] 영화계의 진화(珍話) / 보험총액 삼십만 원 미인	481
동아 25.12.05	(5)	동반(東半)예술단 제이회 흥행 / 조선극장	481

동아 25.12.13	(5)	[연예] 지상(紙上)영화 / 불국(佛國) 알쎄드로스사 작 / 킨(KEAN) 전십권	497
동아 25.12.13	(5)	[연예] 이태리 영화 / 호걸 마티스테	498
동아 25.12.13	(5)	[연예] 기념흥행 / 우미관	498
매일 25.12.14	(2)	세계적 명화/ 매일 갓치 대만원	498
동아 25.12.15	(5)	[연예] 배우열전 로이드 씨 / 초봉(初俸)은 일주 오불 알 업는 큰 안경을 쓰고 출연해 / 마침내 지금의 인긔를 엇덧다	498
동아 25.12.15	(5)	[연예] 영화 검열 / 미국 취체 내규	499
동아 25.12.15	(5)	[연예] 무도(舞蹈) 연극 / 보화(補化)학원 주최 / 용산 개성좌에서	500
매일 25.12.15	(2)	세계적 명화 「부활」 상영/ 십륙일부터 단성사에서	501
조선 25.12.15	(석3)	조선의 영화제작계 / 새로운 활동을 시작한 계림영화협회 사계에 경험이 만흔 인물을 망라 (一)	501
조선 25.12.15	(석3)	[학예] 조선영화계의 / 과거–현재–장래 / 이구영 (十)	502
동아 25.12.16	(5)	[연예] 배우열전 그로리아 / 미국의 제일인자 / 삼림 속의 맑은 호수 가튼 눈 배 안에서 자라나 영화 녀우로	503
동아 25.12.16	(5)	[연예] 영화 검열 / 국민성 유로(流路) / 귀족적 영국 내규	503
동아 25.12.16	(5)	[연예] 동물영화 유행 / 전(前) 적십자군 명견 「하트」 군 사람 이상 큰 인긔 / 그 족하는 일본에	504
조선 25.12.16	(석3)	조선의 영화제작계 / 새로운 활동을 시작한 계림영화협회 / 사계에 경험이 만흔 인물을 망라 (二)	504
동아 25.12.17	(5)	[연예] 배우열전 그로리아 / 재혼 삼혼의 불행 / 첫 봉급 오 쌀라로 막심한 고생 지금 남편은 불국 유수한 귀족	506
동아 25.12.17	(5)	[연예] 지상(紙上)영화 / 탐정극 문명복수 전십권 마기노 푸로탁숀 작 / 마기노 푸로탁숀 화형 총 출연	507
동아 25.12.17	(5)	[연예] 교화영화회 / 신과 인(人)(팔권) / 짓트 (육권) / 청년회관에	507
조선 25.12.17	(석2)	중앙기독청년의 / 교화극 영사회 / 십칠 팔 량일간 / 종로청년회관에서	507
조선 25.12.17	(석3)	[연예]	508
동아 25.12.18	(5)	[연예] 배우열전 그로리아 / 장래 생활의 희망 삼십오세에 영화계를 써나서 / 슬하에는 오 남매만 두겟다고	508
동아 25.12.18	(5)	[연예] 지상(紙上)영화 / 대희극 백귀난폭(百鬼亂暴) 전칠권 차르윅사 영화 / 라리씨몬 씨 쏘로씨 쑤몬 양 공연(共演)	509
조선 25.12.18	(조1)	함평(咸平)에 소년군 영화	510
동아 25.12.19	(5)	[연예] 영화 신발명 / 월야(月夜) 촬영법 / 세 가지 막을 렌스에 가리고 촬영 달 잇는 밤 정됴를 그대로 나타내	510
동아 25.12.19	(5)	[연예] 지상영화 / 해적 앱풀쏜 전구권 / 미국 메트로 사 특작 마드무어 씨 에니트 베네트 양 공연	511
매일 25.12.19	(2)	대성황의 교화 영화회 / 명각 전부터 만원	511
조선 25.12.19	(석3)	세계에서 제일 / 큰 무선뎐화	512
동아 25.12.20	(1)	[횡설수설]	512

조선 25.12.27	(조2)	명고옥(名古屋) 대화(大火) / 극장 신수좌 전소 / 손해는 십여만 원	529
동아 25.12.28	(2)	일본 극장 소실	529
동아 25.12.28	(4)	오주(五周) 기념 활사 / 본 지국 후원으로 / 삼일간 대성황	530
매일 25.12.28	(2)	부민의 사회교육을 위하야 신 자문기관을 특설/ 사회 각 방면 전부 망라 이십 오일에 구체안을 결명/ 도서관 증설과 활사반 신설/ 명년도부터 실시	530
매일 25.12.28	(2)	교육 필림 시사회 / 오는 삼십일에	530
조선 25.12.28	(조2)	토월회 순회대 귀경	530
조선 25.12.28	(조3)	민립극단 창립 / 새해 일일부터는 / 조선극장에 상연	531
조선 25.12.29	(석2)	노동학원의 연극 / 학원 비용에 쓰고저	531
조선 25.12.29	(석2)	[집회] 교육영화 일회 시사	531
조선 25.12.30	(조2)	멍텅구리 볼라고 / 종로 일대가 인산인해 / 멍텅구리 활동사진 박는 것을 보려고 구경군이 만히 모혀서 / 군중으로 인하야 경관 출동	531
시대 25.12.31	(2)	[영화소개] 단성사	532

색인(인명)

색인(영화사, 극단 및 단체)

색인(극장)

일제강점기 영화자료총서 — 09

신문기사로 본
조선영화

1925

초판 인쇄   2013년 12월 15일
초판 발행   2013년 12월 24일

기획 및 발간   한국영상자료원(KOFA)
펴낸이   이병훈

펴낸곳   한국영상자료원
주소   서울 마포구 월드컵북로 400
출판등록   2007년 8월 3일 제 313-2007-000160호
대표전화   02-3153-2001
팩스   02-3153-2080
이메일   kofa@koreafilm.or.kr
홈페이지   www.koreafilm.or.kr

편집 및 디자인   현실문화연구 (02-393-1125)
총판 및 유통   현실문화연구

값 30,000원

ISBN 978-89-93056-44-0 04680
      978-89-93056-09-9 (세트)